住民訴訟の理論と実務
──改革の提案──

阿部泰隆

住民訴訟の理論と実務
―― 改革の提案 ――

信 山 社

はしがき

1　住民訴訟の意義

　住民訴訟は，地方公共団体の財務会計行為の適法化のために大きく貢献している制度である。行きすぎた職員厚遇，公共性なき補助金，高すぎる購入契約（安すぎる売却契約），競争入札にすべきところ，随意契約にする違法な入札，第三者企業のカルテルによる地方公共団体の損害，政教分離原則違反等を巡る数々の住民勝訴判決が，地方公共団体側に多少とも緊張感をもたらし，違法な財務会計行為の抑止力となっている。

　しかし，条文の数が少なく，必ずしも合理的に制度化されていないため，運用面において不合理な点も少なくない。

2　住民訴訟の不備

　その訴訟を提起する住民とその代理をする弁護士の負担は，経済的にも証拠収集，理論構成においても重い。

　他方，被告（平成14年改正後は相手方）とされる地方公共団体の首長個人，職員の負担は，平成14年改正で，4号請求訴訟の被告が，首長，職員個人ではなく，執行機関となったことにより，経済的にはなくなったが，煩わしいことは確かであるし，首長は，最終的に過失があるとされると，組織で決めたことでも，全責任を負わされる。それを回避するために議会による権利放棄が行われ，最高裁も認めたが，これはまた恣意的に行使される不合理がある。

3　弁護士経験による住民訴訟の問題点

　筆者は，もともと研究者として住民訴訟制度の解明に努力してきたが，弁護士登録をして，かなりの数の住民訴訟を原告住民側で代理してきた。その結果，研究者であっては見えない問題点が多数明らかになってきた。

　そして，研究者の時代はどうしても日頃接触する行政機関，公務員側の見方＝味方をしていた（行政性善説）ことに気が付いた。立場を変えて，住民側から見ると，首長や公務員などは，住民からの信託を誠実に受け止めず，法令コンプライアンスなどはなく，ずさんに行い，裁判となれば，都合のよい資料を探しだし，都合の悪い資料は隠して，腐敗した行政を税金で正当化しようとし

ていることが少なくないことがわかった。まさに，構造的腐敗である。

そこで，首長の責任についてかつて唱えた重過失責任主義は，違法行政を免責する理論であるとして，撤回することとした。過失責任主義のもとでも，法令コンプライアンスをまじめに行っている首長が個人責任を問われることはないと理解するようになったのである。

住民訴訟を論ずる研究者や実務家も，筆者の研究者時代と同じで，必ずしも全体を見ていない。特に平成14年改正に関わった有力者は，住民訴訟研究の専門家であるが，それでも，住民訴訟の全体を把握していない（特に，元首長や第三者（談合したとされる企業）に対する請求の問題点を理解していない）と痛感する。

目下地方制度調査会においても，住民訴訟制度の再改正が議題に上がっているが，過失責任を廃止して住民訴訟を死にやるのではないかと危惧される。

4　本書の内容

こうして，本書は，住民訴訟の理論的な課題と，実務から見えてきた課題，さらに，その抜本的な改革を論ずるものである。その主要な内容は，第1章で概説している。特に重過失責任主義は絶対とってはならないものである。

それから，第2章において，平成14年改正による被告変更の誤りを説く。被告は4号請求訴訟においては個人に戻し，地方公共団体がこれに参加すればすむ。これはこれから法改正を実現していただきたい。

第3章においては，筆者が代理した神戸市長，鳴門市公営企業管理者を被告とする住民訴訟における主張を取り上げる。筆者の知見はこれらの経験によって得られたものである。また，これにより，神戸市，鳴門市も，法令コンプライアンスに多少とも気をつけるようになったものと推察される。

第4章においては，それまで混迷の状況にあった原告側弁護士報酬について算定不能説を排し，基本的には認容額説を主張した。この私見は平成21年の最高裁判決に大きな影響を与えたものと自負する。これにより住民訴訟原告側代理人の報酬がある程度保障されて，住民訴訟の発展に寄与することになったはずである。そして，その後の判例を含め，原告代理人の報酬相当額について分析し，被告が弁済したから取り下げた場合「勝訴」に当たらないとの最高裁判決に反対し，さらに，被告代理人が相当高額な報酬を得ていることを解明し

た。

　第5章においては，議会による権利放棄の違法性を徹底的に論じた。大阪高裁で採用されたものの，結果として，最高裁で敗北して，無駄な努力をしたことになるが，今後の法改正及び裁判においても，権利放棄は基本的には認めるべきではない根拠として活用されることを願っているものである。

　第6章においては，個別の判例解説を取り上げている。

　これは論文集であるので，引用文献や判例は基本的には初出当時のままであるし，執筆スタイルも一貫しない（注は基本的には各頁の下に載せているが，判例解説では割注になっている。これを統一しても，生産性がないのでこのままとする）が，現時点において，論旨を多少整理しているところがある。特に，首長の責任について重過失責任主義（軽過失免責）を改説し，最高裁判例通り，民法709条の定める過失責任主義を採ることとした。また，一部においてはその後の主要な情報についてコメントしている。

5　小説『市長「破産」』

　なお，筆者は先に，信山社に『市長「破産」』（2013年）の刊行をお願いした。その一部は，住民訴訟における自治体，住民，弁護士，裁判所の争いを小説形式にしたことにより，吾妻大龍のペンネームで出版した。そのため，阿部泰隆の本だとはなかなか気がつかれていないが，住民訴訟の舞台裏，行政の組織的腐敗をわかりやすく描いたつもりである。また，住民訴訟の判例を，首長側勝訴例，敗訴例などに分けてわかりやすく説明した。基本的に地方公共団体における法令コンプライアンスの重要性を説いている。首長側としても，行政や政治は法律よりも上だなどという法治国家無視の姿勢（放置国家体制）をとらず，法令コンプライアンス体制をとれば，「住民訴訟等恐るるにたりず」。本書と併わせてご覧いただければ幸いである。

6　最　後　に

　本書が，住民訴訟制度の適切な運用，その立法論的発展のために寄与できれば幸いである。

　本書の原論文は，特に自治研究誌，判例時報誌に繰り返しお世話になった。筆者の主張を世間に広く知らせて頂いたことに心から感謝している。

　本書の校正は位田央（立正大学教授），森尾成之（鹿児島大学教授）氏に，出

はしがき

版については信山社の袖山社長，稲葉文子さんにこのたびも大変お世話になった。記して謝意を表する。

2015年11月

阿 部 泰 隆

【緊急提言】過失責任主義を堅持せよ

2015年11月10日

　1　本書校正の最後の時期に，地方制度調査会においては，「軽過失の場合における損害賠償責任の長や職員個人への追及のあり方を見直すことが必要ではないか。」という方向が示された。それは，特に過失責任主義を重過失責任に変更（軽過失免責）するという意味である（時事通信2015年11月7日）。そこで，ここに，簡単に緊急提言を行う。詳しくは本書を読まれたい。

　2　住民訴訟は，法治国家という憲法の基本体制の維持，とりわけ地方公共団体の財務会計行為の適法化のために大きく貢献している有益な制度である。

　他方，軽過失でも重い責任を負わされる首長側の反発も多い。

　最高裁でも，それを考慮してか，議会による権利放棄議決を原則として有効とする判決（最判平成24年4月20日，同23日）が下されることになった。

　しかし，その結果，住民訴訟は，財務会計行為の違法を解明しても無駄となる可能性が大きくなって，上記の住民訴訟の機能は死に体に瀕している。これでは，地方公共団体における財政上の法治主義が害され，違法な財政運営が増加する由々しき事態を招来する。

　その上，重過失責任主義が導入されては，地方公共団体は治外法権並に安心して，違法行為を抑止する気が起きなくなるだろう。

　3　重過失責任主義が不当であることは本書第1章第1節9でも述べているところであるが，国家賠償との均衡は筋違いである。国家賠償訴訟で公務員の責任が制限されているのは，国家・地方公共団体が過失責任主義で責任を負担した上での求償の問題だからである。これに対し，住民訴訟では地方公共団体が職員や首長に対して有する不法行為法上の請求権の有無が争われているのであるから，民法709条の一般原則上，過失責任主義が妥当している。重過失責任主義は，失火責任法のような全くの例外であって，それをここに導入する理由はない。

　これまで過失ありとされた例は法令コンプライアンス体制をとらず，ずさんに（思いつき・思い込み，特定者・団体の利益を誘導）判断していたためで，

【緊急提言】過失責任主義を堅持せよ

首長の職務がいくら複雑でも、組織として、法令コンプライアンス体制をとって判断すれば、過失が認定されることはまずないので、心配無用である。

4　そして、それでも、万一過失ありとされて、巨額の賠償金を払わされるので、正当な職務を行うのに萎縮する心配があるのであれば、賠償額を制限する方法によって対応すべきである。会社法425条に倣い、年収の6倍程度とするのである。そうすれば、退職金、給与、損害賠償保険などにより払うことができよう。

これにより、首長などの責任に配慮しつつ、萎縮することのない適正な行政運営が確保され、かつ住民訴訟の上記機能は維持されるので、均衡のとれた法制度になる。

5　さらに、地方制度調査会の審議の仕方は、首長などの責任を軽減しようとする方法へ歪めていることを指摘する。

まず、地方制度調査会が公にしている審議資料は判例の要点だけで、多数の学説は無視されている。立法案を作成する重要な国家機関は学問を反映した審議を行うようにすべきである。

また、住民訴訟制度の改正に当たっては、研究者でも、実務に精通している者・役所側だけではない公正な者の参加が不可欠であるとともに、実務家も、住民訴訟を敵視している被告側の地方公共団体関係者や弁護士だけではなく、原告住民を代理して地方行政の適法化に貢献する努力をし、この制度の不備を熟知している弁護士の両方の意見を聞いて、公正で適切な制度を構築すべきである。

6　以上、住民訴訟制度をいわば死刑にし、地方公共団体の法令コンプライアンスを崩壊させ、住民の財産を無にする改悪は、法治国家としては許されないもので、断固阻止すべきである。研究者は、これを看過してはならない。研究者のなかでも、地方制度調査会委員になっている者は、その地位に固執せずに断固抵抗していただきたい。さもないと、自らの学問を放擲した御用学者として、終生嘲笑されることになるだろう。国会議員におかれても同様に、法治国家の根本である違法行政撲滅の観点から軽過失免責を絶対に阻止していただきたい。以上。

目　次

はしがき
緊急提言　過失責任主義を堅持せよ

第1章　住民訴訟制度の抜本的改革の提案 ―― 3

第1節　住民訴訟，住民監査請求の改革の基本的な考え方 …… 3

 1　はじめに …… 3
 2　監査請求前置と監査委員の任命のあり方 …… 5
  (1)　監査を丁寧にする必要性（5）
  (2)　監査機能不全とその原因（5）
  (3)　監査委員改革案（5）
  (4)　監査請求と住民訴訟の同一性（6）
 3　監査請求の特定性の緩和 …… 7
  (1)　判　例（7）
  (2)　園部逸夫反対意見（7）
  (3)　多少緩和した判例（8）
 4　財務会計行為 …… 8
  (1)　住民訴訟の対象（8）
  (2)　最判平成10年6月30日（9）
  (3)　財務会計行為密接行為（10）
  (4)　予算調整行為（11）
 5　監査請求期間 …… 11
  (1)　「相当な期間」に関する判例の厳格さ（11）
  (2)　判　例　批　判（12）
  (3)　改　正　案（14）
  (4)　監査請求できることとしなければならないことは別（14）
  (5)　一事不再理との関係（15）
  (6)　不作為の場合（真正不作為と不真正不作為）（16）
 6　仮の保全措置 …… 16

目　次

　　　7　出訴期間 …………………………………………………… *16*
　　　　(1)　出訴期間の延長（*16*）
　　　　(2)　原告死亡などの対応（*17*）
　　　8　部下・議員の責任 ………………………………………… *17*
　　　　(1)　組織ミスへの対応（*17*）
　　　　(2)　専決権者のミスの責任（*18*）
　　　　(3)　議員の責任（*18*）
　　　9　首長の責任は過失責任主義を維持 ……………………… *18*
　　　　(1)　重過失責任は行きすぎ（*18*）
　　　　(2)　国家賠償との均衡論は不適切（*19*）
　　　　(3)　首長の責任限定方法（*20*）
　　10　地方公社，三セクも対象に ……………………………… *21*
　　11　被告の無用な抗争をやめるインセンティブ …………… *21*
　　12　立証責任 …………………………………………………… *22*
　　13　訴訟類型 …………………………………………………… *23*
　　14　文書提出命令の相手方の不備 …………………………… *23*
　　15　専決権者と請求の相手方の変更 ………………………… *24*
　　16　弁護士の報酬 ……………………………………………… *25*
　　　　(1)　訴え取下げの場合の「勝訴」の意義（*25*）
　　　　(2)　原告側勝訴弁護士報酬の算定の仕方（*26*）
　　　　(3)　弁護士報酬請求手続（*28*）
　　　　(4)　被告代理人の報酬（*28*）
　　17　住民敗訴の場合の訴訟費用の負担 ……………………… *28*
　　　　(1)　敗訴住民への訴訟費用請求の驚愕（*28*）
　　　　(2)　公正な訴訟費用負担制度を（*29*）
　　18　国民訴訟（公金検査請求訴訟）法 ……………………… *32*
　　19　議会による権利放棄有効の判例の誤り ………………… *32*
　　20　総務省検討会における改正案 …………………………… *34*
　　　　(1)　総務省サイドの検討案（*34*）
　　　　(2)　前提の誤り（*34*）
　　　　(3)　損害賠償請求という形式や損害賠償額のあり方（*35*）
　　　　(4)　議会による損害賠償請求権の放棄について（*36*）

(5)　内部統制の整備・運用について (36)
　　(6)　考えられる方策について (37)
　　　　案①　違法事由の性格等に即した注意義務違反の明確化 (37)
　　　　案②　軽過失免責 (38)
　　　　案③　違法確認訴訟を通じた是正措置の義務付けの追加 (39)
　　　　案④　損害賠償限度額の設定 (39)
　　　　案⑤　損害賠償責務等を確定的に免除する手続の設定
　　　　　　　（監査委員の免除決定）(39)
　　　　案⑥　損害賠償責務等を免除する手続要件の設定
　　　　　　　（監査委員からの意見聴取）(40)

　［補遺］首 長 保 険 ……………………………………………………40

第 2 節　住民監査請求・住民訴訟法の条文案 ……………………42
　Ⅰ　は じ め に……………………………………………………………42
　Ⅱ　総　　　則………………………………………………………………42
　　第 1 条　目　的 (42)　第 2 条　地方公共団体関係者の責務 (42)
　Ⅲ　住民監査請求……………………………………………………………42
　　第 3 条　監 査 請 求 (42)　第 4 条　監査請求期間 (44)
　　第 5 条　仮の保全措置 (44)　第 6 条　監査の決定 (45)
　Ⅳ　住 民 訴 訟………………………………………………………………46
　　第 7 条　住民訴訟の提起, 出訴期間, 原告の継続的確保 (46)
　　第 8 条　住民訴訟の請求の趣旨 (47)　第 9 条　仮 の 救 済 (49)
　　第 10 条　訴 訟 参 加 (49)　第 11 条　説明責任・立証責任及び地方
　　公共団体の参加 (50)　第 12 条　文書提出命令 (50)　第 13 条　監査
　　委員に対する調査要求 (51)　第 14 条　裁判所の審理方法 (52)
　　第 15 条　判決への不服従 (52)　第 16 条　裁判所の管轄 (53)
　　第 17 条　弁護士報酬 (53)　第 18 条　勝訴した住民への費用の償還,
　　報奨金 (56)　第 19 条　訴訟費用の負担 (56)　第 20 条　委任状の特
　　例 (57)　第 21 条　準　用 (57)
　Ⅴ　地方自治法 96 条の改正案　…………………………………………58
　　一　地方自治法 96 条の明確化 (58)　二　96 条 1 項案 (58)
　　三　96 条 2 項案 (58)　四　96 条 3 項案 (59)
　　五　地方自治法 96 条 3 項の追加 (59)

目　次

第2章　住民訴訟平成14年改正の誤り ——— 61

第1節　住民訴訟改正へのささやかな疑問 …… 61

Ⅰ　はじめに …… 61
1　改正案の趣旨 …… 61
2　不透明な立法過程 …… 63
3　私見の基本姿勢 …… 64

Ⅱ　現行4号代位請求訴訟類型の再構成 …… 65
1　法案の内容 …… 65
　(1)　しくみの骨子（65）
　(2)　実体法に変更なし（65）
　(3)　第2次訴訟は粛々と執行するはず（66）
　(4)　時効対策（68）
　(5)　訴訟告知で反論を封ず（68）
2　疑問点 …… 69
　(1)　住民訴訟の構造を歪める（69）
　(2)　住民訴訟は脅威か（72）
　(3)　被告がまじめに訴訟を追行しない可能性——政権交代は地獄！（73）
　(4)　第2次訴訟で手抜きは？（74）
　(5)　執行段階の手抜きは？（75）
　(6)　被告の弁護士費用公費負担なら原告にも報奨金を（75）
　(7)　印紙代（76）
3　その他の論点 …… 76
　(1)　被告適格の混乱（76）
　(2)　不当利得返還請求の限定排除（77）

Ⅲ　仮処分の禁止 …… 78
Ⅳ　差止めの制限 …… 78
Ⅴ　結び …… 80

第2節　住民訴訟平成14年改正4号請求被告変更の誤謬 …… 81

Ⅰ　本節の趣旨 …… 81
Ⅱ　現職首長等を被告とする訴訟構造の不合理 …… 83
1　第1次訴訟運用の実情 …… 83

(1) 説明責任の不履行 (*83*)
　　(2) 必要な施策の萎縮？ (*85*)
　　(3) 文書提出命令の不備 (*88*)
　　(4) 立 証 責 任 (*89*)
　　(5) 弁護士費用 (*91*)
　　(6) 訴訟類型削除の不適切さ (*92*)
　2　第2次訴訟の不備 ……………………………………………………*93*
　　(1) 第2次訴訟は簡単に済む？ (*93*)
　　(2) 執行段階の手抜きの予想 (*93*)
　　(3) 第2次訴訟の印紙代，弁護士費用の不合理 (*96*)
　3　解決の方向 ……………………………………………………………*96*
　　(1) 解釈論としての対応 (*96*)
　　(2) 立 法 論 (*97*)
Ⅲ　第三者企業・元首長等に対する参加的効力の不合理………………*101*
　1　第三者企業や元首長は考慮外で検討不足の立法………………*101*
　2　被告現首長は，第三者企業や元首長のためには真面目に訴訟を
　　追行しないこと ……………………………………………………*102*
　　(1) 被告現首長のインセンティブの欠如 (*102*)
　　(2) 筆者の無視された批判 (*103*)
　3　文書提出命令は，かえって機能不全に …………………………*105*
　4　企業はこの制度に騙されること …………………………………*105*
　5　参加的効力を第三者企業に及ぼすべき敗訴当事者間の責任分担
　　の実態がなく，4号請求のシステムは，民事訴訟法の基本システ
　　ムから考えられないこと …………………………………………*106*
　　(1) 住民訴訟4号請求に参加的効力を適用する基盤がないこと (*106*)
　　(2) 民事訴訟の書物から (*107*)
　　(3) 弁護士報酬の問題 (*108*)
　　(4) 安本典夫の優れた指摘 (*108*)
　　(5) 伊藤眞の指摘 (*111*)
　6　実体関係重視説による訴訟告知の効力制限 ……………………*111*
　7　被告知者として補助参加できるだけで，実質的な被告として防
　　御せよというのは，憲法上の裁判を受ける権利の保障に反するこ
　　と ……………………………………………………………………*112*

目　　次

　　　　(1)　被告の地位を補助参加人と手足をもぎ取られた被告に二分
　　　　　　することは裁判を受ける権利を侵害すること（*112*）
　　　　(2)　参加人と被参加人の実質的対立を考慮せよ（*113*）
　　8　立法的解決 ………………………………………………………………*114*
　　9　解釈論その1　参加的効力，水戸地判平成21年10月28日 …………*114*
　　　　(1)　判　　旨（*114*）
　　　　(2)　筆者の疑問（*115*）
　　10　解釈論その2　損益相殺 ………………………………………………*118*
　　11　解釈論その3　東京高判平成22年7月15日 …………………………*119*
　Ⅳ　結　　び ……………………………………………………………………*120*

第3章　住民訴訟の実践 ――― *121*

第1節　自治体の組織的腐敗と厚遇裁判によるその是正 ……………*121*
　Ⅰ　公務員厚遇は公金による組織的買収 ……………………………………*121*
　　1　公務員天国 ………………………………………………………………*121*
　　　　(1)　官員様は羨ましい（*121*）
　　　　(2)　給与条例主義（*122*）
　　2　給与条例主義に違反する職員厚遇の横行とその政治的背景 …………*123*
　　　　(1)　闇の厚遇（*123*）
　　　　(2)　実態は公金横領による買収にほぼ近い（*124*）
　　3　経営管理の原則を無視した地方公営企業における労使のなれ合い …*125*
　　4　民主主義の機能不全と司法への期待 …………………………………*126*
　Ⅱ　職員個人への直接支給 ……………………………………………………*127*
　　1　茨木市臨時職員期末手当一時金支払い訴訟 …………………………*127*
　　2　神戸市旅行券裁判 ………………………………………………………*129*
　　　　(1)　はじめに（*129*）
　　　　(2)　地公法42条の元気回復事業とは（*129*）
　　　　(3)　給与と福利厚生の間（*130*）
　　　　(4)　旅行券支給が給与扱いになる理由（*131*）
　　　　(5)　行政実例など（*132*）
　　　　(6)　市長の過失（*133*）
　　　　(7)　高　裁　判　決（*135*）
　　　　(8)　最　高　裁（*135*）

目　次

Ⅲ　OB議員への市営交通の優待乗車証交付違法訴訟 ……………………… 135
　1　事件の概要 …………………………………………………………………… 135
　2　一審判決とコメント ………………………………………………………… 136
　　(1)　長の予算裁量権，給与条例主義との関連 (136)
　　(2)　優待乗車証 (137)
　　(3)　過　　失 (139)
　　(4)　損　　害 (140)
　3　高裁判決とコメント ………………………………………………………… 141
　　(1)　争点1　本件優待乗車証は財産的価値がないか (141)
　　(2)　争点2　本件優待乗車証支給が社会通念上礼遇の範囲内に
　　　　とどまり，市長の裁量権の範囲内にあるものとして，適法で
　　　　あるか (142)
　　(3)　争点3　神戸市長の故意・過失の有無について (142)
Ⅳ　各地の互助会訴訟 ………………………………………………………………… 142
　1　京都府八幡市・元気回復レクレーション事業助成金互助会トン
　　ネル事件 …………………………………………………………………………… 142
　2　吹田市互助会トンネル退会給付金事件 ……………………………………… 145
　3　旧美原町互助会トンネル退会給付金事件 …………………………………… 149
　4　神戸市共助組合厚遇訴訟 ……………………………………………………… 150
　　(1)　事案と争点 (150)
　　(2)　一括定額補助金の違法 (151)
　　(3)　福祉と給与の間 (156)
　5　高砂市互助会退職生業資金訴訟 ……………………………………………… 162
　　(1)　事案の概要 (162)
　　(2)　一　審　判　決 (162)
　　(3)　高　裁　判　決 (165)
　6　兵庫県互助会厚遇助成訴訟 …………………………………………………… 167
　　(1)　事　　案 (167)
　　(2)　互助会への支出・互助会の支出の違法性 (167)
　　(3)　県知事の過失 (169)
Ⅴ　今後の課題 …………………………………………………………………………… 171
　1　このほかの事例 ………………………………………………………………… 171
　2　行政の正常化効果 ……………………………………………………………… 171

目　次

　　　3　なお残る違法厚遇行政 ……………………………………………… *171*
　　　4　首長などへのお願い …………………………………………………… *172*
　　　5　裁判所へのお願い ……………………………………………………… *173*

第2節　鳴門市における住民訴訟 ………………………………………… *175*

　Ⅰ　6カ月勤務しない臨時従事員に共済会を通じて支出したトンネル退職金，給与条例主義を無視 ……………………………………… *175*
　Ⅱ　競艇事業を行っている鳴門市が漁協に公有水面使用協力費を支出したことを違法・過失ありとする損害賠償等請求訴訟認容 …… *178*

第4章　住民訴訟における住民側弁護士の「勝訴」報酬―― *179*

第1節　住民訴訟における住民側弁護士の「勝訴」報酬の考え方
――判例の総合的検討―― ……………………………………… *179*

　　引用判例一覧

　① 名古屋高判平成14年10月17日（㉖の控訴審）
　② 広島高裁岡山支判平成16年9月30日
　③ 岡山地判平成16年3月10日
　④ 広島高裁松江支判平成17年10月28日
　⑤ 名古屋高判平成15年7月31日
　⑥ 大阪高判平成19年9月28日
　⑦ 京都地判平成13年4月25日
　⑧ 大阪高判平成13年10月30日
　⑨ 名古屋地判平成18年4月12日
　⑩ 名古屋高判平成18年9月14日
　⑪ 大阪地判平成16年4月22日
　⑫ 松江地判平成17年3月31日
　⑬ 名古屋地判平成19年9月27日
　⑭ 名古屋高判平成20年6月12日
　⑮ 福島地判平成14年7月3日
　⑯ 京都地判平成19年11月29日
　⑰ 京都地判平成19年3月28日
　⑱ 福島地判平成12年9月12日（⑲の原審）
　⑲ 仙台高判平成13年6月8日（⑱の控訴審）
　⑳ 大阪地判平成15年11月28日
　㉑ 東京高判平成5年3月30日
　㉒ 神戸地判平成10年10月1日
　㉓ 東京高判平成12年4月27日（㉔の控訴審）
　㉔ 東京地判平成11年11月26日（㉓の原審）
　㉕ 東京地判平成16年3月22日
　㉖ 名古屋地判平成14年3月13日（①の原審）
　㉗ 大阪地判平成6年6月28日
　㉘ 大津地判平成8年11月25日
　㉙ 大阪地判平成11年9月14日

　Ⅰ　はじめに ……………………………………………………………………… *182*
　Ⅱ　4号請求訴訟の原告側弁護士報酬の基準は認容額か，算定不能か … *184*
　　　1　提訴手数料＝印紙代に関する判例 ………………………………… *184*

目　次

　　2　算定不能説の判例の分析【①〜⑩】…………………………… *185*
　　3　訴額説（＋認容額説）の判例の指摘【⑪〜⑮】……………… *194*
　　4　中間説（総合勘案説）の判例の紹介【⑯⑰】………………… *200*
　　5　諸説の検討＝中間結論 …………………………………………… *201*
Ⅲ　その他の主要論点 ……………………………………………………… *205*
　　1　被告代理人の弁護士報酬【⑱〜⑳】…………………………… *205*
　　　(1)　考　え　方（*205*）
　　　(2)　算定可能説（*206*）
　　　(3)　算定不能説（*208*）
　　　(4)　両説の検討（*209*）
　　2　株主代表訴訟の場合との比較【㉑〜㉕】……………………… *211*
　　　(1)　根　　　拠（*211*）
　　　(2)　提訴手数料＝算定不能説（*212*）
　　　(3)　原告側勝訴弁護士の報酬は訴額ないし認容額説（*214*）
　　　(4)　さらに，まとめ（*219*）
　　3　被告控訴・上告の場合の印紙代と被告の弁護士報酬 ………… *223*
　　4　地方公共団体は損しない ………………………………………… *225*
　　5　弁護士費用敗訴者負担制度との関係 …………………………… *225*
Ⅳ　具体的な算定 …………………………………………………………… *225*
　　1　着手金は？ ………………………………………………………… *225*
　　2　「相当な額」の具体的な算定方法【㉖〜㉙】………………… *227*
　　　(1)　住民訴訟の判例（*227*）
　　　(2)　株主代表訴訟の判例（*234*）
　　　(3)　私　　　見（*235*）
Ⅴ　報酬契約において金額を正確に決める必要はあるか ……………… *236*
Ⅵ　結　　論 ………………………………………………………………… *237*

第2節　住民訴訟における住民側弁護士の「勝訴」報酬の考え方（再論）………………………………………………… *240*

Ⅰ　はじめに ………………………………………………………………… *240*
Ⅱ　最高裁平成21年4月23日判決（㉝）………………………………… *242*
　　1　判　　旨 …………………………………………………………… *242*
　　2　コメント …………………………………………………………… *243*

目　次

　　　3　宮川判事の意見 …………………………………………………244
　　　4　涌井判事の意見 …………………………………………………245
　　　5　判時匿名解説 ……………………………………………………246
　Ⅲ　大阪高裁平成21年4月22日判決（㉜）……………………………247
　　　1　判　　旨 …………………………………………………………247
　　　2　コメント …………………………………………………………248
　　　3　30％減額事由がないこと ………………………………………248
　　　4　さらなる大幅減額事由はもちろんないこと …………………249
　　　5　減額の副作用 ……………………………………………………250
　Ⅳ　種々の考慮要素の検討 ………………………………………………250
　　　1　「その報酬の範囲内で相当と認められる額」と日弁連旧報酬規程
　　　　との関係は？ ……………………………………………………250
　　　2　勝訴に必要でない訴訟活動を除外するのは不適切，逆に被告の
　　　　不当抗争を考慮せよ ……………………………………………251
　　　3　敗訴に終わった部分の除外はなお不適切 ……………………252
　　　4　弁護士会のアンケート調査の誤解 ……………………………253
　　　5　弁護士も公共のため，高額報酬は不適当？　被告代理人の報酬
　　　　との均衡 …………………………………………………………254
　　　6　不法行為訴訟における弁護士報酬も考慮して ………………255
　　　7　第2次訴訟の行政側弁護士報酬も考慮せよ …………………255
　　　8　返還すべき国庫補助金は弁護士報酬の算定根拠から除外すべき
　　　　ではないこと ……………………………………………………256
　　　9　敗訴したとき，原告弁護士は着手金さえ得られないことも考慮
　　　　すべきであること ………………………………………………257
　　　10　原告弁護士の長年の投資と労苦に報いるべき ………………258
　　　11　市民の納得 ………………………………………………………259
　　　12　弁護士報酬の統一？ ……………………………………………259
　　　13　認容額か執行額か，再考 ………………………………………259
　　　14　地方公共団体自身が訴える場合との均衡 ……………………262
　　　15　ま と め …………………………………………………………262
　　　［追記1］　外郭団体訴訟判決等 ……………………………………263
　　　［追記2］　神戸市の判決無視の対応 ………………………………263
　　　［追記3］　この追記の執筆は最判平成24年以前のもの ………264

第3節　住民側弁護士報酬の相当額，減額に関する最近の判例 …… 265
1　はじめに …………………………………………………………… 265
2　株主代表訴訟 ……………………………………………………… 265
3　神戸地方裁判所平成25年4月17日判決 ……………………… 265
　(1)　はじめに（265）
　(2)　別件住民訴訟1について（266）
　(3)　別件住民訴訟2について（267）
4　東京地方裁判所平成25年7月16日判決 ……………………… 267
5　大阪地方裁判所平成25年12月16日判決 …………………… 268
6　神戸地方裁判所尼崎支部平成24年12月6日判決 …………… 269
7　鳥取地方裁判所米子支部平成24年3月26日判決 …………… 269
8　最高裁判所第一小法廷平成23年9月8日判決 ……………… 270
9　水戸地方裁判所平成21年7月29日判決 …………………… 272

第4節　被告の弁済による訴えの取下げは「勝訴」に当たらないのか …… 273
Ⅰ　事実の概要 ………………………………………………………… 273
　1　事　　実 ……………………………………………………… 273
　2　一審判決 ……………………………………………………… 274
　3　高裁判決 ……………………………………………………… 274
Ⅱ　最高裁判旨　破棄自判（原判決破棄，控訴棄却，要するに，X全面敗訴）
　…………………………………………………………………………… 275
Ⅲ　評釈　とうてい賛成できない …………………………………… 276
　1　はじめに ……………………………………………………… 276
　2　争いのないケース ……………………………………………… 276
　3　争いとなっているのは請求の認諾，弁済による訴えの取下げ ……… 279
　　(1)　請求の認諾，弁済による訴えの取下げを「勝訴」とする説（279）
　　(2)　勝訴にならないとの説（279）
　4　最判の分析と批判 …………………………………………… 282
　　(1)　判決の論理分析（282）
　　(2)　「勝訴」とは，原告が満足する場合である（284）
　　(3)　実質的考察の必要性（286）

目　次

　　　5　東京高裁平成15年3月26日判決批判 …………………………… 289
　　　　(1)　違法是正説と経済的利益説（289）
　　　　(2)　明確な基準の必要性？（292）
　　　6　自治体が職員を訴える場合との均衡 ……………………………… 292
　　　7　射程範囲と運用 ……………………………………………………… 293
　　　8　立　法　論 …………………………………………………………… 294
　　　9　ま　と　め …………………………………………………………… 295
　　　　［追記1］　最高裁判決には答弁書も掲載せよ ……………………… 296
　　　　［追記2］　野田崇論文 ………………………………………………… 296
　　　　［追記3］　玉巻弘光論文 ……………………………………………… 296
　　　　［追記4］　山本隆司説 ………………………………………………… 296

第5節　住民訴訟における被告代理人の弁護士報酬の問題点 ……… 297
　　Ⅰ　は じ め に ……………………………………………………………… 297
　　Ⅱ　神戸市の被告代理人に対する報酬支払い基準 ……………………… 297
　　Ⅲ　神戸市における被告代理人への弁護士報酬支払いの具体例 ……… 299
　　　1　共助組合事件における被告代理人の報酬 ……………………… 299
　　　2　神戸地裁平成23年9月16日判決における被告代理人の報酬 … 299
　　　3　外郭団体訴訟における被告代理人の報酬 ……………………… 300
　　　4　福祉外郭団体訴訟の被告代理人の報酬 ………………………… 300
　　Ⅳ　ま　と　め ……………………………………………………………… 301

第5章　地方議会による地方公共団体の賠償請求権等の放棄 ─── 303

　　は じ め に …………………………………………………………………… 303

第1節　地方議会による賠償請求権の放棄の効力 ………………………… 306
　　Ⅰ　はじめに：地方議会による放棄を有効とする判例の流れ ………… 306
　　　1　放棄無効の判例 …………………………………………………… 306
　　　2　放棄有効の判例 …………………………………………………… 306
　　　3　本稿の主張 ………………………………………………………… 307
　　Ⅱ　これまでの対立点：放棄を無効と主張するこれまでの反論は
　　　　成功していないこと ………………………………………………… 308

　　　　1　住民訴訟の趣旨に反するか，放棄は議会の権限か………………308
　　　　　(1)　住民訴訟の趣旨に反するとの判決（308）
　　　　　(2)　放棄は議会の権限であるとの判決（309）
　　　　　(3)　私見の整理（311）
　　　　2　非訟事件手続法 76 条 2 項の類推は可能か………………………311
　　Ⅲ　私見，放棄無効，議会・首長の誠実処理・善管注意義務…………312
　　　　1　要　　点………………………………………………………………312
　　　　2　議会の放棄権限の意味：執行機関と議決機関の二元制の理解…313
　　　　3　代理人の善管注意義務，首長の誠実処理義務………………………314
　　　　4　利益相反の排除違反…………………………………………………315
　　　　5　住民訴訟はエンドレス………………………………………………317
　　Ⅳ　附言：参考になる諸制度………………………………………………317
　　　　1　実定法も，債権放棄を議会や執行機関の自由に任せていない………317
　　　　　(1)　国の免除法（317）
　　　　　(2)　地方自治法施行令（318）
　　　　2　補助金も放棄自由ではない，高額購入も廉価売却も違法である……319
　　　　3　会社法の考え方………………………………………………………320
　　　　4　刑事法でも，背任罪である…………………………………………321
　　　　5　では，善管注意義務に反せずに，放棄できる場合はどんな場合か…321
　　　　［追記1］　久喜市事件高裁判決……………………………………323
　　　　［追記2］　職員の賠償責任の免除制度……………………………325
　　　　［追記3］　斎藤誠論文，関連判例…………………………………325

第2節　地方議会による地方公共団体の賠償請求権の放棄は首長
　　　　　のウルトラＣか………………………………………………………327
　　Ⅰ　は　じ　め　に……………………………………………………………327
　　　　1　問題の要点……………………………………………………………327
　　　　2　外郭団体訴訟の概要…………………………………………………328
　　Ⅱ　執行機関と議決機関の権限分配という判断権者の権限問題と
　　　　権限行使の実体法上の要件………………………………………………331
　　　　1　執行権限と議会の監視権限…………………………………………331
　　　　2　権利放棄に係る議会の議決は監視機能……………………………332

目　　次

　　　3　東京高裁の誤解 …………………………………………… *333*
　　　4　大阪高裁のまっとうな判断 ……………………………… *335*
　Ⅲ　権限行使の実体法上の要件 …………………………………… *336*
　　　1　96条の意味 ……………………………………………… *336*
　　　2　権利放棄権限行使の実体法上の要件 ………………… *336*
　　　3　権利放棄の判断権者と実体法上の要件のまとめ …… *339*
　Ⅳ　神戸市長と神戸市議会は放棄するために必要な誠実な審査を
　　していないこと ………………………………………………… *342*
　　　1　は じ め に ……………………………………………… *342*
　　　2　神戸市の準備書面の明白な誤り ……………………… *342*
　　　3　市長の権利放棄提案理由と市長の主張の誤り ……… *344*
　　　4　神戸市議会における審査の杜撰さ …………………… *347*
　　　　(1)　は じ め に（*347*）
　　　　(2)　本会議第一日目（*348*）
　　　　(3)　総務財政委員会の審議について（*350*）
　　　　(4)　阿部泰隆の「陳情」（*350*）
　　　　(5)　原告代表者の「陳情」（*353*）
　　　　(6)　総務財政委員会の審議（*354*）
　　　　(7)　本会議第2回（*361*）
　Ⅴ　権限の濫用，債務者が自己に対する債権者の権利を放棄する
　　違法 ……………………………………………………………… *364*
　Ⅵ　条例で権利放棄することは執行機関と議決機関の混同で，無
　　効であること …………………………………………………… *367*
　Ⅶ　そ の 他 ……………………………………………………… *369*
　　　1　神戸市長は脱法行為の常習犯 ………………………… *369*
　　　2　背任罪のおそれ ………………………………………… *369*
　　　3　巨額の課税・滞納処分のおそれ ……………………… *370*
　　　4　議員に対する住民訴訟 ………………………………… *371*
　　　5　訴 訟 費 用 ……………………………………………… *371*
　　　6　解 決 策 ………………………………………………… *372*
　Ⅷ　ま　と　め …………………………………………………… *372*
　［附言］　本件公金支出における市長の過失 ………………………… *373*
　　　1　重過失は必要か ………………………………………… *373*

xxiv

2　市長の重過失 ···375
　　　(1)　元々の公金支出の重過失 (375)
　　　(2)　権利放棄案件提出の重過失・故意 (376)
　　［追記］　地方制度調査会 ··376

第3節　地方議会による地方公共団体の権利放棄議決再論
　　　　　――学説の検討と立法提案 ··377
Ⅰ　は じ め に ···377
Ⅱ　津田和之論文 ···378
　　1　善管注意義務説の誤解 ···378
　　2　議会単独での権利放棄 ···380
　　3　判例の分析視点 ··382
　　4　学説の整理の仕方 ···382
　　5　公益上の必要性 ··383
　　6　裁量濫用論に立った場合の議会による債権放棄の限界 ·············383
　　　(1)　財務関係職員の賠償責任との均衡 (383)
　　　(2)　重過失責任 (384)
　　　(3)　長の過失が軽過失にとどまる場合 (385)
　　　(4)　組織としての決定の責任 (386)
　　　(5)　議会の判断手続・考慮事項 (387)
　　　(6)　監査委員の司意 (388)
　　　(7)　債権放棄の範囲 (389)
　　　(8)　財務会計上の違法行為が長の故意又は重大な過失による場合 (389)
　　　(9)　債権放棄の時期――判決確定後の放棄は許されるか (390)
　　　(10)　これまでの判例の検証 (392)
Ⅲ　碓井光明説 ···392
　　1　当 初 の 説 ··392
　　2　後 の 見 解 ··393
Ⅳ　大橋真由美説 ···394
Ⅴ　蟬川千代説 ···395
　　1　基本的視点の誤解 ···395
　　2　訴訟係属中の債権放棄 ···397
　　3　認容判決確定後の債権放棄 ···398

目　次

　　Ⅵ　斎藤誠説 …………………………………………………………… 398
　　Ⅶ　安本典夫説 ………………………………………………………… 399
　　Ⅷ　白藤博行説 ………………………………………………………… 400
　　Ⅸ　最後に：公平な権利放棄を ……………………………………… 400
第4節　地方議会による地方公共団体の権利放棄議決に関する
　　　　その後の判例等 ………………………………………………… 402
　　Ⅰ　は じ め に ………………………………………………………… 402
　　Ⅱ　大阪高裁平成21年11月27日判決 ……………………………… 403
　　　1　権利放棄は議会の可決だけで効力を生ずるか ……………… 404
　　　　(1)　判　　旨（404）
　　　　(2)　コメント：権利放棄には首長の意思表示を要すること（405）
　　　2　改正条例の権利の放棄の定めは実体法上有効でないこと …… 405
　　　　(1)　判　　旨（405）
　　　　(2)　コメント：権利放棄議決の実体的有効性？（407）
　　Ⅲ　神戸地裁平成21年11月11日判決 ……………………………… 409
　　　1　条例による権利放棄 …………………………………………… 409
　　　　(1)　判　　旨（409）
　　　　(2)　コメント（409）
　　　2　権利放棄の実体的適法性 ……………………………………… 409
　　　　(1)　判　　旨（409）
　　　　(2)　コメント（410）
　　Ⅳ　東京高裁平成21年12月24日判決 ……………………………… 412
　　　1　事案の内容 ……………………………………………………… 412
　　　2　判　　旨 ………………………………………………………… 412
　　　3　コメント ………………………………………………………… 414
　　Ⅴ　裁判官協議会の見解 ……………………………………………… 414
　　Ⅵ　木村琢磨公法学会報告 …………………………………………… 416
　　　1　学会でのやり取り ……………………………………………… 416
　　　2　木 村 論 文 ……………………………………………………… 417
　　　　［追記1］　斎藤誠説 ……………………………………………… 419
　　　　［追記2］　高田倫子説 …………………………………………… 419
　　　　［追記3］　木村琢磨説 …………………………………………… 420

目　次

第5節　地方議会による地方公共団体の権利放棄議決に関する その後の判例補遺 …………………………………………………… 421

- I　は じ め に ……………………………………………………………… 421
- II　大阪高裁平成22年8月27日判決 …………………………………… 422
  - 1　権利放棄条例の可決と神戸市の正当化根拠 ………………………… 422
  - 2　条例の形式による権利放棄 …………………………………………… 424
  - 3　議会の議決事項は，執行機関の専断を排除する趣旨？ …………… 425
  - 4　議会の議決では放棄できない特別の定めの存在 …………………… 426
  - 5　公益的法人派遣法6条2項を適用できるのか ……………………… 427
  - 6　神戸市議会の杜撰な審議 ……………………………………………… 429
- III　神戸地裁平成22年10月28日判決 …………………………………… 429
- IV　公金支出の違法過失と権利放棄議決の関係 ………………………… 430
- V　他の事件への影響 ……………………………………………………… 431

第6節　権利放棄議決有効最高裁判決の検証と敗訴弁護士の弁明 … 432

- I　は じ め に ……………………………………………………………… 432
  - 1　本稿の動機 ……………………………………………………………… 432
  - 2　本件の要点，筆者の答弁書の冒頭の記述 …………………………… 433
- II　最高裁判決の検討 ……………………………………………………… 437
  - 1　外郭団体への補助金支給の無効を肯定 ……………………………… 437
  - 2　市長の過失の有無，法令コンプライアンス ………………………… 437
    - (1)　答弁書における筆者の主張（437）
    - (2)　過失を否定した最高裁判示（438）
    - (3)　筆者の反論（439）
  - 3　権利放棄議決の裁量？ ………………………………………………… 443
    - (1)　筆者の答弁書（443）
    - (2)　判　　決（446）
    - (3)　反　　論（448）
  - 4　権利放棄議決の裁量濫用に関する具体的な判断 …………………… 450
    - (1)　答 弁 書（450）
    - (2)　判　　決（453）
    - (3)　反　　論（454）
    - (4)　判旨の2（456）

目　次

　　　　(5)　反　　論（457）
　　5　条例による放棄の正当性？ …………………………………………458
　　　　(1)　答　弁　書（458）
　　　　(2)　判　　決（459）
　　　　(3)　反　　論（460）
　　6　住民訴訟の形骸化 ……………………………………………………460
　　　　(1)　答　弁　書（460）
　　　　(2)　判　　決（461）
　　　　(3)　反　　論（462）
　　7　そ　の　他 ……………………………………………………………463
　　　　(1)　答弁書のまとめ（463）
　　　　(2)　訴訟費用（464）
　　　　(3)　「最後にお願い」（465）
　　8　裁判官千葉勝美の補足意見批判 ……………………………………465
　　　　(1)　複雑多様な会計法規？　の中での住民訴訟における個人責任
　　　　　　の重さ？（465）
　　　　(2)　職務遂行の萎縮？（468）
　　　　(3)　議会の権利放棄議決の限度（468）
　　9　その他の判決の分析 …………………………………………………470
　　　　(1)　大東市事件（470）
　　　　(2)　さくら市事件（471）
　　　　(3)　檜原村事件（472）
Ⅲ　学説の検討 ………………………………………………………………474
　　1　塩野　宏説 ……………………………………………………………474
　　2　兼子　仁説 ……………………………………………………………476
　　3　飯島淳子説，石崎誠也説 ……………………………………………477
　　4　木村琢磨説 ……………………………………………………………477
　　5　廣田達人説 ……………………………………………………………478
　　6　石津廣司説 ……………………………………………………………480
　　7　曽和俊文説 ……………………………………………………………480
　　8　橋本博之説 ……………………………………………………………483
　　9　そ　の　他 ……………………………………………………………483
　　　［追記］　権利放棄議決と原告代理人の弁護士報酬相当額 …………485

目　次

第6章　判例解説 —————————————————— 487

- Ⅰ　退職金支払い違法住民訴訟事件（川崎市）……………… 487
- Ⅱ　職員に対する費用弁償支出住民訴訟事件（市川市）…… 494
- Ⅲ　昼窓手当違法支出住民訴訟事件（熊本市）……………… 499
- Ⅳ　住民訴訟における被告の変更と新たな被告に対する時効完成事件（京都市）………………………………………… 507
- Ⅴ　山林高額買取り住民訴訟事件——ぽんぽん山訴訟（京都市）………… 514
- Ⅵ　不法行為と監査請求期間 ………………………………… 520
- Ⅶ　監査請求期間徒過の正当な理由（仙台市）……………… 535

判例索引 (543)

事項索引 (545)

初出一覧

初出一覧

第1章　住民訴訟制度の抜本的改革の提案
　　第1節　「住民訴訟，住民監査請求の改革」
　　　　　　　　　　　　　　　　自由と正義60巻8号16-24頁（2009年）
　　第2節　「住民監査請求・住民訴訟制度改正の提案」
　　　　　　　　　　　　　　　　自治研究87巻5号3-24頁（2011年）

第2章　住民訴訟平成14年改正の誤り
　　第1節　「住民訴訟改正案へのささやかな疑問」
　　　　　　　　　　　　　　　　自治研究77巻5号19-42頁（2001年）
　　第2節　「住民訴訟平成14年改正4号請求被告変更の誤謬」
　　　　　　　　　　　　　　　　（判時2100号1-18頁（2011年）

第3章　住民訴訟の実践
　　第1節　「自治体の組織的腐敗と厚遇裁判によるその是正」
　　　　　　　　自治研究88巻1号3-29頁，2号3-26頁，3号3-17頁（2012年）
　　第2節　鳴門市における住民訴訟　　　　　　　　　　　　　書き下ろし

第4章　住民訴訟における弁護士の「勝訴」報酬
　　第1節　「住民訴訟における住民側弁護士の『勝訴』報酬の考え方
　　　　　　――判例の総合的検討」
　　　　　　　判時2007号3-14頁，2009号30-38頁，2010号3-8頁（2008年）
　　第2節　「住民訴訟における住民側弁護士の『勝訴』報酬の考え方（再論）」
　　　　　　　　　　　　　　　　判時2062号3-9頁（2010年）
　　第3節　住民側弁護士報酬の相当額，減額に関する最近の判例　　書下ろし
　　第4節　「いわゆる4号請求住民訴訟（平成14年改正前）が訴えの取下げに
　　　　　　より終了した場合は原告に弁護士報酬を払うべき「勝訴（一部勝訴
　　　　　　を含む。）した場合」には当たらないとされた事例――最高裁平成17
　　　　　　年4月26日第三小法廷判決」　自治研究82巻9号122-145頁（2006年）
　　第5節　住民訴訟において自治体が支払う弁護士報酬の問題点
　　　　　　　　　　　ガバナンス2011年12月号36頁～39頁＋未公表の準備書面

第5章　地方議会による地方公共団体の賠償請求権等の放棄
　　第1節　「地方議会による賠償請求権の放棄の効力」
　　　　　　　　　　　　　　　　判時1955号3頁-9頁（2007年）
　　第2節　「地方議会による地方公共団体の賠償請求権の放棄は首長のウルトラ
　　　　　　Cか（上・下）」
　　　　　　　　　　自治研究85巻8号3-34頁，85巻9号3-29頁（2009年）

初 出 一 覧

第3節 「地方議会による地方公共団体の権利放棄議決再論
　　　　——学説の検討と立法提案」　自治研究85巻11号3-35頁（2009年）
第4節 「地方議会による地方公共団体の権利放棄議決に関するその後の
　　　　判例等」　　　　　　　　　　自治研究86巻3号23-43頁（2010年）
第5節 「地方議会による地方公共団体の権利放棄議決に関するその後の
　　　　判例補遺」　　　　　　　　　自治研究87巻4号3-16頁（2011年）
第6節 「権利放棄議決有効最高裁判決の検証と敗訴弁護士の弁明」
　　　　　自治研究89巻4号3-23頁，5号3-20頁，6号3-32頁（2013年）

第6章　判例解説
　Ⅰ　川崎住民訴訟判例解説退職金支払い違法住民訴訟事件（川崎市）
　　　　　　　　判例自治21号82～85頁（1986年），仲江利政編『住民訴訟の
　　　　　　　　実務と判例』321～329頁（ぎょうせい，1988年）に収録
　Ⅱ　職員に対する費用弁償支出住民訴訟事件（市川市）
　　　　　　　　　　　　　　　判例自治1992年索引版（92号）38～40頁
　Ⅲ　昼窓手当違法支出住民訴訟事件（熊本市）
　　　　　　　　　　　　　　　判例自治163号109-111頁（1997年）
　Ⅳ　住民訴訟における被告の変更と新たな被告に対する時効完成事件
　　　（京都市）　　　　　　　　　判例自治199号99-102頁（2000年）
　Ⅴ　山林高額買い取り住民訴訟事件――ぽんぽん山訴訟事件（京都市）
　　　　　　　　　　　　　　　判例自治235号26-28頁（2002年）
　Ⅵ　指名競争入札のさい談合を行った業者に対して，県が損害賠償請求権
　　　の行使を違法に怠っているという事実に関する住民監査請求は，県が
　　　その業者と契約を締結することとなっても，特定の財務会計上の行為の
　　　違法を判断することを求めるものではないので，地方自治法242条2項
　　　に定める監査請求期間の制限を受けない
　　　　　　　　　　　判評536号＝判時1828号170-176頁（2002年）
　Ⅶ　監査請求期間徒過の正当な理由（仙台市）（最高裁平成14年9月17日
　　　判決）　　　　　　　　　　　判例自治248号19-21頁（2004年）

※※このほか，住民訴訟については，『行政法解釈学Ⅱ』（有斐閣，2009年）第9章
　　第6節，『行政法再入門』（信山社，2015年）第11章でも概説し，下記のものも
　　執筆したが，本書には収録していない。
・「住民訴訟の諸問題」日弁連研修叢書『現代法律実務の諸問題，昭和61年度版
　（下）』（第一法規，1987年）243～280頁
・「町出納職員公金費消事件」（寺田友子氏と共著）判例自治19号（1986年）83
　～86頁，仲江利政編『住民訴訟の実務と判例』（ぎょうせい，1988年）436～
　444頁

初 出 一 覧

- 「住民訴訟判例解説地下鉄半蔵門線道路占有放置違法確認訴訟事件（東京都）」（占部裕典と共著）判例自治 25 号 81 〜 83 頁（1987 年）
- 「国からの無償貸付け道路敷と住民訴訟上の『財産』」判例自治 79 号 13 〜 15 頁　国からの無償貸付け道路敷と住民訴訟」判タ 623 号（1987 年）24 〜 33 頁，『行政法の解釈』（信山社，1990 年）
- 「地方公共団体が高額不動産をコンペ方式に基づく随意契約により廉価売却することは適法か」判時 1979 号（2007 年）30 – 36 頁〈これは『最高裁上告不受理事件の諸相 II』（信山社，2011 年）に大幅に取り入れて論じた。〉
- 八幡市ヤミ給与職員互助会トンネル事件（判例自治 41 号 90 〜 91 頁，1989 年）は本書第 3 章第 1 節 IV で扱った。
- 「ひよこ弁護士闘争記――神戸の住民訴訟，神戸空港編」（外間寛先生古稀記念，法学新報 112 巻 11・12 号，2006 年）＝『最高裁上告不受理事件の諸相 II』（信山社，2011 年）93 頁以下
- 「住民訴訟四号請求訴訟における首長の責任（違法性と特に過失）（上）・（下・完）」判時 1868 号・1869 号（2004 年）〈この一部を第 1 章第 1 節に移した〉
- 「住民訴訟における職員の賠償責任――地方自治法 242 条の 2 の 4 号請求（上・下）」判タ 561 号・562 号（1985 年）〈これは東京高判昭和 58 年 8 月 30 日（判時 1090 号 109 頁，判タ 504 号 197 頁）の賠償命令専管説を批判したものであるが，その後最高裁昭和 61 年 2 月 27 日判決に結実したので，紙幅の関係もあり，採録するほどではないと考えた。また，この論文では重過失責任主義をとっていたが，撤回するので，ここで採録すべきではないと考えた。〉
- 「住民訴訟 4 号請求相互の関係」判タ 595 号（1986 年）〈これは，4 号請求において，例えば首長個人への請求と第三者に対する不当利得請求との関係を扱い，いずれも請求できる（ただし，二重執行は許されない）と整理したものであるが，その後の判例もその立場のようであるので，わざわざ採録するほどでもないと感じた。〉
- 「判例総合研究住民訴訟」①判例評論 414 号（1993 年）164 〜 173 頁，②同 416 号（1993 年）164 〜 172 頁，③同 422 号（1994 年）164 〜 173 頁，④同 424 号（1994 年）164 〜 175 頁，⑤同 427 号（1994 年）165 〜 170 頁，⑥同 428 号（1994 年）216 〜 223 頁（阪神淡路大震災でストップ）。
- チボリ公園事件について，知事側で意見書を執筆し，最高裁第一小法廷平成 16 年 1 月 15 日判決で結実した。これは今回は掲載しない。

住民訴訟の理論と実務
――改革の提案――

第1章　住民訴訟制度抜本的改革の提案

第1節　住民訴訟，住民監査請求の改革の基本的な考え方

1　はじめに

　本節では，本書の冒頭に掲げる論文として，住民訴訟制度の主要な不備とその解決策を，研究者と弁護士の両方の経験を踏まえて，主に立法論として素描する。詳細な理由付けは本書の後の章に掲載されている論文（主に，括弧内や注で引用）を参照されたい。条文化は次の節で行う。

　地方自治法242条以下が定める現行の住民監査請求・住民訴訟は，違法な財務会計行為の是正に大きな役割を果たしてきた。それは本当の地方自治，民主政治，法治主義に資するものである。

　しかし，それは不備で不公平が多く，判例で整理されつつあるものの，原告も，原告代理人も苦労するばかりである。筆者は原告側弁護士として神戸市及び鳴門市を相手に相当数の住民訴訟を代理した結果，これまで一般には知られていない多数の不合理に悩まされることになった。なお，被告代理人にとっては，多額の報酬を得られる（第4章第5節）他，制度が複雑でわかりにくいほど，訴えを排斥しやすいので，制度改善のインセンティブがない。理由も乏しい上訴を公費で行っている。

　他方，誠実に職務を行っている地方公共団体（地方自治体）の首長（法令上は長＝都道府県知事，市町村長）や職員も，法的にはおよそ理由のない訴えのために不要な苦労をさせられることもあるし，敗訴して巨額の賠償金を負担させられるのも気の毒である。また，平成14年改正により，被告がポストとしての首長とされた結果，元首長や談合をしたとして訴えられる第三者企業は，この訴訟の当事者ではなく，単なる補助参加人であるため，その権利保護は極めて不十分である。

　そこで，この両方をにらんで，公平かつ合理的な制度とするとともに，解釈上争いの生ずることをできるだけ明確に整理したい。本格的には平成14年改

第1章　住民訴訟制度抜本的改革の提案

正を元に戻して，違法行為をした首長や第三者個人を被告とすべきである（第2章第2節）。

　総務省は権利放棄議決有効最高裁判決（最判平成24・4・20，第5章第6節）を受けて検討していたが，筆者から言わせれば本格的ではない。これまで住民訴訟制度の改正に関与した方は，住民訴訟を提起していない研究者か，自治体側の弁護士が多く，原告側の苦労や実態を必ずしも理解しているわけではない[1]。地方自治法改正の諮問を受ける地方制度調査会も，住民訴訟で責任を追及される立場の地方公共団体の代表者が参加しており，財務会計行為の適正化よりも，住民訴訟制度をできるだけ押さえ込む方へ改正したいというインセンティブが働く。この調査会に入っている弁護士委員の講演を聴いたが，自治体側から依頼を受け，特に外部監査を中心にしており，住民訴訟についての認識が豊かであるとは感じられなかった。住民訴訟を活性化させよという主張を実践している弁護士等の参加も不可欠である。

　そこで，筆者は，訴えを提起される地方公共団体の首長その他の職員，その相手方の負担を考慮しつつ，その違法隠しを防止し，他方，住民の手弁当負担を軽減し，地方公共団体の財務会計行為の適法性を確保する観点から，制度の詳細を改善・工夫するものである[2]。

　主たる内容としては，執行機関を被告とする平成14年改正は元に戻すべきである。原告側弁護士にきちんと報酬が支払われるような仕組みでなければ違法行政はなくならない。違法を確認すれば，過失なしとして原告敗訴でも，弁護士報酬は相応に支払うべきである。首長の過失責任は維持する。首長は，公費で法令コンプライアンスを構築すれば責任を回避できるのであるから，心配したものではない。

---

(1) 「特集住民訴訟」ジュリスト941号（1989年）の執筆者，第2章第2節「住民訴訟平成14年改正4号請求被告変更の誤謬」に記載した改正賛成派など。

(2) 研究者の優れた先行業績として，条文の形にはなっていないが，曽和俊文「住民訴訟制度改革論」法と政治51巻2号（2000年）671頁以下がある。又，大阪弁護士会は平成24年3月30日に「地方自治法改正に関する意見書」を地方制度調査会に提出している（http://www.osakaben.or.jp/web/03_speak/kanri/db/info/2012/2012_4f825038071db_0.pdf）。

2 監査請求前置と監査委員の任命のあり方
(1) 監査を丁寧にする必要性

住民訴訟には監査請求が前置されている（地方自治法242条の2第1項。以下，「自治法」という）。会計監査は専門的であるし，訴訟の前に，論点を明確にし，また，資料を明らかにするためにも，きちんとした監査が行われるなら，これを訴訟に前置する現行制度は妥当であろう。住民側にとっても，職権で十分に調査して貰う必要がある。裁判では，原告に立証責任があるとされるが，原告にはまともな調査は至難であるので，監査に期待するところが大きいのである。

(2) 監査機能不全とその原因

しかし，現実には住民監査請求はほとんど機能しない。監査委員は適法としたが，裁判所で違法とされている事案が非常に多いのである。

たとえば，筆者は，神戸市長を被告とする住民訴訟を約10件も代理して，5件は最高裁で最終勝訴，1件は大阪高裁で勝訴したが，上告審で敗訴（第5章の権利放棄事案）した[3]。それでも監査段階では全て適法とされており，監査は，儀式となっている。

なぜか，監査委員は，監査をまじめにやっても得しないので，インセンティブがない上，そもそも，議会の同意を得て首長（知事，市町村長）により任命される（自治法196条）ので，下級職員の責任追及ならともかく，首長や議会の責任を追及することは，泥棒が仲間を裏切るに等しく，また，再任が期待できなくなるためである。

また，結論は監査請求を却下するにしても，丁寧に調査すると，住民に争う端緒を与えるため，なるべくしっぽを出さないような，杜撰な監査をするのである。そこで，原告は訴訟の段階で監査委員に代わって調査しなければならない重い負担を負う。

(3) 監査委員改革案

したがって，監査委員がまじめに監査する仕組みを作らなければならない。

---

(3) 他方，負けたのは，1件は互助会訴訟で，公金投入割合が不明との屁理屈であり，3件は神戸空港事件で到底納得できないが，阿部泰隆『行政法解釈学Ⅰ』（有斐閣，2008年）55頁，337頁，阿部「ひよこ弁護士闘争記――神戸の住民訴訟，神戸空港編」（外間寛先生古稀記念，法学新報112巻11・12号），阿部「裁判による政策の実現――厚遇裁判，ネズミ捕り訴訟を例に」『行政法の進路』第七章（中大出版部，2010年），阿部『最高裁上告不受理事件の諸相Ⅱ』（信山社，2011年）で述べた。

第1章　住民訴訟制度抜本的改革の提案

　第1に，監査委員の任命権は，首長ではなく，第三者に与えたい。たとえば，監査委員を公選制とし，任期を首長と同じくし，首長選挙のときに，監査委員の選挙を同時に行い，重複立候補を認めれば，落選者が監査委員になるので，首長の行為を厳格に審査するであろう。それでは監査をする専門性がないではないかとの反論はあろうが，監査事務局を適切に監督する能力があればすむ。それでも，監査事務職の職員は，実質的には首長の人事権に服しているので，面従腹背かもしれない。

　第2に，監査委員の判断が裁判で覆されても，執行機関，首長，職員だけ責任を負わされ，首長のしたことを正当化（幇助）した監査委員の責任が問われないのは不合理であると考え，監査委員の判断に故意又は重過失があれば，あるいはまじめに監査しなければ，監査委員も，一部責任を負う制度を作るべきである。具体的には一定の賠償とか，年俸の一部だけでも（1件に付き，30％でも）減額される仕組みが必要である（第2節3条6項）。

　第3に，監査委員には十分な監査を求め，不十分な監査の場合，裁判所から監査命令を発する制度を作るべきである（第2節13条）。

　第4に，監査をしっかりやらせるように，請求に理由がないとする理由については，監査委員は，原告が住民訴訟を提起するのに，支障がないように，財務会計行為をできるだけ特定し，それに関する文書を公表し，適法な理由を記録に基づいて明確に述べなければならない等とする規定が必要である（第2節6条）。

　第5に，監査制度をこれだけ整備してもなお監査請求するだけ無駄と思う住民には直接に出訴する道を開く。監査請求前置主義の廃止である（第2節7条1項）。

(4)　**監査請求と住民訴訟の同一性**

　監査請求を前置する以上は，訴訟段階で全く別の主張をすることは許されない。この同一性の要求水準についても種々の見解がある（阿部「判例総合研究」⑥判評428号218頁以下）が，監査請求自体が簡易な制度で，監査の対象を特定できる程度の端緒があれば認められるのであるし，監査委員は職権で調査すべきであるから，原告住民が訴訟を見通して，監査請求の段階で対象をきちんと決めることができなかったことを問題とすべきではないと思う。

第1節 住民訴訟，住民監査請求の改革の基本的な考え方

3 監査請求の特定性の緩和

(1) 判　　例

　判例によれば，監査請求の段階において，「一定の期間にわたる当該行為等を包括して，これを具体的に特定することなく，監査委員に監査を求める」と，それ自体不適法である。「住民監査請求においては，対象とする当該行為等を監査委員が行うべき監査の端緒を与える程度に特定すれば足りるというものではなく，当該行為等を他の事項から区別して特定認識できるように個別的，具体的に摘示することを要し，また，当該行為等が複数である場合には，当該行為等の性質，目的等に照らしこれらを一体とみてその違法又は不当性を判断するのを相当とする場合を除き，各行為等を他の行為等と区別して特定認識できるように個別的，具体的に摘示することを要するものというべきであり，監査請求書及びこれに添付された事実を証する書面の各記載，監査請求人が提出したその他の資料等を総合しても，監査請求の対象が右の程度に具体的に摘示されていないと認められるときは，当該監査請求は，請求の特定を欠くものとして不適法であり，監査委員は右請求について監査をする義務を負わない」（最判平成2・6・5民集44巻4号719頁）。そして，監査請求の対象が不特定であれば，前置されるべき監査請求が不適法であったからと，訴え自体が却下される。

　理由は事務監査請求制度との対比，対象行為などについて監査請求と住民訴訟との区別が設けられていないこと等にある。

(2) 園部逸夫反対意見

　しかし，この最高裁の考え方は，監査請求をあまりに裁判に準じて考えている。ここで，園部逸夫元最高裁判事が監査請求制度の趣旨に適合した反対意見を述べているので，簡単に触れると，その要点は，監査請求は，不服申立てとは違って，監査委員の職権発動を求める制度であるから，その前置主義も審査請求前置主義とは異なる。監査請求書に添付すべき「証する書面」（自治法242条1項）も，訴訟上の書証あるいは審査請求における証拠書類（行政不服審査法26条）のような厳密な意味での証拠ではなく，請求人が，当該行為等の違法又は不当を知る端緒となったものであれば足りると解される。したがって，監査請求では，厳格な具体的特定を要求することはできない。

　全く正当である。監査請求自体は，新聞記事程度の証明ができれば誰でもできると簡易化されているが，逆にそのつもりでやると，訴訟段階になって，監

査請求の段階で主張しなかったことは主張できないとされてしまうのでは，話が逆になっている。

監査請求の内容は，監査委員が監査できる程度の明確性があればよいはずであり，このような趣旨となるような法改正が必要である。

「証する書面」についても監査の端緒となる程度であればよいとすべきである（阿部「判例総合研究」②判評 416 号 165 頁）。

(3) 多少緩和した判例

なお，その後の最高裁の理論は，この反対意見を無視して，多数意見のままであるが，特定性の判断で多少合理的な姿勢を示している。すなわち，「住民監査請求においては，対象とする財務会計上の行為又は怠る事実を他の事項から区別して認識できるよう個別的・具体的に摘示することを要するが，複数の財務会計上の行為等を対象とする場合を含め，監査請求書及び請求人が提出した資料等を総合して，住民監査請求の対象が特定の財務会計上の行為等であることを監査委員が認識することができる程度に摘示されていれば足りるとして，県が，複数年度につき特定の費目に該当する費用の支出について個々の支出ごとに不適切な支出であるかどうかを検討する調査を行い，不適切な支出の合計額を公表したという事実関係の下においては，当該調査において不適切とされた支出が違法な公金の支出であるとしてされた住民監査請求は，対象とする各支出について，支出した部課，支出年月日，金額，支出先等の詳細を個別的・具体的に摘示していなくても，請求対象の特定に欠けるところはないとされた事例」である（最判平成 16・11・25 民集 58 巻 8 号 2297 頁，判時 1878 号 65 頁，判タ 1169 号 135 頁）。

筆者は，監査請求における特定性について判例を分析し（「判例総合研究」④判評 424 号 167 頁以下），その緩和の必要性を主張していた。したがって，監査請求の趣旨は端緒が分かればよいという条文を作るべきであると思う（第 2 節 3 条 3，4 項）。

4 財務会計行為

(1) 住民訴訟の対象

住民訴訟は，主観訴訟とは異なり，違法性一般ではなく，財務会計行為を対象としている。もっとも，条文上は，財務会計行為という用語は用いられず，

第1節　住民訴訟，住民監査請求の改革の基本的な考え方

住民訴訟の対象とされる事項は，地方自治法242条1項に定める事項，すなわち公金の支出，財産の取得・管理・処分，契約の締結・履行，債務その他の義務の負担，公金の賦課・徴収を怠る事実，財産の管理を怠る事実に限られるとされている。

そこで，実質的には財務・会計にかかわる重要な行為ながら，住民訴訟の対象とならない行為がある。

(2) 最判平成10年6月30日

財務会計行為の意義について，最判平成10年6月30日（判例自治178号9頁）は，実質的には財務会計行為なのに，それに該当しないとの判断をした。

徳島市が，平成3年から5年頃，マンションを賃借して月額4万5,000円の賃料を支出する一方で，同市財政部長にこれを宿舎として貸与して月額8,965円ないし7,797円の使用料を徴収したことにつき，右賃料と右使用料との差額分は同人に対し給付したものであり，右の給付は，給与条例主義（地方自治法204条の2）に違反し，住居手当の支給限度額を定めた徳島市職員の給与に関する条例に実質的に違反する等と，徳島市長個人に対し，右差額相当の損害金の支払を求める4号請求訴訟が提起された。原審では，認容されたのに，最高裁は職権をもってこの訴えを却下した。

住民訴訟の対象とされる事項は，地方自治法242条1項に定める事項，すなわち公金の支出，財産の取得・管理・処分，契約の締結・履行，債務その他の義務の負担，公金の賦課・徴収を怠る事実，財産の管理を怠る事実に限られ，これらの行為又は事実に当たらないものを対象とする住民訴訟は，不適法である。ところが，本件訴訟において被上告人（原告）が違法な財務会計上の行為と主張しているものは，前記の差額分の給付であることが明らかであり，当該給付なるものは，徳島市が現実に金銭等を支給したというのではなく，実質的にみて同人に右差額分に相当する利益を与えたということを指すのであるから，右のいずれの事項にも当たらない。

なお，原判決は被上告人の主張は右差額分の徴収を怠ったことが違法であるとの主張を含んでいるものと解しているが，仮にそのように解したとしても，被上告人の主張は右差額分の徴収権が存在するのにこれを行使しないというものではないから，これをもって地方自治法242条1項に定める「公金の徴収を怠る事実」の主張と解することもできない。したがって，本件訴えは，住民訴

第1章　住民訴訟制度抜本的改革の提案

訟の対象とならないものにつき提起されたものであって，不適法というべきである。

これは，住民訴訟，住民監査請求の対象を，故意に狭く解釈したものであり，いかにも不当である。もし差額分を支給したのであれば（財政部長が月額4万5,000円の賃料を負担し，市が差額を支給するとの形式を取れば），それは違法な公金支出となるのに，市がマンションを借り上げて，賃料を払って，安く賃貸すれば，住民訴訟の対象とならないとするのでは，一種の脱法行為を認めることとなる。あるいは，市と財政部長との間のマンション賃貸契約を違法と構成すべきかという問題もあるが，そのような理論構成次第で，実質的に変わりがないのに，訴訟の対象外とするのは実質的に妥当ではない。

そこで，これも対象となるように，条文案では，3条1項7号を包括条項として追加した。この事案は，井上善雄弁護士のご教示による。

(3) **財務会計行為密接行為**

(a) 住民訴訟は，財務会計行為の違法を理由とするもので，一般の違法行為は対象外である。違法な森林伐採，海面埋立てにより環境が破壊される場合は，それ自体は非財務会計行為ではあるが，それによる財政支出は無駄である[4]。そこで，公金支出の原因となるこうした先行行為が，財務関係行為と密接に関連し，後者を惹起すると評価される場合には，これを住民訴訟の対象とすべきである。

(b) もともと最高裁（昭和60・9・12判時1171号62頁等）は，住民訴訟の対象となる財務会計上の行為又は怠る事実は，それ自体直接法令に違反する場合だけではなく，その原因となる行為が法令に違反して許されない場合も違法となると判示していた。これは収賄罪で逮捕された職員を分限免職にして退職金を払ったことを違法とする住民訴訟において，分限免職処分は退職手当の支給の直接の原因をなすものというべきであるから，前者が違法であれば後者も当然に違法になると判断していた。

これは先行行為の違法が後行行為に承継されるとの立場である。この事件ではたまたま同じ市長が判断していたが，権限者が異なる場合も同じとすれば，後行行為の財務会計行為を行う者に重い負担を負わせることになる。そこで，

---

[4] 常岡孝好「環境住民訴訟の現状と課題」ジュリスト増刊『環境問題の行方』（1999年）115頁以下等参照。

この場合には，先行行為自体を財務会計行為として位置づけるか，財務会計行為を行う者の審査義務の観点から理論構成すべきであった（本書第6章Ⅰ）。

教育委員会が教頭を退職日に1日だけ校長に格上げして，それを前提として首長が退職金をアップして支払ったいわゆる一日校長事件の判例（最判平成4・12・15民集46巻9号2753頁）は，賠償責任が成立するのは，「先行する原因行為に違法事由が存する場合であっても，右原因行為を前提としてされた当該職員の行為自体が財務会計法規上の義務に違反する違法なものであるときに限られる」とした。ここで判例の変更があったと見るべきである。

この事件で違法があるとすれば教育委員会の行った公務員行政のレベルであって，退職金の支払いという知事の行った財務会計行為ではない。したがって，首長個人の賠償責任を問わないという点では賛成である。しかし，先行行為の違法，過失を理由とする訴訟を工夫しなければならない。

教育委員会の行った公務員行政は，通常の人事行政ではなく，退職金アップを目的とする脱法行為である（最終の財務会計行為は，公務員行政と自動的に連動している）から，実質は財務会計行為として，住民訴訟の対象とすべきである（第2節3条5項但書き）。

(4) 予算調整行為

公金の支出で言えば，財務会計行為とは，支出負担行為（契約など），支出命令，支出であるが，それが違法な場合，その元凶は，支出負担行為というよりも，それに先行して，地方公共団体でそのような支出をしようとして予算に計上して議決を取る行為である。そこで，首長の予算調整行為を財務会計行為とすべきである（第2節3条1項7号）。

5　監査請求期間

(1) 「相当な期間」に関する判例の厳格さ

住民監査請求は，「行為があった日又は終わった日」から1年以内に行わなければならず，それ以前の行為については「正当な理由」が必要である（自治法242条2項）。それに遅れると，住民訴訟自体が却下される。

この監査請求期間は，公金の支出を構成する支出負担行為，支出命令及び支出については，それぞれの行為のあった日から各別に計算する（最判平成14・7・16民集56巻6号1339頁）。支出負担行為や支出命令は首長などが行い，支出

は会計管理者が行うが，その権限は職務上独立なので，その違法も別になるからである。これは個別分断行為というべきものである。最終行為説もあったが，この判例で否定されたことになる（阿部「判例総合研究」②判評416号168頁〜170頁）。そのため，支出に気が付いて監査請求するとき支出負担行為を争う機会を失いやすい。

次に，判例は，「正当な理由の有無は，特段の事情のない限り，普通地方公共団体の住民が相当の注意力をもって調査すれば客観的にみて上記の程度に当該行為の存在及び内容を知ることができたと解される時から相当な期間内に監査請求をしたかどうかによって判断すべきものである。」（最判平成14・9・12民集56巻7号1481頁，さらに最判平成17・12・15判時1922号67頁）としている。秘密情報とされていない場合には，情報公開請求を徹底的に行わないと「相当な注意力を持って調査した」と評価されないことが多い。これ以前の判例，特に最判昭和63年4月22日判時1280号63頁と当時の下級審については，阿部「判例総合研究」②判評416号170頁，同③判評422号164頁以下で検討した。

(2) 判例批判

しかし，情報公開請求も何か端緒がなければやりようがない。判例は，常に行政の全分野について情報公開請求するという不可能事を庶民に要求するに近い[5]。「相当な期間内」も判例上2〜3ヶ月くらいが相場であるが，住民がその間に複雑怪奇な行政資料の調査を終えるのは大変忙しい。

なぜ，このように厳しい判断がなされるか，根拠は，支出の安定とされているが，賠償請求なら，支出自体には影響を与えないし，地方公共団体自身が請求する場合には一般の消滅時効の適用があるので，住民訴訟についてだけ短期の期間制限をおく理由は乏しい。本音は，裁判所としても，膨大な審理負担を前にして，わざわざ，正当事由を緩和して救済するインセンティブに欠けるからである。仕事を減らすかどうかを，その担当者に判断させるシステムは機能しないのである。

---

(5) 古関祐二「監査請求期間と正当な理由」藤山雅行ほか編『行政争訟［改訂版］』（青林書院，2012年）538頁以下，廣田達人「住民監査請求期間徒過の正当な理由」自治研究85巻1号136頁（2009年），阿部「期間制限の不合理性——法の利用者の立場を無視した制度の改善を」小島武司先生古稀祝賀（下巻）（商事法務，2008年）3頁以下，西原雄二「住民監査請求における『正当な理由』に関する考察」日本大学法学紀要47巻，2006年）7頁以下。

第1節　住民訴訟，住民監査請求の改革の基本的な考え方

　以上は私見であるが，「相当の注意力」に関する最高裁判決への学説の反応を整理した西原雄二「住民監査請求における『正当な理由』に関する考察」[(6)]をみても，最高裁の考え方は厳しすぎるというのが一般的な反応である。

　第1に，最高裁判例における判断基準によると，一般の住民にはほとんど考えられない非常に高度な注意力をもった調査を要求することになり，「相当の注意力」は，平均的住民の一般的な注意力ではなく，厳に注意深い住民の細心の注意力を要求するものであるという批判がなされている。

　第2に，最高裁判例の「相当の注意力」に対しては，そこでいう住民が「相当の注意力」をもってする調査を，報道等による受動的なものだけでは不十分で，決算説明書のような閲覧可能な情報を積極的に調査することを要するとしており，住民の注意力の水準をあまりに高いところに設定しているのではないかという疑問が投げかけられている。

　第3に，最高裁判例における住民の注意義務の程度は，「相当の注意」であって，「通常の注意」では足りない。マスコミ報道や広報誌等によって受動的に知った情報等だけに注意を払っていれば足りるものではなく，情報が住民なら誰でも閲覧等できる状態におかれれば，住民が相当の注意力を持って調査をすれば知ることができるものに当たるということである。住民にそこまで要求しないと法的安定性が確保できないのか。厳しすぎるという批判がある。

　第4に，情報公開制度との関係で，住民監査請求人が情報開示請求をしていれば必要な情報を入手できたはずであるとして，その時点を「客観的にみて住民が当該行為を知ることができた」時点とするのは，住民にとって酷に過ぎ，妥当でないという批判がなされている。

　第5に，住民監査請求・住民訴訟は広く住民一般を対象とする直接参政制度であるため，「正当な理由」の有無の認定に当たっても，特に注意深い住民を基準にすることには疑問があり，監査請求者本人と同種の地位にある平均人，すなわち，監査請求人が一般住民であるときは一般住民の，当該地方公共団体の議員であるときは議員の，それぞれの地位における平均人の注意力と情報収集力を基準とすることが妥当であるといった見解がある。

　第6に，「正当な理由」の有無は，原則として平均的住民の注意・判断能力

---
(6)　西原雄二・前注(5)「住民監査請求における『正当な理由』に関する考察」特に30-33頁。

第1章　住民訴訟制度抜本的改革の提案

を基準にして考えるべきであり、住民監査請求者個人の主観的事情をあれこれ詮索することは、一住民としての資格で監査請求を行い、住民訴訟を提起する権利を認めた当該制度の趣旨に合致しないとする見解がある。

　第7に、最高裁判例は、一般住民に対して「相当の注意力」を要求しているばかりでなく、認識可能性の対象として、当該行為の「存在」に限らず、「その内容」も含めている。「これはかなり厳しい要求といわなければならない。新聞報道などを知っているだけでは、このレベルには到底達することはできないのであって、逆にいえば、行政が一定の情報を閲覧可能な状態に置けば、それだけで住民は知ったことになる」ということであるといった見解がある。

　このように、最高裁判例のいう「相当の注意力」の問題に対しては、学説上、多くの疑問や批判があることがわかる。一般に、学説では、住民に「相当の注意力」が要求されることに対して否定的である。地方公共団体によって提供される情報に、当該情報に関する行為の存在やその適法性について合理的な疑いを抱かせる事実が含まれる場合でも、住民がこれに気づくのは困難であるため、最高裁判例の立場によれば、住民監査請求制度の機能は、かなりの程度で損なわれてしまうことになってしまう。財務会計行為の相手方が当該行為の違法性を知っていた場合など、少なくとも法的安定性確保の要請の程度が低い場合には、住民に要求される注意力の程度は低くなると解して、住民の制度利用の機会をより強く保障すべきであるといえる（引用、終わり）。

(3)　改　正　案

　ここでは立法者が登場すべきである。いっそ監査請求期間は5年くらいに延長すべきである。ただし、提訴時1年を経過した行為については、すでに行われた行為の効力を妨げないとすれば十分である。あるいは、損害賠償請求、不当利得返還請求は5年、それ以外は1年とすればよい。

　また、「相当な注意力」を「通常の住民が通常の注意を払っても容易に気が付かないもの」に変えるべきである（第6章Ⅶ，阿部泰隆「監査請求期間徒過の正当な理由（仙台市）」（最高裁平成14・9・17判決）　判例自治248号19〜21頁参照。第2節4条）。

(4)　**監査請求できることとしなければならないことは別**

　さらに、この監査請求をすることができる端緒があれば速やかに監査請求しないと、相当な期間を遵守したことにはならないとされているが、監査請求を

第1節　住民訴訟，住民監査請求の改革の基本的な考え方

することができることと，しなければならないことは別である。

　単に監査委員の職権調査に期待して，監査請求をしようと思えばできるというだけではなく，監査委員を説得するのに必要な資料を入手するために要する通常の期間を考慮すべきである。つまり，監査請求に当たっては，支出負担行為，支出命令，支出などを具体的に明らかにして，誰がどの様な違法行為を犯したか，それに過失があったか，重過失，さらには故意があったかを明らかにしないと，実のある監査請求とはならない。もっとも，監査委員は本来なら，抽象的であれば監査請求がなされれば，それを端緒として職権で監査すべきであるので，支出負担行為，支出命令，支出等を解明できるであろうが，現実には，監査請求をできるだけ排斥して，首長や公営企業管理者などを守ろうとしているのであるから，監査請求の段階で，支出負担行為，支出命令，支出等の書類をきちんと用意しないと監査委員を説得するのは至難である。したがって，これらに要する時間は相当な期間を判断する際に考慮されるべきである。

(5)　一事不再理との関係

　監査請求ができるだけの端緒を発見したというだけで，十分な資料を探求するいとまもなく，監査請求すれば，監査委員を説得することが困難になって，却下されることは火を見るよりも明らかあるが，その後に十分な資料を見つけてももはや一事不再理として監査請求ができない。

　現に最高裁（昭和62・2・20民集41巻1号122頁）は，同一住民が，同一の財務会計上の行為または怠る事実を対象として，再度の住民監査請求をすることは許されないと判示している（これについては阿部「判例総合研究」⑤判評427号165頁以下は批判的である）。

　それは住民訴訟において主張すればすむということであるが，それでは，監査請求制度がほとんど無意味になる。

　そうした監査請求の前置を強制する理由があろうか。監査請求をするかどうかを自由選択主義としているのであればまだしも，監査請求前置主義のもとでは，上記のようなことがないように，充実した監査がなされることが求められているのであるから，監査請求の端緒が見つかればすぐ監査請求せよ，それで却下されたら，あとは訴訟で争えというのではなく，情報公開により必要な文書を入手して監査を求めることは，不当なことではないのである。それは「相当な期間」判断に際して考慮されるべきである。

(6) 不作為の場合（真正不作為と不真正不作為）

監査請求期間は，作為について適用され，不作為については，適用がない（不作為状態の間は監査請求できる）。請求すべき行為を，請求を怠っている不作為として構成するだけでは，表裏一体の脱法行為であるから，不真正不作為であり，監査請求期間の適用がある（最判昭和 62・2・20 民集 41 巻 1 号 122 頁，さらに，最判平成 19・4・24 民集 61 巻 3 号 1153 頁，判時 1967 号 82 頁，重判平成 19 年 52 頁）（この昭和 62 年最判当時の検討として，阿部「判例総合研究」④判評 424 号 164～167 頁）。

しかし，「指名競争入札のさい談合を行った業者に対して，県が損害賠償請求権の行使を違法に怠っているという事実に関する住民監査請求は，県がその業者と契約を締結することとなっても，特定の財務会計上の行為の違法を判断することを求めるものではないので，地方自治法 242 条 2 項に定める監査請求期間の制限を受けない。」（最判平成 14・7・2 民集 56 巻 6 号 1049 頁，第 6 章 Ⅵ＝阿部・判評 536 号＝判時 1828 号 170 頁，2003 年）。つまり，地方公共団体に対する談合等は，地方公共団体に対する不法行為であり，財務会計行為の違法を判断しなくてもその違法を判断できるので，真正不作為となるのである[7]。（第 2 節 4 条）。

6 仮の保全措置

事態が進行して，違法行為が行われてしまっては是正が困難な場合が多い。そこで，仮の保全措置を強化する必要がある（第 2 節 5 条）。

7 出訴期間

(1) 出訴期間の延長

出訴期間が 30 日（自治法 242 条の 2 第 2 項）しかないのは短かすぎる。行政処分を受けて，異議申立て，審査請求をしてから取消訴訟を起こす場合には，内容的にも連続するので，比較的短期間に出訴の準備ができる。それでも，審査請求期間の 60 日は短すぎる。今の出訴期間 6 ヶ月でも集団訴訟ではぎりぎりである。

---

[7] 清水知恵子「真正怠る事実と不真正怠る事実」藤山雅行ほか編『行政争訟［改訂版］』（青林書院，2012 年）570 頁以下参照。

第1節　住民訴訟，住民監査請求の改革の基本的な考え方

　しかも，監査請求と訴訟では，内容が全く異なる。監査請求の段階では，前記のように，新聞記事だけを出しても，適法であるが，訴訟段階ではそうではない。住民訴訟では，訴訟類型を構成する必要があるし，証拠を丁寧に収集して，どの財務会計行為にどのような違法，過失，損害があるのかを明らかにする必要がある。これは監査請求の結果では必ずしも明らかにならないので，改めて調べ直さなければならない（むしろ，監査委員はしっぽを出さないように内容のない監査をすることが多い）。情報公開を請求しても，速やかに返事があるとは限らない（むしろ，地方公共団体側は，住民訴訟逃れに情報開示を怠っている。わざと非公開事由に当たる，文書がないなどするのである）。又，原告団が集まって，内容を協議しなければならない。原告の数は，一人でもよいとはいえ，多数集めるのが普通であり，そのためには時間を要する。弁護士を付けるのが普通であるが，散在している多数の原告から委任状を集め，しかも，弁護士が一人ひとり出訴の意思を確認するのも，大急ぎである。したがって，出訴期間30日はあまりにも短すぎる。これは少なくとも3ヶ月に延長し，さらに，情報公開が遅れることは出訴期間徒過の正当事由と解すべきである[8]。なお，期間を日で数えると月によって計算が複雑になるので，月で数える方が良い（第2節7条2項）。

(2) **原告死亡などの対応**

　住民訴訟の原告の権利は一身専属的で，原告が全員住民でなくなったとき（他の地方公共団体への転出，死亡）は，訴訟は終了する。しかし，せっかく進めた訴訟であり，また，この訴訟は生活保護のような個人の利益のための訴訟ではなく，公益訴訟であるから，他の同士の住民が引き継ぐのが妥当である（第2節7条3項）。

8　部下・議員の責任

(1) **組織ミスへの対応**

　住民訴訟では，首長や職員個人の責任を問ういわゆる4号請求が多い。その額は現在青天井であるので，しばしば巨額になる。首長は，組織で決めたことでなぜこんなに多額の責任を負わなければならないのかと不満であり，これが

---

[8]　阿部・前注(5)「期間制限の不合理性」。

第5章で述べる、議会の権利放棄議決の一因となっている。

組織のミスであっても、長たる者は、逆に組織を動員して、ミスのないように法令コンプライアンスを厳守させることができるのであるから、それを怠っていれば、過失を免れないが、自分で自治体に賠償して、それを責任のあった部下に相応の求償をすべきである。あるいは、首長も、部下も共同被告になるようにすべきである。

(2) 専決権者のミスの責任

特に、専決権者の行為について首長が指揮監督上の責任を問われる場合（最判平成3・12・20民集45巻9号1455頁）、専決権者に相応の求償をすればよい（第2節8条2項）。

(3) 議員の責任

現行制度では、議会が違法な議決をしても、賛成した議員は住民訴訟上の責任がないと思っている向きがある。しかし、議員は住民訴訟法上直接には被告にならないが、自治体に違法・過失により損害を与えた不法行為者として、執行機関が議員個人に対して、自治体に支払えという賠償請求訴訟を提起できると解される。このことを明示して、議員に注意を促す必要がある。たとえば、異常に廉価な土地売却決議、合理的な理由がない権利放棄などがこれに当たる。議決は全て記名投票にすべきである。

ちなみに、会社法423条3項3号でも、（違法な）当該取引に関する取締役会の承認の決議に賛成した取締役は任務を怠ったものと推定するとされている（第2節8条3項）。

9 首長の責任は過失責任主義を維持

(1) 重過失責任は行きすぎ

首長に、重大な過失なり故意ではなく、善意で、かつ単なる軽過失があるに過ぎない場合には、全損害を負担させるのは気の毒である。そこで、筆者はもともと首長の責任を重過失に限定せよと主張していた[9]。しかし、今再考する。詳しくは第5章第2節附言、第3節Ⅱ6で述べる。

重過失とは、「通常人に要求される程度の相当な注意をしないでも、わずか

---

(9) 阿部「住民訴訟における職員の賠償責任——地方自治法242条の2の4号請求（上・下）」判タ561号32頁以下、562号9頁以下（1985年）。

の注意さえすれば，たやすく違法有害な結果を予見することができた場合であるのに，漫然これを見すごしたような，ほとんど故意に近い著しい注意欠如の状態を指すものと解すべきである。」との失火責任法に関する判例（最判昭和32・7・9民集11巻7号1203頁）が基準となる。これではよほど杜撰でないと責任を問われないから，軽過失全額免責はいかにも行きすぎである。

そもそも，軽過失でも責任を負わされるのは，株式会社の重役その他にも適用される不法行為の一般原則であり，例外を設ける理由がない。しかも，首長は，法務担当の部下を駆使して，法令コンプライアンスを公費で行うことができるのであるから，しっかりやれば，過失があるとされることはまずないはずである。これまでも過失があるとされたのは，法務を活用せず，素人考えで判断したり，いわゆる政治判断で，いろんな方面に利益を与えようとしたためである。その典型例はポンポン山裁判（第6章Ⅴ）なり厚遇裁判（第3章）である。そのほかの例として例えば，日韓高速船訴訟やチボリ公園事件では過失が否定されている（第2章第2節Ⅱ1，87頁）。まともな首長が心配するような必要はない。したがって，軽過失でも賠償責任を負わせるべきであるとの判例（最判昭和61・2・27民集40巻1号88頁）を維持すべきである（第2節8条4項）。

(2) **国家賠償との均衡論は不適切**

重過失責任主義の根拠として，国家賠償法との均衡があげられるが，不適切である。

国家賠償訴訟は個人の責任を追及する制度ではないので，国家が賠償責任を負えば，それで原告は満足できるから，損害回復という点では，公務員が責任を負うかどうかは二次的な問題である（ただし，違法行為の抑止という点からは，故意又は重過失があった公務員に対して被害者から直接に責任を追及できる制度を導入すべきである[10]）。

これに対し，住民訴訟4号請求訴訟は個人の責任を追及する制度であるから，軽過失だからと，責任がないとなれば，損害が発生しているのに賠償責任を負う者が誰もいないことになる。これは不合理である。日本では軽過失を免責するのは失火責任法くらいであるが，失火責任法はほんの少しの過失でも火を出せば江戸中丸焼け，その責任を負わせるのは気の毒という趣旨である。法令コ

---

[10] 阿部『行政法再入門（下）』（信山社，2015年）第14章，『行政法解釈学Ⅱ』（有斐閣，2009年）438頁以下。

ンプライアンスを公金で構築できる首長には妥当しない。

　重過失責任主義では住民訴訟は死に体である。地方公共団体では，どうせ重過失はないとして，違法行為のやり放題になる。まさに，放置国家である。これまでの住民訴訟の成果を全て無視することになる。

　均衡論は，もっぱら責任を負わされるほうから見たものであり，責任を追及し，損害を回復する立場からも見る必要がある。

　また，住民訴訟における長の責任は，法令コンプライアンス体制をとれば，意見が対立してどっちもそれなりの場合には，どっちをとろうと，過失がないとして免責されるであろうから，心配がない。

　個々の公務員には，法令コンプライアンス体制をとる権限がないので，過失で責任を負わされたら気の毒な点がある。

(3)　首長の責任限定方法

　ただし，首長気の毒論に立っても，軽過失なら，株主代表訴訟における責任の一部免除（会社法425条）と同じく，上限を年俸の6倍＋年俸の1％に設定して，賠償責任を軽減すれば十分である。

　これに対しては，責任があるのに，なぜ限定されるのかという反論があるが，組織として決定しているのであれば，軽い落度でも，相当因果関係にある損害について単に長というだけで全責任を負わせるのは不公平である。本来は補助機関，会計責任者，議員などとの共同責任であるから，責任を分割すれば，限定するべきことになる。それがどの程度かを事件ごとに判定するのは至難であるから，会社法に倣って画一的に決めればよい。年俸の6倍が重すぎるのであれば，3倍でも良いと思っている。

　かりに，軽過失免責の制度を作るとすれば，その際に，住民訴訟でその行為は違法であり，首長に軽過失があったときちんと公的に断罪する制度が必要である。さもないと，首長が違法行為を犯したが，重過失がないとして，原告の請求が全て棄却され，何事もなかったかのようになるし，住民訴訟の方も提起するインセンティブがなくなり，違法だが軽過失行為は治外法権になるからである。

　そこで，仮に違法であっても，軽過失だから責任はないといって全て請求を棄却することを許さず，違法，軽過失，損害の順に判断すること，そして，軽過失であろうと，違法であり，損害があると判断されたら，原告代理人には弁

護士報酬を支払うこととすべきである（第2節17条）。

最近でも，市長等の責任について，軽過失免責は及ばないとして，賠償責任が認められた例がある（広島高裁岡山支判平成21・9・17判時2089号37頁）（第2節8条4項）。

10　地方公社，三セクも対象に

住民訴訟は地方公共団体に関するもので，特別地方公共団体である一部事務組合には準用される（自治292条）が，土地開発公社，住宅供給公社，道路公社という地方三公社は，深刻な財政乱脈にもかかわらず，対象外になっている。これは大きな問題である[11]。いわゆる地方三公社は，住民訴訟の対象となれば，機動的に業務が行えないなどというのは嘘であり，逆に住民訴訟を免れて，数々の乱脈を隠し通してきた。100％地方公共団体出資であるから，形式的に別団体であるというだけで，住民訴訟を免れるのは不合理であり，これも住民訴訟の対象となるように法改正すべきである。なお，地方公共団体から財政的援助を得ている三セクなどには監査委員が監査できる（地方自治法199条7項）。（第2節21条2項）。

11　被告の無用な抗争をやめるインセンティブ

住民訴訟平成14年改正（改悪）により，首長や職員は個人としては被告とならず，訴訟形式は，ポストとしての執行機関に対して，首長個人や談合企業などに請求せよとの請求を行うこととなった。その本当のねらいは，執行機関というポストを訴訟当事者とすることにより，勝敗にかかわらず弁護士費用を公費負担とすることができること，職員を勤務時間内に使えることである。首長が個人として被告になるのは，負担が重いことに鑑みると，この改正の意図に一理があることは否定できない。

しかし，これでは，被告は敗訴して上告しても全て税金でまかなえるし，弁護士を何人雇ってもよい（神戸市長を被告とする住民訴訟では当方は筆者1人，被告側は名義上は大勢）ので，勝ち目が全くなくても，万が一の僥倖を期待して，あるいは引き延ばし作戦のため，争いを続ける。やめるインセンティブがない。

---

[11]　駒林良則＝寺田友子「土地開発公社と住民訴訟」名城法学57巻1＝2号（2007年）＝寺田『住民訴訟判例の研究』（成文堂，2012年）142頁以下参照。

第1章　住民訴訟制度抜本的改革の提案

被告代理人弁護士はそのおかげで高額の報酬を得ている（第4章第5節）。これは，手弁当で戦っている住民とその弁護士と比べて，あまりにも不公平である(12)。元に戻すべきである。

そこで，この改正を前提としても，首長側が敗訴した場合，弁護士費用の一部は，首長等個人に負担させるシステムが必要である。それを別の裁判で決めるとすると，ますます時間がかかり，原告の負担となるので，同じ裁判で，機械的に決めるべきである。全額とは言わないが，たとえば，1件あたり年俸の10〜20％等と決めても良い。そのためには首長など個人をこの訴訟の被告とする必要があるが（第2節17条4項）。

12　立証責任

平成14年改正の建前上の理由は，執行機関が被告となれば，説明責任を果たせるということであった(13)。そのことから，立証責任も被告にあると考えられる(14)。そこで，筆者は，住民訴訟において，被告に説明させるようにと何度も裁判所に申し立てたが，認められていない。これでは，詐欺立法である。これは解釈論としても認められるべきであるが，法改正の際には，首長に説明責任・立証責任を負わせる明文の規定を置くべきである（第2節11条1項）。

そして，平成14年改正前のシステムに戻し，自治体の立場を主張する（説明責任を果たす）ようにするためには，行政庁として，首長側に参加することを正面から認める明文の規定（行訴法23条の準用）をおけばよい。

地方公共団体が首長側に補助参加できるかは，理論的には難問であり，判例も分かれている（第2章第1節注9，70頁，第2章第2節Ⅱ3，98〜100頁）が，最高裁（平成13・1・30民集55巻1号30頁，判時1740号3頁，判タ1054号106頁）も，平成17年改正会社法（849条）も認めた（第2章第2節Ⅱ3，98頁）ので倣うこととするのである（第2節11条2項）。

---

(12)　阿部「住民訴訟改正案へのささやかな疑問」＝本書第2章第1節。
(13)　この点は，第2章第2節注(1)。
(14)　鈴木秀洋「住民訴訟（改正4号訴訟）における立証責任の考察」内山忠明ほか編著『自治行政と争訟』（ぎょうせい，2003年）201頁以下。

13　訴訟類型

住民訴訟は，客観訴訟として構成されているので，法定訴訟以外の訴訟類型は禁止されている（阿部『判例総合研究①』判評414号171頁以下）。

平成14年改正法では，相手方に対する法律関係不存在確認請求は1号請求（差止請求）によって，原状回復請求と妨害排除請求は3号請求によって対処できるとして削除され，非常に迂遠になった。これについては，平成14年改正法の誤謬を主張する第2章第2節Ⅲ5（108頁）で安本典夫の批判を引用している。

相手方に対する法律関係不存在確認請求も，相手方に直接求めなければ，実効性がない。原状回復請求，妨害排除請求も，相手方に直接求めなければ実効性がない。違法な契約も効力があるので，首長に対する賠償請求しか許されていないが，違法な契約を解除せよとの訴えを，首長と相手方を共同被告として提起できるようにすべきではないか（第2節8条1項4号）。しかも，仮処分を認めないと実効性がない。

さらに，平成14年までは，カルテル企業に対して直接に賠償請求できたのに，改正後は，首長に対して，カルテル企業に請求せよと請求し，首長からカルテル企業を訴えるという迂遠な仕組みになり，しかも，企業は補助参加しかできず，十分な権利防御ができないという不備な制度となった。この不合理は第2章第2節で述べるが　元に戻すべきである。

この改正では差止訴訟の要件から「回復の困難な損害」が削除され，事前に違法行為を是正すること，つまりは，事後の賠償請求による首長などの個人責任の追及事案が減少することが期待された。しかし，仮の差止めは禁止された。この状態では，仮に，住民が違法行政の情報を事前にキャッチして，差止訴訟を提起しても，違法な契約や公金支出はどんどん進行してしまうから，差止訴訟が実効性をもつことはまずない。

本当に事後の賠償請求訴訟の減少を期待するのであれば，仮の差止めを復活させ，実効性を与えることが肝心である（第2節9条）。

14　文書提出命令の相手方の不備

これも，平成14年改正の誤謬を指摘する第2章第2節Ⅱ1(3)（88頁）で述べているが，文書の所持者は，首長ではなく，自治体そのもの，または相手方

企業であれば、それは第三者なので、文書提出命令に応じなくても、過料を科されるだけで、原告の主張を事実に即していると認める効果がないので、かえって不備となった（民訴法224条・225条）。

文書提出命令に応じなければ、原告住民の主張が正しいと認める制度がほしい。これは被告を平成14年改正前に戻せば、首長個人や企業には文書提出命令を無視すれば、原告の主張が認められることになる。地方公共団体に提出命令を発したが無視された場合には、首長個人や第三者企業は、別人格であるから、直ちに原告の主張が正しいと認めるわけにはいかないが、それを無視した時の首長個人に高額の罰金を科することが必要である。

被告を、現行法のように、首長というポストとするままとしても、首長個人、第三者企業に文書提出を命じ、これが無視された場合には、その首長個人、第三者企業との関係で、原告の主張が正しいと認めることとすべきである（第2節12条）。

15　専決権者と請求の相手方の変更

判例は、「専決を任された補助職員が管理者の権限に属する当該財務会計上の行為を専決により処理した場合は、管理者は、右補助職員が財務会計上の違法行為をすることを阻止すべき指揮監督上の義務に違反し、故意又は過失により右補助職員が財務会計上の違法行為をすることを阻止しなかったときに限り、普通地方公共団体に対し、右補助職員がした財務会計上の違法行為により当該普通地方公共団体が被った損害につき賠償責任を負う」としている（最判平成3・12・20民集45巻9号1455頁）。

この判例は、もともと、首長などの個人責任を追及する4号請求訴訟は、自治体が行う不法行為請求訴訟を、住民が代位行使するものであるから、自治体が行う場合と同じく考えると、不法行為者は、権限を現実に行使した者であり、内部的にせよ権限が委任されていれば（専決）、専決権者の責任を追及すべきであるという考え方を前提としている。

しかし、平成14年の住民訴訟改正により、被告は首長などの行政機関となり、首長から、行為者に対して請求することを求める訴訟形式がとられている。このような制度としたのは、前記のように首長の説明責任を果たさせるためである。

第1節　住民訴訟，住民監査請求の改革の基本的な考え方

それならば，自治体内部の権限の所在に疎い（情報公開請求しても専決権者を明らかにするにも手間暇がかかる）住民に，責任があるのは専決権者か本来の権限者かを特定させるべきではなく，住民が，首長に対し，本来の権限者に対して請求せよという訴訟を提起したとき，被告首長は，権限を内部的にせよ委任したから，本来の権限者の責任ではないと反論して，責任を免れることは許されず，むしろ，責任ある行為をしたのは，本来の権限者か，専決権者か，誰がどのように関与したのかを説明すべきであると考える。そして，専決権者に対して請求せよと請求の趣旨を変更するのは，出訴期間が徒過してからでも，首長から説明があってから相当の期間内なら，行訴法15条により許されると解すべきである。平成14年改正前に戻しても同様である（最判平成11・4・22。第6章Ⅳ。第2節7条4項）。

さらには，この最高裁は，従前の被告に対する訴えは，新しい被告に対する時効中断事由に該当しないとするが，特例を置くべきである（第2節7条5項）。

また，いずれにせよ，責任者が誰であるかは外部からは明確ではないから，法令により権限を有する者は，専決権者を監督する権限を有することから，ともに被告として責任を負うこととし，専決権者だけのミスであれば，内部的には専決権者だけ責任を負うこととすべきである（第2節8条2項）。

16　弁護士の報酬
(1)　訴え取下げの場合の「勝訴」の意義

原告住民は，「勝訴（一部勝訴を含む。）した場合において，弁護士又は弁護士法人に報酬を支払うべきときは，当該普通地方公共団体に対し，その報酬額の範囲内で相当と認められる額の支払を請求することができる。」（自治法242条の2第12項）となっており，実質的には，住民がこの弁護士報酬の支払いを地方公共団体に求め，その得た額を弁護士に払う。

その要件である「勝訴」の意義については，最高裁（平成17・4・26判時1896号84頁，判タ1180号174頁）は，「訴えの取下げがあった部分については初めから係属していなかったものとみなされる（民訴法262条1項）のであるから，住民訴訟が提起されたことを契機として普通地方公共団体が当該訴訟に係る損害について補てんを受けた場合であってもその訴えが取り下げられたことにより当該訴訟が終了したときは『勝訴（一部勝訴を含む。）した場合』には当たら

ない」とした。

　しかし，被告が弁済したので原告が満足する場合は，形式上訴えを取り下げても，原告は勝訴したことになるはずである。とても理解できない判決である（第4章第4節）[15]。

　この判決を前提とすれば，「勝訴（弁済，認諾，和解，当該地方公共団体による違法の是正などにより，判決を待たずに，原告の請求が実質的に目的を達した場合を含み，さらに，一部勝訴を含む）した場合」と改正すべきである（第2節17条）。

　なお，住民訴訟では，原告は地方公共団体を代位するが，財産の処分権を有しないので，和解できるのかという問題がある。たしかに，原告住民が和解した後で，当該地方公共団体が残額の請求をすることが禁じられることになるのも問題であるが，当該地方公共団体が請求したければ，その訴訟が係属中に参加すればすむことなので，原告らと共同原告である当該地方公共団体は被告と和解することができ，和解後に当該地方公共団体はもはやこれを争えないと解すべきであろう。平成14年改正後は，首長が被告になるのでますます同様に解される。

(2) 原告側勝訴弁護士報酬の算定の仕方

　次に，「その報酬額の範囲内で相当と認められる額」について争いがあった。

　被告側の多くは，印紙代が訴額算定不能説（最判昭和53・3・30民集32巻2号485頁）によっていることから，原告側弁護士報酬も同じとして，認容額，執行額がどんなに巨額でも，従前妥当していた弁護士会の報酬規程により訴額を800万として，一，二審の着手金，成功報酬を入れても，198万円となると主張していた。

　しかし，原告が支払う印紙代の基準となる訴額の算定基準と，最終的には原告勝訴によって利益を受けた地方公共団体が原告弁護士に払う弁護士報酬の基準は全く別である。そして，被告弁護士は通常の弁護士報酬の支払いを受ける（第4章第5節）し，会社法の株主代表訴訟の原告弁護士の受ける報酬も，算定不能説によるのではなく，認容額なり執行額が基準となっている。そこで，少

---

[15] 阿部「いわゆる4号請求住民訴訟（平成14年改正前）が訴えの取下げにより終了した場合は原告に弁護士報酬を払うべき「勝訴（一部勝訴を含む。）した場合」には当たらないとされた事例（平成17.4.26最高裁判決）」自治研究82巻9号122頁以下（2006年）＝本書第4章第4節。

第1節　住民訴訟，住民監査請求の改革の基本的な考え方

なくとも認容額なり執行額を基準とするべきである。筆者はこのように主張してきた（第4章第1節，第2節）[16]が，最近の最高裁（平成21・4・23判決判時2046号54頁）は認容額を重視せよとして，後者に近い判断をした。

すなわち，「住民が勝訴したときは，そこで求められた是正等の措置が本来普通地方公共団体の自ら行うべき事務であったことが明らかとなり，かつ，これにより普通地方公共団体が現実に経済的利益を受けることになるのであるから，住民がそのために費やした費用をすべて負担しなければならないとすることは，衡平の理念に照らし適当とはいい難い。……『相当と認められる額』とは，旧4号住民訴訟において住民から訴訟委任を受けた弁護士が　当該訴訟のために行った活動の対価として必要かつ十分な程度として社会通念上適正妥当と認められる額をいい，その具体的な額は，当該訴訟における事案の難易，弁護士が要した労力の程度及び時間，認容された額，判決の結果普通地方公共団体が回収した額，住民訴訟の性格その他諸般の事情を総合的に勘案して定められるべきものと解するのが相当である。」「これら認容額及び回収額は重要な考慮要素となる。」

正当であるが，さらに付け加えると，原告弁護士が報酬を得られるのは長年の訴訟のあとであり，しかも，もう一度訴訟をしなければならないから，少なくともその間の利子と再度の訴訟の負担を考慮すべきである。また，被告弁護士は敗訴しても着手金を得られるが，原告弁護士は敗訴した場合には，一文も得られない。しかも，違法を指摘しても，損害がないとか，過失がないという理由で敗訴する場合，違法行為を以後防止できるという大きな功績があるが，報酬は得られない。

このことを考えると，単に勝訴の場合に認容額なり執行額を基準とするだけでは到底足りない。また，被告側弁護士の報酬よりも高くすべきである。

そこで，この条文は，「その報酬額の範囲内で相当と認められる額」というだけでは足りず，「認容額少なくとも回収額，訴訟受任から報酬を得られるまでの間の利子負担，弁護士報酬請求訴訟の負担，違法行政防止の効果，勝敗のリスクなどを考慮して，一般の弁護士の報酬基準に照らして相当と認められる

---

[16] 阿部「住民訴訟における住民側弁護士の「勝訴」報酬の考え方——判例の総合的検討」判時2007，2009，2010号（2008年）＝本書第4章第1節。同「住民訴訟における住民側弁護士の『勝訴』報酬の考え方（再論）」判時2062号（2010年）＝第4章第2節。

金額」と改正すべきである。本来はそれよりも，紛争を避けるため機械的に判断できるようにすべきである。被告側が権利放棄したりして，故意に回収しなかったときは，回収額ではなく，認容額とすべきである（第1章第2節17条）。

(3) 弁護士報酬請求手続

　この弁護士報酬請求訴訟は，一審から別訴訟としてやり直すことになるが，これも弁護士にとっては負担が重い。しかも，住民訴訟の記録は，裁判所が職権で閲覧することがないので，原告がその記録を全て提出しなければならない。被告も持っているのに別事件だとして提出し直しである。これではムダである上，裁判所は，前の住民訴訟の実態を十分に知ることなく報酬を決めることになる。むしろ，弁護士報酬は住民訴訟に附帯して請求できることとすべきである。少なくとも，住民訴訟を審理する裁判所は，前の訴訟の記録を職権で取り寄せて審理することとすべきである。

　さらに，違法だが，過失なしとして原告が敗訴した場合は，首長側も，少なくとも次回は故意があるとされるから違法行為をやめるであろう。そうすると，この訴訟は，財務行政の是正に貢献したとして，弁護士報酬をせめて上記の基準の半額を出すようにすべきである。

(4) 被告代理人の報酬

　なお，これに対しては，住民側弁護士が儲かるのはおかしいとの批判がありそうであるが，某大事務所では，ある政令指定都市から，タイムチャージ1時間4・4万円で年間1,400万の支払を受けているし，神戸市は，住民訴訟の委任の際着手金，成功報酬とも審級毎に支払い，しかも，2箇所の事務所に委任しても，同じく支払っている。その上，ある代理人は，公営住宅の明渡訴訟を独占的に受任し年間3,000万にも及ぶ支払を受けている。住民側弁護士は2度の訴訟で，何年も後になってようやく貰えるのであるから，認容額説でも決して高くはない（第4章第5節）。

17　住民敗訴の場合の訴訟費用の負担

(1) 敗訴住民への訴訟費用請求の驚愕

　敗訴すると，判決主文で訴訟費用の負担を命じられる。勝訴した方が，敗訴した方から取り立てることができるのである。そのためには，訴訟費用確定決定の申立てが必要である（民訴法61条以下，71条）が，手間もかかるし，高額

でないので，これまではこれをしない弁護士が多いと言われてきた。

しかし，住民訴訟で勝訴した市が，住民に対して，訴訟費用の負担を求めた例がある（2010年4月，弘前市，30数万円。2010年12月，宝塚市，264万円）。弁護士報酬以外は，弁護士の費用も，敗訴者負担とされている。弁護士の旅費，宿泊費も，安いながら，含まれている（民事訴訟費用等法2条，同規則2条）。この訴訟費用確定決定の申立をするには，期間制限はないようである（民事訴訟規則24～28条）。ただし，記録の保存は5年間（判決文は50年，和解は30年）（事件記録等保存規程，昭和39年12月12日最高裁判所規程第8号。ただし，最高裁ホームページには掲載されていない）とされている。

住民からすれば，負担ばかりで，もともと勝っても一文にもならない訴訟で，敗訴したらこのような負担をさせられるのは，不合理だし，びっくりである。

たしかに，民事訴訟法では，訴訟費用敗訴者負担の原則がおかれている。その上，訴訟費用の中に弁護士報酬を入れるべきかが論じられ，いったんはそのような法改正がなされそうになったが，弁護士会の猛反対その他により，現行法のままで済んだ。そのさい，訴訟費用敗訴者負担の原則自体については一般には論じられていない。

(2) 公正な訴訟費用負担制度を

この点では，民事訴訟法，行政事件訴訟法の一般原則においても，例えば，訴えの利益が原告の責めに帰す事由なく消滅した場合には，原告敗訴であっても，訴訟費用は，各自負担とするように解釈すべきである（最決平成19・4・20判時2012号4頁）し，争いがないように明文の規定が必要である。

しかし，住民訴訟にはさらに特例をおくべき特殊性がある。住民訴訟は，財務会計行為の違法の是正・違法の防止手段であるから，訴訟としての勝敗よりも財務会計の適正化を目的としており，その適正化が図られれば，かなりの目的を達成したといえる。

たとえば，公金支出差止訴訟の係属中に公金支出が取りやめになったので，訴えを取り下げた場合，原告に訴訟費用を負担させるべきではない。

公金の支出後1年過ぎてから監査請求して，「正当な理由」の有無が争われ，結局は訴えが却下されても，訴え提起には相当な理由があり，行政側も，この訴えを踏まえて，違法を抑制することが多い。

一審住民勝訴，高裁住民敗訴の場合には，原告の訴えには提起するだけの十

第1章　住民訴訟制度抜本的改革の提案

分な理由がある。

　行政側が違法行為を是正したとか，賠償を求められている者が支払ったので，訴えを続ける意味がなくなった場合，議会の権利放棄により住民が請求する権利が消滅した場合も，訴訟費用を原告に負担させるのは正義公平の原則に反する。

　財務会計行為が違法だが，支出命令権者，支出者，専決権者などに過失がない場合，さらに，違法，過失は認められるが，損害がないとされる場合などについては，違法行為を指摘して，今後このような行為をしないようにという点では，地方公共団体の財務会計行為の適正化に大いに寄与している。

　いわゆるはみ出し自販機事件では，はみ出し自販機の道路占用料分を請求すべきだが，割に合わないとして，原告敗訴になった。しかし，この違法は是正された。すなわち，1台ごとに債務者を特定して債権額を算定することには多くの労力と多額の費用とを要するものであったとして，本件について，「債権金額が少額で，取立てに要する費用に満たない」と認めたことを違法であるということはできない。また，はみ出し自動販売機に係る最大の課題は，それを放置することにより通行の妨害となるなど望ましくない状況を解消するためこれを撤去させるべきであるということにあったのであるから，対価を徴収することよりも，はみ出し自動販売機の撤去という抜本的解決を図ることを優先した東京都の判断は，十分に首肯することができる。そして，商品製造業者が，東京都に協力をし，撤去費用の負担をすることによって，はみ出し自動販売機の撤去という目的が達成されたのであるから，そのような事情のもとでは，東京都が更に撤去前の占用料相当額の金員を商品製造業者から取り立てることは著しく不適当であると判断したとしても，それを違法であるということはできない（最判平成16・4・23民集58巻4号892頁，判時1857号47頁，判タ1150号112頁）。これでも原告は上告棄却で訴訟費用を負担させられる。誠に逆転の不公平というべきである。本来は原告に成功報酬を払うべきなのである。

　最判平成23年10月27日（判時2133号3頁，判タ1359号86頁，安曇野市損失補填事件）は，既に弁償した，債務はなくなったとして，高裁で勝訴した原告を敗訴させたが，その上で訴訟費用を原告負担とした。全く正義に反する。

　さらに，もともと，勝訴しても，住民には何ら利益がなく，さらに，弁護士の報酬も，もう一度最高裁まで争わないと弁護士の手元に入らない。

第 1 節　住民訴訟，住民監査請求の改革の基本的な考え方

　このような事情を考慮すれば，一般の民事訴訟や行政訴訟とは異なり，住民訴訟では，そもそも地方行政の適正化に寄与したことは実質勝訴と判断して，敗訴者負担の原則を修正して，訴訟費用を被告に負担させることとすべきである。そして，濫訴と見られる場合に限り原告に訴訟費用を負担させるという例外を置き，濫訴の立証責任は被告に負担させるべきである。

　これは解釈論でも，実質的な公平の原則に則り認めていくべきである。民訴法には直接の規定はないが，その64条は，一部敗訴の場合の訴訟費用の負担は裁判所が裁量で決めるが，ただし，「事情により」当事者の一方に訴訟費用の全部を負担させることができるとなっている。それならば，全部敗訴の場合であっても，「事情により」勝訴被告に訴訟費用の一部又は全部を負担させることができると解釈すべきである[17]。そこで，裁判所は，その旨の判決をすべきであるし，原告も，敗訴の場合にも訴訟費用は被告負担にせよとの主張をしておくべきである。さらに，少なくともその趣旨の立法をすべきである。

　最判平成22年9月10日（民集64巻6号1515頁，判時2096号3頁）は，市の臨時的任用職員に対する期末手当に該当する一時金の支給が給与条例主義違反として違法としつつ，過失なしとして，過失を認めた高裁判決を破棄し，原告住民の請求を棄却した。その上，訴訟の総費用を原告負担とした。これは上記の趣旨から，不合理であり，訴訟費用の半分は，自治体負担とすべきであった。

　前記宝塚市の例は，住民が敗訴したとき，被告の市長の訴訟費用の負担を求められたのではなく，訴訟告知の費用を求められたということである。これは，勤務評定を行わないで勤勉手当，昇給給与を違法に支給したとして，市長が職員に返還請求するよう求めた訴訟であるため，市が職員1,000人以上に訴訟告知をした（これは改正法では法律上義務付けられている。地方自治法242条の2第7項）ので，その費用を原告住民に請求したものであるが，市長に対して，市長個人に市に返還せよとの賠償請求訴訟であれば，市長個人に訴訟告知をすれば済むのであるから，このような高額にはならない。なお，平成14年改正前の制度では，原告が職員から不当利得で返還請求しようとすれば，被告の数に応じた印紙代を払わなければならなかったので，そのような訴えを提起することもなかったと思われる。被告が首長となったために，原告の負担する印紙代

[17]　阿部『行政法解釈学Ⅱ』（有斐閣，2009年）166頁。

はとりあえず 13,000 円で済んだので，原告側が錯覚を起こし，訴訟告知費用まで負担させられることは予想外だったのであろう。改正住民訴訟制度の勘違いしやすい犠牲である。そこで，この場合も，「事情により」勝訴被告に訴訟費用の一部又は全部を負担させることができると解釈すべきである（第2節19条）。

18　国民訴訟（公金検査請求訴訟）法

国家の財政上の違法行為は，訴訟によるチェックがないため，地方公共団体よりも起きやすいであろう。そこで，住民訴訟の国家版として，日弁連から国民訴訟法が提案されている。

それについては，客観訴訟ではないか，事件性があるのか，法律上の争訟になるのか，司法権の範囲に入るのかといった疑問が出されている。しかし，私見では，個人の法律上の利益に関係のない客観訴訟でも，具体的な法律上の紛争があるから，事件性があり，法律上の争訟，司法権の範囲内というべきである[18]。

むしろ，問題なのは，国家の財政上の違法行為は無限であるから，訴訟数は無数に及ぶと想定される。特別裁判所でも設置しないと対応できないのではないか，という点が気になる。そこで，その対象を限定する工夫が必要である。

又，その法案は本稿で述べたような住民訴訟の不備を改善するものとなるように作成されるべきである。

19　議会による権利放棄有効の判例の誤り

最高裁は，議会が権利放棄することを広い裁量に任せた（最判平成 24・4・20）。しかし，これは基本的に誤った判断である。詳しくは第5章第6節で述べるが，簡単にまとめる。

まず，これでは，住民訴訟は死刑判決を受けたも同然であり，財政乱脈を加速する。

---

(18)　阿部『行政法解釈学Ⅱ』（有斐閣，2009 年）第 9 章第 6 節。
　　　阿部「司法権・法律上の争訟概念再考——国と地方公共団体間，地方公共団体間の訴訟は，財産権をめぐる訴訟に限られるのか」兼子仁＝阿部編著『自治体の出訴権と住基ネット訴訟』（信山社，2009 年）137 頁以下。

第1節　住民訴訟，住民監査請求の改革の基本的な考え方

　権利の放棄は，行政が，善管注意義務を果たしつつ（自治法138条の2）行う行政マターであり，議会はそれを監視するしくみであるから，もともと議会だけの権限ではない。

　そして，行政機関は，自分の財産を放棄するのではなく，住民から信託を受けた財産を管理していることにかんがみ，自由裁量による放棄は基本的に認められるべきではない。したがって，議会も同じである。

　さらに，議会に放棄の権限を認めるのは一見民主主義に適合するように見えるが，大間違いである。そもそも住民訴訟は，議会の多数派が予算支出を認めたり，多数派に支えられた首長が犯した違法に対して，少数派が提起して民主主義を回復しようとするものであるから，そこで違法とされたのに，多数派の議会が放棄することを裁量とするのは，多数派の横暴を招来し，民主主義を否定するものである。

　その上，議会による放棄を認めると，議会の多数派の支持を受けている首長なら放棄して貰え，少数与党の首長なり，元首長は放棄して貰いにくい。きわめて恣意的になる。したがって，議会の放棄は原則として否定するべきである。

　まして，首長が自分に対する賠償請求権を放棄する（それを議会に提案する）のは不正義であるから，認めるべきではない。

　しかし，単なる軽過失にすぎなくても，因果関係がある範囲で全て責任を負わせるのは，高額になりすぎて気の毒である。そうすると，会社法に倣って，賠償額を軽過失の場合には年収の6倍までとするのが妥当である。もっとも，これに対しては，高額の場合もすべて年収の6倍が打ち止めでは不合理ではないかという意見があるので，賠償額の1％＋年収の6倍といった制限を設ければよい。

　ただし，大赤字の三セクに対する債権を銀行と同じく一定割合放棄して再建を図ることは認められるべきである。したがって，債権放棄を全て認めないというのではなく，例外的にやむを得ないと認められる場合は放棄できるとすべきである。それは予算執行職員の免責を定める地方自治法243条の2第8項に習えばよい。

　この判断は，当該地方公共団体に不当な損失が生じないように，十分な調査の上で誠実に行わなければならない。そのことは，権利放棄に限らず，和解でも契約でも同じである。

第1章　住民訴訟制度抜本的改革の提案

やむを得ない場合には，資力不足は含まない。資力が少なくても，執行段階の問題であり，判決自体はそれを考慮せずに行う。それに，資力があるか，そのうちいくらまで賠償させるべきかは，十分な調査を要することであるから，議会の議決や裁判で決めるのにはふさわしくない。

なお，首長は債務を免除されると，所得税と住民税では賞与として課税されるし，賛成した議員には住民訴訟で賠償請求できる（市長に対し，議員に，地方公共団体に支払えとの請求をせよとの請求。現に大阪府茨木市ではそのような訴訟が提起されている）。

20　総務省検討会における改正案
(1)　総務省サイドの検討案

権利放棄議決については，これまで，地方制度調査会（平成21年6月16日）では，「4号訴訟の係属中は，請求権の放棄を制限するような措置を講ずべきである」との答申が出され，平成22年1月に総務省に設置された地方行財政検討会議においては，種々意見の対立があることを整理して，引き続き検討するとしている。そして，今般（平成24年4月20日）の最高裁判決を受けて，碓井光明東大名誉教授・明治大学教授を座長とする「住民訴訟に関する検討会」が設置された[19]。

そして「住民訴訟に関する検討会報告書」が公表された（http://www.soumu.go.jp/main_sosiki/kenkyu/jyuumin_sosyou/index.html）。

最高裁判決が提起した問題に対し，「考えられる方策」として6つの対応案を提示した。各対応案には，それぞれに意義及び留意すべき点がある。解決の方向性をあえて一案に絞ることはせず，今後，これらをたたき台として更に議論が深められることを期待するということである。したがって，これから議論が活発になることが期待される。目下の私見を観点にメモする。

(2)　前提の誤り

まず，この報告書がおく2つの前提は妥当ではない。

(a)　**長の職責の特質**　広範な事務に対する責任が追及されるとして，地方公共団体の長は，統括代表権，事務の管理執行権，職員の指揮監督に基づき最

---

[19]　小柳太郎「『住民訴訟に関する検討会』の設置について」地方自治782号42頁以下。

終的な責任を負うとされるが,その程度のことで首長の責任が認められることはない。首長の責任は個別具体的に過失があったかどうかにより決まるのである。報告書は,「極めて幅広い財務会計行為が錯綜し,これを規制する法規が複雑であるため,当該行為の適法性の判断が容易でない場合も多い」というが,そのために間違えた場合には過失がないとされるのが普通であろう,神戸市長の場合には,外郭団体への職員派遣を有給としないという法律を承知しつつ,人件費分を補助金として支出したのであるから,脱法行為であり,一つも複雑ではないが,これでも過失はないというのが最高裁の判断であるから,軽過失免責規定を導入する必要もない。さくら市事件も大東市事件も,単純な例であり,京都市長のポンポン山事件も山林の高額購入事件であって,複雑といえるわけがない(第6章Ⅴ)。したがって,報告書の前提が誤っている。

(b) **国家賠償との不均衡** 国家賠償法では,公務員個人は軽過失なら免責されるのに住民訴訟では軽過失でも責任を負うのは,不均衡だという議論である。筆者も以前はそう考えていたが,この点は,9で述べたように,よく考えれば,最高裁昭和61年2月27日判決(民集40巻1号88頁)は,地方公共団体の事務を自らの判断と責任において誠実に管理執行する義務を負い,予算について広範な権限を有するという首長の職責の特質に基づいて民法の定める過失責任主義を採用したのであり,広く法令コンプライアンス体制を公金でとることができるので,心配したものではないのである。国家賠償における公務員の個人責任が故意又は重過失に限られ,予算執行職員の責任も同様であるのは,首長とは異なり,権限が限られていて,広く法令コンプライアンス体制をきちんと作ることができないためでもある。もし重過失主義とするとしても,首長の場合には法令コンプライアンス体制を構築しなければ,それだけで重過失ありと推定すべきである。

(3) 損害賠償請求という形式や損害賠償額のあり方

報告書は,個人の負担能力を超える賠償額が認容され,「長等が過酷な負担を負うことにより,職務執行が萎縮したり,長等の適任者の確保が困難にもなりかねない」というが,過失ありとされた例は,ちょっとまともに法律論をすれば危ないと分かるケースばかりであり,政策的に必要だが,違法かどうかが不明で,違法とされたら責任を負わされるというケースはまずない。違法かどうか微妙なケースは違法でも過失はないのである。したがって,まっとうな法

令コンプライアンス体制の元で，職務の執行が萎縮することはない。長等の適任者の確保に関しては，法令無視の長が萎縮して，選挙に出ないのであれば，本当に法治国家にふさわしい首長候補者が当選するので望ましいのである。

4号訴訟は，本来，地方公共団体の財産的損害を補填することを目的とするが，個人に対する膨大な損害賠償請求権が確定しても，地方公共団体に財産が戻る可能性は低いと指摘されている。それでも，4号請求でも，神戸市の事件では外郭団体に対する不当利得返還請求権は残っているのであるから，地方公共団体に財産が戻る可能性が十分にあったのである。首長に対しては実際に執行できる額は元京都市長の例のように8,000万円とかにとどまるかもしれないが，違法かつ有過失である以上は，払えるだけは払ってもらわなければならないのである。

(4) **議会による損害賠償請求権の放棄**について

前記19で述べたように，議会に放棄権限を与えてはならない。

議会による放棄について裁量権の逸脱，濫用に当たる場合を地方自治法245条の4第1項に基づく技術的助言をする案が示されている。しかも，故意又は重過失による損害賠償請求権の放棄については慎重になるべきとの助言が考えられているが，助言しても強行されれば意味がないし，逆に軽過失の場合は放棄は自由との助言が行われることも考えられる。その上，それは裁判所を拘束するものではないし，自治事務でもあるから，総務省が余計な口出しをすべきものでもない。

(5) **内部統制の整備・運用**について

地方公共団体において内部統制の整備・運用が必要であるとの指摘は筆者も長年主張してきたことである。首長の過失責任が問われたケースは，およそ内部統制以前に自分の思い込みか，票田である職員の利益を図ってきたか，なにか利害関係のある会社の利益を図ったか，ともかく無茶苦茶なケースである。立派な内部統制システムまで作らなくても，まともな部下にまっとうな法解釈を求めれば十分であり，それでも足りなければ，行政関連事件に詳しい弁護士又は大学教授などにきちんとした資料を提供して書面で意見を求めればよい。日頃民刑事事件を扱っているだけの顧問弁護士に口頭で意見を聴くだけでは足りない。他の団体と同じだから免責というのは泥棒仲間の論理である。小規模団体ならばできるのかという問題が示されているが，法治国家の最低ラインの

第1節　住民訴訟，住民監査請求の改革の基本的な考え方

法令コンプライアンス体制を整備できないのであれば，自治団体の資格を返上すべきである。

(6)　考えられる方策について

方策が6つ示されている。以下，個別にコメントする。

案①　違法事由の性格等に即した注意義務違反の明確化

報告書は，「長等が機関として行った財務会計行為が客観的に違法であることのみならず，当該違法な行為につき，長等に故意又は個人としての注意義務違反があるかどうかが慎重に検討されるべきである。」とするが，これは当たり前どころか，最高裁は，先に述べたように神戸市長に大甘である。

報告書は「例えば，神戸市事件最判においては，財務会計行為としての公金の支出が違法であるが，市長として尽くすべき注意義務を怠った過失はないとするように，財務会計行為の違法だけでは責任を認めない判断手法が採られている。」とするが，違法であっても過失がないとの判断はこれまで無数であって，このような判断手法は，民法709条の過失責任主義からも当たり前のことで，いちいち言うまでもない。

報告書は，「これが徹底されるように故意又は当該行為の違法事由の性格等に即した注意義務違反を請求が認容されるための要件として明文化するものである。」とするが，過失の要件は，諸般の事情を考慮して判例が具体化するものであり，法律で明文化することになじむものとも思われない。

そして，「当該注意義務違反の具体的内容としては，神戸市事件最判において，公金の支出当時の市長であった者において，その支出をすることが法令の規定に違反するとの認識に容易に至ることができたとはいい難いとして，注意義務違反を否定していることを参考に，例えば，次のように定めることが考えられる。

・違法事由の性格等に即した注意義務違反は，当該行為の違法事由を確定した上で，長等の職責及び対象となる財務会計行為に関する事情等を考慮して，長等において，当該行為当時にその違法事由を知ることができたと認めるに足りる相当の理由があるときに限って肯定されるものであるとする。

・この場合，長等の職責に関する事情としては，例えば，当該長等が，当該行為につき有している権限の内容及び性質並びに実際の関与の程度，当該

長等に一般に期待される能力を考慮するものとする。
・また，対象となる財務会計行為に関する事情としては，例えば，当該行為の違法の程度，当該行為を規律する法令の規定の性質，当該行為当時の法令解釈及び実務上の取扱いの状況を考慮するものとする。

これにより，住民訴訟において，長等が機関として行った財務会計行為の客観的違法性だけでなく，長等の個人としての注意義務違反の有無についても明確に争点化された審理が期待される。」

しかし，この程度であれば，過失の一般的解釈として，明文化して裁判所を拘束するほどのことだろうか。

概要では，「例えば，補助金の支出にどのくらい関与していたか，当時の補助金に対する他の地方公共団体の取扱いはどうか等，特定の支出について，違法を防ぐために長等が払う注意のレベルに応じ，長等が個人として損害賠償責任を負うかを訴訟で慎重に検討されるようにする。」としているが，このようなことをいちいち論ずるよりも，法令コンプライアンス体制を構築していれば，違法な支出は防げるのである。

> 案② 　軽過失免責

長等に故意又は重大な過失があったときのみ損害賠償責任を負い，軽微な過失のときは，国家賠償法（個人責任の追及については軽過失免責）との均衡を図り，免責とするというものである。

その根拠として，前記 20 (2)(a), (b)が挙げられているが，それに根拠がない以上は軽過失免責にも根拠がない。

軽過失免責とすることにより，権利放棄議決の必要性も減少するとするが，それでは故意又は重過失があっても，権利放棄議決を許容することになり，無茶苦茶であると思う。

これに対しては，違法な財務会計行為の防止効果が減少するおそれ，権限が広ければ責任も大きくなるから，責任要件を限定することには慎重になるべき，判例は，法解釈について学説判例が分かれているときは過失を否定する方向にあるから，責任要件を限定する必要に乏しいとの意見が付されている。

仮に軽過失免責，重過失責任を導入するとしても，次の違法確認判決だけで，原告勝訴として，原告代理人には報酬を支払うこととすべきである。

第1節　住民訴訟，住民監査請求の改革の基本的な考え方

  案③　違法確認訴訟を通じた是正措置の義務付けの追加

　住民が公金の支出等が違法であることの確認を裁判所に求めることができるようにする。違法が確認されると，地方公共団体は再発防止体制の整備など組織としての対応を必須とする。一方，個人としての長等に対する損害賠償責任は軽過失免責とするというものである。

　仮にこの案によるとしても，違法の確認だけで，原告代理人には，同じ訴訟において成功報酬を支払う判断をすること，さらに，違法の是正措置を講ずること，つまり，長等への賠償請求以外の措置，例えば支出の相手方に対する損害賠償請求，不当利得返還請求は行うこと，それは住民訴訟の原告代理人が行い，第2次訴訟は行わないこととすることが必要である。

  案④　損害賠償限度額の設定

　軽過失のときに限って，個人として長等が負う損害賠償の額を例えば年収の6倍までと限度額を設定する。

　これは会社法425条に倣うもので，平成14年住民訴訟改正の時に我々が提案していたものである。退職金やこれまでの預貯金で，この程度は払えるはずである。

　これは実体法上の責任の限定であるから，住民訴訟による請求に限らず，地方公共団体自身が例えば前首長に対して請求する場合も，同様とすべきである。国の場合はこのような特例がないので，前大臣に国から軽過失を理由に無限の請求をすることがあるかもしれないが，それが心配なら国家公務員についても同じ規定を置けばよい。

  案⑤　損害賠償債務等を確定的に免除する手続の設定（監査委員の免除決定）

　裁判で確定した長等の損害賠償債務を確定的に免除するための手続を新設する。長や議会から独立した監査委員が免除する額を決めることとする。最終的には議会が議決する。議会による任意の放棄はできなくなるという案である。

　議会の裁量で放棄できるという今の判例よりは多少合理的になりそうに見えるが，監査委員は，首長により議会の同意を得て任命されるものであるから，監査委員は再任を期待して，現職の首長の責任を免除することに熱心になる。これでは泥棒が番犬を連れてくる愚に等しい。しかも，監査委員が免除する合理的な基準をどう作るのか，不適切な基準を作ったり，その基準に反して免除

第1章　住民訴訟制度抜本的改革の提案

した場合の監査委員の責任はどうなるのか。もう一度監査委員の責任を追及する住民訴訟を起こせるような制度を作るのかもしれないが，それでは解決は大幅に先に延び，原告は疲れ果てる。

しかも，監査委員は，すでに退職した首長の責任を免除することには熱心でないだろうから，現職として自治体内で支配権を有する者以外には酷な結果になり，あまりにも不公平である。

案⑥　損害賠償債務等を免除する手続要件の設定（監査委員からの意見聴取）

議会が長等の損害賠償債務を免除する議決をする前に監査委員が意見を述べることとして，議会の議決に至る議論の公正さや適正さを高めるというものである。

神戸市議会でも筆者の意見聴取（こうちんという，工賃ではなく，口頭陳述）は行われたが，首長の責任を免除することが至上命題であるから，手続は形式で，何を言っても馬耳東風である。監査委員は先にも述べたように首長を守る番犬であるから，その意見を聴いても公正にはならない。大政翼賛会的議会とタッグを組んだ首長のやり放題になるだけである。

このように見ると，軽過失の場合に賠償額を制限するのが合理的である。軽過失免責は不適切であるが，仮にこれを導入するとしても，違法確認を行い，第三者への請求は残し，原告代理人への報酬は支払うべきである。重過失責任とか監査委員の関与は不適切であるし，議会での賠償責任免除は不適切である。少なくとも，議会での権利放棄は，首長の賠償責任の免除には適用しないこととすべきである。

この報告は，最高裁判決を受けて首長の責任だけを扱っているが，平成14年改正自体被告適格を変更したために，請求の相手方は当事者になれないのに当事者と同じ責任を負担させられるという，裁判を受ける権利侵害という大問題があり，また，第二次訴訟があるために救済機能が低減している。その他，住民訴訟には多数の不備があるので，全面改正すべきである。

［補遺］首　長　保　険

首長の場合，賠償額が個人では払えない巨額に及ぶというのが，最高裁平成24年4月20日判決が神戸市長の過失を否定した本当の理由のようである（第5章第6節）し，又，地方制度調査会で重過失責任主義を採用せよという意見

が有力になっている理由である。

　これに対して，私見では，過失責任主義を堅持する代わりに，個人で払える範囲ということで，会社法に425条に倣い，過失の場合には例えば年収の5倍までとすることを提案している。又，議会による権利放棄でも，それを超える分だけとすべきである。

　これに対して，保険を活用すれば，責任の限度額設定の必要はないという反論もある。たしかに，自動車保険では対人賠償無制限保険が一般的である。

　しかし，全国地方職員福利厚生協議会の団体地方公務員賠償責任保険（http://www.alpscard.co.jp/insurance/insurance02.html，損害保険ジャパン日本興亜株式会社引き受け）をみると，補償額3億円保険は，職員なら年額保険料8,760円で提供されているが，市町村長，都道府県知事には提供されていない。

　1億円プランなら，職員の年額保険料は6,240円であるが，町村長のそれは11万6,400円であり，市長・特別区長では69万円であり，都道府県知事では，495万6,000円もする。

　これでは，補償額が低すぎ，保険料が高くて，市長，知事には役に立たない。

　こうした限度額を設定しなければ，保険会社も採算を見込むのは難しいのであろう。また，神戸市長のように，巨額の賠償責任を問われる市長は，既にガンにかかった患者が生命保険に加入するのを断られるのと同じく，加入拒否されるのではないか。

　したがって，保険を理由に，責任の限度額設定は不要という考え方に賛成することはできない。

第1章　住民訴訟制度抜本的改革の提案

第2節　住民監査請求・住民訴訟法の条文案

I　はじめに

　本節では第1節における「住民訴訟，住民監査請求制度の改革」の考え方を条文の形で説明する。さらにそこに書いていない細かい点でも条文化の工夫をした。

　ここでは，住民訴訟4号請求の被告を個人から首長に変えた平成14年改正は誤りであったので，その改正前に戻す。したがって，第2次訴訟は不要である。現行地方自治法242条の3は削除する。執行は原告が行う。首長の賠償責任及び議会による権利放棄は限定する。

　正確な法文の用語を用いていない点さえあるが，各方面からの指摘を得て，本格的な改正案を作りたい。条文のほか，簡単な解説を付けた。

　なお，地方自治法の改正法として地方自治法の中に織り込むことも可能であるが，枝番号ばかりになるので，96条を除き，単行法とするほうがすっきりすると思う。

II　総　　則

第1条　目　　的
　本法は，地方公共団体における財務会計行為について，住民の提起する司法審査の法システムを合理的にかつ明確に定めることによって，その適法性の確保及び訴訟の円滑な運営に資することを目的とする。

第2条　地方公共団体関係者の責務
　地方公共団体の執行機関，職員，議員は，常に地方自治法その他の法令に則り，住民の信託を踏まえ，財務会計行為の適法化を図る義務を負う。
　監査委員も執行機関であるので，上記の規定の適用を受ける。

III　住民監査請求

第3条　監査請求
1　普通地方公共団体の住民は，当該普通地方公共団体の長若しくは委員会

若しくは委員又は当該普通地方公共団体の職員若しくは議員について，次の財務会計行為又は怠る事実の違法又は不当を理由として，監査委員に監査請求をすることができる。

① 公金の支出
② 財産の取得，管理若しくは処分
③ 契約の締結若しくは履行若しくは債務その他の義務の負担（当該行為がなされることが相当の確実さをもって予測される場合を含む。）
④ 公金の賦課若しくは徴収又はその怠る事実
⑤ 財産の管理又はその怠る事実
⑥ 第三者に対する損害賠償の請求若しくは不当利得返還請求，損害防止措置を怠る事実
⑦ その他，これに類する財務会計上の行為（財務会計行為の原因となる予算調整行為を含む）又は怠る事実

2 監査請求者は，監査委員に対し，当該行為を防止し，若しくは是正し，若しくは当該怠る事実を改め，又は当該行為若しくは怠る事実によって当該普通地方公共団体の被った損害を補填するため若しくは被ることがあるべき損害を防止するために必要な措置を講ずべきことを請求するものとする。

3 監査請求は，監査委員が監査するための端緒となる程度の資料を提示するをもって足りる。

4 監査請求者は，監査請求の対象について，いつからいつまでの期間の分について何を監査しなければならないかを通常人が理解できる程度に特定しなければならない。

5 監査請求においては，第1項第1～7号に掲げる財務会計行為以外の地方公共団体の行為又は怠る事実を対象とすることはできない。
　ただし，以上の財務会計行為と密接に関連し，又はその違法を必然的に惹起する行為は財務会計行為とみなす。

6 監査委員の判断が裁判所で違法とされたときは，監査委員は，その判断に故意又は重過失がある限りにおいて，各自1件につきその年俸の30％の範囲内で，当該地方公共団体にその損害を返納しなければならない。当該住民訴訟を提起した住民は，当該監査委員を被告として，返納を求める訴訟を提起することができる。

第1章　住民訴訟制度抜本的改革の提案

その弁護士報酬については住民訴訟のそれに準ずる。

> （注）　第3項で規定する監査請求の特定性については第1節3。
>
> 財務会計行為の列挙から漏れている実質的な財務会計行為を対象とするため，第1項第7号において，予算調整行為のほか，包括条項を入れた。また，非財務会計行為も財務関係行為の違法を惹起する限りにおいて対象とするため第5項但し書きを置いた（第1節4）。
>
> 現行制度では，監査委員は，真面目に監査せず，むしろ，首長の防波堤，弾避けで給料をもらっている。第6項は，いい加減な監査のツケが自分に戻ってくるしくみである。違法な判断をした監査委員は全員賠償責任を負う（第1節2(3)）。

第4条　監査請求期間

1　前条の規定による請求は，損害賠償請求又は不当利得返還請求については，当該行為のあった日又は終わった日から5年，それ以外は1年を経過したときは，これをすることができない。ただし，当該情報が通常の住民が通常の注意を払っても容易に気が付かないものであるなど，正当な理由があるときは，この期間は5年間とする。

2　怠る事実については，その継続中は常に監査請求をすることができる。ただし，既に行われた違法行為を是正すべき怠る事実については，第1項による。

> （注）　監査請求期間，正当事由は通常の住民に可能になるように緩和する。損害賠償請求や不当利得返還請求は，金銭だけの問題で，行政事務の停滞，行政の安定への支障などを生じないから，不法行為の時効並みに5年に延長する（第1節5）。
>
> 第2項は判例の条文化である（第1節5(6)）。

第5条　仮の保全措置

1　第3条の規定による請求があった場合において，次の全てを満たす場合には，監査委員は，申請により，又は職権で，当該普通地方公共団体の長その他の執行機関又は職員に対し，理由を付して監査請求の結論が出されるまでの間当該行為を停止すべきことを勧告しなければならない。

①　当該行為が違法であると思料するに足りる相当な理由があること。

②　当該行為により当該普通地方公共団体に生ずる重大な損害を避けるため緊急の必要があること

③　当該行為を停止することによって人の生命又は身体に対する重大な危害の発生の防止その他公共の福祉を著しく阻害するおそれがないと認められること。

2　この場合においては、監査委員は、当該勧告の内容を監査請求人に通知し、かつ、これを公表しなければならない。申請があるにもかかわらず勧告をしない場合も同様とする。

3　第1項による勧告が守られていないと認めるときは、監査委員は、それを守るように、命令しなければならない。

　（注）　現行法では、勧告することができるとなっているが、1～3号の要件を満たすのに勧告しないことがあるのは不合理であるから、しなければならないと義務化した。
　　　　現行法では、職権で行うようにされているが、申請もできるようにした。
　　　　現行法の「回復困難な損害」の要件は改正行訴法25条に倣って、「重大な損害」に緩和した。
　　　　さらに、勧告だけでは弱いので、命令を発することができるようにした。

第6条　監査の決定

1　第3条の規定による請求があった場合においては、監査委員は、監査を行い、請求に理由がないと認めるときは、理由を付してその旨を書面により請求人に通知するとともに、これを公表し、請求に理由があると認めるときは、当該普通地方公共団体の議会、長その他の執行機関又は職員に対し期間を示して必要な措置を講ずべきことを勧告するとともに、当該勧告の内容を請求人に通知し、かつ、これを公表しなければならない。

2　請求に理由がないとする理由については、監査委員は、原告が住民訴訟を提起するのに、支障がないように、財務会計行為をできるだけ特定し、それに関する文書を公表し、権限を有する者を明示し、適法な理由を記録に基づいて明確に述べなければならない。この場合において、文書の非公開は、民事訴訟法220条1項4号ロに掲げる事由に該当する場合に限り行うことができる。

　（注）　この第2項は、金井恵里可氏（文教大学准教授）のご教示をアレンジした。この場合も、3条6項の制裁が働く。

3　第1項の規定による監査委員の監査及び勧告は、第1項の規定による請求があった日から60日以内にこれを行わなければならない。

4　監査委員は、本法の規定による監査を行うに当たっては、請求人に証拠の提出及び陳述の機会を与えなければならないほか、職権で必要な調査を行わなければならない。

5　監査委員は、前項の規定による陳述の聴取を行う場合又は関係のある当該普通地方公共団体の長その他の執行機関若しくは職員から陳述の聴取を行う

第1章　住民訴訟制度抜本的改革の提案

場合において，必要があると認めるときは，関係のある当該普通地方公共団体の長その他の執行機関若しくは職員又は請求人を立ち会わせることができる。

　6　本条の規定による監査及び勧告についての決定は，監査委員の合議によるものとする。

　7　第1項の規定による監査委員の勧告があつたときは，当該勧告を受けた議会，長その他の執行機関又は職員は，当該勧告に示された期間内に必要な措置を講ずるとともに，その旨を監査委員に通知しなければならない。この場合においては，監査委員は，当該通知に係る事項を請求人に通知し，かつ，これを公表しなければならない。

　8　監査委員は前項の措置が講じられていないと認めるときは，それを講ずるように命令しなければならない。

Ⅳ　住民訴訟

第7条　住民訴訟の提起，出訴期間，原告の継続的確保

　1　普通地方公共団体の住民は，何人も，第3条第1項の規定による監査請求をすることなく，裁判所に対し，第3条第1項の請求に係る違法な行為又は怠る事実につき，当該行為がなされてから1年以内に（ただし，不当利得返還請求，損害賠償請求においては，当該行為がなされてから5年以内に），又は怠る事実が終結してから1年以内に，本法の規定により訴訟（以下，住民訴訟という）を提起することができる。

　　　（注）　金銭に関わる請求の場合，監査請求と同様に，行政事務の停滞，行政の安定への支障を生ずることはないので，期間を時効並に延長する。
　　　　　　これは監査請求前置主義を廃止するものである。監査請求では認められる場合が減多にないことを前提に，監査請求をするかどうかを，住民の自由に任せる選択主義とする。

　2　第3条第1項の規定による請求をした場合においては，第6条の規定による監査委員の監査の結果若しくは勧告若しくは同条第7項の規定による普通地方公共団体の議会，長その他の執行機関若しくは職員の措置に不服があるとき，又は監査委員が同条の規定による監査若しくは勧告を同条第3項の期間内に行わないとき，若しくは議会，長その他の執行機関若しくは職員が同条第7項の規定による措置を講じないときは，第1項の規定にかかわらず，住民訴訟を提起することができる。

第2節　住民監査請求・住民訴訟法の条文案

それは，次の各号に掲げる期間内に提起しなければならない。

① 監査委員の監査の結果又は勧告に不服がある場合は，当該監査の結果又は当該勧告の内容の通知があつた日から3ヶ月以内

② 監査委員の勧告を受けた議会，長その他の執行機関又は職員の措置に不服がある場合は，当該措置に係る監査委員の通知があつた日から3ヶ月以内

③ 請求をした日から2ヶ月を経過しても監査委員が監査又は勧告を行なわない場合は，当該2ヶ月を経過した日から3ヶ月以内

④ 監査委員の勧告を受けた議会，長その他の執行機関又は職員が求められた措置を講じない場合は，当該勧告に示された期間を経過した日から3ヶ月以内

　(注)　日数を現行法のように60日とすると，月で計算するのと異なり，計算が煩雑で，間違いやすい。そこで，月単位とした。また，訴訟は，監査請求と異なり，訴訟類型や被告適格などを間違えないように留意しながら実体法上の諸難問を解決しなければならないし，住民をまとめるのにも時間を要する。しかも，裁判所は訴状審査に3ヵ月以上かけたり，被告が半年も実質的な答弁をしないことがある。出訴期間は，住民訴訟では金銭にかかわらない事案でも少なくとも3ヵ月に延長すべきである。

3　原告全員が住民たる資格を失ったとき，又は死亡したときは，訴訟は中断する。他の住民は，2ヶ月以内に訴訟受継の申立てをすることができる。訴訟の受継の申立てがあったときは，訴訟は再開する。

　(注)　現行法では，原告が全員住民でなくなったとき（他の地方公共団体への転出，死亡）は，訴訟は終了するが，せっかく進めた訴訟であり，また，この訴訟は生活保護のような個人の利益のための訴訟ではなく，公益訴訟であるから，他の住民が引き継ぐのが妥当である。

4　専決権者又は法令により権限を有する者の一方のみを被告とした場合において，他方に責任があるとの抗弁がなされてから遅滞なく他方を被告とした場合には，出訴期間を徒過していないものとみなす。

5　前項の場合においては，従前の被告に対する訴えは，消滅時効に関しては，新しい被告に対する訴え提起とみなす。

　(注)　第1節15。

第8条　住民訴訟の請求の趣旨

1　普通地方公共団体の住民が住民訴訟により提起することができる訴えは

第1章　住民訴訟制度抜本的改革の提案

次の通りとする。

① 当該執行機関又は職員に対する当該行為の全部又は一部の差止め又は取消しの請求

（注）「ただし、当該行為を差し止めることによって人の生命又は身体に対する重大な危害の発生の防止その他公共の福祉を著しく阻害するおそれがあるときは差止めをすることができない。」という現行法上の制限は不要である（第2章第1節Ⅳ）。

　　　これまでの発想では、当該行為が民事上の行為又は事実行為であれば、差止め、行政処分であれば、当該行為の取消しの請求を提起すべきことになるが、いずれにしても、その違法を理由に差し止めることに変わりはないので、処分かどうかの区別は本来不要である。

　　　したがって、差止め又は取消しを求めれば、処分であってもなくても適法とすべきである。

　　　出訴期間を設けるので、行政処分の無効確認の訴えは提起することができないこととした。ただし、私法行為の取消しは第4号の問題とする。

② 当該執行機関又は職員に対する当該怠る事実の違法確認の請求及び怠る事実の是正請求

（注）単に、怠る事実の違法を確認するだけでは不十分なので、具体的な行動を求める。

③ 当該職員（首長等執行機関である者を含む）又は職員であった者に損害賠償の請求をすること

　ただし、その過失が軽過失にとどまるときは、その賠償責任は、事件毎に、各人毎に、1％プラス年俸の6年分を限度とする。重過失若しくは故意があるときはこの限りではない。

（注）4号請求の被告適格の制度は平成14年改正が誤りであったことを認め、元に戻す。損害賠償を請求する相手方は首長その他の職員である。現行法では賠償額が青天井なためかえって裁判所が賠償請求を認容するのに逡巡し、少額なら請求を認めるが高額なら一切認めないというように、こそ泥は捕まるが、大泥棒は捕まらないという、逆転の不合理を生じている。そこで、軽過失の場合の賠償額は会社法425条を参考にして、上限を設ける。

　　　重過失責任主義（軽過失免責責任主義）取らない（後述第4項）。賠償額の制限については、地方自治法改正案においても同旨の規定をおく（第1節9、20）。

④ 当該行為若しくは怠る事実に係る相手方に対して損害賠償又は不当利得返還の請求、原状回復、契約解除の請求をすること。

（注）相手方に対して、相手方を被告に請求する。原状回復のほか、契約の場合、これまでは無効を前提とする請求しかできなかったが、違法な契約の解除の請求もできることとする（第1節13）。

第2節　住民監査請求・住民訴訟法の条文案

⑤　当該職員又は当該行為若しくは怠る事実に係る相手方が地方自治法第243条の2第3項の規定による賠償の命令の対象となる者である場合にあっては，当該賠償の命令をすることを求める請求

（注）　これは現行法上賠償命令が行政処分として構成されているシステムにそのまま従った。改正も検討に値する。
　　　　住民訴訟における請求の趣旨は，監査請求から想定される範囲内のものであれば，厳格に一致することを要しない（第1節2(4)，6頁）。

2　専決によりなされた行為については，法令により権限を有する者と専決権者は，連帯して責任を負う。この内部の責任の負担割合は，その責任の程度によって当事者間で定める。

3　議会の議決を経た財務会計行為については，その議決に賛成した議員も首長その他の職員と連帯責任を負う（第1節8(3)，18頁）。

4　都道府県知事，市町村長の損害賠償責任は民法709条の定めるところによる。

（注）　これは過失責任主義である。学説上しばしば説かれてきた重過失責任主義を排し，判例（最判昭和61・2・27民集40巻1号88頁）のとる過失責任主義による。その理由は第1節9，18頁。

第9条　仮の救済

1　第3条に規定する違法な行為又は怠る事実については，当該行為又は怠る事実が違法であると思料するに足りる相当な理由があり，当該行為により当該普通地方公共団体に生ずる重大な損害を避けるため緊急必要があり，かつ，当該行為を停止することによって人の生命又は身体に対する重大な危害の発生の防止その他公共の福祉を著しく阻害するおそれがないと認めるときは，原告は，民事保全法（平成元年法律第91号）に規定する仮処分又は行政事件訴訟法に規定する執行停止，仮の義務付け，仮の差止めを求めることができる。

2　当該行為が，明白に行政処分である場合には，民事保全法に規定する仮処分を求めることができない。

（注）　第2項は，現行行訴法44条に合わせたものである。第8条では処分かどうかにこだわらないようにしているが，ここで，その区別をするのは，仮の救済の要件が仮処分と行政法上の執行停止などで異なるからである。しかし，いずれは，このような違いにこだわらない制度をつくりたい。

第10条　訴訟参加

1　第7条の規定による訴訟が係属しているときは，当該普通地方公共団体

第1章　住民訴訟制度抜本的改革の提案

の他の住民は，監査請求を経たかどうかを問わず，出訴期間徒過後においても，その訴訟に参加することができ，別訴をもって同一の請求をすることはできない。

2　前項の場合において，裁判所は，意見が分かれる原告については，別々に主張するように求めることができる。

3　第三者に対する損害賠償請求，原状回復請求訴訟，契約解除請求訴訟において，地方公共団体が別訴を提起しているときは，住民はこれに補助参加することができ，住民が住民訴訟を提起しているときは，地方公共団体は補助参加することができる。

4　第1項において，原告弁護士に支払われるべき弁護士報酬は，期限を遵守して出訴した訴訟の代理人にのみ支払う。

> （注）　4号については，当初の私見は，後から代理した弁護士にも，その寄与度も勘案して報酬を払うとしていたが，これでは寄与度の算定が困難であり，かつ，後から参加して，弁護士報酬をとろうとする弁護士がでるので，改説した。

第11条　説明責任・立証責任及び地方公共団体の参加

1　被告は，請求を認諾しないときは，自らの行為の適法性について積極的に，かつ，訴訟の冒頭において，主張立証しなければならない。

2　被告の属する地方公共団体は，当該地方公共団体の施策の正当性を説明するために必要であるときは，原告又は被告若しくは当該地方公共団体の申立てにより又は職権で，行政事件訴訟法23条の規定に基づき被告側に参加しなければならない。

> （注）　現行4号請求訴訟制度が被告を個人から首長というポストに変えたのは，地方公共団体に説明責任を課すためと称されているが，実際には裁判所が首長側に説明責任を課さないので，明文の規定が必要である（第1節12）。

第12条　文書提出命令

1　当該地方公共団体は，民事訴訟法222条の規定にかかわらず，原告の申請又は裁判所の指示により，訴訟の対象となっている行為又は怠る事実について，その適法性または違法性を証明するために必要な文書を提出しなければならない。

2　地方公共団体が保管する文書の提出命令の相手方は，地方自治法149条8号に基づき当該地方公共団体の首長とする。

3　被告が首長である住民訴訟において，文書の保管者である首長が民事訴

訟法の定める文書提出命令に従わないときは、原告の主張を真実とみなす。

　（これは現行法である。平成14年改正前に戻す代替案：被告が首長個人である住民訴訟において、文書の保管者である首長が文書提出命令に従わないときは、原告の主張を真実とみなす。）

　4　文書の保管者である首長又は首長個人以外を被告とする住民訴訟において、文書の保管者である首長が文書提出命令に従わないときは、首長個人に1億円以下の過料を科す。

　5　第三者が文書提出命令を無視した場合には、その第三者との関係で、原告の主張を真実とみなす。

　　（注）　第1項は、文書提出命令の対象を特定しなければならないとする民訴法の例外として、訴訟の対象の適法性、違法性を証明するために必要な文書は、原告がそれを特定しなくても全て、有利不利にかかわらず提出しなければならないとする趣旨である。地方公共団体は悪しき当事者になってはならないのである。

　　　　首長が被告でも、文書の保管者は地方公共団体で、別であるという判例がある（第2章第2節Ⅱ1(3)、88頁）。そうすると、地方公共団体が文書提出命令に従わなくても、原告の主張を真実と認めることにならない。それにはわずか20万円の過料しか課すことはできない。これでは安すぎ、重い制裁を課さなければならない（民訴法224、225条参照）。

　　　　もっとも、首長は住民訴訟の被告であるとともに、文書の保管者である（地方自治法149条8号）から、同一人格であると考えれば、そうした問題はない。上記の条文案第2項、第3項はこの立場で明確にしたものである。

　　　　そして、この条文案は、執行機関を被告とする平成14年改正後の法システムに倣っているが、4号請求訴訟の被告は、当該地方公共団体に不法行為をした個人に戻すべきだという立場に立てば、代替案のようになる。

　　　　さらに、住民訴訟の被告が、首長ではなく、その他の執行機関、職員であるときは、文書の保管者とは別であるから、文書の保管者が文書提出命令に従わなくても、当然に原告の主張を真実と認めるわけにはいかないかもしれない。そこで、第4項を用意した。

　　　　第5項は、平成14年改正後のシステムで、例えば首長に対し、第三者に請求せよという訴訟が提起され、第三者に対して文書提出命令が発せられたときに、第三者が従わない場合を想定したものである。改正前に戻せば、その第三者は被告となるので、民訴法224条により、原告の主張を真実とみなすことができる（第1節14）

第13条　監査委員に対する調査要求

　1　裁判所は、申請により又は職権で監査委員に対し、事案の解明のため必要な範囲で監査してその結果を報告することを、期限を定めて求めることができる。

第1章　住民訴訟制度抜本的改革の提案

2　監査委員がこれに誠実に答えないときは，原告は，監査委員に対して，相当の賠償請求を求めることができる。

　　（注）　監査委員は独立機関であるので，監査委員が答えないからといって，原告の請求を正当と認めるわけにはいかないが，その責任を追及できることとする。この監査委員に対する請求は，当該地方公共団体を代理するというものではなく，住民訴訟を妨害したという意味で，原告住民の主観的な地位を棄損したという理由で，原告に賠償すべきものである（第1章第1節2(3)，6頁）。
　　　　「相当の賠償」とは，事案にもよるが，原告の請求が認容されないように阻害した程度を考慮すべきである。

第14条　裁判所の審理方法

1　裁判所は，第8条の定める請求のうち，損害賠償請求においては，当該財務会計行為の違法性，過失，損害，権利放棄の適法性，訴訟費用の負担の順に判断しなければならない。

2　不当利得返還請求の場合においても，原状回復請求の場合においても，当該行為の違法性の判断を先行させなければならない。

　　（注）　裁判所が，先に損害がない，権利放棄は有効だと判断すると，その前の違法性，過失の判断がなされないので，住民訴訟における適法性維持機能が損なわれ，また，住民の訴訟費用負担，弁護士報酬請求権が損なわれるため，そのようなことがないようにするものである（第1節9(3)，20頁）。

第15条　判決への不服従

1　首長個人，職員，第三者に対する給付訴訟の判決（及び仮処分，仮執行の宣言）は，執行力を有する。

2　地方公共団体の執行機関又は職員に対する差止判決，確認判決，形成判決に地方公共団体が判決確定後1ヶ月以内に従わなかったときは，その執行機関（首長，行政委員会の場合には，その委員）又は職員に対して，原告の申立てにより，当該地方公共団体を管轄する地方裁判所は，最高1億円の過料を命ずるものとする。

3　仮の救済に対して地方公共団体の執行機関又は職員が従わなかったときも同様とする。

4　この過料が国庫に支払われたときは，原告の弁護士報酬はまずこの中から優先して支払うものとする。この場合においては，原告の弁護士と当該地方公共団体の間で，弁護士報酬額が決定されたときに，原告弁護士が国に請求するものとする。

第2節　住民監査請求・住民訴訟法の条文案

(注)　原告の請求認容判決に地方公共団体側が従わない例（東京都檜原村，鹿児島県阿久根市，神戸市）が出ていることから，性善説ではなく，民間並みに判決の執行を確保することを明示する。
　　　4号請求訴訟においては被告を個人に戻すとしても，1号，2号，3号請求訴訟では，被告は当該地方公共団体の執行機関又は職員であるので，第2項を工夫した。

第16条　裁判所の管轄

本法の規定による住民訴訟は，当該普通地方公共団体の事務所の所在地を管轄する地方裁判所の管轄に専属する。

第17条　弁護士報酬

〈第1案〉

1　住民訴訟を提起した者が弁護士又は弁護士法人に委任して，勝訴（一部勝訴を含む）した場合においては，当該弁護士又は弁護士法人は，当該普通地方公共団体に対し，自己の名において，認容額少なくとも回収額，訴訟受任から報酬を得られるまでの間の利子負担，弁護士報酬請求訴訟の負担，違法行政防止の効果，勝敗のリスクなどを考慮して，一般の弁護士の報酬基準に照らして相当と認められる報酬額の支払を請求することができる。

(注)　「勝訴」，「相当額」については判断基準を明確にした。第1節16(1),(2),26〜27頁。
　　　現行法では，弁護士に委任した原告が請求することになっているが，改めて原告から弁護士に委任するなど手続に手間がかかるので，弁護士が自己の名で請求できることとした。第1節16(3),28頁。

ここで，「勝訴」とは次の場合を言う。

① 　差止判決を得た場合
② 　行政処分の取消し（事情判決を含む）等を得た場合
③ 　不当利得返還請求判決を得た場合
④ 　職員・相手方などの故意過失に基づく賠償請求認容判決を得た場合
⑤ 　損害賠償訴訟で，違法の確認を得た場合
⑥ 　弁済，認諾，和解，当該地方公共団体による違法の是正などにより，判決を待たずに，原告の請求が実質的に目的を達した場合
⑦ 　議会の権利放棄議決により原告が敗訴した場合

(注)　この第6号は，最判平成17年4月26日（判時1896号84頁，判タ1180号174頁）を変更するものである。その理由は，第4章第4節に詳しい。
　　　7号は議会の権利放棄議決を原則として有効とする最判平成24年4月20日判決を前提としている。これによれば，首長などの公金支出が違法・有過失であっても

第1章　住民訴訟制度抜本的改革の提案

議会が適法に権利放棄議決をすれば、住民が敗訴し、訴訟費用も負担しなければならない。しかし、権利放棄議決は6号と実質的に同じであるから、訴訟費用は被告負担とし、住民側弁護士の弁護士報酬請求は認めるべきである。なお、議会の権利放棄議決を原則として禁止する私見の立場では不要な条文になる。もっとも、それにもかかわらず議会が違法な議決をした場合には必要となるかもしれない。

2　前項にいう「相当額」とは、金銭に見積もることができるときは、次の額を基準とする。

	着　手　金	成功報酬額
300万円まで	8％	16％
300万円を超え3,000万円まで	5％	10％
3,000万円を超え3億円まで	3％	6％
3億円を超える部分	2％	4％

ただし、裁判所は、事案の難易を勘案し、最大30％の増減をすることができる。また、判決の執行が困難又は不能のため、入金額が認容額に満たない場合には、認容額も勘案しつつ、これを減額することができる。

（注）これは、規制緩和前の弁護士会の報酬基準によっている。住民訴訟の弁護士は、有能な弁護士をそろえている被告の自治体側を撃破しないと勝訴できず、報酬を得られないのが普通であり、しかも、もう一度訴訟を提起して勝訴しないと報酬が得られないので、この報酬基準では全く割りが悪いのであるが、公益精神により、我慢して貰うものである。本来は30％割り増しを原則とすべきである。これ以上の減額は許されない。

3　差止め、違法判断など、財務会計行為の適法化に寄与するが、直接に当該地方公共団体に金銭収入がない場合又はそれを直接金銭に評価できない場合には、当該地方公共団体に対する寄与度を考慮して、これを民事訴訟法248条の定める裁判所の裁量により金銭的に見積もって、上記の規定を適用する。

（注）損害賠償訴訟において、違法判断がなされたときは、過失がないとして請求が棄却されても、相応の弁護士報酬を支払うものとする。それは行政の適法化に寄与しているからである。

4　住民訴訟の被告とされた地方公共団体の首長、職員が勝訴したときはその勝訴の理由を勘案して相当の範囲で弁護士報酬を当該地方公共団体に請求することができる。

第2節　住民監査請求・住民訴訟法の条文案

ただし，当該行為又は怠る事実が違法ではあるが，故意，過失がない，損害がない，権利を放棄した等の理由で勝訴したときは，この限りではない。

なお，平成14年改正のままであれば，被告首長が理由の極めて乏しい上訴をして敗訴したときは，その弁護士費用を負担しなければならないとする。

5　本条に定める弁護士報酬請求訴訟においては，前訴の裁判の記録は，受訴裁判所が，職権で取り寄せて，本件弁護士報酬訴訟の記録と一体のものとして加えて，審理の資料としなければならない。

6　この弁護士報酬請求訴訟の印紙代は無償とする。

　（注）　住民訴訟4号請求訴訟の被告適格を首長から個人に戻す以上，弁護士報酬も，従前の制度に戻すものである。

　　　第4項但書きは，首長等は実質敗訴である。この場合には，首長に弁護士費用を負担させるべきである。また，自治体の権利を放棄したら，自治体に損害を及ぼすのに，かえって勝訴として弁護士費用を負担しなくて済むのは不合理である。

　　　第5項については，現行制度では，前訴の審理状況を立証するのは原告の責任であり，原告が，膨大な訴訟記録から，弁護士費用の相当性を立証しなければならない。記録顕出の申出制度を使っても，それは文書の送付嘱託と同じで，書証提出の準備行為扱いである[1]。どうせ弁護士報酬の請求は，前訴の裁判が終わって，その記録を保管している地裁に提起するので，同じ裁判所が保管している。それなのに，原告にその記録や判決を謄写して提出させるのは無駄であり，被告も同じ文書を保有しているのに，いちいち被告にその記録をコピーして送付するのも無駄である。そこで，この場合には，前訴の記録や判決は，原告がいちいち謄写して，書証として提出しなくても，裁判所が職権で，訴訟記録の中に一体として入れて審理すればよいのである（第1節16(3)，28頁）。なお，記録の保存期間は，判決を除き5年とされているが，係争中は廃棄すべきではない旨の規定も必要である。

　　　第6項は，被告代理人が弁護士報酬を得るときは契約であり，印紙を貼る必要がないのに，原告が弁護士報酬を地方自治体に請求するときは，印紙を貼らなければならないのは不合理だからである。首長が自治体に弁護士報酬を請求するときも同じである。

〈第2案〉

住民訴訟においては原告は弁護士に委任したときは，当該地方公共団体に対して「相当な額」の弁護士報酬を同時に請求することができる。

勝訴した場合の他，弁済，和解，撤回その他の解決を得た場合においても同様とする。

第1案は現行法通り，住民訴訟で原告が勝訴してから別訴で請求することに

---

(1)　門口正人『民事証拠法大系第四巻各論Ⅱ書証』（青林書院，2003年）80頁。

第1章　住民訴訟制度抜本的改革の提案

なるが，これは二度手間であるし，裁判所も，住民訴訟自体にかかわっていないで報酬請求の額を判定する面倒な負担を負うことになる。そこで，最初の住民訴訟に附帯して，弁護士報酬請求をすることができるとすべきである。そうして，印紙を添付する必要はないことにする。

前記の第2，3項はこの場合も適用されるようにする。第5，6項は適用がなくなる。

第18条　勝訴した住民への費用の償還，報奨金

住民訴訟において原告住民が勝訴した場合においては，訴訟実費（交通費，謄写費用，会議費等）を支給するとともに，その労苦，成果その他を総合勘案して，それにより地方公共団体が得られる利益の10％を限度として報奨金を支給する。ただし，原告代理人に勝訴報酬を支払うべきときは，3％を限度とする。

 （注）　原告はただ働きどころか相当の経費を負担するので，勝訴の際には多少の返金があるべきである。訴訟実費については，会社法852条に倣う（第2章第1節Ⅱ2(6)，75頁，第4章第1節Ⅲ2(1)，212頁）。

第19条　訴訟費用の負担

1　提訴手数料は，原告数，被告数に関わらず，1件の訴訟においては，訴額を160万円とみなす。

2　同一訴訟において複数の財務会計行為の違法を対象とする場合においても，それが重要な点において相互に関連する場合には同様とする。

3　原告が敗訴した場合においても，財務会計行為の違法性が認定された場合等，財務会計行為の適正化に寄与した場合においては，民事訴訟法64条の規定にもかかわらず，訴訟費用を被告の属する地方公共団体に負担させる。

4　原告が敗訴した場合においても，濫訴と見られる場合を除き，提訴手数料・被告への書類送達費用以外の訴訟費用を負担しない。訴訟費用のうち，これらを除いた分は，被告の属する地方公共団体の負担とする。

濫訴であることは被告が立証しなければならない。

5　原告の負担すべき訴訟費用については，原告らの中で負担すべき者5名以上を選定して届けたときは，その余の原告らは訴訟費用を負担する義務を負わない。

 （注）　第1，2項は，住民の負担軽減のため，提訴手数料を簡略化する趣旨である。

第2節　住民監査請求・住民訴訟法の条文案

　　第3項は，住民が敗訴しても，財務会計行為の違法が認定された場合，違法行為が廃止された場合等では，地方公共団体の財政の適法化に寄与したのであるから，訴訟費用を全て当該地方公共団体に負担させるという趣旨である。被告を首長など個人とする平成14年改正前の制度に戻すときは，訴訟費用をその被告に負担させるべきではないかとも思われるが，財務会計行為の適正化の利益を受けるのは当該地方公共団体であることに鑑み，その負担とする趣旨である。
　　第4項は，原告が全面敗訴した場合でも，濫訴でない限り，相手方への訴訟告知の費用は負担させないという趣旨である。宝塚市の例のように，市長がした，多数の公務員への訴訟告知の費用を原告に負担させるのは，原告にとって，想定外であるからである。また，平成14年改正前であれば，これらの多数の公務員は被告扱いであるから，原告が訴え提起時にそれを被告とするかどうかを意識的に判断するので，提訴手数料も覚悟するであろうが，改正後は，首長からの訴訟告知次第なので，原告の手を離れていることも考慮される（第1章第1節17）。
　　第4項は，住民訴訟が公益に寄与していることに注目し，原告が形式的に敗訴しても，濫訴でない限り，地方公共団体の負担とするものである。
　　第5項は，訴訟費用の負担が思いがけず降りかかることのないように，原告の中で中心となる者だけの負担とする当事者間の契約に公的な意味を持たせるものである。

第20条　委任状の特例

　弁護士が住民訴訟の原告から委任の意思を確認する際には，委任状を提出させるほかは，前条第4項に定める訴訟費用を負担する原告の意思を確認すれば足りる。

　　（注）　住民訴訟の原告は多数にのぼることがあるが，その全員に弁護士が直接に面談することは，至難な場合が少なくない。そして，敗訴しても，個々の原告は直接には不利益を蒙らない。そこで，費用負担原告以外の面談を要しないこととする。

第21条　準　　用

1　以上に定めるもののほか，住民訴訟については，行政事件訴訟法第43条の規定の適用があるものとする。

　　（注）　これは抗告訴訟に抗告訴訟の規定を，当事者訴訟については当事者訴訟の規定を準用するものである。

2　本法の規定は，特別地方公共団体，地方公共団体全額出資の法人のほか，監査委員が地方自治法199条7項に基づき監査することができるかぎりにおいて適用する（第1節10）。

第1章　住民訴訟制度抜本的改革の提案

V　地方自治法 96 条の改正案

一　地方自治法 96 条の明確化

最高裁が議会の放棄権限について，裁量としたのは，地方自治法の全体を見ず，単に 96 条の条文だけを見たためである。他人から預かった金の管理は自由裁量ではなく，善管注意義務を負うはずであるから，この観点から明示する改正を行うべきである。2 つの案を提示する。

一つは，地方自治法 96 条が，議会の議決事項として，議会自身が執行機関と関係なく完結的に決定できることと，執行機関の監視事項とを区別していないために，制定法準拠主義という，法体系を理解しない誤った解釈方法しか採れない最高裁が誤りを犯すので，議会だけで決定できる事項と，執行機関の監視機能を分けて規定する。

二　96 条 1 項案

普通地方公共団体の議会は，次に掲げる事件を議決しなければならない。
① 　長の提案に基づき又は自ら条例を設け又は改廃すること。
② 　長の提案に基づき予算を定めること。
③ 　長の提出した決算を認定すること。

条例は，首長の提案に基づき（149 条 1 号）又は議会自身で議決できる。その公布は長の権限である（16 条 2 項）。長は条例について再議に付すことができ，違法な条例については再議に付す義務を負う（176 条）。

長の予算提出権は，97 条 2 項，149 条 2 号，決算提出権は，149 条 4 号に規定されている。

三　96 条 2 項案

普通地方公共団体の議会は，執行機関が行おうとする次に掲げる議案について，法令に違反せず，執行機関の権限を犯さない範囲で，普通地方公共団体の財産を，善管注意義務を負って管理していることを確認の上，同意する議決を行う。

1　その種類及び金額について政令で定める基準に従い条例で定める契約。
2　条例で定める場合を除くほか，財産を交換し，出資の目的とし，若しくは支払手段として使用し，又は適正な対価なくしてこれを譲渡し，若しくは貸し付けること。

3　不動産の信託。
4　前2号に定めるものを除くほか，財産の取得又は処分のうち，その種類及び金額について政令で定める基準に従い条例で定めるもの。
5　負担付きの寄附又は贈与を受けること。
6　法律若しくはこれに基づく政令又は条例に特別の定めがある場合を除くほか，権利の放棄を行うこと。
7　条例で定める重要な公の施設につき条例で定める長期かつ独占的な利用をさせること。
8　法律上その義務に属する損害賠償の支払い額を定めること。
　なお，これまで存在した「法律又はこれに基づく政令に規定するものを除くほか，地方税の賦課徴収又は分担金，使用料，加入金若しくは手数料の徴収に関すること」は廃止する。条例で定めること以外に議会の議決を要する場合はまずないからである。

四　96条3項案

1　普通地方公共団体がその当事者である審査請求その他の不服申立て，訴えの提起（普通地方公共団体の行政庁の処分又は裁決（行政事件訴訟法第3条第2項に規定する処分又は同条第3項に規定する裁決をいう。以下この号，第105条の2，第192条及び第199条の3第3項において同じ。）に係る同法第11条第1項（同法第38条第1項（同法第43条第2項において準用する場合を含む。）又は同法第43条第1項において準用する場合を含む。）の規定による普通地方公共団体を被告とする訴訟（以下この号，第105条の2，第192条及び第199条の3第3項において「普通地方公共団体を被告とする訴訟」という。）に係るものを除く。），和解（普通地方公共団体の行政庁の処分又は裁決に係る普通地方公共団体を被告とする訴訟に係るものを除く。），あつせん，調停及び仲裁に関し，普通地方公共団体の権利を守る観点から必要な範囲で，同意を与えること。

2　普通地方公共団体の区域内の公共的団体等の活動の総合調整に関すること。

3　その他法律又はこれに基づく政令（これらに基づく条例を含む。）により議会の権限に属する事項。

五　地方自治法96条3項の追加

別の立法論としては，地方公共団体の議会が，前2項の議決をするに当たっ

ては，その財産管理は住民から信託を受けていることに鑑み，当該地方公共団体に不当な損失が生じないように，十分な調査の上で誠実に行わなければならない，と定める。

　議会が権利放棄することを広い裁量に任せては（最判平成24・4・20），住民訴訟は死刑判決を受けたも同然であり，財政乱脈を加速することとなる。議会は，自分の財産を放棄するのではなく，住民から信託を受けた財産を管理していることに鑑み，このような行為規範をおくべきである。そのことは，権利放棄に限らず，和解でも契約でも同じであるので，地方自治法96条1項，2項全体に通ずる原則とした。そうすると，予算の議決・条例制定にも適用されるが，特に支障はないと思う。

第2章　住民訴訟平成14年改正の誤り

　本章は平成14年住民訴訟制度改正の誤りを指摘して，元に戻すことを主張する。第1節においては，その案が国会に提出された2001年の時点で疑問を述べたもの，第2節においては，その後の経験でやはり明らかに誤りであったことを述べたものである。

　ただし，その後，長の責任については重過失責任主義をとらないこととしたことから，第1節において，これと矛盾する記述は削除した。合わせて，若干の修文をしている。

　第1節において現行法というのは改正前の地方自治法を指す。改正法案はそのまま成立して，現行法となっている。

　第1節は，改正法は現職首長の責任を軽減し，原告の負担を重くするのではないかという観点からの疑問を示したものであったが，その後，元首長や談合企業など，第三者にとっては，単に補助参加しかなく，権利保障に乏しいことが明らかになった。それを含め，平成14年改正が全般的に誤りであることを述べたのが第2節である。

第1節　住民訴訟改正案へのささやかな疑問

I　はじめに

1　改正案の趣旨

　住民訴訟は，地方公共団体の財政上の違法行為を住民誰でもが追及できる，会社の株主代表訴訟のような制度である。これは，最近情報公開とともに自治体の長（首長）・職員の違法行為を追及して，行政を適正・透明化してその民主化を進める有力な手段となっている。他方，首長などの地方公務員（あるいは，その遺族）からすれば，職務に関連して行ったことでも，賠償請求訴訟（いわゆる4号請求訴訟）の被告になり，訴訟の準備のために自己の時間を犠牲に

し，出廷のためには有給休暇を取らなければならず，個人として弁護士を雇い，敗訴すれば賠償責任を負担しなければならない。勝訴すれば，弁護士費用を当該地方公共団体から償還してもらえるみちが1994年にできた（現行地方自治法242条8項）[1]が，それでも，個人として賠償請求なり不当利得返還請求を受けるいわゆる4号請求訴訟は重荷だと嘆かれている。

そこで，この要請を受けて，住民訴訟制度を大幅に変える地方自治法改正案が今国会に提出された。改正点は何点かあるが，特に，首長などの責任追及訴訟をいわば自治体丸抱えにして，その重荷から解放しようとするものである。

第26次地方制度調査会の「地方分権時代の住民自治制度のあり方及び地方税財源の充実確保に関する答申」（2000年10月25日）によれば，その趣旨は次のようである。「住民訴訟制度は地方公共団体の財務会計上の違法行為の予防又は是正を目的とするものであるが，現在の4号訴訟においては，職員の個人責任を追及するという形をとりながら，財務会計行為の前提となっている地方公共団体の政策判断や意思決定が争われている実情にある。したがって，従来，住民が地方公共団体に代わって個人としての長や職員等を直接訴える4号訴訟の対象となっていた事例については，訴訟類型を地方公共団体が長や職員等に対して有する損害賠償請求権や不当利得の返還請求権について地方公共団体が適切な対応を行っていないと構成することにより，機関としての長等を住民訴訟の被告とし，敗訴した場合には，当該執行機関としての長等が個人としての長や職員等の責任を追及することとすべきである。このような制度改正により，地方公共団体が有する証拠や資料の活用が容易になり，審理の充実や真実の追究にも資するものとなる。さらに，このような審理を通じて地方公共団体として将来に向けて違法な行為を抑止していくための適切な対応策が講じやすくなると考えられる。また，長や職員個人にとっては，裁判で直接被告となることに伴う各種負担を回避できることから，従来の4号訴訟に対して指摘されてい

---

(1) ただし，これは当然に請求できるものではなく，4号請求訴訟において当該職員が勝訴（一部勝訴を含む）した場合において「弁護士に報酬を支払うべきときは，普通地方公共団体は，議会の議決によりその報酬の範囲内で相当と認められる額を負担することができる」とされていた。本文の改正法によりこの規定は不要として廃止される。なお，愛知県半田市は，市長らが住民訴訟で勝訴したのに，市がこの訴訟に補助参加し，同一弁護士に弁護士費用を495万円払ったので，市長らの弁護士費用請求に応じないとしたという（判例自治207号104頁）。

第1節　住民訴訟改正案へのささやかな疑問

た問題の解消にもつながるものである。」

2　不透明な立法過程

　この改正の理由として入手したもののうち，前記地方制度調査会の答申の理由は先に引用したように簡単であり，同調査会第14回専門小委員会議事要旨（2000年6月29日）でも，賛成する意見のほか，職員の実体法上の責任を重過失に限定する意見とか，議会の議決事項を除外する意見とかがあるとか，政策的意思決定を除外するという論点が紹介されているにすぎない[2]。2000年10月11日に行われた同調査会第四回総会の速記録（未定稿）では，答申原案の事務局朗読のあと，木村仁委員が，地方公共団体の職員が責めを免れて，常に機関の訴訟になることは疑問，訴訟費用は全て地方公共団体の負担で訴訟を実行して，敗訴したときはその金をまた返させるような仕組みがないか，という意見を述べているだけの全く低調な大政翼賛会的な会議であった。本来，立法に当たるには，現状認識（立法事実の解明）の次に，代替案と比較して，その結論の方がより妥当だという説明をする必要があるが，そうした説明がなく，まして，なぜこのようにまとまったのかはさっぱりわからない[3]。この程度の審議しかしない会議が国政の重要事項を担うとされ，そのメンバーは各界の専門家だといわれても戸惑うばかりである。もちろん，国会でその趣旨を審議するのだという反論もあろうが，国会がゼロから審議するのでは非効率で，問題点が解明される前に時間切れで裁決に持ち込まれる出来レースになる。政府は行政改革に伴って，企画立案に当たる審議会を大幅削減する方針であったが，

---

[2] 地方制度調査会は，第24次第8回総会（1995年12月7日）において，同年9月29日の閣議決定のなかの「審議会の透明化・見直し等について」を受けて，審議会の公開について議題とした。しかし，会議の資料と議事録は公開しているが，小委員会は議事要旨も作成せず，審議終了後直ちに小委員長から記者クラブで議事の概要を紹介するとともに，提出資料と一緒にこれを公開することが了承されている。肝心要の部分は非公開である。この立法過程に言及したものとして，飛田博史「住民自治と地方議会制度」自治総研2000年11月号1頁以下。非公開の立法過程批判として，阿部泰隆「日本の立法過程管見」『政策法学の基本指針』（弘文堂，1996年）275頁以下参照。

[3] なお，情報公開の流れで会議公開，議事録公開を主張する声が大きいが，そんなものを公開してみても，本文の通りまともな議論をしていないことが露呈するだけである。その先，答申にはまともな理由を付けることを義務づけ，それを議会で追及することとすべきである。阿部泰隆『政策法学と自治条例』（信山社，1999年）204頁。

第2章　住民訴訟平成14年改正の誤り

審議の充実度もその基準とすべきであった。

　もっとも，この法案の考え方は学説上も提示されたことがある[4]し，この小委員会のほかに，外部の研究者も参加した別の研究会が自治総合センターに設置され，報告書「行政監視のあり方に関する調査研究中間報告書」もこの（2001年）3月にできたところである。しかし，これらは簡単すぎて，筆者の疑問を増殖させるだけであった。そこで，関係者（複数）には口頭で質問して，かなり誤解も解けたが，なお疑問が残っているので，やむをえずここでそれを提示する次第である。もしこうした検討過程を先に公表の上前記のように代替案との比較検討を踏まえ十分に理由を付けて頂ければ，国会も無駄な議論をしないですむし，筆者も各方面に聞き当たり，駄文を草するために時間を空費することなく，人生を有意義に過ごすことができたはずである。情報公開の精神がまだまだ徹底しないことを遺憾に思うものである[5]。

3　私見の基本姿勢

　訴訟制度は，権利救済の実効性，法の明確性の要請，武器平等の原則の観点に立って設計するべきである[6]が，この改正案にはその視点がない。また，この改正案で守られるはずの首長や職員も，政権から離れても本当に安全かを吟味しなければならない。この改正で住民訴訟の機能を抹殺しないかも丁寧に吟味すべきである。まともに職務を執行している首長などのリスクを軽減する

---

(4) 遠藤文夫「住民訴訟の役割」ジュリスト941号（1989年）29頁。ここでは，4号代位請求訴訟を賠償命令の職務執行命令訴訟として構成し直して，第一次的には当該地方公共団体の長を被告とするか，少なくとも当該行政機関の参加を必要とする制度が検討されるべきであろうとされている。

(5) ちなみに，1999年地方自治法改正法の条文はさっぱりわからないものであったが，批判をしても修正されることはなく，その後解説論文がたくさん出た。批判論文として，阿部「地方自治法大改正への提案」月刊自治研1999年5月号37頁以下，同「地方自治法大改正の政策法学的代替案－参議院地方公聴会発言」『法政策学の試み　法政策研究（第二集）』（神戸大学法政策研究会，信山社，2000年）25頁以下。芝池義一「地方自治法改正法案の検討」法時71巻8号78頁（1999年）。

　わかりにくい法文の批判として，阿部泰隆『こんな法律はいらない』（東洋経済新報社，2000年）148頁，阿部「行政法の分野からの改善策」「条例についての解決策」松尾浩也＝塩野宏編著『立法の平易化』（信山社，1997年）110〜125頁，187〜197頁。

(6) 阿部「行政訴訟における裁判を受ける権利」ジュリスト1192号141頁以下（2001年）。

第1節　住民訴訟改正案へのささやかな疑問

という趣旨の観点から，他にもっと合理的な代替案がないのかを考えてみたい。

Ⅱ　現行4号代位請求訴訟類型の再構成

1　法案の内容

(1)　しくみの骨子

　この改正案のうち，特に重要なものは，いわゆる4号請求により個人としての長や職員を訴える現行制度を廃止し，代わりの制度を作る点である。前記の答申の言葉によれば，「住民訴訟における訴訟類型の再構成」である。

　法案に沿って説明すれば，「執行機関又は職員」を被告として，地方公共団体が長や職員に対して有する損害賠償請求権や不当利得の返還請求権について，これらの請求をすること（賠償命令の対象になる事案では命令を発することを請求すること）を求め（改正法案242条の2第1項4号），被告が敗訴した場合には，当該執行機関としての長が個人としての職員の責任を追及する（とりあえず請求し支払いがなければ出訴する）こと（長に対する訴えについては代表監査委員が行うこと）とする。責任追及訴訟は二段構えになるのである。以下，請求することを求める最初の訴訟を第1次訴訟，その判決を受けて，執行機関としての長や代表監査委員が提起する訴えを第2次訴訟という。

　第1次訴訟では，被告になるのは地方公共団体の機関であるから，地方公共団体はこの訴訟に組織として対応できる。職員を動員することも弁護士報酬を支払うことも堂々とできる。これにより，首長等の前記の重い負担を解放するのがねらいである。

　なお，この改正法は施行日以後に提起される住民訴訟に適用される（改正法案附則4条）。

(2)　実体法に変更なし

　この制度では，まずは，当該職員又は当該行為若しくは怠る事実に関する相手方に対して，損害賠償の請求，不当利得返還請求をすること，又は243条の2第3項の賠償の命令をすることを，執行機関又は職員に求める。要するに，第三者に請求をせよ，第三者に賠償命令を出せという回りくどい請求である。会社法では株主は会社に取締役に対し訴えにより請求せよと訴訟外で請求するが，会社がこれに応じなければ株主が取締役個人を訴える（旧商法267条，平成17年改正会社法847条）。住民訴訟もまずは監査委員に監査請求する点では

同様であるが，これは会社に取締役を訴えるように請求せよという訴えに改正するようなものである。

その請求権の要件つまり実体法は改正されない。職員の実体法上の責任を重過失に限定する意見，議会の議決事項を除外する意見，政策的意思決定を除外するという意見があったらしいが，理由は不明であるものの，排除されたようである。その要件は現行法通り，長に対しては，民法709条により，過失の全責任を追及し，職員に対しては，民法709条と地方自治法243条の2の賠償命令の制度を調整して，重過失（現金については軽過失）がある場合に寄与度に応じた分割責任を追及することになっている。当該行為又は怠る事実の相手方に対しては，民法709条による損害賠償責任，703条による不当利得返還を求める。長又は職員あるいは相手方の責任（損害賠償法の違法，過失，重過失），不当利得請求訴訟の受益性，善意・悪意などが論点になる。

なお，職員に対する請求の実体法上の根拠として，民法709条と地方自治法243条の2の賠償命令の両方が考えられる。一時後者のルートしかできないという賠償命令専管説（東京高判昭和58・8・30判時1090号109頁，判タ504号197頁，行集34巻8号1540頁）があったが，これでは住民訴訟は禁止されたのも同然になるので，筆者は，これは誤りであると強く主張した[7]。最高裁もこの高裁判決を否定した（最判昭和61・2・27民集40巻1号88頁）。私見も役に立ったかもしれない。

この改正案では，機関としての職員が敗訴したら，長が賠償命令を出すことになっているが，この場合には，監査委員が賠償責任の有無，賠償額を定めるとする現行243条の2第3項の適用はない（改正法案243条の2第4項第2文）。賠償命令専管説が復活した訳ではないと思われる。

また，住民訴訟は財務会計行為の違法を争うもので，非財務会計行為の違法を一般的に争うものではないという仕組みの基本にも何ら変更はない。

(3) 第2次訴訟は粛々と執行するはず

次に，執行機関又は職員が第1次訴訟で敗訴したら，長は当該請求にかかる損害賠償金，不当利得返還金の支払いを求め，判決確定後60日以内に支払いがなければ改めて訴訟を提起することになる（改正法案242条の3第2項）。長

---

(7) 阿部「住民訴訟における職員の賠償責任（上）」判タ561号32頁以下（1985年）は賠償命令専管説に反対して詳しく検討した。本書には掲載していない。

第 1 節　住民訴訟改正案へのささやかな疑問

個人に対する訴訟は代表監査委員が提起する（改正法案同条 5 項）。

　賠償命令を命ずる判決が確定した場合でも，支払いがなければ，長は賠償請求訴訟を提起することになる（改正法案 243 条の 2 第 5 項）。長が事実を知ったときから 3 年を経過したときは賠償を命ずることができないとする規定（現行 243 条の 2 第 3 項ただし書き）は削除される。消滅時効は地方自治法 236 条の一般原則により 5 年になる。

　なお，この賠償命令に対して相手が応じないときは，税金のように行政徴収できるのではなく，改めて民事訴訟で請求することになる（現行地方自治法 231 条の 3 第 3 項）が，賠償命令に対して取消訴訟が提起されているときは，前者の訴訟手続を中止しなければならない（改正法案 243 条の 2 第 7 項）。訴訟の交通整理の規定である。なお，賠償命令に応じなければ，税金と一緒に行政徴収することとして余分な経費を節約すべきである。

　第 2 次訴訟で請求する額は第 1 次訴訟で確定した額である。改正法案 242 条の 3 第 1 項を見る限り減額する裁量はないと見られる。賠償命令を発することが命じられた場合には，職員に対する賠償請求について重過失がある場合（現金の取り扱いなら軽過失も含める）で，寄与度に応じて責任を追及することになっている現行 243 条の 2 第 3 項をこの段階で改めて適用し直すのではなく（この規定は第 1 次訴訟においてすでに適用されている），改正法案 243 条の 2 第 4 項によりそのまま賠償命令を発することとなる。

　そうすると，代表監査委員が首長からいくら頼まれても，粛々と最初の判決通りに提訴するだけである。減額するとか，いい加減に訴訟を追行するといった談合訴訟のおそれはない。和解により減額すれば，これまた住民訴訟の対象になると解すべきである。

　この訴訟の提起には議会の議決を要するとする一般原則の例外として不要とされている（改正法案 242 条の 3 第 3 項，243 条の 2 第 6 項）。この訴訟を提起することは義務であるから，これは当然の改正である。

　ところで，「判決が確定した日から 60 日以内に」支払いがないときは，訴訟を提起することになるが，首長や代表監査委員がこれを提起しなかった場合はどうなるのか。そうしたことは政治的に批判されるので，実際上は想定しがたいが，しかし，その場合には改めて，執行機関を被告に訴訟を提起しなければならないとすれば，永久に片づかない。長や代表監査委員がこの訴訟をまじめ

67

に提起して追行しなければ倍額の賠償責任を負うと，念のため決めるべきである。

(4) 時 効 対 策

第1次訴訟が提起された場合には，「当該普通地方公共団体の執行機関又は職員は，当該職員又は当該行為若しくは怠る事実の相手方に対して，遅滞なく，その訴訟の告知をしなければならない」（改正法案242条の2第7項）となっている。そこで，個人としての長，職員，相手方に対して訴訟告知が行われる。

その効力としては，まずは，時効の中断に関して，民法147条1項の「請求」と同じ効力がある（改正法案242条の2第8項）。民法147条1項の「請求」は文言上は裁判上の請求に限定していないが，何らかの形で裁判所が関与する手続が要求されると解されている。そこで，この請求で，時効が完全に中断されて，中断事由の終了したときから改めて走るとする規定（民法157条1項）が適用されるものではない。そうすると，これだけでは，訴訟告知が行われたが，訴訟が長引いて，時効にかかることが起きる。債権の消滅時効は一般に10年であり（民法167条），地方自治法236条では5年であるし，損害賠償法では，損害及び加害者を知ったときから3年である（民法724条）。

そこで，その対策としておかれているのが9項である。すなわち，第1次訴訟が終了した日から6カ月以内に裁判上の請求，破産手続参加，仮差押え若しくは仮処分又は地方自治法231条に規定する納入の通知をしなければ，この訴訟告知は時効中断の効力を生じない（改正法案242条の2第9項）。そうすると，訴訟告知後6カ月以内に出訴することができなくても，第1次訴訟が終了した日から6カ月以内に出訴なり地方自治法231条に規定する納入の告知をすれば時効は遡って中断されることになる。

(5) 訴訟告知で反論を封ず

第1次訴訟で首長や職員の責任が認定されたとき，個人としての首長や職員が第2次訴訟でこの責任を否定することができるとすれば，第1次訴訟の意味がなくなる。しかし，自ら参加していない訴訟の結果を甘受しなければならないとすれば，裁判を受ける権利を侵害して違憲である。そこで，個人としての長などが第1次訴訟で権利を守る機会を与えられたこととする必要がある。これが訴訟告知である。訴訟告知を受けた場合，訴訟に参加しなくても，参加できるときに補助参加したものと見なされて，被参加人との間にいわゆる参加的

効力が生じる（民事訴訟法53条4項，46条）。執行機関が敗訴したときは，被告知者である首長や職員，相手方個人は執行機関との間ではこれを争えなくなるのである（しかし，これで不十分であることは第2章第2節で述べる）。

なお，行訴法22条による第三者の参加は，文理上住民訴訟の4号請求には適用されない（東京高決昭和49・7・11行集25巻11号1391頁）。住民訴訟の中で取消し，無効確認を求めるものは，原則として取消訴訟，無効確認訴訟の適用があるが，4号請求はそれ以外なので，当事者訴訟の規定が準用され（行訴法43条），当事者訴訟では行訴法22条は準用されない（行訴法41条）となっている。

さらに，第2次訴訟は，執行機関が提起するのではなく，普通地方公共団体が提起するので，この参加的効力を，当該普通地方公共団体と被告知者個人との間にも及ぼす必要がある。それが，4号請求訴訟の裁判は「訴訟告知を受けた者に対してもその効力を有するときは，当該裁判は，当該普通地方公共団体と当該訴訟告知を受けた者との間においてもその効力を有する」とする規定（改正法案242条の3第4項）である。

ここで，「訴訟告知を受けた者に対してもその効力を有するとき」としており，訴訟告知を受けた者に効力がない場合があることを前提としている。それは民訴法46条で予定している，参加的効力が生じない場合のことらしい。

それなら，もう少しわかるように修文すべきであろう。たとえば，4号請求訴訟の裁判が「民事訴訟法46条の規定により訴訟告知を受けた者に対してその効力を有しない場合を除き，当該裁判は，当該普通地方公共団体と当該訴訟告知を受けた者との間においてもその効力を有する」と書けばよい。

2 疑問点
(1) 住民訴訟の構造を歪める

このように，この法案はいかにもうまくできているように見えるが，いくつか重要な疑問を感ずる。

まず，住民訴訟は住民が地方公共団体に代位して違法行為をした職員や首長個人を訴える制度であるから，もともと住民と地方公共団体が一体と考えられてきた。しかし，この改正案では，住民と地方公共団体の執行機関が対立し，後者と違法行為をしたとされる職員，首長が一体化する。これまでも，住民訴

第 2 章　住民訴訟平成 14 年改正の誤り

訟では，自治体が首長や職員側に参加したいと主張してきた。これを肯定する学説もある[(8)]し，一部の判例はこれを肯定してきたが，しかし，判例は一般にこれを否定している[(9)]。この改正案ははっきりと，これを肯定する仕組みである。

こうした改正の根拠は，先の答申に見るように，「現在の 4 号訴訟においては，職員の個人責任を追及するという形をとりながら，財務会計行為の前提となっている地方公共団体の政策判断や意思決定が争われている実情にある。」という認識による。訴訟マニアが住民訴訟を濫用しているという認識もあるようである。たしかに，そういう例のために住民訴訟は負担過重になっている。しかし他方，違法な裏金つくり，カラ接待，過大な官官接待，異常に高額な土地購入などを明らかにしたのも住民訴訟の功績であって，このような認識は一面的である。

前者のような例は，抗告訴訟の原告適格が狭いためであるので，そのしわ寄せが個人の負担になるのは気の毒であるが，解決策の本筋は，原告適格を拡大することである。そうすれば，住民訴訟の負担過重は自然に解消する。丁度司法改革の中で，行政訴訟の活性化も課題になっており，筆者もそのために努力している[(10)]が，これを支援する世論の力がなおたりない。地方六団体や本法

---

(8)　園部逸夫「住民訴訟の訴訟法上の問題点」ジュリスト 941 号 33 頁（1989 年），曽和俊文「住民訴訟制度改革論」関西学院大学法と政治 51 巻 2 号 744 頁（2000 年）。

(9)　地方公共団体が被告側に補助参加することを不適法とした例として，京都地裁平成 5 年(行ウ)第 9 号平成 5・11・5 決定，東京高決平成 3・6・28 東京高等裁判所（民事）判決時報 42 巻 1～12 号 52 頁，札幌高判平成 3・5・30 判タ 775 号 91 頁，大阪地決平成 3・4・2 判タ 757 号 152 頁，東京高決平成 3・3・14 判時 1387 号 41 頁，行集 42 巻 3 号 379 頁，京都地決平成 5・11・5 判例自治 121 号 22 頁等多数。

　　補助参加を認めた例として，山形地裁平成 3 年(行ウ)第 3 号平成 3・11・30 判決，東京高決昭和 56・7・8 行集 32 巻 7 号 1017 頁，判時 1011 号 62 頁，千葉地裁平 3(行ク)第 4 号平成 3・12・26 民事第 2 部決定，仙台高決平成 2・1・26 判例自治 70 号 10 頁。

(10)　筆者は，「行政訴訟改革の基本方針について」と題する意見を 2000 年 12 月に司法制度改革審議会に提出した。さらに，『行政訴訟改革論』（有斐閣，1993 年）のほか，最近のものとして，前注(6)，「行政訴訟からみた憲法の権利保障」ジュリスト 1076 号 24 頁以下（1995 年），「基本科目としての行政法・行政救済法の意義（1～2）」自治研究 77 巻 3 号 3 頁以下，4 号 14 頁以下（2001 年）（当時連載中，最終的には(9)自治研究 78 巻 7 号，2002 年まで連載），「行政訴訟改革の方向づけ」法時 2001 年 4 月号 64 頁以下がある。関係文献はこの最後の論文の 69 頁に掲載した。

第1節　住民訴訟改正案へのささやかな疑問

案推進者は，地方公共団体の政策判断は住民訴訟の4号請求という歪んだ形ではなく，抗告訴訟で受けると提案してほしい。それをしないで，住民訴訟の負担だけ軽減せよと主張するのは，法治国家の責任を果たしているとは思えない。

後者のような例では，本来地方公共団体が違法行為者個人の責任を迅速に追及すべきであって，それを怠るどころか，両者を一体化させて，地方公共団体が責任追及の防波堤になるのは疑問である。

そして，この答申は，この改正により，地方公共団体が有する証拠や資料の活用が容易になり，審理の充実や真実の探求にも資するということである。ここで，正直に，地方公共団体の有する資料を，首長や職員のために堂々と使いたいという本音が現れている。今でも，自治体の資料はなかなか公開されない[11]が，この改正では，これらの資料は，首長や職員に有利なものだけが法廷に提出され，そうでないものはなかなか提出されないのではないか。これは武器平等の原則に反するし，公益にも反する。

（その後の実態を見れば，被告執行機関は説明義務を果たさない。文書提出命令の申請にも抵抗する。この予想は当たっている）。

こうした資料は，本来，中立的な立場で公開されるべきである。そのためには，たとえば，裁判所が，職権で，又は申立てに基づき文書提出命令を出すという制度を作ることによって対応できる。新民事訴訟法では，文書提出命令が一般的な義務となったが，これは公文書には適用されていない。これに関する民事訴訟法の改正案は目下（当時）店晒しである[12]が，これを成立させることが先決問題である。また，この改正が行われるなら，それにより両当事者に公平に証拠が開示されるから，地方公共団体の執行機関を被告とするこの改正の必要は低くなる。

---

(11) 槙野泰臣「論壇　住民訴訟の安易な提起などはない」（朝日新聞1998年8月12日4面）は，天理市公有地転売疑惑に係る住民訴訟で元市長に8億円余りを請求して勝訴した原告の手になるものであるが，住民が市に資料の提出を求めても，「本件との関連で有印公文書偽造の疑いで市役所が捜索されたとき，警察が押収していき，散逸しているなどという。何も資料のない住民と，非協力は言うに及ばず，あらゆる秘匿・隠匿が可能な相手との闘いである。仮に改ざんされても，住民にはそれを証明する方法はほとんどない」と指摘している。

(12) この法案の批判的検討として，秋田仁志「民訴法の公務秘密文書提出義務規定の改正について」自由と正義1998年3月号60頁以下参照（その後，文書提出命令制度は，公務員が組織的に利用するものも原則開示されるように改正された。民訴法220条）。

第2章　住民訴訟平成14年改正の誤り

(2) 住民訴訟は脅威か

　また，住民訴訟は首長などにとってそんなに脅威なのだろうか。地方制度調査会に提出された自治省の資料によれば，1994年の4月から1999年の3月末までの5年間で，提訴数の合計は878件，結果が出たのは，584件で，うち，原告全部勝訴は14件，一部勝訴が23件，裁判上の和解により終了したのが19件，事実上の和解により原告が訴えを取り下げたのが，20件で，原告が一部でも勝訴したと見られるこれらの合計は，76件である。9％程度である。全国の都道府県内の平均では市町村を含め5年間に2件もない。たいした数とは思えない。

　提訴される数は結構増えているが，被告が最終的に勝訴する事案については，弁護士費用は公費負担となったのであるから，とりあえず自己負担せざるをえないのが問題であれば，とりあえず相当な弁護士費用を公費で貸し付ける制度を作り[13]，あとは，職務専念義務を免除すればとりあえず済むことではないだろうか。

　政策判断が争われるケースでは，よほどのことでないと，違法過失は肯定されないので，被告になる方も，そんなに深刻にならずに済むだろう。もちろん，政策判断は前述のように抗告訴訟の方に回すのが正当である。

　なお，筆者は，首長の責任を軽減する正攻法として，まず，長としては，違法かどうかを法律家の意見書を徴し，法令コンプライアンス委員会などで検討してもらうこととし，そこで踏み切るのは，違法ではない可能性が大であるとのお墨付きをもらった場合に限定するべきだと考える。そうすれば，通常は安心であろう。

　さらに，議会が，議会の議決を経た施策を首長に執行させるために，仮にそれが違法でも，長の責任を免除する旨あらかじめ議決することを提案したい。監査委員が賠償責任があると決定したにもかかわらず，長は議会の同意を得てそれを免除することができる（現行法243条の2第4項，改正法案243条の2第8項）が，これを事前に行なうのである。

　長の賠償責任の免除についてあらかじめ決めてこれを一般的に認めると，長の賠償責任回避の脱法行為と反論されるので，それを適用する場合にはそれな

───────
[13]　曽和・前注(8) 752頁が提案する。

りに慎重に構える必要がある。自治体としては，違法過失あると判断されるリスクを考慮しても，遂行する必要性の高い施策がある。賠償責任を課されるかもしれないという不安におびえて，萎縮してしまっては，不作為行政に陥ってしまう。そこで，議会が，当該施策は是非必要で，万一損害が発生しても，それは避けることのできないものと判断して，予算化するときに限り，万一長に賠償責任が問われても，それを免除するという議決をするのである。それは合理的なリスクマネジメントであるから，結果として，賠償責任を免除する結果になっても，総合的に見て，過失はないと評価すべきである。

なお，この主張は，首長が違法支出をして裁判で負けそうになってから議会に頼んで権利放棄してもらうのとは別であるから，後者を基本的に違法とする私見（本書第5章）とは矛盾しない。

(3) **被告がまじめに訴訟を追行しない可能性——政権交代は地獄！**

これまでの4号請求では請求の認諾，和解が可能であった。この新しい4号請求でも特段の禁止規定がないので，これを肯定することになる。ただ，実際上は，他人に責任を負わせては悪いと，これまでよりも和解に応じないことが激増し，住民訴訟を提起する方が疲れて，降参することが増えよう。しかし，理論的には，被告知者が補助参加しないでいると，被告が認諾，和解を勝手にしたとしても，その効果が及んでしまう。被告は下級審で敗訴した場合，もう面倒だと，被告知者の意向に反して上訴権を放棄する場合も同様である。被告が和解しないまでも，どうせ自分のことでないからと，まじめに訴訟を追行しないで不当な敗訴判決に甘んずるおそれがある。そういうことは例外的ではあれ起きるであろう。

もちろん，現職の首長個人の責任が追及されている訴訟なら，執行機関としての首長が個人としての首長に不利な訴訟行為，和解，認諾，上訴権の放棄などを行うことはないだろう。

しかし，政権が交代し，現職の首長の敵方の違法行為が問題になっているときはそうした危険があるのである。職員も，首長からにらまれているなら同じである。これでは，被告知者はうかうかしていられないから，訴訟の状況をよく見て，場合によっては参加せざるをえない。

長や職員が個人として訴訟に引き出されるのは気の毒だというのがこの改正の趣旨であるが，その長がすでに辞めているときはかならずしも役立たないの

である。しかも，現職の首長も長年の係争中に政権の座を追われるかもしれないので，現職といえども安心できない。結局は，この改正の目的は十分に達成されないだろう。

(4) 第2次訴訟で手抜きは？

もっとも，参加しても，補助参加人の行為が被参加人の訴訟行為と抵触するときは効力を有しない（民訴法45条2項）ので，被告のした請求の認諾，和解，上訴権の放棄などを阻止することはできないが，被告知者は，その代わりに参加的効力を受けないので（民訴法46条2号），第2次訴訟でその責任を否定できる。

たとえば，第1次訴訟で，被告が過失を認めたが，職員個人は過失なしと主張した場合，過失を認めた分は職員個人には効力を生じないので，自治体から職員個人に対する第2次訴訟で，職員個人は過失を否定して争うことができる。そして，第2次訴訟では和解が行われるかもしれないが，これについては住民はもはや関与できない。極端な例かもしれないが，被告側は，第1次訴訟で，補助参加人の意向に反する訴訟行為をしてわざと敗訴し，第2次訴訟では談合するという高等戦術を使うことも可能になる。これは，住民訴訟による住民の監視を空文化するものであり，執行機関を被告とするというこの改正法のコンセプトに相当無理があるのではなかろうか。

もっとも，現行制度でも，住民訴訟が起きる前に首長が賠償責任を負いそうな者を相手に訴訟を提起すれば，それが手抜き訴訟でも住民訴訟は提起できない（東京高判平成4・9・8判タ807号218頁）ので，こうした談合は今でも可能であるし，前記のような制度の濫用は滅多に起きないと楽観する向きもあろうが，私見では住民から不信感を持たれる仕組みをここで新たに作るべきではない。

そもそも訴訟告知は，たとえば，債務者が訴えられたときに，自分のために防御して負けたら，共同債務者や連帯保証人に，責任を負わないとは言わせない制度である。負け戦の内輪もめを防止するものである。被告はもちろん責任を負うから，自分のためにこの訴訟でしっかり頑張る動機がある。ところが，ここで提案されている執行機関を被告とする訴訟は，本来の被告である個人の訴訟を肩代わりし，敗訴の責任を負担させようとするもので，被告は自分のために頑張る動機は必ずしもない（このことは，その後，談合企業に対して請求せよという住民訴訟の被告執行機関の怠慢で明らかになった。第2章第2節）から，

第1節　住民訴訟改正案へのささやかな疑問

そのままここで活用することは適切ではない。仮にこの提案されている制度を生かそうとし，かつ，被告知者の危険を防止しようとすれば，被告は被告知者に不利な訴訟行為をしてはならないという一種の忠実義務を導入する必要がある。しかし，そうすると，第2次訴訟で，被告知者はこの忠実義務違反を理由に責任を否定するという事態が生ずる。

　なお，この制度に対しては二度手間だという批判があるが，これに対して，第2段の訴訟は粛々と執行力をつけるためであるから，この批判は一見当たらないという反論がなされる。しかし，実は参加的効力が及ばず，「粛々と執行」できない場合があるので，はずれていると思う。

(5)　執行段階の手抜きは？

　筆者は，請求認容判決が確定した以上は，あとで現場の裁量で執行を手控えてはならないという前提に立つ。では，第2次訴訟で自治体が勝っても，常にまじめに執行するか。住民なら，執行文を取って執行できるので，本人が亡くなった後であれ，残った財産が自宅だけであっても，これを競売に付して執行することができる。しかし，自治体はこうした場合に執行が気の毒だとして手控える可能性がある。また，ヤミボーナスの支給等，不当利得の相手方が多数の場合，これも煩瑣と称して，請求しない可能性がある。これについてまた住民訴訟から始めないと，この執行段階での談合なり不作為を防止できない。これでは，住民監視はなかなか機能しない。

　これは通常は政治的に防止できるから，そうしたことがあっても，例外であるとして無視すべきかどうかがここでの価値観の違いになる。

(6)　被告の弁護士費用公費負担なら原告にも報奨金を

　この改正の眼目は，従来個人として訴えられていたため，個人として負担していた弁護士費用を勝敗いかんにかかわらず自治体負担にできるとする点にある。首長や職員が勝訴した場合には，それは職務上の災難であるから，自治体負担にする現行制度を残すべきであるが，敗訴した場合には，それは首長ら個人のミスであるから，その弁護士費用を公費負担にする合理的な根拠はない。

　それでも職務にかかわる負担とリスクが重いとするなら，首長の歳費を値上げするのが筋である。助役や副知事と首長の給料にたいした差がない現状に問題がある。また，たとえ敗訴しても，職務にかかわることであれば，その弁護士費用を議会の議決で公費負担とすることができるとし，また，前記のように

75

とりあえず貸し付けることができるとする改正案を策定するのが筋である。

この改正案では、これまで原告勝訴の場合に弁護士費用を支給するのをいわゆる4号請求に限定していたところ、全ての住民訴訟に拡大する（改正法案242条の2第7項）。結構であるが、それだけではたりない。原告は、ボランティアで出訴し、勝訴した場合に弁護士費用の一部を請求できるだけで、敗訴した場合には大損するのであるから、とても割に合わない。むしろ、原告が勝訴した場合には、社会公共のために寄与したとして、弁護士費用のほかに、勝訴により地方公共団体が得られる利益の一定割合を支給すると決めるべきである[14]。もちろん、この改正案は住民訴訟濫訴観に立つものであるから、この提案は火に油を注ぐものとして、取り入れられるわけはないかもしれないが、本来の筋はこの方向である。

(7) 印　紙　代

第1次訴訟における提訴手数料は訴額算定不能で、一審段階で8,200円（現在13,000円）である（最判昭和53・3・30民集32巻2号485頁）が、第2次訴訟では、こうした特例がないので、損害賠償訴訟の一般的な印紙代の基準が適用される。1億円の請求で、一審だけで約42万円（現在32万円）である。これは改正前の制度では不要だったもので、自治体が余分な出費を要する。これについても民事訴訟費用等法の特例をおくべきではないか。

3　その他の論点

(1)　被告適格の混乱

第1次訴訟の被告は、「執行機関又は職員」とされている。ここでいう執行機関とは誰か。教育委員会の職員に請求するのは教育委員会を被告とせよという意味であろうか。

職員を被告とする訴訟とは何か。個人を被告とするのではなく、機関を訴えるという改正の趣旨からいえば、たとえばA会計課長が公金を違法に支出したとき、A個人でなく、会計課長を被告とするということかもしれない。

とりあえずこのような疑問が生ずるが、違法行為をした個人に対して賠償請

---

(14)　曽和・前注(8) 748-749頁も報奨金制度を提案する。アメリカでは、faulse claims actにおいて、勝訴報酬制度がある。碓井光明「私人による政府の賠償請求権の実現(1)」自治研究75巻3号4頁（1999年）。

求権，あるいは相手方に対して不当利得返還請求権を有するのは，当該地方公共団体で，その請求権を行使する権限を有するのは普通は代表者としての首長であるから，被告は執行機関としての首長であるが，首長から職員に権限が委任されている場合にはその職員が被告になるという。

しかし，そのような趣旨はこの条文から読みとれないので，これでは被告の判断を誤って門前払いになる訴訟が増えるであろう。これは法の明確性の要請に反する。

このような条文をつくった理由は，住民訴訟の1号請求及び3号請求では被告を「当該執行機関又は職員」としているものに倣ったものという。

1号請求は差止請求であり，3号請求は怠る事実に関する違法確認訴訟であるから，ともに当該行為をしている権限ある執行機関や職員というポストを被告とすべきことはわかる。

これまでの4号請求では賠償責任ある当該職員個人を被告としていた[15]。これに対して，新しい4号請求は，損害賠償請求なり不当利得返還請求，賠償命令をせよという請求であるから，こうした請求をする権限のある者を被告とすべきことになる。それは当該地方公共団体（の代表者）であろうから，この4号請求では，被告を当該地方公共団体（代表者知事，市町村長）と明示すべきではないのか。

(2) 不当利得返還請求の限定排除

民法の不当利得返還請求においては，善意の受益者は「利益の存する限度」において返還し，悪意の受益者は「その受けた利益に利息を付して返還すること」を要する（民法703，704条）。ところが，現行法では，いわゆる4号請求訴訟のうち職員に対する不当利得返還請求は，「当該職員に利益の存する限度

---

[15] これについて判例は次のようにいう。地方自治法242条の2第1項4号にいう「当該職員」には，普通地方公共団体の内部において，訓令等の事務処理上の明確な定めにより，当該訴訟においてその適否が問題とされている財務会計上の行為につき法令上権限を有する者からあらかじめ専決することを任され，右権限行使についての意思決定を行うとされている者も含まれるが，およそ右のような権限を有する地位ないし職にあると認められない者を被告として提起された同号所定の「当該職員」に対する損害賠償請求又は不当利得返還請求に係る訴えは，法により特に出訴が認められた住民訴訟の類型に該当しない訴えとして，不適法である（最判昭和62・4・10民集41巻3号239頁，最判平成3・12・20民集45巻9号1503頁）。

に限る」（現行242条1項但書き）とされている。相手方に対する不当利得返還請求においてはこのような限定はない。

そうすると，現行法では，職員の受益者は全て善意と見なしているということであるが，職員が全て善意とは限らず，悪意の場合もあり，これについては相手方が悪意の場合との均衡を失する。

そこで，職員に悪意があれば，利益が残っていなくても請求できるし，利息も請求できることとすべきである。今回，この条項を削除するのは妥当である。

III 仮処分の禁止

住民訴訟において仮処分が許容されるかどうかはこれまでも判例上争いがあったが，ここで明文の規定で禁止することとなった（改正法案242条の2第10項）。住民訴訟は個人の権利救済制度ではない客観訴訟であるという特殊事情はあるが，しかし，仮に権利を保全しないと，本案で勝訴しても，結局は自治体の権利は守られないということが起きることには変わりはない。

たとえば，4号の不当利得又は損害賠償請求の被告が財産隠しをするといった事態が起きるので，移転禁止の仮処分などをする必要がある。しかし，執行機関を相手に第1次訴訟を提起している間に，第三者である職員個人や相手方に対して将来の給付訴訟を提起することとして，それを本案とする仮処分制度をおくのは無理だろうし，そうした仮処分を認めるなら，職員個人や相手方がこれに防戦しなければならないので，自分は被告にならずに済むという，この4号請求訴訟改正案の恩恵を受けることはできない。結局は，執行機関を被告とするというこの4号請求の改正に無理があるのである。

本来は，仮処分を一般的に禁止するのではなく，仮処分の要件を工夫するのが筋ではないかと思う。

IV 差止めの制限

1号の差止め請求については，現行法では，「当該行為により普通地方公共団体に回復の困難な損害が生ずるおそれがある場合に限るものとし」（現行法242条の2第1項但書き）とされているが，改正案では，「当該行為を差し止めることによって人の生命又は身体に対する重大な危害の発生の防止その他公共の福祉を著しく阻害するおそれがあるときは，することができない」（改正法

第1節 住民訴訟改正案へのささやかな疑問

案242条の2第6項）とされている。

要するに，「回復の困難な損害」がなくても差止めを認めるということで，事前に違法行為を是正することが望ましいという立場に立っているが，代わりに，地方公共団体の行為に対する差止請求という性格上公共の福祉との調和を要するという観点からの制限を付けるということである。

「回復の困難な損害」という要件は仮の救済なら理解できる（改正前の行訴法25条の執行停止の要件参照）。しかし，そもそも，差止請求は仮の救済ではなく，本案訴訟であるから，それにこのような限定をつけるということは，結局は違法でもとりあえずは拱手傍観し，事後の賠償に期待するということである。これは不合理であるから，この要件の削除は妥当である。

他方，公共の福祉の要件についてみると，そもそも，この差止めは仮の差止めではなく，本案判決であるから，違法行為であることが証明されることが前提である。そして，違法行為は是正されるべきことが法治国家では原則である。例外として，行訴法31条の定めるいわゆる事情判決があるが，これは事後の取消訴訟であるので，すでに重大な既成事実が発生しているためであり，しかも，原告の受ける損害の程度，損害の賠償又は防止の程度及び方法その他一切の事情を考慮したうえで初めて行われる[16]。

これに対して，ここで問題になっているのは，事前の差止めである。それは違法行為なら当然に推進してはならないものである。それにもかかわらず，違法ではあるが，「当該行為を差し止めることによって人の生命又は身体に対する重大な危害の発生の防止その他公共の福祉を著しく阻害するおそれがあるとき」とはいったいどんな場合であろうか，明示してほしい。つまり，実際に「人の生命又は身体に対する重大な危害の発生の防止」などのために違法でも公金を支出する，契約を締結する等の財務会計行為をする必要があるのはどんな場合なのか，想定しにくい。また，これだけでは，拡大解釈で濫用のおそれもある。たとえば，ダムの設置が何らかの理由で違法とされても，しかし，治水ダムだから人命のために建設続行ということだろうか。その程度なら，違法性を除去して事業を進めればよいし，そもそも，違法ともされないだろう。震災等の緊急事態において，法定手続を無視して，人命救助のために公金を支出

---

(16) 阿部『行政救済の実効性』（弘文堂，1985年）289頁以下。

する場合であろうか。それなら，こんな曖昧な規定を訴訟制度の中におくよりも，緊急に人命救助するためなら，通常の手続によらずに財務会計行為をすることができるという趣旨の規定を個別の実体法におくべきである。

V　結　び

このように，この改正案は，個々には改善面もあるものの，なおその基本的なコンセプトに疑問を感ずる。適切な説明と疑念を払拭する修正が望まれるとともに，こんな断片的な改正ではなく，抜本的な改正に着手すべきである。あわせて，前記のように抗告訴訟における原告適格拡大の声を司法制度改革審議会に届けてほしいと思う。

第2節　住民訴訟平成14年改正4号請求被告変更の誤謬

I　本稿の趣旨

　住民訴訟平成14年度改正の要点は，特に4号請求訴訟においては，これまで，地方公共団体に損害を与えた内部の個人（首長個人，元首長個人，職員等）や，外部の会社・団体・個人等を分けることなく，いずれをも被告として，1回の訴訟で損害賠償請求や不当利得返還請求，原状回復の請求等をしていたところ，これを2回に分け，第1次訴訟においては，執行機関（多くの場合は，首長というポスト）を被告として，これらの内部の個人や，外部の企業等の者に対して，地方公共団体に対して支払うように請求をせよとの一種の義務付け訴訟（地方自治法242条の2第1項4号。行訴法の定める義務付け訴訟は行政処分の発給を求めるものであるが，ここではそうではない）に変更し，その原告住民勝訴確定判決によって請求することを義務付けられた地方公共団体が，次に第2次訴訟（地方自治法242条の3）において，首長が地方公共団体を代表し（現職の首長を被告とする場合には代表監査委員が代表し），不当利得を得たとか賠償義務を負うとされた個人，会社・団体等に対して請求を行うこととなった。これまで1回の訴訟ですんだものが2回の訴訟に分けられたのである。

　そして，第1次訴訟の被告となった首長等執行機関は，義務付けられる請求の相手方（首長個人や職員，企業・団体等）に対して訴訟告知をしなければならず（地方自治法242条の2第7項），被参加人＝首長等被告が敗訴したときは，民事訴訟法46条の例外に該当しない限り，当該地方公共団体と，訴訟告知を受けた者に対して，参加的効力が及ぶとされている（地方自治法242条の3第4項，参加しなくても参加したと同じ扱いである。民訴法53条4項）。そして，参加的効力は，訴訟物たる権利関係のみならず，判決理由中の判断にも及ぶものと解されている（最判昭和45・10・22民集24巻11号1583頁）。したがって，新4号請求訴訟の認容判決が確定すれば，地方公共団体が，相手方（首長個人，元首長，職員，会社等）に対して損害賠償請求権等を有していることについて参加的効力が及び，地方公共団体が提起する第2次訴訟で，これの相手方は，自ら債務を負っていることを争えないとするのがこの改正の立案関係者の見解で

第2章　住民訴訟平成14年改正の誤り

ある。

　これは極めて特異な制度であるが，この改正の主要な理由は，建前では，地方公共団体の説明責任を強化するという点にあった。相手方企業等のことはほとんど念頭になかった。

　しかし，この制度の運用を見ると，改正論者の主張は外れ，説明責任は機能せず，むしろ，住民訴訟の実効性を求める住民側にとっても，参加的効力を及ぼされる相手方企業の権利保障の点でも，欠陥が露呈し，この改正の誤りが明らかになっている。

　ここで，4号請求訴訟の中で現職の首長等の責任を問う訴訟（さらには現職に守って貰える職員，外郭団体等）と，現職に守って貰えない過去の首長等の責任を問う訴訟，さらに，カルテル等をしたとされる外部の企業に対して損害賠償を請求する訴訟を分けて考えなければならない。

　実は，この改正は，首長等の責任を問う4号請求訴訟における現職の首長等の責任，少なくともその訴訟負担を軽減することを本音とするものであった。結論的に言って，それは現実に有効に機能しすぎている。しかも，第2次訴訟が有効に機能していないことも明らかになった。

　談合したとされる企業に対する訴訟等，相手方に対する訴訟では，第1次訴訟においては，首長が被告になり，企業は，これまでなら被告として攻撃防御できたのに単なる補助参加人に貶められ，しかも，首長は企業の事情は全く知らず，それを守ろうとするインセンティブもない（首長と企業は実は利害相反する）し，その代理人も，第2次訴訟を受任すると高額の成功報酬が期待できるところから，まともな攻撃防御をするはずがなく，説明責任といっても，企業に請求するだけの材料がないというだけの話で，ほとんど意味がなく，しかし，第2次訴訟では，企業は，第1次訴訟の判決に従えとされる。企業は元々1回の訴訟で被告として十分に攻撃防御できることになっていたが，このように2回の訴訟に付き合わされた上，1回目は補助参加人，2回目は，第1回目の判決を受け入れる前提での，いわば手足をもぎ取られた形の被告という中途半端な形となり，企業の裁判を受ける権利はずたずたにされている。弁護士費用も2回払わなければならない。むしろ，この制度は本来違憲であろう。

　したがって，この制度は，このように，立法論としてもはなはだ不合理であるから，改正前に戻した上で，さらに，住民訴訟を充実するための改正が必要

であるし，解釈論としても，違憲とならないように，この制度に合理的な限定を加えなければならない。企業は，第1次訴訟で被告首長が企業の立場で十分に主張立証しないかぎり，第2次訴訟でその権利を守るため，違法行為の有無，損害額を主張・立証できるというべきである。

以下，これを詳述することとする。

II 現職首長等を被告とする訴訟構造の不合理

1 第1次訴訟運用の実情

(1) 説明責任の不履行

平成14年に行われた住民訴訟4号請求の被告変更の本音は，被告首長が職務を適切に遂行しているのに，個人として，応訴するという従前の制度では，訴訟マニアのために被告にされ，負担が重いから，被告を首長というポストとして，税金で弁護士を雇い，職員にも準備の手伝いをして貰おうというものである。その際の理論的根拠として，論者こぞって，自治体に説明責任を果たさせるためという説明がなされた[1]。職務上の判断が違法・過失ありとされているのに，個人として被告になるのでは，十分に説明できないが，組織として対応するなら説明できるというわけである。

この改正案の基礎になった2000年10月の地方制度調査会答申[2]は，次のように述べている。

---

(1) この改正の経過や理由は，成田頼明「住民監査請求・住民訴訟制度の見直しについて（下）」自治研究77巻6号4頁，8頁，15頁，21頁，同「住民訴訟制度見直しの経過と争点」法律のひろば2002年8月号14頁以下，同「国会参考人陳述」第153回国会衆議院総務委員会議録14号（2001年12月4日）に詳しい。さらに，賛成派の新聞コメントとして，成田頼明・毎日新聞2001年11月26日5面，信濃毎日2001年5月21日「争点論点」，小早川光郎・日経2001年11月19日27面，高部正男総務省審議官・朝日新聞2001年11月22日18面，石津広司・読売新聞2001年12月5日13面，小林啓二・産経2001年10月14日3面。

小早川は，「今回の法改正で，自治体の政策に対する責任は明確になると考えている。住民訴訟の被告を首長と職員個人から執行機関に変えると，自治体が訴訟を正面から受けて立ち，説明責任を果たす必要に迫られるからだ」とするが，それでも，説明するとしっぽを出すから説明しないで済ませようとし，筆者の経験では，かなりの裁判官は，役所の守護神を任じているのではないかと感ずるほど，役所に説明させようとしないのである。説明責任と言うからにはそれを立法しなければ通用しないのである。

(2) 『改正住民訴訟執務資料』（法曹会，2003年）52頁に掲載。

第 2 章　住民訴訟平成 14 年改正の誤り

　　「長や職員が個人として被告となり得る現行住民訴訟制度のもとでは，長や職員がたとえ適法な財務会計行為を行っているとしても，住民が違法であると判断すれば，長や職員個人を被告として訴えることができること，また，長や職員は裁判に伴う各種負担を個人として担わざるを得ないことから，長や職員に政策判断に対する過度の慎重化や事なかれ主義への傾斜による責任回避や士気の低下による公務能率の低下が生じ，地方公共団体が積極的な施策展開を行うことが困難になる等の事態も指摘されてきている。」

　　「このような制度改正により，地方公共団体が有する証拠や資料の活用が容易になり，審理の充実や真実の追究にも資するものとなる。さらに，このような審理を通じて地方公共団体として将来に向けて違法な行為を抑止していくための適切な対応策が講じやすくなると考えられる。また，長や職員個人にとっては，裁判で直接被告となることに伴う各種負担を回避できることから，従来の 4 号訴訟に対して指摘されていた問題の解消にもつながるものである。」

153 回国会衆議院総務委員会第 14 号（平成 13 年 12 月 4 日）末尾に付された附帯決議も，次のように述べる。

　　「いわゆる 4 号訴訟の改正は，地方公共団体の財務会計上の違法行為の予防又は是正を目的とする住民訴訟において，地方公共団体が有する証拠や資料の活用を容易にし，審理の充実や真実の追究に資すること等にかんがみ行うものであり，地方公共団体の長や職員の実体法上の責任の軽減や，訴訟対象となる違法行為の範囲を制限するものではないものであることから，地方公共団体においては，今回の改正の趣旨を十分認識するとともに，情報公開や行政評価等による住民に対する説明責任の徹底，違法な行為に対する事前・事後のチェック機能の充実等を図り，住民に信頼される地方自治行政の実現に努めるものとすること。」

　しかし，被告が個人から首長というポストになったからといって，自分に不利なことを説明するはずがない。むしろ，地方公共団体は，訴訟の被告とされてしまった以上は，なんとか自己防衛するために，資料を出さず，なるべく隠し通そうとするのが，組織の悪弊なのである。

　筆者は，この改正に対する反対論文（第 2 章第 1 節）で次のように指摘していた[3]。

---
(3)　阿部「住民訴訟改正案へのささやかな疑問」自治研究 77 巻 5 号 28 頁（2001 年）＝

第2節　住民訴訟平成14年改正4号請求被告変更の誤謬

「この答申は，この改正により，地方公共団体が有する証拠や資料の活用が容易になり，審理の充実や真実の探求にも資するということである。ここで，正直に，地方公共団体の有する資料を，首長や職員のために堂々と使いたいという本音が現れている。今でも，自治体の資料はなかなか公開されないが，この改正では，これらの資料は，首長や職員に有利なものだけが法廷に提出され，そうでないものはなかなか提出されないのではないか。これは武器平等の原則に反するし，公益にも反する。」

現に，筆者が代理人として，10件以上住民訴訟を追行した経験では，被告（神戸市長）は，説明責任を全く果たさない。当事者照会をしても，何度釈明を求めても，返事する必要はない，民事訴訟の構造から原告に立証責任があるとの一点張りである。首長側は悪しき当事者となって，責任逃れのため真実を隠すことに汲々としており，結局は地方公共団体の内部資料は出てこない。

しかも，裁判所はこの被告の対応を是認するのが普通である。

情報公開請求をしても，被告は，なるべく出さない，出すべきでも，情報公開審査会の審理を長引かせ，時期遅れに持ち込むことがある[4]。

(2) 必要な施策の萎縮？

今述べた地方制度調査会答申に出ているように，これまで住民訴訟を懸念する余り，新規の施策で必要なものも，採用せず，安易な前例踏襲に陥るとの批

　本書第2章第1節。なお，被告行政側が悪しき当事者であることはかねて指摘している。阿部「法律上の紛争と行政側の態度」都市問題研究28巻6号（通巻306号）（1976年6月）37〜56頁。

(4)　神戸市御影工業高校跡地廉価売却事件住民訴訟で，コンペ方式で提出された応募者の提案の文書公開を求めたが，神戸市の情報公開審査会（会長佐伯彰洋）の審理は遅れに遅れた。同じ案件が文書提出命令でも求められ，その結論が出て，文書を提出すべきことになっても，神戸市はなかなか出さず，情報公開の方は，文書提出命令に応じて提出することになってから，遅れて開示された。

　行政の戦略は，訴訟に関係する情報の公開が請求されると，できるだけ手の内を明かさないようにと，わざと開示期限を長期間延長する，文書不存在にする，意思形成過程・行政協力情報だ等として非公開にする（本田博利「根強い『官』の秘密主義」広島ジャーナリスト18号＝2014年9月20日9頁）。そして，情報公開審査会は，公正な委員もいて，困ってしまうが，判断を先延ばしにしてくれたりする。情報公開法は，役人性善説でできているため（役人主導で作ったので，泥棒に刑法を作らせたようなもの），性悪な役人にかかると手が出ないのである。

　情報非公開を裁判で争っても，勝訴する頃には，本来の訴訟は，片付いている。

第2章　住民訴訟平成14年改正の誤り

判があった。これが平成14年の立法理由の一つである。

たしかに，首長としてはそれなりに検討したもので，個人の責任とするには気の毒な例もある。それには責任を分割するとか，軽過失なら責任に限度を設けるとか，後述のように工夫が必要であるが，一般的には，裁判所は，住民訴訟を認容するのに非常に慎重で，まっとうな施策が違法とされたり，それなりに十分に注意して判断したものについて過失があるとされたのは非常に少ない。

たとえば，日韓フェリー訴訟の高裁（広島高判平成13・5・29判例自治224号26頁）では市長に約3億円もの責任があるとされたが，最終的に最高裁（最判平成17・11・10判時1921号36頁，判タ1200号147頁，判例自治276号21頁）で責任がないことになった。チボリ公園事件でも最終的には知事に責任がないことになった（最判平成16・1・15民集58巻1号156頁）。京都のポンポン山訴訟で元京都市長は26億円あまりの賠償を命じられ（大阪高判平成15・2・6判例自治247号39頁）[5]，遺族が限定承認し，約8,000万円を払ったと聞くが，市長の判断はかなり杜撰であったので，やむをえなかった。大阪の交野市長も，約1億3,000万円の賠償を命じられ，自宅を売って，賠償金に充てている。気の毒な例と思うが[6]，その数は決して多くはない。

安念潤司は[7]「住民訴訟は首長や職員がきちんと責任を果たして業務をしていれば恐れるような制度ではないのである」と述べている。

神戸市長を被告とする例でいえば，筆者からいえば明らかに違法でも，裁判所はなかなか違法を認めない。例えば，最近の外郭団体訴訟の論点は，外郭団体に市の職員を有給で派遣してはならないとの公益的法人派遣法に従って，派遣自体は無給としたが，人件費分を別途補助したので，同法の脱法行為を意図したものであることが明白で，しかも市長が関わっているのであるが，神戸地裁平成18年（行ウ）43号，同（行ウ）25号平成20年4月24日判決は，補助金の支給に一部違法性があるとしたが，正面から脱法行為とは認めなかった。大阪高裁平成20年（行コ）第90号平成21年1月20日判決，大阪高裁平成20年

---

(5)　阿部「解説」判例自治235号26〜28頁（本書第6章Ⅴ）。

(6)　阿部「住民訴訟4号請求訴訟における首長の責任（違法性と特に過失）（上）・（下・完）」判時1868号（2004年11月11日）3〜11頁，1869号（2004年11月21日）8〜14頁（本書では収録していない）。

(7)　安念潤司・日経「経済教室」2001年10月5日。

第2節　住民訴訟平成14年改正4号請求被告変更の誤謬

(行コ) 88号，140号平成21年11月27日判決でやっとまともに認められたのである[8]（これらの判決文は，http://www.kobe-trial.gr.jp/の住民訴訟・資料）。しかし，この違法は原告の一般市民も気がつくほど明白であり，市長は分かってやっていたはずである。少なくとも，神戸市がまともな法制顧問を雇用して，その意見を聞いて判断するなら，このような事態にはならなかったのである（したがって，市長には故意があり，過失もないとする最高裁判決は誤りと思う。第5章第6節）。

実態は，市の職員を外郭団体に市の職員の待遇で送り込みたいという職員組合の意向と，職員の票がほしい市長の思惑とが合致していたに過ぎない。市長が職員組合と手を握っているから，法的な目が曇るだけである。

住民側が勝訴確定した旅行券裁判でも，職員が一生勤めれば18万円の旅行券を貰って勤務をサボって遊びに行ける手当を給与ではなく福祉と称したことを取り上げたもので，給与条例主義（地方自治法204条3項，地方公務員法24条5項）に違反することは明白である（神戸地判平成18・3・23判例自治293号74頁。大阪高判平成19・2・16判例自治293号59頁。最一小決平成19・10・18，上告受理申立て不受理）。OB議員に市内全線無料パスを支給するとの制度も，元議員はただの人であり，今更市政に，庶民以上の資格で貢献することはできないのであるから，これになぜ特権を与えることができるか，不明である。これが違法になる（大阪高判平成19・10・19判例自治303号22頁，最高裁平成21・3・13決定）のは当然である。この例は実は市長が選挙を有利に運ぶために公金で支援者を作っているもので，実質は公金による買収行為なのである。買収も私金で行えば犯罪になり，公金で巧妙に行えば合法というのでは，天地が逆転してしまう。新人候補はそのために不利になるのであり，民主国家では本来到底許されないことなのである（以上は第3章第1節）。

最終的に認容された訴えに関する事案は，このように重大明白に違法なものであって，まともな法律家に聞いても政策判断で意見が分かれるようなものは

---

[8]　阿部「地方議会による地方公共団体の賠償請求権の放棄は首長のウルトラCか（上・下）」自治研究85巻8号3〜34頁，85巻9号3〜29頁（2009年），「地方議会による地方公共団体の権利放棄議決再論——学説の検討と立法提案」自治研究85巻11号3〜35頁（2009年），「地方議会による地方公共団体の権利放棄議決に関するその後の判例等」自治研究86巻3号23〜43頁（2010年）に詳しい。以上は本書第5章。

違法・過失とはなっていないのである。これでも新規政策を行うのに萎縮するというような首長には首長の資格はない。

株式会社では常に株主代表訴訟の脅威にさらされているが、それでも、重大な判断をしている。ただ、その際には、法令コンプライアンス体制をとり、顧問弁護士等から、きちんと意見を聴取している。

地方公共団体でも、まともな法律家から、きちんとした意見をとった上で判断しているなら、後で、それに過失があるとされることはまずないであろう。したがって、過失責任主義は維持すべきで、首長は個人の判断、政治判断をせず、法令コンプライアンス体制をとれば済むのである。

(3) 文書提出命令の不備

改正の提案者は、首長を被告とすれば、文書提出命令は活用しやすくなるとしている。すなわち、「新4号請求訴訟では、地方公共団体が訴訟当事者となるので、当該団体にとっては不利益な文書が存在するにもかかわらず、民訴法に基づく裁判所の文書提出命令に応じない場合には、同法224条により、相手方の主張を真実と認めることになるので、当該地方公共団体は訴訟追行上大きな不利益を被る結果となる」という[9]。

しかし、そもそも、文書提出命令を申し立てるには文書を特定しなければならないが、文書は役所の中にあるので、住民としては文書の特定が困難であり、文書がないといわれると、反論のしようがない[10]。

しかも、筆者の経験では、文書提出命令を何度も申し立てても、裁判所（神戸地裁民事2部、大阪高裁）はなかなか認めてくれなかった。

その上、コンペ方式がとられた御影工業高校跡地の土地売却をめぐる住民訴訟において、大阪高裁から、次点企業から神戸市への提案文書につき文書提出命令が出されたときでも、文書提出義務のあるのは、住民訴訟の被告である神戸市長とは別人格である神戸市だとの立場がとられた（大阪高決平成20・2・20平成19年(行タ)79号事件の更正決定）。そして、原本はカラーコピーなのに白黒を提出してきた。これでは文書提出命令違反のはずであるが、原告側の抗議にもかかわらず裁判所は問題としなかった[11]。そして、文書提出命令違反の

---

(9) 成田・前注(1)自治研究論文（下）16頁、ひろば論文50頁。

(10) 同旨、福井秀夫「参考人陳述」第153回国会衆議院総務委員会議録第14号（2001＝平成13年12月4日）5頁。

効果も，違反者が被告なら原告の主張が正しいと認めよといえるが，このように別人格だと解釈すると，文書の所持者は第三者なので，その不提出があっても，過料しか科せないという不合理がある。上記の成田論文は，その制裁効果は被告である執行機関に及ぶとするが，そんなことはないという結果になった。もっとも，この点は，住民訴訟の被告は執行機関だが，文書の所持者は地方公共団体だとの解釈をとるためで，首長は，住民訴訟の被告であるとともに文書の保管者である（地方自治法149条8号）から，同一人格だとの解釈をとればすむはずである。いずれにしても，この点も1箇条置いて，被告の策略を防止しなければならない（第1章第1節24頁，2節12条，50頁で述べた）。

(4) 立証責任

被告に説明責任がある以上は，裁判所は被告に積極的に釈明する義務があり，さらには，被告に立証責任が転換されるというべきである。被告側の指定代理人でさえそのような見解である[12]。

さらに，これまでも，住民訴訟における立証責任については，

「住民訴訟では……原告が立証上必要とする書証及び人証のほとんどは，行政組織内に存在する。しかも住民訴訟で，積極的に原告住民が情報公開制度ないし，行訴法7条により，民訴法の調査嘱託，文書提出命令，文書送付嘱託等の手続を駆使して証拠資料を入手しようとしても，地方公共団体の協力は得られにくい。殊に，違法な財務会計行為がなされたときは困難である。……住民訴訟の公益性及び住民と対比して地方公共団体側に圧倒的に証拠が偏在していること等からすると，原告住民が，行為の違法性について，合理的な疑いを生ぜしめる程度の立証をした場合には，この合理的な疑いを解消するには，被告に立証責任を事実上転換させ，もし被告において積極的な反証活動がなされなかったときは，違法性を推定することが妥当である」[13]との説が有力であった。

これは平成14年改正前の説であり，改正の根拠が説明責任である以上は，この説はますます妥当するはずである。

---

(11) 阿部『行政法解釈学Ⅱ』（有斐閣，2009年）233頁に述べている。
(12) 鈴木秀洋「住民訴訟（改正4号訴訟）における立証責任の考察」内山忠明＝池村正道編著『自治行政と争訟』（ぎょうせい，2003年）210頁以下，同「訴訟対応における自治体の姿勢」年報自治体学16号（2003年）135頁以下。
(13) 細川俊彦「住民訴訟に関する若干の問題についての考察」金沢法学44巻2号80頁（2002年）。

第2章　住民訴訟平成14年改正の誤り

　筆者は代理人として，大阪高裁でも神戸地裁でもこのことを何度も主張した。立証責任が被告になくても，説明するようにと釈明を求めたし，立証責任が転換されるとも主張したが，裁判所は，馬耳東風であった。理由ははっきりしないが，説明責任も明文で規定されていないし，それは，立証責任ではないというつもりだろうか。

　結局，我々の反対[14]が正しいことが実証されてしまった。

　改正推進派が，地方公共団体に説明責任を果たさせるためと主張したにもかかわらず，それを担保する制度を作らなかったが，それはなぜだろうか。制度を知らないか，説明責任というのは世間を誤魔化すための口実に過ぎなかったためか，それとも，地方公共団体性善説に立ったのであろう。しかし，訴訟の場における地方公共団体は，住民への責任とか，正義とか客観的中立性とかはどこへやら，とにかく勝つためには「全力主義」で証拠を隠し，口裏を合わせるなど，何でもする悪しき当事者であって，性善説に立つのは間違いである。また，悪しき当事者であることは，弁護士の看板である正義はどこへやら，依頼者の利益を最大限に守る弁護士倫理に合致している。改正の趣旨を貫徹するなら，説明責任を条文化すべきであった。すなわち，被告の首長は，自ら率先して，その行為の根拠を説明して，原告からの釈明には全て応じ，かつ，関係する資料を全て自己に不利なものも含めて，法廷に提出すべきものと規定すべきであった。

　さらには，説明できる以上は立証もできるはずであるから，首長に立証責任

---

(14)　阿部・前注(3)「住民訴訟改正へのささやかな疑問」19～42頁＝本書第2章第1節。福井秀夫「住民訴訟制度改正の問題点」市民政策2002年8月1日号13頁以下，同・第153回国会衆議院総務委員会議録14号（2001年12月4日）。

　　　曽和俊文「地方分権と住民自治」ジュリ1203号83頁も，平成14年の改正は，少なくとも訴訟類型の再構成に関するかぎり，国民からみて十分に納得ゆくものとはいえないように思われる，としている。

　　　2001年12月3日には，日本公法学会会員有志，弁護士有志一同名で，計171名が，「住民訴訟改変への慎重な対応を求める」という声明を出している。

　　　反対派の新聞コメントとして，

　　　高橋利明・信濃毎日2001年5月21日「争点論点」，阿部・産経2001年9月30日3面，福井秀夫・日経経済教室2001年5月29日，読売2001年11月2日13面，濱秀和・産経2001年11月4日3面，大川隆司・日経2001年11月19日27面，同朝日2001年11月22日18面，玉井克哉・毎日2001年10月22日，5面，藤川忠宏・日経2001年10月21日「中外時評」，安念・前注(7)。

第2節　住民訴訟平成14年改正4号請求被告変更の誤謬

を課す旨，明文化すべきであった（第1章第1，2節）。

(5)　弁護士費用

　そして，首長が組織として被告になると，勝敗如何に関わらず，弁護士費用（弁護士報酬）を公費負担とすることができるから，首長側は大いに助かっている。被告側は，税金で練達の弁護士を大勢付ける。神戸市の場合には，被告代理人は審級毎に，事務所毎に，弁護士報酬を貰うように契約している。特に大事件となれば，神戸の弁護士だけでは足りないと，東京から全国レベルの弁護士を呼んできて，神戸とは違う，高額の報酬を払っている（審級毎，事件毎に100万円も払っている例が多い。この点は，本書第4章第5節で明らかにする）。

　他方，筆者は神戸空港裁判と多数の厚遇裁判を一人で代理していたし，情報は被告首長側にあるので，手探りで，証拠を集め，理論構成をする等，大変な負担を負い，当面無報酬で，最終的に勝訴したら成功報酬を神戸市に請求するだけで，さらにもう一度度最高裁まで訴訟を提起・継続しなければならず，桃栗3年，柿8年，住民訴訟10年という，絶対採算がとれない社会奉仕をしていた。

　筆者のように新米の弁護士相手に多数の弁護士が法廷に立つのは，まるで，オオカミが大勢で1匹のひよこに噛みついているようなもので，およそ対等性の原理に反する。筆者の方は，弁護士としてまだひよこであったため，まともな弁護士なら，普通は相手の出方を見ながら小出しに主張する作戦を練るところ，学者のように最初から全てきちんと主張したため，被告の弁護士戦略にうっかり引っかかったことが少なくない。

　被告は，正しいのであれば，複数の事務所弁護士を雇わなくても勝てるはずであろう。それにしては，その準備書面は簡単で，積極的な主張立証は少なく，理論的にも関係のない判例や事例を持ち出し，同じことの繰り返しが多かった。裁判所が争点を早期に整理して，必要な主張を求めるという計画審理がなされていないことも問題である。しかも，その大勢の弁護士も法廷ではほとんど発言しない。たまに発言すると，次回その日は差し支えると，訴訟引き延ばし作戦を行うこともあった。したがって，この弁護士費用の公金負担のかなりは，不要な出費で，税金の無駄使いであって，違法だと思われる。このような事情に鑑みれば，弁護士報酬も規制すべきであった。そうではない以上は，原告の弁護士報酬は，大勢の弁護士に負けずに難事件を処理したということで，でき

91

るだけ高く見積るべきである。

　傍聴の際は，住民側は手弁当で，しかも勤務を休んでくるのに，被告首長側の職員は大勢堂々と，給与付きで来る。法改正の効果である。そんなに大勢来る必要がないから，その給与分は違法支出ではないのか。

　改正過程では，「自治体が敗訴すれば必ず最高裁まで争うという認識自体，現在自治体が被告でありながら，下級審で終了している訴訟の存在を無視した議論といわざるを得ない。」との説もあった[15]が，人間心理学に照らし，明らかに誤りである。

　情報公開訴訟なら責任を追及されるものではないので，開示に応じても，それほどの痛手になるわけはないが，個人の責任を問われる住民訴訟では，被告側の首長個人は死にもの狂いなのであって，敗訴した場合，理論的には逆転の見込みが全くなくても，とにかく上告している。上告費用も，弁護士費用も全て公費負担であり，負けるとしても，時間を稼ぎ，その間に政治情勢の変化も期待できるということで，上告して失うものは全くないからである。

　「まだ最高裁がある」と死刑囚並みに，被害者＝住民の税金を使って，首長の責任が確定するのを先延ばしできるのが，平成14年住民訴訟改正の成果である。

　このように，首長に説明責任を果たさせると称して行われたこの改正は完全に改悪であり，詐欺立法ともいうべきものである。

(6) **訴訟類型削除の不適切さ**

　改正法では，相手方に対する法律関係不存在確認請求は1号請求によって，原状回復請求と妨害排除請求は3号請求によって対処できるとして削除された。これについては安本典夫[16]の批判が妥当であるので，引用する。

　しかし，「既に締結された契約については，契約の相手方を被告とする法律関係不存在確認請求の途が閉ざされたため，残った個別の履行の差止め（一号訴訟）か，相手方に不当利得返還請求することを求める新四号訴訟という，いかにも迂遠な訴訟によらざるをえないこととなった。また，市が所有する土地を第三者が不法占有しており，民事上の手段によって明渡しを求めなければな

---

(15)　成田「自治体の説明責任を強化」毎日2001年11月26日5面。
(16)　安本典夫「住民訴訟・新4号訴訟の構造と解釈」立命館法学2003年6号（292号）390頁。

らない場合，不法占有者を被告として妨害排除請求なり原状回復請求ができなくなったので，その管理を違法に怠っているとして三号訴訟で行かざるをえない。しかし第三者が時効取得する可能性がある場合それを阻止できず，所有権を失った後に，長などに対して損害賠償請求をせよという新四号訴訟によることとなろうか。

なお，契約が無効とされれば契約の相手方に対する不当利得返還請求は成立するが，契約がたとえ手続等に違法があったとしても無効にならない限り，不当利得返還請求は認められない。地方公共団体の側から取消し・解除できるにすぎない場合には，取消し・解除がない限り不当利得は成立せず，また取消し・解除を直接訴求する住民訴訟制度はないため，取消し・解除しないことが違法な財産管理の懈怠になるとして三号訴訟を起こすにとどまる。せっかく義務づけ訴訟の構成をとったのであれば，この契約の取消・解除の義務づけ訴訟も立法化すべきであった。」

2 第2次訴訟の不備

(1) 第2次訴訟は簡単に済む？

第2次訴訟は，第1次訴訟で決まったことを請求するのだから「第2次訴訟で違法性や責任の有無等が再度蒸し返されることはなく，裁判は短い期間で終了することになると思われる」ということが立案関係者の説明であった[17]。

総務省大臣官房審議官も，「日本は法治国家だ。裁判で決まったことに自治体が従わないことはありえない」という[18]。

(2) 執行段階の手抜きの予想

しかし，現実はそうではない。第2次訴訟では，首長又は代表監査委員（首長個人を被告とする場合）が裁判を行うが，もともと首長個人等の責任を否定してきたのに，裁判所で負けたとたんに手のひらを返すように厳しい追及をするわけはない。首長個人の責任を追及するときだけ，地方公共団体を代表するのが首長ではなく代表監査委員として，双方代理を避ける工夫をしているが，監査委員も首長に任命されているので，このような小手先の工夫をしても，仲間内の論理が解消されるわけはないのである。その結果，第2次訴訟では，請

---

(17) 成田・前注(1)自治研究77巻6号19頁。
(18) 高部・前注(1)朝日2001年11月22日。

第2章　住民訴訟平成14年改正の誤り

求してもどうせ取れないとか称して，大甘の和解をするか権利を放棄する可能性が高い。その場合に，もう一度住民訴訟を起こせというのではエンドレスである。

　筆者は，この改正に反対した論文（第2章第1節）[19]においてこのようなことを予想していた。すなわち，

　「執行段階の手抜きは？　筆者は，確定請求認容判決で決まった以上は，あとで現場の裁量で執行を手控えてはならないという前提に立つ。では，あとの訴訟で自治体が勝っても，常にまじめに執行するか。住民なら，執行文を取って執行できるので，本人が亡くなった後であれ，残った財産が自宅だけであっても，これを競売に付して執行することができる。しかし，自治体はこうした場合に執行が気の毒だとして手控える可能性がある。また，ヤミボーナスの支給等，不当利得の相手方が多数の場合，これも煩瑣と称して，請求しない可能性がある。これについてまた住民訴訟から始めないと，この執行段階での談合なり不作為を防止できない。これでは，住民監視はなかなか機能しない。

　これは通常は政治的に防止できるから，そうしたことがあっても，例外であるとして無視すべきかどうかがここでの価値観の違いになる。」　先の立案関係者は，第2次訴訟の「裁判は短い期間で終了することになる」との前記の文章に続いて[20]，「長や代表監査委員が第2次訴訟を提起する義務を履行しない事態を危惧する向きもあるようであるが，これらの機関が訴訟を提起すべき職務上の義務を怠った結果，消滅時効によって債権そのものが消滅するような事態が生ずることになれば，長や代表監査委員には損害賠償責任が生じ，住民がこのことをとらえて新四号訴訟を提起することもできる。また，執行機関は，代表監査役や長個人に対して法240条2項（法242条の2の誤記か）により損害賠償の請求をすることもできることになる」と述べる。

　しかし，消滅時効にかかりそうになってから新4号訴訟を提起するようでは，長年時間がかかってとうてい首長の生きているうちに解決するわけもない上，さらにその判決も無視されれば，エンドレスである。執行機関が代表監査役や長個人に対して損害賠償の請求をすることは，同じ穴の狢である限り（政権交代がない限り）は期待薄である。したがって，第2次訴訟が提起されないとか，

（19）　阿部・前注(3)自治研究31頁＝本書第2章第1節75頁。
（20）　成田・前注(1)自治研究（下）19頁。

第2節　住民訴訟平成14年改正4号請求被告変更の誤謬

提起されても手抜きされることは十分に想定されるのである。

平成14年度住民訴訟改正を検討するために平成13年10月，最高裁が主催した行政事件担当裁判官協議会[21]においては，まず第2次訴訟が提起されなかった場合には，怠る事実の違法確認訴訟が提起できる等と議論されている。すでにそのようなことが予想されているのである。

ただし，一応はそういう議論になろうが，そういうことは法治国家違反であるから，次の住民訴訟では巨額の懲罰的賠償を認めるべきであるし，このようなことが起きるような法制度は間違いであるとの指摘もしてほしかった。

そして，この協議会では，新4号訴訟の蒸し返しの問題として，地方公共団体が第2次訴訟を提起しない限り，理論上は次々と新4号訴訟が繰り返されるという事態になりかねないとの指摘がなされたが，地方公共団体の執行機関が政治的非難を浴びながら自らの個人責任を追及されるようなことを進んで行うことは，現実問題としては想定しがたく，新4号訴訟の繰り返しという事態を懸念する必要はないのではないかとの見解が述べられた，という。

しかし，これは全く甘い。住民訴訟で破産するしかない重い責任を負わされた首長は，死にものぐるいであり，どんな非難を浴びても，今更失う物はなく，多くの議会は，大政翼賛会であるから，首長支持派に回り，マスコミは，地域では最大の産業であり政治勢力を有する首長に遠慮して，市民向けに首長の法律無視を指弾する記事を厳しく書くことは少ないのである[22]。

また，この協議会[23]は，「第2段目の訴訟における地方公共団体の和解及び

---

[21]　前注(2)『改正住民訴訟執務資料』33頁。

[22]　筆者が代理した訴訟で神戸市長が敗訴しても，マスコミは，単に判決があったことを伝えるだけで，神戸市政にいかなる違法行為があったか，それをやめるべきではないかを報道することはほとんどない。私は住民と一緒に，訴えの提起時にマスコミに訴訟の根拠，意義をさんざん説明したが，全く報道されない。議会による権利放棄という，およそ法治国家無視，司法無視の重大事件が起きたときも，丁寧に議会で説明し，投書もしたが，とにかく載せて貰えなかった（最終的に読売論点平成21年9月16日付けに載ったが。第5章冒頭）。マスコミは神戸市に対して完全に腰が引けているのである。なぜだろうか。情けないことである。これで社会の公器という看板が泣くというものである。ある新聞社から聞いたところでは，批判しないと，市の情報を1日早く貰えたりして報道に有利だが，批判すると，このような便宜がなくて不利になるので，批判できないという。

[23]　前注(2)『改正住民訴訟執務資料』37頁。

請求の放棄の可否」という項目を作って，結局は第2段階の訴訟における和解と請求の放棄の可能性を認めている。これでは，住民訴訟は尻抜けである。

(3) 第2次訴訟の印紙代，弁護士費用の不合理

しかも，第2次訴訟では地方公共団体は印紙代を負担しなければならない。住民訴訟の印紙代は，算定不能とされて，定額＝低額（一審で13,000円）とされている（最判昭和53・3・30民集32巻2号485頁，判時884号22頁）が，第2次訴訟は住民訴訟ではないので，訴額に応じた印紙代を負担しなければならない（1億円請求で最高裁までで144万円）。その上，この訴訟には住民はもはや参加できないので，地方公共団体と被告との談合を阻止できない。

地方公共団体が第2次訴訟で弁護士に委任するときは，報酬を払わなければならない。従前なら，住民の提起した4号請求訴訟が確定すればそのまま執行できたので，これは明らかに無駄な出費になっている。しかも，第2次訴訟は住民＝原告側弁護士が勝ち取った権利の実現を行うのであるから，その弁護士に委任してそのまま判決の履行を求めるのが筋なのに，日頃味方である地方公共団体側弁護士に委任するであろうから，なおさら手抜きをしやすい。その上，弁護士報酬が地方公共団体側弁護士のものになるのであれば，敵である住民側弁護士の功績を我がものにできる不合理がある。

3 解決の方向

(1) 解釈論としての対応

この現実を見ると，まず解釈論としては，被告に説明責任を果たさせるように裁判所は訴訟指揮すべきである。原告の主張に対して，役所内部の資料は積極的に提出して，真実解明に努力するようにさせるべきである。説明責任だけではなく，事実は行政側が握っているのであるから，立証責任も伴うとすべきである。説明ができなければ，立証責任を果たしていないとして，首長側を敗訴させるべきである。

原告側弁護士と比較して，過大な数の弁護士に委任し，職員を多数動員するのは，違法支出というべきである。

第2次訴訟では，被告地方公共団体側の弁護士に委任した場合に支払う報酬は，（現職首長等を被告とするかぎり）ほとんどすることがないという前提で，簡易な訴訟としてごく少額にすべきであり，そうでなければ過大な支出として

第2節　住民訴訟平成14年改正4号請求被告変更の誤謬

違法とすべきである。

　第2次訴訟で，あるいは訴訟提起せずに話合いで，第1次訴訟で認容された額を軽減することは，執行可能なだけ執行して，これ以上取れないということになるまでは，違法としてさらに賠償責任が発生するというべきである。その段階で，首長には功績があったとかいう判断をすることは許されていないというべきである。そして，第2次訴訟は，首長個人を被告とするときは，代表監査委員が当該地方公共団体を代表するので，今度はその代表監査委員の責任として，さらにそれに対する住民訴訟でその責任を追及することになる。

　もし，首長に功績があったとしてその責任を軽減するなら，第2次訴訟の段階ではなく，当該地方公共団体における債権管理のルールに則って行うことになる。しかし，首長の債権管理は，一般的に言って，債権はきちんと取り立てなければならず，免除は政令の定めるルールにより，無資力又はこれに近い状態で弁済の見込みがないという限られた場合に限るのであって（地方自治法240条，同法施行令171条～171条の7），功績があるからとして免除する規定はない。会計職員の賠償責任については，やむを得ない事情があるときに議会の同意を得て免除する制度がある（地方自治法243条の2第8項）が，それは首長には適用がない。住民訴訟で地方公共団体側は，負けそうになると，議会による権利放棄議決を用いたが，少なくとも裁判を無効にするためであれば，許容されないことである。赤字三セクの再生のための債権放棄なら，弁済の見込みがないので，合理的な範囲では許容されよう（第5章で詳説）。

　ウルトラCとして，貢献が特に高いなら，特別退職金を支払う条例を作って，それと賠償金を相殺する方法も考えられるが，それも，巨額の退職金を支給するのはそれ自体違法となろう。

　組織として決定したから首長個人に全責任を負わせるのは気の毒だというなら，現行法でも解釈論で対応できる。会計管理者（従来の収入役，出納長）は独立機関である（地方自治法232条の4第2項）から，支出の違法を見逃した場合には支出命令を発した首長等と連帯責任であり，内部では責任を分担することとすべきである。首長だけが敗訴したら，会計管理者に求償できるはずである。さらには，副市長等にも，補佐の仕方にミスがあれば，求償すればよい。

(2)　立　法　論

(ｱ)　現行制度を前提としても，第2次訴訟においては，機械的に出訴して，

判決を取らなければならず，和解したり，権利の放棄をしてはならない，これを怠った首長や代表監査委員は，処罰（アメリカ的には法廷侮辱罪）すると定めるべきである。さもないと，住民訴訟が空文化するからである．

(イ)　やはり，第1次訴訟，第2次訴訟と分けることに無理がある。類似の制度である会社法の株主代表訴訟でも，このような分け方をしていない。元に戻して，4号請求訴訟の被告は，やはり責任を問われている首長個人とか職員個人とすべきである。

(ウ)　ただ，首長が，政敵等にいわれのない訴訟を提起されて応訴の負担に悩むことはある。これを解消するために，当該地方公共団体が，被告側に補助参加して，当該地方公共団体の立場を主張するとともに，被告のために攻撃防御してよいとし，弁護士費用を全て負担（ただし，個人ミスで敗訴した場合には本人負担）することができるように立法すればよかったのである。改正前の住民訴訟4号請求訴訟において，地方公共団体が被告の首長個人等の側に補助参加できるかどうかは争いがあった（肯定例，東京高決昭和56・7・8判時1011号62頁，仙台高決平成2・1・26判例自治70号10頁，否定例，東京高決昭和58・9・30判時1101号40頁，東京高決平成3・3・14判時1387号41頁，広島地決平成元・9・11判時1346号85頁等）が，会社訴訟で「取締役会の意思決定が違法であるとして取締役に対し提起された株主代表訴訟において，当該株式会社は，被告が敗訴しても会社の運営に影響を及ぼすおそれがない等特段の事情がない限り，被告のために補助参加する利益を有する」との最高裁判例がでている（最判平成13・1・30民集55巻1号30頁，判時1740号3頁，判タ1054号106頁）ので，住民訴訟でも，地方公共団体の政策的な意思決定が争われているかぎりは同様に解することも可能であったし，少なくとも，立法では対応できたのである。

(エ)　この点について少し説明すると，株主代表訴訟においては，会社と取締役とは，判決主文では利害が対立するので，この点に着目すると，会社は取締役側に補助参加できない。この最判の原審はその立場であった。すなわち，

① 　補助参加の制度は，被参加人（取締役のこと，阿部注）が勝訴判決を受けることにより補助参加人（会社のこと，阿部注）も利益を受ける関係にある場合に参加を認めるものであるから，被参加人が勝訴判決を受けることにより補助参加人が不利益を受ける関係にある場合に参加を認めることは，民事訴訟の構造に反することとなる。

第2節　住民訴訟平成14年改正4号請求被告変更の誤謬

② 本案訴訟の訴訟物は，抗告人（会社のこと，阿部注）の取締役らに対する損害賠償請求権であり，判決主文における判断について，抗告人は取締役らとは実体法上の利害が相反し対立する関係にあることは明らかである。もし，取締役らへの補助参加を認めると，抗告人は自己に帰属し，自らがその存否について既判力を受ける損害賠償請求権につき，その存在を争う当事者のために訴訟行為をすることが許されるという関係になり，民事訴訟の構造に反する結果となるから，抗告人は，「訴訟の結果について利害関係を有する第三者」ということはできない。

これに対し，最高裁は，会社の意思決定自体に補助参加の利益を認めたのである。すなわち，

① 「民訴法42条所定の補助参加が認められるのは，専ら訴訟の結果につき法律上の利害関係を有する場合に限られ，単に事実上の利害関係を有するにとどまる場合は補助参加は許されない（最高裁昭和38年（オ）第722号同39年1月23日第一小法廷判決・裁判集民事71号271頁参照）。そして，法律上の利害関係を有する場合とは，当該訴訟の判決が参加人の私法上又は公法上の法的地位又は法的利益に影響を及ぼすおそれがある場合をいうものと解される。」

② 「取締役会の意思決定が違法であるとして取締役に対し提起された株主代表訴訟において，株式会社は，特段の事情がない限り，取締役を補助するため訴訟に参加することが許されると解するのが相当である。けだし，取締役の個人的な権限逸脱行為ではなく，取締役会の意思決定の違法を原因とする，株式会社の取締役に対する損害賠償請求が認められれば，その取締役会の意思決定を前提として形成された株式会社の私法上又は公法上の法的地位又は法的利益に影響を及ぼすおそれがあるというべきであり，株式会社は，取締役の敗訴を防ぐことに法律上の利害関係を有するということができるからである。そして，株式会社が株主代表訴訟につき中立的立場を採るか補助参加をするかはそれ自体が取締役の責任にかかわる経営判断の一つであることからすると，補助参加を認めたからといって，株主の利益を害するような補助参加がされ，公正妥当な訴訟運営が損なわれるとまではいえず，それによる著しい訴訟の遅延や複雑化を招くおそれはなく，また，会社側からの訴訟資料，証拠資料の提出が期待され，その結果

第 2 章　住民訴訟平成 14 年改正の誤り

として審理の充実が図られる利点も認められる。」[24]

　(オ)　そして，平成 17 年会社法 849 条 1 項は，会社が「共同訴訟人として，又は当事者の一方を補助するため」，被告取締役のために訴訟参加することができることを明示した。

　住民訴訟において，地方公共団体が被告首長等側に補助参加できるかどうかについて判例が分かれていたのも類似の論点であったから，取締役会という制度がない点では，違う点もあるが，類似の立法は十分に可能であった。

　(カ)　さらには，行政庁が行訴法 23 条により首長等個人の被告側に参加する方法（徳島地判平成元・2・22 判例自治 60 号 11 頁，京都地決平成 5・11・5 判例自治 121 号 22 頁，大分地決平成 11・3・29 判タ 1014 号 181 頁）もあった。これにより訴訟資料が豊かになり，適正な裁判の実現が期待されたのである。もちろん，その代わりに，当該地方公共団体に説明責任と立証責任を課すことは不可欠である。

　なお，行訴法 22 条は，文理上住民訴訟の 4 号請求には適用されない（東京高決昭和 49・7・11 行集 25 巻 11 号 1391 頁）。住民訴訟の中で取消し，無効確認を求めるものには，原則として取消訴訟，無効確認訴訟の適用があるが，4 号請求はそれ以外なので，当事者訴訟の規定が準用され（行訴法 43 条），当事者訴訟には行訴法 22 条の準用はない（行訴法 41 条）ことになっているからである。

　(キ)　首長等の賠償責任は，現在は青天井であるが，会社法 425 条に倣い，軽過失に止まる場合には，1 件当たり，年俸の 6 倍以内とする等の定めを置けばよい。これは改正反対派の提案であった。

　(ク)　現行法では，議員は住民訴訟の被告とはならないが，議会の議決を経た場合には，賛成した議員にも，求償できることとすべきである。

　なお，解釈論でも，議会の議決が違法であれば，それが地方公共団体に対する不法行為であるとして，賛成した議員に対して地方公共団体に賠償せよとの 4 号請求は可能である。

---

(24)　この判決には賛否両論があるし，この判決の意味の解釈にも議論が分かれ（たとえば，批判説として，笠井正俊・ジュリ 1201 号 86 頁以下），論考は多数あるが，行澤一人「株主代表訴訟の被告側への会社の補助参加の可否」ジュリ 180 号会社法判例百選 156 頁（2006 年），青竹正一・判評 510 号 190 頁以下，511 号 188 頁以下（2001 年）参照。

Ⅲ 　第三者企業・元首長等に対する参加的効力の不合理

1　第三者企業や元首長は考慮外で検討不足の立法

　前記のように，平成14年改正の住民訴訟制度は，極めて特異なものであり，現首長とは利害を異にする，第三者である企業や元首長の法的地位について十分な配慮をしていなかったことは重大な事実である。

　この改正の趣旨は，前記のように，建前では，個人ミスではなく，政策が問われているのに，個人を被告とする従前の制度では，地方公共団体の資料を提出することはできないし，職員を動員できないので，その説明責任を果たすために，当該地方公共団体の執行機関を被告とするというものであった。

　しかし，それなら前記のように，当該地方公共団体又はその執行機関を首長個人や職員側に補助参加・行政庁参加させれば済むことであるから，この改正は代替案のまっとうな検討もしていない，欠陥立法であったが，仮にその説明が成り立つとしても，それは当該地方公共団体が，もともと自主的に判断したのでまっとうな説明ができる場合に限る。現首長が行った政策判断の違法が問われるような事案についてはあるいは妥当するかもしれない（しかし，説明責任は果たされていないので，これが裏切られているのは前記の通りである）。

　この改正の本音は，現首長等個人を助けるため，その訴訟負担減のためであったので，その立法過程では，談合したとされる企業や，現首長とは立場を異にする元首長等はほとんど念頭におかれなかった。

　この改正の主導者の論文[25]は，首長等の責任に大部分の頁を割き，第三者企業の問題については，採用された現行法の案による場合には，職員に対する4号請求訴訟のみを廃止し，「相手方」に対する4号請求を存置することは妥当でないので，相手方に対するものも含めて廃止すべきであると考えられるが，と述べているにとどまり，相手方に関する問題をほとんど扱っておらず，その理由も述べていない。この問題は全く無視されているのである。

　しかも，訴訟告知と参加的効力の問題は，この制度を立案した研究者等の研究会では扱われず，その後法案立案段階における裁判所・法務省等との調整過程で浮上したということである[26]。その検討過程での議論も明らかではない。

---

(25)　成田頼明「住民監査請求・住民訴訟制度の見直しについて（上）」自治研究77巻5号18頁。

検討不足も甚だしいのである。

　この改正に反対した福井秀夫が国会の参考人として主張したもの，及びそれを整理した論文でも，もっぱら首長の責任が論じられている[27]。

　この改正を議論した第153回国会衆議院総務委員会会議録第14号（平成13年12月4日），同・参議院会議録第18号（平成13年12月7日），第154回国会参議院総務委員会会議録第2号（平成14年3月14日），同第3号（平成14年3月15日）を通読しても，第三者企業に対する訴訟告知と参加的効力の問題は，ほとんど扱われず，扱われていても，単に立案関係者の制度の説明だけで，以下に述べるように，企業が，従来は被告であったのに，補助参加人に貶められ，しかし，実質は敗訴の既判力を受けることが裁判を受ける権利の保障に反しないのかという，重要な法律上の論点は気がつかれていないと思われる。由々しきことである。

2　被告現首長は，第三者企業や元首長のためには真面目に訴訟を追行しないこと

(1)　被告現首長のインセンティブの欠如

　企業が入札等で談合して地方公共団体に損害を与えたとする住民訴訟事案では，改正法では，現首長というポストを被告として，企業を訴えよと請求することになるが，現首長としては，説明責任を果たせと言われても，最初から説明すべきものを持っていない。単に訴えるだけの証拠を握っていないというだ

---

(26)　成田・同上（下）自治研究77巻6号16頁。
(27)　福井・前注(14)。
　　　さらに，曽和俊文「地方分権と住民自治」ジュリ1203号80頁以下も，もっぱら首長の責任を扱っており，相手方企業の責任追及は取り上げていない。
　　　人見剛（「住民監査請求・住民訴訟に係る地方自治法改正案について」自治総研2001年7月号11頁）は，上記の成田頼明の説明を受けて，「被告になる職員の負担軽減が改正の主眼であれば，4号後段の相手方への請求は，職員が相手方になることはありうるとしても，現行の代位訴訟のままでもかまわないのではないか，との批判もありえよう」と述べていたが，それ以上に深く突っ込んだ検討をしていない。むしろ，今回の改正を，住民訴訟の重点を「損害の回復」から「財務会計上の行為の適法性の確保」への移動という見地から評価している。
　　　しかし，談合したとされる企業との関係では，地方公共団体が受けた不法行為の損害回復が課題であり，財務会計行為の適法性の問題ではないので，やはり，人見も，相手方への請求について焦点の合った検討をしていない。

第2節　住民訴訟平成14年改正4号請求被告変更の誤謬

けである。そこで，賠償請求せよとの訴えに対して，単に否認する，知らない（不知）とか答えないことも多かろう。談合していないという立証はできないし，まして，損害額についてもきちんと主張することはできない。したがって，この裁判では，どんな内容の談合なのか等はなんら解明されない。

また，被告の首長は，自分の責任が問題となる場合には徹底的に争うし，部下や外郭団体の責任が問題とされている場合でも，それが首長にとって大切である限り同様であるが，政敵であった元首長の責任を追及する訴訟では，訴訟を真面目に追行するインセンティブがない。

したがって，談合したとされる企業を直接に被告として初めて，カルテルの有無，賠償額の範囲が明らかになるのであるが，首長の責任逃れの制度構築の犠牲となって，企業は，被告として防御できずに，首長に対する義務付け訴訟に補助参加して，自己の責任を争えとされたのである。

元首長としても，禅譲をしたならともかく，政敵に倒された場合には，政敵である現首長に守って貰えるわけはないが，それでも，被告として攻撃防御できず，補助参加人に貶められたのである。

これでは，立法趣旨は全く妥当しないのであって，この改正は間違い，少なくとも，第三者企業や政敵の元首長に及ぼすことは間違いであったのである。

(2) **筆者の無視された批判**

筆者は（第2章第1節論文で）次のように批判していた[28]が，無視されたわけである。

「被告がまじめに訴訟を追行しない可能性――政権交代は地獄！

これまでの四号請求では請求の認諾，和解が可能であった。この新しい四号請求でも特段の禁止規定がないので，これを肯定することになる。ただ，実際上は，他人に責任を負わせては悪いと，これまでよりも和解に応じないことが激増し，住民訴訟を提起する方が疲れて，降参することが増えよう。しかし，理論的には，被告知事が補助参加しないでいると，被告が認諾，和解を勝手にしたとしても，その効果が及んでしまう。被告は下級審で敗訴した場合，もう面倒だと，被告知事の意向に反して上訴権を放棄する場合も同様である。被告が和解しないまでも，どうせ自分のことでないからと，まじめに訴訟を追行し

---

(28) 阿部・前注(3) 29頁以下＝本書第2章第1節，73頁。

ないで不当な敗訴判決に甘んずるおそれがある。そういうことは例外的ではあれ起きるであろう。

　もちろん，現職の首長個人の責任が追及されている訴訟なら，執行機関としての首長が個人としての首長に不利な訴訟行為，和解，認諾，上訴権の放棄等を行なうことはないだろう。

　しかし，政権が交代し，現職の首長の敵方の違法行為が問題になっているときはそうした危険があるのである。職員も，首長からにらまれているなら同じである。これでは，被告知者はうかうかしていられないから，訴訟の状況をよく見て，場合によっては参加せざるをえない。

　長や職員が個人として訴訟に引き出されるのは気の毒だというのがこの改正の趣旨であるが，その長がすでに辞めているときはかならずしも役立たないのである。しかも，現職の首長も長年の係争中に政権の座を追われるかもしれないので，現職といえども安心できない。結局は，この改正の目的は十分に達成されないだろう。」

「そもそも訴訟告知は，たとえば，債務者が訴えられたときに，自分のために防御して負けたら，共同債務者や連帯保証人に，責任を負わないとは言わせない制度である。負け戦の内輪もめを防止するものである。被告はもちろん責任を負うから，自分のためにこの訴訟でしっかり頑張る動機がある。ところが，ここで提案されている執行機関を被告とする訴訟は，本来の被告である個人の訴訟を肩代わりし，敗訴の責任を負担させようとするもので，被告は自分のために頑張る動機は必ずしもないから，そのままここで活用することは適切ではない。かりにこの提案されている制度を生かそうとし，かつ，被告知者の危険を防止しようとすれば，被告は被告知者に不利な訴訟行為をしてはならないという一種の忠実義務を導入する必要がある。しかし，そうすると，あとの訴訟で，被告知者はこの忠実義務違反を理由に責任を否定するという事態が生ずる。

　なお，この制度に対しては二度手間だという批判があるが，これに対して，あとの訴訟は粛々と執行力をつけるためであるから，この批判は一見当たらないという反論がなされる。しかし，実は参加的効力が及ばず，「粛々と執行」できない場合があるので，後者には疑問があり，前者も，二度訴訟をやれば目的を達すると誤解している点で，少々はずれていると思う。」

　この筆者の見解は，第三者企業にもそのまま当てはまるが，筆者も，焦点が

現職首長にあることに引きずられて、元首長を念頭において議論しており、第三者企業のことはあまり念頭におかなかった。今考えれば、考察不足であった。

3　文書提出命令は、かえって機能不全に

さらに、新4号請求訴訟においては、地方公共団体が被告になるので、文書提出命令の当事者となり文書が法廷に出やすくなるというのが、前記の通り立案関係者の説明であるが、その代わり、これまでは被告として文書提出命令の当事者であった、談合企業や元首長は参加人に止まり、文書提出命令に従わなくても、相手方の主張を真実と認める（民訴224条）ことはできず、単に過料に処されるだけである（同225条）。これは安本典夫[29]の鋭く指摘するところであるが、これではかえって、訴訟資料が法廷に提出されない。このことも、この改正が、相手方をめぐる制度の構築について考察不足であったことを示している。

4　企業はこの制度に騙されること

しかし、企業や元首長等は、被告となれば、全責任を負って争うものであるが、告知を受けるだけでは、首長がしっかりやってくれると考える。少なくともそのような制度になっていることを信頼してしまう。首長がやってくれるから、参加する必要もないのではないかと様子を見ているうちに、首長側が、否認、不知等と言って、たいした主張をしないうちに、結審してしまう。そして、民事訴訟の構造上、原告の主張が認められたとして請求認容判決があったら、首長側は控訴しないし、被告知者としては補助参加していなかったので、控訴も間に合わないことが起きる。

これでは、この制度に騙されたということになる。

---

[29]　安本・前注(16) 411頁

第2章　住民訴訟平成14年改正の誤り

5　参加的効力を第三者企業に及ぼすべき敗訴当事者間の責任分担の実態がなく，4号請求のシステムは，民事訴訟法の基本システムから考えられないこと

(1)　住民訴訟4号請求には参加的効力を適用する基盤がないこと

　これへの反論は，地方自治法は，相手方企業は補助参加して主張すべきであり，参加して主張すれば，カルテルをしていないこと，していても損害額について攻撃防御できるという建前をとっているということである。

　しかし，それで被告としての地位を奪って済むのであろうか。相手方企業としては，単に補助参加の告知を受けただけである。被告ではない。補助参加することは，被告になるのとは異なって，義務ではない。本来の被告がしっかり訴訟を追行する建前であるから，本来の被告がしっかりやってくれるであろうと期待して，必ずしも参加しないのも無理はない。

　ここで被告知者に及ぶとされる効力は参加的効力であるが，これは敗訴当事者間の責任分担の制度である。補助参加は，被参加人を勝訴させるために参加し，被参加人が敗訴すれば，補助参加人だけではなく，被参加人も不利益を受けることが前提となっている。

　たとえば債務者に対する請求において連帯保証人に補助参加の告知があれば，参加しなくても，債務者敗訴により債権者との関係で保証債務が存在することは否定できないというものである。この場合，主債務者は，この訴訟で勝訴すれば自らの債務を免れる（敗訴すれば債務を負担する）のであるから，しっかりがんばる。そして，負けたら，債務を負っていることは債務者のみならず保証人も争えない。同一の運命共同体である。この場合，保証人としては，債務者が信頼できるのであれば，告知を受けても参加せずに様子を見ていても済むであろう。

　しかし，改正住民訴訟の訴訟構造では，首長は，被告となって敗訴しても，単に請求するほどの材料がないとの主張が否定されたに過ぎず，自らが不利な義務を負うことはなく，単に相手方へ請求せよ（第2次訴訟を提起せよ）というだけの義務を負わされるだけの訴訟であるから，敗訴しても，前記の債務者とは異なり，たいした不利益はなく，むしろ有利になるのである。この訴訟で訴えを排斥するインセンティブがない。まして，被告側弁護士は，第2次訴訟を受任できるから，敗訴したほうが大儲けである。不利益があるとしても，請

第2節　住民訴訟平成14年改正4号請求被告変更の誤謬

求するほどの材料がないとの行政判断が否定されたというだけの組織上の不利益に過ぎない。したがって，補助参加人と被参加人とは同一の運命共同体ではなく，実は敵同士である。第1次訴訟では，形式的には味方同士になっているが，実質は敵同士の参加・被参加である。同床異夢である。

(2) **民事訴訟の書物から**

民事訴訟法の書物・判列では，どれでも，参加的効力は，敗訴の場合の主たる当事者と補助参加人の公平な責任分担の考え方に基づく，敗訴という結果について共同で責任を負担すべしという衡平の原則に基づく[30]と説明されているが，4号請求訴訟では，主たる当事者である首長の方は敗訴の場合責任を分担するわけではなく，単に参加人に請求する義務を負うだけであるから，4号請求訴訟には参加的効力を適用する基盤がないのである。訴訟告知による参加的効力をこれに適用する条文を作ったのは，牽強付会であり，もともとが，首長の責任を軽減しようと，首長というポストを被告とするという異常な制度設計のつじつま合わせであって，まともな法システムではないのである。

補助参加について，高橋宏志の説明を借りると，「補助参加は，既存の当事者の一方を補助するために訴訟の途中で第三者が加入してくるものである。この第三者は，自らが請求を持つ，または請求を向けられる当事者そのものになるのではない。訴訟上の請求とは直接に関係しない第三者として訴訟に参加する。したがって，この第三者は既判力とも無縁である。かくして，この第三者は，従たる当事者と呼ばれるのである。一人前の当事者ではなく，半人前の当事者だというのであろう」[31]。伊藤眞の説明を借りると，補助参加人は，主たる当事者に従属しているから，訴えの変更や反訴の提起によって別の請求についての訴訟係属を生じさせることはできないし，訴えの取り下げ，請求の放棄・認諾又は和解等によって訴訟係属を消滅させることも認められない[32]。まさに，従属性・半人前である。

改正住民訴訟では，被告知者は，首長に対し，被告知者に請求せよという訴

---

(30) 最判昭和45・10・22民集24巻11号1583頁，高橋宏志『重点講義民事訴訟法下［補訂版］』（有斐閣，2006年）335頁，上田徹一郎『民事訴訟法［第6版］』（法学書院，2009年）546頁，伊藤眞『民事訴訟法［第3版3訂版］』（有斐閣，2008年）610頁等，ほぼどの書物も同旨。

(31) 高橋・前掲『重点講義民事訴訟法下［補訂版］』301頁。

(32) 伊藤眞・前掲注(30)『民事訴訟法［第3版3訂版］』609頁。

訟に参加するのであるから,「訴訟上の請求とは直接に関係しない第三者として訴訟に参加する」のではなく，まさに，訴訟上の請求を向けられた者として参加する。参加的効力を受けるとされるが，第2次訴訟では，第1次訴訟請求認容判決を否定できないとするならば，それは参加的効力を超えて，既判力を及ぼすことになる。ところが，参加人は半人前の当事者にすぎない。半人前の当事者に既判力を及ぼすという制度設計は，民事訴訟の基本的システムから見て，およそ考えられないのである。

(3) **弁護士報酬の問題**

しかも，最初の住民訴訟で敗訴した地方公共団体側の弁護士が今度は企業に対して地方公共団体＝原告側弁護士として代理するのが普通である。第1次訴訟の被告代理人の報酬も高くないわけではない（第3章第5節）が，特に第2次訴訟は相手から現に金員を獲得できるので，相当に高額（不法行為訴訟では認容額の10％）を得られるとの期待感があり，第1次訴訟で負けた方が得するというモラルハザードを惹起することが起きる。ある事件（後に，9，10，11で紹介する水戸地判平成21・10・28，東京高判平成22・7・15）の地方公共団体側代理人は，第2次訴訟の一審で弁護士報酬として1,800万円請求し，500万円認容されている。こうした代理人は，最初の住民訴訟で，徹底的に争わず，手を抜く動機がある。少なくとも徹底的に争うインセンティブに欠けるものである。このような訴訟構造は不正義である。

また，第1次訴訟の代理人としては，せっかく勝訴したのに，第2次訴訟の依頼がないので，トンビに油揚げを取られるようなものである。

第2次訴訟の代理人は第1次訴訟の代理人とすると決めるべきである。

(4) **安本典夫の優れた指摘**

なお，この問題について，的確かつ詳しい指摘をしている先行業績は安本典夫であるので，丁寧に引用する。

「その法的解決の第一段階として，『住民』と『執行機関等』とが請求権の有無と請求権行使義務の有無を争うのであるが，そこでは……いわば『組織法的利益』が争いの対象とされた。そしてその『無』を主張してそれが地方公共団体の意思であるべきであるとする『執行機関等』側に『当該職員・相手方』が参加するのであるが，『当該職員・相手方』は実体法上の利益にもとづいて参加する。

第2節　住民訴訟平成14年改正4号請求被告変更の誤謬

したがって，『当該職員・相手方』は，利害関係の度合いはきわめて深く，同時に，通常の補助参加人とは異なり，その原告『住民』への対抗関係において，被参加人である『執行機関等』との実体法上の利害の共通性はない。実体法上のその利益は自ら守らなければならないというきわめて特殊な立場で参加するのである。そこでは，たとえば……地方公共団体の側の過失，それをふまえた過失相殺の主張をする『当該職員・相手方』の独立した訴訟行為を認めるという構成が必要となる。補助参加であり参加的効力が及ぶものでありながら，相当程度に独立した訴訟行為を認める，その意味では共同訴訟的補助参加に近い構成が必要となるのではないか。2つの争点について解決を図る三者構成的な訴訟，これが新四号訴訟の基本構造といえよう。」[33]

「一応，『当該職員・相手方』は補助参加人としての訴訟手続上の権利をもち義務を負うものとして構成されることになるのであるが，しかし，これは一般の補助参加と非常に性質を異にする面がある。

一般に，補助参加人に対する裁判の効力，すなわち参加的効力は，敗訴の場合における主たる当事者と補助参加人の公平な責任分担の考え方にもとづくといわれる。しかし，新四号訴訟において『執行機関等』が敗訴して負う負担は，補助参加人に対して賠償請求・不当利得返還請求，賠償命令をするというものである。すなわち，『執行機関等』が新四号訴訟で守ろうとしている利益は，自らの意思決定の適法性の確認という組織法上の利益である。新四号訴訟においての原告住民と被告『執行機関等』の対立は，地方公共団体のあるべき意思をめぐっての，組織法上の利害の対立ともいうべきものである。『執行機関等』が敗訴すれば，それが代表する地方公共団体は，補助参加人たる『当該職員・相手方』に対して請求権を行使するべきことになるのであり，『執行機関等』にとっての実体法上の不利益はない。実体法上不利益を被るのは『当該職員・相手方』であり，したがって，実体法上の利害関係では，原告『住民』と被告『執行機関等』が，補助参加人たる『当該職員・相手方』とむしろ対立することとなる。

もちろん，真に『当該職員・相手方』に債務ありと主張する住民と，それを自らの利益にかけて否定する当の『当該職員・相手方』が当事者として対峙し

---

[33] 安本・前注(16) 394頁。

第2章　住民訴訟平成14年改正の誤り

ない。このような訴訟構造については，立法過程で厳しい批判があったし，私自身も決して適切とは考えない。

しかし，解釈論としてはこのような構造の訴訟を，地方公共団体の意思のあり方（請求をすべきかどうか）についての住民と『執行機関等』との争いと，その請求を受けるべき『当該職員・相手方』の三者，それぞれレベルの違う争いの組み合わせではあるが，そのような三者間の訴訟構造としてとらえ，それにふさわしい個別論理を組み立てることが要請されよう。すなわち，補助参加人たる『当該職員・相手方』の訴訟上の地位を被告『執行機関等』への『従属性』を基本に組み立てると必ずしも適切ではない状況が生じるため，新四号訴訟にふさわしい，より独自の立場をもつものとして論理を構築しなければならないように思われる。もっとも，それでは『当該職員・相手方』の応訴の負担を軽減するという制度改正の目的に反するという見解もありえよう。しかし，たとえば『執行機関等』が補助参加人に不利な認諾，自白等を行うような場合，参加をして，被告が自白，認諾等を勝手にする等の場合に否認をしておかないと，参加的効力により，出された判決による相当程度の拘束を受ける。すなわち，いずれにせよ，実質的には参加を強制されているのである。

そこでは，補助参加人の訴訟行為，それへの判決の効力の及び方等，一般の補助参加人とは異なったものが必然的に現れざるをえない。」[34]

そして，安本は，「おわりに」として次のようにまとめる。

「新四号訴訟がその趣旨を生かすためには，すなわち住民による地方公共団体の財務会計の公正・適正を確保するものとしてその役割を発揮するためには，こうして，その訴訟構造の特性が認識されるべきである。

すなわち，新四号訴訟は，この『争い』の当事者である『原告住民』，『執行機関等』および『当該職員・相手方』の三者構造として構成された，いわば特異な性格の訴訟である。それは，共同訴訟的補助参加に近い補助参加として，しかしながら三者のもつ利益は，それぞれ実体法上，組織法上などレベルの違う異質のものであり，それだけに通常の訴訟参加のあり方とは異ならざるをえない。

そして，その争いは，第二段階訴訟である訴訟によって完結するものである

---

[34]　安本・前注(16) 406～407頁。

が，基本的な審理は第一段階の新四号訴訟でなされ，第二段階訴訟は短期間で決着のつくものとして構成された。それは，この争いに深く関わる三者が直接対時するのは新四号訴訟であるからである。逆にいえば，そこでの訴訟論理も，第二段階を視野にいれた，それと本質的に連続するものとして構成されなければならない。」(35)

(5) 伊藤眞の指摘

ここで，民事訴訟法研究者である伊藤眞(36)の重要な提言を紹介する。

これは，この訴訟告知の問題を取り上げ，2つの段階に分けて考察する。損害賠償の発生原因である違法行為の存否については，執行機関と被告知者とは利害が一致するので，被告知者に参加的効力が及ぶが，いったん違法行為があるとされて損害額の段階では利害が対立するので，被告知者の裁判を受ける権利を考えたとき，参加的効力は制限され，第2次訴訟で，被告知者は損害額を争うことができるというものである。きわめて説得力あるものとして十分参照されるべきである。

ただ，私見では，違法行為の存否の判断の段階でも，地方公共団体の首長としては，単に，違法行為があるとの証拠が見つからないという判断をしているだけでその証拠があれば被告知者に損害賠償を請求する立場にあるのであるから，さらに進めて，この段階でも利害は明白に対立しているというべきであると思う。

6 実体関係重視説による訴訟告知の効力制限

さらに，判例でも，「前訴において甲が乙に対し訴訟告知をしていた場合でも，甲乙が訴訟追行を協同する立場になく，乙が甲に補助参加する関係にない事項については，甲乙間の後訴において民事訴訟法70条所定の参加的効力は生じない」とするものがある（東京地判平成元・7・17判時1332号103頁）。これは訴訟告知の効力が生ずるのは，「実体関係に基づく協力が期待される場合でその不利益にのみ作用する」としている。

これに関する坂原正夫の研究によれば次のようである(37)。

---

(35) 安本・前注(16) 417頁。
(36) 伊藤眞「地方自治法242条の3第4項にいう訴訟告知に基づく裁判の効力」NBL 914号16頁以下（2009年）。

訴訟告知の効力については2つの説がある。上記の判決は実体関係重視説で，訴訟告知者と被告知者の利害が一致しない争点については，前訴の判決理由中の判断に，被告知者は訴訟に参加しなくても拘束されないということである。これに対して，訴訟機会重視説では，被告知者が前訴において当該訴訟に参加し自己の利益を主張立証する可能性があれば，訴訟告知の効力を受ける立場がある。坂原はこの前者に賛成している。住民訴訟において被告知者にそのまま第1次訴訟判決の効力が及ぶとする説は，この訴訟機会重視説であることに留意すべきであろう。

7 被告知者として補助参加できるだけで，実質的な被告として防御せよというのは，憲法上の裁判を受ける権利の保障に反すること

そこで，これをさらに進めて考察する。

(1) 被告の地位を補助参加人と手足をもぎ取られた被告に二分することは裁判を受ける権利を侵害すること

本来相手方は，責任を問われている以上は，被告として，当事者として，権利を防御できることが，憲法32条の裁判を受ける権利によって保障されているはずである。

そして，その守る方法としては，被告として攻撃防御を尽くす地位を与えられなければならない，そうなっていなければ違憲であるというべきである。

改正法は，従前被告として与えられていた地位を第1次訴訟の補助参加人と第2次訴訟の被告に二分した。この2つ合わせて，本来の被告の地位になる。そして，第1次訴訟で確定したことは第2次訴訟では争えないのが原則とされている。

この制度が成り立つためには，第1次訴訟で，相手方の権利を十分に守るという前提がなければならない。被告である首長がしっかりがんばって原告の訴えを退けるように努力するはずであり，またそれができ，相手方である参加人は単に「補助」すれば，権利を守れるということが前提となっている。

しかし，実は，首長と相手方は，前記のように，実質的には利害が相反するのであるから，そのような制度的保障はない。

---

(37) 坂原正夫・法学研究（慶應大学）64巻4号121頁以下（1991年）。

第 2 節　住民訴訟平成 14 年改正 4 号請求被告変更の誤謬

　そうすると，相手方としては，訴訟告知を受けたときに，実質的な被告として，攻撃防御しないと，権利を守れないことになるが，被告の地位は与えられていない。

　なるほど，これに対しては，相手方としては，参加して，被参加人の行為と抵触するときは参加的効力が及ばない（民訴 46 条 2 項）のであるから，特に問題はないとの反論がある[38]。当事者と同じつもりで，訴訟活動をすればよかったではないかということであろう。

(2)　参加人と被参加人の実質的対立を考慮せよ

　しかし，ここでは，民訴の通常の場合を念頭におく説明がなされているにとどまる。参加人と被参加人とが実質的には対立している住民訴訟にはふさわしい説明ではない。本来被告になる立場なのに，参加して，参加人として攻撃防御を尽くせば，実質は権利を守られるというのでは，当事者としての憲法上の保障は消えてしまう。参加は，被告となるのとは違い義務ではないのに，これでは義務化する。義務であるが，被告となれず，補助参加人にしかなれない。何とも不合理な制度である。改正過程では，前記のように，もともと参加的効力を及ぼすのが不適当な訴訟構造であるのにそれを及ぼした理由は何ら示されておらず，いわば立法のどさくさに紛れて，執行機関を被告とする特異な立法のつじつまを合わせようとして作られたのが訴訟告知の制度である。

　むしろ，安本[39]の次の説明が妥当である。

　「入札談合のように，損害額（現実の支払い額と適正な競争がなされた場合の想定落札価格の額との差）の立証がことの性質上極めて困難である場合があるが，その場合には，旧四号訴訟におけると同様，民事訴訟法 248 条により裁判所において相当な損害額を算定すべきである。しかし，このような判断を裁判所がするには，『当該職員・相手方』が当事者としての訴訟行為に近いものを保障されていることが必要であろう。

　……こうして，新四号訴訟における『当該職員・相手方』は，既判力が及ぶものとしての共同訴訟的補助参加人ではないにしても，それに近い訴訟上の地位を与えられるべきものと思われる。実定法上の根拠なしにこのような特別の地位を認めることには異論もありえようが，しかし，共同訴訟的補助参加とい

---

(38)　前注(2)『改正住民訴訟執務資料』29 頁。
(39)　安本・前注(16) 410 頁。

う概念自体，ある意味では実定法上の根拠なしに定着したものである。ましてや，新四号訴訟は，これまで見たように，その法的構造は，通常の訴訟参加とは大きく異なった性格をもっているのであり，それにふさわしい構成の認識と解釈をとることは妥当なものと考える。」

8　立法的解決

このように，被告としての地位を与えられていない相手方が，参加の告知を受けたのに参加しなかったというだけで，首長の敗訴判決の参加的効力がそのまま及ぶ，実質は敗訴判決を当事者として受けたに等しいとするのは，相手方の手続的保障に欠けすぎると考える。

では，どうすべきか。立法論としては，平成14年の法改正は失敗だったと認めて，元に戻すべきである。

地方公共団体の説明責任の点は，前記のように，地方公共団体又は執行機関が，改正前の4号請求訴訟で，首長等個人に補助参加する制度を作れば解決されるのである。

被告となった首長個人等の個人の弁護士費用は，いったん貸し付けて，首長個人等が敗訴したら返還を求めることとすればすむ（退職金との相殺制度を作ればすむ）のである。

少なくとも，相手方を当事者として構成すべきである。つまり，首長を被告とする現行形式を残すとしても，相手方は，独立の当事者として，三面訴訟として構成すべきである

9　解釈論その1　参加的効力，水戸地判平成21年10月28日
(1)　判　　旨

最近のある判決（水戸地裁平成20年(ワ)第506号損害賠償請求事件平成21・10・28判決）は，被告知者企業と告知者（第1次訴訟の被告首長）との間では抽象的に利害が対立するが，その観点から参加しなかった企業に一律に前訴の裁判の効力が及ばないとしたのでは，地方自治法242条の2第7項の告知の効力が形骸化するとして，民訴法46条の効力が及ぶかどうかは，その規定の文言及び体裁からみて明らかなように単なる一般的・抽象的な利害対立の可能性によって判断されるのではなく，個別的・具体的な状況に応じて判断されなければな

らないとして，この事件では，仮に被告知者が本件差額を争ったり，損益相殺の主張立証をしようとしたら妨げられることが確実視されるというような民訴法46条所定の除外例に該当する個別的具体的事情があったと認めるべき証拠は全く見あたらないとした。そして，かえって，第1次訴訟における被告首長の態度は損害額を全て争うというものであったから，被告知者が参加すれば，その訴訟行為の効力が民訴法45条2項により否定されることが確実視される状況にはなかったとした。そして，そうすると，第2次訴訟には第1次訴訟判決の効力が及ぶから，第2次訴訟における被告企業は，第1次訴訟で認定された損害額を争うことは許されないと判断した。

(2) **筆者の疑問**

たしかに，利害対立が抽象的に存在するというだけで告知の効力を否定すれば，それは形骸化する。

しかし，ここでは，告知の効力が形骸化するという視点だけではたりない。そもそも，訴訟告知と参加的効力をこの4号訴訟に適用して，相手方企業から被告として防御する権利を奪ったこの制度が違憲ではないのかという視点はこの判決にはない。ここでは，前に検討したような，改正4号訴訟の構造の批判的分析は全く見られない。

また，これは前記の坂原説が整理する，訴訟機会重視説である。実体関係重視説への配慮は見られない。

解釈論としては，告知を受けて補助参加人になれるというだけで，裁判を受ける権利の保障がある，として，2度の裁判（1度目は当事者ではなく，しかも2度目は意味のない裁判）を強制するのは，相手方の権利保護に欠ける。相手方には参加の機会はあった，参加すれば，被参加人首長の行為に抵触する等の事情もなかったから，それをしなかったので失権するというのでは，あまりにもその権利保障を軽視している。

本来責任を問われるのは被告として敗訴した場合であるという基本的な制度的保障から見れば，個別に見て，参加すれば権利を守れたはずだというだけでは，制度の保障を個別の判断にゆだねてしまう不合理がある。制度の保障は，個々具体的に見て権利が守られていなかったとは言えないというのでは，かえって形骸化する。

したがって，第一次的には，相手方企業を被告から参加人に貶めたこの制度

第2章　住民訴訟平成14年改正の誤り

自体が，被告として裁判を受ける権利を正面から侵害し，違憲であるというべきである。

次に，かりにこのように正面から違憲とするのではなく，存在する制度はできるだけ合憲とするという発想で考える。被告知者の裁判を受ける権利の保障を考慮した妥協点を探るべきである。

それでも，参加できたはずだ，そこでの主張を妨げられる確実性はないというだけで，相手方の主張を第2次訴訟において遮断すべきではない。それでは，自己の主張が確実に妨げられるとの立証が被告知者に転嫁される。被告知者にそのような重い負担を負わせるべきではない。むしろ，第2次訴訟では，第1次訴訟で首長が相手方の権利を守るために十分な主張立証を行った場合を除き，再度，相手方は自己の権利を守るために，前訴で判断されたことに反する主張立証をすることが許されるというべきである。

第2次訴訟においては，首長側が，第1次訴訟において相手方の立場も十分に調査して反論したかどうかが審理されるべきである。

たとえば，談合があったかどうかについては，第1次訴訟において被告となった首長は，単に不知，否認というだけではなく，相手方の協力（参加しなくでも協力はできる）を得て，談合がないことを事実に即して主張すべきであるし，損害額も，種々の算定方法がある（現実の市場における支出額から当該市場において独禁法違反がなければ形成されたであろう価格を控除するが，その方法として，独禁法違反がなければ形成された価格を基準とする前後理論と独禁法違反が存在しない同種市場における価格を基準とする物差し理論がある）のであるから，単に民訴法248条に任せるのではなく，仮にカルテルがあるとすればどのような算定方法が合理的なのか，その事件の場合にはどう計算するかを具体的に主張すべきである。

先の水戸地判平成21年10月28日判決に先行する第1次訴訟である水戸地判平成20年5月13日（判例自治307号15頁）をみると，裁判所の整理では，被告首長の主張は，「原告（住民）の主張は争う，被告は，本件入札において談合が行われたことを証明する証拠を有しておらず，かかる状況のもとで被告が談合の事実があったと断言して損害賠償請求訴訟を提起しないことに違法性はない」というだけである。

これでは，被告は，自らの不作為が適法だと主張しているにとどまり，被告

知者の責任の有無にかかわる談合の有無，損害額について適切な攻撃防御がなされたとは言えない。判決文を見ると，談合の存在は，単に原告側の一方の主張と立証によって認められただけである。

しかも，判決では，談合の事実の立証は，「入札業者間で，特定の本命業者以外の業者は，本命業者の入札額よりも高い金額で入札し本命業者に落札させる旨の合意が事前に形成され，これに基づいて各業者が入札したことを高度の蓋然性を持って立証すれば足り，具体的に，特定の入札に関し，いつどこで受注調整のための会議が開かれたのか等という詳細な事実を立証する必要はない」とされた。

しかし，被告知者企業が被告として位置づけられれば，この点について積極的に反論し，談合の事実がないという立証を試み，この高度の蓋然性を覆せた可能性があるのである。

このような一方当事者だけの高度の蓋然性の立証で，被告知者の責任が確定するのでは，欠席裁判と同じである。

しかし，被告とされたわけではなく，単に訴訟告知されたに過ぎない場合，訴訟告知と参加的効力は 欠席裁判の判決のような効力を持たないはずである。欠席裁判並みの効力を持たせるのであれば，単なる参加のための告知では足りない。

損害については，この判決は民訴法248条を適用し，契約金額の10％程度を相当と認めたが，これについても，被告知者が被告であれば，具体的な事情を主張して，損害額はもっと低いという判断を得ることもありえたであろう。参加すればよかったと言われても，補助参加は従属的であるし，被告ではないのに，被告と同じだけの効力を及ぼすのはいかにも乱暴である。

カルテルによる損害額の算定においては，この訴訟の地方公共団体が積算した本件工事にかかる予定価格の根拠等が明らかにされる必要があったが，前訴においてその市はこの主張をせず，談合したとされた企業が前訴に参加しても，この点を主張することは情報を有しないところから事実上不可能であり，法的にも市長に従属する立場であるところから，これを主張することは無理であろう。この点を解明できれば損害額が変わってくることも考えられるので，前訴の判断のうち少なくとも損害額は，参加的効力の範囲外というべきである。

なお，被告知者が参加した場合には，先の安本説が示唆するように，それを

共同訴訟的補助参加として構成して，その保護を図る方法もある。

しかし，それは参加した場合に適用される理論であって，参加していない場合に適用すべきものではない。今日，訴訟告知を受けたときに，そのような裁判所の判断がなされているわけではないので，単なる補助参加しかできないと相手方企業が理解して，それでは，被告が守ってくれるから，参加するほどのことはないと様子を見ていたことを非難するのは無理である。

もし，上記の私見が通らないのであれば，元に戻って，住民訴訟制度は，現在の首長とは利害が対立する相手方への義務付けを求める限りにおいて，違憲であると考えるべきである。そうすると，その限りで，住民訴訟の実効性がなくなるという問題が生ずる。ここでは，この制度を無効として，立法者に従前の制度に戻させて，より合理的な制度を整備させるのと，ここでこれを合憲として不合理なまま永久に存続させるのと，いずれがより合理的かという問題が生ずる。日本の裁判所は法律をできるだけ合憲と解釈するが，その結果不合理な法律が永続する。違憲とすればその事件では，法律の合憲を信じた者が不測の不利益を被るが，それは一過性のものである。むしろ，ここで一過性の不利益を覚悟しても，永久の不合理を除去すべきであろう。

10　解釈論その2　損益相殺

次に，仮に，第1次訴訟に参加すれば主張できたことは第2次訴訟ではもう主張できないとの考え方（前記水戸地裁平成21・10・28判決）の立場に立って，考察する。

先行する別訴（前訴，水戸地判平成20・5・13）は，カルテルによる損害賠償請求権と金額を確定した。

第2次訴訟の被告企業は，これを前提として，損益相殺の主張をすることができないのか。それがここでの論点である。

被告企業は，損益相殺の主張をしているが，無視されている。少なくとも明確な判断はない。おそらくは判断逸脱であるが，それとも，損益相殺の主張は先行する別訴で補助参加すれば主張できたはずだから，すでに失権しているとの判断であろう。

たしかに，別訴では，被告知者たる企業が補助参加すれば，カルテルの有無，カルテルによる損害額についてある程度の主張立証することは可能であった。

しかし，前訴の審理の対象は，カルテルの有無，損害額であったから，補助参加しても，主張立証するべきことはその点に限る。それ以外の主張はその訴訟の審理の対象外であるから，それを主張しないと失権するとするのは補助参加制度のしくみから見て行き過ぎであり，違法である。

例えば，相殺の主張は，その訴訟で主張してもよいし，別訴で主張することも許される。その訴訟で主張できるからといって，しなくても失権するものではないのである。

この損益相殺の主張も，プラス・アルファの工事をして，市に利益を与えたとするもので，カルテルが問題とされている請負工事と一体的な工事ではあるが，別に請求できるものであるから，この訴訟で主張しなければならなかった訳ではない。

さらに，旧4号請求訴訟であれば，地方公共団体に代位する給付訴訟であるから，被告となった企業は地方公共団体に対して有する債権と相殺できる。しかし，新4号請求訴訟においては，企業は，せいぜい補助参加人であって，当事者＝被告ではないし，第1次訴訟は給付訴訟ではなく，首長に対する義務付け訴訟に過ぎないから，相殺の主張をすることはなじまない。したがって，地方公共団体からの請求にかかる第2次訴訟において，被告となった企業が損益相殺の主張をすることが妨げられるいわれはないのである。

結論として，損益相殺の主張は，前訴の住民訴訟確定判決によって遮断されることはないというべきである。

11　解釈論その3　東京高判平成22年7月15日

右記の水戸地判平成21年10月28日の控訴審，東京高裁平成21年(ネ)第5949号平成22年7月15日判決は，住民訴訟4号請求訴訟の構造が，補助参加人の裁判を受ける権利を侵害するとの上記の私見のような問題を取り上げず，基本的に一審の判断を維持し，さらに，損益相殺と弁護士費用について判断した。

相手方企業は，前訴に補助参加しなかったとしても，訴訟告知を受けた以上，補助参加できたときに補助参加したものとみなされ，参加的効力を受ける（民訴法46条，53条4項）。相手方企業は，前訴に参加して，損益相殺の主張を有効に行うことができたので，この点について参加的効力を受けるとした。上記

の 10 のような見解に対して逐一反論することはしていない。これでは，訴訟告知を受けた企業の極めて不利な立場に何ら配慮がないというしかない。

自治体が企業を相手に行う第 2 次訴訟において弁護士に払う費用については，一審通り 500 万とし，本件訴訟における損害賠償金の認容額や本件訴訟の経過等に照らすと，高すぎて不当であるとまでは言いがたいとする。しかし，前記の通り，第 2 次訴訟は，簡単であり，この事件でも，前訴で主張できたのに参加せず，主張しなかったのが悪いというだけ主張すれば，あとは裁判所が助けてくれたのであるから，それで 500 万円は高いと思う。

IV 結　び

以上，平成 14 年改正は，首長個人の責任を追及する制度として，著しく実効性がないものとしており，他方，第 2 次訴訟における企業や元首長等の手続的保障の点では，違憲とも言えるほど不備である。ここでは，補助参加制度が妥当しない事情にあるから，補助参加していなくても，相手方企業や元首長には，第 2 次訴訟で改めてその主張をすることを許し，よって生ずる問題は，至急立法的解決をすべきである。

しかも，前記のように，相手方企業は前訴に補助参加して，損益相殺の主張もしないと失権するとの判例が出ているので，なおさら早急に立法的に解決すべきである。

平成 14 年改正について民主党は反対であった。民主党の修正案が提出されたが，4 号請求の構成を変更しないものであった[40]。民主党が政権を取った今，この改正を元に戻し，さらに，住民訴訟を機能する制度にするとともに，第三者企業や元首長の権利を十分に保障するように改正すべきである[41]。

（自民党政権に戻ったが，自民党も，平成 14 年改正の誤りを認めて元に戻すべきである。）

---

(40)　第 153 回国会衆議院総務委員会議録第 14 号（平成 13 年 12 月 4 日）21 頁以下，46 頁。

(41)　改正案については，阿部「住民訴訟，住民監査請求の改革（特集 行政事件訴訟法改正の第 2 ステージへ）」自由と正義 60 巻 8 号 16-24 頁（2009 年 8 月号）= 本書第 1 章第 1 節，曽和俊文「住民訴訟制度改革論」関西学院大学法と政治 51 巻 2 号 159 ～ 271 頁（2000 年）参照。

第3章　住民訴訟の実践

第1節　自治体の組織的腐敗と厚遇裁判によるその是正

I　公務員厚遇は公金による組織的買収

1　公務員天国
(1)　官員様は羨ましい

　日本は公務員天国である。給与は，その仕事の実態から言えば，民間を遙かに凌駕しているし，法律・条例で定めた給与以外に種々優遇措置があると世間から羨ましがられる。私の郷里，今は世界的に有名になった福島で農家をやっている兄嫁は「官員」さんという言い方で，公務員はいいという。鹿児島の前阿久根市長は，田舎では，年俸300万円位が多いのに，市の職員は，6～700万円も取っていると批判して，各課毎の職員の給与を張り出した。市のホームページ（HP）で，消防を除く全市職員約270人の給与明細を1円単位まで公開した。「年収700万円以上の職員が54％もいる。市の将来は人件費を適正化できるかどうかにかかっている」と主張した。市長がリコールされて選挙中に，ある係長が張り紙を剥がしたところ，返り咲いた市長が，彼を懲戒免職とした事件があった。当時の阿久根市長の行動には賛成できないところが多いが，高給批判に限っては，正しい指摘だと思う。

　神戸市ともなれば，外郭団体に派遣される職員の人件費は，平均1,000万円である。そんなに難しい仕事をしているわけではなく，民間であれば300～500万円の仕事ではないかと思うが，公務員というだけで高給を食んでいる。なお，外郭団体に派遣された場合には，神戸市からは給料を貰わず，外郭団体の給与水準の処遇を受けるべき（公益的団体派遣法）であるが，それでは誰も行かないと，神戸市の給与を保障するように，人件費を補助している。それでは，有給派遣を原則禁止しているこの法律違反だと，筆者代理の住民訴訟が提起され，住民勝訴判決が一件は最高裁で確定した。これに対して，神戸市は，

第3章　住民訴訟の実践

議会による権利放棄議決で対抗し，一件は，大阪高裁がこれを無効として（平成21年10月27日），原論文掲載時上告中であった（最高裁では逆転，第5章第6節）。さらに，別の年度で，神戸地裁がこの議決を有効としたが，大阪高裁平成23年9月16日判決は，この議決を無効とした[1]。

それどころか，公営バスの運転手の年俸は1,500万円が多いという。だいぶ前京都市で職員研修をやったとき，市バスの運転手の年俸は平均で1,500万円と聞いて驚いた。最高ではないのである。

昭和50年代，武蔵野市の職員で一番給料が高いのは誰かというと，助役の運転手と言われていた。朝助役を迎えに行き，夜助役が宴会をやって帰るまでずっと残業手当が付くので，助役よりも給料が高くなるというのである。学校給食のおばさんの退職金は4,000万円と言われた。

実は，筆者は，公務員は胸に給料を表示せよと主張している[2]。前阿久根市長よりも過激派である。そうすれば，かなりの公務員は恥ずかしくて，怠慢ではいられないだろう。窓口で説明のできない職員，たらい回しをする職員，違法行為をいくら指摘されても確信犯的に行う職員は無数である。こうした職員に給与を払う理由がない。冬の寒いとき，発車時刻が来ても，バスターミナルでたばこを吸って，なかなかお客を乗せないバス運転手，さらには，時刻よりも早く停留所を通過したり，ひどいのはそもそも1便忘れて走らないバス（筆者の経験）の運転手などは，お客に名指しでしかられるだろう。

(2) 給与条例主義

地方公務員の給与（退職金を含む）は，給与条例主義と称して，条例で決める（地方自治法204条，204条の2，205条，地方公務員法24条6項）。労使交渉で決めると，業績とか利潤がはっきりしない公務員の世界では，使用者である

---

(1) これらについては，阿部泰隆「地方議会による賠償請求権の放棄の効力」判時1955号3頁以下（2007年），「地方議会による地方公共団体の賠償請求権の放棄は首長のウルトラCか（上・下）」自治研究85巻8号3～34頁，85巻9号3～29頁（2009年），「地方議会による地方公共団体の権利放棄議決再論——学説の検討と立法提案」自治研究85巻11号3～35頁（2009年）。「地方議会による地方公共団体の権利放棄議決に関するその後の判例等」自治研究86巻3号23～43頁（2010年），「地方議会による地方公共団体の権利放棄議決に関するその後の判例　補遺」自治研究87巻4号3～16頁（2011年）＝本書第5章。
(2) 阿部『こんな法律はいらない』（東洋経済新報社，2000年）230頁。

第1節　自治体の組織的腐敗と厚遇裁判によるその是正

首長が票田である組合の歓心を得ようと，大盤振る舞いをして，住民の利益を害するおそれがあるので，住民の代表者である議会の承認が必要とされているのである。予算では，個別の正確な数字が出ないので，不十分である。

特に業績に応じて支給するとか通常の給与では人材が得られない特殊事情がある場合でも，きちんと条例化して支給すべきである[3]。

そこで，公務員の厚遇もきちんと法律・条例に基づいているものならば，それは住民の選択の結果であるから，まだましである。つまり，条例に基づく処遇が不当に厚遇であるとしても，それは，民主国家では，まともな法律，条例を作る政治家を選出しなかったことを自己批判するしかない。

2　給与条例主義に違反する職員厚遇の横行とその政治的背景
(1)　闇の厚遇

しかし，地方公共団体の多くでは，法律・条例に基づかない職員厚遇が横

---

[3]　愛媛県旧津島町（現宇和島市）で医師不足解消のため高額の手当を条例なしで支給し，後にこれを正当化しようとして，町長は特殊勤務手当としての調整手当を給与の100％以内を支給するとした事件がある。裁判所は，町が違法であることを知っていて支払ったのであるから非債弁済であり，また町長に過失がないとした。阿部泰隆『最高裁上告不受理事件の諸相Ⅱ』（信山社，2011年）285頁以下。しかし，非債弁済は，私的自治の原則が妥当する民事法でのみ妥当するものであり，給与条例主義は強行法規であるから，違法であることを知りつつ支払ったからといって，返還を請求できなくなるものではない。そんな考え方に立てば，違法な給与等の支給でも，返還請求はすべてできなくなってしまい，これまでの判例とも正面から衝突する。又，町長は違法であることを知りつつ，是正措置を進めなかったので，過失がないというわけにはいかない。誤った判決であると思量する。

ただ，これは職員厚遇ではなく，医師不足解消という特殊事情によるものであるから，本来は法制度を整備して，医師優遇を正面から適法化するように地方自治法を改正すべきである。

他方，岡山市病院事業管理者（地方公営企業管理者）に対して支給する期末手当を，給料月額の3.5ヶ月分とする本来の期末手当の額に，病院事業会計決算における前々年度と前年度との収支改善額の20％を期末手当加算金とすることは地方自治法204条2項，同法204条の2の給与条例主義に違反するとされた例がある（岡山地判平成18・6・13判タ1234号114頁，広島高裁岡山支判平成19・2・22裁判所ウェブサイト。最高裁でも維持されたようである）。これは業務改善をする立派な経営者に，それに相応する報酬を与えることが，給与条例主義に違反するとされたもので，このような経営手腕を発揮させる道を法律と判例が妨げている不適切な例である。しかし，本稿の主題からずれるので，この注で言及するにとどめる。

行していた(いる)。労組役員の闇専従，職員の闇休暇，勤務を免除しての旅行券支給，条例に基づかない退職一時金，職員組合に巨額の補助金を出して，それをトンネルに職員に支給する各種お祝い金，退職一時金等，実態のない残業手当，自治体職員の給与のまま外郭団体へ派遣すること（前記のように，神戸市の場合には無給で派遣して，実は給料分を別に補助すること）などである。

(2) 実態は公金横領による買収にほぼ近い

これは住民から集めた税金を職員に法令に基づかないで支給するものであるから，給与条例主義のもとで，明らかに違法である。首長と組合・職員が庶民の税金を食い物にしているのである。横領罪ないし背任罪に問いたいところである。

ではなぜ，こうしたことが横行するのか。その社会的・政治的理由は明らかである。首長が，職員組合の要求に応じて，水面下で厚遇し，代わりに選挙のときには，票を期待するのである。実際，神戸市では，市の正規職員数は外郭団体派遣（人数不明）・消防（1,396人）・教員（1,025人）も入れて定数で14,182人であるから，これにパートや家族を入れれば，数万票になる。前回の市長選では，現職はわずか約8,000票の差で勝ったので，組合が現職に付かなければ，逆転していたであろう。そこで，選挙のときは，組合の支持を得た現職を打ち破った新人首長でも，いずれ組合を支持層にしようとするのが普通なのである。

したがって，こうした職員厚遇は，単なる厚遇などというレベルではなく，広い意味で一種の買収である。しかも，自己資金での買収ではなく，自治体の公金を使った買収であるから，なお悪い。自己資金で個別に投票を頼めば，買収として厳罰に処せられるが，公金を使い，名目は曖昧にして，自然と現職支持派に持っていくのが公選法違反とはならないのは，本当に，「巨悪は眠る」ようなもので，不正義である。

神戸市長を被告に筆者が代理したOB議員訴訟（後述Ⅲ）では，元議員に市民の意見を聞いて貰うためと称して，市内全線無料パスが支給されていた。民主国家では元議員はただの人であるから，市民の意見を吸い上げて市に伝える資格があるわけはなく，現実にそのような行動もしていないが，すればそれ自体違法である。ではなぜ無料パスを支給していたかといえば，元議員を支持者にしようという現職市長側の作戦である。

3　経営管理の原則を無視した地方公営企業における労使のなれ合い

　バス，地下鉄，競馬，競輪，競艇などは地方公営企業である。それは独立に経営するようにと，地方公営企業管理者を置き，首長に近い権限を与えている。他方，企業職員の処遇も，条例では種類と基準を定めるだけで（地方公営企業法38条4項），あとは民間並みに労使交渉で決めることになっている。そうして，管理者が敏腕を駆使して，公営企業の経営を効率的に行い，職務にふさわしい処遇をすることができる制度となっている。そこで，公営バスの運転手の処遇は，本来民間バス，トラック，タクシーの運転手の処遇と同じくすべきである。しかし，バスの運転手も，一旦公務員として採用されると，その職種として横に渡るという発想はなく，同一年齢の市の幹部職員の処遇と同じくせよと要求し，公営企業管理者は，企業の業績を上げても次に出世するわけでも，給料が上がるわけでもないから，組合に厳しく対抗してトラブルを生じさせるよりも，甘く対応する。その背景にいる首長は，自分の票を減らすなと監視しているのであるから，なおさらである。バス運転手は，制度の建前では平の職員であろうが，年功賃金であるから，本当は課長や部長級である。バスの中に名前が書いてあるが，私はそこに第100担当部長といった肩書きを表示すべきだと言っている。

　こうして，地方公営企業法は死んでいる。経営が苦しい地方公営企業が多いが，それは住民のバス離れだけのせいではない。労使が，職員厚遇のツケをバス代に転嫁するので，バス代が値上げされ，バス離れの悪循環を生じているのである。

　そこで，赤字を埋めようと，老人無料パスが導入されている。老人無料パスは老人福祉施策であり，これを廃止すると，老人が家に引きこもるとして福祉の後退と批判される。しかし，実は全く違う。無料といっても，福祉部門が交通局から切符代を買い上げて老人に渡すので，交通局は売上げに計上でき，その結果，本当は赤字なのに黒字と仮装できる。多数の都市で実施されている（http://www.city.sendai.jp/kenkou/ko-kikaku/shingikai/pdf/220428/02-2.pdf。本書執筆時の2015年6月でも閲覧できる）が，神戸市クラスでは年間30数億円の赤字を隠ぺいしているのである。そうすると，交通局破産の事態は免れ，職員は高給を得たままである。首長は，組合の支持を受けて当選できる。その原資は全て住民の負担である。つまりは，老人無料パスは組合と首長のための福祉な

のである。

　本来は、老人無料パスをやめ、公営バスの大赤字の実態を天下に公開すべきなのである。そうすれば、公営バスは廃止される。庶民の足がなくなると反対されるが、経営が苦しい公営バスという経営主体が廃止されるだけである。今度は民間バスに進出して貰えばよい。こちらも赤字であろうから、補助は必要であろうが、運転手の給与も管理事務所職員のそれも、民間ベースであるから、年収300万円から500万円で人材は十分に集まるはずである。したがって、自治体負担は大幅に減少するはずである。バス事業の職員の給与は大幅に下がるが、同じ仕事を民間でやる場合と同じになるだけであるから、文句が言えるはずがない。

　老人が街に出て行けるようにするためなら、こうしてバスの経営を改善してから補助すれば十分なのである。

　こうした公営企業における労使のなれ合いによる、水面下での住民の資産食いつぶしは、現行法上、違法とまでは直ちには言えないが、制度の趣旨には完全に反している。

　まさに、これらは、住民の公金を選挙の票目当てに食い物にする自治体の組織的腐敗と言えよう。――「浜の真砂は尽きるとも、世に役人の不正利得の種は尽きまじ」――（大龍）と詠みたいところである。

4　民主主義の機能不全と司法への期待

　健全な民主主義が育っていれば、このいずれも起きることがない。しかし、悲しいかな、議会も、首長と組合の馴れ合いを批判するどころか、一部の政党は与党と称して首長と二人三脚となり、他方の政党は組合を地盤とするので、批判勢力は議会でも少数派であるのが普通である。要するに、首長も議会多数派も、住民の利益に反して、組合といわばグル、談合しているのである。民主主義は機能不全を起こしている。これに対して新人が挑むにも、違法な公金支出で培われた「現職」の地盤の壁に突き当たる。

　そこで、最後の頼りは司法である。そして、地方公共団体では、国と違って、不正な公金支出を争う住民訴訟がある。そこで、正義感の住民が、公金の個人への支出、共済会・互助会への補助を違法とする訴えを提起するようになった。かなりのケースで住民側が勝っている。

ただ，きちんと条例化している場合には，現行法上形式上適法となるので，裁判で争ってもムダである。

裁判においては，論点の主たるものは，給与条例主義違反か，つまり給付された物が給与なのか，地方公務員法42条で正当化される，条例を要しない福利厚生事業か，互助会などをトンネルにして退職一時金などを支給するのは脱法行為かといった点にある。筆者は，神戸市長を被告にかなりの厚遇裁判を代理した。一応の成果が上がったので，その報告も兼ねて，裁判での争点を検討する。職員個人への直接請求と互助会をトンネルとしての支給に分ける。ただ，神戸市では，元議員への給付をも争ったので，これも一項目として，OB議員訴訟として説明する。

II 職員個人への直接支給

1 茨木市臨時職員期末手当一時金支払い訴訟

茨木市臨時職員期末手当一時金支払い事件の最高裁判決（最判平成22・9・10民集64巻6号1515頁，判タ1335号64頁）は，条例の定めなく，臨時職員へ期末手当としての一時金を支払うことについて，非常勤職員には期末手当を支給できないし（地方自治法204条），常勤の職員に対しても条例の定めがなくては一時金を支給できない（同法204条の2）として，それは給与条例主義違反であることを明言している。

ただ，この判決は，非常勤職員かどうかは，形式ではなく，その勤務時間を基準とする実質論をしている。判決要旨を借りると，普通地方公共団体の臨時的任用職員に対する手当の支給が地方自治法204条2項に基づく手当の支給として適法であるというためには，当該臨時的任用職員の勤務に要する時間に照らして，その勤務が通常の勤務形態の正規職員に準ずるものとして常勤と評価できる程度のものであることが必要であり，かつ，支給される当該手当の性質からみて，当該臨時的任用職員の職務の内容及びその勤務を継続する期間等の諸事情にかんがみ，その支給の決定が合理的な裁量の範囲内であるといえることを要するというものである。

そして，市の臨時的任用職員に対する期末手当に該当する一時金の支給は，当該一時金が週3日の勤務をした臨時的任用職員に支給され，その程度の勤務では当該市における通常の勤務形態の正規職員の勤務時間の6割に満たないな

ど判示の事情の下では，地方自治法204条2項の要件を満たさないとされた。

そして，給与条例主義のルールにより，下記のようになる。普通地方公共団体の臨時的任用職員の給与については，当該職員が従事する職が当該普通地方公共団体の常設的な事務に係るものである場合には，その職に応じた給与の額等又はその上限等の基本的事項が条例において定められるべきであり，当該職員が従事する職が臨時に生じた事務に係るものである場合には，少なくとも，その職に従事すべく任用される職員の給与の額等を定めるに当たって依拠すべき一般的基準等の基本的事項が可能な限り条例において定められるべきである。

そして，市の臨時的任用職員に対する期末手当に該当する一時金の支給は，当該支給を受けた多数の臨時的任用職員の多くが当該市の常設的な事務に係る職に従事していたことがうかがわれるにもかかわらず，当該一時金の額及び支給方法又はそれらに係る基本的事項について条例に定めがなかった場合には，地方自治法（平成20年法律第69号による改正前のもの）203条5項，地方自治法204条3項に違反する。

その原審の大阪高判平成20年9月5日，一審の大阪地判平成20年1月30日（判例自治309号35頁）もこれを認める。

ただし，最高裁は，市長の過失を否定した。

すなわち，市が地方自治法204条2項に規定する同条1項の常勤の職員に該当しない臨時的任用職員に対し期末手当に該当する一時金を支給した場合において，手当の支給が問題となる場面における常勤の職員と非常勤の職員との区別の基準を直接に読み取ることができる法令の具体的な定めが存せず，上記支給の当時上記基準を明らかにした行政実例又は裁判例があったとはうかがわれないなど判示の事情の下では，市長が補助職員の専決による上記支給を阻止しなかったことに過失があるとは言えない，という。

しかし，行政実例や判例が直接にはなくても，他の自治体で同様の扱いがなされていても，常勤と非常勤の区別が必要であり，条例の定めがなく期末手当を支給できないことくらいは，常識的にわかりそうなものであるから，疑問を持って，部下に調査させるべきである。それをしなければ，組織の長としては過失があったのではないか。最高裁は組織を動かせない首長になんて甘いのだろうか。

第1節　自治体の組織的腐敗と厚遇裁判によるその是正

2　神戸市旅行券裁判
(1)　はじめに

　神戸市旅行券裁判でに，職員に，一生の間で18万円（勤続15年で3万円，25年で10万円，35年で5万円）相当の旅行券を交付して，勤務を免除して，自由に旅行に行かせるのは，地公法42条の福利厚生の限度を超えて，給与の支給であり，条例に根拠がないので，違法であり，しかも市長に過失があるとされた。ここでは，給与と福利厚生の区別が争点である。

　まず，神戸地判平成18年3月23日（判例自治293号74頁）の判示を引用してコメントを付ける。そして，その後で，高裁判決に言及する。

　判決文として出た結論を見れば，いかにも当たり前であるが，優秀で巧妙な被告代理人の反論と，役所のやることは正しいとの推定から出発しているのではないかと推察される裁判所の発想を打ち破るには大変な苦労をしたものである。したがって，本来なら，口頭弁論は地裁で2回，高裁では1回で済みそうと思っても，口頭弁論期日は一審で5回，高裁で3回もかかった。最高裁は門前払いで済んだ。

　作成した書面は，原告側が，訴状は8頁，準備書面の数は地裁10，高裁5，の計119頁，被告側の準備書面頁数が64頁，提出した証拠は，原告側が甲46号証まで，計426頁，被告側が乙64号証，397頁である。この判決について紹介する際にはこの書面を使って丁寧に説明したいところであるが，その余裕もないので，要点だけ紹介する。

(2)　地公法42条の元気回復事業とは

　「被告は，本件制度に基づく本件旅行券等の支給は元気回復措置に該当すると主張するところ，一般に地公法42条にいう元気回復措置とは，職員が，職務によって蓄積した疲労を解消し，気分を転換して明日の活力を養うための措置をいうと解される。これに対し，本件制度は，『慰安会』なる呼称を使用しているものの，各要綱に定める制度趣旨……からすると，永年勤続自体を功労とし，これに対する報償的なものとして本件旅行券等を支給する制度であると認められるから，元気回復措置の範疇に含めるのは困難である。しかし，元気回復措置は，地公法42条が地方公共団体に実施を求める厚生制度の一例であるから，本件制度が厳密な意味での元気回復措置に当たらないとしても，同条の予定する厚生制度に含まれるならば，これに対する公金支出も違法とはなら

第3章　住民訴訟の実践

ないといえる。

　地公法42条は，地方公共団体が，職員の保健，元気回復その他厚生に関する事項について計画を樹立し，これを実施しなければならないことを定めており，厚生制度を企画し実施する責任は原則として任命権者が負うことになる。そして，厚生計画の樹立及び実施に関しては，条例で定めることを求めていないから，地方公共団体が，どのような厚生計画を樹立し，それを実施するかは，原則として，その長の裁量によって決せられ実行される。ただ，かかる裁量権の逸脱又は濫用があると認められる場合は，当該制度又は措置実行のための公金支出は違法になるというべきである。

　ある制度又は措置につき，前記裁量権の逸脱又は濫用があるか否かは，当該制度又は措置の趣旨目的，その具体的内容，金品の支給を内容とする場合は，その種類，額又は価額等の事情を勘案して判断すべきであり，また，条例に基づかない給与の支給を禁じた地方自治法204条3項，204条の2，地公法24条6項の各規定に抵触することがないかどうかも十分考慮しなければならない。」

　給与であれば，地方自治法，地方公務員法上，給与条例主義のルールの適用があるが，福利厚生事業であれば，地公法42条により予算措置だけで済み，条例を要しない。ここでは，勤続年限に応じて節目節目に旅行券を支給して，勤務を免除して，遊びに行かせ，一生の間に総額18万円になる仕組みが，元気回復事業として正当化できるのかが争点になっている。裁判所は，元気回復事業は長の裁量によるが，給与条例主義に反しないかどうかを考慮している。

(3)　給与と福利厚生の間

　「地方公共団体が，氷年勤続の職員に対し，その功労に対する報償の趣旨で金品を授与することが，社会通念又は儀礼上，積極的に要請されるとは到底解されないが，これが一切是認されないとまでは解されない。ただし，年功に対する報償の趣旨を徹底すると，金品の額又は価額は自ずから僅少では納まらずに臨時賞与的なものとなる可能性があるが，そうなると，給与条例主義に抵触するおそれが生じてくる。したがって，氷年勤続に対する報償の趣旨であっても，条例上の直接の根拠を有しない，地公法42条の厚生制度として容認できるのは，記念品的な物品の価額を大きく上回らない金品の授与に限られると解すべきである。」

誠にその通りである。国家公務員を41年勤め上げて定年退職した私には，旅行券どころか，換金できる物は何ら支給されず，記念品（せいぜい1万円相当か）しか支給されなかった。

(4) 旅行券支給が給与扱いになる理由

「本件制度は，趣旨目的自体は違法不当とはいえないが，支給する本件旅行券等が，元来換金性を有するばかりか，使用期間及び使用目的の確認の実態等の点で，金銭交付に限りなく近いものとなっているといわざるを得ない。その上，金額的にみても，全体として僅少といえず，1回当たりの額も，記念品的な物品の価額を大きく上回ることがあるほか，神戸市が全額公金で運営・実施している本件制度による支給は，対象者の掛金が原資の一部となる他の地方自治体における類似の制度と比較して価額的に決して低いものとはなっておらず，さらに，退職金の上乗せ的な性質を帯びる場合もあるなど，儀礼的な措置としては容易に説明し難いものを含むといわざるを得ない。そうすると，平成16年度における本件制度は，全体として，地公法42条により許容される厚生制度の範囲を逸脱するものであり，某（市長個人名）が，神戸市長として，同年度において，同制度による旅行券等の支給を行うとの計画に従い，これを実施したことは，裁量権の逸脱又は濫用があると解すべきであって，このような本件旅行券等の支給のためになされた本件支出は違法な公金支出に当たる」。

裁判所は，このように，旅行券に換金性があること，使用期間，目的は自由であること，金額も僅少ではないこと等を理由に旅行券のための公金支出は違法であるとした。では，逆に，これらのどれかが欠ければ適法なのだろうか。たとえば換金性がなく，実際に旅行に行かなければ，捨てるしかないとしても，自由に使えるのであるから，福利厚生の範囲を超えるのではないか。使用期間，使用目的に限定があり，たとえば，何とか先進地見物，期間は年度末までといった限定では，実質は無限定と同じである。むしろ，勤務時間中，休暇を取らないで，遊びに行くことを許容すること自体，職務専念義務違反であり，その費用を支援することは，換金性，使用期間，目的，金額の多寡を問わず，元気回復事業の範囲を超え，条例に基づかない給与支給ではないのか。

裁判所は，このような職員厚遇がなぜ行われているのかわかっているのだろうか。前記のように，公金による組合買収であるという背景を理解すれば，裁量に任せるのではなく，もっと厳しい判断ができるし，すべきではないか。善

意に解せば，どの観点から見ても給与になるから，神戸市をぐうの音も出ないようにだめ押ししたまでと考えるべきか。

(5) **行政実例など**

「地方公務員の給与の適正化に関して，自治省（当時）の公務員部長等から様々な通知がなされており，昭和54年8月31日付けの自治給第31号各都道府県知事，各指定都市市長あて自治省行政局公務員部長通知は，適法かつ適正な給与支給に努めるべく留意すべき事項として，『実質的に給与とみなされるような研修費，福利厚生費等はいずれも法律又は条例に基づかない給与等であり，これらの支給を禁止する法律の規定に照らし違法となるものであること』，『違法な給与の支給等が行われている場合には，直ちに当該違法な支給をとりやめるとともに既に行われた違法措置に対する是正は必ず行うこと』等としている。

イ　昭和31年11月20日付けの自治省公務員課長回答は，市の職員に対する模範，勤続，有功，善行による表彰に伴って支給する記念品，褒賞金は，地方自治法204条の2にいう『給与，その他の給付』に含まれないとしているが，その後，地方公共団体が，職員に対し，退職記念行事記念品や記念品料としての支給をすることは，実質上給与その他の給付に類するものと認められる場合にはできないとの趣旨の行政実例が複数出されている（文献引用分を含めて，昭和32年4月17日自丁行発第45号，同年10月22日自丁行発第179号，昭和42年8月9日自治行第78号等）。なお，遅くとも昭和54年7月までに発行された地方公務員法研究会編著の『地方公務員法質疑応答集』は，昭和31年11月20日付けの前記公務員課長回答に関して，職員の表彰等に伴う記念品，褒賞金等は，『支給態様にいかんによっては，実質的に条例に基づかない給与となりうるおそれがある』，『通常の社会通念を超えて高額となり実質的に報酬に相当すると認められる金品であるときは，給与条例主義の原則に抵触する』と解説している。」

裁判所は，本件に関係する行政実例を出すようにと両当事者に指示した。被告神戸市側は，旅行券を元気回復事業で正当化できるような実例を出してこなかったが，筆者は多数の例を挙げた。裁判所は，行政実例をみると安心できるようであるが，このような解釈は当然のことである。

総務省系の地方公務員法に関する権威のある注釈書[4]は，地公法42条の解

第 1 節　自治体の組織的腐敗と厚遇裁判によるその是正

釈において，次のように明確に解説している。

「元気回復

　職員が職務によって蓄積した疲労を解消し，気分を転換して明日の活力を養うことが元気回復であり，一般に『レクリエーション』と呼ばれている。職場におけるレクリエーションとしては，運動会や小旅行の実施，趣味や文化の同好者の会合（サークル活動），保養施設の設置などが一般的であったが，最近，人々の価値観や好みが多元化するにつれて元気回復の方法もますます多彩となってきている。反面，全職員を対象として同一の元気回復の方法を用いることが困難となっているといえよう。したがって，地方公共団体が関与して行うレクリエーションについては，職員の意向を十分に把握してバラエティをもたせ，また，すべての職員に公平に行きわたるよう，さらにレクリエーションとしての実効があがるよう，周到な計画を立てる必要があろう。」

　ここでは，金銭の支払い，まして退職慰労金の類も元気回復事業で行えるといった説明はない。

(6)　**市長の過失**

「ウ　平成 16 年度の各種永年勤続職員慰安会該当者に向けられた書面では，被告名義による『ごあいさつ』が記載されているが，同一書面に，旅行実施報告書等の提出を促し，提出がない場合，対象者全員が課税対象所得（給与所得）とみなされることがある旨も記載されている。

エ　大阪国税局は，本件制度による旅行券等の支給について，源泉徴収義務を負う『給与所得』に該当するとした。平成 12 年度から平成 14 年度分についてだけではなく，平成 15 年度及び平成 16 年度においても，課税の対象と認定した。

(2)　これらの認定事実及び前記……のとおり，神戸市が平成 16 年度の本件制度対象者宛てに作成した書面において，旅行券等の使用につき旅行実施報告書の提出を求め，提出がないと，対象者全員につき本件制度による給付が課税対象所得（給与所得）とみなされることがある旨注意を喚起していることに加え，神戸市で長年勤務してきた某の経歴も考慮すると，某は，平成 16 年度当初時点において，実質的に給与とみなされるような福利厚生費等はいずれも法

---

(4)　橋本勇『新版　逐条地方公務員法』（学陽書房，2002 年）701，702 頁。

律または条例に基づかない給与等として違法となることを認識しえたことが明らかである。

　そして，給料の適正化について，自治省公務員部長等から度重なる通知が出されていた状況下で，市長として本件制度を熟知すべき立場にある某としては，平成16年度における本件制度の実施が裁量権の逸脱又は濫用であるとの前記判断の基礎となる諸事情を認識し又は認識することが可能であり，したがって，本件支出の違法性も認識し得たというべきであるから，本件支出をやめるべきであったのに，これを怠ったものといわざるを得ない。

　したがって，某には，違法な本件支出を行ったことにつき，優に過失が認められるというべきである。」

　ここでは，市長の過失を肯定するために，「ごあいさつ」で旅行実施報告書の提出がない場合課税されるとコメントしていること，国税局から課税されていること，一生市職員で助役から市長になった経歴，自治省から何度も通知が出されていたことを理由としている。それなら，市長が「ごあいさつ」でコメントをしたことが墓穴を掘ったことになる。このような「ごあいさつ」は部下が作った物であろうから，できの悪い部下をもったものであるが，まさか自分の写真入りの物を見ていないことはないだろうから，変わりはない。

　国税局から課税されなかったらどうかというと，国税局が所得と見なさず福利厚生と見たというだけのことで，それは担税力を基本とする税法上の扱いであり，給与条例主義をとる地方自治法上は別だと思量するが，たまたま国税局が課税したので，念押しでこのように判示したと理解すべきであろうか。市長の経歴も，もし民間から当選し，これまでの事情をよくわかっていなければ無過失なのか。それでは，市長は，能力がないほど，責任を逃れられることにならないか。市長の過失はその人の主観的な事情ではなく，市長のポストにおける客観的な注意義務を基準とすべきことであり，市長のポストにいれば，就任したばかりであろうと，多数の専門家の部下がいるのであるから，調査を命じればよいのである。そのとき，組合との関係があるから旅行券を正当化する方向で調査せよなどと言わずに，自分は違法行為をしないから，正しく調査せよと言えば，「市長，やばいですよ」という報告があがるはずだし，顧問弁護士も，「黒を白と言いくるめる」のが有能だ等と考えず，法的に正しく判断してくれ，むしろ，裁判で負けるような助言をする顧問はクビだと言っておけば，

まともな答えが来たであろう。あるいは，そうした的確な指摘ができる弁護士を顧問にすれば済んだのである。選挙に有利とか支援してくれる者を顧問にすると，痛い目に遭うのである。自治省からの通知を頼りにしているようでは，「自治体」の名に恥じる。この程度のことは，自分で調査してもわかるはずである[5]。

市長は，前記のように市民の利益を犠牲にして組合と癒着しているために目が曇ったのであって，これだけ違法を根拠づける事実があるのであるから，その判断は単なる過失ではなく，少なくとも重過失，あるいは故意があったのではないかと思われる。裁判所の判断は本当に甘いと感ずる。

(7) 高裁判決

大阪高判平成19年2月16日（判例自治293号59頁）は「福利厚生事業の名の下に，給与条例主義を潜脱することは許されない」として，基本的にはこの一審判決を踏襲した。永年勤続の表彰の記念品は，社会通念上儀礼の範囲内とするためには数千円が限度であるとし，本件の旅行券は著しく高額であるから，その範囲を超えるとした。神戸市は，本件旅行券は労働の質・量とは関係なく勤務年数に応じて恩恵的に支給されるから給与ではないと主張したが，これも詭弁であろう。裁判所は，これは職員の勤続年数に応じて支給される以上，勤務に対する対価と見ざるを得ないとしたが，勤続年数に応ずるかどうかとは関係なく，とにかく福祉として正当化できない金銭的支給は給与とするほかないものである。

(8) 最 高 裁

最高裁平成19年(行ツ)第156号，平成19年(行ヒ)第169号平成19年10月18日決定はこの判断を維持した。

Ⅲ　OB議員への市営交通の優待乗車証交付違法訴訟

1　事件の概要

神戸市退職市議会議員等への違法公金支出差止・損害賠償請求事件では，神戸市が退職した市議会議員（待遇者と称される）を対象として記念品や市営交通の優待乗車証を交付したことが違法であるとして，市長個人に損害賠償請求

---

[5]　辻忠雄「解説」判例自治295号88頁はこの1審判決を是認している。

第3章　住民訴訟の実践

をすることを市長に求めた住民訴訟（4号請求）につき，講演会等の費用，物故者追悼費用，敬老祝いの費用に関する支出については社会通念上礼遇の範囲内であって違法ではないとして請求が棄却されたが，市営交通の本件乗車証の費用については礼遇の範囲を逸脱した違法な支出であるとして，市長個人に363万1,740円及び遅延利息の支払いが命じられた。この神戸地判平成19年1月19日（判例自治302号40頁）は，大阪高判平成19年10月19日（判例自治303号22頁），最高裁（第二小法廷(行ツ) 21号(行ヒ) 22号）平成21年3月13日決定で維持された。そして，神戸市の優待乗車証受給者の会から損害金363万1740円＋28万9544円＝392万1284円の納入があった（平成19年12月3日）。以後，この種のOB議員優遇措置は廃止された[6]。

口頭弁論回数は，第1審では，6回，高裁では，2回である。提出した書面数は，原告が訴状，第1審準備書面7回，高裁答弁書，準備書面2回，計78頁で，被告側が地裁で4回，高裁で控訴理由書，準備書面2回で，計83頁（高裁まで）である。

証拠は，甲号証が15号証までで，計105頁，乙号証が16号証まで48頁である（これらの頁数は，筆者の計算であるが，被告からは数え間違いがあるとの指摘があった）。

2　一審判決とコメント

(1)　長の予算裁量権，給与条例主義との関連

「ア　地方公共団体の長は，予算を調整し，これを執行する権限を専属的に有しており（地方自治法149条2号，211条1項。さらに同法112条1項，180条の6第1項参照），いかなる事項にどの程度の予算を配分するかについては，高度の専門的，政策的判断を要するものであり，地方公共団体の長に裁量権が認められるというべきである。

したがって，待遇者等が，少なくとも2期8年以上にわたって市議会議員として神戸市に貢献し，あるいはこれと同視しうる者であることに鑑み，待遇者等に対する待遇が社会通念上礼遇の範囲内に留まる限り，当該待遇のための支出は，なお神戸市長の有する裁量の範囲内の支出として違法にはならないと解

---
[6]　判例評釈として，江原勲・判例自治305号4～7頁（2008年8月）がある。

第1節　自治体の組織的腐敗と厚遇裁判によるその是正

するのが相当である。この点は，本件優待乗車証の交付という財産処分行為の違法性を判断する場合も，同断である。

　イ　これに対して，原告らは，給与条例主義の勿論解釈として，神戸市の待遇者等に対する待遇は違法であると主張する。

　しかし，元議員は，『議会の議員』ではないから，給与条例主義が直接適用されない上，本件における待遇者等に対する待遇が当然に給与たる性質を持つとは言い切れず，また，他に正当な根拠を有する支給であれば，かかる支給は違法にはならないのであるから，その点の検討を抜きにして，給与条例主義の観点のみから違法であるか否かを即断することはできない。」

　裁判所は，裁量権から出発するが，元議員は市民とは別格かどうかという視点から出発すれば，その中には選挙で落ちて市民から断罪された者もいるから，裁量といっても厳格に審査すべきではないか。

　給与条例主義との関係では，現職議員に対して条例に基づかずに市内全線無料パスを支給すれば違法であるから，ましてや元議員に対しては違法になるという趣旨である。元議員に対して無料パスを支給する根拠は現職への支給とは別だといってみても，それは形式論だろうというのが原告の主張であった。

(2)　**優待乗車証**

　㋐　被告（神戸市長）は「待遇者等に市会議員等の時代に培った知識や経験，地域住民とのつながりを活かし，現在の神戸市における現状や課題について助言を請い，また神戸市の施策や制度の住民への広報活動，神戸市と住民との橋渡し的な役割を担ってもらうため，前記活動への利用を目的として本件優待乗車証を交付している」と主張した。

　「しかし，神戸市が，本件優待乗車証の交付に当たって使途を前記活動への利用に限定していること，利用状況，利用目的につき報告を徴していること，目的外利用に対して何らかの対応策を講じていることなどを窺わせる証拠はない。結局，被告のいう交付目的が達成されるか否かは，各待遇者等の良識にかかっているというほかないが，そもそも，待遇者等が被告のいう交付目的をどの程度認識しているかも疑わしい。仮に，認識しているとしても，交付目的達成のための有効な方策は何ら講じられていないに等しく，全くの私用のための利用も，事実上放任されているといわれてもやむを得ない。

　また，仮に，市政に貢献する活動をする待遇者等に交通費の負担をかけない

137

措置を講ずることは相当と考えるとしても，市内の市営バス，市営地下鉄及び民営バス全線を常に無料で乗車できる乗車証を支給する必要性があるとは到底認められない。

　したがって，本件優待乗車証の交付を被告のいう交付目的から正当化することはできない。」

　本当に，神戸市の主張は屁理屈である。そもそも，元議員はただの人であるから，市民と神戸市の間の橋渡しをすること自体民主主義に反するのである。現に，静岡県議OBの親睦団体「元県議会議員会」の活動に県が補助金を支出したのは違法だとして，市民団体「県オンブズマンネットワーク」が，同議員会や知事らに補助金計約690万円の返還を求めた訴訟で，最高裁平成18年1月19日判決（判時1925号79頁）は，「本件各補助金の交付の趣旨は，県議会議員の職にあった者の功労に報いることと，その者らに引き続き県政の発展に寄与してもらうことにあるということができるが，県議会議員の職にあった者も，その職を退いた後は，もはや県民を代表する立場にはないのであるから，上記の趣旨により被上告人元議員会の内部的な事業に要する経費を補助するとしても，県議会議員の職にあった者に対する礼遇として社会通念上是認し得る限度を超えて補助金を交付することは許されないというべきである」としている。

　したがって，実際にそれをしていたらなお違法なのであるから，神戸地裁がこうした点の分析をしていること自体不適切である。

「(ｲ)　待遇者等は，本件優待乗車証の交付を辞退しない限り，終身，無償で市営バス及び市営地下鉄に無制限に無償乗車できる。これにより神戸市が失う乗車料金収入は決して過少評価できない。反面，各人の引退時期や寿命に左右されるものの，待遇者等の享受する経済的利益（市営交通機関のみならず民営バス無償乗車の利益も含む。）も概して少額とはいえない。」

　本来，元議員は，市から優待を受ける資格がないのであるから，額の問題ではないと思う。惜しまれつつ勇退したのであれば，多少別かも知れないが，選挙で落ちた人も一緒なのである。

「(ｳ)　被告は，本件優待乗車証の交付は，待遇者等に対する礼遇として社会通念上是認しうる範囲内にあるとも主張する。しかし，待遇者等には市議会議員等在職中の功績があり，また，議席を離れた後にも市政に貢献する者がいる

第1節　自治体の組織的腐敗と厚遇裁判によるその是正

としても，無報酬で議員の職務を果たしたわけではなく，議員引退後の活動はあくまで各人の判断で自発的に行うものでその程度及び内容も相当個人差があると推測されることからすると，前記(イ)の損失を伴う本件優待乗車証の一律交付は，礼遇として説明し得る限度を明らかに逸脱しているというべきである。」

　被告は元議員への礼遇というが，本当は元議員を味方につける戦略である。裁判所がその本質を見抜いたかどうかは不明であるが，この結論は正当である。

「(エ)　被告は，70歳以上の一般高齢者に対する敬老優待乗車制度の存在を理由に，本件優待乗車証の交付を特別視することはできない旨主張する。その趣旨は，必ずしも定かでないが，高齢者に対する福祉政策の観点からいうなら，一般高齢者に対する敬老優待乗車制度のほかに，本件優待乗車証の交付制度を設ける必要性はない。しかも，一般高齢者に対する敬老優待乗車制度においては一定額以上の収入を有する者には有償交付しているのに対し，本件優待乗車証の交付にはかかる所得制限は存在せず，年齢制限もない。したがって，本件優待乗車証の交付制度を一般高齢者に対する敬老優待乗車制度の代替又はこれを補完するものと位置付けることはできない。

(オ)　以上によれば，本件優待乗車証が記名証券であり換金性はないと解されること等を考慮しても，同優待乗車証の交付は，もはや社会通念上礼遇の範囲内に留まっているとはいえず，神戸市長が有する裁量の範囲を逸脱する違法な財産処分というべきである。」

　元議員優遇措置は一般の老人パスとは制度の趣旨を異にするから，後者によって前者を正当化することはできず，前者はこのように違法である。

　このほか，講演会，物故者追悼式，敬老会については社会通念上相当の範囲内とされた。

(3)　過　　失

「(1)　前記のとおり，本件優待乗車証の交付には必要性も合理性も見いだせない違法があるうえ，平成17年4月以前から公務員及びその退職者に対する種々の処遇の是非につき全国的に社会問題化していたことは公知の事実であることからすると，某は，平成17年度の本件優待乗車証交付の時点ではその違法性に気付くべきであり，かつ，気付くことができたはずであるのに，従前の扱いを漫然と踏襲して同優待乗車証を交付した点で，某には過失があるというべきである。

(2)　仮に，本件優待乗車証の交付につき神戸市長の補助職員等が専決処理していたとしても，当該訴訟においてその適否が問題とされている財務会計上の行為を行う権限を法令上本来的に有するとされている者は，地方自治法242条の2第1項4号の『当該職員』に該当し（最高裁判所昭和62年4月10日・民集41巻3号239頁参照），専決を任された職員が，専決をさせた者の権限に属する当該財務会計上の行為を専決により処理した場合は，専決をさせた者は，専決をした者が財務会計上の違法行為をすることを阻止すべき指揮監督上の義務に違反し，故意又は過失により専決を任された職員が財務会計上の違法行為をすることを阻止しなかったときは，普通地方公共団体に対し，前記職員がした財務会計上の違法行為により当該普通地方公共団体が被った損害につき賠償責任を負うものと解すべきところ（最高裁判所平成3年12月20日・民集45巻9号1455頁参照），某は，専決を任せた補助職員等に対し，平成17年度の本件優待乗車証の交付をしないよう命じるべき義務を負っていたにもかかわらず，過失によりこの義務に違反したというべきである。

(3)　したがって，いずれにしても，某は，平成17年度の本件優待乗車証の交付により神戸市が被った損害を賠償する義務を負う。」

元議員の優遇は，市役所の中の論理では，何の問題もないかもしれないが，外から見れば明らかに違法であるから，それに気がつかないようでは，法治国家における政令指定都市の市長たる器とは思えないので，過失があるというべきである。それも，部下に問題がないかとまじめに質問すれば，「やばいです」との返事が来るはずで，そんな返事が来たら，元議員の優遇をやめるしかなく，票が減ると思って，そんな質問をしていないではないか。それでは自業自得である。

市長が直接に支出させていなくて，専決させていても，市長の判断に基づいてロボットのように判断しているのであるから，市長の責任である。

(4)　損　　害

「本件優待乗車証の交付により，前記のとおり神戸市には同優待乗車証の価値相当額の損害が発生すると解すべきところ，同優待乗車証の対象交通機関が神戸市内の市営バス，市営地下鉄及び複数会社の民営バスであることからすると，同優待乗車証の価値は，少なくとも，同優待乗車証交付のため神戸市の一般会計から同市交通局の企業会計に支出（繰出）された金額であり，市営バス

第1節　自治体の組織的腐敗と厚遇裁判によるその是正

の3か月間有効の普通区全線定期代2万3,940円の4期分に相当する1枚（1人分）当たり9万5,760円を下回らないと認めるのが相当である。神戸市の損害は本件優待乗車証の発行にかかる材料費や印刷代程度にすぎないとの被告の主張は採用の限りでない。

　そうすると，某が賠償すべき平成17年度の本件優待乗車証交付に係る神戸市の損害額は，別紙記載のとおり363万1,740円となる。」

　被告は，優待者が乗っても乗らなくても，バス，地下鉄の経費に関係がない，ただで乗せても同じなどと主張するので，それなら小生も，原告らもただで乗せてほしいと主張した。又，何回乗ったか，把握できないなどとも主張した。誠にもって，常人には考えつかない理屈である。

3　高裁判決とコメント
(1)　争点1　本件優待乗車証は財産的価値がないか

　神戸市は，優待乗車証は，それを提示するときは，運賃を支払わなくて良いということだけのことであり，それによって名義人が神戸市営交通における運送役務の給付を受ける権利を取得したり，神戸市側がそれに対応する義務を負担したりするわけではないから，それが債権証券として一定の財産的価値を有しているわけではない旨主張した。前記の損害論の繰り返しである。

　これに対して，筆者が苦労して行った反論を受けて，高裁は正当にも次のように指摘した。すなわち「優待乗車証は，記名式でありその譲渡・換金性がないものの，交通機関における運送役務の給付債権を表章する債権証券と解され，これが呈示された場合，神戸市営交通において，その呈示者に対し，無償で乗車させるべき義務があるのであり，一定の財産的価値を有することは明らかである。したがって，神戸市が，待遇者等に対し本件優待乗車証を無償で支給することは神戸市に財産上の損害を生じさせる「財産の処分」（地方自治法242条1項）に当たるといわなければならない。」

　さらに，実質的に見ても，「本件優待乗車証支給に関し神戸市の一般会計から神戸市営交通の特別会計に支払われた本件繰出金363万1,740円は神戸市営交通（特別会計）が神戸市（一般会計）に対して発行交付した本件優待乗車証に対する実質的な対価であり，本件優待乗車証は，実質的にはその対価を支払って取得した一般会計部門の財産であるということができる。そして，その対価

である金員の源は，神戸市民の納めた税金である。即ち，本件優待乗車証支給に関し，神戸市民の納めた税金363万1,740円が対価として一般会計から独立採算部門である特別会計に流れているのであり，その価値のある本件優待乗車証を待遇者等に交付することは，財産の処分であるといわざるを得ない。」と付け加えている。誠にもっともである。

(2) 争点2　本件優待乗車証支給が社会通念上礼遇の範囲内にとどまり，市長の裁量権の範囲内にあるものとして，適法であるか

この点は，神戸市の主張も判決も，前記一審判決の2(2)とほぼ同様である。したがって，筆者の批判も同じである。

(3) 争点3　神戸市長の故意・過失の有無について

これも一審判決とほぼ同様の判断である。

Ⅳ　各地の互助会訴訟

互助会をトンネルとして職員に公金を支給することの違法性については，判例は最初逡巡していたが，次第に明快になった。判例を並べるので，多少だらだらするが，以下，このような判例の発展過程を見ることができる。

1　京都府八幡市・元気回復レクレーション事業助成金互助会トンネル事件

京都地判昭和62年7月13日（判時1263号10頁，判タ653号96頁）を取り上げる。

従前，八幡町では，町で費用を負担して，職員の一泊旅行を行っていたが，昭和40年頃より，各職員個人に，毎年夏と冬のボーナス時期に，元気回復レクレーション事業補助金との名目で金銭を支給することが行われるようになった。

右補助金の総額は，昭和51年度約3,120万円，昭和52年度約3,762万円であり，職員1人当たりの平均支給額は，昭和51年度約5万5,000円，昭和52年度約6万円であった。各職員への支給額は一律部分（昭和51年では3万4,000円）と，給与額に対応する部分とを加えて算出されていた。

これについて，給与条例主義違反であるとの監査請求を経た上で提起された住民訴訟で，京都地判昭和60年6月3日（判タ564号239頁）は，違法である上，市長や収入役に故意があるとした。ヤミ給与であるから，当然の判断である。

第1節　自治体の組織的腐敗と厚遇裁判によるその是正

　この監査請求において，八幡市監査委員は，「職員厚生費の支給に付いては，その本質は法の趣旨に適合していると考えられるが，その支給の事務手続きにまぎらわしい点があるので，今後，地方公務員法42条による厚生制度については，他市町村の例を参考として適切な制度を確立の上，実施されるよう留意されたい。」との意見を送付した。

　そこで，町長は，元気回復レクレーション事業補助金は，職員に直接交付した点において，監査委員が「まぎらわしい点がある。」と指摘したものと理解し，職員互助会を設立しこれに補助金を交付し，職員互助会が職員に前と同様の支給を行えば，この監査意見に沿うことになり，違法でもないと考えた。そして，八幡市は，八幡市職員互助会に元気回復レクレーション事業助成金を補助した。それは職員全員に支払われた。各人に対する支払額は，一般職員で，その給与月額の10％の額に2万2,000円及び1万3,000円を加えた額とされ，各人当たりの支給額は，多い者で6万6,056円，少ない者で4万4,600円となった。

　自治省行政局公務員部長は昭和54年8月31日付け自治給第31号「違法な給与の支給等の是正について」との通知を都道府県知事宛てに発した。これは，「地方公務員の給与は，地方自治法及び地方公務員法の定めるところにより，法律又は条例に基づいて支給されるべきものである。従って，……実質的に給与とみなされるような研修費，福利厚生費などはいずれも法律又は条例に基づかない給与等であり，これらの支給を禁止する法律の規定に照らし違法となるものであること。」としていた。この通知は京都府総務部長より昭和54年9月7日付で八幡市長に通知された。

　裁判所は以下のように判示した。「特に各人への支給金額，その算定方法，使途，使途の確認手続き等を考慮すると，昭和52年度以前の元気回復レクレーション事業補助金名目の金員の職員への交付，そして昭和53年度において従前と同一の目的を達成しようとした本件支出は，給与の支給としての性格が極めて強く，その適法性には疑いがある……。しかしながら，被告においてこれが違法なものとは認識していなかつたことは前認定のとおりであり，次の各事情を考慮すると，被告においてこれを違法と認識すべき事情があつたとは言えず，従って被告に過失があつたものとすることはできない。右認定以外に，被告に過失があつたと判断させるに足る事実は認められない。

① 被告において，補助金の職員への直接交付を取り止め，職員互助会への交付としたのは，監査委員の意見に従ったものであること，
② 八幡市議会において，本件支出の適法性についての議論がされたが，議会においてはこれを適法と判断したからこそ，そのための補正予算が可決されたこと，
③ 元気回復レクレーション事業補助金名目金員の職員への交付は従前からされており，本件支出当時には，前記……の自治省行政局公務員部長通知も存していなかつたこと。」

しかし，個人に直接支給するヤミ給与が違法であることは旧自治省の通知がなくても明らかであり，後ではあるが，前記の昭和60年の京都地裁判決も明言している。互助会などを通じても，それは給与条例主義を潜脱するトンネル支給に過ぎず，悪質な隠蔽工作というべきである。それによって違法なものが適法になる（いわゆるローンドリー，洗浄）などと考えたこと自体違法であるだけではなく，重過失である。議会の議決を経ていたからといって，違法のものは違法である。違法な議決なら再議に付すのが市長の職責である（地方自治法176条）。監査委員は市長に任命されているから，市長に遠慮した監査をするのが通常（阿部用語でいう，泥棒仲間に監視させるシステム）であって，監査委員のOKはお墨付きになるものではない[7]。したがって，これは違法であるだけではなく，過失がある。

ただ，30年以上前のことで，職員の厚遇批判がそれほどではなかった時期であるから，あるいは過失がないとの判断もそれなりに妥当であったかもしれない。

それはともかく，この判決をみれば，以後は注意すべきところ，その後も，地方公共団体では互助会をトンネルにした職員厚遇がはびこっていた。これに対して，多数の厚遇裁判が提起され，給与以外に，直接に金銭的価値のあるものを支給することも，互助会を通して支給することも，いずれも給与条例主義違反であることが明確にされた。

橋本勇著[8]は，「互助会に関してしばしば問題となるのは，互助会が職員に

---

[7] 阿部「八幡市ヤミ給与職員互助会トンネル事件」判例自治41号90～91頁（1989年）。なお，本件については，山本矩夫・判タ706号302頁の解説があるが，長個人の過失を厳格に捉えようとする考え方にくみするものとコメントされている。

第1節　自治体の組織的腐敗と厚遇裁判によるその是正

対して支給する給付が給与の脱法行為となることである。たとえば，地方公共団体が互助会に対して補助金や貸付金を支出し，これに基づいて互助会から職員に貸付金を交付した上，その返済を免除するようなことである。このような形で支給された給付が実質的に地方公共団体の給付となるときは，その名目や支給方法のいかんをとわず，プラス・アルファーであり，地方自治法第204条の2違反として同法第242条および第242条の2の住民監査請求および住民訴訟の対象となるものである（京都地裁昭62・7・13（判例時報1263号10頁））。」としている。この橋本著は，鹿児島重治『逐条地方公務員法』（学陽書房）を承継したものであるが，その1980年の初版637頁には，この引用判例を除く同文の文章が掲載されている。

そして，互助会をトンネルに退職手当を支給することが違法であることは以前からこれだけ明確に指摘されているのであるから，それをした知事，市町村長には，今日では重過失ではなく，故意であると思う。以下，これを分析する。

2　吹田市互助会トンネル退会給付金事件

吹田市は，大阪府市町村職員互助会（被控訴人）に補給金を支給し，それを通じて，職員に退会給付金を支給していた。住民は，これは退職金に類似したものであり，その金額からいっても，社会通念上認められる額ではなく，職員の福利厚生事業の範囲を逸脱しており，公益とは何ら関わりのない金員で，地方自治法204条，同条の2，地方公務員法14条，24条，25条，41条の諸規定を潜脱するいわばやみ退職金ともいうべきものであるため，少なくとも本件補給金のうち，退会給付金に充てられている部分は違法な支出というべきである旨主張した。

大阪高判平成16年2月24日（判例自治263号9頁）は，その全額を違法とするのではなく，社会的相当性を逸脱した高額の退会給付金の支給に充てることを実質上の目的とした補給金の支出に限って，相当性を超える部分について，地方自治法204条の2の趣旨を潜脱するものであって，補助金の支給として同法232条の2所定の公益性の要件を欠き，違法であるとした。非常に抑制的な判断であるが，その理由は明確ではない。

---

(8)　橋本・前注(4) 702頁。

これを詳しく見る。

「イ　被控訴人互助会が運営する事業内容や被控訴人互助会が会員に対して支給する給付内容如何によっては，職員に対する手当と同視され，吹田市から被控訴人互助会に交付される本件補給金の一部が地方自治法204条の2，232条の2等の規定の趣旨に逸脱して違法と認められる場合もある。

ウ　(ア)　吹田市において，同市職員の退職後における職員とその家族の生活の充実，安定を図ることは，これを通じて在職中の勤労意欲を高め，執務の能率化に寄与するものでその意味においては職員の福利厚生の一部を果たしているものと考えられる。したがって，退会給付金であるからといってそれに充てられた本件補給金の支出部分が直ちに違法となるものではない。」

これは退会給付金であっても，「在職中の勤労意欲を高め，執務の能率化に寄与するものでその意味においては職員の福利厚生の一部を果たしている」として給与条例主義に反しない場合があるとするのであるから，福祉と給与の区別はつかなくなってしまい，やみ退職金が正当化されてしまう。

「(イ)　しかし，被控訴人互助会を通じて会員に在職中支給される各種給付金は……幅広くかつ手厚いものとなっているうえ，被控訴人互助会が，会員が退会する際に支給する退会給付金は会員自ら会費として支払った金額を遙かに超えるものであって，補給金に対する割合も平成8年度で約80％（平成8年度ないし平成10年度の平均も約80％）と高率で，被控訴人互助会の全収入に対する割合も平成8年度で約44％（平成8年度ないし平成10年度の平均では約51％）と高率である。また，被控訴人互助会作成のモデル……によれば，在職18・19年程度で200万円を超え，22・23年程度で300万円を超え，24・25年程度で400万円を超え，最も多い者は560万円余りと非常な高額となっている。実際にも，平成8年度において退職した吹田市職員は，……退会給付金の支給を受けている（おおむね在職10年以上で100万円を超え，同十数年で200万円を超え，21年で300万円を超え，30年で400万円を超えている。）。」

「エ　(ア)　……地方公務員共済年金も受給すること……に加えて，被控訴人互助会から退会給付金の支給を受けるものであること，また，同職員は，地方公務員法43条に基づく共済制度による給付の他，その在職中被控訴人互助会に会費を支払っているとはいえ，在職中，貸付事業や福利厚生事業による利益享受の他，被控訴人互助会を通じて幅広くかつ手厚く各種給付金の支給を受けて

第1節　自治体の組織的腐敗と厚遇裁判によるその是正

いること，……退会給付金は……高額で自己が負担した会費額を遙かに上回っているうえ，退会給付金の各年度の本件補給金に対する割合もかなりの高率で，平成8年度においては約69.07％（平成8年度ないし平成10年度の平均は約80.42％）となっており，退会給付金の被控訴人互助会の収入に対する割合も高率で平成8年度においては43.92％（平成8年度ないし平成10年度の平均は約51.52％）になっていること，さらに，その高額な支給から実質退職金（やみ退職金）との批判がなされてきているところ，以上の事実に地方自治法204条の2，地方公務員法25条の規定の趣旨を総合すると，……少なくとも，会費及び利息を全て給付金……に充てたとすると，給付金総額との差額の……3分の2相当額の支出（平成8年度における本件補給金に対する割合としては約30％相当の支出）は当不当の問題を超え，違法といわなければならない。」

　要するに，会員の会費と利息をすべて退職給付金に充てるとして，市からの給付金との差額の3分の2は違法だとしている。

　さらに，この判決は，「なお，地方自治法204条の2は地方公共団体が法律及び条例に基づかないで職員に給与その他の給付を支給することを禁じているのであって，社団法人である被控訴人互助会が会員に対してする給付はこれに直接抵触するものではない。」とする。

　そして，この判決はいう。「また，地方公務員法42条は地方公共団体に職員の保健，元気回復その他厚生に関する事項の実施を求めており，地方公共団体がその実施費用を社会的相当と認められる範囲で負担することは同法の予定するところである。しかし，本件の場合退会給付金の主要な財源が吹田市等地方公共団体の補助金たる補給金であるところ，それを主要な財源とする退会給付金の額が高額である。吹田市の厚生条例は本件補給金の額や算定方法を定めているものではなく，被控訴人互助会に対し，定款に定める補助金を支給するとしている（4条1項）にすぎないため，厚生条例自体から自動的に本件補給金の額が算定される仕組みとはなっていないうえ，地方公務員法42条が地方公共団体に実施を求めているのは職員の保健，元気回復その他厚生に関する事項であって，退職する職員に退職手当以外に高額の退会給付金を支給することは職員のための厚生制度としては必ずしも本来的なものではない。また，地方公務員法43条は退職年金については共済制度として実施することを求めており，吹田市でも職員の退職年金については別に共済制度を実施しているが，退会給

付金によって退職年金を補完することまでは予定されていない。また、職員の保健、元気回復その他厚生に関する事項については、地方公共団体がその費用を負担することは同法の予定するところであるが、ことの性質上負担額には限界があるというべきであって、高額の退会給付金の財源を地方公共団体の補給金をもって充てるのは同法の趣旨に反する。そして、被控訴人互助会が退会する会員に支給する退会給付金は、実際上の趣旨、金額、給付の時期等からみて、その相当性を超える部分については実質的には、地方公共団体が退職した職員に支給する退職手当金の上乗せを図っていると言わざるを得ない。そうすると、本件のような社会的相当性を逸脱した高額の退会給付金の支給を実質上の目的とした本件補給金の支出は、少なくとも、上記説示した相当性を超える部分について、地方自治法204条の2の趣旨を潜脱するものであって、補助金の支給として同法232条の2所定の公益上必要があるという要件を欠き、違法というほかない。」(9)

　要するに、この判決は「地方自治法204条の2は地方公共団体が法律及び条例に基づかないで職員に給与その他の給付を支給することを禁じているのであって、社団法人である被控訴人互助会が会員に対してする給付はこれに直接抵触するものではない」と述べて、互助会をトンネルとした条例に基づかない退職給付金について素直に給与条例主義の脱法行為とせず、職員の掛け金と比較して、高額なので違法としているだけであるが、なぜそのように抑制的な解釈をするのか。職員の互助会は給与条例主義違反の支給をすることができないと素直に解釈すれば、掛金ではまかなえない支出のために行われる補給金は、福利厚生で説明できること以外は全て違法であるというべきではないか。また、退職給付金は地方公務員法42条の元気回復事業であるが、高額だから違法であるとするようであるが、退職給付金は最初から、元気回復事業ではない、ヤミ退職金で、給与条例主義に反すると判断すべきものであった。

　なお、大阪府市町村職員互助会を通じた退職給付は最高裁でも違法であることを前提とする判断がなされている（最判平成22・3・25判時2081号3頁）。原審判決は公刊されていないが、このような趣旨であったことはこの判時匿名コメントに記載してある。

---

(9)　辻忠雄「解説」判例自治266号112頁がある。特段異論を唱えていない。

第1節　自治体の組織的腐敗と厚遇裁判によるその是正

3　旧美原町互助会トンネル退会給付金事件

　これも，町が職員互助会に補給金を支給し，同会がその補給金を原資の一部として，町の職員である同会の会員が退職等に伴い会員資格を喪失したときに退会給付を行った事件であるが，大阪地判平成19年11月22日（判タ1262号181頁，判例自治305号86頁）は吹田市事件判決からは前進し，当該退会給付が実質的には退職手当に該当するものであることからすると，給与条例主義を潜脱する違法なものであるから，少なくとも本件補給金の支出のうち退会給付を目的とする部分は違法であるとした。

　すなわち，「給与条例主義は，地方公共団体が法律及び条例に基づかずに職員に給与その他の給付をすることを禁ずるものであるから，職員ではなく互助会を相手方としてする本件補給金の支出は，給与条例主義に直接抵触するものではない」という曖昧な判断であるが，「地方公共団体が，互助会に補給金を交付し，互助会がその補給金を原資として実質的に給与や退職手当に該当する給付をするのであれば，給与条例主義を潜脱するものとして，違法になるというべきである。」として，脱法行為論を認めた。

　「互助会は，……給付事業の一環として退会等した会員に対する退会給付を行い，これらの事業の経費に充てるため，会員から一定の会費を徴収するほか，旧美原町を含む大阪府下の市町村等から補給金の支給を受けていたから，退会給付が旧美原町を含む大阪府下の市町村等から支出された補給金を原資の一部としていたことは明らかである。したがって，本件補給金を原資の一部として支給されていた退会給付が，実質的に給与や退職手当に該当すれば，本件補給金の支出は給与条例主義を潜脱するものと評価すべきこととなる」として，退会給付は，実質的に給与や退職手当に該当するとした。正当な判断である。

　さらに，「退会給付は，互助会の会員資格を喪失した者に対し，同時点での給与月額の30分の1に在会年数に応じた指数を乗じて算出した額の金員を支給するものである。……退会給付は，原則として職員の身分を喪失したときに，その時点での給与月額及び職員としての勤続年数……に応じて算出された金員を支給する制度と位置づけられる。これらの事実に，退会給付金の使途を限定する規定が存在しないこと，平成12年度から平成15年度までに退会した旧美原町職員に対して支給された退会給付は，在会年数が概ね14年で100万円を超え，概ね20年で約300万，概ね30年で約500万円にも上っていること……

を併せ考えると，退会給付は，実質的には退職手当に該当するものというべきである。」

しかし，これほどの高額でなければ，実質的に退職手当に該当しないのか。

判決はいう。「もっとも，地方公務員法 42 条は，地方公共団体に厚生制度の実施を義務付けており，退会給付もその一環として位置づける余地もないではない。しかし，同条が厚生制度として，職員の保健，元気回復を例示していることにかんがみれば，同条の規定する厚生制度は，職員の健康管理，蓄積した疲労の回復，気分の転換につながるものが典型と解すべきであり，同条の文言や趣旨に照らし，職員の保健と元気回復に限定されるものではないが，『その他厚生に関する事項』も，適切かつ公正な制度（同法 41 条）として定められる必要がある。しかるに，上記のとおり，退会給付は，退職した職員に使途を定めずに高額の金員を支給するものであり，職員の健康管理，蓄積した疲労の回復，気分の転換につながるものといえない上に，その実質は退職手当の大幅な上乗せにほかならず，給与条例主義に照らしても，適切かつ公正な制度といえないから，退会給付は同法 42 条の予定する厚生制度の範囲を逸脱するものというべきである。

したがって，退会給付は，給与条例主義を潜脱する違法な制度であり，少なくとも本件補給金の支出のうち，退会給付を目的とする部分は違法である。」

吹田市事件判決と比べればこの判決の方がすっきりするが，何という持って回った判断をすることか。現金支給は給与であり，福利厚生事業では，現金支給はできないと判断すれば十分ではないか。大東市事件（大阪地判平成 20・1・17 判例自治 311 号 45 頁）でもほぼ同様の判断がなされている。

4　神戸市共助組合厚遇訴訟
(1)　事案と争点

本件は，神戸市職員共助組合に対して交付された補助金が違法であるとして，神戸市の住民である原告らが，神戸市長に対して，同補助金を法律上の原因なくして利得している同組合に対する不当利得返還請求を行うこと，及び，同補助金を交付した当時の市長個人である某及び前市長某に対する不法行為に基づく損害賠償請求を行うことを求めた住民訴訟の事案である。

神戸地判平成 20 年 4 月 10 日（判例自治 315 号 20 頁）においては，14 回の口

頭弁論を経て，原告は準備書面を15回，証拠を甲31号証まで提出した。判決は，神戸市長（被告）は，某（市長個人）に対し，1,523万8,642円，神戸市職員共助組合に対し，1億2,502万円の支払いを求めるよう請求せよとの判決を下した[10]。

大阪高裁平成20年（行コ）81号では，被告が控訴したところから，原告も附帯控訴し，3回の口頭弁論の末，答弁書，附帯控訴状，準備書面3回，甲42号証まで提出し，平成21年2月20日に判決が下された。控訴人（神戸市長）は，神戸市長個人に対し，4,019万5,000円及びこれに対する平成17年12月26日から支払い済みまで年5分の割合による金員を請求せよ，神戸市職員共助組合に対し，4,019万5,000円の支払いを求めるよう請求せよというものである。

最高裁平成21年（行ツ）第144号，（行ヒ）第166号平成22年6月25日判決・決定で上告棄却・上告不受理，原告勝訴確定である。

論点は多数あったが，ここでは(2)定額（総給与額の4％）補助金はつかみ金か，(3)給与か福祉かの問題に絞る。市長の過失も認められているが，省略する。

(2) **一括定額補助金の違法**

(a) 論　点

本件補助金は，「組合員標準給料総額年額の1,000分の4相当額以上」の事業主負担交付金と，「組合の事務に要する費用の全額」及び「その他市長において必要と認める経費相当額」の運営助成金とから成り立っている。この事業主負担交付金は，本件組合の一般会計に係る事業費のうちの2分の1及びその剰余金の2分の1に当てられている。組合員の掛金は1,000分の4とされている。したがって，事業の財源となる組合員の掛金と事業主負担交付金の割合は1対1，つまりは半分ずつとされている。

裁判所のまとめによれば，住民は，本件補助金が，その使途となる本件組合の事業内容を検討した上で，公益上必要な額について事前に積算し，又は，事後的に精算することなく，一律に半分負担として，定額（総給与額の4％）をいわばつかみ金として交付している定額補助であるから，その交付自体が全て違法である旨主張し，被告は，神戸市は，本件条例に基づき，本件補助金を支

---

[10] 奥宮京子・高橋哲也・判例地方自治317号4～10頁（2009年）がある。

給する義務を負うから，本件組合の事業内容を検討した上で，補助金額を事前に積算し，又は，事後的に精算することがなかったとしても，直ちに違法となることはない旨反論した。

　(b)　一審判決

　この判決は，その意味を理解するのが容易ではないが，下記のようである。

「その事業内容の項目等をみても，神戸市の職員たる組合員の保健，元気回復その他厚生に関する事項（地方公務員法42条）に足る事業といいうるのであって，同条に基づく福利厚生事業が常に地方公共団体そのものによって実施されなければならない必然性はなく，地方公共団体の適切な裁量によって，その事業を職員の互助組織等を通じて行うこととしても直ちに違法とはいえないことからして，本件組合の行う事業内容の詳細は別にしても，その事業内容の項目等からして一見明白に給与条例主義等に反し違法であることが明らかであると認められるような場合ならば格別，本件補助金の交付が本件条例に明確に規定され，その額が市長の全くの自由裁量によることなく本件条例の定める数式等によって算定され得る本件事案においては，その使途となる本件組合の事業内容を予め詳細に検討した上で，公益上必要な額について事前に積算し，又は，事後的に精算することなく本件補助金が交付されていたとしても，そのことのみによって，その交付自体が直ちに全額違法となることはない……。本件条例に，精算に関する明文の規定が置かれていなかったとしても，……本件条例の趣旨に照らした条理上の精算義務があるというべきであって，適切な支出項目も多数ある本件組合に対する本件条例という根拠をもった本件補助金の交付自体が直ちに全額違法となるとまではいえない……。」

　(c)　一審判決批判

　この判決は，原告の主張を理解せず，本件神戸市から神戸市職員共助組合への補助金については，その使途が適法なものもあるから，包括的に違法にするわけにはいかないとして，その使途を分析して個別に判断し違法とされるものを精算せよと判断したものである。

　しかし，本件補助金はそもそも，公金を給与総額の一定割合（4％）で支給するもので，しかも，事業内容を個別に審査して支給するものではなく，又監査をすることもないので，完全につかみ金であり，全面的に違法である。筆者は控訴審で次のような主張をした。

第1節　自治体の組織的腐敗と厚遇裁判によるその是正

　定率・定額補助金を支給することができるのは，地方公務員等共済組合法のような法律がある場合であるが，本件補助金は法律に基づくものではなく，単なる神戸市共済組合条例に基づくものであるから，公益上の必要がなければ支出できないとする地方自治法232条の2に違反しないようにするためには，補助金の内容を吟味しなければならない。この補助金の支給の仕組みでは，なぜ，何に使うのかもわからない，丸投げであるから，およそ，公益性がない。

　この地裁判決の考え方は，補助金が適法かどうかは，共助組合におけるその使い方を裁判所で審理して決めるというものであるが，それでは，補助金について当該地方公共団体の議会でほとんどコントロールすることなくても，裁判所さえ適法と思えば，適法とされることが生ずる。個別の補助金が適法かどうかは，まずは裁判所ではなく，議会で判断すべきであり，議会に補助金の細目を示して審議を求めるようにさせるべきである。この地裁判決の考え方は，議会による予算統制，司法の役割を無視した，結果オーライ的な発想である。

　被告神戸市長の主張も，神戸市の共助組合に対する支出が，使途限定なし，渡し切りで適法であるとの前提に立って初めて成り立つ主張であるが，その前提は成り立たない。

　次に，本件判決は，本件補助金のうち，実質的に給与条例主義に違反し，あるいは公益上の必要性がない使途に費消した部分の支出が当然に遡って違法となるのではなく，事後的な精算義務を負担するとし，その根拠として，条理を持ち出した。すなわち，「本件条例に，精算に関する明文の規定が置かれていなかったとしても，……本件条例の趣旨に照らした条理上の精算義務があるというべきであって，適切な支出項目も多数ある本件組合に対する本件条例という根拠を持った本件補助金の交付自体が直ちに全額違法となるとまではいえない」としている。

　共助組合の職員に対する支出は，本来神戸市の地方公務員法42条に基づく福祉事業であるならば，それは共助組合に委託したものであろうから，委託の範囲を超えて使用すれば違法であるから，精算して返還しなければならない。それは，条理というと，神戸市長から，実体法上の具体的な根拠を示していないと批判されるが，適法な職員福祉事業の範囲内で使用するとの補助制度の内在的な制約違反なり委託契約違反というべきものである。

　なお，神戸市長の控訴理由書は，共助組合がなした独自の給付を給与条例主

義に反する，あるいは元気回復措置として不相当で違法であるとすることは誤りであると主張する。これに従えば，神戸市が自ら職員に対する福祉事業を行えば，給与条例主義に反し，あるいは元気回復措置の枠を超えて違法となるかどうかを論ずることができるが，共助組合に補助した以上は，その議論ができないということで，共助組合は自己の独自の財源ではなく，神戸市から補助を受ければ，全く自由に使えることになる。それは税金を原資とする補助金の公益性に反する，不合理なものであることは一見して明らかである。

一審判決は，「一応の積算がなされている」としているが，これは積算ということが何かを全く知らない判断である。積算というためには，どのような事業を行うのか，それにはいくら費用がかかるのか，個別に検討して，それを積み上げて計算することが必要である。単に事業主負担金が組合員の掛け金と同額であるとか，それが給与の1,000分の4であるとか，調理師の給与相当額，職員相談室運営費補助などの事務費というだけでは，事業に必要な経費の積算ではないのである。調理師の給与についても，給与水準がどの程度で何人必要かを明らかにする必要があり，事務費も同様である。

もっとも，ここで，「一応の」積算といっているから，これでは本格的な精算ではないことをこの判決も自認しているのかもしれないが，それなら，「一応」の積算とは何であるか，それで裁判の基準となるのかが問われなければならない。

さらに，この判決では，「組合の事務に要する費用」及び「市長において必要と認める経費相当額」として神戸市から条例に基づいて交付されている旨説明されているが，積算という以上は，これらの費用，経費がいかなる項目からなっていて，それぞれいくらかかるのかが示されなければならない。現状では，共助組合から，組合の事務にこれだけかかりました，市長が必要と認めましたというだけで，市から公金が交付されるのであって，およそ民主的統制が働いているとは思えず，要するに，公金をみんなで分捕っているにすぎない。まさに，職員自治の神戸市行政である。

この判決は，「一見明白に給与条例主義等に反し違法であることが明らかであると認められるような場合ならば格別，本件補助金の交付が本件条例に明確に規定され，その額が市長の全くの自由裁量によることなく本件条例の定める数式等によって算定され得る本件事案においては，その使途となる本件組合の

第1節　自治体の組織的腐敗と厚遇裁判によるその是正

事業内容を予め詳細に検討した上で、公益上必要な額について事前に積算し、又は、事後的に精算することなく本件補助金が交付されていたとしても、そのことのみによって、その交付自体が直ちに全額違法となることはない」と判断している。しかし、ここでなぜ、一見明白説が出てくるのであろうか。行政行為の無効事由については、重大説、明白説があり、さらに明白説にも外観上一見明白説や調査義務違反説等があるが、それは通常の取消訴訟を経由しなかった者を救済する例外であるので、単なる違法では救済しないために厳しい基準をおくのであろう（筆者はそれは間違いと考えるが、ここでは論じない）。ところが、ここでは、行政処分の無効が問題となっているわけではないので、違法であればそれだけで十分である。この判決は、何か、行政法学の基本を誤解しているのではないか。

そして、本件では、（一見明白に違法であるとは言えないとしても）給与条例主義に違反しているのである。そうでないとしても、前記のように、補助金は法律上公益性を要求されているのである（地方自治法232条の2）。条例は法律よりも下位にあるから、公益性を無視することはできず、単に補助金を交付すること、その割合を定めただけでは、公益性を証明したことにはならないのである。その使途となる本件組合の事業内容を予め詳細に検討した上で、公益上必要な額について事前に積算して初めて、公益性を立証したことになるのである。

どうやら、この判決は、適切な支出項目が多数あるという結論を先取りして、積算という手続を軽視したのである。被告人が真犯人だとの心証を得れば、逮捕手続や証拠の採取に違法があっても、その者を有罪としたがる刑事判決の傾向に近い判断である。しかし、そのように警察官を甘やかすから、違法な逮捕が横行するのである。結果オーライ的・事例判断的発想では、法治国家は死んでしまう。

結果として、適切な支出項目があろうと、適切かどうかは、裁判所が最後に判断するのではなく、きちんとした積算を経て、議会、監査などで判断されるべきものである。したがって、この支出は、いったんは積算していないことを理由に違法とした上で、改めて積算の上、支出すべきかどうかは議会が判断すべきなのである。

(d) 高裁判決

しかし、高裁（判決文32頁）は、この筆者の控訴審での反論に対しほとんど

反論することなく，一審判決通りの判示をしている。すなわち，

「その事業内容の項目等をみても，とりあえずは……組合員の保健，元気回復その他厚生……に関する事項……に足る事業といえるものである。そして，地方公務員法42条に基づく福利厚生事業が常に地方公共団体そのものによって実施されなければならない必然性はなく，地方公共団体の適切な裁量によって，その事業を職員の互助組織等を通じて行うこととしても直ちに違法とはいえないことからして，本件組合の行う事業内容の詳細は別にしても，その事業内容の項目等からして一見明白に給与条例主義等に反し違法であることが明らかであると認められるような場合ならば格別，本件補助金の交付が本件条例に明確に規定され，その額が市長の全くの自由裁量によることなく本件条例の定める数式等によって算定され得る本件事案においては，その使途となる本件組合の事業内容を予め詳細に検討した上で，公益上必要な額について事前に積算し，又は，事後的に精算することなく本件補助金が交付されていたとしても，そのことのみによって，その交付自体が直ちに全額違法となることはないものといわざるを得ない。本件条例に，精算に関する明文の規定が置かれていなかったとしても……，適切な支出項目も多数ある本件組合に対する本件条例という根拠をもった本件補助金の交付自体が直ちに全額違法となるとまではいえない……。」

これは一審判決の丸写しで，筆者の主張に答えたことになるのだろうか。神戸市自身が支出するときは，きちんと積算しなければならないのに，共助組合に支出させるときは給与総額の4％という決め方をするのがなぜ正当化できるのか，「高裁判事のやり放題」にならないようにもっと説明してほしいものである。

(3) **福祉と給与の間**

(a) 一審判決とコメント

裁判所の判断は以下の通りである。

「(2) ア　地方公務員法24条6項，25条1項，地方自治法204条3項，204条の2は，いわゆる給与条例主義を定めている。」

「給与条例主義は……財政民主主義を基礎とする重要な原則であるから，福利厚生事業の計画，実施は，地方公務員法24条6項，25条1項，地方自治法204条3項，204条の2の規定と調和的に行われなければならず，福利厚生事

業の名の下に給与条例主義を潜脱することは許されないものというべきである。そして，実質的に給与条列主義を潜脱するか否かは，当該制度の趣旨・目的のほか，職員の保健，元気回復その他厚生に寄与する度合い，支給物が金銭又はその代替物の給付であるか否か，その額や価値の多寡，これに占める補助金の割合，支給条件等の諸般の事情を総合的に考慮して決せられるべきであり，また，当該制度が形式的には条例をもって制定されている場合であったとしても，その一事をもって直ちに給与条例主義に適合しているものと即断すべきではなく，当該条例において，いわゆるお手盛り防止の観点から，支給条件や支給物，支給額等が明確に定められているか，又は，公益上必要若しくは社会通念に照らして適切な範囲で規則等の下位規範に委任されているものと解され，かつ，現に適切な範囲で運営されている場合以外の場合や，公序良俗に反して高額な給付が規定されている場合，形式的に条例で定められていたとしても，職員に対する給与とは識別できないような名目を付けつつ，その実，給与の上乗せとして支給されるものである場合等には，たとえ条例に基づく制度であったとしても，実質的には給与条例主義を潜脱するものとして，違法となる余地があり得る……。」とする。

　丁寧な判断であり，ようやくまっとうな判断に近いものといえるが，しかし，最後の「違法となる余地がある」というのはやはり行政に大甘の判断である。余地があるのではなく，明白に違法というべきである。

　判決はいう。「ウ　そして，本件事業に係る支出を直接に行っているのが本件組合であり，その財源として組合員からの掛金が含まれているとしても，神戸市が本件補助金（事業主負担交付金）によって本件組合の事業費の財源の半分を賄っている以上は，その事業費の半額は，本件組合を経由した神戸市自体の助成となる上に，……によれば，本件条例自体には，本件組合の行う本件事業に係る具体的な支給物又は支給額は規定されておらず，その詳細は，公益上必要若しくは社会通念に照らして適切な範囲で，市長の承認又は本件規則……にゆだねられているものと推認されることに照らして，上記イのことは，本件の場合にも当てはまり，その結果，本件組合がこれを実質的に給与条例主義に違反し，あるいは，公益上の必要性がない使途に費消した場合には，神戸市は，本件条例に直接の明文規定がなくとも，上記のとおりの本件条例に基づく本件補助金の交付の趣旨に照らして，本件組合に対し，そのような使途での費消相

当額の返還を求めることが条理上当然に許され,かつ,返還を求めるべきこととなるものというべきである。同様に,本件組合に剰余金が生じた場合には,これに後続する近接した年度において適切に費消されない限り,神戸市は,本件組合に対して,然るべき時期に剰余金のうち本件補助金が占める5割相当額の返還を求めることも許されるものというべきである。」

この点は,後記5の高砂市訴訟高裁判決(大阪高裁平成20年(行コ)第189号平成21・8・5)でより明確に判示されることになる。

裁判所は「(3) かかる観点から,本件組合が行う本件事業が上記条例による委任の範囲内で適切に運営されているか否かについて検討する。」として,以下,個別の給付ごとに検討している。

ここでは,外部評価を有識者によるものとして,重要な基準としている。しかし,これはもともと神戸市が神戸市の事業の評価を外部の人材に依頼したものであるから,その人選は神戸市の手に握られている。神戸市は,あまり都合の悪い結論が出ないように,いわば泥棒の仲間(市出入りの御用学者)を中心によく考えて人選している。委員は,当局のご機嫌を損じたら次回は呼ばれないし,最初から,当局の言うとおりに発言する者を十分に配置している茶番劇なのである。しばしば各人の発言もシナリオ化されている。

役人は,大判振る舞いの給付が違法だと非難されているので,外部の委員に都合の良い判定をして貰って,偉い先生方の集まりでこのようにまとまったとして,弾よけないし世間を誤魔化す煙幕に使っているだけなのである。

これは審議会という仕組みに固有の弊害である。役人の腕の1つは審議会を思う方向へと牛耳ることであり,外部の人材(人罪,人在?)なるものはお釈迦様の掌の上に乗っている孫悟空のようなものである。筆者の言葉で言えば,「泥棒に刑法を作らせる」たぐいである。筆者はそれに気付いて,審議会にいくら出ても,役所の組織の病理に阻まれて,天下の公益を実現できない(せいぜい局益なり曲益だけ実現)と悟って,審議会総撤退をしているのである[11]。裁判所は,法解釈だけの視野狭窄症にかかっているのか,行政の腐敗,ごまかしの策略[12]を知らないようである。したがって,外部評価は除外して検討す

---

(11) 阿部『行政法解釈学Ⅰ』(有斐閣,2008年)457頁,同『行政法の進路』(中大出版部,2010年)49頁,378頁。

(12) 阿部「組織の腐敗・組織的違法(特に行政のそれ)をなくす法システム創造の提案」

第1節　自治体の組織的腐敗と厚遇裁判によるその是正

べきである。

　さらに，個別の事業については，「必ずしも職員の保健，元気回復その他厚生に資さないとはいい切れず」といった文章が判で押したように並んでいる。しかし，金を出せば普通は元気回復に資するから，その程度で，公金の支出が許されるのであれば，どんな名目であれ公金を支出できることになるであろう。給与条例主義は空文化する。金銭評価できるものは全て給与であるとの原則から出発すべきである。このように，外部評価に惑わされず，まっとうな前提から出発すれば，各種事業のうち，すれすれのものは，違法となるはずである。

　他都市でも行っているという理由も多数挙げられているが，それは泥棒仲間に聞いたら，他でも泥棒をやっているので，自分も許されると思ったというのに近い。

　個別に見ると，出産祝い金（3万円），入学祝い金（2万5,000円），卒業祝い金（2万5,000円）については，有識者による外部評価においても地方公共団体で次世代育成支援策が求められるようになっており，他都市のほとんどでも実施されているので，民間と比べるとやや金額が高い嫌いはあるが，「やや適格」と判断されていることを理由に給与条例主義を潜脱しないと判断されている。しかし，次世代育成は，神戸市の税金で行う以上は，市民全員にして貰うべきで，市の職員にだけして貰う理由はない。外部評価に惑わされず，まっとうな前提から出発すれば，違法というべきだろう。

　結婚祝い金（7万円，再婚どころか，退職後1カ月以内の結婚も含む），弔慰金（本人70万円，配偶者20万円，それ以外5万円）も前記と同じ理由で「やや適格」だが，適法としている。このうち，弔慰金は，金額が高いので，公金支出の適法性は相当疑問であるが　本件補助金による市の負担割合が50％であることを加味すると「給与条例違反となるのをわずかに免れている」という。しかし，死亡退職すれば退職金が出るのであり，そのほかに35万円もの市費を支出することに公益性があるのだろうか。

　災害見舞金は地方公務員等共済組合法53条13号の給付に代わるものというので適法とされた。そうであればやむなしであろうか。同法の支給対象とならない場合でも，2万円を支給する点は，外部評価では「やや不適格」とされて

自治研究86巻10，11号（2010年）。

いるが，それは裁判所の行う法律適合性が基準となっているものではなく，必ずしも職員の保健，元気回復に資さないとはいえず違法ではないとしている。しかし，金をもらえばたいていの人は元気になるから，逆に，元気回復させる給付が適法とはいえない。

特別見舞金は，休職又は育児休業に際し期末・勤勉手当が支給されない場合に補うもので，1件あたり7万円強である。外部評価では，他都市でもあり，子育て支援の必要から「やや適格」とされている。生活支援及び次世代育成支援という趣旨に照らせば，必ずしも職員の保健，元気回復等に資さないとはいい切れないので，「かろうじて」違法ではないという。

しかし，休職や育児休業の際に支給される給与は法令で決まっているもので，それに追加するのは明らかに給与条例主義違反の上乗せではないか。外部評価や他都市でもやっていることを正当化根拠とするのは大甘である。冒頭に判示された「福利厚生事業の名の下に給与条例主義を潜脱することは許されない」こと，したがって元気回復に資すれば適法ということにはなっていないことが忘れられている。

特症見舞金は，一定の病にかかって退職した組合員の生活保障のため最高給与の3ヶ月分を支給するものである。外部評価では，他都市では実施されておらず，退職金とも重複するので，「やや不適格」であるとされているが，災害見舞金と同じような理由で，違法ではないとされている。しかし，これも，退職金の上乗せである。どうしても支給したかったら，退職金条例に追加すべきである。

生活経費の補助であれば，給与で対応すべきことで，地公法42条の福利厚生事業の範囲外であるから，これは明らかに「給与条例主義を潜脱し，あるいは，公益上必要がないにもかかわらず行われていること」になるのではないか。

永年組合員祝い金は組合員期間20年以上で50歳に到達した組合員に5万円を支給するもので，出費の填補目的すらないので，実質は給与とされた。

妥当である。これは定年を10年後に控えて，退職後の生活を豊かにするためというが，定年の10年も前に定年のことを考えているようではまともに公務に励むことはなくなってしまう。職員には「生きがい」はあるかもしれないが，市の業務の向上に寄与するわけはないだろう。要するに，この事業はおよそ公益性がないが，公金を職員に支給するために名目を付けたというものにす

第1節　自治体の組織的腐敗と厚遇裁判によるその是正

ぎない。

　直営保養所，夏季借り上げ保養施設事業，臨時施設事業，ホームヘルプ事業，自己啓発助成，旅行助成，施設利用助成，宿泊助成，日帰り助成，会員制スポーツクラブ，スポーツ観戦助成，ゴルフ法人会員権などについては，全て外部評価で不適格とされても，職員の保健，元気回復などに資するので，給与条例主義違反ではないとする。ある程度は福利厚生事業で説明できるだろうが，旅行助成，自己啓発助成，スポーツ観戦助成，ゴルフ法人会員権などは，給与から支出すべきもので，厚遇しすぎではないかと思う。

　さらに，前記の神戸市旅行券裁判で違法とされた旅行券の支給は，共助組合を通じて慰安会事業として行っても違法であると判断されたが，当然のことである。もともと，慰安会事業にかかる給付は平成16年度分までは神戸市が直接行っていたものであるが，それが給与条例主義に違反するとの判決が出たので，互助会を通じて行えば合法との認識で行ったというのであるから，ひどいものである。前記の八幡市以上ではないか。

(b)　高裁判決とコメント

　福祉と給与条例主義の関係に関する一般論は，一審の一般論（前記(3)の冒頭）をほぼ踏襲している。

　出産祝い金，入学祝い金，卒業祝い金，結婚祝い金，弔慰金，災害見舞金，特別見舞金，特症見舞金は全て適法とされた。理由も原審とほぼ同様である。筆者の批判は無視されている。

　永年組合員祝い金は原審では違法とされたが，高裁（判決文40頁）では，「20年という長期間の組合員期間を経過し定年による退職前10年に当る50歳に達した組合員を対象に，一律5万円（本件補助金による負担部分は2万5,000円）を支給することは，組合員の勤務継続意欲を高揚し，組合員に退職後の生きがいとなる生活設計を自覚させる一定の効果があると考えられる上，他の勤続給付金制度が容認されないことや公金支出の程度……及び……外部評価の基準と法律適合性との乖離の程度を考慮すれば，永年組合員祝金の支給は，必ずしも元気回復措置に資さないとはいい切れず，本件外部評価を勘案したとしても，これが給与条例主義を潜脱し，あるいは公益上必要がないにもかかわらず行われているとまでいうことはできない。」と逆の判断をしている。しかし，金を支給すれば，勤務継続意欲を高揚し，退職後の生活設計を自覚させると仮

定しても（それさえ実証的ではない），なぜ，給与の上乗せと同じものが福祉で正当化されるのか，全く理解できない。

直営保養所，夏季借り上げ保養施設事業，臨時施設事業，ホームヘルプ事業，自己啓発助成，旅行助成，施設利用助成，宿泊助成，日帰り助成，会員制スポーツクラブ，スポーツ観戦助成，ゴルフ法人会員権などを適法とする点，旅行券の支給を違法とする点については，原審通りである。

5　高砂市互助会退職生業資金訴訟
(1)　事案の概要

高砂市互助会は 1992 ～ 2001 年度（平成 4 ～ 13 年度），会員の掛け金と市負担金で 524 人に「退職生業資金」計 6 億 4,000 万円（1 人平均 122 万円）を支給した。

2002（平成 14）年度からは，掛け金だけで運用する「脱退給付金」（上限 30 万円）に変更したが，不公平感の緩和を理由に，当時の積立金の大半に当たる 5 億 6,000 万円を「リフレッシュ助成金」として全会員 1,373 人に分配した。

一，二審判決は，これは「福利厚生事業に名を借りた退職金の上乗せ支給で，目的外支出に当たるから市に返還すべき義務がある」と判断し，約 6 億 7,000 万円を市に返還させることを互助会に求めるよう高砂市長（被告，控訴人）に命じた。

(2)　一審判決

この神戸地裁平成 17 年 (行ウ) 第 36 号平成 20 年 11 月 18 日判決（判決文 12 頁以下）は，退職生業貸金について次のように述べる。

「高砂市は，本件互助会を通じて職員の福利厚生事業を行うこととし，本件互助会は，高砂市の負担金及び会員の掛金により，地公法 42 条に基づき高砂市が行うべき福利厚生事業の一部を代行するとともに，会員の相互扶助的な共済事業を行っているものと認められる。しかしながら，地方公共団体が，互助組織等を通じて福利厚生事業を行う場合であっても，自ら実施する場合と同様，地方公務員法や地方自治法等の関係法令に反する事業を行うことが許されないことは言うまでもないから，福利厚生事業に名を借りて，実質的には，議会による条例制定を通じて職員の給与等の決定に民主的コントロールを及ぼし，いわゆるお手盛りを防止しようとした給与条例主義（地公法 24 条 6 項，25 条 1 項，

地方自治法204条3項，204条の2）を潜脱する内容の事業を実施することは許されない。したがって，本件条例に基づき高砂市が支出する負担金は，飽くまで地公法42条所定の福利厚生事業の実施のために使用されるべきものであり，同互助会が任意に処分できる筋合いのものではない。なお，被告は，高砂市が交付する負担金は，前記福利厚生事業費用の原資であるのみならず，他の公益目的のための補助金としての性格をも有すると主張するかのようであるが，地方自治法232条の2にいう『公益上必要がある場合』に該当することにつき何ら具体的な主張立証はないから，本件において，負担金の一部が適法な補助金としての性格をも有するものとは認められない。高砂市が交付する負担金の前記趣旨・目的からすると，本件互助会は，毎年度末に，当該年度に高砂市から受領した負担金の額から地公法42条所定の福利厚生事業の実施のため使用した額を控除して残額がある場合は，条理上，これを同市に返還すべき義務を負うと解すべきである。したがって，現に余剰があれば……許容される留保金以外は返還すべきであり，また，前記法定の福利厚生事業に該当しない目的に対する支出（以下，このような支出を「目的外支出」という。）相当額も，前記法定の福利厚生事業の実施のために使用されたものではない以上，同額が未使用のまま残った場合と同視すべきであるから，現実の余剰金と同様，本件互助会はその返還義務を負うと解すべきである。」

そして，「以上をふまえ，本件互助会が行っていた退職生業資金事業が給与条例主義を潜脱するものであるか否かを検討する。」

「退職生業資金制度は，……会員が資格を喪失したときに，……給料月額の30分の1の額に，……会員……期間に応じて定まる日数を乗じて得た額と定められており，勤務年数に応じて金額が決定されることとなっているところ，かかる金額の決定方法は退職金と類似するものであり，しかも，……多数の者が極めて高額の退職生業資金を受給しているといえる。また，退職生業資金の平均金額……も，平成4年度は94万……円，……平成13年度は173万……円となっていることが認められ，かかる金額は，退職に伴う儀礼的な給付として社会通念上是認されるものとも到底いうことができない。さらに，平成4年度ないし平成13年度における各年度の本件互助会の負担金収入額……を当該年度の全収入額で除すと，平成4年度ないし平成10年度は約0.48ないし0.50，平成11年度ないし平成13年度は約0.58となり，前記各期間における本件互

助会が支給した退職生業資金の原資に占める高砂市の負担金の割合もこれと同一と考えるべきで，退職生業資金に占める高砂市の負担金の割合は5割前後又は6割弱となり，退職生業資金の原資に占める前記負担金の額も少額であるとは到底いえない。

　そうすると，退職生業資金の内容，金額，支給条件等を総合的に考慮すれば，退職生業資金のうち高砂市の負担金を原資とする部分は，実質的には退職金の上乗せ支給にほかならず，本件互助会による退職生業資金の支給は，高砂市の負担金を原資とする限度において給与条例主義を潜脱するもので前記負担金の目的外支給に当たるというべきである。」

　この判決は一般論は妥当であるが，具体的な当てはめにおいて，退職生業資金の額が大きいことと，原資に占める高砂市の負担割合が高いことを根拠として「職に伴う儀礼的な給付として社会通念上是認されるものとも到底いうことができない」，「実質的には退職金の上乗せ支給にほかならず」としているが，それは，いささか行政側に甘いのではないか。前述Ⅱで述べた神戸市の旅行券裁判で，勤続15年の3万円でも違法とされているのであるから，退職生業資金に占める市の負担割合を問わず，条例で定められた退職金以外に，退職に際して，自由に使える金銭を支給してはならないというべきではなかったか。もっとも，裁判所は，そのように考えても，上級審で逆転することもあるから，少なくともこのように高額なら違法になることは間違いないという趣旨で述べたのであって，逆は必ずしも真ならずで，このような高額でなければ違法ではないとまでは述べていないと読むべきであろう。

　なお，裁判所（判決文16頁）は，「高砂市議会において総務部次長が退職生業資金を雇用保険と同種のものである旨答弁したことが認められ」るが，「地方公共団体が直接又は互助組織等を介し，福利厚生事業の名目で雇用保険における求職者給付及び就職促進給付等に相当する給付を行うことは，給与条例主義に違反し許されない。」とした。雇用保険と同種であるにしても，法律，条例がなければ実施できない。役所の現場では法制度を無視した身内優先の解釈が行われていることに今更ながら暗澹とする。

　さらに，本件互助会は高砂市の負担金を原資として将来の退職生業資金に充てるため積み立ててきた本件積立金の一部をリフレッシュ助成金名目で本件互助会会員に還付した。それは「実質的には，退職生業資金制度が廃止されるこ

とにより，将来支給することができなくなった退職生業資金の前払いであ」り，「給与条例主義を潜脱する措置であり」（判決文18頁）とされた。公金は自分のものと錯覚しているようなごまかしの指摘である。

(3) 高裁判決

大阪高裁平成20年(行コ)第189号平成21年8月5日判決（判決文11頁）は，市長の控訴を受けて，退職生業資金給付が給与条例主義を潜脱することについて次のように明解な判断を示した。

「退職生業資金は，本件互助会が，会員が資格を喪失した際に……支給してきたものである。本件互助会は，高砂市職員の互助会に関する条例に基づいて，高砂市職員である会員の福利増進を図る目的で設置され，高砂市の職員全員が会員となり，本件負担金及び会員の掛金により運営されてきたもので，その事業は，地公法42条に基づき高砂市が行うべき福利厚生事業の一部及び会員の相互扶助的な共済事業である。

ところで，地方自治法204条の2は，普通地方公共団体は，いかなる給与その他の給付も法律又はこれに基づく条例に基づかずには，これを職員に支給することができない旨規定して，いわゆる給与条例主義を定めていることに照らせば，本件互助会がその給付金を原資として職員に対し，実質的に給与や退職手当に該当する給付をすることは，給与条例主義を潜脱するものであり，高砂市から委託を受けた福利厚生事業ということはできないし，本件負担金の交付の目的を逸脱したものである。」

控訴審では，本件互助会の清算金返還義務の根拠が争われた。

住民（被控訴人ら）は，本件互助会は，本件負担金から給付された本件退職生業資金部分について，不当利得として返還すべき義務があると主張したが，裁判所はこの理論構成に同意しなかった。すなわち，「確かに，本件負担金による本件退職生業資金の給付は，目的外使用であり，本来使用できない資金をもって本件互助会がその事業を行ったことは，本件互助会に不当な受益があるということはできるが，被控訴人らは，本件負担金の支出そのものの違法・無効を主張するものではないし本件互助会への本件負担金の拠出それ自体は，もともと違法な支出目的のために拠出されたものではなく，予算措置と財務会計上の手続を経た上で交付されたものであり，この点に法律上の原因を欠くということはできず，本件互助会に不当利得による返還義務があるということは

第3章　住民訴訟の実践

できない。」

　そこで，次に，本件互助会に，条理上の清算金返還義務があるかどうかという論点が登場した。控訴人（市長）は高砂市と本件互助会の関係は，本件条例に基づくもので，民法上の委託契約に基づくものではなく，本件負担金は費用の前払ではないと主張した。

　これについて，裁判所は，「高砂市と本件互助会との間に委任契約があったとまでは認めることができないが，高砂市は，普通地方公共団体として，地公法42条により，職員の福利厚生を行う義務があったところ，条例によって，高砂市職員の福利厚生事業を行う目的で本件互助会を設立したもので，その設立後，高砂市は本件互助会に高砂市が行うべき福利厚生事業を行わせてきたものである。そうすると，高砂市が行うべき福利厚生事業を本件互助会が行うという関係においては，委任又は準委任契約関係に類した関係があった……。そうすると，本件互助会は，高砂市に対し，その事業遂行のために拠出を受けた本件負担金について，余剰金があれば返還義務があり（民法646条1項参照），負担の趣旨に反する使途に充てた部分があれば，この部分については受任者の計算に帰することはできないから，結局，余剰金があったのと同視でき，返還すべき義務があるというべきである。」（判決文13頁）とした。

　余りがあれば返すのは当然だが，その法的根拠については簡単ではなく，不当利得ではない，委任契約に基づく剰余金返還義務だという，面倒な議論をしたのである。しかし，支出そのものに法律上の根拠があっても，支出の趣旨に照らして余剰があれば，それは事後的に不当利得となったものではないか，という気もするが。

　さらに，高砂市長は「公権力の行使には法律上の根拠を要するとして，本件互助会への本件負担金に関して高砂市への清算義務を定める条例の根拠規定がないのに，本件互助会がその返還義務を負うとするのは成文法主義及び法律による行政の原理に反すると主張」した。

　これに対して，裁判所は，「本件互助会の清算金の返還義務は，行政上の義務ではなく，民法上の義務である。したがって，高砂市がその義務の履行を求めることに問題はない。」（判決文14頁）と一蹴した。この高砂市の主張は法治行政がなんたるかを知らないものである。

　明解な判断である。前記吹田市事件判決と比べて格段に進化したというべき

第1節　自治体の組織的腐敗と厚遇裁判によるその是正

である。

この最高裁平成21年(行ツ)第321号，平成21年(行ヒ)第417号平成22年9月14日第三小法廷決定は高砂市側の上告を棄却し，上告受理申立てを不受理とした。

6　兵庫県互助会厚遇助成訴訟
(1)　事　　案

この事件をまとめた新聞記事によれば次のようである。

一審，二審とも死亡弔慰金（県職員互助会では100万円）や成人祝い金（同図書カード3万円分）などに充てられた補助金について，「社会通念を逸脱している」などとして違法性を認定した。

一審の神戸地裁平成18年(行ウ)第75号平成20年3月4日判決は知事個人ら3人に対し，計約3億4,000万円を各互助組織に返還させるよう命じていたが，2009年6月の大阪高裁判決では，出産見舞金（1人分3万円）などについては「厚生事業の範囲内」とした上で，返還額を2004～06年度の支出分約2億4,400万円に減額していた。

兵庫県知事らが2004～06年度に県職員互助会や県学校厚生会，県警互助会に支出した補助金を違法とした高裁判決が確定したことを受け，知事らは，違法と認定された約2億4,400万円の返還を3団体に求めることを決めた。3団体も支払う方針である。

返還額の内訳は県職員互助会が約6,800万円，県学校厚生会が約1億6,300万円，県警互助会が1,300万円である（神戸新聞2011年5月9日電子版）。

(2)　互助会への支出・互助会の支出の違法性

神戸地裁判決は次の高裁判決と一般理論においては同じであり，個別の支出の適法性の判断について多少の違いがあったにとどまるので，ここでは，高裁判決を紹介する。

大阪高裁平成20年(行コ)第68号平成21年6月30日判決の要点（判決文90頁）を引用する。「地方公共団体が厚生制度の実施の名の下に実質的に給与その他の給付をしたり，互助会等に対して補助金を支給し，これに基づいて互助会等から職員に支給された給付が実質的に地方公共団体による給与その他の給付であると解されるときは，その名目や支給方法のいかんを問わず，給与条例

主義（地自法204条の2）に反するものと解され，当該制度又は措置実行のための公金支出は違法になるというべきである。」

「また，地方公共団体が，職員に対し，慰労及び功労に対する報償の趣旨や冠婚葬祭等儀礼の趣旨で金品を授与することが，社会通念上是認できる範囲においては，地公法42条の予定する厚生制度に含まれる場合があると解され，互助会等が地方公共団体から交付された補助金を使用して会員である職員に対して金品の支給をする場合においても，社会通念上是認できる範囲のものであれば地公法42条のいう厚生制度に含まれるが，それを超えるものについては，同事業に補助金を支出すること自体が地方公共団体の長の裁量権の逸脱又は濫用として違法となると解すべきである。

これに対し，控訴人（県知事）らは，各互助会の実施する事業は，本来，各互助会の裁量により，所属する構成員（職員）の人数や構成，地域の実情，財政状況等を踏まえ，決定・実施されるものであって，その当時の社会通念上，これらの事業の有無及び内容が明らかにその必要性，合理性を欠いているなど，その判断が社会通念上著しく妥当性を欠くことが明らかであると認められない限り，適法であるというべきである旨主張する。しかし，地公法42条に基づく地方公共団体の長による厚生事業の実施に当たって，その長に一定の裁量権があるとしても，それは，給与条例主義と調和する範囲で行わなければならないのであって，財政民主主義を基礎とする給与条例主義の重要性に照らし，控訴人らの上記主張は，以上と異なる限度で採用することができない。」

これは，裁量を極度に広くとらえる知事側の主張を，法律のルールの枠を理由に排斥したものとして妥当である。

その具体的な判断を見ると，結婚祝い金は8万円（県費が35ないし40％）は，社会通念上是認される範囲か，いささか疑問なしとしないが，違法とまで断ずることはできないという。出産見舞金は3万円で，違法でないが，夫婦がともに職員の場合に倍にするのは違法である。死亡弔慰金は，本人の場合100万円で，県の負担が48％であるのは社会通念上儀礼的な弔慰金の範囲を逸脱している。配偶者死亡の際に30万円支給するのも同じである。警察互助会では本人死亡のとき平均77万円を支給しているが，違法である。他方，配偶者死亡10万円，その他の家族死亡3万円は違法ではない。子どもの成人祝い品の支給は民間企業及び他の地方公共団体でもほとんど行われていないから，その額

第1節　自治体の組織的腐敗と厚遇裁判によるその是正

如何を問わず違法である。退会餞別金は，県の補助金とは切り離して経理されているから，適法であるとされた。銀婚記念品，勤続30年の祝い金は7万円で，疑問もあるが，適法であるとされた。

長期勤続休暇取得支援給付金10万円も適法，休職療養補助金はノーワークノーペイの原則違反，遺児など奨学資金の支給は，遺児が18歳になるまでとして合計144万円になるので，儀礼の範囲を超えて退職金の上乗せとして違法である。

かなり大判振る舞いの厚遇も適法になっている。これは本来，民間との比較よりも国家公務員との比較によるべきであろう。そうすれば，その多くは違法になる。

(3)　県知事の過失

一審判決は過失を肯定した（判決文81～82頁）。

職員互助会に対する支出負担行為及び支出命令については，補助職員の課長が専決処理したので，知事は，補助職員が財務会計上の違法行為をすることを阻止すべき指揮監督上の義務に反し，故意又は過失により当該補助職員が財務会計上の違法行為をすることを阻止しなかったときに限り，普通地方公共団体が被った損害について賠償責任を負うものと解される，とする。これは判例（最判平成3・12・20民集45巻9号1455頁）通りである。

しかし，一審判決は，「そもそも職員の勤務条件に関する重要な原則である給与条例主義に忠実であろうとすれば，自ずから……職員互助会による……違法公金支出事業に補助金を充てることの違法性を認識し，職員互助会に対する補助金の交付に疑念を抱くことができるはずである」，とした。特に，知事はこの事業を理解していたといえる上，各互助会においては近年事業の内容を見直し，廃止した事業もあるから，行い続けている事業のうち違法となる事業を認識し得たことが明らかである。したがって，この点において，知事は，兵庫県に対し，過失による不法行為責任を負うと解された。

しかし，高裁では（判決文119～120頁），平成17年度及び18年度に職員互助会に対して補助金を支出した当時の裁判例や学説，兵庫県監査委員による職員互助会に対する定期監査の結果において，職員互助会の実施する事業（出産見舞金，死亡弔慰金，成人祝品，休職療養補助金，遺児等奨学資金）やそれに類似する事業に対する補助金の支出を違法であるとか，違法の疑いがあると指摘す

るものは見当たらないこと，②当時，職員互助会の実施する上記事業は，民間企業における法定外福利厚生事業や他の都道府県の互助会の実施する事業と類似のものであったこと，③職員互助会への補助金支出は，職員共済制度条例に基づき，兵庫県議会における予算案の審議，議決という手続を経て行われたものであることが認められ，地方公共団体の長が，地公法42条に基づき具体的にどのような厚生制度を設けるかについては一定の裁量が認められることを考慮すると，当時知事が補助金支出の違法性を具体的に認識し得たとは認められない，とした。

たしかに，一審判決は簡単で，十分理由が付いていないが，高裁判決も適切とは思えない。兵庫県という大組織では，法制担当もしっかりしているので，給与条例主義違反とならないかどうかを調査せよと一言言えば，違法であることを認識できたはずである。直接に論じた学説判例がなくても，自分で理論的に考えることはそんなに難しいことではなく，給与以外に上記のような高額の公費を職員に渡すことは，直接であれ互助会を通じてであれ，あれこれ名目を付けてであれ，違法であることは地方自治法と地方公務員法の解釈上当然のことで，旧自治省出身の知事が気がつかなかったのはおかしいと思う。監査委員が指摘しないのは，監査委員は，議会の同意を得て知事が任命するのだから，知事に不利な判断をするわけがない（泥棒仲間が門番をしている制度）ので，しっかり監査するはずだという建前論を根拠とするのが間違いである。②の民間にもあるとの指摘は，給与条例主義が妥当する地方公共団体と，儲ければどう使おうと勝手という民間との違いを認識していないもので，およそ根拠にはならない。その程度の認識なら，法治国家における県知事として失格ではないのか。違法な議決については再議に付さなければならない（地方自治法176条）知事の職責から見て，議会で問題にされなかったことは，知事を免責する根拠にはならない。

知事がまじめに職務を遂行すれば避けられた事態であるから，これまでの慣行の中に浸かってしまって，改革の努力を怠る怠け者の知事を擁護する判決と評価する。

この判決は，最高裁平成21年(行ヒ)第380号，平成23年4月15日第二小法廷決定で，上告受理申立て不受理により，確定した。

このように，互助会を通じて退職金を支給することが，地公法42条で正当

化されるわけはないことは，最初の頃は曖昧であったが，高砂市互助会事件，兵庫県互助会事件で，明確に確定したものである。しかし，過失の判断は依然行政に甘いと感ずる。

V 今後の課題

1 このほかの事例

まず，本稿で紹介しなかった最近の例を若干挙げる。

互助会への退職金支給目的の補助金を違法とした判例として，大阪地判平成19年7月12日（判例自治310号60頁，太子町事件），大阪地判平成19年11月22日（判例自治305号86頁。堺市），大阪市互助組合ヤミ退職金，年金保険料補助金返還訴訟の和解（互助会が市に36億円返還で和解，日本経済新聞2011年9月30日39面）などがある。

いわゆる「ながら条例」すなわち組合活動を理由とする職務専念義務免除は，法に定められた場合以外は違法とする判例（大阪地判平成22・10・16判例自治344号49頁），前記最判平成22年9月10日に倣って，臨時職員に対する期末手当支給は違法であるが，過失はないとの判例（津地判平成23・2・24判例自治348号42頁）がある。厚遇裁判以外にも，住民訴訟で違法とされている事例は無数ある（判例地方自治誌に多数掲載されている）。

2 行政の正常化効果

地方公共団体の互助会事業の動向を見ると，平成2010年度予算で，公費支出総額は，2004年度と比較して，83.5％もの大幅減となっている。公費全廃は520団体となっている。702億円が削減された。実質率の高い個人補助は人間ドックということである[13]。

したがって，厚遇事業は激減しているはずである。

3 なお残る違法厚遇行政

そうすると，私も社会に貢献はしたが，せっかく勉強し，実践して，実力（？）をつけた住民訴訟の能力も無用の長物になったので残念かと思ったら，

---

(13) 旬刊福利厚生2072号（2011年2月18日号）5頁以下（労務研究所）。

第3章　住民訴訟の実践

今も共済会に大金を補助して，闇退職金を支給している自治体がある。住民から相談を受けて，住民訴訟を提起したところである（第3章第2節）。さらには，市庁舎を組合に無料で貸していることは違法である。鹿児島県前阿久根市長が組合に明渡しを求めたことがある。大阪市では民間家賃換算年間2,000万円になる市庁舎の部屋を無料で貸している。橋下新市長はこれを是正させる意向であるが，多くの自治体で同じことがなされているようである。外郭団体への職員派遣を，自治体の業務に従事させないのに公費負担にしていることについても，筆者が代理した外郭団体訴訟でかなり是正されたが，最高裁が外部団体への人件費補助を違法とした代わりに，直接派遣を適法とする公益的法人派遣法違反の判断とした（第5章第6節）ので，なお残ってしまった。

4　首長などへのお願い

　この違法行為に荷担して賠償を命じられる首長は，選挙の票ほしさにやったのであろうから，自業自得であろうが，その部下で，専決権を行使したとか支出命令を担当した予算執行職員，公営企業管理者として違法な支出を決済した者などは，皆本当は首長のためにやらざるを得なかったのに，賠償責任を負わされる。かわいそうとも言えるが，軍隊ではないので，「殿，お改めください」と諫めるべきところ，怠ったのであるから，やむなしである[14]。

　やはり，住民の公金を私物化してはならないという大原則に戻って，組合とか票の方ではなく，住民の方を向いて，表で堂々と議論する，本当の民主国家への転換を急ぐべきである。顧問弁護士も，法規課の職員も，違法行為を隠蔽する者ではなく，違法行為をするなと点検する者を雇うべきである。

　さらに，違法ではないが，民間よりもはるかに優遇されている現業公務員の給与体系を民間並みに変えるべきである。大阪の橋下徹市長は就任早々2011年12月にこの指示をした。それどころか，橋下市長は，公務員は身分保障がある分，民間よりも給与を下げるべきだ，実績がない職員は辞めさせる，職員

---

(14)　ポンポン山ゴルフ場予定地買収疑惑を追及する市民の会『市長，お覚悟召されい！』（かもがわ出版，2006年）という書物がある。京都市ポンポン山事件（一審段階では阿部「山林高額買い取り住民訴訟事件──ぽんぽん山訴訟事件（京都市）」判例自治235号26-28頁＝本書第6章Ⅴ）の高裁（大阪高判平成15・2・6判例自治247号39頁）で京都市長に26億円もの賠償が命じられ，市長が逝去後遺族が8,000万円を払って解決した事件を題材としている。

第1節　自治体の組織的腐敗と厚遇裁判によるその是正

組合が前記のように年間2,000万円の家賃を免除されて市庁舎の中に入居して，政治活動（橋下の都構想反対，職員基本条例反対）をしているのは間違いだ，「対組合適正化条例」が必要だと指摘している（2012年1月7日朝読売テレビ生出演）。もっともである。厚遇裁判を経て，職員厚遇をなくした[15]はずの大阪市でも，組合が依然として優遇されていたのである。この橋下市長の方針を全国に波及させてほしい。

　しかも，橋下市長は，市長選挙の行方を組合が左右するのは，会社の社長の選挙が組合で決まるようなものという趣旨で，批判している。組合に支配されている自治体は改革できないということで，本稿冒頭と同様の趣旨である。ただ，せいぜい論文を書き，裁判で実現する筆者と違い，橋下市長は，政治力が抜群である。

5　裁判所へのお願い

　しかし，反面，裁判所は行政に本当に甘い。裁量だ，過失なしとの判断が少なくなく，原告住民の請求が認容されるのは救いようがないケースに限られていることは本稿でも何度も指摘した。これについて，元訟務検事で，弁護士に転身した細川俊彦[16]が，裁判官は官僚なので，つい官僚的な考え方をしがちであるということを指摘している。

　その上，裁判所自身も厚遇行政をしていることに気がついた[17]。これではどうにもならない。

　今後は住民訴訟制度を合理的な運用ができるように改正すべきであるとともに[18]，裁判所には，身を正すほか，行政の専門性や裁量性などという，亡霊

---

[15]　大阪市互助連合給付金等調査委員会報告書（2005年8月26日）（http://www.city.osaka.lg.jp/shiseikaikakushitsu/cmsfiles/contents/0000013/13156/h01_02.pdf）において大阪市の退職厚遇制度の問題が適切に指摘されている。そして，市労連に加盟せず，唯一ホームページを開いている全労連・自治労連「大阪市役所労働組合」（略称大阪市労組）は，「大阪市のいわゆる『厚遇な職員福利厚生』に対する市労組の反省と決意」（2005年1月12日）（http://homepage1.nifty.com/osaka-shiro-so/osakashi_mondai/kogumondai-kenkai.htm）を述べている。それにもかかわらず，多数派の市労連と市長は，猿でもできるそうな反省を十分にしていなかったのである。

[16]　細川俊彦「司法の組織構造から見た行政訴訟改革の論点」月刊司法改革19号（2001年）18頁以下参照。

[17]　阿部・前掲『行政法の進路』392～393頁。

にごまかされずに，市民の目線で，首長以下合理的な判断をしているのかをきちんと吟味していただきたいと思う。

---

(18) 阿部「住民監査請求・住民訴訟制度改正の提案」自治研究 87 巻 5 号 3 頁以下 ＝ 本書第 1 章第 2 節，「住民訴訟，住民監査請求の改革（特集 行政事件訴訟法改正の第 2 ステージへ）」自由と正義 60 巻 8 号 16 頁以下（2009 年）＝ 本書第 1 章第 1 節。

第2節　鳴門市における住民訴訟

I　6カ月勤務しない臨時従事員に共済会を通じて支出したトンネル退職金，給与条例主義を無視

1　鳴門市は，鳴門競艇（モーターボートレース）の臨時従事員にトンネル共済会を通じて離職餞別金を払っていた。臨時従事員は，登録はしているが競艇のあるときだけ日々雇用されるので，長年登録して，定年扱いで登録を取り消しても，退職手当になじまず，条例上退職手当の制度もない。したがって，退職手当は支給できない。鳴門市は，そこで共済会を設立して，それに離職餞別金補助金を支給して，それを迂回して，登録を取り消した臨時従事員に離職餞別金を払ってきた。

2　これは退職金の一種であるから，給与である。一般の公務員の給与なら，給与条例主義（地方自治法204条の2，204条3項，地方公務員法25条1項）により，全てを条例で定めるのが原則である（最判平成7・4・17。第6章Ⅲ熊本市昼窓手当訴訟参照）が，競艇のような地方公営企業の場合，細目は当事者の自主性に任せるという特例があるが，給与の種類と基準は条例で定める必要がある（地方公営企業法38条4項）。

これについて，徳島地裁平成25年1月28日判決（斎木稔久裁判長）は，臨時従事員には「実質的」に退職金を払うべきであるからとして，この扱いを適法であるとした。

3　しかし，公務員関係で退職金を払うべきかどうかは裁判所が「実質的に」といって決めることではなく，議会が条例の形式で決めることである。鳴門競艇は大赤字であるから，議会が判断すれば大幅減額又は払わないという判断もありうることである。行政部局が退職金支給目的で，補助金規程に基づいて補助したことを裁判所が正当化することは，給与条例主義に明白に違反する。

これは法治行政の意味を理解せず，民事的な発想で，実質判断したものであろうから，裁判官は内科の学力で，耳鼻科や眼科，脳外科を見ていることになる。誰もそんな医師にはかからない。しかし，司法は，権力を独占し，我々は裁判官を選べない。それでも，理不尽な行政に耐えきれず，正義を求めるなら，

175

裁判官に頼るしかない。内科を一応学んでいれば、耳鼻科であろうと、脳外科であろうと、少しはわかると当てにして。しかし、その期待は往々にして裏切られている。

筆者は類似の事件を同じ斎木裁判長の処に提起していたので、忌避申立てをしたら、かえって、斎木裁判長は京都地裁裁判長に出世して、小職の事件を離れた。

4 高松高裁（金馬健二裁判長、平成25年8月29日）も原告の控訴を棄却した。理由はほぼ地裁通りである。臨時従事員に払った離職餞別金は退職金として相当であるから、これを補助金として払うことには地方自治法232条の2に定める公益性があるも付け加えた。しかし、退職金としていくら払うかは議会が条例の形式で決めることで、裁判所が相当だと勝手に判断することは許されない。そして、給与条例主義に反する違法な支出を目的とする補助金に公益性はない。驚くべき判決である。

5 年度だけ新しい同種の事件の係争中、「この条例の施行の際企業局長が定めた規程に基づき臨時従事員に支給された給与はこの条例に基づいて支給されたものとみなす」との新条例が制定された。徳島地裁平成26年1月31日判決（黒田豊裁判長）は、今度は、新給与条例で臨時従事員に退職金を支給すると規定したから、先の支給は遡及して適法になったと判断した。

しかし、地方公営企業法38条4項では、給与の種類と基準を条例で定めなければならないとしているのに、この新条例は単に退職金を支給するとしているが、1年以上在籍した者という以上に、退職金の算定基準を何ら定めていない。給与の基準という以上は、確定的には決めなくても、何年勤めたら、いくらからいくらの範囲で支給すると定めなければならない（その範囲内では、その細目を労使交渉に委ねることができる）。

この新条例の仕組みは白紙委任であるから、明白に違法である。このことは最高裁の先例（平成7年4月17日熊本市昼窓手当事件）からも明らかであるし、同じ鳴門市の企業職員の給与条例において手当が確定額で規定されていることからも同様のことがいえる。

また、そもそも、臨時従事員に支給したのは共済会であって、鳴門市ではないし、鳴門市は共済会に補助金を支給していたにすぎないので、「この条例の施行の際企業局長が定めた規程に基づき臨時従事員に支給された給与」なるも

のは存在しないから，事後に条例で退職金を支給すると規定しても，離職饯別金の支給を正当化できるはずはないのである。

6　しかし，高松高裁平成26年8月28日判決（山下寛裁判長）も筆者の主張にまともに答えなかった。

退職金の基準が勤続1年以上というだけでも，基準を定めたことになるというのであるが，それに対する批判は前述した。

次に，高裁は立法者の合理的意思なるものを根拠とする。

鳴門市議会は，本件各補助金が本件各離職せん別金として支出されていたこと，その実質は従事員に対する退職手当に相当するものであることを前提に，本件各補助金が共済会を介して本件各離職せん別金として従事員に支払われたとの事実経過全体から退職手当の支給に当たるものとみて，離職せん別金補助金の交付について給与条例主義の見地からの適法性に関する疑義を遡及的に解消する趣旨で本件条例附則2項において経過措置を定めたものと認めるのが相当であり，鳴門市議会の条例制定の趣旨を上記のとおり実質的に解したとしても，条例制定権者である議会の合理的意思を認定するにすぎず，議会の条例制定による民主的統制の意義を没却することにはならないというべきである，とした。

これは裁判所が「実質的に」と判断すると，議会の権限を行使すると批判されるので，裁判所が判断したのではなく，議会の意思を認定したという方法をとったのである。しかし，立法者意思だけでは，法制度は作れない。それを条文の形に表さなければならない。条文の作り方が下手だと，文意が曖昧であったりすることはある。それはある程度は許容されようが，本件条例は完全に的外れの仕組みである。

元々，市から臨時従事員へ離職饯別金が補助金の形式で支給されていたとするのであれば，それを事後に給与条例で，給与として支給したと見なすということも可能であろう。これまで，条例の根拠なき，違法な給与支給を，条例を制定して遡及的に適法化した例はこの種のものである。

しかし，本件では，そうではない。本件では，そもそも，臨時従事員に支給されたのは，鳴門市からの退職金ではなく，共済会からの離職饯別金であるから，給与条例の適用はない。そして，鳴門市は共済会に補助金を支給していたにすぎず，「この条例の施行の際企業局長が定めた規程に基づき臨時従事員に

支給された給与」なるものは存在しないので，事後に制定された条例で，「この条例の施行の際企業局長が定めた規程に基づき臨時従事員に支給された給与はこの条例に基づいて支給されたものとみなす」と規定しても，みなすものが存在しないから，離職餞別金の支給を正当化できるはずはない。

このようなものも，立法者意思を忖度して正当化されるのでは，目指すところに合わせて条文を作成して条例案を作り，それを議会で審議するという作業は全く不要になる。それはおよそ法治国家ではない。

こうして，裁判所は，何度も，公務員の給与に関する基本原則である給与条例主義を無視している。この2件とも，上告中である。

II 競艇事業を行っている鳴門市が漁協に公有水面使用協力費を支出したことを違法・過失ありとする損害賠償等請求訴訟認容

筆者は鳴門市の住民訴訟を代理して，鳴門競艇が水面の工事をして迷惑をかけた年度に漁協に協力金を払うことは理解できるが，すでにそのような工事もなく，漁業権もないのに2つの漁協に合計年に約1,000万円も払うのは違法・無効であり，過失があると主張した。鳴門市は，漁協には迷惑施設として地元協力金を払ったのだとか，漁協は，漁業補償の代わりだとか種々主張した。

徳島地裁平成26年1月31日判決（裁判長 黒田豊），高松高裁平成27年1月30日判決（裁判長 原司）は筆者の主張を認めた。被告から上告中である。

年度を変えた同じ訴訟は徳島地裁で平成27年12月11日判決予定である。

第4章　住民訴訟における住民側弁護士の「勝訴」報酬

　本章では，表記の考え方について平成21年最判前に検討した第1節に続いて，この最判を受けて，第2節でその後の判例を分析し，第3節ではさらに，それ以後の最新の判例を分析した。第4節では，被告の支払いにより訴えを取り下げた場合は「勝訴」にならないとする最高裁判決に反対し，第5節では被告代理人は原告代理人の報酬とは比較にならない高額の報酬を得ているので，原告代理人の報酬を減額する理由がないことを説明する。

第1節　住民訴訟における住民側弁護士の「勝訴」報酬の考え方
――判例の総合的検討――

要　旨

　本節は長文であるので，例外的に要旨を付ける。ここでは，住民訴訟において勝訴した原告が，当該地方公共団体に請求しうる「その報酬の範囲内で相当と認められる額」（地方自治法242条の2第12項）について，判例を分析して，解釈論的な検討を行う。これまでの判例では，算定不能説，訴額説（あるいは認容額説，さらには，執行額説。以下，同じ），中間説（総合考慮説）が入り乱れている。算定不能説の判例は多いが，提訴手数料が判例上算定不能説によっていることをそのまま流用しているだけで，訴額説等に対する十分な反論がなく，根拠がない。ただ，算定不能説で報酬が安すぎるときは，増額して，その不合理を調整する判例がある。
　そもそも，提訴手数料と弁護士報酬は別の制度である。提訴手数料は，原告勝訴によっても現実には直接に受益しない原告住民が負担するものであるから算定不能説によるべきであるし，最高裁昭和53年の判決はその趣旨であるが，勝訴の場合の弁護士報酬は，最終的には原告勝訴判決によって受益する当該地方公共団体が負担するものであるから，一般的に算定不能説によるべきではな

く，算定可能であれば算定可能説によって判断すべきである。

　そして，弁護士報酬は，通常は当事者間で約定するものであるが，住民訴訟においては，最終的に支払う地方公共団体と原告側弁護士の間では契約がないため，一般的なルールにより客観的に合理的に定められるべきである。弁護士報酬は，普通には訴額，認容額を考慮して決められるべきものである。訴額，認容額が大きければ，弁護士の貢献と苦労はそれだけ大きいのであるから，この制度は合理的であり，算定不能説は不合理である。

　さらに，被告が控訴上告する場合に添付する印紙代は原告と同じ算定不能説によっているにもかかわらず，被告が弁護士に依頼するときは，その弁護士報酬は，契約次第ではあるが，訴額や認容額を基準とすることが許されている。株主代表訴訟においても，提訴手数料は算定不能説とされながら，原告の弁護士報酬は訴額説とされており，異論を見ない。

　そうすると，住民訴訟における原告の弁護士報酬も，訴額（ないし認容額）を基準に，それで不合理な結果を生ずる場合には増減するとする判例の方がはるかに説得力がある。中間説である総合考慮説も不適切である。

　成功報酬部分は，訴額ではなく，認容額を基準とするが，着手金については，通常の民事訴訟では，訴額が基準となっている。しかし，住民訴訟では，印紙代が低額なので，巨額の請求がなされることも多い。会社訴訟では着手金をも考慮している判例もあるが，住民訴訟では，着手金は，訴額をそのまま基準とするのではなく，現実の認容額を基準としつつ，訴額を斟酌するのが妥当であろう。また，認容されたが，現実の執行が容易ではない場合には，認容額のほか，執行額を参考にすべきである。これらによっても，弁護士報酬が高すぎるとか安すぎる場合には，ある程度の範囲（弁護士会の従来の基準では30％）で増減すればよい。

　この解釈に条文上の支障はなく，むしろ，算定不能説は住民訴訟を妨げる面があることからも，原告側に不当に不利な点からも不適切である。

　実際の算定方法・額を見ると，着手金も当然に弁護士報酬に入り，具体的な算定額については，事案の難易，入手金額等が種々考慮されているが，私見では，単に弁論回数，証人尋問回数，年数等だけではなく，真の難易度と入手金額（当該地方公共団体への貢献度），将来の類似違法行為防止効果も十分に考慮されるべきであると思う。

第1節　住民訴訟における住民側弁護士の「勝訴」報酬の考え方

―― 引用判例一覧 ――

① 名古屋高判平成14年10月17日（判時1823号41頁）（㉖の控訴審）
② 広島高裁岡山支判平成16年(行コ)第4号平成16年9月30日（判例集未登載）（③の控訴審）
③ 岡山地判平成16年3月10日（判例自治262号32頁）（②の原審）
④ 広島高裁松江支判平成17年(行ネ)第53号平成17年10月28日（判例集未登載）（⑫の控訴審）
⑤ 名古屋高判平成14年(ネ)第436号平成15年7月31日（最高裁HP）
⑥ 大阪高判平成19年9月28日（判時2000号19頁）（⑰の控訴審）
⑦ 京都地判平成12年(行ウ)第23号平成13年4月25日（判例集未登載）（⑧の原審）
⑧ 大阪高判平成13年(行コ)第45号平成13年10月30日（最高裁HP）（⑦の控訴審）
⑨ 名古屋地判平成17年(行ウ)第67号平成18年4月12日（最高裁HP）（⑩の原審）
⑩ 名古屋高判平成18年(行コ)第21号平成18年9月14日（最高裁HP）（⑨の控訴審）
⑪ 大阪地判平成16年4月22日（判時1869号26頁，判タ1166号155頁）
⑫ 松江地判平成16年(ワ)第84号平成17年3月31日（判例集未登載）（④の原審）
⑬ 名古屋地判平成19年9月27日（判時2012号58頁）（⑭の原審）
⑭ 名古屋高判平成20年6月12日（判時2039号3頁）（⑬の控訴審）
⑮ 福島地判平成13年(フ)第249号平成14年7月3日（最高裁HP）
⑯ 京都地判平成19年(ワ)第161号平成19年11月29日（ポンポン山弁護士報酬訴訟判決，最高裁HP）
⑰ 京都地判平成19年3月28日（判時2000号23頁）（⑥の原審）
⑱ 福島地判平成12年9月12日（判例自治215号11頁）（⑲の原審）
⑲ 仙台高判平成13年6月8日（判時1780号90頁，判タ1095号123頁，判例自治215号8頁）（⑱の控訴審）
⑳ 大阪地判平成15年11月28日（判例自治266号36頁）
㉑ 東京高判平成5年3月30日（判時1460号138頁，判タ823号131頁）
㉒ 神戸地判平成10年10月1日（判時1674号156頁）
㉓ 東京高判平成12年4月27日（金融・商事判例1095号21頁）（㉔の控訴審）
㉔ 東京地判平成11年11月26日（金融・商事判例1095号26頁）（㉓の原審）
㉕ 東京地判平成16年3月22日（判タ1158号244頁）
㉖ 名古屋地判平成14年3月13日（判時1823号44頁，判例自治238号19頁）（①の原審）

第 4 章　住民訴訟における住民側弁護士の「勝訴」報酬

㉗　大阪地判平成 6 年 6 月 28 日（判タ 893 号 142 頁）
㉘　大津地判平成 8 年 11 月 25 日（判時 1628 号 80 頁）
㉙　大阪地判平成 11 年 9 月 14 日（判時 1715 号 47 頁）

I　はじめに

　住民訴訟において，「勝訴」原告が弁護士に報酬を払うべきときは，「その報酬額の範囲内で相当と認められる額」を当該地方公共団体に請求することができる。これは，平成 14 年地方自治法の住民訴訟制度改正前は，同法 242 条の 2 第 7 項に規定されていたが，現在は同条第 12 項に規定されている。そして，地方公共団体の弁護士報酬支払い義務は，従前はいわゆる 4 号請求訴訟（同条 1 項 4 号）のみを対象としていたが，改正後はすべての住民訴訟を対象とする。

　この報酬は，地方公共団体から取り立てるもので，もともと原告住民と当該地方公共団体との間には合意がないものである上，その支払を決定する権限を有する当該地方公共団体の首長は住民訴訟の被告と重なることが多い（被告は，改正前は 4 号請求の場合，首長・その他の執行機関や専決権者等の個人，談合によって地方公共団体に損害を与えた会社，地方公共団体と無効の契約によって利得した第三者，改正後は，執行機関であるが，執行機関に，首長等個人，第三者に，当該地方公共団体に支払うように請求せよという訴えの形式を取るから，実質的な被告は依然首長や専決権者であることが多い）ので，原告住民とは利害が対立し，報酬額について合意に達することは容易ではない。そこで，原告住民が住民訴訟で勝訴しても，弁護士報酬をめぐって再度の訴訟を余儀なくされることが少なくない。

　そして，裁判となっても，「相当と認められる額」について，住民側と地方公共団体の見解は厳しく対立している。地方公共団体の立場では，違法な財務会計行為を是正した住民に素直に報酬を出して，今後も違法行為を是正する訴訟活動をして貰うことを期待する方が得であるが，現実に，地方公共団体の意思を決定する首長は，住民訴訟によって賠償せざるを得なくなるのが普通であるから，弁護士報酬をできるだけ減額して，住民訴訟提起・追行のインセンティブを減殺しようとしているのである。同様のことは，首長が，自らは訴訟の対象とならない談合訴訟などでも，起きていることである。

　この現状においては，「相当と認められる額」について，合理的な考え方を

第1節　住民訴訟における住民側弁護士の「勝訴」報酬の考え方

一般的に設定することがぜひ必要である。

　一般に，弁護士報酬は着手金と成功報酬に分けて算定される。住民訴訟の中でも，4号請求においては，金額が訴状及び認容判決文に記載される。そこで，通常の民事訴訟における弁護士報酬の考え方に倣えば，着手金は訴額を，成功報酬は認容額を基準とすべきではないかとも思われる。

　しかし，判例を瞥見すると，住民訴訟では，訴額が大きくなることが多いので，着手金を訴額で決める説は少なく，現実の認容額を基準とする説が多い。さらに，認容判決があっても，現実に執行できなければ，弁護士報酬の基準にはならないとの執行額説に立つ運用もある。

　これに対して，住民の受ける利益は算定できないという住民訴訟における印紙代の考え方を弁護士報酬にも当てはめて，弁護士報酬の基準となる額は算定できないとの立場がある。これによれば，従前の弁護士会報酬規程では，訴額を800万円とみなしていたので，それを基準とすべきだ（高裁まで担当すると，弁護士報酬は196万円）との考え方が提示されている。ただ，それを貫徹すると，原告弁護士に酷になるので，ある程度増額している判例が多い。

　さらに，その中間に，総合考慮説もある。

　以下，これまでの裁判例に現れた見解を中心に，論点を抽出して，どの説が妥当なのかを検討する。本節は，判例の引用が長くなった面があるが，未公刊の判例が多いので，丁寧な引用にも意味があると考えたためでもある。

　なお，若干の注釈を付けておく必要がある。

　まず，平成14年改正により，原告勝訴の場合における弁護士報酬地方公共団体負担の制度は4号請求以外にも及ぼされた。そうすると，訴額の算定が困難である場合も多かろうが，それは，訴額の算定困難に関する一般的な考え方によればよい。いわゆる1号の差止訴訟の場合には，それによって防止できる地方公共団体の違法支出額は算定可能な経済的な利益と考えられる。

　これまでの判例は主に平成14年住民訴訟制度の改正前の事案であるが，改正後でも，問題は変わらないと思われる。

　従前は，弁護士の報酬ルールは弁護士会が定めていたので，住民訴訟においても，それが基準となっていた。今は弁護士報酬は規制緩和により自由化されているが，当事者が自由な契約で決める場合と異なり，この場合には，客観的な基準が必要であり，他によるべき基準もないので，従前の弁護士会の報酬規

程に沿って判断することが妥当であろう。これについては，特に異論は見あたらない。

なお，弁護士報酬は，「勝訴」した場合にだけ支払われるが，それは確定判決で原告が勝訴した場合に限らない。その意義については，先に最高裁平成17年4月26日判決（判時1896号84頁，判タ1180号174頁）を検討したので，ここでは取り上げない（第4章第4節）。

なお，本文中アンダーラインは阿部が付した。

II　4号請求訴訟の原告側弁護士報酬の基準は認容額か，算定不能か

1　提訴手数料＝印紙代に関する判例

まず，住民訴訟において原告が訴状に添付すべき提訴手数料（印紙代）の算定の基準としての訴額が請求金額か，算定不能かについて，もともと争いがあったが，昭和53年の最高裁判決は算定不能説を採った。その理由は，訴額算定のための「訴えをもって主張する利益」（民訴法8条1項，9条）は，地方公共団体の受ける利益ではなく，住民の受ける利益であるから，算定できないということである。すなわち，

「住民訴訟を提起する住民たる原告は，自己の個人的利益のためや地方公共団体そのものの利益のためにではなく，もっぱら住民たる原告を含む住民全体の利益のために，いわば公益の代表者として地方財務行政の適正化を主張するものである。住民訴訟の上記趣旨に照らせば，住民訴訟における『訴えをもって主張する利益』（民訴法8条1項，9条）は，地方公共団体の損害が回復されることによってその訴えの原告を含む住民全体の受けるべき利益であるというべきであり，このような住民全体の受けるべき利益は，その性質上，勝訴判決によって地方公共団体が直接受ける利益すなわち請求に係る賠償額と同一ではありえず，他にその価額を算定する客観的，合理的基準を見出すことも極めて困難であるから，結局，その価額は算定不能とされるべきである」（最一小判昭和53・3・30民集32巻2号485頁）。

この判決はもとより正当であるが，それが，4号請求訴訟の弁護士報酬の基準額についてそのまま妥当するかどうかが争われている。

第1節　住民訴訟における住民側弁護士の「勝訴」報酬の考え方

2　算定不能説の判例の分析

4号請求では，請求する金額，判決で認容額が明示されているが，それでも，弁護士報酬の基準となる金額を算定不能とする判例が少なくない。しかし，その理由は十分ではない。それを以下紹介・分析しよう。

①　名古屋高判平成14年10月17日

これは，一審判決後の返還金額（5,379万7,271円）を経済的利益として日弁連の報酬基準を適用すると，一，二審の着手金，報酬金は原告の主張するとおり計921万5,672円となる事案であるが，判決は，「住民訴訟は住民たる原告が住民全体の利益のために，地方財務行政の適正化を主張して提起するものであり，訴訟物の価額の算定にあたりその経済的利益は請求額ではなく算定不能の場合に準じて取り扱われている上，日弁連の報酬基準によると，弁護士報酬の算定基準となる経済的利益の額が算定不能の場合には800万円とされているから，これによると，一，二審の着手金は各49万円，報酬金は98万円の計196万円と算定される。」とした（ただし，弁護士報酬は，いっさいの事情を考慮して，350万円とした。Ⅳ2で再説する）。

これは，算定不能説の根拠として，提訴手数料が算定不能とされていること以上の理由を述べていないので，提訴手数料と弁護士報酬のリンク説と称することとする。ただし，その実質は総合考慮説に近い。

②　広島高裁岡山支判平成16年9月30日

これも，単なる提訴手数料と弁護士報酬をともに算定不能説で判断しているが，理由は簡単である。

「改正前法242条の2第1項第4号に基づく訴えに係る利益は，地方公共団体の損害が回復されることによって住民全体の受けるべき利益であり，それは，その性質上，勝訴によって地方公共団体が直接受ける利益と同一ではあり得ないし，住民訴訟において控訴人らが勝訴したことによって被控訴人が受けることになる経済的利益がいかに大きいものになろうとも，これが直ちに法242条の2第12項の弁護士報酬額の基準となる控訴人らの経済的利益に該当すると解することはできない。したがって，地方公共団体が現実に回収できた額と回収見込みのある額の合計額をもって経済的利益として弁護士報酬額を算定すべきものとはいえず，基本的には，算定不能の場合を基準にして判断するのが相当である。」

第4章　住民訴訟における住民側弁護士の「勝訴」報酬

③　岡山地判平成16年3月10日（②の原審）

「同条の2第12項の文言自体に，弁護士報酬額の算定に関しては，裁判所の健全な裁量に委ねる趣旨を読み取ることができることからするならば，その算定に当たっては，弁護士会の定める弁護士報酬規程を一応の基準とすることを原則としつつも，住民訴訟の判決の認容額，事案の性質・難易度，審理の経過・期間，原告代理人が要した費用・労力などの一切の事情を総合考慮して，裁判所がその裁量により，必ずしも上記規程に定める増減の規程等に拘わらずに増減して定め得ると解するのが相当である。」として総合考慮説に立つが，

「法242条の2第1項4号に基づく訴えに係る利益は，地方公共団体の損害が回復されることによって原告を含む住民全体の受けるべき利益であり，それは，その性質上，勝訴によって地方公共団体が直接受ける利益，すなわち請求に係る賠償額と同一ではあり得ない（最判昭和53年3月30日民集32巻2号485頁）。

したがって，弁護士報酬額の基準となる経済的利益については，基本的には，被告が主張するように，一応，算定不能の場合を基準にして判断するのが相当である。」として，結局は，リンク説に立っている。

この事件では，前訴では，2つの事件で原告が勝訴し，その認容額約5,875万円と8,314万円（いずれも元金）について，算定不能説で計算すると，それぞれ弁護士報酬（着手金，成功報酬）は，196万円になるが，この判決は，前訴の審理期間，認容額，訴訟代理人の労力などの諸般の事情をあわせ考慮して，各230万円に増額した。その判断は，前記②の判決で維持された。算定不能説にちょっといわゆる色を付けた程度である。

④　広島高裁松江支判平成17年10月28日

これは認容額説に立つ，後掲⑫松江地判平成17年3月31日の控訴審判決であるが，簡単に算定不能説を採って，⑫判決を覆している。

これは弁護士会報酬規程によると，「弁護士報酬のうち着手金及び報酬金は，『経済的利益の額』を基準として算定されることになる。そして，上記のとおり，4号規定による住民訴訟が訴訟を提起した者の個人的利益や普通地方公共団体の経済的利益のためではなく，住民全体の利益のために提起されるものであることからすれば，その『経済的利益の額』を『算定することができない場合』に当たると解するのが相当である。そして，その場合の報酬基準としての

額(『経済的利益』とみなされる額)は800万円となる」(根拠条文引用省略)。

この事件では、前訴で、談合した会社に対する損害賠償請求訴訟で損害2,700万円弱+弁護士費用270万円(利子を含め3,916万円余)が認容され、原告は、弁護士報酬規程に従って、787万円余を請求したところ、原審⑫は、その80％、600万円が相当であるとした。しかし、控訴審④は、算定不能説に立って計算した弁護士報酬196万円に、50％増額した294万円+消費税相当額を認容した。これは、算定不能説であるが、5割増しすることによって、調整をしたものである。

⑤ 名古屋高判平成15年7月31日

これも算定不能説であるが、認容額が800万円未満であるので、弁護士報酬を減額した例である。訴訟中、町が483万円余の支払いを受けたので、原告が訴えを取り下げた事案で、弁護士会の報酬基準では、弁護士報酬は99万円余になるが、「住民訴訟は住民たる原告が住民全体の利益のために、地方財務行政の適正化を主張して提起するものであり、訴訟物の価額の算定にあたりその経済的利益は請求額ではなく算定不能の場合に準じて取り扱われている」上、日弁連の報酬基準によると、弁護士報酬の算定基準となる経済的利益の額が算定不能の場合には800万円とされ、これによる報酬は147万円とされていること、住民訴訟においては、口頭弁論期日に5回出頭し、証人尋問は行われておらず、当事者間で和解の協議がなされたものの、結局、和解は成立しなかったなどの諸事情を勘案して、弁護士費用を90万円と算定した。

ここでも、提訴手数料と弁護士報酬がリンクしているが、支払額が算定不能の場合の基準である800万円をはるかに下回ることを考慮して、弁護士報酬は算定不能の場合の147万円ではなく、90万円と安く算定した。算定不能説としては一貫しない。むしろ、認容額説によった方が妥当な結果を得られたのではあるまいか。

⑥ 大阪高判平成19年9月28日

「住民訴訟の目的が、住民全体の利益のために地方公共団体の財務会計上の行為を正すことにあって、訴えを提起した者又は地方公共団体の個人的な権利利益の保護救済をはかるためにあるのではない等の制度趣旨に鑑みるとき、同法242条の2第7項により、当該住民訴訟において勝訴(一部勝訴を含む。)した住民が弁護士費用として請求しうべき相当額を算定するに際しては、勝訴

第4章　住民訴訟における住民側弁護士の「勝訴」報酬

（一部勝訴を含む。）に係る判決の認容額や現実の入金額などをもって算定するべきではなく，算定不能として，算出すべきである。したがって，同法242条の2第7項の『その報酬額の範囲内で相当と認められる額』を算定するにあたっては，算定不能として，弁護士報酬規程15条1項によりこれを800万円とみなして，算定すべきである。」

さらに，「これに対し，被控訴人らは，本件住民訴訟における経済的利益を算定不能として扱うと，内容が複雑困難な事件で，かつ，地方公共団体に支払われる金額が高額な事件であっても，弁護士は低額の報酬で訴訟を追行せざるを得なくなり，住民訴訟の提起が困難となって，住民訴訟制度設置の目的に反する旨を主張する。

確かに，事件等の対象の金額や委任事務処理により確保した金額の多寡を考慮することなく，経済的利益を一律に算定不能と解することにより，一見衡平の理念に反するように見える場合があり得ることは否定できないところである。しかし，……4号に基づく訴訟の目的が，地方公共団体の財務会計上の行為を正すことにあって，住民又は地方公共団体の個人的な経済的利益の回復をはかること自体にあるのではない（その利益として観念すべきは，住民全体の受ける公共的利益というべきものである。）ことを踏まえた上で，同法242条の2第7項が，訴訟に要した弁護士費用の全部を常に原告である住民に負担させるのは適当でないとの立法政策上の判断から，住民が勝訴（一部勝訴を含む。）した場合に限って，弁護士費用のうち相当額のみを地方公共団体に負担させるよう請求することを認めたにすぎないことに鑑みれば，本件住民訴訟により確保される経済的利益を一律に算定不能と解することは，上記立法趣旨等から，おのずから導かれる帰結というべきである。そして，勝訴（一部勝訴を含む。）に係る判決の認容額や現実の入金額は，実際に地方公共団体に支払を命ずべき『相当額』の認定の際に，増額要素の一つとして考慮すれば足りるというべきである。」

これにも単にリンク説以上の理屈はついていない。しかも，制度を誤解している。住民訴訟の目的は，「地方公共団体の財務会計上の行為を正す」ことにあって，それと，「住民又は地方公共団体の個人的な経済的利益を図ること自体」とは別物のように判断しているが，これは別ではなく，財務会計上の行為が違法である場合に是正させれば，現実に違法支出が返還され，放置された賠

第1節　住民訴訟における住民側弁護士の「勝訴」報酬の考え方

償請求権が実現され，あるいは，違法支出が差し止められて，地方公共団体の経済的利益が図られるのである。さらには，ここで，「住民又は地方公共団体の個人的な経済的利益を図る」という文章は間違いである。住民訴訟は住民の個人的な経済的利益を図るものではないことは明らかであり，地方公共団体に「個人的な」経済的利益があるなどと主張する者はいない。住民訴訟は，地方公共団体の財務会計行為の違法を正し，これによって，その経済的な損失を回復し，経済的利益を図るものである。

したがって，この判決が採る算定不能説は，上記の記述によるかぎり，根拠不十分である。

なお，この事件では，前訴での入金額が9,436万円余で，原告が1,500万円を請求したところ，原審では900万円が認容されたが，この⑥判決は，算定不能説に立って，196万円を出発点に，事案の難しさを考慮して，約5割増しとして，300万円を認容した（この点についてはⅣ2で再説する）。

⑦　京都地判平成13年4月25日

「住民訴訟は，原告となった住民の個人的利益のために提起するものではなく，法242条の2第1項第4号に基づく請求により，原告住民が勝訴したときは，これにより地方公共団体が利益を受けることになるので，原告らが支払うべき弁護士報酬の範囲内で相当と認められる額は，当該地方公共団体が負担するのが，公平の理念に合致する。これが，法242条の2第7項の立法趣旨と考えられる。

とすれば，同項の『相当と認められる額』については，その文言には健全な裁量に委ねる趣旨も読み取れること等に照らせば，弁護士会の定める弁護士報酬規定を一応の基準とすることを原則としつつも，住民訴訟の判決の認容額，事案の性質・難易度，審理の経過，期間，原告代理人が要した費用・労力などのいっさいの事情を総合考慮して，裁判所が裁量により，必ずしも上記規定の増減の規定等にかかわらず増減して定めうるものと解するのが相当である。

京都弁護士会報酬等規程によれば，民事事件の着手金及び報酬金については，同規程に特に定めのない限り，着手金は事件等の対象の経済的利益の額を，報酬金は委任事務処理により確保した経済的利益の額をそれぞれ基準として算定するものとされている。

原告らは，住民訴訟における弁護士報酬額の基準としての上記経済的利益に

第4章　住民訴訟における住民側弁護士の「勝訴」報酬

ついて、勝訴判決により地方公共団体へ支払を命じられた認容額を基準にこれを判断すべきものと主張していると解せられる。

　しかしながら、法242条の2第1項4号に基づく請求の訴えをもって主張する利益は、地方公共団体の損害が回復されることによって原告を含む住民全体の受けるべき利益であり、それは、その性質上、勝訴によって地方公共団体が直接受ける利益、すなわち請求に係る賠償額と同一ではあり得ない（昭和53年最判）。そして、法242条の2第7項の弁護士報酬額は、住民訴訟の原告が弁護士へ支払うべき弁護士報酬額であって、地方公共団体が原告となった場合にその弁護士へ支払うべき報酬額ではなく、その基礎となる経済的利益は、直接的には、地方公共団体の利益そのものではなく、原告の経済的利益である。したがって、同項の弁護士報酬額の基準となる経済的利益については、基本的には、被告主張のように、一応算定不能の場合を基準にして判断すべきものであると考えられる。原告らのこの点に関する主張は採用できない。

　ただ、上記最判は、民事訴訟費用等に関する法律4条1項、2項の手数料印紙との関係での判断であって、訴えをもって主張された利益についての上記判断の趣旨は、弁護士報酬についても、上記のとおり原則的に斟酌すべきものではあるが、弁護士報酬の基礎となる経済的利益の有無については、必ずしも、常に、一律に上記判断を前提として弁護士報酬規程に従って判断しなければならないとまではいえないと解すべきである。」

　この判決の論理はわかりにくい。最初は総合考慮説であるが、弁護士会報酬規程を解釈するに当たって、「その基礎となる経済的利益は、直接的には、地方公共団体の利益そのものではなく、原告の経済的利益である」として、算定不能説になっている。しかし、なぜこのように解するかと言えば、訴額・認容額説に対する反論はない。さらに、なぜか「弁護士報酬の基礎となる経済的利益の有無については、必ずしも、常に、一律に上記判断を前提として弁護士報酬規程に従って判断しなければならないとまではいえない」としている。単純な算定不能説ではないと解される。

　この事件では、前訴の認容額が元金のみで6,883万円余であり、その弁護士報酬として、826万円に、30％増額（2回の上告審判決を経て全審理期間は13年、多大の労力の考慮による）の1,074万円余の請求がなされたが、裁判所は、算定不能説に従って算定した上で、複雑で困難な事件であったことを考慮して、

500万円と認定した。
⑧ 大阪高判平成 13 年 10 月 30 日
これは上記⑦の京都地判平成 13 年 4 月 25 日の控訴審であり，控訴を棄却して，⑦判決の認容額を維持した。

「地方自治法 242 条の 2 第 7 項の規定による『相当と認められる額』（相当額）は，同条の 2 第 1 項 4 号の規定による訴訟の原告が勝訴した場合に，『（その原告が弁護士に支払うべき）報酬額の範囲内で』定められるべきものであり，普通地方公共団体が弁護士に訴訟委任したとすれば支払うべき仮想的報酬額の範囲内で定められるものではない。控訴人らは，本件住民訴訟の訴訟代理人に対し，口頭で，K 弁護士会報酬等規程の定めに従い，法 242 条の 2 第 7 項の手続により弁護士報酬を支払う旨約束したというのであるが……，要するに具体的な金額の約束はないものの，K 弁護士会報酬等規程の定めに従う報酬額を支払うことを約束したというのである（敗訴の場合は無報酬とする旨を含む趣旨かもしれない。）。したがって，本件の相当額の認定については，まず具体的な本件住民訴訟におけるこの約束による報酬額を認定する必要があるところ，この点は，原判決の認定判断するとおりであり，特別の事情のない限り，K 弁護士会報酬等規程のうち，事件等の対象の経済的利益の額を算定することができないときについて定める 15 条 1 項を一応適用すべきものと認めざるを得ない。

本件住民訴訟で控訴人らが勝訴した場合に被控訴人が受けることになる経済的利益がいかに大きいものであっても，これが直ちに控訴人らの受ける経済的利益に該当すると考えることは相当でないのであって，控訴人らの受ける経済的利益は，原判決が説示するように，K 弁護士会報酬等規程による『経済的利益の額を算定することができないとき』に該当すると解するほかないと考えられるからである。このように弁護士会の定める弁護士報酬規程を一応の基準としても，前記相当額の認定については，更に，その他の一切の事実を総合的に考慮する必要があり，住民訴訟の認容額も考慮すべき事実であるから，控訴人らの主張はその意味で十分検討すべきものと考えられるが，引用した原判決の認定判断は，これと同旨の見解のもとに相当額を認定しているのであり，この認定判断を覆すに足りる証拠はない。」

これも算定不能説であるが，理由は簡単である。「弁護士会報酬等規程の定めに従う報酬額を支払う」ということは，普通は，着手金部分は訴額説で，成

功報酬部分は認容額説で払うという趣旨であって,「経済的利益の額を算定することができないとき」の規定を適用するという約束ではないだろう。たしかに,「経済的利益がいかに大きいものであっても,これが直ちに控訴人らの受ける経済的利益に該当すると考えることは相当でない」とはいえるが,そこからただちに,控訴人らの受ける経済的利益は,弁護士会報酬等規程による「経済的利益の額を算定することができないとき」に該当するという結論が当然に導かれるわけではない。この場合,訴額説(+認容額説)でも,弁護士報酬は逓減制であるから,経済的利益が大きい場合でも,そう不合理が結果は生じないし,それでも不合理なら,減額すればよいのである。

⑨ **名古屋地判平成 18 年 4 月 12 日**

これは職員Ａの退職手当を違法として住民訴訟において差止確定判決をとった原告らが,本件差額(Ａが町職員として在職していた期間を通算した退職手当金 2,372 万 3,813 円から,これを通算しない場合の退職手当金 820 万 2,440 円を差し引いた 1,552 万 1,373 円)が経済的利益となるから,弁護士に支払うべき報酬金額は 236 万 4,366 円となる旨主張した事案である。判決は,「地方財務行政の適正な運営の確保という住民訴訟の趣旨,目的にかんがみれば,住民らが受ける経済的利益は算定不能というべきである」と簡単に述べて,前記リンク説により算定不能説に立った。そして,弁護士会の報酬規程により計算しても,報酬額は 127 万 4,000 円であるが,さらに,本件における「相当な」弁護士報酬につき,「前記住民訴訟による前記組合の経済的利益は,いわば財務会計行為の観念的な是正にとどまり,具体的,金銭的なものでないこと」と判示した。ただ,それは住民訴訟一般に当てはまるものではなく,この事件の特殊な事情によるものである。すなわち,この事件では,町から一部事務組合へ派遣された職員が,事務の手違いで,一旦退職し,間 1 日空けて採用される形式となったことから,退職金は通算できないこととなるので,通算できるとして退職金を払ってはならないとする差止請求が認容されたものであるが,ことが町の事務職員の誤りによるので,結局はその額は,その派遣された職員に賠償しなければならないので,町には回復される金銭がない事案であった。このような事案なら,一般的には訴額説(+認容額説)を採る立場であっても,地方公共団体に経済的な利益がないのであるから,算定不能説によるべきであろう。これに対して,普通の住民訴訟では,原告が勝訴すれば,地方公共団体に経済的な

利益が帰属するのであって、単に違法行為を名目的に是正させるにとどまるものではない。したがって、この判決の理論を一般化することは不適切である。

この判決は、「以上の事情に加えて、本件住民訴訟の主たる争点が法令の解釈にあったこと、実質的な審理期間も第一審、控訴審を通じてそれほど長期間であるとはいえないことなどを総合的に考慮すると、本件における『相当と認められる額』は、消費税相当額を含めて原告ら全員で30万円、一人当たり5万円と認めるのが相当である。」とした。

これは、名目的な違法を是正させただけであるから、いくら法治行政を重視する筆者としても、弁護士報酬を軽減するべきであると考える。

⑩ **名古屋高判平成18年9月14日**

これは前記⑨名古屋地判平成18年4月12日の控訴審として、弁護士報酬を30万円とする原判決を正当とした。町は前記の差額相当の経済的利益を受けているとの原告の主張に対して、判決は、「本件規程(名古屋弁護士会の弁護士報酬等基準規程)12条は、報酬金は委任事務処理により確保した経済的利益の額を基準として算定する旨定めているところ、上記の経済的利益は、依頼者本人の経済的利益を指すのが原則であるが、本件住民訴訟のように、控訴人らが被控訴人の違法な支出の差止めを求めて勝訴したような場合は、控訴人らが主張するようにこれによって支出を免れた被控訴人の経済的利益を指すと解する余地がないではない。」とした。この点、この判決は、一般的にいえば、算定可能説に近い。

しかし、この判決は続いて、「本件住民訴訟の結果、Aに被控訴人に対する町における在職期間を通算しないことによる退職手当金減額分の損害賠償請求権が発生し得ることは否定できないから、本件住民訴訟によって被控訴人が得た利益は財務会計行為の観念的な是正にとどまり、具体的、金銭的なものではないといわざるを得ず、したがって、被控訴人の経済的利益は算定不能というべきである。」としたのである。前記の通りこれは正当である。

さらに、原判決の認容額は低額に失し、裁量の範囲を逸脱しているとの原告の主張について、ことに本件支出命令の違法は、「担当職員個人の事務手続上のわずかな過誤(錯誤)により生じたものであることを考慮すると、原判決の認容額(消費税相当額を含め、控訴人一人当たり5万円)は、被控訴人が地方自治法242条の2第12項に基づいて控訴人らに支払うべき弁護士報酬の相当額

として裁量の範囲内にあるものというべきである。」とした。

このように，この⑨，⑩の判決は，手続上の違法性を指摘した勝訴判決を取っただけでは，経済的な利益は算定できないとするもので，住民訴訟においては原告が得た利益を算定できないとする一般的なリンク説ではないことに留意すべきである。

以上の判例を見れば，算定不能説の判例は少なくないが，その理由は，単なるリンク説以上のものはなく，簡単なものである。ただ，それぞれの判決についてコメントしたように，これらの判決は単純に算定不能説に立って，弁護士費用を控訴審までで 196 万円をすると不合理な場合には，それなりには，増額減額している。

なお，学説は少ない。算定不能説として，和久井孝太郎＝江原勲「4号訴訟弁護士報酬の損得勘定」判例自治 219 号 10 頁以下があるが，詳しい理由はついていない。これは後掲⑲の仙台高判平成 13 年 6 月 8 日の解説である。

3　訴額説（＋認容額説）の判例の指摘
⑪　大阪地判平成 16 年 4 月 22 日

これは，まずは，前記の昭和 53 年の最高裁判決を引用したあとで，印紙代算定の基準と，弁護士報酬算定の基準を別物として，次のように判示して，算定不能説に詳細な反論を加えた。

(a)　弁護士報酬の基準としての経済的利益は地方公共団体の受ける利益であること　昭和 53 年の最判の解釈（印紙代算定の基準）は，訴えの提起に際し，管轄裁判所を定め，民事訴訟費用等に関する法律による申立ての手数料の額を算定するに当たって準拠すべき民訴法 8 条 1 項，9 条の解釈としては妥当するといえるが，「弁護士報酬の額の算定の基準となる上記『経済的利益』の解釈に当たっては必ずしも妥当としない……。すなわち，弁護士報酬の算定に当たっては，報酬規定上『事件等の処理により確保した経済的利益の額』（報酬金）を基準とするとされているのであり，民訴法 8 条 1 項，9 条にいう『訴訟の目的の価額』すなわち『訴えをもって主張する利益』とは規定の仕方が異なる。報酬規程の上記内容は，弁護士の訴訟活動により現実に確保された経済的利益の額を基準にするものと解釈するのが自然であり，その意味を民訴法 8 条 1 項，9 条と同様に解すべき必然性はない……。本件において，上記経済的利

第1節　住民訴訟における住民側弁護士の「勝訴」報酬の考え方

益は究極的には住民全体の利益に帰するものではあるが，第一次的な利益帰属主体は被告なのであり，被告が現実に支払を受けた額をもって報酬規程にいう「事件等の処理により確保した額」と解するのが報酬規程の解釈として素直である。さらに，……事件等の対象ないしその処理により確保すべき『経済的利益の額』が多額であればあるほど，委任の事務処理に要する弁護士の労力が増大するという一般的な相関関係にあるといえることからすれば，弁護士報酬を算定するに当たって基準とすべき『経済的利益の額』は，原告らを含む住民全体の受けるべき利益という抽象的なものというべきではなく，勝訴判決によって地方公共団体が現実に受ける利益すなわち請求に係る賠償額と同一であるというべきである。そして，そのように解しても，住民訴訟の上記趣旨に反するものとはいえない。」

(b) 地方公共団体が訴えを提起する場合との均衡　「このことは，以下のことからも根拠づけられる。住民訴訟は，地方公共団体が提起すべき訴訟を住民が原告となって住民全体の利益のために地方財務行政の適正化を主張して地方公共団体に代位して提起されるものである。そして，地方公共団体が自ら上記訴訟を提起する場合には，当然，当該地方公共団体が現に受けた請求認容額を基準に報酬額が算定されるべきことはいうまでもない。ところが，地方公共団体が自ら訴訟を提起しないため，住民がやむなく住民訴訟を提起し，その結果，住民側が勝訴し，当該地方公共団体が算定不能の基準額である800万円を上回る経済的利益を受けた場合においても，当該地方公共団体が800万円を基準とする報酬額を負担すれば足りるとするのは不合理である。」

(c) 地方公共団体が800万円未満の利益を受けた場合の扱い　また，「逆に，地方公共団体が現に受けた利益が800万円を下回る場合においては，当該地方公共団体は現に受けていない経済的利益の額を基準として算定された報酬額を負担しなければならなくなる。いずれにしても，このような事態は，地方公共団体の財務行政上好ましいことではなく，地方自治法242条の2及び本条項の趣旨に悖ることになるというべきである。

以上のとおり，本件において報酬額算定の基準とすべき額は，別件判決により認容され，その履行として被告に支払われた5,973万2,222円とするのが相当であり，この点に関する被告の主張は採用できない。」

要するに，弁護士の請求する報酬の基準として，算定不能ではなく，認容額

第4章 住民訴訟における住民側弁護士の「勝訴」報酬

説を採る理由としては，民訴法上の印紙代の算定基準と弁護士報酬基準とは規定の仕方が異なるという文理上の理由，実質論として，地方公共団体が訴える場合と同じであるべきであるが，それは，勝訴判決によって地方公共団体が現実に受ける利益すなわち請求に係る賠償額と同一であるということ，地方公共団体が800万円未満の利益を受けた場合も算定不能とすることはかえって不合理という点にある。

算定不能説に対する反論としては，これで十分であろう。

この事件の前訴では5,973万円余りが認容され，現実に支払が済まされた。これを基準に弁護士報酬を計算すると744万円余になるが，この判決は，いっさいの事情を考慮して，600万円に減額した。

さらに，同旨の判例を引用しておく。

⑫ 松江地判平成17年3月31日

「法242条の2第7項は，『弁護士に報酬を支払うべきとき』に，『その報酬額の範囲内で相当と認められる額』をもって，普通地方公共団体が住民訴訟を提起した者に対し支払うべき弁護士報酬相当額としているものであり，これによれば，同項の『報酬』とは，住民訴訟を提起した住民とその訴訟委任を受けた弁護士との間の訴訟委任契約で合意された報酬の額をいうと解すべきである。」

「法242条の2第1項4号の住民訴訟における『経済的利益の価額』とは，『委任事務処理により確保した経済的利益の価額』（本件弁護士会報酬規程13条）との文言及び勝訴判決により地方公共団体が請求認容額相当の支払を受けることに照らし，勝訴判決によって地方公共団体が受ける利益，即ち，請求認容に係る賠償額と同一であると解するのが相当である。

この点につき，被告は，住民訴訟の訴額の算定において『訴えをもって主張する利益』（民訴法8条1項，9条）が算定不能とされていることを根拠に，本件規程の適用に際して算定不能の場合の経済的利益の価額である800万円を基準とすべきと主張するが，本件規程と民訴法の前記条項とは，その文言が異なるから，訴額算定の場合と同義に解するのは相当でなく，被告の主張は採用できない。」

このようにこの根拠は，⑪の(a), (b)とほぼ同じである。

その認定金額は，④で述べた。

第1節　住民訴訟における住民側弁護士の「勝訴」報酬の考え方

⑬　名古屋地判平成 19 年 9 月 27 日

(a)　事案の概要　　「新南陽工場」談合住民訴訟では，市民グループは談合による損害金の返還を業者に求めて 9 年半かけて最高裁で勝訴判決を獲得し，利息を含めた 12 億 4,720 万 1,661 円が業者から名古屋市に返還された。市民グループ側の弁護士は，名古屋市に対して，経済的利益の額を返還金全額とし，日弁連の報酬基準規程をもとにした約 1 億 2,400 万円の報酬を請求したが，名古屋市側は「住民訴訟の経済的利益は算定不能であり 800 万円と見なされ，報酬は 198 万円と計算できる」と主張してきたので，住民は再度裁判を起こさなければならないことになった。

ここで，裁判所は，弁護士会の報酬基準規程は廃止されたが，被告も，弁護士会の報酬基準規程を参照してこれを算出すること自体は，他に有効な基準がない以上はやむを得ないとの見解を述べているところであり，同報酬基準規程による弁護士報酬額を試算した上，これを参酌しつつ弁護士報酬相当額を定めるのが合理的かつ相当と解されるとした。

次に，本件において弁護士報酬額算定の基準とすべき「経済的利益の額」が算定可能か否かについて次のように肯定した。

(b)　弁護士報酬は原告と弁護士の委任契約に基づく　　「旧法 242 条の 2 第 7 項は，住民が地方公共団体のために住民訴訟を提起追行して，これに勝訴し又は一部勝訴した場合には，住民訴訟が住民の個人的な権利利益の実現を目的とするものではなく，住民全体の公共の利益を確保するものであることを考慮すると，同訴訟に要した弁護士報酬のすべてを原告となった住民に負担させるのは，衡平の理念に照らして相当ではないことから，当該地方公共団体に相当と認められる弁護士報酬額の支払を請求することができる旨を定めた規定である。すなわち，<u>同項所定の弁護士報酬相当額の請求権は，住民訴訟の原告が訴訟委任契約に基づいて負担する弁護士報酬額の一部を，当該地方公共団体に請求することを可能とするものであるから，住民訴訟の原告が支払うべき弁護士報酬額を算定するにあたって基準とすべき『経済的利益』の額も，原告と当該代理人弁護士との間で締結された訴訟委任契約が定める内容に基づき，これを参酌しながら判断すべきもの</u>と解するのが相当である。」

要するに，弁護士報酬は，原告と代理人との間において委任契約で決めて，地方公共団体に請求するのであるから，その基準となる「経済的利益」の額も

第4章　住民訴訟における住民側弁護士の「勝訴」報酬

委任契約で決まるのである。

「被告は，住民訴訟が地方自治の本旨に基づく住民参政権の一環として許容されているものであることや，訴えの提起の際の手数料を算定するに当たって，住民訴訟の訴訟物の価格を算定不能とすべきものとされていることなどを理由に，住民訴訟における弁護士報酬額の算定基準となる『経済的利益』の額も，算定不能の場合に準じて800万円とみなすべきである旨主張」したが，「これは住民訴訟の申立手数料を算定するに当たっての基準であるに止まり，それが直ちに住民訴訟の当事者が訴訟代理人となるべき弁護士との間で締結する訴訟代理行為の委任契約に基づく委任事務処理の対価として負担すべき弁護士報酬の算定基準となるものではない。」とされた。

また，「実際の取扱いにおいても，住民訴訟における弁護士報酬については，住民訴訟の対象となっている権利義務の価額や，判決において認容又は排斥された金額を『経済的利益』とし，これを基準に算定する運用が実務慣行として定着しているものとうかがわれ（「弁護士報酬規程コンメンタール」（昭和63年刊行）），住民訴訟における弁護士報酬の算定に当たっては，訴訟の対象となっている権利義務の価額を『経済的利益』の価額とすべき旨の記載があり，着手金及び報酬金の算定方法について，本件報酬基準規程と同様の規定を有する東京弁護士会の報酬会規においても，その解釈上，住民訴訟の報酬金については認容額を基準とすべきものとされている。このように住民訴訟の委任事務処理契約の締結に際して訴訟の対象となっている権利義務の価額や認容額を基準に弁護士報酬額を決定する旨の合意が，住民訴訟の法的性質等に反するとか，不合理又は不相当なものと解することはできない。」

「以上のとおり，住民訴訟における弁護士報酬額は，当事者と代理人弁護士との間で締結された委任事務処理契約の内容を基準として算定すべきであり，住民訴訟の法的性質の一面や，その申立手数料の取扱いに関する形式的な類似性等の観点から，弁護士報酬額の算定基準となる『経済的利益』を一律に算定不能と解すべきものとするのは相当でない。」

(c) 地方公共団体が請求する場合との均衡　「このことは，住民訴訟によって代位請求されることになる不当利得の返還や不法行為に基づく損害賠償請求を，住民訴訟をまたずに，地方公共団体自らが原告となって請求する訴訟を提起する場合に，その訴訟の提起，追行を弁護士に委任すれば，一般にこれ

第1節　住民訴訟における住民側弁護士の「勝訴」報酬の考え方

らの請求額を前提とした弁護士費用を要することになるであろうこととの権衡の点に照らしてみても明らか」（である）。

　(d)　実際の算定　　この判決は、弁護士報酬額は6,327万646円と算出した上で、「市民側弁護士らの主張、立証等の訴訟活動の一部は上記勝訴判決に反映されず、その一部は棄却されたことを併せ考慮されなければならない。」とし、上記算出額のおよそ6割に当たる3,800万円の支払いを命じた。

　⑭　名古屋高判平成20年6月12日
　これは⑬の控訴審で、「1審被告が本件住民訴訟の勝訴判決によって得た成果（元本9億円、遅延損害金3億4,720万1,661円）をも正しく評価する必要がある」として、「本件弁護士報酬相当額を算定する上での本件住民訴訟の経済的利益の上限と下限は、一審被告が得た金額と算定不能によるみなし金額になると解する」。そして、本件報酬規程が、弁護士報酬と事件の経済的利益との割合を事件の経済的利益の額が高額になるにしたがって低率にしていること、住民訴訟の着手金は一般民事訴訟に比して低額とされていることを総合考慮して、結論として「本件弁護士報酬相当額を算定する上での本件住民訴訟の経済的利益は、着手金及び報酬額のいずれの場合も5億円と認めるのが相当である」とし、経済的利益を算定不能とした場合よりはるかに高額な金額を弁護士報酬算定のための経済的利益として認定している。認容額は一審のそれを維持している。

　⑮　福島地判平成14年7月3日
　「地方自治法の上記条項に照らすと、福島県は本件合意で定められた報酬額の範囲内で相当と認められる額の支払義務を負うものというべきである。」
　「この相当額は、当該訴訟が住民全体の利益のために提起されるものであって、勝訴判決が確定した場合に当該地方公共団体がこれによる経済的利益を享受することから、地方公共団体が負担することが公平の理念に合致するとの観点から認められるものであることを考慮し、当該訴訟を担当した弁護士が所属する弁護士会の報酬規程を基本とし、当該訴訟の事案の内容、訴訟追行の状況等を総合的に勘案して決せられるべきである。」
　これは、2件の前訴があり、それぞれ240万円、129万円の原告勝訴判決が下され、同額の支払いがあった。裁判所は弁護士報酬規程に則って計算して、多少の増減をして、それぞれ60万円、40万円の弁護士報酬を認めた。なお、

原告が何人いてもこの額に変わりはないとされているが，当然である。

これは，800万円未満であるから，算定不能説であれば，かえって高額となった例であるが，それも不合理であり，この判決が妥当であろう。

4　中間説（総合勘案説）の判例の紹介
⑯　京都地判平成19年11月29日

これは算定不能説とはいいつつ，相当大幅に総合考慮する立場である。

「前訴における認容額を，直ちに経済的利益の額とすることはできないというべきである。

もっとも，前訴において，弁護士報酬額算定の基礎となる経済的利益の額は算定不能として扱い，どのような規模の住民訴訟においても，その認容額の多少にかかわらず，常に住民訴訟の報酬金算定の基準額を報酬規程をそのまま適用して800万円と擬制するのは硬直的に過ぎるというべきであり，本件において，そのような合意があったと解することもできない。そもそも，委任契約における報酬は，両当事者の合意に基づき決せられるのが原則であり，報酬規程にも，算定不能の場合に擬制すべき経済的利益の額については，事件等の難易，軽重，手数の繁簡及び依頼者の受ける利益等を考慮して，当事者間の協議により増減額できる旨の規定が置かれている。

そこで，原告らが前訴代理人弁護士に支払うべき金額及びその範囲内で相当と認められる額については，前訴判決の認容額，被告が前訴判決により確保できた経済的利益，事案の性質・難易度，審理の経過・期間，前訴代理人弁護士が要した費用・労力などの一切の事情を総合して勘案する必要がある。」

これはいわゆるポンポン山訴訟である。前訴では元金のみで26億円以上が認容されたが，現実に支払われたのは約8,827万円であった。弁護士報酬は，執行額説により，さらに着手金を減額して，1,000万円と認定された。詳しくは，Ⅳ2で述べる。

⑰　京都地判平成19年3月28日

これは，⑯の判決と同じ京都地裁第三民事部（裁判長中村隆次）の判決であるので，ほぼ同じ判断である。

「経済的利益」の算定について，算定不能説と解する余地がないではないとの解釈を採ったものの，事案の難易などを考慮して大幅に加算する余地を認め

たものである。

　まず，地方自治法242条の2第7項は，「住民が勝訴したときに，住民が，当該住民が代位した普通地方公共団体に対し，自分が依頼した訴訟代理人たる弁護士に対して支払う報酬額の範囲内で相当と認められる額を請求することができる旨を定めており，あくまで弁護士報酬の一次的な支払義務者は依頼者である住民であることが予定されている。」

　「また，弁護士報酬規程にいう『委任事務処理により確保した経済的利益の額』とは，当該訴訟の遂行により依頼者に生じる経済的利益を前提としていると解されるところ，本件住民訴訟において，依頼者とは原告らである以上，本件住民訴訟で原告らが勝訴した場合に本件被告が受ける経済的利益をもって，これが直ちに依頼者である原告らの受ける利益であると考えることはできない。」

　「以上の事情からは，本件住民訴訟において，少なくとも報酬金については，弁護士報酬額算定の基礎となる経済的利益の額は算定不能と解する余地がないでもない」。

　これは，算定不能説の普通の理論付けであり，弁護士報酬を払うのは第一次的には依頼者であり，訴額や勝訴額は依頼者の利益ではないというものである。

　ただ，この判決は，算定不能説を自信を持って採用しているのではなく，「算定不能と解する余地がないでもない」と二重否定で，弱々しく述べていることに注意すべきである。

　この判決は，続いて，「他方，どのような規模の住民訴訟においても，常に住民訴訟の報酬金算定の基準額を算定不能として800万円と擬制するのは硬直的に過ぎるというべきである。」として，算定不能説で徹底するのは行きすぎとしている。その具体的な算定方法はⅢ2で後述するが，これは，算定不能説として位置づけるのは不適切な判例である。

5　諸説の検討＝中間結論

(1)　以上の判例を比較する。算定不能説は，数としては，結構多いが，それぞれの判例についてコメントしたように，①，②，③，④は，印紙代算定の基準と，弁護士費用算定の基準を同視しているが，十分な理由はつけられていない。⑤は認容額が算定不能の基準の800万円未満の例で，800万円を基準とし

た弁護士費用を削減しているので，算定不能説としては一貫していない。しかも，この点は，⑪(c)の方が説得力がある。⑥はリンク説であるが，制度を誤解している。⑦，⑧は算定不能説であるが，これも理由は簡単である。⑨，⑩は地方公共団体の損害を回復しない例であるから，算定不能説であれ，訴額説なり認容額説であれ，弁護士報酬は低額にとどまるべきで，算定不能説の適例とはならない。

したがって，算定不能説の論拠としてとりあえず考慮されるべきものは，リンク説だけである。

(2) 算定不能説が最近は増えているとしても，それは，認容額説に正面から反論していないので，算定不能説の問題点を十分に認識せずに，算定不能説の先例に倣った可能性ないし昭和53年の最判の理論を提訴手数料だけではなく，弁護士報酬にまで当てはめるときに十分な検討をしなかった可能性も大きく，余り意味がある議論ではない。肝心なのは，十分な情報が提供されてもなお，算定不能説が妥当だとして，認容額説に十分に反論した判例がどれだけあるかにあるが，それがないのである。

これに対しては，訴額説なり認容額説の⑪(a)，⑫，⑬が反論している。それは，(a)弁護士報酬の基準としての経済的利益は地方公共団体の受ける利益であること，(b)地方公共団体が訴えを提起する場合との均衡，(c)地方公共団体が800万円未満の利益を受けた場合に算定不能とするのは不合理であることである。

さらに，算定不能説に立ちつつそれを一貫すると不合理になるので，⑯，⑰のように，総合考慮説も存在する。⑭も中間説である。また，理由は不明であるが，訴額説なり認容額説の判例も少なくない。それは，Ⅲ2(2)で紹介する多数の判例（⑪，㉗，㉘，㉙）である。

(3) なお，勝訴額が800万円を下回った場合には，減額すればよく，算定不能説でも相当額を認定できるとの反論があろう。もちろん，算定不能説も，増減をある程度することにより幅広く対応することができれば，ある程度まで実際的な不合理を回避できよう。しかし，勝訴額が数十万円といった低額になっても，算定不能説は合理的な対応が可能なのであろうか。それは算定不能説の限度を超えるのではないか。要するに，弁護士報酬額を少なく算定する方向へだけ算定不能説を利用するのは不公平であるし，恣意的である。一旦算定不能

説に立つ以上は，少額の場合も，巨額の場合も同じく勝訴額は800万円であることから出発すべきである。

(4) 算定不能説は，その不合理をある程度の増減で解決できると考えているのであろうが，勝訴額が増えれば，ある程度の割合で（比例はしないが），弁護団の負担も重くなるし，その貢献も大きくなる。勝訴執行額が数億円，数十億円と大きい場合には，算定不能説は到底合理的な結果をもたらさない。さらに，一審で800万円以上認容されたが，原告が控訴・上告により認容額を増加させた場合も，成功報酬に影響しないとすれば，原告弁護団は完全にただ働きで，不合理である（弁護団は，800万円を超えて，勝つために努力する意欲を失う）。

やはり，勝訴額が増えれば増えるほど，弁護士報酬も増額するべきである。そして，現に弁護士会の従前の報酬規程は，そのような考え方に立っていたものである。

(5) ここで，私見が中間説（総合考慮説）をとらない理由は，住民訴訟の弁護士報酬は，最終的に支払う地方公共団体と原告側弁護士との間において契約がないため，一般的なルールにより客観的に合理的に定められるべきであるが，総合考慮説はこれに十分答えた基準となっていないことによるほか，もっと大事なことは，弁護士報酬は，一般的に訴額を基準とする着手金と認容額を基準とする成功報酬で定められるもので，会社の株主代表訴訟でもそのようになっており，住民訴訟でも，そのような一般的なシステムを変えるだけの積極的な根拠は，条文上も理論上も存在しないから，認容額説によるべきであるということである。

これで勝負あったと思われる。結局，算定不能説よりも，訴額説なり認容額説のほうがはるかに妥当である。

(6) 蛇足だとは思うが，まとめとして，一言追加する。算定不能説は，提訴手数料と弁護士報酬をリンクさせている。しかし，これはリンクさせるべきではない，性質を異にする事情がある。

前者は原告が払うものであるから，原告が訴えにより受ける利益が基準となるが，原告は，勝訴しても，経済的には一文も得られないのであり，利益といっても，地方公共団体の財政の適正であるから，算定不能である。したがって，提訴手数料の基準を算定不能とする昭和53年の最高裁判決は妥当である。

これに対し，後者の弁護士報酬は，確かに原告が弁護士に支払うこととして，

第 4 章　住民訴訟における住民側弁護士の「勝訴」報酬

地方公共団体から取って弁護士に払う制度であるが，原告が弁護士と交渉して決めるものであり，現実に支払うのは，「相当額」の限度において，地方公共団体である。そして，住民は地方公共団体に代位して，その財政上の損失を回復させたのであるから，当該地方公共団体は，その分の利益を得る。そして，地方公共団体は，原告「勝訴」により，単に財政上の適正化が図られるだけではなく，現実に，賠償金，不当利得返還金などを得ることができる。差止めでも違法な支出を阻止できる。4号請求訴訟の場合には，このように，当該地方公共団体は，「勝訴額」の限度において利益を得られるのに，「算定不能」として，訴額を800万円として，勝訴額がそれを超えるのに，低額の弁護士報酬で済ますことができるとすれば，当該地方公共団体は，本来自分で請求すべきところ，住民にその負担を転嫁し，住民敗訴の場合には何ら負担せず，住民勝訴の場合も低額の負担で済まし多額の利益を得ることができ，巷間「人のふんどしで相撲を取る」の類で，極めて不正義である。したがって，弁護士報酬の基準としては，当該地方公共団体が得られる利益を基準とすべきである。

なお，昭和53年の最高裁判決が，その訴訟の訴額算定の基礎となる「訴えで主張する利益」については，「これを実質的に理解し，地方公共団体の損害が回復されることによつてその訴の原告を含む住民全体の受けるべき利益がこれにあたるとみるべきである。そして，このような住民全体の受けるべき利益はその性質上，勝訴判決によつて地方公共団体が直接受ける利益すなわち請求に係る賠償額と同一ではありえず」と述べているのは，もっぱら提訴手数料について前記と同旨のことを述べているものであり，そのことから，勝訴の場合の弁護士報酬に関する考え方を算定不能説で導くことができるわけではない。

原告の勝訴にもかかわらず，実際には当該地方公共団体に，勝訴額の歳入がない場合をどう考えるか。それは，債務者の無資力の場合もあろうが，平成14年住民訴訟改正後は，原告勝訴判決確定後，地方公共団体の首長なり代表監査委員から請求することになっており，債権を回収できなければ，それは原告の努力不足ではなく，これらの者の努力不足によることも少なくない。

努力しても債権を回収できない場合でも，だからといって，勝訴報酬の基準を当然に「算定不能」としてはならない。一般に，弁護士報酬の制度では，訴訟での勝訴を一区切りとしており，執行して得られた額を基準とはしていない。執行が必要となれば，弁護士報酬は又別に請求できることとなっている。それ

どころか，弁護士報酬を審級毎としていることも多い。これは，依頼者から見れば，いかにも不当であるが，弁護士が交代する場合には，それぞれの審級毎に精算するものである。同じ弁護士が上級審も受任する場合には，弁護士報酬の計算は最終的に決着がついた金額を基準とするのが普通である。執行が必要ならさらに弁護士として重い負担を負うのであるから，別に報酬を請求できるのである。

ただし，どうせ現実には支払えないような巨額の請求をする場合には，その請求額，認容額ではなく，現実に支払って貰える金額を基準として，弁護士費用について合意するとか，現実に執行できた額を基準として，報酬を決めるという取り決めがなされることが常識であろう。

そう考えると，巨額の勝訴判決がある場合でも，執行されて，地方公共団体にその金銭が入った場合には，その額を勝訴報酬の基準とすることに何ら問題はない。⑯ポンポン山訴訟判決はまさにその趣旨であろう。当該地方公共団体には，弁護士報酬を差し引いた巨額の金が入るのである。執行が不可能である場合には，執行可能な金額を基準に，判決を取るための苦労，事案の難易を考慮して，増額するのが妥当であろう。なお，着手金を基準とすることが適切かについては，Ⅳ1で後述する。

Ⅲ　その他の主要論点

以上で，両説の論点は一応検討したことになるが，これまで正面から丁寧に論じられていない点があるので，以下，追加的に検討する。

1　被告代理人の弁護士報酬
(1)　考　え　方

被告勝訴の場合の弁護士報酬の負担のあり方については，平成14年住民訴訟改正前は，勝訴した職員や首長は，地方自治法242条の2第8項により「相当と認められる額」を当該地方公共団体に請求できた。平成14年改正により，被告は執行機関（首長等）のポストとなって，勝敗にかかわらず弁護士費用は地方公共団体負担となったので，この規定は不要として廃止され，被告となるポストとしての執行機関が，弁護士と契約を行う。

改正前の規定については，「勝訴」とは何か，その場合の「相当な」報酬の

算定方式が問題となったはずである。

(2) 算定可能説

判例集で報告されているものは少ないが、被告側の「勝訴」事案での弁護士報酬の「相当の額」についても、算定不能説ではなく、弁護士会の報酬規程により、着手金と成功報酬を算定した判例がある。

⑱ 福島地判平成12年9月12日

これは、県が負担した弁護士報酬（弁護士3名に対し、1人あたり120万円、合計360万円）は地方自治法242条の2第8項にいう「相当と認められる額」であるとしたものである。その理由は次の通りである。

「福島弁護士会報酬規程12条は、民事事件の着手金及び報酬金については、着手金は事件等の対象の経済的利益の額を、報酬金は委任事務処理により確保した経済的利益の額をそれぞれ基準として算定する旨規定する。」

そして、4号請求訴訟（この事件では当該職員に対する損害賠償請求訴訟）において、「被告側にとっての経済的利益とは、原告側が住民全体の利益のために、いわば公益の代表者として地方財務行政の適正化を主張する立場にあるのとは異なり、損害賠償請求権の存否が訴訟物として審理の対象となり、個人として損害賠償金の支払義務を負うか否かを巡って争われ、勝訴することにより一定額の損害賠償金の支払請求を排斥することができるというのであるから、同規程13条1号の金銭債権に該当し、同条により、その経済的利益の額は債権総額（利息及び遅延損害金を含む。）となるものと解するべきである。具体的には、着手金については訴訟の請求金額、報酬金については請求を棄却された金額となるものと解するのが相当である。」

この（2号）「事件は、本件野球大会に参加した県議会議員に福島県が旅費を支出したことが違法であるとし、右公金の支出につき、県知事、県議会事務局長及び県議会事務局総務課長の地位にあった者として財務会計法規上の義務違反があると主張して、被告らに対して損害賠償を請求した事件であり、本件野球大会への参加が公務といえるか、被告ら各人に財務会計上の行為を行う権限があるか、被告ら各人が尽くすべき財務会計法規上の注意義務の程度はどのようなものかなど、多くの難解な法律上の論点を含む住民訴訟であった。

原告側でも4名の弁護士が訴訟代理人として訴訟活動を行ったこと、2号事件が右のとおり困難な住民訴訟であったことからして、被告らがその意思に基

第1節　住民訴訟における住民側弁護士の「勝訴」報酬の考え方

づき3名の弁護士に訴訟遂行を委任したことは十分に推認することができる。

　そして，被告らの委任を受けた……3名の弁護士は，……答弁書や準備書面を提出するなどして訴訟活動を行ったものであり，その書面の内容自体からして，法律問題の丁寧な検討，判例の調査分析，事実調査を踏まえ，事案の困難性に即した的確な防禦活動がなされていることは明らかである。

　2号事件の請求額は295万4,105円及び遅延損害金額であり，請求放棄された額も同じである。右元本額を，福島弁護士会報酬規程16条1項の算定方式に当てはめると，着手金は23万6,328円，報酬金は47万2,656円となる。そして，事案の困難さ，被告らにとって二号事件の帰趨の重大さ，これに比較して請求額が低額であることに鑑みると，実質審理期間が必ずしも長期間ではなかったこと，人証の取調べを行っていないこと，終局の経緯を考慮に入れても，同規程16条2項を適用して，25％の増額をすべきである。そうすると，着手金は29万5,410円，報酬金は59万820円となる。

　そして，2号事件では，被告らはそれぞれ3名の弁護士に委任しており，事案に鑑み複数の弁護士による訴訟遂行には十分な合理性，必要性が認められ，かつ被告らがその意思に基づき3名の弁護士に訴訟遂行を委任したものと認められるのであるから，同規程5条3項により3名の各弁護士はそれぞれ右金額の報酬を請求することができるのであるが，他方，3名の被告らは財務会計行為を行う権限との関係ではそれぞれ事情を異にし，防禦の方法も異なるものではあるものの，共同被告とされ防禦方法を共通にする点も多々あることから，同規程5条2項を適用して減額するのが相当である。1人の弁護士による訴訟追行の場合，着手金につき29万円余，報酬金につき59万円余という金額が相当報酬額と認められることを前提に，右のとおりの増減額事由を考慮して検討すると，3名の弁護士に対する相当報酬額は，着手金につき合計40万円を，報酬金につき合計80万円をそれぞれ下回ることはないものと認められる。」

　このように，この判決は，被告側の弁護士費用についても，着手金について訴額説，成功報酬について棄却額説に立ちつつ，事案の難易を考慮して，弁護士報酬を減額した。

⑲　仙台高判平成13年6月8日（⑱の控訴審）

　この判決は，この「相当と認められる額」は231万円であり，それを超える129万円は不相当であって，不当に利得しているので，県に返還すべきである

第4章　住民訴訟における住民側弁護士の「勝訴」報酬

として，減額した。

「事案の困難さ，被控訴人らにとっての2号事件の帰趨の重大さ，それに比して請求額が低額であることを考慮すると，着手金については，報酬規程16条2項を適用して，20％程度の増額をするのが相当である。これに対して，報酬金については，実質審理期間が比較的短期間であったこと，訴訟手続において提出された準備書面等の分量もさほどではなかったこと，人証の取調べを行っていないことや終局の経緯を考慮すると，前記条項を適用して増額をするまでの事件であったとは認めることができない。そうすると，2号事件の被控訴人それぞれが負担する弁護士の相当報酬は，以上の報酬規程により算出された基準額に基づき，着手金29万円，報酬金48万円とするのが相当である。

なお，2号事件の相当報酬としては，前記の諸事情に鑑みると，報酬規程5条3項，同条2項の適用により3名の弁護士に対する報酬額を合算した上減額するという計算をする必要はないものと認められる（現実の3名の弁護士に対する弁護士報酬の支払も，その算定の基準となる経済的利益の額を算定不能とし同規程15条により800万円とした上での計算ではあるものの，着手金，報酬金とも，報酬規程の300万円を超える部分について，定めるそれぞれ5％及び10％の割合を乗じて算出された金額とし，これにさらに報酬規程の5条3項，2項を適用して合算及び減額することをしていない。）。

そうすると，2号事件の被控訴人らにおいて負担するのが相当な弁護士報酬は合計231万円となるから，同事件の弁護士報酬に係る負担金の額のうち，同金額の限度においては地方自治法242条の2第8項に定める『相当と認められる額』と認められるものの，それを超える129万円については，不相当であり，他に法律上の原因に基づくことの主張立証はないから，被控訴人らは，それぞれ43万円ずつを法律上の原因なくして利得したこととなり，これを福島県に返還すべきこととなる。」

このように，被告側の弁護士報酬は，算定不能ではなく，訴額説，棄却額説を基本としている。

(3)　算定不能説

⑳　大阪地判平成15年11月28日

この判決は，応訴費用について算定不能説を採った。これは，「住民訴訟は，地方自治の本旨に基づく住民参政の一環として住民に認められたものであ

り、地方財政業務の適正な運営を確保することを目的とした特殊な目的及び性格を有する訴訟類型である。」ことを理由に、「同訴訟において地方公共団体の職員が応訴して得られる『経済的利益の額』（報酬規程12条、13条）については、これを実質的に解釈し、単に同訴訟において勝訴することにより請求を免れる額、すなわち請求額だけではなく、地方公共団体の職員による職務執行が裁判所において適正であったと確認される利益もこれにあたると解する。そして、これらの利益はその性質上、同訴訟における請求額と同一であるとは限らず、他にその額を算定する客観的合理的基準を見出すことも極めて困難である。よって、住民訴訟における応訴の『経済的利益の額』は算定不能であると解するのが相当である」として、昭和53年の最高裁判決を引用する。

そして、当該事件では、応訴した被告側弁護士に支払った弁護士報酬額は「算定不能説」に立って弁護士会の報酬規程により計算した額（着手金49万円、成功報酬98万円、計147万円）よりも低いから問題はないと判断した。

この住民訴訟では、被告は5人で、1、2審で、着手金と成功報酬を合計して、それぞれ計25万2,500円を払ったので、地方公共団体が、約120万円の弁護士報酬を払ったものである。それぞれの被告毎に考えれば、この弁護士報酬は、非常に安いものであるが、この事件では、原告の請求額はわずか約37万円で、弁護士報酬がこれを遥かに上回る（約120万円）のは、不合理ではないかというのがこの住民訴訟における原告の主張である。

この事件で、訴額説なり認容額説（被告の方からは棄却額説）によれば、訴額はわずか約37万円なので、弁護士報酬は極めて安くなる。この点に着目すれば、弁護士報酬を多少とも高くする必要があり、その根拠として、この判決は、被告の応訴は、約37万円を免れるだけではなく、職務執行の適正さを確認して貰うことも大きな利益であるとの理論構成をしたのである。

(4) 両説の検討

しかし、この⑳判決の考え方に立てば、原告側でも、算定不能説によれば、訴額（ないし認容額）が低額でも、800万円とみなして、勝訴報酬を請求できると考えるべきであるが、それは適当であろうか。前記⑪判決の(c)と⑮判決はそうした考え方を否定する。

むしろ、この⑳判決は、訴額がおよそ800万円にならない場合の弁護士報酬引上げの理屈と考えるべきで、訴額が800万円を超える場合にまで算定不能説

第4章　住民訴訟における住民側弁護士の「勝訴」報酬

を唱えたと理解すべきではない。

　それならば，この場合も，弁護士報酬は訴額説に立って算定し，事案の難易を考慮して増額すればよかったのではないかと思われる。その意味で，⑲判決が妥当であり，⑳判決には賛成できない。

　このように，訴額説なり認容額説（被告から見れば請求棄却額）が妥当である。

　ただ，当然に訴額なり請求棄却額によるものとすれば，しばしば数百億円に及ぶ住民訴訟の被告側報酬の基準として妥当なものではない。住民訴訟は，行政訴訟一般同様，原告側は徒手空拳で，被告側は，資金，組織，人員，情報を豊富にもっているから，被告が勝つのは普通は当然で，被告代理人の労力は，その訴額とは関係が薄い。したがって，「相当の額」は訴額ではなく，弁護士の要する労力を考慮して判定すべきであろう。

　しかも，被告代理人の弁護士には，実際上は随意契約で，日頃たくさんの定型的かつ簡易な事件を回してもらっている（たとえば誰でもできる公営住宅明渡し事件）者が多いようである。そうであるならば，住民訴訟の被告側弁護士報酬は，低廉とすべき場合が多かろう（この点は第4章第5節で再説）。また，平成14年改正後は，被告地方公共団体の執行機関（首長等）は，勝敗にかかわらず弁護士費用が公費負担となったため，とにかく敗訴を免れるために，勝ち目が薄い事件でも，多数の弁護士を雇用し，多数の意見書を取り，地方公共団体に膨大な弁護士費用を出費させ，結局は敗訴する場合でもその費用を地方公共団体に負担させることができる。むしろ，被告は，最高裁までとことん争って，失うものはないし，被告の弁護士も，敗訴しても弁護士報酬を請求でき（さらに第2次訴訟を受任でき），勝訴すればなおさら請求でき，さらに，最高裁に上告（受理申立て）をすればそれだけで弁護士報酬を得られるので，裁判でとことん頑張ることを抑止する動機がない。弁護士数を限定する動機，意見書代を抑制する動機もない。

　これに対し，原告側弁護士は，当該訴訟で勝訴し，さらに弁護士費用をめぐってもう一度争って，勝訴して初めて弁護士費用を得られるのである。もともと，原告住民側は資金が乏しいから，意見書代や鑑定書代を支払う余裕もあまりない。資料収集もままならず，証拠の多くは当該地方公共団体や，談合の場合には企業のもとにあって，その収集は至難を極める。しかも，原告側弁護士は，着手金を得られることは少なく（勝訴すれば自治体から取り返せるはず

第1節　住民訴訟における住民側弁護士の「勝訴」報酬の考え方

だが，敗訴の場合はゼロ），弁護士報酬を得られるのは，5年先，10年先である。そのときに，被告代理人と同額の基準で報酬を得られても，到底対等とはいえない。

住民訴訟制度は，客観訴訟ではあるが，このような不対等なことを是認しているとの規定はない。

このことを考慮すれば，原告勝訴の場合には，原告代理人に対しては，被告弁護士が請求棄却判決を取った場合に支払う額以上の弁護士費用を支払うことが公平である。

なお，その被告側弁護士費用の支出自体，もともと違法支出の被害者である地方公共団体にさらに負担させるもので，住民はいわば二重に被害に遭うことになる。そこで，被告側が，このような観点から見て過大に弁護士費用を支出している場合には，これを違法支出として争うことも考えられる。

さらに追加すると，住民訴訟の被告が勝訴して得た利益は，財務会計上の行為が適正であったことが確認される利益であり，算定不能という主張がある。しかし，金銭請求を排斥することによって得られる利益は，まさにその請求金額そのものである。従前の四号請求についてはこのような解釈以外のものはありえない。平成14年の四号請求改正後は，当面被告となる執行機関は，敗訴しても，支払いを請求することが義務付けられただけではあるが，従前被告となっていた首長その他の職員や相手方はこれに応じなければならないのであるから，それによって当該地方公共団体は受益するのであるし，この点で従前の解釈を変更する理由はなく，またそうした趣旨は，改正法の立法過程では現れていないから，従来通りの解釈を維持すべきである。

なお，自治体によっては，住民訴訟の被告代理人に支払う弁護士報酬は算定不能説によっていると聞くが，それは明文化されたものであるのかどうか，仮にそうであっても，契約ベースであればいくらでも変更可能であるから，ここでの基準とはならない。それを基準とするためにはせめて条例で明示すべきである。

2　株主代表訴訟の場合との比較
(1)　根　　拠

本稿のテーマでは，会社法の株主代表訴訟との比較検討が有用である。最初

に会社法との制度的な違いについてコメントしておく。

会社法852条によれば、株主代表訴訟で勝訴した株主は、弁護士報酬だけではなく、「必要な費用」を会社に請求できる（ただし、訴訟費用を除くが、それは本案判決で当事者の負担割合を決め、訴訟費用確定の裁判で決めるので、改めて会社法に基づいて請求する必要はないからである）。これに対し、住民訴訟では、そのような規定はなく、単に弁護士報酬の請求ができるだけである。

したがって、訴訟実費（謄写費用、交通費など）は、原告負担となっている。本来、立法論としては、これを原告に負担させるべきではなく、地方公共団体負担とすべきであろう。逆に、株主が敗訴したときで、悪意があれば、賠償責任を負うが、住民訴訟にはそのような制度はない。

そのほか、一部勝訴を含め、勝訴した場合において、弁護士に報酬を支払うべきときは、相当の額の支払いを当該会社なり当該地方公共団体に請求することができることは株主代表訴訟でも住民訴訟でも同じである。印紙代の算定基準が算定不能とされることも同じである。制度の趣旨は、住民訴訟が住民による地方公共団体財政の統制手段であり、株主代表訴訟は、株主の権利を守るためとして、それぞれの制度に応じた違いはあるが、相当な額の弁護士報酬の支払いについては、この二つの制度の根幹は同じというべきである。

(2) 提訴手数料＝算定不能説

株主代表訴訟の場合、提訴手数料（印紙代）の算定基準としては、訴額説（東京地判平成4・8・11判時1460号141頁、判タ797号285頁）があったが、東京高裁はこれを逆転させて、算定不能説を採った（㉑東京高判平成5・3・30）。それは、上告審（最判平成6・3・10資料版商事法務121号149頁）で維持された[1]。

それは住民訴訟における印紙代を算定不能とした前掲最高裁昭和53年3月30日とほぼ同様の考え方である。

この判決をここに引用する（条文は判決当時のままである）。

㉑ 東京高判平成5年3月30日

「商法267条の定める株主代表訴訟は、会社が、取締役に対して責任追及の請求権を有し、かつ、株主から右責任追及の訴えの提起を請求されたにもかかわらず、訴えを提起しない場合に、株主が会社に代わって原告となり、取締役

---

(1) 小林秀之＝原強『株主代表訴訟　全判例と理論を知る』（日本評論社、1996年）12頁以下。

第1節　住民訴訟における住民側弁護士の「勝訴」報酬の考え方

を被告として提起する訴訟である。

この訴訟は，債権者代位訴訟や取立訴訟と同様，訴訟の目的たる権利の帰属主体でない者に訴訟追行権を認めたいわゆる第三者の訴訟担当の一つであり，その確定判決は，会社に対して効力を有し（民訴法201条2項），それが請求を認容したものである場合には，会社は，それを債務名義として強制執行をすることができ（民事執行法23条1項2号），会社が請求全額に相当する利益を得ることになる。

そして，会社が株主の請求に応じて取締役の責任を追及する訴えを提起する場合には，その訴えをもって請求する金額に応じた手数料を納付しなければならないから，会社に代わって株主が訴えを提起する場合にも，通常の代位訴訟と同じように，右と同額の手数料を納付するべきであるというのは，一つの考え方である。

2. しかしながら，株主代表訴訟は，その実質的な機能ないし目的の面から考察すると，株主による取締役の行為の差止請求訴訟（商法272条）及び新株発行の差止請求訴訟（商法280条の10）等と同様，株式会社の構成員である株主に認められた会社業務監督権能の行使であるということができる。すなわち，株主が会社に対し取締役に対する責任追及の訴えを提起することを請求しても，会社が役員間の馴れ合いなどからこれに応じないという株主と会社との対立を前提として，会社の怠慢により最も影響を受ける株主の利益をまもるために，株主自らが全株主を代表して取締役の経営責任を追及するものである。この意味において，この訴訟は，会社の取締役に対する請求権を個々の株主が行使する形式をとっているものの，実質的には，会社の利益を主眼とした会社のための訴訟ではなく，さりとて，専ら株主個々人の利益のみにかかわる訴訟でもなく，団体内部において，その構成員が自己の個人的利益に直接かかわらない資格で構成員全体の利益のために団体の機関の違法行為の是正を求めることを目的とする訴訟の一種であるとみるのが最もふさわしい。

金銭の支払を目的とする一般の債権者代位訴訟や取立訴訟においては，債権者は，被代位者に対する自らの債権額の範囲内においてしか，被代位者の債権を代位行使し，又は取り立てることが認められない反面，被代位債権の取立てによって直接債権者の債権の満足を得ることが実際上可能であるのに対し，株主代表訴訟の場合には，一定の要件を満たす株主であれば，請求できる金額に

制限はないが，勝訴しても，当該株主が直接受ける利益はなく，会社に損害賠償が支払われることによって間接的に全株主の一員としてその利益に与るにすぎず，しかも，その利益は配当や株価の上昇等の面で必ずしも具体化するとは限らないものである。

3. 以上のような株主代表訴訟の性格やその実質的機能にかんがみると，この訴訟が会社の請求権を行使する代位訴訟の側面を有しているからといって，そのことから直ちに，勝訴判決によって会社が受ける利益をもって『訴えをもって主張する利益』と解するのは相当ではなく，『訴えをもって主張する利益』は，勝訴判決により会社に損害賠償が支払われることによって原告である株主を含む全株主が受ける利益をいうものと解するのが相当である。そして，このような全株主が受ける利益は，会社が直接受ける利益とは同一ではあり得ず，その価額を具体的に算定する客観的，合理的基準を見出すことも極めて困難であるから，結局，費用法4条2項に準じて95万円とするのが相当である。」

印紙代については，住民訴訟の場合と同様となったのである。

そして，平成5年改正によって，株主代表訴訟における訴えは，訴訟の目的の価格の算定については，財産権上の請求でない請求にかかる訴えであるとみなされることとなった（旧商法267条4項）。これにより立法的に解決されたのである。現行会社法もこれを踏襲する（847条6項）。

(3) 原告側勝訴弁護士の報酬は訴額ないし認容額説

(ア) 判　　例

次に，弁護士の勝訴報酬に関しては，勝訴した株主は勝訴に要した費用で訴訟費用でないものを支出したとき又は弁護士に報酬を支払うべきときはその費用又は報酬の範囲内において「相当なる額」を会社に対して請求できる（旧商法268条の2，現行会社法852条）。これについて，商法では，算定不能説ではなく，訴額なり認容額に応じた額とするのが一般的である。ちなみに，株主代表訴訟を多数経験している友人の弁護士に聞いたところ，住民訴訟では算定不能説があるということに吃驚している。商法ではそのような考え方は一般にはないようである。

判例として，いくつか報告されているが，訴額説なり認容額説である。

第1節　住民訴訟における住民側弁護士の「勝訴」報酬の考え方

㉒　神戸地判平成10年10月1日

「原告らは，各弁護士が所属する神戸弁護士会所定の報酬基準規定に則った報酬を支払うべき義務を負うものと解するべきであるから，原告らは，被告会社に対して，右規定に則った報酬額の範囲内で，相当な額を請求できるというべきである。」

㉓　東京高判平成12年4月27日

「商法268条の2第1項によれば，株主代表訴訟を提起した株主が勝訴した場合において弁護士に報酬を支払うべきときは，株主は会社に対し，その報酬額の範囲内において相当なる額の支払を請求することができると定められている。株主代表訴訟制度は，会社がその取締役の違法行為により損害を受けた場合に，会社がその損害賠償請求訴訟等の措置をとらないとき，株主に会社の損害賠償請求権を債権者代位権の行使として認めたものでなく，また，株主が会社に対し損害賠償請求権を行使することを強制したり，取締役の違法行為の監督，是正することを目的として会社を代表する機関となって権限を行使することを認めたものでもなく，会社の損害は究極的には株主の利益を損なうものであるので，株主権から派生する株主の利益保護のための共益権的な固有権限として，株主の最終的な社団的利益を保全するため，代表訴訟を提起する権限を認めたものである。したがって，株主代表訴訟の提起，追行について株主と会社との間に法定委任関係や委任契約の擬制が成立するものではなく，株主とその代表訴訟を受任した弁護士との委任契約及び報酬等契約がそのまま会社との関係で直接，間接に効力を生ずるものではないが，<u>株主代表訴訟の結果，会社に生じていた損害が回復されたときは，株主代表訴訟の提起，追行は，第一次的には会社に利益をもたらし，会社のために事務管理としての側面もあるので，会社は，代表訴訟の提起，追行のために要した訴訟費用以外の費用，弁護士報酬等のうち客観的に有益費と認められる範囲のものを株主に償還すべき義務（民法702条）を負う余地がある。商法268条の2の規定は，右のような事務管理に基づく有益費償還責任を会社に負わせ，このことにより株主代表訴訟の提起を容易ならしめ，その制度の実効性を保障しようとしたものであると解される。</u>このような商法268条の2の規定の趣旨に照らせば，右『株主が勝訴した場合』の中には，株主と取締役らの間に訴訟上の和解が成立し，右取締役らが会社に対して損害賠償金を支払う旨を約束した場合も含まれると解するのが相

当である。」

これは株主代表訴訟における勝訴弁護士の報酬請求権は，事務管理に基づくとするが，その考え方は住民訴訟においても同様であろう。

㉔　東京地判平成11年11月26日

これは，㉓の原審であり，認容額は同じであるが，次のように述べている。「右相当額については，個別具体的な訴訟において，その請求額，当事者の数，事案の内容（難易度），弁護士の手数の繁簡（口頭弁論期日の回数，提出した訴訟資料の内容，証拠調べの内容，和解交渉の経緯，事件の終了に至るまでの期間等），提訴前に採った措置，訴訟の結果会社が得た利益などの諸般の事情を考慮して，弁護士がする訴訟追行の対価として相当な額であるかどうかという観点から客観的に判断すべきである。」

㉕　東京地判平成16年3月22日

「この相当額については，個別具体的な訴訟において，その請求額，当事者の数，事案の内容（難易），弁護士の手数の繁簡（口頭弁論期日の回数，提出した訴訟資料の内容及び分量，証拠調べの回数及び人数，和解交渉の経緯，事件の終了に至るまでの期間等），訴訟の結果会社が得た利益などの諸般の事情を考慮して，弁護士がする訴訟追行の対価として相当な額であるか否かという観点から決すべきである。」

前訴で2億円の支払を命ずる判決が確定し，会社はその額を回収した。これに対して弁護士報酬1,188万円が認容された。

(イ)　学説のコメント

上記の㉒の神戸地判平成10年10月1日の判タ1074号259～260頁匿名コメントも，訴額算定不能と弁護士報酬とは関係ないとしている。すなわち，

「平成5年の商法改正により，株主代表訴訟法は，訴訟の目的の価格については『財産権上の請求に非ざる請求に係る訴』とみなされる（267条4項）ことになり，訴額は民事訴訟費用法4条2項の規定により95万円と扱われるようになった。本条の弁護士報酬についても，右改正法にならって，『経済的利益の額を算定できない場合には，その額を500万円とする。』との規定（日弁連報酬等基準規程16条，平成7年の改正後は800万円）を適用すべきであるという考え方もあり得るところである。

けれども，右法改正は，これまで株主代表訴訟の訴額の算定について見解が

第1節　住民訴訟における住民側弁護士の「勝訴」報酬の考え方

分かれ、裁判所によって取扱が区々であったのを（最も著明な例として、日興証券損失補填株主代表訴訟事件において、東京地裁の印紙追貼命令を東京高裁が否定した例がある。）、立法的に解決したものと言われる。右改正法のみなし規定が、このような実務の分裂状況に対する立法上の手当てに過ぎず、かつこの種訴訟を促すという政策的配慮に出たものであるとすると、弁護士報酬の算定についてまで、この規定にならう必要はないと言えよう。現に右法改正をめぐる論議の中で、弁護士からは、事件対象の経済的利益の額が500万円とみなされて報酬が定められるようでは、弁護士としては訴訟を提起する魅力がないし、ひいては法改正による代表訴訟の活用も期待できないことになる、との趣旨の発言も見られた（座談会「株主代表訴訟制度の改善と今後の問題点」商事1329号4頁〔久保利弁護士発言〕）。実質的に見ても、代表訴訟が株主の勝訴に終わると、会社は賠償金の支払などの経済的利益を得るのであるから、その会社に負担させる弁護士報酬を、その利益額を基準として定めるというのは、弁護士報酬に関する一般的な基準（日弁連報酬等基準規程12条）に則ったものと言うことができ、本判決の考え方は、今後も妥当すると思われる。」

この考え方は住民訴訟にもそのまま妥当する。昭和53年の最判が、提訴手数料を算定不能説で算定することとしたのも、印紙代の計算に関するものであって、勝訴弁護士の報酬まで左右するとする趣旨はどこにも現れていない。そもそも、住民訴訟は、弁護士費用が十分に払われても、弁護士にとっては魅力に乏しいものである。被告側は前記のように無限の資金と人員を活用し、証拠を独占し、原告代理人は、着手金もほとんど貰えず、勝訴報酬をとるには、もう一度訴訟をせざる得ないからである。そのような現実のもとで弁護士報酬を算定不能説で算定するならば、久保利弁護士が述べるように弁護士にとって魅力がないから、住民訴訟はますます活用されず、その結果、地方公共団体の財政乱脈や官製談合を防げないので、住民につけが回ってしまうのである。これは住民訴訟制度をおいた地方自治法の想定することではないはずである。

これを全部紹介するのも煩に耐えないが、青木哲[2]は下記のように説明する。「株主代表訴訟においては、訴訟の対象たる権利の主体と依頼者とが異なる

---

(2)　朝日中央綜合法律事務所編『実務相談株主代表訴訟のすべて』（ぎょうせい、平成5年）111頁。以下の判例研究も、株主代表訴訟における原告代理人の弁護士報酬について訴額説に異論を唱えていない。

第 4 章　住民訴訟における住民側弁護士の「勝訴」報酬

ので,『経済的利益』が誰のものであるのかが問題になる。この点,訴訟の対象は会社の権利であり,委任事務の処理に要する時間と労力は,会社から委任を受けた場合と同じくらいであること,株主代表訴訟は会社の利益を確保することを目的とすることから,『経済的利益』は会社の利益を指すと解する。又,『確保した利益』が何であるかが問題になるが,訴訟代理に対する報酬の基準であるから,勝訴判決により認められた会社の権利が『確保した経済的利益』であり,その価格は勝訴額を指すと解する。このような報酬規定の解釈を前提とすると,弁護士報酬として相当額を判断する際にも,原則として,<u>着手金に対応する部分は訴訟の対象である請求額を基準に,報酬金に対応する部分は勝訴額を基準にして判断すべきである。</u>」

これに対して,前記⑧大阪高判平成 13 年 10 月 30 日は,「控訴人らは,株主代表訴訟の場合について指摘している。しかし,株主代表訴訟の場合に控訴人らの主張するような実務例があるとしても,株主代表訴訟と住民訴訟ではその制度の趣旨,目的及び効果において異なる面があるから,両者を必ずしも同様の考慮のもとに取り扱うべき必然性があるとまでは認めがたいのであるが,いずれにしても,本件では報酬契約が前記のように認められるから,双方を抽象的に比較検討する主張は,採用することはできない。」とする。

これは株主代表訴訟との比較・均衡を拒否したものであるが,「制度の趣旨,目的及び効果において異なる面がある」としても,制度の基本は同じなのであるから,異なる面がどの点なのか,なぜ同様に解することができないのか,明らかではない。

堀口勝「金融商事判例研究　株主代表訴訟で勝訴した株主から,会社に対し右訴訟を委任した弁護士報酬の請求が認容された事例（神戸地裁判決平成 10.10.1）」金融・商事判例 1078 号 51 頁以下 [1999 年],同「金融商事判例研究　株主代表訴訟に勝訴した場合の株主が会社に対して支払請求できる弁護士報酬額（平成 12.4.27 東京高裁判決）」金融・商事判例 1113 号 63 頁以下 [2001 年],釜田薫子「株主代表訴訟で和解が成立した場合の原告株主による会社に対する弁護士報酬請求権の法律的性格（東京高判平成 12.4.27）」旬刊商事法務.1688 号 56 頁以下 [2004 年],金子宏直「株主代表訴訟における弁護士報酬の問題（2・完）」民商法雑誌.113 巻 3 号 404 頁 [1995 年],青木哲「株主代表訴訟の勝訴株主による会社に対する弁護士報酬の請求――神戸地判平成 10.10.1」ジュリスト 1213 号 146 頁以下 [2001 年],中村一彦「株主代表訴訟に勝訴した場合の株主が会社に対して支払請求できる弁護士報酬額――東京高裁平成 12 年 4 月 27 日判決」判タ 1065 号 225 頁。

第1節　住民訴訟における住民側弁護士の「勝訴」報酬の考え方

　株主代表訴訟では，会社の損害を回復すれば，当該株主の個人的な利益が多少は回復されるかもしれないが，よほどの大株主でない限り，その影響は微々たるものであるし，この訴訟でも株主である以上に原告株主の受ける利益は基準となっていない。住民訴訟でも，原告が勝訴した場合に住民が受ける利益も，微々たるものであれ，存在するのであり，この点で株主代表訴訟と住民訴訟において，質的な違いは存在しない。この高裁判決は，十分な説明をしていないので，参考にならない。

(4)　さらに，まとめ

　以上の主張に対して，株主代表訴訟と住民訴訟は異なるとの趣旨の批判がありうる。すなわち，株主代表訴訟は，自己の株主権の確保という個人の経済的利益のために，当該株式会社の経済的利益を確保する制度で，会社の経済的利益と株主の経済的利益は一体的なものであるとして，「株式会社のために」提起すると明文で定められている（会社法847条3項）。そして，株主代表訴訟の株主は，当該会社の利益のために原告となって代表訴訟を提起するものであり，会社の代表機関的地位に立って訴訟を遂行し，その結果，勝訴した場合，会社が当該株主の負担で利益を受けるのであるから，利益を受ける会社は，当該訴訟における弁護士報酬については，会社の得た利益を基準として算定し，当該原告に支払うべきは当然のことである，という。

　これに対し，昭和53年最判によれば，住民訴訟は「地方公共団体の構成員である住民全体の利益を保障するために法律によって特別に認められた参政権の一種であり，その訴訟の原告は，自己の個人的利益のためや地方公共団体そのものの利益のためにではなく，専ら原告を含む住民全体の利益のために，いわば公益の代表者として地方財務行政の適正化を主張するもの」という。さらに，この最高裁判決は，「損害補填に関する住民訴訟は地方公共団体の有する損害賠償請求権を住民が代位行使する形式によるものと定められているが，この場合でも，実質的にみれば，権利の帰属主体たる地方公共団体と同じ立場においてではなく，住民としての固有の立場において，財務会計上の違法な行為又は怠る事実に係る職員等に対し損害の補填を要求することが訴訟の中心的目的となっているのであり，この目的を実現するための手段として，訴訟技術的配慮から代位請求の形式によることとしたものであると解される。この点において，右訴訟は民法423条に基づく訴訟等とは異質のものであるといわなけれ

第 4 章　住民訴訟における住民側弁護士の「勝訴」報酬

ばならない。」

　このことから，住民訴訟の原告の地位は，地方公共団体の代表機関として，地方公共団体のために訴訟提起し遂行するものではないから，会社の代表機関的地位で，会社のために訴訟遂行される株主代表訴訟とは異質の訴訟であり，弁護士報酬についても株主代表訴訟の例と同一に論じることはできないという意見があるようである。株主代表訴訟の提訴手数料の算定不能の扱いは，立法的に解決されたものであり，この種訴訟を促すという政策的配慮に出たものと解されるという。

　しかし，これは誤りである。

　まず，提訴手数料は，会社法では立法的に，住民訴訟では判例で解決されたものであるが，会社法で解釈論的に無理なのを立法したわけではなく，住民訴訟では判例があるので，立法する必要がなかっただけなので，この間に違いを見いだすのは無理である

　株主代表訴訟も，住民訴訟も，いずれも，自己のためではなく，会社なり地方公共団体のために，それに代位して提起する訴訟であることに変わりはない。会社法847条3項では，株主は「株式会社のために」責任追及等の訴えを提起することができることが明示されており，住民訴訟では，そのような明示はないが，原告勝訴の場合に，認容金額などが原告に与えられるのではなく，会社又は地方公共団体に与えられるのであるから，制度の仕組みとして，いずれにおいても，会社又は地方公共団体のための訴えであり，原告個人のための訴えではないことは明白である。

　昭和53年の最判が述べるように，民法423条の債権者代位権は株主代表訴訟とも住民訴訟とも異質であるが，それは条文上も「自己の債権を保全するため」債権者に与えられた，債務者に属する権利を行使する権利であるためである。この場合には，提訴手数料も訴えによって主張する額となるのはことの性質上当然である。住民訴訟・株主代表訴訟も債権者代位訴訟も，代位訴訟である点は同じであるが，前者は地方公共団体なり会社の権利を守るためであり，後者は自己の権利を守るためという大きな違いがあるので，これを同一視することは，提訴手数料でも弁護士報酬についても大きな間違いである。

　したがって，株主代表訴訟の株主を住民訴訟における住民に置き換えれば，「住民訴訟の原告は，当該地方公共団体の利益のために原告となって代表訴訟

第1節　住民訴訟における住民側弁護士の「勝訴」報酬の考え方

を提起するものであり，地方公共団体の代表機関的地位に立って訴訟を遂行し，その結果，勝訴した場合，地方公共団体が当該住民の負担で利益を受けるのであるから，利益を受ける地方公共団体は，当該訴訟における弁護士報酬については，地方公共団体の得た利益を基準として算定し，当該原告に支払うべきは当然のことである」ということになる。

　株主代表訴訟の原告勝訴によって株価が維持できるとか高騰するとか配当がきちんと行われると仮定しても，少数株主にとっては，その利益は微々たるものであって，訴訟費用と弁護士費用の方が高いのである。そして，株主代表訴訟の原告は6カ月前から1株でも保有していれば原告適格を有するのであるから，大株主を除けば，自己の株主権の確保という点からすれば明らかに割りが悪い。したがって，株主代表訴訟制度は，「自己の株主権の確保という個人の経済的利益のために，当該株式会社の経済的利益を確保する制度で，会社の経済的利益と株主の経済的利益は一体的なものである」とするのは間違いである。それは，専ら原告を含む株主全体の利益のために，会社財務の適正化を主張するものと理解すべきである。

　株主代表訴訟の提訴手数料が算定不能説によっているのも，立法的に解決されただけではなく，原告が勝訴しても，原告が得られる利益はその株価への反映にすぎず，微々たるものである上に，算定不能であるためである。この点で住民訴訟の提訴手数料と変わりはない。

　住民訴訟でも，主張できるのは，全ての違法ではなく，財務会計上の違法に限られているのであるから，原告が勝訴すれば，地方公共団体の財政状態が改善され，その構成員である住民の利益になる面がある。もともと住民訴訟はアメリカの地方公共団体において信託の発想から発展してきて，判例となったものである。

　それは，地方公共団体の財政乱脈などは，地方公共団体自身の損害であり，究極的にはその構成員である住民の損害であるとの考え方に立ったものである。この点で，会社の株主代表訴訟と制度的に異質であると見るべきものではない。

　それは代位訴訟の形式を採っている。もし，地方公共団体が出訴するなら，訴訟の利益を受けるのは，原告＝地方公共団体自身であるから，提訴手数料は，一般原則によるべきところ，住民訴訟では，訴訟によって直接に利益を受けない住民自身が出訴するのであるから，その提訴費用を住民に負担させるのは不

第4章　住民訴訟における住民側弁護士の「勝訴」報酬

公平である。本来は地方公共団体に負担させるべきであるが，提訴の段階では，地方公共団体はその訴訟によって利益を受けるかどうかは不明であるから，その段階で，地方公共団体に提訴手数料を負担させるのは不合理である。したがって，提訴の段階では，住民に負担させる代わりに，その算定の方法としては，地方公共団体が受ける利益ではなく，住民自身が受ける利益を基準とするのである。

弁護士報酬は，提訴手数料とは異なり，原告が勝訴確定した段階のものであるから，原告と弁護士との契約で，報酬を払うべきときに，当該訴訟によって現実に受益する地方公共団体に請求することになるので，その段階では，現実に受ける利益が基準であり，当該地方公共団体が現実に受けた利益が算定可能である以上は算定不能説によるべきではない。なお，差止訴訟など，いわゆる4号請求訴訟以外の訴訟においては，原告が勝訴しても，その地方公共団体にもたらす利益を算定できない場合がある。その場合には，算定不能説によるしかないが，それは民事訴訟の一般原則によるものである。

この最高裁判決が下線部分で述べているのは，提訴手数料について算定不能説を根拠付けるためのものである。これはいかにも住民訴訟一般について述べているように見えるが，原告勝訴の場合の弁護士報酬については一言もふれていないことに留意すべきである。

ここで，最高裁も住民訴訟の性格について論じているので，その意味を明らかにするために，この制度について最初に詳しい研究をした成田頼明[3]が住民訴訟の性格についてまとめているところを見よう。

これは，住民訴訟の意義と性格，住民訴訟の制度的意義という項目のもとに，①住民の直接参政の手段，②地方公共の利益保護，③地方財務会計の管理運営に対する司法統制の手段の3点に要約できるとしている。

①は，直接請求といった制度とは別に，住民に訴権を与えることによって，裁判所の手を通じて違法な財務会計行政の運営をチェックすることを目的とするものであり，広い意味での直接参政の一手段であるということである。

②住民訴訟は，沿革的にいえば，母国アメリカの各州においては納税者の利益を擁護することを目的とするものであった。地方公共団体の職員の行った違

---

(3)　成田頼明「住民訴訟（納税者訴訟）」『行政法講座第3巻』（有斐閣，1965年）202頁。

第1節　住民訴訟における住民側弁護士の「勝訴」報酬の考え方

法な財務行政上の行為は信託受益者である納税者に対して信託違反を構成するとか納税者の税負担の増加を招くことから納税者はこうした行為を裁判所で争う利益があるとされてきた。ただ，わが国では，訴権が納税者ではなく住民に与えられているところから，このような説明は正確ではない。住民訴訟の第一次的目的は，必ずしも納税者の利益の擁護にあるのではなく，むしろより広く，地方公共団体の機関又は職員の違法な財務会計上の行為に対して，地方自治行政の公正と住民全体の利益を保障するところにあると見るべきであろう。

③地方公共団体の違法な財務会計行為に対処する手段として，地方自治に対する不当な干渉にならないこと，しかし，実効性を持つことの要請を満足させるには，公正な裁判所の関与に期待するのがわが国の統治構造では適当である。

これを見ると，昭和53年の最判が，住民訴訟は，住民全体の利益のためであり，地方公共団体そのものの利益のためではなくと述べているのは，住民訴訟の性格論として正しいが，成田頼明がそれを述べるのは，住民訴訟の意義と性格とか住民訴訟の制度的意義といったテーマについてである。その結果，利益が地方公共団体に帰属した場合に，地方公共団体が弁護士報酬の支払いまで免れるような理論にはつながらない。②，③についても同様である。

以上，要するに，昭和53年の最判が，住民訴訟は，参政権の一種であり，原告は，自己の個人的利益のためや<u>地方公共団体そのものの利益のために行動しているのではなく，権利の帰属主体たる地方公共団体と同じ立場においてではなく，住民としての固有の立場において</u>争っているとするのは，提訴手数料の検討の場で言われたものであり，その限りでは正当であるが，原告が現実に勝訴して，利益が当該地方公共団体に帰属した時点における住民訴訟の制度を分析したものではないから，そこまでその射程は及ばない。そして，弁護士報酬については，現実に利益を得た者がその受益の程度に応じて負担するのが衡平であるから，算定不能説はまったく不適切で，認容額説によるべきである。

3　被告控訴・上告の場合の印紙代と被告の弁護士報酬

住民訴訟における提訴手数料は，算定不能扱いで，一審では13,000円，高裁で19,500円，最高裁で，26,000円である。

被告の提訴手数料については，少なくとも，改正前の住民訴訟では，知事，市長等個人にいくら払えとの判決が出ており，知事，市長等個人が控訴したの

第4章 住民訴訟における住民側弁護士の「勝訴」報酬

であるから、その控訴審での訴額は算定できるはずである。しかし、これも、同じく算定不能扱いで、高裁では 19,500 円、最高裁では 26,000 円である。

なぜか。それは、訴訟物の価格は、一審で固定され、印紙代は高裁では一審でのそれの 1.5 倍、最高裁では同じく倍と、民事訴訟等費用法別表第一の二で決まっているからである。

要するに、被告の方の上級審での印紙代は算定不能扱いになっているが、それは、被告の受ける利益が算定不能であるためではなく、原告住民の受ける利益が算定不能であるとして、訴訟物の価格が一審で固定されたためである。

そして、訴訟により被告の受ける利益は算定不能ではないから、被告弁護士の得られる報酬の基準は算定不能ではなく、被告が現に受ける利益を基準に算定してよいことになる（もちろん、報酬規程がなくなったので、いかようにも契約はできる。ただし、過大支出は住民訴訟で争われるリスクがある）。

前記の弁護士報酬に関する算定不能説は、原告の提訴手数料が算定不能であることを根拠とするが、被告が敗訴して、控訴・上告する場合の手数料も、同様に考えるなら、被告の弁護士報酬についても、算定不能を基準としないと、一貫しない。そのようになっていないことは、提訴手数料と弁護士報酬とを関連づけるべきではないことを意味する。そうすると、この点でも、前記の算定不能説は誤りであることになる。

なお、平成 14 年改正後の 4 号請求訴訟では、原告は、執行機関（知事、市長等）から賠償義務者に当該地方公共団体に支払えという趣旨の請求をすることとなった。そこで、これは内容的にも算定不能であり、被告の方も、控訴のときは、知事、市長等は、責任者にいくら支払えとの請求せよとの判決を取り消せというのが控訴の趣旨であるから、地方公共団体の受ける利益も、算定不能という考えがないではない。そうすると、被告執行機関（首長等）側が、その代理人弁護士に訴額（あるいは棄却額）を基準に弁護士費用を払えば、それは違法となるはずである。しかし、そのようには解されていない。

このことを考慮すると、住民訴訟の訴額が算定不能であるからといって、原告側弁護士の勝訴報酬の算定に当たって、同様に算定不能を前提とするのは、いかにも不公平である。

第1節　住民訴訟における住民側弁護士の「勝訴」報酬の考え方

4　地方公共団体は損しない

住民訴訟はボランティアでやっているものとの社会の認識からは，弁護士報酬の支払いは地方公共団体に損を被らせるのではないかとの疑問を感ずる向きがある。しかし，弁護士報酬は，地方公共団体に権利を与えた（損害を回復した）対価であり，地方公共団体は，高みの見物（談合訴訟等の場合）か，徹底抗戦にもかかわらず敗訴した場合（厚遇裁判等）に払うことになるので，その得られるべき経済的利益の一部を原告弁護士の報酬として支払っても，大儲けである。ただ，地方公共団体に現実に金銭的な利益がない場合（権利放棄は別である）には，民事訴訟で，勝訴判決の執行が不能な場合と同様で，報酬を減額すべきであろう。当然に算定不能として扱うべきではない。

5　弁護士費用敗訴者負担制度との関係

地方自治法242条の2旧第7項（現12項）は，弁護士費用敗訴者負担制度を採っていない現行制度のもとで，被告に弁護士費用を請求できるという特例であるという意見を聞くが，それは全くの誤解である。

弁護士費用敗者者負担制度を採った場合には，それを負担させられるのは誰かというと，平成14年改正前は，被告となった首長その他の職員又は相手方であるし，改正後はとりあえず執行機関であるが，当該執行機関（首長を相手とする場合には代表監査委員）は次に首長や職員個人又は相手方に請求する（地方自治法242条の3）ので，最終的に弁護士費用を負担するのは，改正前と同じである。

他方，住民訴訟で原告が勝訴した場合に地方自治法242条の2旧第7項（現12項）により弁護士報酬を請求する相手の地方公共団体は，受益した立場の地方公共団体である。したがって，弁護士費用敗訴者負担制度による負担させられる被告と，原告勝訴の場合に弁護士報酬を負担させられる地方公共団体とはまったく別人である。後者が，前者の代わりになっているわけではない。したがって，上記の意見は，住民訴訟の構造を理解していないと評するしかない。

Ⅳ　具体的な算定

1　着手金は？

次に，勝訴原告が地方公共団体に請求できる弁護士「報酬」には，成功報酬

第4章　住民訴訟における住民側弁護士の「勝訴」報酬

のほか，着手金も含まれるか。これについて，4号請求の被告が勝訴して（原告が請求を放棄して勝訴扱いになった），地方公共団体から応訴の弁護士費用の支払を受けたことに対して住民訴訟が提起された事件において，地方自治法242条の2第8項が「その報酬額の範囲内で相当と認められる額」と規定しているところ，報酬規程が着手金と報酬金とを区別して規定しているから，前記条項にいう「報酬額」は報酬規程にいう報酬金のみを指すものと解され，「着手金」まで支出することは，前記条項の違反となる旨主張された事件がある。

　前記⑲仙台高判平成13年6月8日はこの主張を否定した。

　裁判所は，地方自治法242条の2第8項は，4号請求訴訟の被告となった職員が勝訴した場合の応訴費用を地方公共団体が負担することを認めた規定であることからすると，着手金を除外すべき実質的な理由はないし，前記条項の文言も「報酬金」ではなく，「報酬」であり，報酬規程自体弁護士の「報酬」に着手金と報酬金とが含まれることを前提としたものであるといえるから，控訴人らの主張は採用できないと判断した。

　しかし，次のような注釈を付けている。

　「（なお，弁護士報酬のうち報酬金〔いわゆる成功報酬〕については，上記請求認容額が報酬規程にいう事件等の処理により確保した経済的利益の額ということは容易であるが，着手金については，その支払がなされる時点では，事実上，訴訟上請求することとなる金額を基準に算定されているものと思われ，成功報酬とはその算定の根拠となる経済的利益の額が異なるものと解する余地がある。しかしながら，認容金額が請求金額を相当程度下回っている場合には，着手金の額は結果として過大に算定されていたことになるから，その過払分について，成功報酬の額を減額する等により調整・精算がされるべきものである。したがって，結局，着手金の額も，上記請求認容額を基準に算定されることになるものというべきである。）」

　さらに，原告が勝訴した場合，着手金を報酬に含めるのが判例である。

　前記⑥大阪高裁平成19年9月28日も，地方自治法242条の2旧第7項（現12項）にいう「報酬」は，着手金及び報酬金の双方を含んでいると解している。この点，被告は，この規定は，「『勝訴（一部勝訴を含む。）』した場合の規定であるところから，勝訴敗訴にかかわらず依頼者が負担すべき着手金は含まれないと主張するが，そもそも敗訴した場合に除外されるのは，その結果からして弁護士費用を公金から支出させることが相当でないからにすぎず，勝訴又は一

第1節　住民訴訟における住民側弁護士の「勝訴」報酬の考え方

部勝訴の場合であっても，弁護士が実際の委任事務処理の対価として支払を受けるべき『報酬』の額がいわゆる成功報酬に限られるとの，控訴人（被告）の上記主張は採用できない」とした。

前記⑰京都地裁平成19年3月28日は，「弁護士報酬規程によれば，『弁護士報酬は，法律相談料，書面による鑑定料，着手金，報酬金，手数料，顧問料及び日当とする。』とされており，社会通念上も，訴訟事件における弁護士報酬とは，着手金及び報酬金双方を含んだ概念であると理解されている。よって，同項における『報酬』を，着手金を含まない報酬金のみのことであるとの被告の主張には理由がない。」としている。

「本件住民訴訟においては，原告らと訴訟代理人弁護士との間で，着手金及び報酬金について事後的に一括して支払うことが合意されていたという事情があり，着手金についても，報酬金と同様に，本件住民訴訟の結果，被代位者である本件被告が現に回復した財産額を基準に着手金の相当額を算定することが相当である。よって，本件住民訴訟原告ら代理人弁護士に対する着手金の算定基準となる『経済的利益』も9,448万6,347円とみるべきである。」

これは，着手金は訴額で計算するとしばしば不当に巨額になるので，勝訴額を基準に決めるべきものとしている。株主代表訴訟では，前記㉔，㉕に見るように，訴額も考慮されているが，この判決は訴額を考慮していないのである。たしかに，訴額が巨額でも，印紙代は算定不能で同一なので，巨額な訴訟が提起されやすく，着手金を訴額を基準にそのまま判定するのは不合理であるが，しかし，訴額が高額であれば，被告の抵抗もそれだけ大きいのであって，完全に無視するのも適切ではない。着手金の算定基準として，請求額もある程度は斟酌すべきではないか。

2　「相当な額」の具体的な算定方法
(1) 住民訴訟の判例

具体的な「相当な額」は，「勝訴」により地方公共団体が受ける利益を基本として，事案の難易，軽重，手数の繁閑なども考慮される。裁判の回数，準備書面の提出回数，証人尋問の回数なども考慮されている。

算定不能説の①名古屋高判平成14年10月17日も，ただし，として，算定不能説の報酬196万円に対し，一切の事情を考慮して，認容額は350万円とし

ている。すなわち,

「本件訴訟は名古屋市において長年名古屋市政調査会審議員に対して支給されてきた費用弁償という財務会計行為の違法性を巡って争われた事案であって,その訴訟の追行に相当の困難が伴ったことは容易に推察されるところである。以上に指摘の本件訴訟の内容,審理の経過,認容額及び返還額,日弁連の報酬基準,その他本件記録に顕れた一切の事情を斟酌すると,本件における相当な弁護士報酬額は350万円をもって相当と判断する。」としている。大幅割増しとしたのは,算定不能説だけでは合理的ではない結果になるためであろう。

㉖　**名古屋地判平成14年3月13日**（①の原審）

この判決は,「名古屋市長の地位にあったB外8名に対し本件訴訟を提起したこと,訴え提起から1審判決言渡しまで約2年8か月余,そこから審議員,控訴人らによる支払まで約3か月,そこから2審判決言渡しまで約5か月をそれぞれ要したこと,Aは,訴訟費用全額の支払を受けたこと,以上に加えて,本件訴訟の内容,審理の経緯,認容額,日弁連の報酬基準,その他本件に現れた一切の事情を斟酌すると,本件では350万円をもって相当な弁護士報酬額と判断する。」と述べている。訴額説なのか,算定不能説なのかは,明らかではない。

前記⑥大阪高判平成19年9月28日は算定不能説に立つが,増額要素について次のように述べる。

「弁護士報酬規程15条2項は,算定不能の場合,事件等の難易,軽重,手数の繁簡及び依頼者の受ける利益等を考慮して,適正妥当な範囲内で増減額することができるとされているが,特に,判決の認容等現実の入金額が多額である場合,これをいかに増額の要素として考慮すべきかは困難な問題を提供する。しかしながら,この点の判断にあたっても,住民訴訟の特殊な目的,性格を踏まえてなされるべきである。……4号に基づく住民訴訟はその目的実現のため訴訟技術的配慮により金銭の代位請求の形式を採るものではあるが,その目的は,地方公共団体の財務会計上の行為を正すことにあって,住民又は地方公共団体の個人的な経済的利益の回復をはかること自体にあるのではない（……その利益として観念すべきは,住民全体の受ける公共的利益というべきものである。）ことに鑑みれば,弁護士報酬規程15条2項により,基準報酬額の増額をするか否かの判断にあたり,主として重視すべきは,事件等の難易,軽重,手数の

第1節　住民訴訟における住民側弁護士の「勝訴」報酬の考え方

繁簡であって，判決の認容額，現実の入金額ではないというべきである。それゆえ，判決の認容額，現実の入金額は，従たる要素として，前記要素に加味する程度にとどめるのが相当であり，住民訴訟の結果得た判決の認容額，現実の入金額が多額であるからといって，この点を重視して，弁護士費用相当額を，その金額に比例して高額に算定するのは相当でない。

　これを本件についてみると，本件住民訴訟は控訴審において控訴棄却の判決が言い渡されるまで4年8か月以上を費やし，弁論期日等も合わせて30回以上にのぼっただけでなく，そもそも本件住民訴訟における被告の数が最終的に債務名義を得た数だけでも63件，損害賠償の対象となった工事の数も184件と多数にのぼっており，また，刑事事件の謄写記録文献等の抜取は新聞記事等が多くを占めているとはいえ，提出された書証の数も合計115点にのぼることが認められ，これらの証拠を整理，検討し，主張を構成するにつき，相当の労力を要したことが推認される。また，前記基礎となる事実のとおり，控訴人は，本件住民訴訟の勝訴判決確定の結果，原審口頭弁論終結時において，既に9,436万6,347円を回収済みである。

　以上の事実を考慮すると，本件住民訴訟における原告ら代理人弁護士の委任事務処理の対価を検討するにあたっては，通常の事案に比較して，相当程度の増額がなされてしかるべきである。

　その他本件に顕れた一切の事情を総合考慮すると，本件住民訴訟における旧地方自治法242条の2第7項の『相当と認められる額』については，前記基準報酬額を約50％の割合で増額した300万円と認めるのが相当である。」

　この判決は弁護団の手間暇を重視し，入金額を重視していない特殊性がある。

　算定不能説に近い前記⑰京都地裁平成19年3月28日は，そもそも，委任契約における報酬が両当事者の合意に基づき決せられる際には，事件等の難易，軽重，手数の繁簡等の紛争の実態を考慮して決められるものであるから，「裁判所が本件住民訴訟における相当な報酬額を決定する上でも，これら紛争の実態，本件被告がその後確保できた経済的利益，社会的相当性などを総合して勘案する必要がある。」とする。

　そこで，原告らが弁護士に訴訟遂行を委任した本件住民訴訟の紛争の実態等がいかなるものであったかを考察する。

　「本件住民訴訟における本件住民訴訟原告ら代理人弁護士の訴訟活動の実態

は，本件被告が本件住民訴訟の被告らに対して有する損害賠償請求権の行使過程そのものであるといえる。」

「イ　具体的な本件住民訴訟の難易，軽重，手数の繁簡等について本件住民訴訟の実態は，前記基礎となる事実記載のとおり，5年近くの期間にわたり多数回の弁論が開かれ，相当数の書証も提出されている。

原告らは，これらの事情をもって，本件住民訴訟が膨大・長期にわたったことを指摘する。しかし，従来，各弁護士会が民事訴訟に関する報酬規程を『事件等の対象の経済的利益』及び『委任事務処理により確保した経済的利益』を基準にして定めてきたように，社会通念上，訴訟における委任事務の難易及び繁簡と事件等の対象ないしその処理により確保される経済的利益の大きさとの間には，一定程度の相関関係が認められるところ，本件住民訴訟の難易，軽重，手数の繁簡等は，本件住民訴訟のように認容額が1億円を超えるような訴訟としては，通常想定される範囲の委任事務であるといえる。

他方，本件被告は，本件住民訴訟において，本件住民訴訟原告ら代理人弁護士が，主要な争点につき，刑事一件記録および本件被告が保有していた入札記録に依拠して訴訟活動を行った点から，本件住民訴訟原告ら代理人弁護士の訴訟活動は，特に困難な事案に関するものとはいえず，また特段の労力を要するものでなかった旨言及するが，この点をもって，本件住民訴訟の委任事務の実態が，請求額ないし認容額が同程度の他の訴訟の委任事務と比して特に容易であったとまでは認められない。」

「本件住民訴訟において，本件住民訴訟原告ら代理人弁護士の訴訟活動により本件被告が確保した経済的利益は，……本件被告が本件住民訴訟の判決に基づき弁済を受け，また受ける見込みのある債権の総額である9,448万6,347円と認められる。」

そして，「当裁判所が『相当』と認める報酬額について，以上の『経済的利益』の額を前提に，弁護士報酬規程を参照すると，報酬金の目安は，約700万円と算定される。

同様に，着手金の目安については，第1審，控訴審ともに約350万円と算定される。もっとも本件住民訴訟は第1審における代理人弁護士がそのまま控訴審でも受任した事案であり，控訴審着手金は相当減額することが通常と考えられるので，当裁判所は，本件住民訴訟の第1審，控訴審を通じ，着手金の目安

第1節　住民訴訟における住民側弁護士の「勝訴」報酬の考え方

は合計500万円と算定する。

　相当報酬額を決する上で，事件の内容に応じて30％の範囲内での増減をするかどうかにつき検討するに，事件の難易及び軽重については『経済的利益』の具体額の算定において考慮済みであるため，当裁判所としては，この点につき，特に増減することをしない。

　もっとも，本件被告は自ら訴訟を提起する場合であれば顧問弁護士等と交渉し，報酬規程を基準とした巨額の支出負担を免れ，公費の支出を抑えているのが通常と思われる。

　また，弁護士報酬として1,200万円もの巨額の支出がなされれば，住民の税金によって運営されている本件被告の財政に少なからぬ負担を与えることは明らかである。本件住民訴訟は本件被告の財務行政の適正化を志向する住民である原告らによって提起されたものであり，弁護士も普通地方公共団体である本件被告の財務行政を適正化するために委任事務を行ったと推認され，その報酬については，ビジネスにおいて生じた同規模の紛争における訴訟活動と比べて低額で合意がなされるのが通常であると推認できる。とすれば，当裁判所としては，報酬として『相当な額』を考えるに当たっては，かかる事情（社会的相当性）も考慮し，……着手金及び報酬金の各目安額の合計である1,200万円より30％の範囲内で減額するのが相当であると考える。

　よって，本件住民訴訟に関して，原告らが本件住民訴訟原告ら代理人弁護士に対して支払を約した相当報酬額は900万円であると認める」とした。

　この判決は，それなりに総合考慮していると思われるが，しかし，不適切な点もある。「本件被告は自ら訴訟を提起する場合であれば顧問弁護士等と交渉し，報酬規程を基準とした巨額の支出負担を免れ，公費の支出を抑えているのが通常と思われる。」という点は，被告が自ら訴訟を提起しないで，住民訴訟に任せた場合に言える理屈ではないと思われる。しかも，被告側弁護士の報酬は結構高い（第4章第5節参照）。「また，弁護士報酬として1,200万円もの巨額の支出がなされれば，住民の税金によって運営されている本件被告の財政に少なからぬ負担を与えることは明らかである。」という点は，敗訴の場合も地方公共団体が弁護士費用を負担するのであれば，妥当するが，そうではなく，地方公共団体は，リスクを全て住民側に負わせ，住民の勝訴の結果9,448万もの巨額の入金があって，その一部だけを弁護士費用として負担するのであるか

ら，その額が 1,200 万円もの巨額であるといっても，逆に差額の 8,248 万円もの入金があるのである。地方公共団体が，いわば人のふんどしで相撲を取って，勝利したときに，その恩人への謝礼をなぜ値切る必要があるのだろうか。

⑯　京都地判平成 19 年 11 月 29 日

これは約 26 億円あまりの賠償を命じられた元京都市長が死亡し，相続人が限定承認の手続をしたポンポン山訴訟である。被告が，その相続財産から回収できる前訴の損害賠償請求債権は 8,827 万 2,001 円の見込みである。

これについて，裁判所は，算定不能説でも，訴額説でも，認容額説でもなく，執行額説を採った。そして，具体的には総合考慮の上，8,000 万円台の回収に対して，報酬を 1,000 万円とした。それなりの合理的な結果と思われる。すなわち，「経済的利益の額を 800 万円として，弁護士報酬額を算定すると，各審級における着手金が 49 万円，成功報酬が 98 万円となる。

他方，これらの経済的利益の額について，前訴における判決認容額（26 億円超）を基準とすると，各審級における着手金が 5,594 万 1,559 円，成功報酬が 1 億 1,188 万 3,119 円となる。

また，京都市が，前訴代理人弁護士の訴訟活動によって現に確保した経済的利益に着目し，前訴における『委任事務処理により確保した経済的利益の額』を，被告が前訴請求債権につき将来的に回収を見込んでいる 8,827 万 2,001 円として算定すると，報酬金は 667 万 6,320 円となり，着手金算定の基礎となる経済的利益の額にもこの額を当てはめると，各審級における着手金は 333 万 8,160 円となる。

……前訴のように，認容額が大きく，12 年以上にわたる長期の訴訟で，1 審と控訴審を通じて言渡し期日を除いても計 42 回もの口頭弁論期日が重ねられ，訴訟代理人が多大な費用と労力を要したと認められる事件において，前訴における前訴代理人弁護士の報酬額を算定する際の『経済的利益の額』につき，それが算定不能であるとしても報酬規程 15 条 1 項をそのまま適用して 800 万円とすることは妥当でない。

また，旧 4 号訴訟が，地方公共団体の財産の回復に向けた制度であることからすれば，現実に地方自治体に財産が回復する見込みがないにもかかわらず，経済的利益の額について，訴訟物の価額や判決の請求認容額を単純に基準とすることも妥当でない。

第 1 節　住民訴訟における住民側弁護士の「勝訴」報酬の考え方

そこで，……経済的利益の額について，前訴によって，被告に財産が回復することが見込まれる額である 8,827 万 2,001 円と擬制して原告らが前訴代理人弁護士に支払うべき報酬額と算定し，かつ，それを相当報酬額と解するのが相当である。

その上で，前訴においては，前訴代理人弁護士が長期間の審理に対処し，多大な費用・労力を費やしたことが認められる一方，被告側も市長が補助参加して審理に必要な資料を提出していること，前訴が長期化した事情としては，前訴原告らの事情で必要な鑑定に取りかかる時期が遅れたり，尋問予定者の体調不良により本人尋問の実施に時間がかかったりなど，必ずしも事件自体の難易，繁簡とは関係のない要因があり，これらの点につき，前訴代理人弁護士が特段の費用，労力を要したとまで認められないこと，前訴においては，前訴第 1 審，前訴控訴審，前訴上告受理申立審をいずれも共通の弁護士が受任し，前訴上告受理申立審については結局弁論が行われることなく事件が終了するなど，着手金については各審級について相当減額する事由があることなどを，総合的に評価し，相当報酬額としては，各審級を合計した着手金 400 万円，報酬金 600 万円の合計 1,000 万円と算定するのが相当である。」

これは基本を執行額とした上で総合考慮したものである。

⑯のポンポン山訴訟の控訴審大阪高裁平成 20 年(ネ)89 号，722 号，平成 20 年 8 月 29 日判決は，原審判決の総合考慮説に立ち，結論としても 1,000 万円の認容額を維持して，双方の控訴を棄却した。

以下，同様に，総合考慮して，弁護士報酬を算定した判例を掲げる。

⑦　京都地判平成 13 年 4 月 25 日

この事件では前訴の認容額は，元金だけで約 6,883 万円となり，遅延損害金を加えると 1 億 740 万円となる。この判決は算定不能説に立っているが，事件が多大の労力及び時間を要する複雑で困難な事件であったとして増額し，弁護士報酬を 500 万円とした。

⑪　大阪地判平成 16 年 4 月 22 日

地方公共団体が得た経済的利益 5,973 万円余に対し，弁護士報酬を 744 万円余り請求したところ，600 万円を認容した。

㉗　大阪地判平成 6 年 6 月 28 日

弁護士会の報酬規程を参照して，約 127 万円の支払に対し 50 万円，約 48 万

強の支払に対し15万円の弁護士報酬を認めた。

㉘　大津地判平成8年11月25日

和解により400万円の支払を得た事件で，弁護士会報酬規程に照らし，弁護士報酬を100万円とした。

㉙　大阪地判平成11年9月14日

被告に対して填補された額を弁護士報酬の算定の基礎である「委任事務処理により確保した経済的利益」と見ることが妥当として，勝訴額409万円強，14万円強，72万円強の3つの案件に対して弁護士報酬をそれぞれ98万円，6万円，38万円と算定した。

(2)　**株主代表訴訟の判例**

会社法の判例も「相当なる額」に関して，勝訴額を基準とし，さらに，種々の事情を考慮する。

㉒　神戸地判平成10年10月1日

本条にいう「相当なる額」は，「弁護士会の報酬規定の趣旨内容に照らしても，まず，被告会社が得た利益が基準となるが，その他，事件の難易度，軽重，手数の煩簡などの種々の要素を考慮し，客観的に被告会社にとって必要であった報酬を指すものと解される」。

「そして，前件訴訟の事案は格別複雑ではないが，前件訴訟における原告側の訴訟代理人としての活動は，訴外人の主張に照らして，勢い長年の経過を押さえた詳細なものであることが要求されたものというべく，第一審のみならず，控訴審における応訴や，訴外人による判決に従った履行の確保までの一連の手続を含めると，これに対する相当報酬額は，前件訴訟の経済的利益額から神戸弁護士会規定により算出される基準額にほぼ等しい，総額1,160万円をもって相当とする。」なお，この事件では，会社に支払われたのは，1億4,737万円あまりである。

㉓　東京高判平成12年4月27日

株主は「商法268条の2第1項に基づいて，控訴人（株主）らが各訴訟代理人に対して支払を約束し又は各訴訟代理人から支払を請求された報酬の全額を被控訴人（会社）に対して請求することができるわけではなく，被控訴人に対して支払を請求できる額は，右弁護士報酬額の範囲内で相当と認められる額に限られる。そして，右相当額については，個別具体的な訴訟において，その請

求額，当事者の数，事案の内容（難易度），弁護士の手数の繁簡（口頭弁論期日の回数，提出した訴訟資料の内容，証拠調べの内容，和解交渉の経緯，事件の終了に至るまでの期間等），提訴前に採った措置，訴訟の結果会社が得た利益などの諸般の事情を考慮して，弁護士がする訴訟追行の対価として相当な額であるかどうかという観点から客観的に判断すべきである」。

これは前訴における3億8,000万円の和解に対し，弁護士費用を1,160万円と認定した。

(3) 私　見

これらを見れば，裁判所は，算定不能説を採る場合も，それは，そのままでは妥当しないことを自覚して，勝訴額が大きい場合には，増額などをしているのである。一種の公平感覚であろう。

会社訴訟では算定不能説は採られていないが，上記のような種々の事情を考慮している。それは必ずしも減額要因になるものではない。

それは一般論として妥当であろうと思料する。しかし，筆者は，裁判の回数，準備書面の提出回数を重視すべきではないと思う。裁判がのろのろと行われている場合とできるだけ速やかに結論が出るような審理が行われている場合では違うし，準備書面も簡単なものから丁寧なものまで種々ある。事案の難易，特に，入手しがたい証拠の収集，難しい法理論の創造，被告の執拗な主張の排斥なども十分に斟酌されるべきである。住民訴訟は，同様の違法行為をこれからしないようにと，抑止的効果があるので，地方公共団体の財政に大きく貢献することも考慮されるべきである。

さらに，一審において原告一部勝訴として800万円以上認容された場合，算定不能説では，原告から控訴（あるいは附帯控訴）して勝訴しても，弁護士報酬の増額はあまり期待できない。これでは，原告住民側だけに控訴するインセンティブを殺ぐので，不合理である。やはり，認容額説によるべきであるが，仮に算定不能説によるとしても，控訴・上告して認容額を増額した場合には，そのことを十分に考慮して，増額すべきである。

⑦は，入金額を重視しないが，額が高くなれば，被告も徹底的に抗争するので，原告の負担も重くなるのが普通である。

さらに，これまでは弁護士会の報酬規程で算定して，それに30％の増減が行われていたが，報酬規程が廃止された今日，もっと事案の内容によって判

断すべきである。これまでの報酬規程は，80％は勝訴する普通の民事事件を念頭においていたから，数％しか勝訴しない行政事件の場合には，勝訴したら，勝訴報酬を大幅に割増ししてもおかしくないのである。

同じ4号請求訴訟でも，第三者に対する訴訟では，これまた苦労が違う。談合事件では，記録を探求するのに大変な労力を要し，膨大な記録を分析しなければならない。

また，前記のように，新4号訴訟では，被告には公費で弁護士が付き，その人数の制限もないので，多数の専門家の弁護士がつく例がある。それでも原告が勝訴すれば，殊勲賞ものとして，高額の報酬を出すのが公平である。減額を行う判例が少なくないが，逆で，増額するのが公平である。

V 報酬契約において金額を正確に決める必要はあるか

前記⑪大阪地判平成16年4月22日は，次のように述べている。

> 「原告は弁護士と訴訟委任契約を締結するに際して，その報酬をいくらにするとの具体的な主張をしていない。しかし，本件において大阪弁護士会所属の弁護士が依頼人から訴訟委任を受ける際に依頼人から支払を受けるべき報酬額が同弁護士会の報酬規定以外にこれと異なる報酬の下に契約を締結したと認められるに足りる証拠はない。合意された具体的な額は明らかではないものの，本件においては『その報酬の範囲内で相当と認められる額』は報酬規定に依拠して定められる報酬額の範囲内で相当と認められる額になるというべきである。」

株主代表訴訟に関する前記㉒神戸地判平成10年10月1日も，原告らの報酬支払義務について次のように述べている。

> 「原告らは，各弁護士に前件訴訟を委任した際には，着手金を支払っておらず，『この訴訟の報酬は相当な額になるので，100万円以上もの着手金を負担させるのは気の毒だ。』との弁護士らの意見から，各弁護士との間で，暗黙裡に，弁護士会規程の報酬基準による報酬を，後に被告会社から受領して支払うことにする旨を了解し合っていたに過ぎないものと認められる。
> 従って，原告らと各弁護士との間には明確な報酬合意はないことになるが，このような場合も，原告らは，各弁護士が所属する神戸弁護士会所定の報酬基準規定に則った報酬を支払うべき義務を負うものと解するべきであるから，原

告らは，被告会社に対して，右規程に則った報酬額の範囲内で，相当な額を請求できるというべきである。」

また，⑯京都地判平成19年11月29日は以下のようである。

「前訴原告らと前訴代理人弁護士の間における，弁護士報酬額がどのように合意されていたかを検討する。

この点，証拠上，前訴原告らは，前訴の請求額は40億円を超える高額なものであり，弁護士報酬が多額になるものと予想されたため，現地調査などを手伝うなどして，前訴代理人弁護士が負担する費用を抑えることに協力することとし，他方，実際に支払う報酬については，着手金も含めて，判決確定後に旧地方自治法に基づき，被告に対し，相当報酬額を請求し，被告から得られた額をもって，その大半を支払うことを合意していたことが認められる。

上記認定事実から，前訴原告らと前訴代理人弁護士は，その報酬につき，その具体的な額を定めず，報酬規程に基づく額と合意したこと及び旧地方自治法242条の2第7項の規定により，被告から将来支払を受ける弁護士報酬の『相当と認められる額』がいくらであるかによって，住民が具体的に負担する報酬額を調整する予定であったことが推認できる。」

思うに，住民訴訟における報酬契約は，どのように決めようと，そのまま地方公共団体に請求できるわけではなく，そのうちの「相当と認められる額」だけ請求できるのであるから，住民と弁護士の間で，いかように定めてもあまり意味がない。そこで，報酬契約をきちんと決めていなければ，弁護士会の以前の報酬規程で，算定可能という前提で計算したものを基準として，その上で，事案の状況に応じて，増減すればよいと思われる。明確な契約書を要求する必要はない。

Ⅵ　結　論

以上，それぞれの箇所で私見をまとめているので，ここで繰り返すのはますます蛇足になるが，長文になったので，簡単に述べる。

住民は自己のためではなく地方公共団体のために訴訟を遂行しているにもかかわらず，提訴手数料は，原告住民が負担するもので，地方公共団体に転嫁することはできない制度になっているので，その算定基準である「訴えで主張す

第4章　住民訴訟における住民側弁護士の「勝訴」報酬

る利益」（民訴法8条，民訴費用法4条）は，この訴訟によって地方公共団体が請求し，受益する金額ではなく，原告がこの訴えによって主張する利益と考えるべきである。原告が勝訴しても直接には受益しない制度である以上は，その受益は観念的なものであるから，算定不能というしかない。その意味で，昭和53年の最判は正しい。株主代表訴訟における提訴手数料（会社法847条3項）については，明文で算定不能説が採用されたが，その制度は上記の点で住民訴訟と変わらないので，理論的にもそれしかないものである。

これに反し，原告が勝訴して，利益が地方公共団体に帰属し，住民が弁護士報酬を当該地方公共団体に請求する段階では，弁護士報酬は，原告が訴えによって請求する額とは関係がない。利益を受ける地方公共団体が，本来は自ら訴訟を提起すべきところ怠っていて，住民が代わりに提起した訴えによって受益したのであるから，自ら訴訟を提起して，勝訴した場合に弁護士に支払うべき弁護士報酬と同額を原告弁護士に支払うべきは当然のことである。株主代表訴訟ではこのように解されており，住民訴訟も，住民が地方公共団体に代位して訴訟を遂行し，勝訴した場合に利益が地方公共団体に入る点で，株主代表訴訟となんら性格を異にしないから，住民訴訟でも，同様に解すべきである。

提訴手数料における算定不能説が弁護士報酬にリンクするとのⅡ2の説は，Ⅱ5で整理したように，不適切である。訴額説なり認容額説により完全に反駁されたと言って良い。

さらに，Ⅲ1，2，3，4で付加的に検討したように，被告代理人の弁護士報酬も，株主代表訴訟における原告代理人の報酬も，着手金＝訴額説，成功報酬＝認容額説によっているし，被告側の上訴の場合の印紙代も算定不能で，弁護士報酬とはリンクしていないので，ますます算定不能説は不適切である。住民訴訟で，原告の印紙代は算定不能であるが，弁護士報酬の基準は訴額（認容額）とされるべきであるとのⅡ5で述べた結論は動かない。

そして，弁護士報酬は着手金と成功報酬からなるが，着手金部分も成功報酬部分も，原則として認容額を基準とし，訴額が大きいときは，着手金の算定で考慮し，執行できないときは，執行額を基準として，それに事案の難易その他の事情を考慮して増減することが適切である。この考慮事項としては，準備書面の提出回数，証人尋問の回数などのほか，さらに，難しい法理論の創造，原告住民と被告地方公共団体との間の武器の不対等性や，住民訴訟による違法行

第1節　住民訴訟における住民側弁護士の「勝訴」報酬の考え方

為の防止効果も挙げられるべきである。

　算定不能説の判例でも，認容額が大きいときは，それを考慮することが多いことは，算定不能説で一貫することが不適切であることを意味し，逆に認容額が800万円未満の場合，算定不能説によれば弁護士報酬が過大になるので，基本的には認容額説によるべきである。

　なお，住民と原告との弁護士報酬契約については，その報酬額がこのように客観的に一般的に算定される以上，明確な契約書を要求する必要はなく，単に弁護士会の従前の報酬規程等一般的なルールによるとの意思があれば十分と思われる。

第4章 住民訴訟における住民側弁護士の「勝訴」報酬

第2節 住民訴訟における住民側弁護士の「勝訴」報酬の考え方（再論）

I はじめに

　筆者は先に表題のテーマを扱った論文を判例時報2007，2009，2010号（2008年）に連載させていただいた（本書第4章第1節）。そこにそのとき参照した判例29件に番号をつけて引用している。以下には，同様に番号を付す。その後，最高裁判決を初め，いくつかの重要な判例が出た。すなわち
- ㉚　大阪高判平成20年（ネ）89号，722号平成20年8月29日（⑯京都地判（ワ）第161号平成19年11月29日の控訴審）（ポンポン山弁護士報酬訴訟判決，判例集未登載）
- ㉛　京都地判平成20年9月30日判時2044号65頁，
- ㉜　大阪高判平成21年4月22日判時2044号58頁（㉛の控訴審，京都市左京区市原野ごみ焼却場談合弁護士報酬事件），
- ㉝　最判平成21年4月23日判時2046号54頁（原審⑥大阪高判平成19年9月28日判時2000号19頁，1審⑰京都地判平成19年3月28日判時2000号23頁）がこれである。

　さらに，合わせて，⑭名古屋高判平成20年6月12日判時2039号3頁（⑬名古屋地判平成19年9月27日判時2012号58頁の控訴審）を検討する（すでに判時2007号10～11頁＝本書第4章第1節でも検討）。

　従来は，原告が勝訴した場合に地方公共団体に請求できる弁護士費用，つまり，地方自治法242条の2第12項の定める「その報酬の範囲内で相当と認められる額」の算定の仕方について，印紙代と同じく算定不能として，訴額を800万円と仮定する算定不能説に対して，訴額又は認容額，さらには執行額を基準とする説が対立し，中間説も少なくなかった。この筆者の整理は，㉝最判平成21年4月23日の判時匿名コメント54頁＝調査官解説（法曹時報63巻1号226頁以下，2011年1月）でも基本的には受け入れられ，認容額が適切であることが認められつつある。

　⑭名古屋高判平成20年6月12日においては，経済的利益を，執行額と，算

第 2 節　住民訴訟における住民側弁護士の「勝訴」報酬の考え方（再論）

定不能によるみなし金額の間とするとして，12 億円あまりの経済的利益を 5 億円に減額して経済的利益とし，そこから弁護士報酬を算定し，減額を行って，弁護士報酬を 3,800 万円とした。執行額を必ずしも十分重視していない判断であった。

㉚の 12 頁は，算定不能説については，全ての住民訴訟において 800 万円を基本とすることは相当でないが，他方，代位訴訟の形式をとっているからといって，経済的利益の額のみを相当報酬額算定の基準とすることは相当ではないとして，いずれの説も排斥している。中間説であろうか。しかし，これはポンポン山弁護士報酬訴訟の控訴審で，執行額 8,000 万余のところ，弁護士報酬を 1,000 万円とした原判決（⑯）を相当として維持したもので，実質は執行額基準説と考えられる。

㉛（判時 2044 号 70 頁）は，「相当と認められる額」の算定は，(i)「事件の内容・性質・難易度」，(ii)「訴訟活動に要する時間・労力」，(iii)「弁護士の人数」のほか，(iv)「4 号請求勝訴によって当該普通地方公共団体が現実に得た利益」，(v)「4 号請求勝訴に対する当該普通地方公共団体の寄与の有無・程度を総合的に考慮して行われるべきである」という。この(iv)は，「勝訴によって委任者が得ることのできる利益等を総合的に考慮して，当該事件の報酬額として相当性を有すると認められる金額を算定することになる」が，それは，住民が得た利益ではなく，「4 号請求勝訴によって当該普通地方公共団体が現実に得た利益に置き換えて考慮すべきである」として，認容額説なり執行額説に立っている。

㉜は後に II で改めて検討するように認容額及び回収額を重要な考慮要素としている。

㉝の最高裁判決は，算定不能説に立った⑥原判決を破棄し，認容額と回収額を重視している。

こうして，今日では，基本的には認容額と執行額を重視していくことになるが，次の課題は，この立場に立った上で，さらに種々の事情をどのようにして総合考慮するかにある。

先の拙稿では，算定不能説か，認容額説かを中心に論じて，それ以上ほとんど考察が進まなかった。そこで，ここでは，その考慮要素を分析し，不合理な考慮を排斥し，合理的な考慮に絞るように提案する。

基本的には従前の弁護士報酬の考え方によるべきであり，増減は従前も

30％の範囲で認められていたので，総合考慮はその範囲内にとどめるべきである。下記のような種々の事情を考慮して，30％どころか，大幅減額するのは極めて不適切であり，かえって，30％増額すべき場合も少なくないと思量する。

本節では，まず，㉝最高裁判決と，その前日に下された㉜大阪高裁判決を検討し，なお，そのほかの判例を見て，残されている考慮要素を検討することとする。

以上は，本節の原論文であるが，本書を作成するにあたり，平成21年判決以降の判例を分析することが有用と考えて，Ⅳにおいてその分析結果を記載した。

Ⅱ 最高裁平成21年4月23日判決 （㉝）

1 判　　旨

㉝の最高裁判決は，算定不能説，訴額＝800万円説を採用した⑥判決（判時2007号7頁＝本書第4章第1節Ⅱ2）を破棄した。

その理由は

（住民側弁護士の報酬としての）「『相当と認められる額』とは，旧4号住民訴訟において住民から訴訟委任を受けた弁護士が当該訴訟のために行った活動の対価として必要かつ十分な程度として社会通念上適正妥当と認められる額をいい，その具体的な額は，当該訴訟における事案の難易，弁護士が要した労力の程度及び時間，認容された額，判決の結果普通地方公共団体が回収した額，住民訴訟の性格その他諸般の事情を総合的に勘案して定められるべきものと解するのが相当である。

……別件訴訟の判決認容額は1億3,000万円を超え，判決の結果被上告人は約9,500万円を既に回収しているというのであるから，被上告人は現実にこれだけの経済的利益を受けているのであり，別件訴訟に関する『相当と認められる額』を定めるに当たっては，これら認容額及び回収額は重要な考慮要素となる。住民訴訟の目的，性質を考慮したとしても，上記の考慮要素をもって，原審のように，一般的に，従たる要素として他の要素に加味する程度にとどめるのが相当であるということはできない。一方，原審は，別件訴訟の事案が特に易しいものであったとか，別件受任弁護士らが訴訟追行に当たり要した労力の

第2節　住民訴訟における住民側弁護士の「勝訴」報酬の考え方（再論）

程度及び時間がかなり小さなものであったなど，『相当と認められる額』を大きく減ずべき事情については何ら認定説示しておらず，むしろ，別件受任弁護士らは訴訟追行に当たり相当の労力を要したことが推認されるなどと説示しているのである。そうすると，原審は，一つの重要な考慮要素と認められる前記認容額及び回収額についてほとんど考慮することなく別件訴訟に関する『相当と認められる額』を認定したものであり，他に原審の認定した額を『相当と認められる額』とすべき合理的根拠を示していないから，その判断は，法242条の2第7項の解釈適用を誤ったものといわざるを得ない。

　上記と異なる見解の下に，別件訴訟に関する『相当と認められる額』を300万円と認定した原審（判決⑥のこと）の判断には，判決に影響を及ぼすことが明らかな法令の違反がある。

　そして，第一審判決（判決⑰のこと）は，前記事実関係とおおむね同一の事実関係を踏まえて，上記のような観点から検討し，別件訴訟に関する『相当と認められる額』を900万円と認定しているところ，この判断は是認することができるというべきであるから，上記部分につき被上告人の控訴を棄却することとする。」

2　コメント

　これはまず，一般論として，住民側弁護士の報酬としての「相当と認められる額」とは，「弁護士が当該訴訟のために行った活動の対価として必要かつ十分な程度として社会通念上適正妥当と認められる額をいい，その具体的な額は，当該訴訟における事案の難易，弁護士が要した労力の程度及び時間，認容された額，判決の結果普通地方公共団体が回収した額，住民訴訟の性格その他諸般の事情を総合的に勘案して定められるべきものと解する」としたが，特に，算定不能説を排し，認容額，回収額を重要な基準とする点に注目すべきである。そして，原審は，住民訴訟の目的，性質を考慮して，主として重視すべきは事件の難易，軽重，手数の繁閑であって，判決の認容額，回収額ではないとしていたが，この考え方は完全に否定された。ここに，算定不能説と，訴額説なり認容額説の争いは終止符を打たれた。かねて，基本的に同旨の主張をしてきた者として，心から敬服すべき判示である。

　認容額，回収額以外の考慮要素としては，当該訴訟における事案の難易，弁

護士が要した労力の程度及び時間等が挙げられているが、それも正当な考慮要素である。

　減額事由は、事案が特に易しいものであったこと、弁護士の労力と時間がかなり小さなものであったことである。減額事由はこれで十分である。住民訴訟の目的、性質などは従たる考慮要素であり、主要な減額事由にはならない。

　これは9,500万円を回収した事案で弁護士報酬を900万円とした。約1割であり、適正な額とも言える。

　調査官解説は、弁護士報酬に関して、一審は900万円、高裁は300万円と認定したところ、最高裁が、高裁判決を破棄自判して、900万円の一審判断を是認できるとしたことは事実審裁判所の裁量の範囲内と判断したことになる、最高裁が900万円が適正妥当な額であると認定したものではないことに注意を要するとしている（前掲調査官解説・法曹時報63巻1号369頁）。

　武田真一郎・判評614号164頁以下は、最判平成21年4月23日は認容額説ないし回収学説を採ったものとして、基本的に賛成している。

3　宮川判事の意見

　この判決に付けられた宮川判事の補足意見では、算定不能説は、提訴手数料を算定不能とした最判昭和53年3月30日（民集32巻2号485頁）を根拠とするが、この判決の射程は、勝訴原告の弁護士報酬には及ばないと判断している。その理由として、原告側弁護士は、地方公共団体側弁護士が裁判を追行する場合に比して、「格段に困難、かつ事務量も多い状態に置かれる。敗訴した場合は、訴訟追行費用は住民と弁護士の負担となる」と全く正当な認識を示されている。さすが弁護士出身の判事だけあって、現場の弁護士の苦労を良く理解されている。

　筆者もかねて同様に感じていたので、我が意を得たりの気持ちである。これを少し説明すると、住民訴訟は、弁護士の代理なしに素人が追行して勝訴している例も少なくないことから簡単だと思う向きもある。確かに、そういう例もあるが、それは給与の違法支出など、理論的には明白で、証拠は歴然としており、事実関係の争いもほとんどなく、被告側は訴えられたら万事休すのような事案が多い。むしろ、多くの事案では、被告側は、組織を挙げて総力戦で抵抗し、多数の弁護士を雇用する。地方の事件でも、行政側で慣れた弁護士のほ

第2節　住民訴訟における住民側弁護士の「勝訴」報酬の考え方（再論）

か，東京の自治体側専門の弁護士に依頼する。平成14年の改正で，被告が首長個人から執行機関というポストに変更された理由は説明責任を果たさせることであったが，現実には「悪しき当事者」として行動し，責任を逃れるためにはなるべく事実を明らかにしない，判例学説上通用しにくい理屈をこねることが少なくない。被告は敗訴の場合も弁護士費用を公費負担にできることになったので，顧問弁護士も上訴を勧めるし，費用負担を考慮せずに，最高裁まで争うのが普通である。これに対し，原告側は，立証責任を課され，手探りで多数の証拠を収集せざるを得ない。情報公開制度を活用して行政内部の情報を収集するが，非公開とされることも少なくなく，又，必要な文書が見つからないことも多い。理論的にも難解なものが少なくなく，前記東京の大弁護士に負けない論陣を張らなければならない。例えば，議会による権利放棄を無効とすることには，これまで東京高裁で3度も有効とされ，最高裁でも不受理とされていたので，それを覆すのは大変な苦労であった（この点は大阪高裁では認められたが，第5章で述べるように，その後最判平成24年4月20日で権利放棄議決が有効とされて，大変無駄な努力をした結果になった）。弁護士として，最初は違法行政に対する義憤に駆られて，高い報酬を期待しないで受任した場合でも，現実には，被告の抵抗のために大変な苦労をすることとなり，筆者の経験では，夜半でも，休日でも緊急に何日もぶっ通しで書面を作成せざるを得ず，他の業務を断る結果になることが少なくない（得べかりし利益の喪失も大きい）。こうした事案では，素人の住民では勝ちにくいし，弁護士でも，相当の専門家でなければ勝ちにくいのである。住民側費用負担も重い。このような原告側弁護士の重い負担は正当に評価されるべきである。

さらに，宮川判事は，「普通地方公共団体が適正妥当な額の弁護士報酬を負担することは，住民訴訟における弁護士へのアクセスを前進させ，法の実現を促進するものというべきである」と言われている。筆者も同意見（後述Ⅳ 8，9）であり，住民訴訟について，脅威となっている地方公共団体の首長などから，原告側弁護士報酬を抑制して，訴訟を提起する意欲をなくさせようという戦略がとられている今日，誠に正当な認識というべきである。

4　涌井判事の意見

涌井判事の意見は，多数意見の結論には賛成するが，理由は，算定不能説に

多少近い。あえて簡単に要約すると、住民訴訟は公益訴訟であり、住民が勝訴することによって得られる利益は、非経済的な利益に止まり、弁護士報酬も、原告にもたらされる非経済的な性質の内容や程度に対応するものとして算定すべきであるとするのである。

これには賛成できない。その理由は、前掲判例時報論文＝本書第4章第1節で述べているので繰り返さない。

しかし、それでも、涌井意見は、「認容額や地方公共団体への現実の入金額は重要な判断要素となる」としている。

なお、涌井意見は、弁護士報酬の算定基準等として、認容額に応じて、報酬額も上限なく逓増していくような基準をそのまま採用することは、一般に原告たる住民の意思には沿わないものであり、依頼を受けた弁護士側でもこのことを当然に承知しているとされているが、弁護士は、従前の弁護士会の報酬規程によるとしているのが普通であるから、報酬額も上限なく逓増していく（ただし、比例するのではなく、割合は逓減していく）という認識を持っているのではないだろうか。

また、涌井意見は、「相当とされる報酬額の算定に当たっては事実審裁判所の裁量が認められるべきことを前提としても、なお、本件における原審の判断には、この点でその裁量を逸脱した違法がある」としており、9,400万円以上が入金された事件において、300万円は安すぎ、900万円の一審判決を是認しているから、この程度の金額の場合、約1割の弁護士報酬は是認されているのである。

5　判時匿名解説

判時に掲載された匿名解説（調査官解説と推定される）は次のように述べる。

本判決は、下級審裁判例と異なり弁護士報酬規程には一切言及していないから、前記の算定不能説でも認容額説でもないし、中間説ともその前提を異にする。判断枠組みは、むしろ、不法行為に基づく損害賠償として請求された弁護士報酬（弁護士費用の認定（「事案の難易、請求額、認容された額その他諸般の事情を勘酌して相当と認められる額」である……）や、弁護士と依頼者の間で報酬額の定めをしていなかった場合の報酬額の認定（……）に類似する。もっとも、諸般の事情を総合的に勘案するというのであるから、弁護士報酬規程を適用し

て算定される報酬額を参考にすることが否定されるわけではなく，要するに，相当額の認定は事実審の総合判断（裁量）にゆだねられるが，考慮すべき要素を適切に考慮する必要があるということであろう。

　本判決は，以上の一般論を踏まえて本件について検討し，原判決を違法として破棄し，第一審判決を是認して控訴棄却の自判をした。認容額及び回収額が重要な考慮要素であることがこの当てはめによって実際にも明らかにされたわけである。ただし，金額のみを重視しているのではなくあくまでも総合的な判断を適切に行うべきであるという趣旨であると考えられると。

　認容額か回収額かについては，調査官解説（前掲法曹時報63巻1号374～375頁）は，第1に重視すべきは認容額であるが，現実に回収できないのであれば，認容額に加えて，現実の回収額及び回収見込額も必ず考慮に入れなければならないとするが，被告が権利放棄して回収しない場合まで，現実の回収額が基準となるといった説明はしていない。

　これは，判断枠組みは不法行為法における弁護士報酬の基準だということであるが，その理由が，下級審裁判例と異なり弁護士報酬規程には一切言及していないことだというだけではなかなか理解しにくい。弁護士報酬規程に言及しなくても，弁護士報酬は，弁護士報酬規程を参考にして決めているのが実情であり，又，そうした基準がなければ，総合考慮といっても，基準なきに等しいのではないかと思う。

　この解説によれば，前記⑭，㉚に対する上告受理申立ては不受理となったとのことであるが，理由は不明であるので，Ⅲにおいて合わせて検討の対象とする。

Ⅲ　大阪高裁平成21年4月22日判決（㉜）

1　判　旨

　この㉜の大阪高裁判決は，弁護士の報酬は，「事件の難易軽重，受任者の支払った労力の程度，その成果，事務処理の期間その他当事者間における諸般の事情を総合考慮し，また，各弁護士会が定める報酬規程をも参考資料として定めるべきものということができる」とし，そして，原告弁護士の報酬の算定方式として，廃止された弁護士報酬基準が重要な基準となること，経済的利益の額を基準とすべきこととしている。原告弁護士の事務処理負担が被告弁護士の

第4章　住民訴訟における住民側弁護士の「勝訴」報酬

負担より軽いとは考えがたい。さらに，地方公共団体が弁護士に依頼して損害賠償請求訴訟を提起した場合の弁護士報酬は，弁護士会の報酬規程によることが想定される。訴額算定不能説は，弁護士報酬規程の経済的利益の額の算定の根拠とはならない。「事件等の対象の金額や委任事務処理により確保した金額の多寡は，標準の報酬額を定めるに当たりまず重視すべき事情であって」（判時2044号62頁）として，本件報酬規程における経済的利益の額は，損害賠償請求権の利息及び遅延利息を含む債権総額であるとする。

2　コメント

これは算定不能説か，訴額説，認容額説かの争いで，後者に軍配をあげたものと理解される。

判時2044号59頁匿名コメントは，これは前記最判平成21年4月23日の言渡し前のものであるが，右最判とおおむね同様の判断枠組みを前提として，その額を具体的に算定したものということである。

しかし，その具体的な判断にはいささか賛成できない点がある。

3　30％減額事由がないこと

この判決は，前訴の控訴審が認容した元本が18億円3,120万円としつつ，それから計算した弁護士報酬から30％を減額して，弁護士報酬は9,700万円になるとしつつ，しかし，さらに，一切の事情を考慮して，5,000万円に減額している。この論理はわかりにくいし賛成できない。

まず，30％減額する理由を見る。㉜大阪高裁判決（判時2044号64頁4段目）は，本件が相当程度複雑困難な事件であったこと，長期間を要したことを認めている。これは，前記宮川意見にも一致する，原告代理人の活動に対する正当な評価であり，減額要素ではなく増額要素である。

報酬規程に従うと，1億5,925万円余りになることを，一つの事件の弁護士報酬としては極めて高額なものとするが，ことは一つの事件という事件単位で考えるべきではなく，認容額，入金額で考えるべきである。むしろ，この判決自身，認容額を基準とする旨一般的には説示しているのであるから，これは矛盾していると思われる（理由不備，理由齟齬という上告理由に当たる）。また，この判示は，認容額，回収額を重視する最高裁判例に反するというべきである。

第2節 住民訴訟における住民側弁護士の「勝訴」報酬の考え方（再論）

そして，宮川意見の述べるように，敗訴の場合には原告代理人はほとんど貰えないこと，また，原告側弁護士は勝訴報酬を得られる場合でも，長年のあとであるから，本来勝訴報酬は50％アップでも，到底採算が取れないことも考慮すべきである。

住民訴訟が公益の代表者として地方財務行政の適正化を主張するという性格を持つ点も減額要素とされていると思われる。先の最高裁判決の涌井意見はそのような趣旨に見えるが，公益を実現するためには安く働けというのでは，公益の実現は容易ではない（後述Ⅳ5）し，多数意見はそうではないのであって，これは多数意見に反すると思われる。又，そうした減額をする考えが妥当であるとしても，原告代理人は敗訴の場合には，何らの報酬なく（住民訴訟では実際上着手金もほとんど貰えないのが通常である），勝訴して報酬を得られる場合でも，再度の訴訟を無償で行い，長年かかることだけですでに十分に減額されていると考えるべきである。

4　さらなる大幅減額事由はもちろんないこと

さらに，30％減額した上で，突然5,000万円に減額されている。その理由を見ると，判時65頁2段目では，(i)委任関係がないこと，(ii)住民は自ら依頼した弁護士に対する報酬は自ら支払うべきこと，(iii)多額の弁護士報酬を請求されることにより地方公共団体の事務の遂行に影響が及ぶことを避けるべきこととされている。

しかし，これは妥当な理由とは思われない。(i)委任関係はないが，正当な報酬は，原告側代理人弁護士も，請求できるのである。先の最高裁判決が述べるように，「弁護士が当該訴訟のために行った活動の対価として必要かつ十分な程度として社会通念上適正妥当と認められる額をいい，その具体的な額は，当該訴訟における事案の難易，弁護士が要した労力の程度及び時間，認容された額，判決の結果普通地方公共団体が回収した額，住民訴訟の性格その他諸般の事情を総合的に勘案して定められるべきものと解する」のである。

(ii)の点も，この最高裁判決に反する。弁護士報酬は，原告勝訴によって棚ぼたの利益を得た当該地方公共団体が「相当の」範囲で支払うべきものである。

(iii)の点では，弁護士報酬がいかに多額でも，請求額や認容額ではなく，入金額を基準とする限り，地方公共団体にとっては労せずに大金を入手できるので

あるから，何ら悪影響を受けることはない。したがって，この減額は妥当ではない。また，一旦 30 ％減額した上でさらにほぼ半分に減額するのは，二重の減額であって，極めて不当である。むしろ，増額事由を考慮すべきである。

5　減額の副作用

このように減額すると，住民訴訟を提起するインセンティブがますます減少し，その結果，地方公共団体の違法な財務会計行為が放置されて，かえって住民の利益にならない。それは住民訴訟制度によって，地方公共団体の違法な財務会計行為を防止・是正しようとしている法律の目的に反する。このことは宮川意見が述べるとおりである。

被告地方公共団体は元本でも 18 億円もが労せずに（原告の多大な負担とリスクにおいて）入手できたのであるから，仮に 10 ％を支払っても，90 ％の巨額の金員を労せずに入手できる。それに比して，原告弁護団が 5,000 万円しか入手できないのはいかにも不均衡といわざるを得ない。少なくとも，1 億 8,000 万円は認容されるべきである。

この大阪高裁判決には，理由齟齬の点で上告理由があり，また，最高裁判例に反し，法令解釈に関する重要な事項を含むものであるから，上告受理理由があると思量される。

Ⅳ　種々の考慮要素の検討

これからは総合考慮をどのように行うべきであるかが肝心であるので，先の検討に加えて，これまでの判例も併せて，報酬額を決定する考慮要素として考えられるものを検討する。

1　「その報酬の範囲内で相当と認められる額」と日弁連旧報酬規程との関係は？

原告が地方公共団体に請求できるのは，「その報酬の範囲内で相当と認められる額」である。これについて，それは，報酬規程に依拠して定められる報酬額の範囲内で相当と認められる額になるというべきである。」(⑪) との判例があるが，賛成できない。

ここで「相当と認められる額」は，地方自治法上「その報酬の範囲内で」と

第2節　住民訴訟における住民側弁護士の「勝訴」報酬の考え方（再論）

されているのであって，弁護士会の報酬規程の範囲内とはされていない。原告住民と弁護士との間では，報酬額は，弁護士会の報酬規程にかかわらず，あるいは，それが廃止された今日では，自由契約の原則上いかようにも定めることができる。しかし，住民が現実にその額を払うのではなく，地方公共団体から取り立てる以上は，それが勝手な金額ではなく「相当な」金額でなければならないことは当然である。地方自治法はこの趣旨を定めたものである。

したがって，この「相当な」金額は，弁護士会の報酬規程の範囲内で相当な金額とされているのではなく，自由契約で決めた金額の範囲内で相当な金額なのである。ここで，相当な金額について適切な基準がなく，弁護士会の従前の報酬規程がそれなりに合理的であると考えるならば，それがここでの「相当な」金額となるのである。その範囲内で，それから減額することは地方自治法に反する。むしろ，㉜（判時2044号62頁）のいうように，弁護士会の報酬規程は，廃止された現在においてもなお相当な弁護士報酬の額を決定するに当たって重要な基準となるというべきである。

2　勝訴に必要でない訴訟活動を除外するのは不適切，逆に被告の不当抗争を考慮せよ

原告側が，勝訴に必要でない主張をしたことは減額事由になるか。

これを肯定する判例がある（㉛判時2044号72，73頁。⑭判時2039号7，11頁）。

しかし，一般に，訴訟において，着手金，勝訴報酬の計算をするときは，訴額，認容額を基準とする。勝訴に必要でない主張をして，訴訟が長引いたりしても，弁護士報酬は減額されない（住民訴訟の被告代理人も，訴訟で必要のない主張をしたからといって，その成功報酬が減額されるわけはない）。そもそも，訴訟追行過程においては，原告代理人には，勝訴に必要であると考えられる可能な限りの訴訟活動が求められるのであって，結果的にその訴訟活動が勝訴に結びつかなかったからと言って，認容額とは別個に減額事由になるとは解されない。

4号請求訴訟の被告は，勝訴できるときは早期に結審したいだろうが，本節のテーマである弁護士報酬の請求が行われるのは，敗訴する場合である。そうした場合には，被告代理人は，敗訴をなるべく先延ばししようと訴訟遅延策を講ずるから，原告代理人が勝訴に必要でない主張をしても，痛痒を感ずること

第4章　住民訴訟における住民側弁護士の「勝訴」報酬

はない。

　原告にとっても，代理人が結果的に勝訴に結びつかない訴訟活動をしたとしても，勝訴時期は先になるが，勝訴額を減殺するような不利益が生ずるわけではない。

　地方公共団体自体は，住民訴訟平成14年改正前は，建前としては，高みの見物をしているが，実態は，原告勝訴を妨害していたものであり，改正後は，執行機関が被告となるところから，原告勝訴を妨げていることは明らかであるが，最終的に原告が勝訴した場合には，地方公共団体としては利益を受けるのであって，原告代理人が勝訴に結びつかない主張をしても，何ら不利益を受けないから，原告代理人の弁護士報酬の減殺事由にはならない。

　むしろ，被告側が不誠実な対応をして，原告側の負担が増える場合が少なくない。被告は敗訴を免れよう，先延ばししようと，期日の指定の際には差し支えを連発し，提出書類も，なるべく遅らせたり，期日直前に提出したり，結審予定日でも，新規の証拠があるとして，もう一回期日を入れさせ，さらには，つまらない論点を提起したり，文書提出命令にはなるべく応じないなど，原告代理人の負担は時間的にも内容的にもきわめて重くなるのである。その上，平成14年の住民訴訟改正後は，被告弁護士費用は敗訴の場合も公金で支払われるので，被告側はいくらでも弁護士を雇い，職員を使い，意見書を取ったりする。また，どうせ敗訴確実でも上告・上告受理申立をするのが実態である。

　原告代理人は，この強大な被告側を打破して初めて勝訴できるのである。㉜判時2044号62頁4段目も，原告代理人の負担が，直接地方公共団体から相手方に対する損害賠償請求訴訟の委任を受けた弁護士の場合より軽いとは考えがたいところであるとしている。したがって，原告側弁護士報酬は，本来大幅に割増しすべきなのである。

3　敗訴に終わった部分の除外はなお不適切

　同じ住民訴訟で，勝訴した部分と敗訴した部分があるとき，敗訴した部分を考慮するか。

　これを考慮する判例（㉚の11頁2段目参照）は不合理である。敗訴した部分があっても，勝訴した部分の功績が減殺されるわけではない。

　敗訴した部分は，弁護士としてはくたびれ儲けである。原告から当初若干の

第2節　住民訴訟における住民側弁護士の「勝訴」報酬の考え方（再論）

着手金を払ってもらうことはあっても，後記アンケート調査によれば，通常の額の着手金はもらっていないのであって，それは勝訴した場合に地方公共団体から払ってもらう予定であったが，敗訴したのでそれさえ払ってもらえないのである。その上，勝訴した部分の報酬から減殺される理由がない。

たとえば，今，1億円の請求と2億円の請求を別訴で行って，1億円の方は敗訴，2億円の方は全面勝訴した場合，1億円の訴訟では報酬を全くもらえないが，2億円の方は全額につき弁護士は当該地方公共団体から着手金と成功報酬を取り戻すことができる。

これに対し，3億円請求して，2億円勝訴確定した場合，2億円を基準に勝訴報酬を計算すべきである。この場合に1億円敗訴しているからといって，それが勝訴した2億円に不利な影響をもたらすとすれば，きわめて不合理である。

4　弁護士会のアンケート調査の誤解

日本弁護士連合会が住民訴訟の着手金につきアンケート調査をしたら低額であった。住民監査請求の着手金は，20万円が43％，30万円が35％である。訴訟を提起するときの着手金は，30万円が50％，50万円が24％である（日弁連2005年アンケート結果版「アンケート結果にもとづく市民のための弁護士報酬の目安」）。このことは着手金の減額事由になるか。

これを肯定する判例がある（㉛判時2044号73頁3段目，⑭判時2039号8，9頁）。

しかし，このアンケートに現れた着手金は，法的意味での弁護士報酬の着手金ではない。それは単に当初住民が弁護士に直接に払う金額に過ぎず，地方公共団体から取り戻す着手金ではないのである。これらの判例は，このアンケート調査の趣旨を誤解している。

そもそも，住民訴訟では住民は必ずしも資金を用意できないし，勝ってもその支払った着手金を回収できるわけではないから，ことの性質上高額の着手金を払うわけはない。このアンケート調査では30万円とか50万円とかが多いが，自分のためではないのに，これだけのお金を払っても，自治体の違法行為を是正しようとする市民がいることに感服する。

そして，通常は，勝訴した場合には，本来の着手金と成功報酬を地方公共団体から取り戻して弁護士に支払うとの明示もしくは黙示の契約が交わされてい

第4章　住民訴訟における住民側弁護士の「勝訴」報酬

るのである。

5　弁護士も公共のため，高額報酬は不適当？　被告代理人の報酬との均衡

住民訴訟においては，原告住民だけではなく，弁護士も公共のために寄与すべきだとの信念で訴訟を追行していることが多い。そこで，報酬を減額するとの発想がある。前記涌井意見にその方向が伺われる。㉛判時2044号73頁は，「普通地方公共団体の財務行政の適正化という高い公共性を有する事件における弁護士報酬の相場額としては，1億442万9,153円よりも大幅に低い額が設定されるものと推測されることを総合考慮すれば，本件報酬相当額は3,000万円とするのが相当である」と大幅減額している。

⑥の判決は，「利益として観念すべきは，住民全体の受ける公共的利益というべき」（9頁1行目）とする。

しかし，公共のために働けば，報酬が高額になるときは大幅減額され，被告側弁護士は，公共の利益を阻害した（被告敗訴であるから明らか）のに，弁護士報酬規程通りの着手金を得られるというのでは，きわめて不合理である。

元々弁護士報酬規程では，増減の理由は，「事件の種類，繁閑，処理時間等事件の内容」であって，それ以上に，高額であることを減額事由とはしていない。弁護士報酬は，従前の弁護士報酬規程では，訴額・認容額が高額になれば，逓減するようになっているので，その上に減額するのは二重に減額することになり，きわめて不合理である。

さらに，このように減額すると，勝つべき住民訴訟の提起が減る。それは公共の利益を害する。

被告代理人は，第1次訴訟で敗訴しても，報酬を得て，第2次訴訟，原告弁護士の報酬請求訴訟でさらに報酬を得る。あまりに不公平である。

したがって，むしろ，逆であるべきである。原告弁護士は敗訴すれば何らの報酬を得られないのに受任して，勝訴して公共の利益に貢献したのであるから，通常の勝訴報酬よりも高額の報酬を得られるべきである。それでも，地方公共団体は，住民訴訟のおかげで，いわば人のふんどしで，何らリスクなく財産を保全できるのであるから，問題はない。これらも「相当」の判断のための考慮要素であって，単なる背景事情ではない。なお，被告代理人の報酬の実態は，第4章第5節で説明している。

第 2 節　住民訴訟における住民側弁護士の「勝訴」報酬の考え方（再論）

6　不法行為訴訟における弁護士報酬も考慮して

　住民訴訟 4 号請求の対象となる事件の多くは，不法行為を理由とするものである。そして，不法行為事件では，勝訴原告は，弁護士報酬を加害者から取り戻せる。その額は判例上一般に 10 ％とされている。

　したがって，平成 14 年改正前の住民訴訟のなかの不法行為請求訴訟事件では，弁護士報酬を認容額に加えてさらに 10 ％請求することが可能であった。原告弁護士にその 10 ％の中から報酬を払えば，地方公共団体は認容額を全額自らのものとすることができた。したがって，原告側勝訴弁護士には認容額の 10 ％は当然に支払うべきである。

7　第 2 次訴訟の行政側弁護士報酬も考慮せよ

　さらに，改正後の住民訴訟（第 1 次訴訟）においては，首長に対して，行為者に対し地方公共団体に，これこれの支払をするように請求をせよという趣旨の判決が下される。それ自体は不法行為訴訟ではないが，次にこの地方公共団体が（首長又は代表監査委員が），不法行為を理由に賠償請求をする（第 2 次訴訟）ときは，弁護士費用を 10 ％割り増しして請求することができる。この訴訟においては，被告は前訴の蒸し返しをすることができないので，地方公共団体側の訴訟は簡単である。そこで，その第 2 次訴訟に要する弁護士費用を第 2 次訴訟の地方公共団体の代理人弁護士に払うとすれば，その代理人はいわば人のふんどしで相撲を取って大儲けすることができてしまう。しかも，被告代理人は，第 1 次訴訟で負ければ成功報酬は貰えないが，第 2 次訴訟で地方公共団体側から委任を受けることになり，今度は，相手が当該地方公共団体ではないので，訴額に応じた報酬契約を結ぶことができるし，不法行為訴訟として，被告から 10 ％の弁護士報酬を取ることができる。したがって，第 1 次訴訟で負ければ負けるほど得することになり，第 1 次訴訟を真面目に遂行するインセンティブに欠けることが起きる。もっとも，首長個人の責任を追及する 4 号請求訴訟の場合には，首長個人と被告である首長とは実際上同一体であるから，第一次訴訟の被告代理人も，住民の訴えを排斥するために一所懸命に努力するであろうが，例えば，入札で談合したとして企業に対して損害賠償を請求せよとの 4 号請求訴訟においては，地方公共団体側の弁護士は，企業には義理がないので，この訴訟で請求棄却を求めるインセンティブがなく，かえって，そこで

敗訴すると，次に企業に巨額の請求をする訴訟を委任され，高額の弁護士報酬が期待されるので，どこかで手を抜くモラルハザードが起きる（第2章第2節Ⅱ2，96頁，Ⅲ5，108頁）。現首長と政治的に対立関係にある元首長へ支払いを求める住民訴訟でも同じである。

他方，地方公共団体が，住民側弁護士には訴額を800万円として請求する場合と同じだけの（あるいは少なくとも認容額の10％に満たない）弁護士費用を支払うのであれば，こんな不正義はない。

この問題の解決策を考えると，平成14年改正の訴訟構造を維持するのであれば，本来は，第2次訴訟を住民側原告代理人に委任すると決めるべきである。そして，第1次訴訟と第2次訴訟の報酬は，第2次訴訟の被告から取った金員でまかなえばよい。

しかし，地方公共団体側は，第1次訴訟の代理人を敵と思っているので，そうしない場合が多いであろう。その場合には2回目の訴訟は1回目の訴訟の成果の上で簡単に行えるものであるから，地方公共団体が第2次訴訟の弁護士報酬として，その訴額や認容額を基準とすることは違法支出というべきであって，これを分けて，その地方公共団体側代理人（第1次訴訟の代理人であるかどうかを問わず）にはほんの少々配分し，第1次訴訟の住民側代理人には，第2次訴訟で回収した金額から，第2次訴訟の代理人の取り分を控除した額を支払うべきである。こうしても，地方公共団体の財政は何ら害されず，それぞれの弁護士の功労に応じた報酬分配となる。

このように考えると，第1次訴訟の原告代理人が地方公共団体に住民を代理して弁護士報酬を請求したとき，最初から，回収額の10％近い弁護士報酬を支払うべきである。

なお，このような複雑な問題が生ずるのは，平成14年の改正が，首長を被告に義務付け訴訟を提起することとして，その相手との関係と2回の訴訟，弁護士報酬の問題を丁寧に検討しなかったためであり，立法論としては改正前に戻すべきである。

8 返還すべき国庫補助金は弁護士報酬の算定根拠から除外すべきではないこと

㉛判時2044号72頁，㉜判時2044号64頁は，原告が談合企業から地方公共

団体のために取り戻した補助金を弁護士報酬の算定の根拠となる認容額から除外した。

　たしかに，返還すべき補助金は地方公共団体には残らない。しかし，弁護士としては，いったんは地方公共団体のために金銭を取り戻したのである。そのあとで補助金が国に返還されようと，弁護士報酬の算定基準となる勝訴額には関係がない。また，この判決のような考え方では，国は，何ら弁護士報酬を支払うことなく，努力もせずに，補助金を全額回収できる。それは棚ぼたである。それは原告代理人の苦労のおかげであるから，それに報いる解釈をするのが公平であり，合理的である。

　地方公共団体が，国庫補助金を国庫に返還するとき，弁護士報酬分を控除できなければ，その分損をするというのかもしれないが，それなら，国庫に返還するとき，取り返すためにかかった弁護士費用を控除して返還すべきである。国法にその点の規定がなくても，補助金の取戻しに費用がかかるのは「やむをえない」ので，そのくらいは，国の方が返還請求できないと解すべきである（補助金適正化法18条3項参照）。

　この判決のような考え方をすれば，弁護士としては国庫補助金分を請求するインセンティブがなく，かえって，国庫に返還すべき分を回収できないので，国にとっても，当該自治体にとっても損である。それは合理的な法解釈とは思われない。

　本節の原論文でこのように主張していたが，最高裁も，第4章第3節8,270頁（最判平成23年9月8日判決）のように，国庫に返還すべき分も，原告の勝訴額に入れるとの判断を下した。

9　敗訴したとき，原告弁護士は着手金さえ得られないことも考慮すべきであること

　通常の訴訟では，弁護士は，敗訴しても，先に支払を受けた着手金を返還することはない。しかし，住民訴訟では，住民には金があまりないから，着手金の支払いはほとんどない。先のアンケート調査を見ると，20万円，30万円とか50万円が多い。これでは談合事件の企業側弁護士や首長の責任が問われている場合の地方公共団体側弁護士（敗訴しても，その費用は当該地方公共団体負担なので，原告側と異なって，多数動員される）が得られる報酬とは比較になら

257

ない低額である。住民訴訟は，原告側弁護士にとってはきわめて割りが悪いのである。

その上，弁済がなされたり，首長の財務会計行為に違法との判断が出ても，首長に故意過失がなければ，また損害が証明されなければ，実質勝訴であり，行政の違法是正・法治国家の実現・今後の違法行為の防止に大きく貢献したが，形式上は敗訴であり，弁護士は自治体から勝訴報酬を得られない。

その上，勝訴しても報酬を減額されては，弁護士としては踏んだり蹴ったりである。せめて最終的に勝訴したときは，それを正当に評価すべきである。

10　原告弁護士の長年の投資と労苦に報いるべき

弁護士も，自営業である。常に経費がかかり，それなりに報酬がでなければ破産してしまう。

成功報酬が出るのは，通常の事件でも数年後である。その間の資金は，着手金でまかなう。それは通常大金ではないので，弁護士が独立するときは，大変な苦労をする。これまでのやり方では何年かイソ弁で，自前の顧客を獲得し，成功報酬をもらえるくらいになってから独立する。それでも，数年で解決しないと，とうてい割に合わない。

ところが，住民訴訟では，平成14年の改正で，被告が首長等となり，敗訴しても弁護士費用は公費負担となったので，被告側は，無限の資金と人員を使って，ほとんど全て最高裁まで争う。俗に桃栗3年柿8年というが，住民訴訟10年といいたいくらいである。その上，原告側が勝訴しても，弁護士が報酬を手に入れるには，もう一度当該地方公共団体を被告に，実際上無償で，弁護士報酬請求訴訟を提起しなければならない。それが最高裁までかかると，また数年かかる。

このように，作付けしてから，長年実がならないのでは，営業は倒産する。被告側弁護士はその都度報酬の支払いを得ている。

原告側弁護士は長年かかって，二度の訴訟でやっと弁護士報酬を得ても，少なくとも着手金の利子分は大損している。仮に金利を年5％としても，訴訟が10年もかかれば単利で計算しても，50％の金利が発生するはずなのである。

このことを考慮すれば，原告側弁護士の報酬は，減額どころか，大幅に割り増ししても，なお足りないのである。

第2節　住民訴訟における住民側弁護士の「勝訴」報酬の考え方（再論）

11　市民の納得

　住民訴訟で弁護士が利益を受けるのでは市民が納得できないとの批判がある。もし，原告住民が敗訴したときでも，自治体から弁護士費用を取れるのであれば，市民が納得できる基準が特別に必要であるが，住民が勝訴して，自治体に金が入るときに，その一部だけ通常の弁護士報酬の算定基準で，弁護士報酬を弁護士に払っても，市民が納得しないはずはない。残りは自治体に入るからである。市民が納得しないとしたら，それは，前記5の誤解によるか，自治体の首長敗訴の判決に納得しないだけであって，その判決を前提とすれば，その一部だけが弁護士の収入になって，残りは自治体に貢献するのであるから，感謝していただくしかないのである。なお，住民訴訟で責任を問われた者に対する第2次訴訟においては，住民側弁護士への報酬は相当因果関係にあるものとして取り立てることができる。したがって，住民側弁護士への報酬は，最終的には地方公共団体の負担になるものではない。

12　弁護士報酬の統一？

　原告側弁護士報酬は，住民訴訟における全ての訴訟類型について共通同一とするのが合理的との見解がある。もともと，住民訴訟の弁護士報酬を地方公共団体から取り立てることができるのは4号請求訴訟についてだけであったが，平成14年の改正で，1，2，3号請求訴訟にまで拡大された。そのなかには怠る事実の違法確認のように訴額算定不能な場合もあるし，行政処分取消とか財務関係行為の差止訴訟では算定不能な場合も少なくない。それと4号請求訴訟のように金額を算定できる場合と一緒にしてしまおうというのである。
　しかし，それは民事訴訟法にも民事訴訟費用等法にも，弁護士会の従前の報酬規程にも反する。住民訴訟の弁護士報酬制度がすべての訴訟類型に拡大された瞬間に，もともと訴額算定可能だった4号請求まで算定不能になる理由はおよそありえない。

13　認容額か執行額か，再考

　住民訴訟では，認容額はしばしば巨額に及ぶが，実際に執行できるのは，個人の財産に大きな限度があることから，限られる。この場合に，認容額を基準とすると，弁護士費用も巨額になりすぎるし，地方公共団体の財政に寄与した

259

第 4 章　住民訴訟における住民側弁護士の「勝訴」報酬

のは，執行額であるところから，筆者は，基本的には執行額を基準として，認容額を考慮すべきであると考えてきた。

　しかし，今再考するに，果たして幾ら執行できるかについては，平成 14 年改正の住民訴訟制度では，原告住民の手を離れ，首長又は代表監査委員が請求して，執行することになる。これは，同じ地方公共団体の中の機関同士の争いなので，徹底的に取れるだけ取るのではなく，多少甘くすることもありうる。住民はこれを防ぐことができない。特に，住民訴訟で敗訴した首長が議会に権利放棄議案を提出して，これを放棄させる事件が頻発している現状を考えると，権利放棄が無効として許されないことになったとしても[1]（第 5 章第 6 節参照），

---

(1)　権利放棄議決について，本章本節の原論文執筆時点（2010 年）の状況を記す。

　住民訴訟において住民が勝訴した場合，あるいは勝訴しそうだという場合に被告首長側がウルトラ C（裏技）として利用してきたのが，地方自治法 96 条に基づく議会による権利放棄の議決である。東京高裁が繰り返し，この放棄を有効とし，住民側が上告受理申立てをしたが，不受理となってきた。しかし，筆者は，これは明白な誤りで，首長も議会も住民の財産の信託を受けている以上は，合理的な理由なり必要性，公益性がなければ放棄できないと主張してきた。地方自治法 96 条は議会に放棄の議決権を与えているが，それは議決権が議会にあるというだけで，実体法上議会の自由裁量とする規定ではないのである。

　このことは詳しくは，「地方議会による賠償請求権の放棄の効力」判時 1955 号 3 頁以下（2007 年）＝本書第 5 章第 1 節，「地方議会による地方公共団体の賠償請求権の放棄は首長のウルトラ C か（上・下）」自治研究 85 巻 8 号 3 頁以下，85 巻 9 号 3 頁以下（2009 年）＝本書第 5 章第 2 節，「地方議会による地方公共団体の権利放棄議決再論——学説の検討と立法提案」自治研究 85 巻 11 号 3 頁以下（2009 年）＝本書第 5 章第 3 節で論じた。簡単には読売新聞「論点　議会の賠償請求権放棄　住民共有の財産を守れ」2009 年 9 月 16 日＝第 5 章冒頭，304 頁。

　筆者が住民側の代理をしている神戸市外郭団体訴訟では，神戸市長側は，権利放棄条例の制定を得て，訴えの却下，棄却を申し立ててきたが，大阪高裁平成 21 年 11 月 27 日判決は，基本的にはこの筆者の主張を入れて，権利放棄を無効とし，さらに，神戸市長と外郭団体に約 55 億円の支払を命じた。朝日新聞のまとめを借りると，この判決は，議決の法的効力を検討し，請求権放棄に伴う市財政への影響の大きさや，市が市長らの資力を検討していない点などを挙げ，「議決に合理的な理由はない」と指摘した。さらに，議決を「市長の違法行為を放置し，是正の機会を放棄するに等しく，住民訴訟制度を根底から否定するもの」と厳しく批判。「議決権の濫用」と断じ，控訴した市側の「議決で請求権は消滅した」との主張を全面的に退けた。

　最高裁には類似の事件が数件係属しており，高裁判決も分かれているから，最高裁は，今度は不受理ではなくこの問題に正面から答えるものと思われる。そして，まさか，議会の権利放棄はすべて自由裁量で有効などという，無茶な判決ではなく，公益

第2節　住民訴訟における住民側弁護士の「勝訴」報酬の考え方（再論）

住民訴訟住民勝訴後の第2次訴訟では，執行額が大甘になることはむしろ必然とも言える。

このことを考えると，執行額を基準とするだけでは足りず，認容額をも十分に考慮すべきである(2)。

性・必要性の具体的な判断基準が示されるのではないかとは思われる（この予想が完全に外れたことは第5章第6節）。

　それはともかく，首長が負ければ，権利放棄で逃げようとする地方公共団体側が，首長個人にまともな請求をすることはまずあり得ず，なんとか理屈を付けて大幅減額するであろう。そこで，弁護士報酬の基準はその執行額であってはならない。では，本来執行できる額を基準とすべきかというと，それは，原告側弁護士としては，証明が至難である。そこで，住民訴訟で執行額を基準とすることがそれなりに妥当なのは，原告側が首長個人や外郭団体に請求できた平成14年法改正までであって，首長個人や外郭団体に請求するのは，当該地方公共団体の第2次訴訟によるとされた平成14年法改正後は，執行額を基準とすべきではなく，最初の住民訴訟における認容額を基準として，その額が巨額であれば，ある程度減額するのが妥当ではないかと思う。

(2)　次のような報道があった。

　弁護士費用4億円「ダスキンが払え」原告株主側，提訴へ（朝日新聞2008年12月16日）。

　総額53億円の損害賠償が確定したダスキンの旧経営陣に対する株主代表訴訟をめぐり，原告の株主側は近く，約4億円の弁護士費用の支払いをダスキンに求める訴訟を大阪地裁に起こす。代表訴訟では原告勝訴の場合，会社が原告側の費用を支払うが，ダスキンは旧経営陣からの回収額が少ないとして5,500万円の支払いを提示していた。

　代表訴訟は，ダスキンが運営する「ミスタードーナツ」で，旧経営陣が肉まんに無認可添加物が入っていることを知りながら販売し，営業補償などで会社に損害を与えたとして株主側が提訴。今年2月，当時の役員13人に約53億円の支払いを命じた二審の大阪高裁判決が確定した。

　両者が提示する費用の差は，弁護士報酬の基礎となる「経済的利益」のとらえ方の違いにある。原告側は53億円が会社が得る経済的利益と主張。相場とされる算定基準に基づき4億円と算定した。ダスキンは実際に回収できた約6億9千万円を経済的利益と主張している。

　原告の弁護士は「賠償額を基礎にしなければ，確定判決の意味がない。会社側が回収努力を怠っている可能性もあり，回収額を基準にはできない」と主張している。ダスキンは今後の回収見込みは低いとみる。そのうえで「53億円という金額は，個人の資産から回収できるものでなく，会社の経済的利益とは考えられない」と強調している。

　この報道から学ぶものとして，第一に，株主代表訴訟の弁護士報酬として，訴額を基準とする説は採られておらず，論点は，認容額説か，執行額説かにある。次に，53億円を個人から回収することはまず不可能であろうから，認容額説は不適切であるが，執行額は，会社側がどれだけ回収に努力したかに左右されるところであるので，執行

第4章　住民訴訟における住民側弁護士の「勝訴」報酬

14　地方公共団体自身が訴える場合との均衡

住民訴訟の原告勝訴例は，本来は地方公共団体自身が訴えを提起すべき事案であるから，弁護士に委任して自ら訴えを提起した場合に必要となる弁護士報酬は住民側弁護士に支払うのが当然である。その基準は請求額あるいは認容額が重要な考慮要素となる。

15　ま　と　め

以上，相当額とは，不法行為訴訟の場合に認められる認容額の10％を考慮した（Ⅳ6）認容額，場合によっては執行額をも参酌して，従来の弁護士報酬規程の算定基準で着手金，成功報酬を算定し，それに30％の増減をすべきである。

減額事由としては，簡単な訴訟であることである。弁護士が多数であるか少数であるかは必ずしも関係がない。簡単な事件でも大勢が代理すれば増額されるのも不合理である。もちろん，名義貸し的な弁護士数は考慮されないが，現実に書面を作り裁判に出た数を基準とするという考えはあろう。しかし，大勢なら1人分の負担は軽いのであるから，あまり関係がない。むしろ，1人で代理した場合相談もできずに苦労しているから，増額すべきとまではいわないでも，減額される理由がない。

増額事由としては，被告の長期間の抗争，不当な論点設定，被告代理人が多数いること，原告弁護士の報酬が長年の苦労の後で，しかも二度の訴訟で初めて得られること，公共に寄与したこと，勝訴した場合でないと着手金もほとんどもらえないこと，不法行為訴訟では，10％の弁護士報酬が認容されること，執行額が少なくても認容額が多額な場合それを考慮すべきであること，などがある。

記録がたくさんあり，調査も大変であったこと，理論的にも難しいこと，新判例を勝ち取ったことなども増額事由である。

原告代理人が結果的に勝訴に結びつかない訴訟活動をしたことや，認容額が高額であること，国庫補助金を返還しなければならないことは，原告代理人の報酬額とは関係がない[3]。

　　　　額だけを基準としてはならず，ある程度の上乗せをするのが適切だということである。この事件に関する判決は，本書第4章第3節2に掲載している。

第2節　住民訴訟における住民側弁護士の「勝訴」報酬の考え方（再論）

［追記１］　外郭団体訴訟判決等

　実は原稿提出後変化があった。神戸市外郭団体訴訟には２つあり，すでに，平成21年1月20日に，大阪高裁で，神戸市長個人と外郭団体に約２億5,000万円を支払えとの判決が出されていた。神戸市長は，その後の２月26日に議会の権利放棄議決を得て，１つは大阪高裁平成21年11月27日判決の訴訟において権利放棄有効を主張していたが，排斥されたものであり，他方，既に判決があった大阪高裁平成21年１月20日の事案では，最高裁に権利放棄議決があったことを理由に上告受理申立てをしていたが，これは最高裁第一小法廷で平成21年12月10日に既に不受理となっている。したがって，最高裁は，神戸市の権利放棄議決を有効だとする主張を上告受理理由には当たらないと判断している。

　さらに，東京高裁第14民事部平成21年12月24日判決は，さくら市の事件で，権利放棄議決を裁量権の逸脱又は濫用として無効とした。その理由は，「裁判所が存在すると認定判断した損害賠償請求権について，これが存在しないとの立場から，裁判所の認定判断を覆し，あるいは裁判所においてそのような判断がなされるのを阻止するために権利放棄の決議をすることは，損害賠償請求権の存否ついて，裁判所の判断に対して，議会の判断を優先させようとするものであって，権利義務の存否について争いのある場合には，その判断を裁判所に委ねるものとしている三権分立の趣旨に反する」ということである。

　こうして，権利放棄議決を有効とする判例は覆され，これを無効とするのが判例の流れとなっているが，どのような理由と範囲で有効となるのかはまだ最終的には解明されていない。最高裁はそのうちこの点について判断するものと予想される（これが完全に外れたことは第５章第６節）。

［追記２］　神戸市の判決無視の対応

　上記の説明は，権利放棄議決は無効であるから，地方公共団体は，権利放棄がなされない前提で，確定判決を尊重して，首長個人や外郭団体に請求するが，その過程で大甘の和解などをする可能性が高いということであった。ところが，神戸市は，司法判断を無視して，最高裁確定判決を執行しないと表明していることが明らかになった。司法を無視するのは神戸市長の体質である。

　まず，先の外郭団体訴訟では，市の職員を外郭団体に派遣するときは無給とするが，その人件費分を別途外郭団体に補助したのは，市の業務を行わない派遣職員に

---

(3)　朝日新聞2008年10月19日一面には，「住民訴訟で労せず多額賠償金，弁護士代渋る自治体　裁判7年→報酬190万円　『訴訟できぬ』」との見出しの大きな記事が載っている。自治体の対応に批判的な趣旨である。

第4章　住民訴訟における住民側弁護士の「勝訴」報酬

給与を支給してはならないとの公益的法人派遣法の脱法行為とされたものであるが，神戸市は，大阪高裁平成21年1月20日判決で求められている補助金請求権，市長への賠償請求権を放棄したのである。その理由の大きなものは，これは，これは単なる手続きミスで，実体的には違法ではないということであったが，神戸市の業務に従事しない職員に神戸市から給与を支給することは，職務専念義務違反，ノーワークノーペイの原則に違反するもので，実体的な違法である。この権利放棄議決は，このように司法判断を無視するものであったのである。

そして，神戸市は，先に述べたように，権利放棄議決後，上告及び上告受理申立てを行ったが，最高裁第1小法廷は，平成21年12月10日にこれを棄却・却下した。したがって，権利放棄議決が無効であることは最高裁の前提となっているのであり，神戸市は，平成21年1月20日の大阪高裁判決が認めた約2億5,000万円を請求せよとの判決を，60日以内（地方自治法242条の3）に履行しなければならないのである。

ところが，神戸市は，議決により債権を放棄しているので，請求できる債権が存在しないとして，議決の有効性が問われている大阪高裁平成21年11月27日判決に対する上告審の判断を待つ考えを示していた（朝日新聞2010年1月5日朝刊30面）。これは，明らかに最高裁平成21年12月10日の決定を無視するものである。

そして，本節のテーマである原告弁護士の報酬についても，執行額は基準とならず，認容額を基準に，それが巨額に及べば多少の減額をする程度にとどめるべきとの私見はますます妥当だと思う。

［追記3］　この追記の執筆は最判平成24年以前のもの

以上の追記は最高裁平成24年4月20日判決で権利放棄議決が有効とされる前のものである。この最高裁判決は，到底想定しがたかったし，承服しがたいものである。これについては第5章第6節に詳しい。

第3節　住民側弁護士報酬の相当額，減額に関する最近の判例

1　はじめに

第4章第1節，第2節で述べたように，住民訴訟における原告代理人の報酬相当額は，平成21年の最判により，基本的には認容額を基準に種々考慮して決めることとなった。そこで，その後の判例を分析する。

2　株主代表訴訟

株主代表訴訟においても，「相当額」は会社の得た経済的利益が基準となることは平成21年最判の調査官解説（最高裁判例解説民事篇平成21年度366頁）も認めている。

ダスキン株主代表訴訟の弁護士報酬請求事件，大阪地方裁判所第4民事部平成20年（ワ）16888号平成22年7月14日判決，判時2093号138頁では，株主代表訴訟において一部勝訴した原告に対する商法（平成17年法律第87号による改正前のもの）268条の2第1項に基づく弁護士報酬相当額として，会社に対し8,000万円及びこれに対する遅延損害金の支払が命じられている。

この事件では，原告側は認容額53億円が会社が得る経済的利益と主張し，算定基準に基づき4億円を請求したが，ダスキンは実際に回収できた約6億9,000万円を経済的利益と主張していたようである。回収額約6億9,000万円に対する弁護士報酬が8,000万円であるから，11％以上である。

3　神戸地方裁判所平成25年4月17日判決

(1)　はじめに

神戸地方裁判所第4民事部平成24年（ワ）第1961号平成25年4月17日判決（裁判官寺西和史）は住民訴訟における原告ら代理人の地方公共団体に請求する弁護士報酬相当額について適切な判断をしている。

これは，高砂市職員互助会に対し，6億6,970万5,850円と法定利息の支払いを請求せよとの先行する住民訴訟の別件確定判決1（第一審は神戸地裁平成17年（行ウ）第36号），及び訴外人（市長個人）に8,401万3,776円と法定利息の支払いを請求せよとの先行する住民訴訟の別件確定判決2（第一審は神戸地裁平

成19年(行ウ)第67号)を受けて提起された弁護士報酬請求訴訟の判決である。

(2) 別件住民訴訟1について

(ア) 基準は回収額ではなく認容額であること

まず，原告ら弁護士報酬の「相当額」の基準となる金額は前訴の住民訴訟における認容額（8億5,245万2,980円）か，回収額（5億5,764万1,525円）かが争われたが，裁判所は，「いまだ回収されていない分についても，将来弁済を受ける見込みのある債権の額は，これに含まれると認めるのが相当である。そして，住民訴訟が，原告である住民が被告である地方公共団体に対し，損害賠償請求をするように求める訴訟であり，地方公共団体が損害賠償請求の相手方から実際に当該全額を回収することができるかどうかは，住民訴訟の原告である住民には容易に知り得ない事実であるというべきであり，実際に損害賠償請求をすべき地方公共団体において，回収の見込みなどを調査し，その回収を図るべきものである。そうすると，住民訴訟における弁護士費用を算定する上で基礎となる経済的利益を算定するにあたっては，確定判決の認容額のうち回収見込みのない部分があるというのであれば，そのことは住民訴訟の被告であった地方公共団体において主張・立証すべきである。」「そもそも，住民訴訟は，原告である住民が被告である地方公共団体に対し，損害賠償請求することを求める訴訟であり，原告自身が直接損害賠償請求をすることができないのであるから，住民訴訟で敗訴した地方公共団体が住民訴訟の判決で認められた額について損害賠償請求訴訟をするなどしてその回収をするために努力すべきは当然の責務であり，そのために費用を要するからといって，住民訴訟の弁護士報酬を算定する上で基礎となる住民訴訟の経済的利益を減額することは相当ではない。」と判断した。

(イ) 弁護士報酬相当額は認容額に旧日弁連報酬基準を当てはめて判断し，経済的利益以外の利益は増減する事情とすること

神戸地裁は次のように判示している。「8億5,245万2,980円の経済的利益に，旧日弁連報酬基準を当てはめると，着手金が第一審，第二審とも2％＋369万円（この算定式は被告も特段争っていない。）で2,073万9,059円（小数点以下切り捨て。以下同様），報酬は4％＋738万円（この算定式も被告は特段争っていない。）で4,147万8,119円である。その合計額は1億369万5,296円であり，第一審の着手金の1.5倍に報酬を加えた額は7,258万6,707円である。そして，

後者から30％を減額した5,081万694円に消費税を加えた5,335万1,228円を別件住民訴訟1の被告が原告ら3名に支払うべき弁護士報酬と認めるのが相当である。」

ここで，審級毎に着手金を計算しつつ，減額しているのは，原告側は同じ代理人が一貫して受任していることによる。

「なお，被告の支払うべき弁護士報酬は，別件住民訴訟1の経済的利益のみならず，同訴訟の難易度なども総合的に考慮して決められるべきものである。しかし，弁護士報酬の基本は，……当該訴訟で得られた経済的利益によるべきであり，訴訟の難度が高ければそこから増額し，低ければ減額するというように，経済的利益以外の事情は，経済的利益により算定された報酬額を増減する事情として加味するのが相当であると考えられる。そして，住民訴訟は，一般的にもそれほど容易な訴訟類型とは考えられない上，別件住民訴訟1の内容，審理に要した期間の長さや被告が上告までして争ったことなどからすれば，上記のとおり経済的利益を基にして算定した弁護士報酬の額を減額すべきような事情はないというべきである。」

(3) **別件住民訴訟2について**

認容額は，1億227万8,140円である。回収額は，裁判所の和解勧告により市長個人から300万円，職員の夏季休暇返上による給与相当額8,064万3,867円であり，差額は，多くとも1,862万4,273円ということになる。

この回収しなかった分について，裁判所は，回収はさほど困難ではなかったと推認されるとし，回収する見込みもなかったと認めるに足りる証拠もないとし，回収額が不足したのは被告が和解の選択をしたからで，原告代理人の活動とは関係がないという理由で，原告代理人の弁護士報酬を算定する基礎となる経済的利益を原告らの主張する1億227万8,140円よりも低くする理由はないと判断した。

そして，弁護士報酬相当額は，前記2の考え方に立って算定した。

4　東京地方裁判所平成25年7月16日判決（判例自治386号10頁）

この判決（北河隆之「解説」判例自治平成26年索引号34頁）は弁護士が住民を代理して，談合した企業に損害賠償請求訴訟を提起して，都に68億円余りの賠償金を取得させたので，弁護士報酬相当額として2億5,442万円を請求し

たところ、1億5,000万円が認容されたものである。

　裁判所は、報酬規程に沿って計算すると、弁護士報酬相当額は約5億円になるが、被告の受けた利益が68億円と巨額であることからすれば、この経済的利益をそのまま弁護士報酬相当額の認定において重視しすぎることは相当ではないとし、経済的利益が20億円以上の例で見ると、約2.31％ないし3.09％であるとして、この事件では弁護士報酬相当額を1億5,000万円としたのである。これは2％強である。

　しかも、これは5億円余りを1億5,000万円に減額したのではない。原告らの請求が最初から2億5,000万円余りと減額請求していたのであるから、原告の請求からは6割くらいである。

　そうすると、たとえば、経済的利益が2億5,000万円＋利子の事案には、この例はそのままでは参考にならない。

5　大阪地方裁判所平成25年12月16日判決（金融・商事判例1451号52頁）

　この事件は、地方自治法上の一部事務組合である原告南河内環境事業組合が、〈1〉原告の実施した建設工事に係る指名競争入札において、入札に参加した被告日立造船株式会社らが被告を受注予定者とする談合を行うなどしたため、原告において適正な競争入札が行われた場合に形成された代金額に比して高額の契約を締結することを余儀なくされたところ、〈2〉原告を組織する市町村の住民が、本件談合により原告が不当な損害を被ったなどと主張して、被告に対し、原告に代位して、平成14年改正前の4号請求訴訟である損害賠償訴訟を提起して、一部勝訴し、〈3〉その後、原告に対し、弁護士費用相当額等の支払を求めて訴訟を提起したところ、同訴訟においては原告が本件住民に対して和解金4,200万円を支払う旨の訴訟上の和解が成立し、その支払がされた。〈4〉本件では、上記和解金相当額並びに原告が住民訴訟で負担した弁護士費用相当額は、被告による本件談合がなければ生じるはずのなかったものであるなどと主張して、被告に対し、不法行為に基づき、上記和解金相当額（4,200万円）、原告が第2訴訟（弁護士報酬請求訴訟）に要した弁護士費用相当額（着手金227万1,150円、報酬金269万100円）及び本件訴訟における弁護士費用相当額（460万円）の各賠償並びにこれらに対する遅延損害金の支払を求める事案である。

　最初の住民訴訟では被告に損害金7億860万2,160円及びこれに対する遅延

第3節　住民側弁護士報酬の相当額, 減額に関する最近の判例

損害金の支払いが命じられ, 被告と原告一部事務組合の間の合意により, 10億1,281万5,745円の支払いがなされた。そこで, 住民は弁護士報酬として8,000万円を請求したが, 上記の通り4,200万円の和解がなされたのである。これは認容額, 回収額の4％程度である。認容額が10億円と巨額になるところから, このように減額されたものと考えられる。

6　神戸地方裁判所尼崎支部平成24年12月6日判決
（判時2200号55頁, 判例自治375号10頁）

これは, 談合によって市が被った損害の賠償を求める別件の住民訴訟（旧4号請求）で住民が勝訴（認容額3億3,578万円）したので, 地方自治法242条の2第7項（平成14年法律4号改正前）に基づく弁護士費用請求訴訟につき, 同項にいう「相当と認められる額」として, 当該訴訟における事案の難易, 弁護士が要した労力の程度及び時間, 認容額, 普通地方公共団体が回収した額, 住民訴訟の性格その他諸般の事情を考慮して, 着手金として1,369万円, 報酬金として2,738万円を認め, 着手金については30％程度減額し, 合計3,600万円が認容された事例である。

そして, 弁護士に支払うべき報酬額は, 既に廃止された日本弁護士連合会が定めた弁護士報酬等基準に関する報酬規程を参考に算定した額を相当とするとされた。

そこで, 尼崎市がこの金額を被告ら6社に請求したところ, 裁判所は, 被告ら6社の談合と住民に支払った弁護士報酬相当額との相当因果関係を認め, 被告にその支払いを命じた（神戸地方裁判所尼崎支部第1民事部平成25年(ワ)668号平成26年7月11日判決。D1.comによる）。

この訴訟では, 3億3,578万円及び遅延利息の支払いが認容額であり, 回収額である。これに対する弁護士報酬は約11％である。

7　鳥取地方裁判所米子支部平成24年3月26日判決　（判例自治367号9頁）

別件の住民訴訟（談合による市の損害を代位請求した旧4号請求）で勝訴した原告住民らが市に弁護士報酬の支払を求めた訴えにおいて, 別件訴訟は相当に困難な事案であり代理人らは相応の労力と時間を費やしたこと, 別件訴訟の認容額及び回収額は15億2,762万7,221円であったこと, 別件住民訴訟の被告

（米子市）が自ら弁護士に委任して訴訟を遂行したとすれば旧日弁連報酬基準によって算定した報酬金程度（7,200万円）の支払がなされた蓋然性があったことなどの諸般の事情を総合的に勘案して8,000万円が認容された事例である。減額していないどころか、旧日弁連基準よりも増額していることに注目すべきである。

8　最高裁判所平成23年9月8日判決（判時2134号52頁、判タ1360号85頁）

この原審（第4章第2節Ⅳ8の㉜大阪高裁平成21・4・22判決）は、別件住民訴訟の原告一部勝訴により確保された経済的利益の額を、被告京都市が談合した企業から回収した額（判決認容額の全額である24億789万3,028円）ではなく、本件工事の事業に関し京都市が国から交付を受けていた国庫補助金のうち本件回収額の回収に伴い国に返還することとなった額（8億1,638万7,000円）を控除した額（15億9,150万6,028円）であるとした上で、その他の諸事情を併せ考慮し、原告らの被告京都市に対する請求を、不可分債権として原告ら各自が5,000万円及びこれに対する遅延損害金の支払を求める限度で認容すべきものとした。

これに対して、最高裁はこの理論を否定しながら、結論として5,000万円の判断を維持している。

当時の地方自治法242条の2第7項（現12項）にいう「相当と認められる額」とは、旧4号住民訴訟において住民から訴訟委任を受けた弁護士が当該訴訟のために行った活動の対価として必要かつ十分な程度として社会通念上適正妥当と認められる額をいい、その具体的な額は、当該訴訟における事案の難易、弁護士が要した労力の程度及び時間、認容された額、判決の結果普通地方公共団体が回収した額、住民訴訟の性格その他諸般の事情を総合的に勘案して定められるべきものである（最高裁平成21年4月23日第一小法廷判決、民集63巻4号703頁参照）。

上記「相当と認められる額」の支払を普通地方公共団体に請求することができるとされているのは、当該勝訴判決により当該普通地方公共団体が現に経済的利益を確保することになるという事情が考慮されたことによるものと解される。そして、当該普通地方公共団体は、当該勝訴判決で認められた損害賠償等の請求権を行使することにより本来その認容額の全額を回収し得る地位に立つ

第3節　住民側弁護士報酬の相当額，減額に関する最近の判例

のであり，他方，本件のような国庫補助金相当額の返還は上記請求権の行使とは別の財務会計行為によるものであるから，その返還に係る国庫補助金相当額が最終的には当該普通地方公共団体の利得とならないとしても，当該勝訴判決の結果現に回収された金員が，当該弁護士の訴訟活動によって当該普通地方公共団体が確保した経済的利益に当たるものというべきである。そうすると，国の補助事業における入札談合によって普通地方公共団体の被った損害の賠償を求める旧4号住民訴訟において住民が勝訴した場合の上記「相当と認められる額」の認定に当たり，勝訴により確保された経済的利益の額として判決の結果当該普通地方公共団体が回収した額を考慮する際には，その額は，現に回収された額とすべきであり，現に回収された額からその回収に伴い国に返還されることとなる国庫補助金相当額を控除した額とすべきものではないと解するのが相当である。したがって，原判決中，別件訴訟に関する上記「相当と認められる額」の認定に当たって，本件回収額から本件国庫補助金返還額を控除した額を別件訴訟の一部勝訴により確保された経済的利益の額とした部分は，相当ではないものといわざるを得ない。

　しかしながら，原審の適法に確定した事実関係等を踏まえ，別件訴訟における事案の難易，原告らから訴訟委任を受けた弁護士らが要した労力の程度及び時間，別件訴訟の判決で認容された額，同判決の結果京都市が回収した額，住民訴訟の性格その他諸般の事情を総合的に勘案すると，別件訴訟に関する上記「相当と認められる額」を5,000万円と認定した原審の判断は，結論において是認することができるというべきである。

　ここでは，5,000万円が積極的に妥当と判断されたのではなく，最高裁において破棄自判するほどではないと，消極的に「結論において是認」されたに止まる。

　しかし，回収額を8億円以上多いと認定しているし，第4章第2節Ⅳ8で述べたように，大阪高裁の減額には理由が乏しいのであるから，この判断は事案の処理としても，不適切だったと思う。

　なお，京都地方裁判所第6民事部平成22年(ワ)4069号平成24年3月22日判決(裁判所ウェブサイト掲載判例)によれば，この弁護士報酬(5,000万円)については，不法行為と相当因果関係のある損害であるとして，地方公共団体の加害者に対する当該弁護士報酬相当額の損害賠償請求が認められた。

第 4 章　住民訴訟における住民側弁護士の「勝訴」報酬

このように，被告の地方公共団体は弁護士報酬を加害者企業から取り戻せるのであるから，原告弁護士に支払う報酬を上記のように減額する理由はない。

9　水戸地方裁判所平成 21 年 7 月 29 日判決（判例自治 338 号 24 頁）

　公共工事の一般競争入札において談合が行われたとして建設会社に対して損害賠償請求をすることを市長に求めた住民訴訟（4 号請求）で一部勝訴（認容額 1 億 7,700 万円）した原告が，市に対して弁護士報酬の支払を請求（800 万円）した訴えにつき，本件住民訴訟による認容額を委任事務処理により確保した経済的利益の額として日弁連報酬基準別表を適用すると原告らが支払うべき報酬額は 1,260 万円となること，口頭弁論期日の回数が判決言渡日を除いて 8 回と比較的少なく，本件において提出された甲号証の多くは本件刑事事件における証拠をそのまま利用したものであって，本件訴訟の事案は同種同規模の訴訟の事案と比べて複雑困難なものとはいえないことなどを総合的に勘案すると，原告が支払うべき弁護士報酬 1,260 万円の範囲内で相当と認められる額は，その 40 ％を減額した 756 万円であるとして，同額が認容された。

　これは刑事事件の証拠をそのまま利用したというので，難易度が高くない事案である。

第4節　被告の弁済による訴えの取下げは「勝訴」に当たらないのか

　本節では，最高裁平成17年4月26日第三小法廷判決（平成15年(受)第1771号，弁護士費用請求事件）（判時1896号84頁，判タ1180号174頁）の「いわゆる四号請求住民訴訟（平成14年改正前）が訴えの取下げにより終了した場合は原告に弁護士報酬を払うべき「勝訴（一部勝訴を含む。）した場合」には当たらない」とする判示に反対する。

I　事実の概要

1　事　実

　本件は住民訴訟のいわゆる4号請求訴訟（地方自治法242条の2第1項第4号）である。4号請求訴訟の被告適格は，平成14年法律第4号により執行機関とされたが，本件はそれ以前からの個人を被告とする訴訟であって（これを旧4号請求訴訟ということがある），被告は町長個人と職員個人である。そこで，本件の解釈論は，改正前の4号請求訴訟についてのものである。以下，傍線は評者が付けたものである。

　三重県阿児町（あごちょう。三重県志摩半島南部に位置した町。平成16年（2004年）10月1日に合併により，阿児町は消滅し，この訴訟はY（志摩市）に承継された。以下「町」という。）の住民であったX（原告，控訴人，被上告人）らは町に代位して町長の職にあった者らを被告に，損害賠償（町史印刷製本費の増加による損害452万余円及び弁護士費用95万円（当時）の合計547万余円並びにこれに対する遅延損害金の支払）を求める住民訴訟（以下「前訴」という。）を提起したが，前訴が第一審に係属中の平成13年8月16日に，前訴被告の1人がXらの請求する損害額につき弁護士費用相当額を除く全額（損害452万余円及びこれに対する遅延損害金の合計額483万余円）を「町史印刷製本費戻し入れ金」として町に支払ったので，Xらは平成13年8月30日前訴を取り下げ，前訴の被告らは同日これに同意した。

　本件はXらがY（上告人）に対し，旧4号請求訴訟を提起した者が「勝訴（一部勝訴を含む。）した場合」において弁護士に報酬を支払うべきときは普通

第 4 章　住民訴訟における住民側弁護士の「勝訴」報酬

地方公共団体に対しその報酬額の範囲内で相当と認められる額の支払を請求することができると定める当時の同条 7 項（現行法では 12 項）の規定に基づき前訴につき訴訟代理人であった弁護士に報酬を支払うべきときに当たるとして，その報酬額の範囲内で相当と認められる額（以下「弁護士報酬相当額」という）の支払を請求した事案である。

2　一 審 判 決

一審（津地判平成 14・4・11 判例自治 237 号 25 頁）は，この「勝訴（一部勝訴を含む。）した場合」とは，「その文言からして『訴えの取下げにより訴訟が完結した場合』を含まないものと解される。そして，これは，住民訴訟の被告が普通地方公共団体に当該訴訟の目的である金員を支払い，その結果同訴訟の原告が訴えの取下げに至ったという場合においても，同様に解すべきである。なぜならば，同訴訟が取下げられた以上，同訴訟につき原告に勝訴の見込みがあったか否かにつきさらに審理し判断することは相当でないし，また，同訴訟の被告が普通地方公共団体に任意の支払をすれば，同訴訟の原告が勝訴する見込みは全くなくなる（後述の最判平成 11・2・9 判例自治 191 号 21 頁参照）からである。」として，前訴は，原告らの訴え取下げにより完結しているから，原告らに弁護士報酬相当額の請求権がないことは明らかであるとした。

3　高 裁 判 決

これに対し，原審（名古屋高裁，平成 14 年(ネ)第 436 号，平成 15・7・31）は X らの請求を 60 万円及びこれに対する遅延損害金の支払を命ずる限度で一部認容すべきものとした。その理由の要旨は次のとおりである。

（1）　地方自治法 242 条の 2 第 7 項（平成 14 年改正前）の立法趣旨からすると，同項にいう「勝訴した場合」とは公権的判断である裁判所の勝訴判決がされた場合に限定されるべき理由はなく住民訴訟の提起及び追行によって普通地方公共団体が違法な財務会計上の行為により生じた損害の補てんを受けて実質的に勝訴判決を得た場合と同視できる経済的利益を受けた場合をも含むものと解するのが相当である。

（2）　X らは前訴の被告の 1 人が町に対して，X らが請求した町史印刷製本費の増加分の出費を返還したことから前訴の訴えを取り下げたものと認めること

第4節 被告の弁済による訴えの取下げは「勝訴」に当たらないのか

ができ，町はXらが前訴において実質的に勝訴判決を得た場合と同視できる経済的利益を受けたものというべきである。したがってXらが提起した前訴における訴訟活動は前記第7項の「勝訴した場合」に当たる。

II 最高裁判旨　破棄自判（原判決破棄，控訴棄却，要するに，X全面敗訴）

最高裁は次の理由で原審の上記判断は是認することができないとした。

「当該訴訟の提起及び追行が契機となって普通地方公共団体が経済的利益を受けることとなった場合であっても当該訴訟が果たしてまたどの程度これに寄与したかを判断して弁護士報酬相当額の支払請求を認めるか否かを決することは必ずしも容易ではない。そこで同法は4号の規定による訴訟が住民全体の利益のために提起されるものであり訴えを提起した者の個人的な権利利益の保護救済を求めて提起されるものではないという特質も考慮して上記の支払請求をすることができる場合について客観的に明確な基準を設けることによってその判断を画一的に行うこととしたものと解することができる。このような同条1項4号及び7項の規定の趣旨及び文言に照らせば同条1項4号の規定による訴訟を提起した者が同条7項に基づき普通地方公共団体に対して弁護士報酬相当額の支払を請求するにはその者が当該訴訟につきその完結する時において勝訴（一部勝訴を含む。）したということができることを要するものと解するのが相当である。そうすると訴訟は訴えの取下げがあった部分については初めから係属していなかったものとみなされる（民訴法262条1項）のであるから地方自治法242条の2第1項4号の規定による訴訟が提起されたことを契機として普通地方公共団体が当該訴訟に係る損害について補てんを受けた場合であってもその訴えが取り下げられたことにより当該訴訟が終了したときは同条7項にいう『第1項第4号の規定による訴訟を提起した者が勝訴（一部勝訴を含む。）した場合』には当たらない」。

「Xらが請求していた町史印刷製本費の増加による損害に相当する金額について町は補てんを受けたが，Xらは前訴につき訴えを取り下げ，前訴の被告らはこれに同意したというのである。そうすると損害の補てんを理由としてであれ前訴が訴えの取下げにより終了したものである以上XらはYに対して弁護士報酬相当額の支払請求をすることはできない。」

（裁判長裁判官　上田豊三　裁判官　金谷利廣　裁判官　濱田邦夫　裁判官　藤田宙靖）

第4章　住民訴訟における住民側弁護士の「勝訴」報酬

Ⅲ　評釈　とうてい賛成できない。

1　はじめに

住民訴訟の原告が弁護士報酬を自治体に請求できる「勝訴した場合」の意義について，従来下級審では相当の判例の蓄積があり，この原判決（名古屋高裁判決）のように，訴えが取り下げられた場合でも，実質勝訴の場合はこれに含めるとするのが一般的であったが，最近，平成11年の最判，平成15年の東京高裁（後述5）はこれを消極に解した。本件判決はこれを確認の上，その理由を明らかにしようと試みたものであろう。

しかし，この判決の理由は，論理的にも，公平感からも，説得的ではない。類似の株主代表訴訟，反対の被告勝訴の場合と比較しても，なおさら納得できない。問題は，判例のとる法解釈方法論にある。

2　争いのないケース

原告が弁護士報酬を自治体に請求できる「勝訴」とは「全部勝訴」に限らず，「一部勝訴」も含む（地方自治法。平成14年改正前は，242条の2第7項，現行法では12項）。この規定は，昭和38年の住民訴訟制度抜本改正で入ったものである（成田頼明「住民訴訟（納税者訴訟）」『行政法講座第三巻行政救済』（有斐閣，1965年）225頁）。その対象は，平成14年までは規定上いわゆる4号訴訟に限られていた（他の1〜3訴訟に類推する説は少なくなかった）が，平成14年改正で全ての住民訴訟に拡大された。一部勝訴の場合でも，その分は自治体に利益があるから，自治体がその分の弁護士費用を負担するのは解釈上も当然であろうが，明示することは良いことである。ちなみに，株主代表訴訟制度に関する商法268条の2は従来「一部勝訴を含む」ことを明示していなかったが，今回制定された会社法852条ではこの文言が明示されている。

では，「勝訴（以下，一部勝訴を含む」とは何か。まず，請求認容判決が確定した場合は当然であるが，原告勝訴判決が下されたが，控訴・上告により確定していない場合も，「勝訴」（上級審で逆転しても弁護士費用の返還を要しない）とする見解がある（株主代表訴訟に関してであるが，石角完爾「勝訴株主の費用請求権の範囲」法律のひろば47巻8号19頁，1994年）が，判例では否定されている

第4節　被告の弁済による訴えの取下げは「勝訴」に当たらないのか

「勝訴判決の確定によって右判決による利益が右普通地方公共団体の上に現実化したときに原告ら住民の右規定による弁護士報酬支払請求権がはじめて発生すると解すべきものであるから、同条第7項にいう『勝訴』とは勝訴判決の確定を意味する」（岐阜地判昭和59・12・6判時1154号83頁）。一審勝訴のみでは県には弁護士報酬相当額の損害はまだ発生していず、判決が確定しない限り弁護士報酬の請求は許されない（奈良地判平成13・5・23判例自治225号17頁）。

弁護士の代理は審級毎であるが、同一事件で、審級毎に勝訴報酬を請求されたのでは、依頼者は、最終的に敗訴した場合大損であるから、代理人が依頼者の都合で変更された場合を除き、成功報酬は最終的な「勝訴」に限るべきであろう。普通はそのような契約ないし運用が行われている（但し、神戸市の代理人の報酬支払は審級毎である。第4章第5節）。もっとも、審級毎に支払っても、最終的に敗訴したとき不当利得として返還するとすればこの問題は生じないが、それなら、最終的な決着は最終的な勝訴段階で決めるべきであろう（金子宏直『民事訴訟費用の負担原則』（勁草書房、1998年）230頁、小林博志・自治研究78巻2号134頁も結果同旨）。

住民訴訟で一審勝訴後原告＝依頼者の都合で代理人が交代した場合、その代理人が原告に報酬を請求できるかは、契約次第であろうが、地方公共団体との関係では、契約に基づくのではなく、地方自治法に基づいて請求するのであるから、地方公共団体に現実に経済的な利益をもたらす必要があり、勝訴確定が要件であると解される。

そして、被告が「請求を認諾し、それが調書に記載されたとき」（民訴法267条）（最判平成10・6・16判時1648号56頁、村田哲夫・民商法雑誌121巻1号109以下、杉山正己・判タ平成10年度主要民事判例解説290頁、孝忠延夫・判評482号175頁以下はいずれも賛成）、和解が調書に記載されたとき（民訴法267条）（大津地判平成8・11・25判タ947号225頁、大阪地判平成11・9・14判時1715号48頁＝小林博志・自治研究78巻2号131頁）は、確定判決と同じ効力があるのであるから、もちろん「勝訴」に当たる。この最判平成10年6月16日は、請求の認諾は裁判所の公権的な判断を経ない自主的な紛争解決手続であるから、「勝訴」に当たらないという上告理由を退けたものである。

なお、「和解」が住民訴訟で許容されるか否かについては争いがある。行政訴訟一般については法治行政との関係で私人の意思に任せられないという否定

第4章　住民訴訟における住民側弁護士の「勝訴」報酬

説が日本では優勢であったが，見解が対立している場合に互譲によって解決することを禁止するだけの理由はないと思う（阿部『行政訴訟特に税務訴訟における和解に関する管見』自治研究89巻11号3頁以下，2013年）。その一般論はともかく，4号請求の場合，自治体から首長，談合企業などへの賠償請求，補助金を受けた者に対する不当利得返還請求といった民事上の請求であるから，法治行政は関係がない。ただ，住民訴訟4号請求は，地方公共団体の権利回復を求める訴訟であり，原告が勝訴すれば，その利益が地方公共団体に帰属するけれども，原告は地方公共団体の財産を処分する権限を有しないから，和解もできないのではないかという見解がある（これについて上記，小林評釈・139頁参照）。住民訴訟で原告が敗訴した後で，当該地方公共団体がもう一度請求訴訟を起こせると考えると，和解を認めるべきではないとも考えられるが，地方公共団体がそのように考える例は稀であろうし，そもそも，地方公共団体がその和解で不満なら，住民訴訟に参加するか同時に訴訟を提起して併合審理を求めるべきであると考えると和解は許容できるというべきである。

平成14年改正後の4号請求訴訟では，被告は当該地方公共団体の執行機関であるから，後で当該地方公共団体が追加請求訴訟を提起することは認めるべきではないので，和解が許されるというべきである。もちろん，請求を受ける首長や第三者が補助参加して権利を防御できなければならない。

なお，株主代表訴訟では，従前は訴訟上の和解自体を否定する説が多かったため，この点については論じる余地がなかったが，改正（会社法850条）によってそれが認められるようになった今日では，それも「勝訴」に含まれると解される（東京高判平成12・4・27金融法務事情1596号77頁，金融・商事判例1095号21頁参照）。

なお，被告の方が弁護士費用を自治体に請求できる「勝訴」の意義に関し，原告が請求を放棄し，それが調書に記載されたときは，その記載は確定判決と同一の効力を有するから，地方自治法242条の2第8項にいう「勝訴した場合」に該当するという判例がある（福島地判平成12・9・12判時1780号93頁，判例自治215号12頁）。その控訴審（仙台高判平成13・6・8判例自治215号8頁）はその理論を認めている。ただし，これは平成6年改正から平成14年改正までの8項に関するもので，今後提起される訴えではその種の事案は起きない。以上は争いがない。

第4節　被告の弁済による訴えの取下げは「勝訴」に当たらないのか

ただ，これらの判決では，請求を認諾したり和解しただけではたりず，それが調書に記載されたことを要するのか，たまたま調書に記載されているからそのように判断したのではないかという問題は解決されていない。

3　争いとなっているのは請求の認諾，弁済による訴えの取下げ
(1)　請求の認諾，弁済による訴えの取下げを「勝訴」とする説

訴訟中（請求認容判決が下されたが，確定する前も含む）に，請求の認諾，弁済その他があり，請求を維持する必要がなくなったときについては見解が分かれる。

住民が一審で勝訴した後，一審の認容額が返還され，控訴審では原告の請求が棄却された場合，実質的には住民勝訴と同視でき，弁護士報酬相当額の請求が認められる（名古屋地判平成14・3・13判時1823号44頁）。これは勝訴の確定判決を受けた場合以上に，当該訴えの提起が当該財務会計行為の違法是正に貢献したと評価されるという理由を挙げている。

その控訴審（名古屋高判平成14・10・17判時1823号41頁）は，この判決を維持し，この7項の根拠として，4号訴訟を提起・追行した原告が勝訴した場合に，訴訟に要する費用の全部を原告が負担する一方で，勝訴により損害の補填という経済的利益を受ける地方公共団体がその費用を何ら負担しなくてよいとすることは衡平の理念に反するとの説明をしている。本件の原審名古屋高裁も先に紹介したように同様の見解である。

商法でも，従来も，勝訴した場合というのは，「勝訴判決が確定した場合であるが，請求金額の全部について勝訴した場合ばかりではなく，その1部について勝訴した場合も含まれるし，被告取締役が請求を認諾したことによって訴訟手続が終了した場合も含まれる」（『新版　注釈会社法(6)』（有斐閣，1987年）（北沢正啓）380頁など，これは最近も維持されている。堀口勝・金融・商事判例1113号65頁［2001年］，同・金融・商事判例1078号52頁［1999年］，釜田薫子・商事法務1688号58頁［2004年］）と解されていたので，この会社法の規定は，確認規定であろう。

(2)　勝訴にならないとの説

これに対し，県議会議員らの出張がいわゆるカラ出張であるとして，議会事務局長個人に対して損害賠償を請求する住民訴訟（4号請求）につき，第一審

第4章　住民訴訟における住民側弁護士の「勝訴」報酬

判決で認容された損害金が判決後に県に返還されたために，控訴審で請求が棄却された場合において，控訴審で拡張された県に対する弁護士報酬相当額の請求は，「右拡張前の請求をすべて棄却すべきである以上，右拡張された請求を認容する余地がないことは，同条7項の規定に照らして明らかである。」とされた（最判平成11・2・9判例自治191号21頁）。この理由は，単に「7項の規定に照らして」という以上のものを挙げていないが，さらに，先に紹介した本件の一審判決のほか，東京高裁平成15年3月26日判決（判時1826号44頁）が消極説で，詳しい。

　弁護士報酬に関する7項の趣旨は，「4号訴訟は，住民が自己の個人的な権利利益を擁護するためではなく，地方公共団体に代わって住民全般の公共の利益を確保するために提起するものであり，原告たる住民が勝訴した場合には，地方公共団体が現実に経済的利益を受けることにもなることから，訴訟の対象となった財務会計上の行為の違法性が訴訟上確定し，そのことによって違法な財務会計上の行為の予防，是正が図られることに着目し，本来弁護士報酬は訴訟当事者双方がそれぞれ自己負担するのが原則であるが，上記の場合に限り4号訴訟を提起した者の支払うべき弁護士報酬のうち相当額の請求を認めることが衡平の理念にかなうとする点にあると解するのが相当である。このような制度趣旨からすると，同項の『勝訴（一部勝訴を含む。）した場合』とは，勝訴判決（一部勝訴判決を含む。）が確定した場合のほか，請求原因の全部自白又は欠席による勝訴判決との対比から，請求の認諾が調書に記載され，訴訟の対象となった財務会計上の行為の違法性が訴訟上確定したとみ得る場合に限られるものと解すべきである。

　この点，『勝訴（一部勝訴を含む。）した場合』には，4号訴訟の提起，追行により，地方公共団体が当該財務会計行為により生じた損害の補填を受けることによって実質的に勝訴判決を得たのと同一の経済的利益をもたらす和解，訴えの取下げ等の場合も含まれるとする考え方もある。しかし，このような考え方は，4号訴訟が損害の填補を訴訟の1つの目的としているとしても，法242条の2第7項が，4号訴訟を提起した者が『勝訴（一部勝訴を含む。）した場合』と定めている明文の規定に明らかに反する立法論的解釈といわざるを得ない。また，これを実質的にみても，上記考え方が基準とする訴訟の提起，追行により実質的に勝訴判決を得たのと同一の経済的利益をもたらす場合とはいかなる

第4節　被告の弁済による訴えの取下げは「勝訴」に当たらないのか

場合をいうのか限りなく不分明であることから，このような基準の下では，弁護士報酬の負担の是非をめぐって住民と地方公共団体との間で新たな紛争が生じかねないことが危ぐされるところである。すなわち，4号訴訟においては，被告が原告ら住民の請求に係る金員の全部又は一部を地方公共団体に支払ったとしても，その意図，動機には様々なものが考えられるのであって，被告が自己のした財務会計上の行為の非を認めて支払う場合のほか，単に応訴の煩わしさを避け訴訟を早期に終了させる意図の下に支払う場合，裁判所の勧告を機に当該財務会計上の行為の適否はさておきこれを尊重して支払う場合等種々の場合があり得る。また，被告の支払の意図，動機が裁判所の調書等何らかの書面に記載される場合とそうでない場合もあり得るところである。上記のような各種の事案において，上記の考え方がいう基準を当てはめた場合，いずれの事案が実質的に勝訴判決を得た場合と同視できると判断できるのか，限りなく不分明というほかはない。さらにまた，被告が上記のいずれかの意図，動機により地方公共団体に対し金員を支払ったにもかかわらず，当該訴訟が維持されたため，請求棄却の判決がなされた場合にも，上記考え方が経済的利益をもたらしたことを理由にこれが法242条の2第7項にいう勝訴した場合に当たることを肯定するとしたならば，そのような解釈は，同項の文言をあまりに無視するものであって，到底採用し難い……。

　なお，平成14年改正後の同法242条の2第12項は，1項4号の場合のほか1号ないし3号の訴訟についても勝訴判決（一部勝訴判決を含む。）が確定した場合には，弁護士報酬の請求を肯定している（「勝訴（一部勝訴を含む。）した場合」との文言は改められていない。）ところ，1号ないし3号の訴訟については地方公共団体の直接の損害の填補という経済的利益は考えにくいほか，4号の訴訟についても訴訟構造が変更された結果，地方公共団体の経済的利益の取得を直ちに実現するというものではなくなったにもかかわらず，このような内容の改正を図ったことは，地方公共団体の経済的利益の取得を原告ら住民の弁護士報酬請求の根拠とはしていないことを裏付けるものとも考えられる。」

　「そうすると，前訴が訴えの取下げにより終了した本件においては，法242条の2第7項を適用する余地がないものといわざるを得ない。」（引用終わり）

　なお，広島地判平成元年11月14日行集42巻2号321頁，広島高判平成3年2月28日行集42巻2号302頁，判時1390号44頁，判タ769号138頁は訴

え取下げの場合には勝訴に当たらないとするが，弁済などがなく，原告側が単に取り下げた事案であるから，当然のことである。

また，住民訴訟において，第一審で一部勝訴した後，附帯控訴に伴い弁護士報酬相当額について請求を拡張した場合，拡張された請求について改めて監査請求を経ることを要しない（前記最判平成11・2・9）。

4 最判の分析と批判
(1) 判決の論理分析

このように，東京高裁と名古屋高裁の見解が対立していたところ，本判決は，平成11年の先例に倣って，東京高裁の見解を採用し，名古屋高裁の見解を排斥する解決を行ったものである。

この最判は平成11年判決の理由不備を補ったものといえるが，その真の理由を把握することも容易ではなく，内容的にも賛成しがたい。

この判決の論理は，次の三段論法であろう。

① 弁護士報酬の「支払請求をすることができる場合について客観的に明確な基準を設けることによってその判断を画一的に行うこととしたものと解することができる。」

② このような……趣旨及び文言に照らせば弁護士報酬相当額の支払を請求するにはその者が当該訴訟につきその完結する時において勝訴（一部勝訴を含む。）したということができることを要する。

③ そうすると訴訟は訴えの取下げがあった部分については初めから係属していなかったものとみなされるから住民訴訟4号請求訴訟が提起されたことを契機として普通地方公共団体が当該訴訟に係る損害について補てんを受けた場合であってもその訴えが取り下げられたことにより当該訴訟が終了したときは「勝訴（一部勝訴を含む。）した場合」には当たらない。

これは論理的なのか，妥当なのか。

①は，これまでの判例では寡聞にして見られない見解である（前記の平成15年東京高判がその点を示唆するが）。その根拠として，この判決は，「当該訴訟が果たしてまたどの程度これに寄与したかを判断して弁護士報酬相当額の支払請求を認めるか否かを決することは必ずしも容易ではない。」とするが，寄与度の判断がいくら困難でも，「勝敗」は判定できるに決まっているはずである。

第4節　被告の弁済による訴えの取下げは「勝訴」に当たらないのか

それは,「相当の額」を判断するときには必要になるが,そもそも「勝訴」の意義の問題ではないと思われる(判決には,「勝敗」の概念に結論だけではなく理由を考慮するという観点が無意識的に混入しているのか?)。

　寄与度に応じた報酬額の点で言えば,最終的に「勝訴」した場合でも,弁護士報酬請求訴訟においてさんざん争われるのであるから,簡単でないことに変わりはない。また,訴訟提起を受けて直ちに支払がなされた場合でも,それは訴訟による成功であるから「勝訴」であることを前提に,ただ,余り苦労しないで成功したので,報酬を減額すればよい。従来の報酬規程であれば,30％の増減が認められているから,30％減額すればよいのである。現に,最判平成10年6月16日の判時匿名コメント(判時1648号57頁)は,「論旨(上告理由)は,請求の認諾は,裁判所の公権的判断を経ていない点において,勝訴判決とは異なる旨をいうが,勝訴判決においても,いわゆる欠席判決や被告が請求原因事実を全部認めた場合のように,裁判所の公権的判断を経ずになされるものも存在するのであり,認諾に至る被告側の個別事情については『相当な額』の考慮要素として斟酌すれば足りる」としている。被告が弁済したので,請求棄却判決がなされたり,原告が訴えを取り下げた場合も,なぜこれと同様に解することができないのだろうか。なお,「相当な額」は,不法行為請求認容判決があわせて被告に命ずる弁護士費用の支払額算定基準でもあるから,算定が困難なはずはない(最判昭和44・2・27民集23巻2号441頁)。

　「訴えを提起した者の個人的な権利利益の保護救済を求めて提起されるものではないという特質も考慮して」とされるが,そこからいえるのは,原告は勝訴しても儲けることはできないというだけであって,だからといって,自治体に経済的利益をもたらしたのに,弁護士報酬を負担させられるのでは,かえって大損であり,個人的な利益を求めない原告住民を遇する制度としておよそ公平とはいえない。

　したがって,①がなぜ成り立つのかは理解できない。

　次に,仮に①が妥当であるとしても,何が画一的なのか,そこからなぜ②が導かれるのかも皆目理解できない。②「その者が当該訴訟につきその完結する時において勝訴(一部勝訴を含む。)したということができることを要する」とするのは,はたして画一的なのか。この語自体が(次に述べるように弁済による取下げが入るのかというような点で)不明確で,画一的とはいえないのではない

か。そうはいっても，訴訟の完結時に勝訴といえなければ，途中で勝訴といえても弁護士報酬請求権が発生しないことはたしかであるから，この②自体は正しいであろう。

しかし，②から，③が導けるのか。この判決は，③で，訴えが取り下げられたことにより当該訴訟が終了したときは「勝訴（一部勝訴を含む。）した場合」には当たらないというのであるが，そのことは，②からは出てこない。肝心の理由は，訴えの取下げがあった部分については初めから係属していなかったものとみなされる（民訴法262条1項）という点にあるのだろう。

(2) 「勝訴」とは，原告が満足する場合である

この判断にも幾重にも賛成しがたい点がある。

第1に，「勝訴」と民訴法262条を結びつけるのは正しいか。

この判決の理由の基本は，訴えが取り下げられたら，その訴訟は初めから係属していなかったから「勝訴」ではないという点にある。それなら，理由①，②などは意味がない。訴えが取り下げられたら，弁済によるものであれ，「勝訴」とはいえない理由を説明すべきであろう。そこで，この点を考える。

裁判所が，上記の民訴法262条を持ち出すところを見れば，「勝訴」を日頃慣れ親しんだ訴訟法の用語で理解していることがわかる。実質勝訴説は明文の規定を超える立法論という本件の上告理由を採用したものであろう。本件の先例と目される前掲最判平成11年2月9日は，理由らしいものとしては，「同条7項の規定に照らして」というだけで，明確ではないが，やはり，この規定の文言である「勝訴」という言葉を民訴的に解し，弁済により請求が棄却される以上は，「勝訴」には当たらないと思いこんでいるのであろう。

調査官が本件判決の趣旨を説明したものと推定される本件の判時匿名コメントをみると，「もともと，住民訴訟の弁護士報酬を住民負担にするのか自治体負担にするのかは，立法政策により決せられるべきことであり，規定の文言上，勝訴した場合にのみ自治体に相当額の負担をさせることとする立法がされていると解するほかはない。したがって，損害の補填を理由としてであれ，請求棄却判決がされたり，訴えの取り下げがされた場合には，自治体に対して弁護士報酬相当額の支払請求をすることはできない」という。

しかし，ここで，「したがって」の前までは正しいが，そこから次の文章になぜ続くのか，理解できない。立法者が「勝訴」のときだけ自治体に弁護士報

第4節　被告の弁済による訴えの取下げは「勝訴」に当たらないのか

酬を負担させるという理解は正しいが，その「勝訴」の意義について，それに続く文章のように理解しないと立法者の意図に反するという理由はどこにも示されていないのである。

ここでも，「勝訴」とは何かを検討しているのではなく，訴えの取下げは「勝訴」とはいえないという民訴法262条を前提にしているだけである。

では，この前提は正しいのか。

地方自治法の立法者が「勝訴」という文言を民訴法262条的に解していたなら，自治省側注釈書でもっとも詳しい書物（松本英昭『新版 逐条地方自治法〔第3次改訂版〕』（学陽書房，2005年）927頁）に言及されているべきだが，何の言及もない。

一般には（少なくとも当事者は）「勝訴」とはそのような訴訟法上の意味で理解するものではない。まず，被告が請求を認諾したり弁済した場合には，それで訴えは目的を達するから，訴えが取り下げられても，それは勝った裁判の事後処理の一方法にすぎず，それでも，「完結する時において勝訴（一部勝訴を含む。）した」というと思われる。

このように，「勝訴」とは，とにかく訴えによって請求した目的が，訴訟上であろうと訴訟外であろうと，訴訟提起を契機に達せられた場合をいうと理解すれば，全て解決する。

比喩であるが，一般には，戦争で，敵を殲滅させたり白旗を掲げさせたり降伏文書に署名させたりしなくても，撤退させても（転進させても），内乱などで敵が自滅しても，勝利と理解される。一般用語では，判決文で原告勝訴が宣言された場合に限らず，認諾でも支払でも，訴えの目的を達したのであるから，勝訴というものであろう。

ここで思うのは，裁判所は，当事者の立場で思考するのではなく，お上の立場で思考するという悪弊（筆者がさんざん批判する訴訟形式のキャッチボールはその典型である）がここに露呈しているのではないかということである。裁判所から見れば，訴えが取り下げられたのだから，理由が何であれ，「勝訴」させていないということであろう。しかし，弁護士報酬を払うのは裁判所ではない。原告が成功報酬を払うべき時が「勝訴」である。そして，一般に弁護士と依頼者の間では訴訟の目的を達すれば，その終局の形式が和解であろうと取り下げであろうと成功であり，「勝訴」である。キャリア裁判官制度の弊害がここに

見られる。現実に当事者の立場で訴訟を行い、苦難の道を歩んだ者が裁判官・調査官になれば見方も変わるのではないかと独り言を言いたくなる。

(3) 実質的考察の必要性

第2に、判示は、仮に、訴えが取り下げられたら形式上「勝訴」ではないとする民訴法を前提に、それ以上思考しないことは悪しき法実証主義である。これまでの判例ではいわゆる制定法準拠主義と称する、法律の文理重視解釈がはびこっていた。それでは、裁判を悪しき法条の自動販売機と評するしかなく、その程度の解釈しかできない（する必要がない）のであれば、高度の法曹は要らない。

こうした解釈方法は、行訴法改正でその9条2項に「法令の規定の文言のみによることなく」の語が挿入されて廃止されたはずである。それは直接には原告適格に関する規定であるが、判例の解釈方法を変えようという一般的な視点を打ち出したものである。したがって、制度の趣旨を探求して、言葉の意味を合理的に解釈することこそが裁判官の任務である。

そこで、文言で勝負ありと思いこまず、単に取り下げられたら「勝訴」ではないというだけで思考停止するのではなく、そのような解釈が妥当なのかという、実質論が必要である。

そして、訴訟とは勝敗をかけて戦うものであるから、終了したとすれば、引き分け以外は、勝敗どっちかである。取り下げた場合には、原告が「勝訴した場合」には当たらないのであれば、被告が「勝訴した場合」に当たることになる。そうすると、被告が、請求を認めて弁済しても、原告が勝訴していない以上は、被告が勝訴したとして、当時の242条の2第8項に基づき弁護士費用を自治体に請求することができることになる。これは無茶苦茶であろう。

そうでないとすれば、請求に応じて弁済して、訴えが取り下げられ、訴訟が終了したときも、原告も勝訴しなかったが、被告も勝訴しなかったとするしかない。それは勝敗の概念に反する。

請求が認諾され、調書に記載された場合には勝訴とする最判平成10年6月16日の判例はもちろん変更されていない。しかし、この場合と、訴えの提起があったので、支払があったり、違法が是正された（下級審で請求が認容されたので、上級審で、改正前の4号請求の被告（改正後は、執行機関から請求される者）が支払ったり、違法を是正した場合はもちろん、判決前でも）ため、訴えの意味が

第4節　被告の弁済による訴えの取下げは「勝訴」に当たらないのか

なくなった場合とは，ともに，自治体の違法の是正，財政上の損失の回復に大きく貢献しているのであって，どれだけ違うのか。

　たしかに，訴え取下げの場合には，和解が成立しなければ調書が作成されず，原告勝訴の確定判決と同一の効力は生じない。訴訟物たる損害賠償請求権には既判力は生じない。しかし，普通の金銭請求と異なって，住民訴訟では，原告と弁済を受ける自治体は別であるから，勝手に自治体に弁済されると，請求が棄却されるか，訴えを取り下げなければならないことになって，その結果，原告が弁護士報酬相当額請求権を失うという大きな違いが生ずる。これは不合理である。このように考えると，和解や請求認諾がなされた場合，それが調書に記載されようとされまいと，自治体に経済的利益をもたらした以上は同様に解すべきであって，調書に記載された場合に「勝訴」とした平成10年の最判を逆読みすべきではない。

　しかも，住民訴訟は自治体が243条の2の賠償命令を発することなく，また訴訟を提起しないからこそ提起されるのであるから，弁済があった場合にさらに既判力などを生じさせなければならない必要性はない。住民訴訟をどのように作るのかは立法政策にまかされているにしても，このようなことまで考慮されていたわけではないだろう。さらに，この判例の立場であれば，被告は下級審で敗訴しても，上級審係属中に弁済して，弁護士報酬を免れ，原告弁護士に訴訟提起の意欲を失わせる行動に出ることが予想される。「衡平」を基本にした制度をアンフェアに活用できるように教唆するのがこの判決である。

　この判決は，画一的な判断を重視している。しかし，弁護士報酬請求権があるかどうかを判断するのは，住民訴訟が終了後に，改めて提起される訴訟においてであり，判断するのは裁判官である。取り下げた場合でも，原告が勝手に諦めて取り下げたのか，支払いがあったので取り下げたのかは，仮に訴訟記録に記載されていなくても，第1回の口頭弁論で一見明白となり（本件では，被上告人後掲答弁書によれば，前訴の記録で，前訴被告の本件町に対する損害金支払いが明らかである），その調査には手間暇を要しない。それは画一的に判断できる。「当該訴訟が果たしてまたどの程度これに寄与したか」は，「勝敗」の問題ではなく，「相当の額」査定の問題であることは前述した。又，「勝敗」の概念についていくら「画一的判断」を要求してみても，「相当の額」の判定ではどうせ画一的な判断はできない。また，「相当の額」の算定は弁護士報酬規程を

第 4 章　住民訴訟における住民側弁護士の「勝訴」報酬

基準とすれば難しくないだろうが，仮に難しいとしても，慰謝料の算定などよりははるかに易しいのであるから，裁判官が回避すべき問題ではなかろう。

これまでの裁判では，公権的判断がなされたか，違法が確定されたか，調書に記載されたか既判力が生じたか等も論争点になったが，そのようなことを論点とすること自体，議論が分かれるので，画一的な判断という視点からすれば，間違いであろう。私見のように，訴えの目的が達成されたかどうかだけを論点とすれば，画一的判断は極めて容易なのである。そうすると，和解でも裁判外の和解を「勝訴」扱いにしない見解（小林博志・前掲140頁）には賛成できない。

本件上告理由では，最高裁は法的安定性，予測可能性，明確性の観点から条文の文言を重視する立場を取っていることは明白であるとする。しかし，裁判記録で，請求認諾が調書に記載されるというように勝訴が一見明白にならなくても，弁済されたから請求棄却されたことは当事者間に争いがない場合には，これらの要請に反するはずはない[注]。

これとの関連で本件の一審判決に言及すると，これは訴えの取下げの場合に「勝訴の見込み」があったかどうかを問題とするが，「勝訴」かどうかを判断するために，勝訴の見込みを判断する必要性はない。「勝敗」は結果であって，未来の予測ではない。訴えを取り下げたのが，勝ったからなのかどうか，つまりは，「住民訴訟と相当因果関係のある支払いかどうか」だけを判断すればよいのである。その上，「任意の支払をすれば，同訴訟の原告が勝訴する見込み

（注）　ちなみに，地方自治法は，法令用語をきちんと吟味して，種々の場合に対応できるように工夫されているわけではなく，できの良い法律ではないのである。たとえば，地方公共団体が訴えを提起するには長かぎりではできず議会の議決を要するのが原則（地方自治法96条1項12号）である。条文上このようにしか書いていないので，応訴は含まないとの解釈（最大判昭和34・7・20民集13巻8号1103頁自治百選〔第2版〕82頁）は文理上可能であるが，支払督促に対して異議が述べられたために訴えの提起があったものとみなされる場合も同様（最判昭和59・5・31民集38巻7号1021頁，判時1120号37頁）との解釈をわざわざしなければならないし，地方公共団体から控訴，上告する場合はどうなのかという解釈問題が起きる。一般に上訴の際には訴えの提起と同様に，議会の議決が必要と解されている。これに対し，自治体が被告として応訴したときは，議会の議決は前記のように不要であるが，敗訴して上訴するときは，議会の議決を要するとの判例がある（仙台高判昭和49・7・31判タ316号227頁）。これらの点も，上記松本著332頁参照。このように，地方自治法の文言は，文理解釈ですむような，まともにできているものではないから，解釈の段階で実質に即して工夫せざるを得ないのである（「立法者が愚鈍であるほど解釈者が儲かる」）。

は全くなくなる」というこの判決には仰天する。その場合には，すでに任意の弁済を受けたことが勝訴なのであって，判決としては，請求の対象が消滅したから形式的に請求棄却になるだけであり，原告として勝った以外の何者でもない。特に，住民訴訟では，旧4号訴訟の被告が弁済する相手は地方公共団体であるから，原告はその弁済の段階で介入することができない。このような被告の一方的な弁済行為で，原告の弁護士報酬請求権を実質的には剥奪する解釈をすることは不合理であろう。

　住民訴訟で原告に弁護士報酬請求権が認められる理由は，種々あるだろうが，住民訴訟は，住民が自治体の機関として「勝訴」すれば自治体に利益をもたすので，一種の事務管理として，その一部を有益費として償還請求権を発生させると理解すべきであろう。自治体は，弁護士報酬以外の部分を何ら努力せずに入手できるのであるから，弁護士報酬を原告に償還することこそが公平なのである。したがって，訴えの取下げであれ，自治体が弁済を受ければ，事務管理は成功したものとして，報酬請求権が発生するというべきである。これが現行制度の合理的な理解である。それは住民訴訟に，行政の違法を是正し，自治体の財政上の損失を防止回復することへのインセンティブを与え，その活性化を促す趣旨もあるから，弁済を受けたときに，弁護士報酬を支払わないのは，この制度の趣旨に反する。なお，住民訴訟は，物好きな人が個人の利益でやっているのだから，弁護士報酬を出すべきではないという意見もあるようであるが，それは現行制度からはどのようにしても導けないものである上，一面的な見方である。

5　東京高裁平成15年3月26日判決批判
(1)　違法是正説と経済的利益説

　3(2)（280頁）で紹介した東京高裁平成15年3月26日判決は本判決に大きな影響を与えていると推測されるので言及すると，この論理もこれまた理解困難である。

　この東京高判は，弁護士費用の請求権の根拠として，「地方公共団体が現実に経済的利益を受けること」と，「財務会計上の行為の違法性が訴訟上確定し，そのことによって違法な財務会計上の行為の予防，是正が図られること」を挙げ，その趣旨から，「勝訴（一部勝訴を含む。）した場合」とは，勝訴判決（一

部勝訴判決を含む。）が確定した場合のほか，請求原因の全部自白又は欠席による勝訴判決との対比から，請求の認諾が調書に記載され，訴訟の対象となった財務会計上の行為の違法性が訴訟上確定したとみ得る場合に」限定する。

しかし，条文上，「勝訴」とのみ規定されており，「財務会計上の行為の違法性が訴訟上確定」することは要件とされていないのであるから，これは法律上要求されている要件を勝手に解釈上過重するもので，特段の合理的な理由がなければ，許されない解釈方法である。たしかに，勝訴すれば，普通には，財務会計行為の違法も確定し，経済的な利益も自治体にもたらされることであろうが，逆に，それがなければ「勝訴」にならないと，概念を限定する理由にはならない。ここでは，急に制定法準拠主義ではなく，法の趣旨を探求する解釈方法が採られているが，その方向は妥当ではない。

ここで，この判決は，違法確定の要件を要求せず，「損害の補填を受けることによって実質的に勝訴判決を得たのと同一の経済的利益をもたらす和解，訴えの取下げ等の場合も含まれるとする考え方」は，「勝訴（一部勝訴を含む。）した場合」と定めている明文の規定に明らかに反する立法論的解釈といわざるを得ないというが，これこそ明文の規定に明らかに反する。違法確定は，弁護士報酬請求権発生の要件とはなっていないからである。

前記大阪地判平成11年9月14日は，和解を「勝訴」とする理由として，違法性の明確化による金銭の返還という要件を掲げるが，小林博志・前掲140頁もこれに反対し，経済的利得で十分とする。

さらに，この判決は，「平成14年改正後の同法242条2第12項は，1項4号の場合のほか1号ないし3号の訴訟についても勝訴判決（一部勝訴判決を含む。）が確定した場合には，弁護士報酬の請求を肯定している（「勝訴（一部勝訴を含む。）した場合」との文言は改められていない。）ところ，1号ないし3号の訴訟については地方公共団体の直接の損害の填補という経済的利益は考えにくいほか，4号の訴訟についても訴訟構造が変更された結果，地方公共団体の経済的利益の取得を直ちに実現するというものではなくなったにもかかわらず，このような内容の改正を図ったことは，地方公共団体の経済的利益の取得を原告ら住民の弁護士報酬請求の根拠とはしていないことを裏付けるものとも考えられる。」としている。

これは，弁護士報酬請求権発生の要件として，経済的利益説を否定し，違法

第4節 被告の弁済による訴えの取下げは「勝訴」に当たらないのか

確定説を提示したつもりであろう。

しかし、そもそも、1号から3号までについていえば、1号訴訟により財務会計上の違法行為が差し止められれば、経済的損失が防止されるので、損害の補填という経済的利益は考えにくくても、経済的利益が考えられることは同様である。2号の行政処分取消訴訟でも、たとえば、公有財産の違法な許可使用が取り消されれば、財産の適正な活用という経済的な利益が発生するのである。3号の怠る事実の違法確認でも、その結果違法が除去されることが期待されるので、経済的利益が発生するのである。なお、稲葉馨（本文の名古屋高裁と東京高裁の判例評釈・判時1852号＝判評544号164頁以下）は、違法是正説と経済的利益説を対比させ、弁護士報酬請求権を4号訴訟から全ての住民訴訟に拡大した平成14年の改正で、前者の方で統一されたとしているが、賛成できない。

4号訴訟の場合には経済的な利益は発生するが、1～3号訴訟の場合も経済的な利益は発生しないわけではない。したがって、住民訴訟をこのいずれかで理解すべきではなく、違法を是正し、または（及び）可能な範囲で損害を防止・回復する制度と理解すればよい。

4号の改正では、4号請求訴訟ではとりあえず執行機関への義務づけを求めるだけであるが、その結果、本来支払うべき者に支払い請求をすることになる（地方自治法242条の3第1項）ので、これも経済的利益が取得されることを予定しているのである。「直ちに」か、もう1段階の訴訟が必要かは、意味をなさない。

こうして、この改正は、弁護士報酬の請求について、経済的利益の発生とは関係がないということを根拠づけるものではないが、かりに経済的利益と関係がないとしても、だからといって、経済的利益を発生させた場合に弁護士報酬の請求ができないという逆論法を根拠づけるものではない。

また、この改正は、経済的な利益が発生しなくても、違法が確定されれば、弁護士報酬請求権が発生するという趣旨であるとしても、逆に、違法が確定されなければ弁護士報酬請求権が発生しないということにはならないのである（「逆は必ずしも真ならず」という論理学のイロハが判決文で理解されていることを読み取るのは至難である。）。

なお、本件の上告理由では、任意の弁済も、違法・責任を認めたのではなく、訴訟の負担に耐えかねた場合がある。その場合でも、自治体に経済的な利益が

及んで，原告が勝訴したと評価して弁護士報酬を請求できるとする解釈は不当であるという。しかし，その弁護士報酬は，被告の職員から重ねて請求するものではなく，自治体が取り返した分の一部から回収するだけであるから，財務会計行為の違法が確定されなくても，原告弁護士に報酬を与えることは決して不当ではない。

それに，これまでの判例では，前記のように請求認諾や和解が調書に記載されれば，「勝訴」とされており，ここでは，違法が確定されたか，経済的利益がもたらされたかなどは，直接には問題とされていない。弁済による訴えの取下げのときだけ，これを問題とするのは均衡がとれない。

(2) 明確な基準の必要性？

この判決は，続いて，「実質的に勝訴判決を得たのと同一の経済的利益をもたらす場合とはいかなる場合をいうのか限りなく不分明」，「被告が原告ら住民の請求に係る金員の全部又は一部を地方公共団体に支払ったとしても，その意図，動機には様々なものが考えられるのであって」などという。本件一審も同趣旨であろう。

しかし，訴訟の勝敗とは何かというときは，経済的な利益が発生したという結果で判断するのであって，その動機等まで考えて決めるものではない。この動機は「相当な額」の算定で考慮されるべきものである。本判決と同様に，「勝敗」と「相当な額」を混同している。実質勝訴の内容が不分明という点は，前記の寄与度の問題である（稲葉馨・前掲・判評544号167頁も，この東京高裁の事件でも「不分明」とはいえず，それが「確定勝訴判決と認諾調書による場合以外『分明』になり得ないとするのであれば，明らかに行き過ぎと評さざるを得ない。」とする）。また，これは，請求の認諾や和解が調書に記載されたらそれだけで「勝訴」とする判例にも違反している。

6 自治体が職員を訴える場合との均衡

住民訴訟は，自治体が，違法行為をした職員に対して賠償命令を出す（地方自治法243条の2第3項）とか，長や第三者を訴えるべきところ，それをしないので，住民が自治体に代わって，長，職員又は第三者を訴えるものである。自治体が，弁護士に委任して，長，職員や第三者の違法行為を訴える場合，勝訴したら，弁護士に成功報酬を払わなければならない。そこでの勝訴とは，弁

護士の報酬規程では，勝訴判決が確定した場合に限らない。実質勝訴を含む。さもないと，弁護士が被告をコテンパンに攻撃したので，被告が恐れをなして，弁済した場合も，弁護士が成功報酬を得られないという不合理を生ずるからである。弁護士の報酬規程が廃止された今日でも，普通の弁護士は同様の契約をしていると推定されるから同様であろう。

　このこととの均衡上も，住民が弁護士に委任して住民訴訟を提起した場合も，「勝訴」とは，訴えを取り下げた場合であれ，支払があったなどにより，実質勝訴をいうものと考えるべきである。

7　射程範囲と運用

　しかし，このような判決が出た以上は，判例変更されるまでは，弁護士実務としては，被告が弁済しても，訴えを取り下げてはならない。そうすると，住民訴訟は，弁済を理由として請求棄却されるであろう。その場合も弁護士報酬を請求できないとするのが本判決の趣旨であるとの主張が被告側からなされるであろうが，このように　この判決は著しく不合理であるから，その射程範囲は可能な限り限定すべきである。そして，弁済による請求棄却は判決文で明らかにされるから，原告が訴えを取り下げた場合とは異なり，本判決の射程範囲外とすべきである。和解，請求認諾は必ず調書に記載させるべきである。

　なお，弁済により弁護士報酬が発生しないこととなった場合には，和解などなら請求できる弁護士報酬の支払いを回避するものであるから，不法行為として，弁護士報酬の賠償請求ができるというべきである。

　また，弁護士報酬請求権はこれとは別に，応訴の不法行為でも発生するが，それは本判決によっては影響を受けない。

　次に，本判決は，平成14年改正前の事案であった。この改正で，4号訴訟の被告が，職員個人ではなく，執行機関とされたことは，この点で差異を生ずるか。

　執行機関を被告にして勝訴すれば，それで十分で，その後，執行機関が職員個人を訴えることになるが，その帰趨はここでは関係がない。この点では従前と制度に変わりはないというべきであろう。

　しかし，もともとは，被告は個人で，敗訴すれば弁護士費用は自己負担であった。この点では原告と対等であった。しかし，平成14年の改正で，被告

の弁護士費用は勝敗に拘わらず自治体負担である。しかも，それに限度の決まりがないので，筆者が1人で住民を代理して神戸市長を被告に提起している訴訟では，被告側の弁護士は大勢いる。原告は，敗訴の場合には弁護士費用を自己負担する。それならば，勝訴の場合には，敗訴の場合の報酬（着手金）を実際上得られないことを考慮して，確実に，しかも上乗せして支払ってもらわなければ対等ではない。「相当の額」とは減額できるとの趣旨ではなく，従前の報酬規程でも30％まで上乗せできるとされていたことを考慮して，さらに報酬が自由化された今日では，はるかにたくさん上乗せするのが衡平である（本書第4章各節）。

さらに，原告が訴えを取り下げるにしても，訴訟外ででも自治体から原告の弁護士費用の支払いを求める和解を試みるべきである。自治法242条の2第12項の趣旨が，同項に定める場合以外は弁護士費用を支払ってはならないという意味ではなく，和解契約を締結するのには町に裁量があるから，紛争解決のために弁護士費用を払う和解を行うことは許されよう（広島高判平成3・2・28行集42巻2号302頁，判時1390号44頁，判タ769号138頁，これを例とした解説として，藤山雅行「弁護士費用についての訴訟外での和解，議会の議決と予算の流用」大藤敏編『新版　裁判住民訴訟法』（三協法規，2005年）141頁）。

8　立　法　論

さらに，判例評釈から離れて立法論として言えば，「勝訴」を要求するのは，住民訴訟の実態に合わない。

4号請求訴訟では，職員個人の違法，過失，損害の範囲が論点になる。これらが全て証明されないと，原告は敗訴し，被告は勝訴する。そこで，被告勝訴の場合でも，住民訴訟4号請求では，違法だが過失はないとか損害の範囲を確定できないとか，費用対効果比で請求する方が損だとかいう理由で，請求が棄却されるが，訴訟自体の目的は達成された場合がある（例：はみ出し自販機訴訟最判平成16・4・23判時1857号47頁，判タ1150号112頁）。被告が形式的に勝訴しても，その行為が違法とされた場合には，今後はそのような行政活動をすることは許されないことであるから，自治体が負担すべき弁護士費用は本当に被告の分だけなのか，原告の分も負担すべきではないかという問題がある。

違法是正説と経済的利益説の対立で言えば，違法是正説は，違法が是正され

第4節　被告の弁済による訴えの取下げは「勝訴」に当たらないのか

ないと弁護士報酬請求権が発生しないというのではなく，逆に違法が是正されれば，故意過失が認定されずに訴訟としては請求が棄却されても，弁護士報酬を支払うように考えるべきである。

そこで，例えば，「勝訴（弁済，認諾，和解，当該地方公共団体による違法の是正などにより，判決を待たずに，原告の請求が実質的に目的を達した場合を含み，さらに，一部勝訴を含む）した場合」といった改正をすべきである（第1章第1節16，第2節17条）。

9　まとめ

このように，この判決は，およそ衡平に反し，論理も飛躍し，全く賛成できない。最高裁の合議は，できるだけ合意を得られるように努力するものとは聞くが，この事案においてなぜ4人の裁判官の誰もが異論を挟まないのか，理解できない（イザヤベンダザン『日本人とユダヤ人』によれば，全員一致の決議は無効である）。これは平成11年の判決に従ったものと思われるが，それは簡単だったので，十分に検討されて下されたとは考えられない。それは裁判官席から思考して（当事者の立場には思い至らず），「勝敗」を民訴法的に思い込んでいたもので，裁判には理由が必要だという大原則にも反している。そんな判決を先例として，それに縛られた判断をした（と推定する）のでは，ますます法治国家とはいえない。

「勝訴」とは，当事者から見て，訴えが目的を達した場合とすべきであり，それには，弁済により訴えが取り下げられた場合も含むのが当然である。さらに，請求が認諾されれば，それが調書に記載されなくても，訴訟外の和解でも，実質勝訴である以上は同様というべきである。判断は極めて簡単であり，画一的にできる。

本来は，先例を変更すべきであったし，次には本件判例を変更すべきである。しかし，そのためには，当事者は印紙代を負担し，最高裁まで，勝敗の見込みが高くない（先例変更は期待薄である）まま，長年争わなければならない。当事者の負担は限度を超える。民集に掲載されていないのであるから，最高裁自身これを特に重要な判断とは考えていないとすれば，判例変更は少しは容易にしてもらえないか。

第4章　住民訴訟における住民側弁護士の「勝訴」報酬

[追記1]　**最高裁判決には答弁書も掲載せよ**

　最高裁の判例には，時々上告理由なり受理理由が添付され，判例集にも掲載されるが，答弁書が掲載されたのを見たことがない。判例時報では，最高裁ないし当事者から提供を受けた判決に答弁書が添付されていたこともなく，最高裁判例を掲載するにあたり，答弁書を掲載したことはないという。裁判所は，上告理由を見て，理由がありそうなら，答弁書を求めるはずで，両方を見て判断するはずであるから，答弁書を掲載しないと不公平である。そこで，被上告人代理人松葉謙三弁護士から答弁書を頂いた。紙幅の都合でほとんど引用の余裕がないが，最高裁はこれにはほとんど答えていないと感じた。第5章第6節Ⅰ1（435頁）に述べるように，権利放棄議決有効判決も同じであった。

[追記2]　**野田崇論文**

　野田崇・民商133巻3号551頁以下は，脱稿後に気がついたが，最高裁判決に賛成しており，私見とは全く方向を異にする。

[追記3]　**玉巻弘光論文**

　玉巻弘光「住民訴訟における弁護士報酬負担のあり方」東海法学38号27頁以下（2007年）は，本稿のテーマを扱う。その中で，「『勝訴』とは，とにかく訴えによって請求した目的が，訴訟上であろうと訴訟外であろうと，訴訟提起を契機に達せられた場合をいうと理解すれば，すべて解決する。」とする私見を引用し，「確かに，大多数はこのような見方で解決可能であろう。しかし，提起と受益の因果関係が明らかにならない場合を如何に処理するのであろうか。阿部教授によると，それは支払い請求訴訟で決着を付ければ足りると考えているようであるが，先行住民訴訟の決着が付けば，当該原告住民の請求を受けて当該地方公共団体が自発的に相当額の金員を支払える条件が整うのが望ましいのであり，そのためには客観的画一的判断基準が必要であるとする最高裁の見解は傾聴に値すると思われる」としている（同論文54頁）。

　しかし，先行住民訴訟の決着がついても，地方公共団体が自発的に相当額を払うことはなく，「相当額」をめぐって，再度最高裁まで争わなければならないのである（阿部「住民訴訟における住民側弁護士の『勝訴』報酬の考え方」判時2007，2009，2010号，2008年。本書第4章第1節）。したがって，「勝訴」の意義について，客観的画一的な判断基準が必要として，実質勝訴の場合を除外するのは本末転倒である。

[追記4]　**山本隆司説**

　山本隆司（南博方他『条解行政事件訴訟法〔第4版〕』（弘文堂，2014年）151頁）は，住民訴訟の違法行為是正機能の観点から，この最判よりは，反対の見解の方が妥当としている。

第5節　住民訴訟における被告代理人の弁護士報酬の問題点

Ⅰ　はじめに

住民訴訟における原告弁護士報酬の請求において，被告代理人は，住民訴訟は公益訴訟だから，これを減額すべし，平成21年最判前であれば，認容額説ではなく算定不要説によれと主張してきた。それなら，被告代理人も，低額の報酬で我慢しているかと思ったら，大間違いである。

同じく住民訴訟にかかわっても，原告代理人は，違法を指摘しても最終的に認容されなければ「勝訴」扱いにはならず，しかも，2度の訴訟によって初めて弁護士報酬を獲得できる。被告代理人は，第1次住民訴訟，それから第2次訴訟，原告からの弁護士報酬相当額請求訴訟の3回の訴訟でそれぞれ，敗訴しても着手金，勝訴すれば成功報酬を得られる。しかも，神戸市の報酬支払いは審級毎であり，弁護士事務所毎であるから，被告代理人の報酬は不当に高い。これとの均衡上原告代理人の報酬を減額する理由がなく，しかも，弁護士報酬請求訴訟で時間と手間をかけるべきではない。

被告代理人は原告代理人の報酬相当額は，被告代理人の報酬と関係がないと主張するが，何事も公平が重要であるから，上記の比較は不可欠な作業である。

このことは第4章第1節Ⅱ1でも論じた。

しかし，被告代理人の報酬は一般的には入手できない。本章では，筆者が住民訴訟の関係で情報公開などを活用して得られた神戸市関係の情報に基づいて記述する。

Ⅱ　神戸市の被告代理人に対する報酬支払い基準

本来なら，被告代理人としては，原告が勝訴するような事件では，受任を断って，神戸市に違法行為をしないように助言すれば，神戸市の出費は可及的に抑えられたところ，被告代理人は，勝っても負けても多額の着手金を得て，勝てば成功報酬を得ているのであるから，原告代理人の報酬が高いなどとは，口が裂けても言うべきことではないと思われる。むしろ，原告代理人の報酬が低すぎて，誰も代理人にならなければ被告代理人も代理をする機会に恵まれな

第4章　住民訴訟における住民側弁護士の「勝訴」報酬

いのである。

　現に神戸市の定める弁護士報酬等支給の事務処理基準では、行政事件のきわめて困難な事件の着手金、成功報酬は100万円が基準である。一見安いように見えるが、普通の弁護士は、審級毎の契約をせず、特に成功報酬は最終的に勝訴判決が確定し、執行して入金されて始めて支払いを得るのに、神戸市の弁護士は、審級毎に着手金と成功報酬を得るので、一審、二審、最高裁まで委任されて、それぞれ勝訴すると、それだけで、消費税別で600万円になることが多い（ただし、相手方だけが控訴した事件では70％に減額されることがある）。しかも、複数の事務所の弁護士がつくときは、それぞれ1件と数えるというので、2つの事務所に委任すると、弁護士報酬は倍の1,200万円になることもある。

　これでも、被告代理人は安いというのであれば、さらに、公営住宅の明渡訴訟の弁護士報酬を明らかにする。これは覚書で1件15万円とされ、安いように見えるが、定型的な業務であって、簡単である上、神戸中央法律事務所には、4年間で1億1,000万円以上の弁護士報酬を払っているのである。このように、安定的な業務を委託する代わりに、普通の行政事件は、個別にみれば割に悪いことがあっても、包括的に引き受けてほしいとなっているのである。したがって、仮に行政事件において被告代理人が手にする報酬が高額でないとしても、公営住宅の明渡訴訟と抱き合わせになって、この法律事務所には非常においしい仕事が依頼されているのである。

　これと比べれば、原告代理人は、複数の事務所で担当しても、報酬額が増えるわけではなく、分けるだけであり、敗訴した場合には何ら収入がなく手弁当であり、勝訴した場合も、最高裁で勝訴した場合に限るものであり、さらに、もう一度弁護士報酬相当額請求訴訟で勝訴しないと、弁護士報酬を得ることはできない。原告が勝訴するべき事案でも議会が権利放棄すると敗訴してしまう（最判平成24・4・20）。もちろん、この場合は原告勝訴として原告代理人に報酬を払うべきだが、被告は抵抗すると想定される。最初の住民訴訟で勝訴しても、次にたとえば談合企業や元首長などに請求する第2次訴訟は被告の顧問弁護士に依頼され、成果を上げた原告代理人には委任されない。原告代理人はとても割に悪いことであり、原告が請求した金額が高額だ等とはいえるはずがない。被告代理人の報酬と比較しても、原告代理人に払われる報酬はあまりにも安すぎるのである。

第5節　住民訴訟における被告代理人の弁護士報酬の問題点

Ⅲ　神戸市における被告代理人への弁護士報酬支払いの具体例

被告神戸市において情報公開請求をした結果，被告代理人の報酬が明らかになった。

1　共助組合事件における被告代理人の報酬

いわゆる共助組合事件における被告代理人の弁護士報酬は，次の通りである。
神戸地裁平成17年(行ウ)第54号　平成20年4月10日判決
　神戸中央法律事務所：着手金409,500円，成功報酬金409,000円，
大阪高裁平成20年(行コ)第81号　平成21年2月20日判決
　着　手　金：神戸中央法律事務所420,000円，橋本勇弁護士1,050,000円，
　成功報酬：神戸中央法律事務所285,600円，橋本勇弁護士714,000円，
最高裁平成21年(行ツ)第144号，(行ヒ)第166号　平成22年6月25日決定
　着　手　金：神戸中央法律事務所420,000円，橋本勇弁護士1,050,000円
　合計　4,757,600円である。

2　神戸地裁平成23年9月16日判決における被告代理人の報酬

これは弁護士報酬請求事件である。
着手金：神戸中央法律事務所420,000円，橋本勇弁護士1,050,000円，成功報酬：神戸中央法律事務所210,000円，橋本勇弁護士840,000円である。合計252万円である。
この事件では，原告の請求額は870万円であり，認容額は630万円（プラス遅延利息）である。その差は，240万円である。被告代理人は，原告の請求を減額させた以上の報酬を取っている。被告は最初から応訴しないで，請求を認諾した方が得であったのである。いずれにしても，この程度の訴訟で報酬が252万円は高すぎる。
こうして，原告はこのようなこともあるかと，訴訟提起前に請求書兼和解の申出をしたが，被告がこれに応じないのでやむなく弁護士報酬相当額請求訴訟を提起するしかなかった。そのために，被告代理人が，原告の請求を減額させた額を超える報酬を取るのは不合理である。

第4章 住民訴訟における住民側弁護士の「勝訴」報酬

3 外郭団体訴訟における被告代理人の報酬

いわゆる外郭団体訴訟で，大阪高裁は権利放棄議決を無効とし，最高裁は有効とした。その報酬は次のように高額である。

神戸地裁平成18年(行ウ)第43号　平成20年4月24日判決
　着　手　金：神戸中央法律事務所着手金420,000円，成功報酬147,000円
大阪高裁平成20年(行コ)第88号，第140号　平成21年11月27日判決
　着　手　金：神戸中央法律事務所420,000円，橋本勇弁護士1,050,000円，
　成功報酬：神戸中央法律事務所126,000円，橋本勇315,000円
最高裁平成22年(行ヒ)第102号　平成24年4月20日判決
　着　手　金：神戸中央法律事務所420,000円，橋本勇弁護士1,050,000円，
　成功報酬：神戸中央法律事務所1,050,000円，橋本勇4,200,000円
合計　9,198,000円にものぼる。

この高裁では，神戸市が全面敗訴しているのに成功報酬を出しているのは，神戸市の報酬基準違反ではないかと思われる。

4 福祉外郭団体訴訟の被告代理人の報酬

いわゆる福祉外郭団体訴訟では，被告が権利放棄議決をしたにも拘わらず，最高裁で上告受理申立が不受理となった。それでも被告代理人は相当の報酬を得ている。

神戸地裁平成18年(行ウ)第25号　平成20年4月24日判決
　着　手　金：神戸中央法律事務所409,500円，
　成功報酬：神戸中央法律事務所273,000円
大阪高裁平成20年(行コ)第90号，第142号　平成21年1月20日判決
　着　手　金：神戸中央法律事務所420,000円，橋本勇弁護士1,050,000円
最高裁平成21年(行ツ)第117号，平成21年(行ヒ)第141号平成21年12月10日決定
　着　手　金：神戸中央法律事務所420,000円，橋本勇弁護士1,050,000円
合計　3,622,500円である。

第5節　住民訴訟における被告代理人の弁護士報酬の問題点

Ⅳ　ま と め

　このように，被告代理人は，審級毎に着手金，成功報酬を取っているので，割が合う。敗訴しても報酬金を取っていることもあるし，請求を減額させた以上の報酬を取っていることもある。

　原告代理人は，着手金をもらうことなく，勝訴しても，上級審に移審すれば成功報酬をもらわない。しかも，勝訴確定してから改めて成功報酬請求訴訟を提起しなければならない。行政の違法を認めさせても，過失がないと判断されると，行政の正常化に貢献したにも拘わらず，訴訟としては敗訴したので，成功報酬は得られない。

　このような事情を考えれば，原告代理人の弁護士報酬相当額は認容額説によっても安すぎるのである。

はじめに

第5章　地方議会による地方公共団体の賠償請求権等の放棄

はじめに

　本章は，住民訴訟で敗訴した（敗訴必至の）地方公共団体の首長側が，地方議会に働きかけて，地方自治法96条1項10号に基づいて，賠償請求権等を放棄するというウルトラCの手法は違法であることを，地方自治法の構造に照らして，繰り返し主張したものである。事態は進行していたが，もともとの出版順に掲載する。

　第1節は，筆者が，神戸市の権利放棄議決に遭う前の2007年に，これを有効とする東京高裁判決に異議を唱えたもので，この問題の出発点に当たる。

　第2節は，2009年2月，筆者が代理するいわゆる外郭団体訴訟（2件あり）において神戸市が権利放棄という奇策を講じたので，第1節の主張を繰り返し，かつ敷衍しつつ，神戸市における市長提案の誤魔化しや議会の杜撰な審理に焦点を当てて，その違法を主張したものである。

　第3節は，2009年11月段階において，学説特に私見に反する学説を分析し，さらに批判したものである。

　第4節は，大阪高裁平成21年11月27日判決が権利放棄議決を無効とし，最高裁が平成21年12月10日に，福祉外郭団体訴訟で敗訴した神戸市の上告受理申立てを門前払いした2010年3月の時点で，それを検討したほか，なお残る有効説を批判した。

　第5節も，2011年4月の時点で，その後の判例を批判的に分析した。

　こうして，私見は大阪高裁を説得できたのであるが，遺憾ながら最判平成24年4月20日では，私見をほとんど無視し，神戸市長の過失を否定した上，しかも，公益的法人派遣法6条2項を読み違えて，権利放棄議決を有効とした。これが第6節である。

　このようにして，この問題は司法的には決着が付いてしまい，今は，立法的解決しかない。

第5章　地方議会による地方公共団体の賠償請求権等の放棄

　その意味では，これは過去の論文であるが，筆者としては，最高裁判決を見ても，自説に誤りがあるとは思えない。学説は当初は不十分であったが，最近は私見を理解するものも増えている。瀬木比呂志著『ニッポンの裁判』（講談社現代新書，2015年）も，この裁判をみて，「唖然，呆然の最高裁」という。そこで，ここに掲載させていただいて，今後の参考にしていただきたいと思うとともに，立法的解決に当たっても，ここでの主張を背景としていただきたいと思うものである。

コラム　議会の賠償請求権の放棄「『住民共有の財産』守れ」
読売新聞2009年9月16日朝刊15面「論点」欄

　例えば，賃金回収を弁護士に依頼する際，委任状には，条件を付けずに一切任せると書いてあるのが普通である。では，弁護士が，賃金回収をまじめにやらずに勝手に放棄することが許されるのか。そんなはずはない。弁護士は依頼者の利益のために誠実に職務を行う義務を負っているから，放棄は，最大限努力して，回収できない場合に限られるのである。

　ところが，地方公共団体では，この常識に反することが常識化しつつある。本紙7月4日社会面に掲載された「地方議会による権利放棄」がそれである。

　住民訴訟で住民側が勝訴し，首長の過失による違法な公金支出が認定されたら，地方公共団体は首長に対し，損害賠償請求権を得る。外郭団体などに返還請求権を得る。これは実質的に住民共有の財産といえる。

　そのような住民の財産を，議会が放棄する「事件」が頻発している。東京都檜原村や山梨県旧玉穂町（現中央市）などの小さな町村だけでなく，私が住民側の代理人を務めた神戸市の住民訴訟でも，外郭団体への派遣職員の人件費補助を巡り，一審で市長と外郭団体に計2億5,000万円の請求を認める判決が出され，市議会は2月，全額放棄する条例案を可決した。

　地方自治体は，「特別な定めがなければ，議会は市町村の権利放棄を議決できる」と定めている。権利放棄できる場合は限定されていないという理由で，放棄は市町村の自由裁量であるという判決も，東京高裁などでいくつかでている。

　しかし，地方自治法は他方で，市町村長は，財産管理を含めた行政の事務を「誠実に」行わなければならないとも定めている。住民訴訟で得た請求権は，住民から預かった大切な財産であり，冒頭の弁護士と同じく，市町村長は，十分注意を払って，管理することが求められる。誠実に行われない権利放棄は，も

ともと無効である。権利放棄に議会の議決が必要とされるのは，重大問題だから首長だけに判断を任せるのではなく，住民の代表である議会にもダブルチェックさせようという意味だ。議会も，その放棄が誠実かどうかを審査しなければならない。

　この点，神戸市は，請求権を放棄することについて，十分な説明をしていない。市側は，議会答弁で「実質的な損害は発生していない」などと説明するばかりだ。市の職務に従事しない派遣職員の給与を市の公金で補助したことがなぜ市に損害を与えないのか，市長個人が市に対して負う債務をなぜ全額免除するのか，なぜ外郭団体に返金を求めないのか，十分な理由は説明されていない。これでは誠実な権利放棄とは言えず，したがって，この放棄は無効である。

　「市長個人が不正をしたわけでもないのに，巨額の負担は気の毒」との声もあるが，過失で市に損害を与えた以上は賠償義務を負うのが法治国家だ。2002年の住民訴訟制度の改正で，首長らの負担を軽減するように配慮された。払えるだけは払ってもらうべきで，全額免除する公益性はない。

　こうした議会による権利放棄については，政府の地方制度調査会も問題視しており，国はその制限を検討中である。私自身は，地方自治法の基本構造が正確に理解されれば，法改正しなくても解決できる問題であると考えている。

第5章　地方議会による地方公共団体の賠償請求権等の放棄

第1節　地方議会による賠償請求権の放棄の効力

I　はじめに：地方議会による放棄を有効とする判例の流れ

1　放棄無効の判例

　住民訴訟の提起を契機に，地方議会（以下，国会は関係ないので，単に議会という）が，住民訴訟の対象となっている地方公共団体の権利を放棄する議決をすることがある。それが有効ならば，住民訴訟は瀕死の状態に追い込まれる。それは本当に有効なのか。

　もともとは放棄を無効とする先例があった。
① 岩手県靖国神社玉串料事件仙台高判平成3年1月10日（判時1370号3頁）。但し傍論。
② 鋸南町事件千葉地判平成12年8月31日（判例自治220号33頁）。これは，鋸南町が納税貯蓄組合に対し，納税協力の見返りとして税額の2％を一律に補助金として交付してきたことが納税貯蓄組合法10条1項に違反しているとして，損害賠償を町長に求める住民訴訟の係属中に，議会がした，町長に対する損害賠償請求権の放棄が無効か否かが問題になった事案である。裁判所はこれを無効とした。

2　放棄有効の判例

　しかし，最近，これを有効とする判例が続出している。
③ 鋸南町事件東京高判平成12年12月26日（判時1753号35頁，判例自治220号33頁）は，②判決を覆して，議会による放棄を有効とした。
④ 新潟県旧安塚町事件に関する新潟地判平成15年7月17日（最高裁HP）。
⑤ その控訴審判決である東京高判平成16年4月8日（判例集未登載）。
　④，⑤は，旧安塚町が第三セクターに派遣している町職員らに対して給与等を支出した行為が，同町職員給与条例等に違反しているとして，住民が町長に対して損害賠償を請求した事件である。同町議会は，第一審係属中に，本件給与等の支出行為に関し，安塚町が町長に対して有するとも考えられる損害賠償請求権について，地方自治法96条1項10号に基づいて放棄する旨の決議をし

た結果，請求が棄却され，最高裁でも上告が棄却され，上告受理申立ては不受理となり（平成16年(行ツ)第187号，平成16年(行ヒ)第202号平成16年11月19日第二小法廷決定），住民敗訴が確定した。

玉穂町事件は，甲府地判平成12年(行ウ)第2号平成17年2月8日（判例自治277号15頁）で住民が勝訴したのち，⑥東京高判平成18年7月20日（判タ1218号193頁）は，議会による放棄を有効として，住民を敗訴させた。これも最高裁で上告不受理となった。

このほか，埼玉県久喜市事件では，一審（さいたま地判平成15年(行ウ)第34号，16年(行ウ)第30号平成18年3月29日，判例集未登載）で住民勝訴後，議会が請求権を放棄した。東京高裁はこの放棄を有効とし，最高裁は上告を不受理とした（末尾追記）。

3　本稿の主張

東京高裁で3度も放棄有効の判決が出ているのであるから，流れはできてしまった感がある。しかし，それは地方自治法の解釈を誤っている。東京高裁，最高裁で是非とも是正して頂きたい。

議会による放棄を適法とするその根拠は地方自治法96条の文理解釈であろう。これに対して住民訴訟の趣旨に反する等として批判する意見，あるいはこれらの事件の住民側主張も多いが，必ずしも有効打とはなっていない。

私見では，いずれの見解も，自治体における議会，首長の権限が，自治体の法定代理人であることから導かれる誠実処理義務，善管注意義務を没却している。地方自治法の仕組みを，その96条だけではなく，全体として考察すれば，議会の放棄の自由を原則とする見解は誤りである。

説明を変えれば，住民の財産・権利を代理人が放棄するには，放棄する権限のある者が判断することと，放棄することが許される実体法上の要件に適合することの両方が必要である。これだけ集まって初めて十分条件となる。

実体法上の要件は，権利の放棄は，自分の権利なら自由に放棄できるが，住民の権利を代理人である首長と議会が放棄するのであるから，善管注意義務を果たしてなお放棄することが住民の利益になるか，取り立てようがない場合に限る。

第 5 章　地方議会による地方公共団体の賠償請求権等の放棄

判断権者としては，行政の執行は一般に首長が行うが，重要な案件は行政事務でも議会の議決がいるとして，ダブルチェックをかけているのが地方自治法 96 条である。

したがって，議会が議決したらそれで放棄できるのではなく，放棄の必要条件の一つを満たしたにすぎない。

放棄が有効であるためには，実体法上の要件を満たすことと，首長と議会の両方が判断することが不可欠なのである。

この観点から，議会による賠償請求権放棄の有効性の要件を探ることにする。

II　これまでの対立点：放棄を無効と主張するこれまでの反論は成功していないこと

1　住民訴訟の趣旨に反するか，放棄は議会の権限か
(1)　住民訴訟の趣旨に反するとの判決

①仙台高裁は，議会が地方自治法 96 条 1 項 10 号（当時は同項 9 号）に基づき損害賠償に係る債権を放棄するなどの対抗措置を講ずることは，住民訴訟制度の趣旨に反して許されず，無効であるとしていた。これを詳しく見ると，次のようである。

岩手県が靖国神社に対して玉串料等を支出したことに関して，住民訴訟（4 号請求）の提起後，昭和天皇の崩御に伴い，平成元年 2 月に大赦令（政令第 27 号）及び復権令（政令第 28 号）が制定・施行された。これを受けて，岩手県においては，「公務員等の懲戒免除等に関する法律」（免除法）第 3 条及び 5 条に基づき，「昭和天皇の崩御に伴う職員の懲戒免除及び職員の賠償責任に基づく債務の免除に関する条例」が平成元年 3 月に公布された。

そこで，①仙台高裁は，玉串料等の支出について専決処分をした被告厚生援護課長に対する請求についてはこの条例が適用されて，本件賠償責任に基づく債務が免除されることによって，本件賠償請求権は将来に向かって消滅しているから，厚生援護課長には被告適格がないと判断したが，傍論で次のように述べている。

「住民訴訟の目的及び性格にかんがみると，法（地方自治法）242 条の 2 第 1 項 4 号に基づく法 243 条の 2 第 1 項所定の職員に対する同項の規定による損害賠償の代位請求訴訟が係属している場合において，長が右訴訟の目的の実現を

妨げるべく法243条の2第4項に基づき賠償責任を免除し，あるいは，議会が同様の目的で法96条1項9号に基づき右損害賠償に係る債権を放棄するなどの対抗措置を講ずることは，住民訴訟制度の趣旨に反して許されず，右免除及び放棄は無効であるといわざるをえない。

しかしながら，本件条例のように大赦により公訴権を消滅させるのに準じて右賠償責任に基づく債務を免除することは，恩赦制度の趣旨と軌を一にし（したがって，債権者代位訴訟における法理の適用のないことはいうまでもない。），何ら住民訴訟制度の趣旨に反しないから，同訴訟の係属の有無に関係なく，有効になしうるものというべきである。」

鋸南町事件の②千葉地判も同様である。

(2) 放棄は議会の権限であるとの判決

これに対し，③の東京高裁は，住民訴訟の機能を害するかという論点の前に，まず，放棄は議会の権限であるとした。

「地方自治法96条1項10号は，議会の議決事項として，『法律若しくはこれに基づく政令又は条例に特別の定めがある場合を除くほか，権利を放棄すること』と規定し，法令や条例の定めがある場合を除いて，広く一般的に地方公共団体の権利の放棄については，執行機関である地方公共団体の長ではなく，議会の議決によるべきものとしているところ，本件補助金の交付の違法を原因とする損害賠償請求権の放棄については，法令又は条例になんら特別の定めはないのであるから，仮に本件補助金の交付が違法であって，鋸南町が亡富永に対して損害賠償請求権を取得したとしても，右損害賠償請求権は，本件権利放棄の議決により消滅したものというほかはない。」（アンダーラインは阿部泰隆が付けたものである。以下，同じ）

その上で，放棄は住民訴訟の趣旨を没却しないとしている。

「住民訴訟が提起されたからといって，住民の代表である地方公共団体の議会がその本来の権限に基づいて新たに当該住民訴訟における個別的な請求に反した議決に出ることまでを妨げられるものではない（同様に，議会は，住民訴訟の住民の勝訴判決が確定した後において，右勝訴判決に係る権利を放棄することを妨げられるべき理由はない。）のであって，いずれにしても，住民訴訟の提起によって当該地方公共団体がその管理処分権を喪失し又は制限されるべきいわれはない。」

第5章　地方議会による地方公共団体の賠償請求権等の放棄

④新潟地判，⑤，⑥の東京高判もほぼ同様である。

④判決は，「議会の議決を要する事項を定めた地方自治法96条1項10号は，『法律若しくはこれに基づく政令又は条例に特別の定めがある場合を除くほか，権利を放棄すること』を議会の議決事項として規定し，法令や条例の定めがある場合を除いて，広く一般的に地方公共団体の<u>権利の放棄については，執行機関である地方公共団体の長ではなく，議会の議決によるべきものとしている</u>ところ，本件給与等の支出を原因とする損害賠償請求権の放棄については，<u>法令又は条例に何ら特別の定めはない</u>のであるから，仮に本件給与等の支出が違法であって，A町が被告に対して損害賠償請求権を取得したとしても，その損害賠償請求権は本件議決により消滅したものというほかはない。」とした。

⑤は，「地方自治法96条1項10号が権利の放棄を議会の議決事項とした趣旨は，……これを住民の代表者で構成される議会の議決にゆだね，……住民の意思をその代表者を通じて直接反映させるとともに，議会をして地方公共団体の財務の健全性を監視させ，執行機関の専断を排除しようとするところにある……。そして，同号が地方公共団体による権利の放棄が許されることを前提に，<u>権利の放棄が許される場合の要件を特に定めることなく，その判断を議会の議決にゆだねている</u>ことからすれば，権利を放棄するかどうかは，第一次的には当該地方公共団体自身の意思，すなわち住民の代表者で構成される議会の判断にゆだねられており，基本的にはその判断を尊重すべきものというべきであるが，上記のような同号の趣旨にかんがみると，権利放棄の議決が，地方公共団体及び住民の利益を一方的に害するにもかかわらず，専ら特定の個人の利益を図る目的をもってなされた場合等，同号が権利の放棄を議会の議決にゆだねた趣旨に明らかに背いてなされたものと認め得るような特別な事情がある場合には，当該議決は議会にゆだねられた権限を濫用し，又はその範囲を逸脱するものとして，違法になり，その効力が否定される」が，本件議決についてはそのような事情があるとは認められないと判示し，原審を維持している。

⑥も放棄は議会の本来の権限であるとする。

「地方自治法96条1項10号は，議会の議決事項として，『法律若しくはこれに基づく政令又は条例に特別の定めがある場合を除くほか，権利を放棄すること。』と規定し，地方公共団体の権利の放棄については，執行機関である地方公共団体の長ではなく，議会の議決によるべきものとしているから，議会は，

第1節　地方議会による賠償請求権の放棄の効力

法律若しくはこれに基づく政令又は条例に特別の定めがある場合でない限り，自らが本来有する権限に基づき，権利放棄の議決をすることができる。そして，本件損害賠償請求権の放棄については，法令又は条例に何ら特別の定めはないと認められるから，本件議決は，玉穂町議会が自らが本来有する権限（同法96条1項10号）に基づき行ったものであって有効であり，仮に，控訴人が入札予定価格を漏えいして業者間で談合を行い，これによって玉穂町が控訴人に対して本件損害賠償請求権を取得したとしても，本件損害賠償請求権は本件議決により消滅したものというべきである。」

(3) 私見の整理

　私見は，住民訴訟中に，議会が損害賠償請求権を放棄すると，住民訴訟の趣旨を損なうとの議論には与しない。もしそうした議論が成り立つなら，住民訴訟が提起される前なら放棄できるのか。監査請求が出されたとたんに放棄しても良いのか。その前なら良いのか。

　自治体の損害賠償請求権を放棄する権限は，Ⅲで述べるように，首長と議会が共有しているので，住民訴訟が提起されたとたんにその権限が消えるわけではない。

　類似の例であるが，住民訴訟提起中に，地方自治法243条の2の賠償命令を発して，住民の請求権を制限することは許される（和歌山県下津町事件，大阪高判平成5・5・25判時1504号75頁）とされている。住民訴訟が提起されても，自治体の権利が消滅しないのであるから，やむを得ないであろう。

　ここでの問題は，その点にあるのではなく，そもそも議会には放棄する実体法上の権限が無制限に与えられているのかが論点である。それはⅢで述べる。

2　非訟事件手続法76条2項の類推は可能か

　②判決は，「住民訴訟提起後，議会が同条1項4号の代位の対象となった損害賠償請求権を放棄することは，住民訴訟の制度趣旨を失わせる結果となること」という前記の理由に続いて，「右地方公共団体が有する損害賠償請求権を代位行使することは技術的，便宜的な見地から認められたものであるが，被代位者である地方公共団体が，右代位権を妨げる行為をすることは債権者代位権においても認められていないこと（非訟事件手続法76条2項参照）」として，町長の損害賠償責任を認めた。

しかし，③東京高判は，「住民訴訟は，債権者が自己の個人的利益のために行う民法423条の定める債権者代位権に基づく訴訟等とは性質を異にするものであり，したがって，裁判上の代位に関する非訟事件手続法76条2項の規定を住民訴訟の場合に類推適用する余地もないというべきである。」として，これを覆した。⑥も同様である。

私見では，住民訴訟では，住民は自治体に代位するにせよ，首長も自治体を代表しており，住民訴訟が提起された瞬間に，首長や議会の権限が凍結されたわけではないから，非訟事件手続法76条2項の適用はない。

III 私見，放棄無効，議会・首長の誠実処理・善管注意義務

1 要　点

しかし，みんな，基本の基本を忘れている。放棄を有効とする判例も，これに反対する諸説も，放棄禁止の法令がないことを前提としているが，完全な誤解であって，立派にあるのである。

ここでは地方公共団体の組織権限，住民訴訟の構造を説明しなければならない。とりあえず，要点を説明する。

地方公共団体を代表するのは首長であり，その重要な意思決定には，議会の議決を要する。要するに，重要事項については，議会と首長が共同して自治体の代位をしているのである。住民訴訟では住民も代位する。そこで，同じ自治体で，2つの代位の制度が平行して存在することになる。その調整規定はない。その場合，一方が存在するから，他方を禁止するというわけにはいかない。そこで，住民訴訟を提起中，又は，それにより判決が出たからといって，首長の行政執行権が凍結されることにはならない。住民訴訟係属中であれ，判決が出た後，住民訴訟を徒労に終わらせるためであれ，自治体の損害賠償請求権を放棄する権限は議会と首長にある。

ただ，議会と首長の権限を考えるときは，地方自治法96条の文言だけ見てはならない。地方自治法の全体構造を見て，その仕組みを解釈しなければならない。そうすると，首長，議会は，実体法上，善管注意義務を負うのであって，放棄はその範囲内でしか有効には行えないのである。

第1節　地方議会による賠償請求権の放棄の効力

2　議会の放棄権限の意味：執行機関と議決機関の二元制の理解

　放棄有効説の判例は，損害賠償請求権の放棄は議会の議決を要する（地方自治法96条1項10号）とする規定を根拠とする。しかし，それだけでは十分ではない。

　もともと自治体の債権は，首長が行政の執行者として管理する。特例がなければ，首長だけで放棄できるが，ことが重大であるので，住民の代表者である議会の議決というダブルチェックにより，その適正を確保しようとするのが地方自治法96条である。議会の議決という制度が置かれたからといって，執行機関の権限が剥奪されるわけではない（そのような趣旨の規定はない）。たとえば，議会の議決事項である一定以上の契約の締結，財産の低額譲渡，一定の財産の取得，処分（地方自治法96条1項5，6，8号）も，議会の議決があればそれで発効するわけではなく，執行機関の執行行為が必要であることは明らかである。放棄は一方的行為であるが，議会は対外的に放棄の意思表示をすることができるわけではなく，議会の議決をふまえて，首長が放棄の意思を表明して初めて，放棄の効力が生ずるのである。

　要するに，この制度は，執行機関だけでは放棄できないという趣旨である。議会だけで当然に放棄できるとの趣旨ではない。議会は執行機関ではないからである。

　③東京高裁は，「広く一般的に地方公共団体の権利の放棄については，執行機関である地方公共団体の長ではなく，議会の議決によるべきものとしているところ」と述べる。これは，④，⑥判決にも踏襲されるが，上記のように，地方自治法の構造の理解を誤ったものである。

　さらに，⑥玉穂町東京高裁判決は，「地方自治法96条1項10条が，権利の放棄を議会の議決事項としたことは，住民の意思をその代表者を通じて直接反映させるとともに，<u>執行機関の専断を排除しようとする趣旨をも含むものである</u>から，権利放棄の議決につき長の執行行為を要するとは解されない」とする。

　しかし，執行機関の専断を排除しようとすることから，執行機関の執行行為を不要とするという結論は導けない。それはおよそ非論理的である。この制度は，執行機関だけでは放棄できないとしているだけで，自治体の組織構造では，議会は議決機関にすぎず，首長が執行機関であるから，議決がなければ執行できないが，議決があったからといってそのまま執行しなければならないもので

313

はないのである。違法な議決は地方自治法176条により再議に付さなければならないのである。再議に付さなければ、それ自体違法である。<u>議会だけで放棄できるとすれば、議会の専断が生じてしまう。</u>

この地方自治法の二元的統治構造を正しく理解しないのがこの混乱の原因である。議会は議決機関にすぎず、長が執行機関であるから、長の執行行為が必要なのである。

3 代理人の善管注意義務、首長の誠実処理義務

もともと、権利の放棄は権利主体なら自由にできるのが原則であろうが、法人の場合、それは代表者、代理人が行う。

代表者は、被代理者（自治体）の利益を守って行動する義務がある。任意の委任契約なら当然、善良な管理者の注意義務（民法644条）をもって委任事務を処理する義務を負う。本人に損害を与えてはならない。

地方公共団体の場合、首長も議員も選挙で選ばれているのであって、委任契約を交わしているわけではないが、それはやはり代理の一種である。民事法的に言えば、法定代理人である。

法定代理か任意代理かは代理権発生の根拠は異なるが、いずれにせよ代理関係が成立すれば、代理人には、本人の利益を守るように行動する義務が発生することに変わりはない。

しかも、自治体では、執行機関は、当該地方公共団体の事務を「自らの判断と責任において、<u>誠実に</u>管理し及び執行する義務を負い」（地方自治法138条の2）、「事務を管理し及びこれを執行する」（同法148条）と明文で定められている。したがって、首長は、自治体の利益を阻害するような行動をすることは許されていない。

議会についてはこのような規定はないが、議会も住民を代表する以上は同じである。もちろん、議会には、住民の代表として、広い裁量権はあるが、それでも、公益に反すること、私的利益を追求することは許されない。当該自治体に対して市長などが負う賠償責任を免除することについては議会の裁量から出発すべきではなく、個人的な利益を与えることであるから、公益に反し、私的利益を追求するものと推定すべきである。そして、特に積極的に免除が公益に資するとの説明がなされて、審議され、それなりに合理的なものと裁判所でも

第1節　地方議会による賠償請求権の放棄の効力

理解されるもの以外は，違法というべきである。

　放棄有効説の判例は，地方自治法96条の条文だけ見ているから，放棄が原則自由ということになるが，地方自治法の法システム全体を見れば，放棄は，誠実に考慮した結果許容される場合があるということであり，その判断は，議会と首長のダブルチェックが必要だということである。

　住民訴訟が提起された後での議会による放棄は，住民訴訟を阻害するとの主張について，先ほどは，それは無理だと述べたが，その趣旨は，住民訴訟を妨害する目的のものであるなら，放棄の公益性がなく，善管注意義務に違反するということと理解すればよい。

4　利益相反の排除違反

　まして，首長が，自分の負う債務を放棄させるのは実質的には双方代理でもあるから，民法的にも普通にいえば違法である。④，⑤判決はこの点でも誤っている。

　④判決は次のように述べる。

　「地方自治法138条の2違反の主張について

　原告らは，地方公共団体の長個人に対する損害賠償請求権を放棄する議案を当該長自身が提案することは，もっぱら自分の利益を計るための目的でなされるものであり，地方自治体の財務処理の基本原則である「利益相反の排除」（地方自治法238条の3，239条2項等）に反し，許されないというべきであると主張し，また，これは地方公共団体の執行機関の誠実な管理執行義務を定めた地方自治法138条の2に反することも明らかであると主張する。

　しかしながら，……地方公共団体の長が自己に関わる議案を提出することを禁じる旨の規定は存在しない。

　また，実質的にも，一般的に利益相反が禁止されるのは，意思決定を行う者が利害を有すると公正適切な判断を行うことができないのが通常であるから，そのような地位にある者を排除しようというところにその趣旨・目的があるところ，本件のように，町長は議案を提出するにすぎず，意思決定自体は議会での審議及び決議を経るのであるから，そのようなおそれはないというべきである。

　このように，地方自治法が，地方公共団体の職員や議員について，利益が相

反すると定型的に判断される事項についての禁止規定を個別に定めているが，長が自己に関わる議案を提出することを禁じる旨の規定はないこと，実質的にも長に議案提出権を認めたとしても地方公共団体の公正適切な事務処理を損なうとはいい難いことにかんがみると，本件のような長の議案の提出行為が違法で，それに基づく議決も違法であると解することはできない。

　また，上記のとおり，地方公共団体の長が自己に関わる議案を提出することは禁じられていないのであるから，そのことをもって長の誠実執行義務（地方自治法138条の2）の違反があるということもできないことは明らかである。」

　⑤の判決は，「権利放棄の議決が，地方公共団体及び住民の利益を一方的に害するにもかかわらず，専ら特定の個人の利益を図る目的をもってなされた場合等，同号が権利の放棄を議会の議決に委ねた趣旨に明らかに背いてなされたものと認め得るような特別な事情がある場合には，当該議決は議会に委ねられた権限を濫用し，又はその範囲を逸脱するものとして，違法になり，その効力が否定される」が，本件議決についてはそのような特別の事情があるとは認められないと判示し，原審を維持している。

　⑤判決もほぼ同旨である。

　たしかに，長が自己の債務を免除するために議案を提出するだけでは当然には双方代理にはならないが，首長の議案提出は，議会の議決に大きな影響を与えるのであるし，首長は，議会の議決をふまえて放棄の意思を表示するのであるから，そこで利益が相反し，双方代理になるであろう。もっとも，首長の債務免除を認めるべき例外的な事例があるかもしれないので，長に議案提出権限がまったくないというのはいきすぎかとは思われるが，長は誠実執行義務を負っているのであるから，自己の債務を免除する議案を提出するには，それが自治体に対する誠実な事務執行であることを十分に説明すべきであり，それができなければ地方公共団体の公正適切な事務処理を損なうことは明らかである。議会が判断するからといって，首長による議案提出は極めて重い意味があるから，結果を大きく左右するものであって，④判決のように簡単にはいえない。⑤判決は，議会の放棄議決が自由であるとの原則に立って，例外を考えるので，例外に当たらないということになるが，議会に放棄の自由がないとの原則から出発すれば，放棄が許されるのは，それが誠実執行義務に違反しないと積極的に説明できる場合に限るべきである。

第1節　地方議会による賠償請求権の放棄の効力

5　住民訴訟はエンドレス

議会が損害賠償請求権を違法に放棄し，首長がこれを執行した場合（首長の執行が必要なことは前述），改正前の4号請求訴訟では，再びその首長個人に賠償請求するが，そこで勝訴しても議会の放棄議決をふまえて首長がこれを放棄すれば，エンドレスになる。現行の4号請求訴訟では，その首長個人に賠償請求することは許されず，再び，市長というポストを被告に，市長個人に賠償請求せよという訴訟を起こすことになるが，そこで，原告住民が勝訴しても，またまた賠償請求権が放棄されれば，エンドレスになる。

なお，放棄議決に賛成した議員は，首長が自治体に対して負う債務を放棄させて，自治体に損害を与えたので，自治体に共同不法行為者として，賠償義務を負う。首長はこれを請求すべき所，怠っているから，首長に対して，議員に賠償請求せよと請求する住民訴訟を提起することになる。これで住民が勝訴しても，また放棄議決がなされればこれもエンドレスである。

これは極めて不合理である。そのようなことを地方自治法が予定しているはずはない。

Ⅳ　附言：参考になる諸制度

本稿としては，以上で十分であるはずであるが，あわせて関連制度も同様の考え方をしていることを説明する。

1　実定法も，債権放棄を議会や執行機関の自由に任せていない

(1)　国の免除法

財政法8条は，「国の債権の全部若しくは一部を免除し又はその効力を変更するには，法律に基くことを要する。」とし，これを受けた国の債権の管理等に関する法律は，各省各庁を通じて一般に必要かつ適当であると認められる程度の債権の減免及び内容の変更に関する基準を定めているが，債務の免除が認められるのは，債務者が無資力又はこれに近い状態にあるときなど限られた場合のみである。

大赦等のさいには，公務員等の懲戒免除等に関する法律がある。

自治体はこれを受けて，「昭和天皇の崩御に伴う職員の懲戒免除及び職員の賠償責任に基づく債務の免除に関する条例」を制定した。

第 5 章　地方議会による地方公共団体の賠償請求権等の放棄

　国には議会による放棄の制度はないが，それは，放棄が行政の権限であり，国会でダブルチェックをするよりも，このように実体法上の要件を明確に書いて会計検査院の検査を受ける方が望ましいとしているためである。自治体の場合，議会の放棄の制度は，首長限りでの放棄と監査委員の監査では公益を害するおそれがあるとのダブルチェック（議会による行政監視制度）に過ぎない。

(2)　地方自治法施行令

　自治体の場合，地方自治法施行令171条の7第1項が，普通地方公共団体の長は，同令171条の6の規定により「債務者が無資力又はこれに近い状態にあるため履行延期の特約又は処分をした債権について，当初の履行期限（当初の履行期限後に履行延期の特約又は処分をした場合は，最初に履行延期の特約又は処分をした日）から10年を経過した後において，なお，債務者が無資力又はこれに近い状態にあり，かつ，弁済することができる見込みがないと認められるときは，当該債権及びこれに係る損害賠償金等を免除することができる。」と規定し，権利の実現が不可能な状態にある場合には，そもそも議会の議決を経ずに（同3項）債権の免除を行うことができるとされている。

　いわゆるはみ出し自販機住民訴訟最判平成16年4月23日（民集58巻4号892頁，判時1857号47頁，判タ1150号112頁）は，次のように述べている。

　「地方公共団体が有する債権の管理について定める地方自治法240条，地方自治法施行令171条から171条の7までの規定によれば，客観的に存在する債権を理由もなく放置したり免除したりすることは許されず，原則として，地方公共団体の長にその行使又は不行使についての裁量はない。しかしながら，地方公共団体の長は，債権で履行期限後相当の期間を経過してもなお完全に履行されていないものについて，「債権金額が少額で，取立てに要する費用に満たないと認められるとき」に該当し，これを履行させることが著しく困難又は不適当であると認めるときは，以後その保全及び取立てをしないことができるものとされている（地方自治法施行令171条の5第3号）。」

　これから逆論して，免除規定がなければ，免除できないのが原則である。これに対して，前記放棄有効説の判例は，議会の議決があれば，このような制約はないとするが，そうではなく，一般的に，議会の議決があっても実体法上の制約があるというべきである。

2　補助金も放棄自由ではない，高額購入も廉価売却も違法である

　議会は予算を議決できる。しかし，議会が議決した予算は当然には適法とはならない。補助金なら，公益上の必要性（地方自治法232条の2）という実体法上の基準を満たさなければならない（自治体の場合にはこのように明文の規定があるが，国の場合も，国民から強制徴収した税金を使用する以上は私的には使えないはずである）。それは三セクへの補助金などに関し多数の住民訴訟で争われており，明らかである。日韓高速船訴訟では，約3億円の賠償義務の有無が争われた。最終的に最高裁では違法でない（平成17・11・10判時1921号36頁，判タ1200号147頁，判例自治276号21頁）とされたが，議会の議決があれば適法としたものではなく，実体的に判断されている。

　土地の購入も，不当に高ければ，議会の議決を得ていようと違法である。京都市のポンポン山訴訟では，市長には，約26億円もの賠償義務が課された（京都地判13・1・31判例自治226号91頁，大阪高判平成15・2・6判例自治247号39頁。最高裁でも上告が受理されなかったと聞く）。

　普通地方公共団体の財産も，条例または議会の議決による場合でなければ，適正な対価なくしてこれを譲渡し若しくは貸し付けてはならない（地方自治法237条2項）とされているが，議会の議決があれば，それだけで，適正な対価なくして，譲渡，貸付ができるわけではない。

　議会の議決があっても，裁量権を超えた低廉譲渡は違法である。奈良地判平成7年7月19日（判時1550号26頁，判タ902号72頁，判例自治145号11頁）は，「市場価格以外での譲渡の危険性に対する立法趣旨及び地方自治体の長は議会の議決の単なる執行者ではないことからすると，普通地方公共団体の財産の市場価格以外での譲渡が普通地方公共団体の長の裁量を著しく逸脱したと認められるか又は不法行為が成立すると認められる場合には，たとえ譲渡につき議会の議決があったとしても，その長の行為の違法性が阻却されるわけではなく，長の行為に加担し共同不法行為が成立する者に対する関係においても違法性は阻却されない。」としている。

　もっとも，最判平成17年11月17日（判時1917号25頁，判タ1198号128頁）は，次の通り述べ，適正な対価でないのに適正な対価であるとして議決すれば違法であるが，適正な対価によらない譲渡も，議会がそのことを理解して審議していれば適法との前提に立っている。

第5章　地方議会による地方公共団体の賠償請求権等の放棄

「地方自治法237条2項は，条例又は議会の議決による場合でなければ，普通地方公共団体の財産を適正な対価なくして譲渡し，又は貸し付けてはならない旨規定している。一方，同法96条1項6号は，条例で定める場合を除くほか，財産を適正な対価なくして譲渡し，又は貸し付けることを議会の議決事項として定めている。これらの規定は，適正な対価によらずに普通地方公共団体の財産の譲渡等を行うことを無制限に許すとすると，当該普通地方公共団体に多大の損失が生ずるおそれがあるのみならず，特定の者の利益のために財政の運営がゆがめられるおそれもあるため，条例による場合のほかは，適正な対価によらずに財産の譲渡等を行う必要性と妥当性を議会において審議させ，当該譲渡等を行うかどうかを議会の判断にゆだねることとしたものである。このような同法237条2項等の規定の趣旨にかんがみれば，同項の議会の議決があったというためには，当該譲渡等が適正な対価によらないものであることを前提として審議がされた上当該譲渡等を行うことを認める趣旨の議決がされたことを要するというべきである。議会において当該譲渡等の対価の妥当性について審議がされた上当該譲渡等を行うことを認める趣旨の議決がされたというだけでは，当該譲渡等が適正な対価によらないものであることを前提として審議がされた上議決がされたということはできない。」

　この判決を，議会による損害賠償請求権の放棄に当てはめれば，議会が損害賠償請求権の放棄であることを理解して議決すれば適法となりそうにみえるが，上記の低廉譲渡の事件は，単に安いというだけであるのに対し，議会の放棄議決は，法的責任を免除するものであり，しかも責任者からの提案であるので，この判決は，このような場合まで想定していないというべきである

　損害賠償義務の免除も，補助金なり，高額購入，廉価売却と同じく，相手方に利益を与える行為である。損害賠償義務の免除についてだけ，実体法上の基準がないとは考えられない。権利の放棄は補助金の交付と同じ効果を持つからである。

　少なくとも，放棄議決を有効とするためには，議会で問題点を十分に理解した上で，自治体の利益を害さないと納得して議決することが必要と考える。

3　会社法の考え方

　株式会社で，株主代表訴訟で負担させられた取締役の債務を免除するには，

総株主の同意を要するのが原則で（会社法424条），善意，軽過失の場合，一部免除の道があるが，株主総会の決議を要する（会社法425条）。これがまっとうな法制度である。

4 刑事法でも，背任罪である

刑法247条は「他人のためにその事務を処理する者が，自己若しくは第三者の利益を図り又は本人に損害を加える目的で，その任務に背く行為をし，本人に財産上の損害を加えたときは，5年以下の懲役又は50万円以下の罰金に処する。」と定めるが，議会が，現元市長などへの損害賠償請求権を放棄した場合，議会は，「他人のためにその事務を処理する者」に当たり，その放棄は，「第三者の利益を図り」に当たるし，「その任務に背く行為をし」，「本人に財産上の損害を加えたとき」に該当するから，相当の理由がなければ，その違法性は阻却されない。

さらに，議会が賠償請求権を放棄しただけでは，自治体としての意思は確定しない。それは自治体の内部の手続である。自治体の意思を決定表示するのは首長である。現在の首長が放棄の意思を表示して初めて，放棄したことになる。また，首長は，議会の議決が違法であれば再議に付さなければならず，最終的には裁判所でも争える（地方自治法176条4項以下）。それをしない以上は，首長の責任である。再議に付さなかったら，それも違法になる。

したがって，賠償請求権を放棄する議決に賛成した議員だけではなく，それを執行した首長は背任罪になる。

5 では，善管注意義務に反せずに，放棄できる場合はどんな場合か

権利の放棄は本人に不利益をもたらすから，当然に放棄できるわけではなく，本人である自治体の利益を考えた上でなおやむを得ない場合に放棄できるのである。

たとえば，三セクが大赤字で，特定調停で債権を放棄して，再出発させようというとき，三セクへの自治体の債権を一部放棄する必要がある。この場合には債権を放棄しないと何も進まず，債権を放棄すれば，問題が適切に解決するなら，放棄は許されるであろう。むしろ，その債権に固執するなら，住民の信託の趣旨に反するであろう。

第5章　地方議会による地方公共団体の賠償請求権等の放棄

　首長など住民訴訟で賠償責任を負った者の責任を議会の議決で免除できるとしても，善意，軽過失の場合で，かつ責任の一部に限定すべきである。住民訴訟では賠償額の上限の規定がない。そこで，市政に大変な貢献があった市長でも，ちょっとしたミスというか，裁判所の判断まで予想できなかったからといって，何十億円の賠償責任を負担させられるのは気の毒である。立法論としては，各事件毎に，株主代表訴訟のように年俸の6倍（商法425条）くらいにとどめるべきである。これは4号請求訴訟改悪の時に反対した我々が主張したことであるが，採用されなかった。解釈論としても，首長などに払えるだけ払って貰えば，善意，軽過失であれば，残りは免除するのもそれなりの考え方であろう。

　その責任が市長一人に負わされたが，議会も部下も共同して責任を負うべき場合には，議会は市長個人の責任に帰すべき部分を算定して，その分だけを請求し，他を放棄する方法があるかもしれない。しかし，それでも，本来は，市長は部下の補佐の不十分さを理由に，部下に賠償請求すべきである。住民訴訟では，議員に対しては賠償請求できないことになっているが，議会が賠償請求を違法に放棄するなら，それは当該地方公共団体に対する不法行為であるから，賛成した議員は当該地方公共団体に対する賠償責任を負い，首長がこれを請求すべきである。

【参考文献】
　本稿と重なる主張はほとんどないので，引用しなかった。
　蟬川千代「住民訴訟制度と地方議会の権限」自治研究82巻5号，7号（2006年）。
　白藤博行「住民訴訟が危ない！」住民と自治06年11月号64頁以下。
　吉野誠一「私の視点　住民訴訟　係争中の権利放棄は禁じ手」朝日新聞2006年10月3日，「公益上の必要性を一切議論せず，追認したに等しい賠償請求権放棄の議決は被告個人の救済に帰結せざるを得ず，無効とすべきだ」と主張している。
　③東京高裁平成12年12月26日判決（判時1753号35頁，判例自治220号33頁）につき，次の判例研究がある。
　佐久間健吉・平成13年度主要民事判例解説〔判タ臨時増刊1096〕248～250頁（2002年9月）。
　大橋真由美・自治研究79巻3号124～136頁（2003年3月）。
　伴義聖＝大塚康男・判例自治232号6～10頁（2003年1月）。
　松崎勝「住民訴訟を契機とした事務の見直し──権利放棄の議決について」判例自治269号123頁（2005年）。

清水幸雄＝北原靖和「住民訴訟提起後に地方議会が権利放棄議決を行っても違法性がないとされた事例」清和法学研究 13 巻 1 号（2006 年）81 頁以下。

［追記 1］　　久喜市事件高裁判決

　先の久喜市住民訴訟東京高裁平成 18 年(行コ)第 125 号平成 19 年 3 月 28 日判決（判タ 1264 号 206 頁）は，争われている公金支出を違法な支出でないとしたが，本件議決による権利放棄についても念のため判断することとするとして，市議会による損害賠償請求権の放棄を適法とし，その理由として大要次のように判示した。

(1)　「地方自治法 96 条 1 項 10 号は，議会の議決事項として，『法律若しくはこれに基づく政令又は条例に特別の定めがある場合を除くほか，権利を放棄すること』と規定し，法令や条例の定めがある場合を除いて，広く一般的に地方公共団体の権利の放棄については，執行機関である地方公共団体の長ではなく，議会の議決によるべきものとしている。

　議会の議決により放棄する場合の要件については，具体的な定めが何もない。

　・……議会は，権限を濫用し，又はその範囲を逸脱しない限り，本来有する権限に基づき自由に権利の放棄の議決をなしうるものというべきで，その損害賠償請求権ないし不当利得返還請求権は，本件権利放棄の議決により消滅したものというほかはない。

(2)　被告訴人らは，権利の放棄には議会の議決を得た上で執行機関による相手方への意思表示が必要であると主張するが，地方自治法 96 条 1 項 10 号が権利放棄を議会の議決事項としたのは，住民意思をその代表者を通じて直接反映させるとともに執行機関の専断を排除する趣旨を含むものであるから，議会の議決以外に執行機関の執行行為を要するものではない。

(3)　又，被控訴人らは，本件訴訟提起後，しかも認容する旨の原判決があった後に，訴訟対象となった損害賠償等の請求権についてなされた本件議決は，住民訴訟の意義を没却するものであり，権利の逸脱・濫用であり，無効である旨を主張する。

　・……住民訴訟が提起されたからといって，……地方公共団体の議会がその本来の権限に基づいて，新たに当該住民訴訟における個別的な請求と抵触する議決に出ることまでを妨げられるものでもない……のであって，いずれにしても，住民訴訟の提起又は係属により，当該地方公共団体が管理処分権を喪失し又は制限されることはないというべきである。

　・……

(4)　特に，本件補助金については，……違法性は認められないのであるから，本件議決による権利放棄は何ら問題がなく，権限の逸脱・濫用であるとはいえない。

第5章　地方議会による地方公共団体の賠償請求権等の放棄

また，本件給与支給についても，……違法性は認められないから，本件議決による権利放棄は問題がない。

・なお，本件職員の従事した事務は久喜市の事務であるので実質的に違法でないが，仮に，本件職員を本件組合に派遣して久喜市が給与を負担するについては久喜市公益法人等派遣条例による定めが必要であり，形式的に瑕疵があるとした場合でも，議会の議決（条例の制定）なくして派遣職員の給与を久喜市が負担したという手続き上の瑕疵が問題とされているものであるから，これによる損害賠償請求権も，議会の議決による判断にかからしめることが本来的に適合しているものであり，市議会において本件議決をしたことは，実質的に本件給与支給を久喜市が負担すべきものとする意思決定がされたものであり，議会の有する権限によりその条例を定めたと同じ趣旨の議決がされたものにほかならない。従って，本件議決には何ら問題がなく，権限の逸脱・濫用であるとはいえない。

(5)　被控訴人等は，損害賠償請求権の債務者となるべき参加人T自身が権利放棄の議案を提出したことを利益相反行為として問題とするが，権利放棄についての地方公共団体の意思は，議会の議決によってなされるものであるから，上記提案と本件議決との効力は係わりがなく，その主張は理由がない。

(6)　その他，被控訴人は，本件議決が違法又は無効であるとして，るる主張するが，いずれも失当であって，採用できないし，また，被控訴人らが当審において提出した証拠も，上記認定・判断を何ら左右するに足りない。

【コメント】

私見は，これまでの判例を批判しているのに，これはこれまでの判例（Ⅱ1(2)，309頁）をオウム返しに繰り返している。私見を否定するのであれば，再反論すべきだが，そのようなことはなされておらず，前記(6)に見るように，単に「るる主張」とか「何ら左右するに足りない」と述べられているにとどまる。

これでは，何を主張しても，相手にされないので，この判決に再反論するとしても，どうすればよいのか，見当がつかない。

やむなく，本文の指摘を繰り返すこととする。

(1), (2)は，Ⅲで述べた私見に反論していない。

(3)は，私見では同意する（Ⅱ1(3)，311頁）。

(4)の瑕疵の治癒の点は，一つの議論である。本件職員派遣が，公益法人等派遣条例によるべきところ，これを制定しなかった瑕疵があるとして，それは形式的瑕疵，手続的瑕疵にとどめてよいか。そうとしても，瑕疵が治癒されるのは，公益法人等派遣条例を制定して行うべきである。それとは全く別個の行為である，議会の賠償

請求権放棄議決で瑕疵が治癒されるとするのは，法治行政を軽々しく考えすぎていないか。行政法の分野では，私人の意思表示とは異なり，議会も行政も法律に縛られているのであり，実体として議会の意思が何らかの形で表明されれば済むものではない。

(5) Ⅲ4（315頁）で述べたことに反論していない。

要するに，この判決は，被控訴人から私見が提出され，その趣旨をふまえた準備書面が提出されても，完全に無視しているのである。これでは理由とはいえない。それは裁判には理由を付すべきものとの大原則に違反する。それは上告理由になるというべきである。

［追記2］ 職員の賠償責任の免除制度

「Ⅳ 附言：参考になる諸制度 1 実定法も，債権放棄を議会や執行機関の自由に任せていない」（317頁）に追加する。

地方自治法243条の2の職員の賠償責任については，同8項に賠償責任の免除制度があるが，それは，「普通地方公共団体の長は，当該職員からなされた当該損害が避けることのできない事故その他やむを得ない事情によるものであることの証明を相当と認めるときは，議会の同意を得て，賠償責任の全部又は一部を免除することができる。この場合においては，あらかじめ監査委員の意見を聴き，その意見を付けて議会に付議しなければならない。」となっている。職員の賠償責任の免除については，このような限定があるのに，首長の賠償責任の免除についてだけ，地方自治法96条により無制限に免除できると解するのはおよそ不均衡である。同法が，この不均衡を承知で，その方が妥当だとして立法されたとは考えられない。先にも述べたように，96条は，単に議会の議決事項を規定したにすぎず，議決を制限する実体規定を不要とする趣旨ではないのである。

［追記3］ 斎藤誠論文，関連判例

成田頼明ほか編『注釈地方自治法Ⅰ』（2008年加筆）96条（山内一夫＝斉藤誠，該当部分は斎藤の単独執筆）は，東京高判平成12・12・26判時1753号35頁，東京高判平成18・7・20判タ1218号193頁について，「違法な財務会計行為を是正する住民訴訟制度の仕組みと趣旨からして，当該請求権の放棄は疑問であり実体法・手続法の要件があってしかるべきである。現行法の解釈としても，同制度の存在により地方公共団体の財務にかかる議会の権限は制限されており，請求権の放棄は外部的な財務統制制度としての同制度を空洞化するものであって，原則として許されないものと解すべきである」（斎藤）としている。

第 5 章　地方議会による地方公共団体の賠償請求権等の放棄

　大阪高裁第 6 民事部平成 20 年（(行コ) 36 号，平成 20 年 9 月 5 日）判決は，一審で茨城市長が一部敗訴し，双方から控訴されて，控訴審が結審後に，茨木市議会において，野村（市長）に対する本件一時金に係る損害賠償請求権の権利を放棄する決議をして，弁論再開を申し立てたが，裁判所はこれに応じずに判決を下した。

　これは，「茨木市が野村に対して有する本件一時金に係る損害賠償請求権は，地方自治法 149 条 6 号により茨木市の執行機関が管理すべき債権であって，その債務免除は，同法 240 条 3 項により，議会の同意を得た上で，執行機関の債務者に対する意思表示によってなされるべきものであり，議会の決議のみによって効力を生じるものということはできないから，その事実は本判決の結論に影響するものではない。大阪高等裁判所第 6 民事部裁判長裁判官　渡邉安一，裁判官　安達嗣雄，松本清隆」というものである。

第2節　地方議会による地方公共団体の賠償請求権の放棄は首長のウルトラＣか

Ⅰ　はじめに

1　問題の要点

　住民訴訟のなかでも4号請求訴訟で，住民側が勝訴する（首長等執行機関が敗訴する）と，地方公共団体は，首長個人などに対する賠償請求権，第三者に対する賠償請求権や不当利得返還請求権などを取得する。この訴訟を抹殺したい（賠償債務等を免れたい）首長側は，議会に，賠償請求権，不当利得返還請求権の放棄を提案し，議会がこれに応じて，権利放棄を議決することが最近少なくない。これが有効であれば，それはまさにウルトラＣであり，土俵際うっちゃり作戦として，住民訴訟で追いつめられている首長にとって大いなる福音である。

　それはこれまでは小さい市町が使ったものであったが，ついにこの2009年2月，筆者が代理をしている神戸市長を被告とする訴訟において，神戸市が活用した。

　しかし，この手法は，先に私見（第5章第1節）[(1)]を公表して説いたとおり，法的に無効である。それどころか，税法上も大きな負担を惹起し，賛成した議員にとっても，住民訴訟で責任を問われるリスクを生じ，背任罪の可能性も生ずる。なぜこんな手段を講ずるのだろうか。私見が十分に理解されていないからであろう。

　そこで，ここで，神戸市長を被告とする訴訟と市長による権利放棄の提案とその主張，それに賛成議決をした神戸市議会などにおける討論などを分析して，上記の私見を補充しよう。この権利放棄議決は全国的に問題となっており，最高裁にも係属していると思われるので，自らが代理人として主張している事件ではあるが，広く公表して参考に供する意義があると考える。

　先に要点を述べると，本件は，住民訴訟の原告勝訴判決によって，神戸市が

---
(1)　阿部泰隆「地方議会による賠償請求権の放棄の効力」判時1955号（2007年）3頁以下＝本書第5章第1節。阿部泰隆『行政法解釈学Ⅰ』（有斐閣，2008年）422頁。

市長個人と三セクに対して勝ち取った権利を放棄するとの議案を，債務者である（となるはずの）市長個人自らが，自らの債務を免除してほしいとの理由を隠したまま，議会に提出して放棄させるという前代未聞の事件である。したがって，神戸市の債権を市民の信託に応えて適正に管理すべき任務に背くどころか，司法を無視して，私利私欲を図っているもので，市長自身の債権管理と議会の議決には明白な裁量濫用があり，到底許容されないものである。

　換言すれば，神戸市議会と神戸市長が，手を携えて，地方自治法の構造をまったく理解せず，法治国家，司法権，住民のすべてを無視している。これが先進都市か，市民自治はあるのか，絶対君主制時代ではないかと目を覆うばかりの惨状である。

2　外郭団体訴訟の概要

　筆者が住民を代理して提起している住民訴訟は多数あり，すでに最高裁で勝訴確定した3件については，神戸市へ返済されている（ただし，市長個人からではなく，職員などの第三者の弁済）が，ここで問題となっているのはいわゆる外郭団体訴訟の2件である。神戸市は，もともと「株式会社神戸市」と，おだてられ，外郭団体を濫設して，業務拡大を図ってきており，多数の職員を派遣しているが，茅ヶ崎市商工会議所事件最高裁判決（平成10年4月24日判時1640号115頁，判タ973号116頁，判例自治175号11頁），公益的法人職員派遣法（公益的法人等への一般職の地方公務員の派遣等に関する法律，平成12年）により，神戸市の業務に従事していない職員を有給で派遣することは違法となった。すなわち，同法は，現職職員が派遣される場合には，その給与は，派遣先団体が支給し，地方公共団体は給与を支給しないが（同法6条1項），例外的に，地方公共団体は，条例で定めることを条件として，一定の要件を満たす場合に，派遣職員に対し給与を支給することができる（同法6条2項）とする。

　そこで，神戸市は，外郭団体へ職員を無給で派遣することとしたが，しかし，それでは外郭団体が受け入れないので，その職員人件費分を補助金として当該外郭団体に交付した。これについて，筆者は，派遣法で禁じられている現職職員の給与付派遣の脱法行為であると主張した。

　神戸地裁平成18年(行ウ)第25号平成20年4月24日判決（D1.com）は，地方自治法232条の2の要件を満たす限り，地方公共団体が，外郭団体に対し，

第2節　地方議会による地方公共団体の賠償請求権の放棄は首長のウルトラCか

人件費を補助することは許されるのであり，また，同法施行後においても公益法人等に対する地方公共団体からの補助金支出が当然予想されたはずであるが，同法は，派遣職員人件費に充てる補助金支出を禁止する明文規定を置いていないことからすると，派遣法は，給与の支給対象が派遣職員であることのみを理由に当該給与相当額を補助金により援助することを許さない趣旨とは解されないとした。

これは，派遣法が適用されても，地方自治法232条の2がそのまま適用されるとの前提に立っている。しかし，派遣法は，地方公務員法と地方自治法の特別法であるから，派遣法が適用される限りで，地方自治法232条の2は適用されないのである。派遣先は地方公共団体とは別個の独立した法人であり，企業体であるから，独自の給与体系を有するのであって，派遣職員といえども，派遣元の地方公共団体の高額給与を保障されるような制度にはなっていない。

派遣職員に派遣元の地方公共団体の公金で給与を支払う公益性があるなら，それは派遣法6条2項により道が開かれている。そこで，このルート以外に，派遣職員に派遣元の地方公共団体の公金で給与を支払う公益性があるなどということは，派遣法は想定していない。その限りで，地方自治法232条の2の適用は排除されているのである。この判決は，法律の適用関係をまったく誤解しているのである。

大阪高裁第8民事部平成20年(行コ)第90号，平成21年1月20日判決は，この筆者の主張を基本的に採用し，しかも，市長の過失を認めて，神戸市が，市長個人に賠償請求権，三セクに不当利得返還請求権を有することを認定した。原告(被控訴人)住民側ほぼ完勝(市長個人への賠償認容額は2億5,000万円強プラス利子)の判決である。これは，目下神戸市長から上告・上告受理の申立てがなされている(最終的に棄却・却下)。

もう1件は，別個の外郭団体を巡る訴訟であるが，争点は同じで，同内容の判決が下された神戸地裁平成18年(行ウ)第43号平成20年4月24日(民集66巻6号2631頁)の控訴審である。これは大阪高裁第13民事部平成20年(行コ)88号，平成20年(行コ)140号の事件として，すでに結審し，この3月18日に判決が予定されていた(訴額総計70億円くらい)。同様に原告側完勝の判決が予想されていた。

これに対し，控訴人神戸市長は，この賠償請求権，不当利得返還請求権を放

第5章　地方議会による地方公共団体の賠償請求権等の放棄

棄する条例改正案を，2月議会に提案し，20日に本会議，23日に総務財政委員会の審議を経て，2月26日に賛成多数で議決させて，公布した。

それは，神戸市公益的法人等への職員の派遣等に関する条例の一部改正条例の形式を取ったもので，その内容は，4条2項　派遣先団体における業務の従事を本市における勤務，その就業の場所を勤務する公署と……みなす，8条2項　公益法人派遣法6条2項により給与を支給することができる派遣職員に係る派遣先団体は，別表に掲げた一定のものとする，附則5項，ある住民訴訟事件（本件などの外郭団体訴訟）にかかる本市の不当利得返還請求権，損害賠償請求権は，遅延利息を含めて放棄するというものである。

これは，権利放棄を議会の議決で決めたのではなく，公益法人への派遣条例の改正の形を取って行った点に特色があるが，それ以外はこれまで起きた放棄事案と同じである。ただ，本節では，提案理由，議会での議論等も含めて新たな視点を扱うものである。そして，神戸市長（控訴人）は，結審した大阪高裁民事13部に弁論再開の申立てをした。

筆者は，この条例は無効であるとして反対したが，弁論再開決定がなされ，5月13日に口頭弁論が行われた。

控訴人神戸市長側の主張内容を見れば，4月1日付で提出した準備書面において，神戸市は，本件訴訟における神戸市の権利を放棄することを内容とする条例改正を行ったとして，改正条例を証拠として提出し，権利の放棄の可否は議会の判断に委ねられているとして，東京高裁平成18年7月20日判決（判タ1218号193頁）及び同事件に係る最高裁平成19年3月20日決定を引用して，これにより，本件訴訟に係る神戸市の損害賠償請求権は消滅し，本件における被控訴人（第一審原告）らの訴えの利益は消滅したと主張してきた。

しかし，そこでは，権利放棄は有効として，原告側が敗訴するのではなく，裁判所が，放棄の必要性を，神戸市長個人と三セクに分けて，主張せよと，神戸市長側に釈明して結審した。後述する私見の主張に沿ったものと解される。次回は，2009年8月26日の予定である。

以下，議会による権利放棄が成り立たないことを，地方自治法の制度の解釈として説明しよう。住民は原告，被控訴人，神戸市長は，被告，控訴人である。市長個人は，賠償を請求される立場であるが，平成14年改正の4号請求訴訟では，被告ではない。

第2節　地方議会による地方公共団体の賠償請求権の放棄は首長のウルトラCか

II　執行機関と議決機関の権限分配という判断権者の権限問題と権限行使の実体法上の要件

1　執行権限と議会の監視権限

　本件住民訴訟において，被控訴人住民が，神戸市長に対し，神戸市長個人と外郭団体に神戸市への返還なり賠償を求めているのは，神戸市の権利・財産権である。そして，首長と議会は，住民の信託を受けて，住民＝自治体の財産権を管理している。自分の財産権を自分で管理しているのではない。そこで，住民の財産権を代理人が放棄するには，放棄する権限のある者が判断することと，放棄することが許される実体法上の要件に適合することの両方が必要である。この両者が合わさって初めて，地方公共団体として権利を放棄するとの団体意思を決定する十分条件となる。このことは会社法でも，民事上の代理の制度でも基本的に同じであるから，理解できるはずである。

　控訴人神戸市長が，神戸市は，議会の議決を経て，本件訴訟に係る権利を放棄したと主張する法的根拠は，地方自治法96条の議会の議決事項に「十　法律若しくはこれに基づく政令又は条例に特別の定めがある場合を除くほか，権利を放棄すること。」との規定があることによる。

　しかし，この規定だけでは，地方公共団体は権利を放棄することができないのである。

　地方公共団体の場合，権利の放棄が議会の議決事項とされているからといって，首長の行政権限が消えるわけではないし，放棄の実体法上の制約が何もなくなるわけではないのである。

　控訴人には，執行機関と議決機関の権限，執行機関の権限行使の実体法上の要件に関する基本的な知識が欠如しているのである。地方自治法は，首長等を執行機関，議会を議決機関，首長の監視機関としている。国の議院内閣制とは異なり，大統領制をとっているが，執行機関と議決機関・監視機関の違いは国と同じである。

　地方自治法では，「第147条　普通地方公共団体の長は，当該普通地方公共団体を統轄し，これを代表する。」，「第148条　普通地方公共団体の長は，当該普通地方公共団体の事務を管理し及びこれを執行する。」，「第149条　普通地方公共団体の長は，概ね左に掲げる事務を担任する。」として，「6　財産

第 5 章　地方議会による地方公共団体の賠償請求権等の放棄

を取得し，管理し，及び処分すること。」とされているように，財産の管理は首長の権限である。本件の損害賠償請求権，不当利得返還請求権はこの財産に含まれる。

　そして，第 96 条は，「普通地方公共団体の議会は，次に掲げる事件を議決しなければならない。」と規定しているように，議会の議決事項を定めたにすぎない。その例として，「1　条例を設け又は改廃すること。」，「2　予算を定めること。」，「3　決算を認定すること。」，「4　法律又はこれに基づく政令に規定するものを除くほか，地方税の賦課徴収又は分担金，使用料，加入金若しくは手数料の徴収に関すること。」，「5　その種類及び金額について政令で定める基準に従い条例で定める契約を締結すること。」，「6　条例で定める場合を除くほか，財産を交換し，出資の目的とし，若しくは支払手段として使用し，又は適正な対価なくしてこれを譲渡し，若しくは貸し付けること。」，「7　不動産を信託すること。」，「8　前 2 号に定めるものを除くほか，その種類及び金額について政令で定める基準に従い条例で定める財産の取得又は処分をすること。」，「9　負担付きの寄附又は贈与を受けること。」，「10　法律若しくはこれに基づく政令又は条例に特別の定めがある場合を除くほか，権利を放棄すること。」，「11　条例で定める重要な公の施設につき条例で定める長期かつ独占的な利用をさせること。」，「12　普通地方公共団体がその当事者である審査請求その他の不服申立て，訴えの提起（普通地方公共団体の行政庁の処分又は裁決……に係る同法第 11 条第 1 項……の規定による普通地方公共団体を被告とする訴訟……に係るものを除く。），和解（普通地方公共団体の行政庁の処分又は裁決に係る普通地方公共団体を被告とする訴訟に係るものを除く。），あつせん，調停及び仲裁に関すること。」，「13　法律上その義務に属する損害賠償の額を定めること。」，「14　普通地方公共団体の区域内の公共的団体等の活動の総合調整に関すること。」，「15　その他法律又はこれに基づく政令（これらに基づく条例を含む。）により議会の権限に属する事項」といった行政上の権限があげられている。

2　権利放棄に係る議会の議決は監視機能

　条例の制定，予算の議決，決算の認定は，そもそも執行機関の権限ではなく，執行機関はその案を提出するだけなので（地方自治法 149 条 1，4 号，211 条，233 条），議会の議決で決まることである。これに対し，この 96 条の 1 項の 4

第2節　地方議会による地方公共団体の賠償請求権の放棄は首長のウルトラCか

号以下は行政権限である（同149条）。それが議会の議決を経ることを要するとされているからといって，行政権限であることを失うとの規定はない。議会は，この場合には，条例の制定とは異なって，単独で権限を行使するのではなく，執行機関の権限行使を監視するのである。

議会の議決事項とされているのは，首長がその判断を誤って，住民の重要な利益を害することがありうるので，議会が住民の立場に立って，監視するという制度に過ぎない。議会が，放棄は自分の権限だ，自由裁量で放棄できると考えるのは大間違いである。

3　東京高裁の誤解

鋸南町事件東京高判平成12年12月26日（判時1753号35頁，判例自治220号33頁）は，「地方自治法96条1項10号は，議会の議決事項として，『法律若しくはこれに基づく政令又は条例に特別の定めがある場合を除くほか，権利を放棄すること』と規定し，法令や条例の定めがある場合を除いて，広く一般的に地方公共団体の権利の放棄については，執行機関である地方公共団体の長ではなく，議会の議決によるべきものとしているところ，本件補助金の交付の違法を原因とする損害賠償請求権の放棄については，法令又は条例になんら特別の定めはないのであるから，仮に本件補助金の交付が違法であって，鋸南町が亡富永に対して損害賠償請求権を取得したとしても，右損害賠償請求権は，本件権利放棄の議決により消滅したものというほかはない。」（アンダーラインは阿部泰隆が付けたものである。以下，同じ）とした。

しかし，これは，執行機関と議決機関の権限分配を理解せず，議会がいつの間にか執行機関にも成り代わったというもので，およそ地方自治法，さらに，国家・公共団体の行政機構を理解しない謬論である。

東京高判平成16年4月8日（判例集未登載）は，「地方自治法96条1項10号が権利の放棄を議会の議決事項とした趣旨は，……これを住民の代表者で構成される議会の議決にゆだね，……住民の意思をその代表者を通じて直接反映させるとともに，議会をして地方公共団体の財務の健全性を監視させ，執行機関の専断を排除しようとするところにある……。そして，同号が地方公共団体による権利の放棄が許されることを前提に，権利の放棄が許される場合の要件を特に定めることなく，その判断を議会の議決にゆだねていることからすれば，

第5章　地方議会による地方公共団体の賠償請求権等の放棄

権利を放棄するかどうかは，第一次的には当該地方公共団体自身の意思，すなわち住民の代表者で構成される議会の判断にゆだねられており，基本的にはその判断を尊重すべきものというべきであるが，上記のような同号の趣旨にかんがみると，権利放棄の議決が，地方公共団体及び住民の利益を一方的に害するにもかかわらず，<u>専ら特定の個人の利益を図る目的をもってなされた場合等，同号が権利の放棄を議会の議決にゆだねた趣旨に明らかに背いてなされたものと認め得るような特別な事情がある場合には，当該議決は議会にゆだねられた権限を濫用し，又はその範囲を逸脱するものとして，違法になり，その効力が否定される</u>」が，本件議決についてはそのような事情があるとは認められないと判示し，原審を維持している。

神戸市長＝控訴人の引用する前記東京高判平成18年7月20日（判タ1218号193頁）も放棄は議会の本来の権限であるとする。

この判決はさらに続ける。「地方自治法96条1項10号は，議会の議決事項として，『法律若しくはこれに基づく政令又は条例に特別の定めがある場合を除くほか，権利を放棄すること。』と規定し，地方公共団体の権利の放棄については，<u>執行機関である地方公共団体の長ではなく，議会の議決によるべきものとしている</u>から，議会は，法律若しくはこれに基づく政令又は条例に特別の定めがある場合でない限り，自らが<u>本来有する権限に基づき，権利放棄の議決をすることができる</u>。そして，本件損害賠償請求権の<u>放棄については，法令又は条例に何ら特別の定めはない</u>と認められるから，本件議決は，玉穂町議会が自らが本来有する権限（同法96条1項10号）に基づき行ったものであって有効であり，仮に，控訴人が入札予定価格を漏えいして業者間で談合を行い，これによって玉穂町が控訴人に対して本件損害賠償請求権を取得したとしても，本件損害賠償請求権は本件議決により消滅したものというべきである。」

これも，本来首長の権限である権利の放棄が突如議会の本来の権限になる理由はなぜか，何ら説明がない。地方自治法の全体構造を見ず，単に96条10項だけを見ている。当事者の主張が不十分であったためかとも推測されるが，誤りである。

この判決はさらに，「地方自治法96条1項10号が，権利の放棄を議会の議決事項としたことは，住民の意思をその代表者を通じて直接反映させるとともに，<u>執行機関の専断を排除しようとする趣旨をも含むものであるから</u>，権利放

第2節　地方議会による地方公共団体の賠償請求権の放棄は首長のウルトラCか

棄の議決につき長の執行行為を要するとは解されない」とする。

しかし，執行機関の専断を排除しようとすることから，執行機関の執行行為を不要とするという結論は導けない。それはおよそ非論理的である。この制度は，執行機関だけでは放棄できないとしているだけで（議会が監視者として，ダブルチェックする），地方公共団体の組織構造では，議会は議決機関にすぎず，首長が執行機関であるから，議会の議決がなければ執行できない（これが執行機関の専断を排除しようとする趣旨である）が，議決があったからといってそのまま執行しなければならないものではないのである。むしろ，違法な議決は地方自治法176条により再議に付さなければならないのである。再議に付さなければ，それ自体違法である。

ただし，平成16年の東京高判が，「専ら特定の個人の利益を図る目的をもってなされた場合等，同号が権利の放棄を議会の議決にゆだねた趣旨に明らかに背いてなされたものと認め得るような特別な事情がある場合には，当該議決は議会にゆだねられた権限を濫用し，又はその範囲を逸脱するものとして，違法になり，その効力が否定される」とする点には注目して良い（本件は少なくともこれに当たる。後述する）。

4　大阪高裁のまっとうな判断

この点，大阪高裁第6民事部平成20年（行コ）第36号，平成20年9月5日判決はまったく妥当である。これは，一審で茨木市長が一部敗訴し，双方から控訴されて，控訴審が結審後に，茨木市議会において，野村（市長）に対する一時金に係る損害賠償請求権の権利を放棄する決議をして，弁論再開を申し立てた（住民側代理人井上善雄弁護士）が，裁判所はこれに応じずに判決を下したものである。

これは，「茨木市が野村に対して有する<u>本件一時金に係る損害賠償請求権は，地方自治法149条6号により茨木市の執行機関が管理すべき債権であって，その債務免除は，同法240条3項により，議会の同意を得た上で，執行機関の債務者に対する意思表示によってなされるべきものであり，議会の決議のみによって効力を生じるものということはできない</u>から，その事実は本判決の結論に影響するものではない。大阪高等裁判所第6民事部裁判長裁判官　渡逞安一，裁判官　安達嗣雄，松本清隆」とするものである。

第5章　地方議会による地方公共団体の賠償請求権等の放棄

ここでは，地方公共団体の執行機関と議会の権限が正当に理解されている。ここでようやくではあるが，東京高裁の累次にわたる勘違いが是正されたのである。前記東京高裁判決に依拠する神戸市長＝控訴人の主張は失当である。

Ⅲ　権限行使の実体法上の要件

1　96条の意味

次に，この149条は首長の担任事務の範囲，96条は議会の議決事項の範囲を定めたに過ぎず，その担任する事務なら，どのような要件のもとで処理することが許されるのかについては，規定していない。

神戸市長＝控訴人は，この96条は，権利放棄の要件を定めていないから，議会は自由裁量で放棄できるとの見解に立脚しているのかもしれない。前記の東京高裁もそのような見解に立つのであろう。

しかし，それは明らかに誤った見解である。96条は単に判断権者を定めた規定（しかも，首長の判断を監視する権限規定）であるから，その権限行使の実体法上の要件を定めていないに過ぎないのである。権限の所在を決める規定と権限行使の実体法上の要件を定める規定は別なのである。

あるいは，この10号は，「法律若しくはこれに基づく政令又は条例に特別の定めがある場合を除くほか，権利を放棄すること」と規定しているので，「法律若しくはこれに基づく政令又は条例に特別の定めがある場合」以外は権利の放棄は自由裁量によると読んでいるのかもしれないが，そうではなく，地方税法・条例による税の減免，地方自治法自身による減免（228条1項，243条の2第8項），「公務員等の懲戒免除等に関する法律」（免除法）第3条及び5条に基づく「昭和天皇の崩御に伴う職員の懲戒免除及び職員の賠償責任に基づく債務の免除に関する条例」などのほか，地方自治法施行令171条の7による債務の免除については，議会の議決を要しない（同条3項）とされていることを指すのである。そこで，このような規定がなければ，債務の免除には議会の議決を要するというだけのことである。

2　権利放棄権限行使の実体法上の要件

では，権限行使の実体法上の要件はどこに規定されているか。

もともと，権利の放棄は権利主体なら自由にできるのが原則であろうが，法

第2節　地方議会による地方公共団体の賠償請求権の放棄は首長のウルトラＣか

人の場合，それは代表者，代理人が行う。

　代表者は，被代理者（自治体）の利益を守って行動する義務がある。任意の委任契約なら当然，善良な管理者の注意義務（民法644条）をもって委任事務を処理する義務を負う。本人に損害を与えてはならない。

　自治体の場合，首長も議員も選挙で選ばれているのであって，委任契約を交わしているわけではないが，それはやはり代理の一種である。民事法的に言えば，法定代理人である。

　法定代理か任意代理かでは代理権発生の根拠は異なるが，いずれにせよ代理関係が成立すれば，代理人には，本人の利益を守るように行動する義務が発生することに変わりはない。

　実定法の規定を見ると，地方公共団体では，執行機関は，当該地方公共団体の事務を「自らの判断と責任において，誠実に管理し及び執行する義務を負い」（地方自治法138条の2），「事務を管理し及びこれを執行する」（地方自治法148条）と明文で定められている。したがって，首長は，当然のことではあるが，文理上も，「誠実」に行動しなければならないのであって，当該地方公共団体の利益を阻害するような行動をすることは許されていない。

　また，本件の権利は債権である。地方自治法240条は，「この章において『債権』とは，金銭の給付を目的とする普通地方公共団体の権利をいう。」として，「2　普通地方公共団体の長は，債権について，政令の定めるところにより，その督促，強制執行その他その保全及び取立てに関し必要な措置をとらなければならない。」「3　普通地方公共団体の長は，債権について，政令の定めるところにより，その徴収停止，履行期限の延長又は当該債権に係る債務の免除をすることができる。」と定めている。債権は取り立てに必要な措置を講じなければならず，その免除は　政令の定めるところによるのが原則である。その政令を見ると，171条以下で，履行期限までに履行がなければ督促，履行の請求をしなければならない。一定の事由に該当し，履行させることが著しく困難又は不適当であると認めるときは，徴収停止することができ，免除は，171条の7で，厳格な規制がある。そして，この規定による免除の場合には，議会の議決を要しない（同施行令171条の7第3項）。

　そこで，議会の議決があれば，これに該当しない場合でも免除できることになるが，これは債権放棄原則禁止の例外としての議会のコントロールがあれば

第5章　地方議会による地方公共団体の賠償請求権等の放棄

放棄できるとの規定であり，それだけで，自由裁量による放棄を認めたものということはできない。

　一般的に言っても，権利の放棄は，自分の権利なら自由に放棄できるが，住民の権利を，住民の信託を受けている立場である代理人である首長が放棄するのであれば，誠実に行わなければならない。したがって，善管注意義務を果してなお放棄することが住民の利益になるか，取り立てようがない場合に限るというべきである。たとえば，三セクが大赤字で，特定調停等で債権を放棄して，再出発させようというとき，他の債権者と横並びで，三セクへの自治体の債権を一部放棄する必要がある。この場合には，地方自治法施行令171条の7の免除規定（これに該当するなら議会の議決は不要である）には該当しないが，かといって，債権を放棄しないと何も進まず，債権を放棄すれば，問題が適切に解決するなら，放棄は許されるというべきであろう。むしろ，その債権に固執するなら，住民の信託の趣旨に反するであろう。その代わり，その点の首長の判断が，杜撰でないか，きちんと監督するのが議会の役割なのである。

　参考までに国の制度と比較する。そもそも，権利の放棄は，行政事務である。国の場合には，担当大臣の権限であり，いちいち国会の議決を要するとはされていないが，財政法8条で「国の債権の全部若しくは一部を免除し又はその効力を変更するには，法律に基くことを要する。」となっている。それを受けて定められた国の債権の管理等に関する法律では，「第10条　債権の管理に関する事務は，法令の定めるところに従い，債権の発生原因及び内容に応じて，財政上もっとも国の利益に適合するように処理しなければならない。」とされ，免除については，「第32条　歳入徴収官等は，債務者が無資力又はこれに近い状態にあるため履行延期の特約等……をした債権について，当初の履行期限……から10年を経過した後において，なお債務者が無資力又はこれに近い状態にあり，かつ，弁済することができることとなる見込みがないと認められる場合には，当該債権並びにこれに係る延滞金及び利息を免除することができる。」とされている。自由裁量で債務を免除することは許されていない。

　カネミ油症事件における仮執行金の返還を免除する制度の創設も，カネミ油症事件関係仮払金返還債権の免除についての特例に関する法律（2007年）という特別法の制定が必要であり，オウム真理教に係る破産手続における国の債権に関する特例に関する法律（1998年）は，国がオウムの破産財団に対して有す

第 2 節　地方議会による地方公共団体の賠償請求権の放棄は首長のウルトラ C か

る権利は，被害者の生命又は身体を害されたことによる損害賠償請求権に劣後することを定めて，被害者の賠償請求権を確保したが，これも行政レベルでは行えない施策なのである。

国の場合，法律で決めても，自由裁量で免除するわけではない。国の立法者も，カネミとかオウムのような場合にぎりぎり絞って，債務免除の制度を導入しているのである。地方公共団体の場合だけ，議会の裁量で債務を免除するという議決をすることが認められるとは，主権在民，住民の信託を受けた財政運営に関する一般的なルールからして考えられない。

3　権利放棄の判断権者と実体法上の要件のまとめ

繰り返せば，行政上の権限行使は，権限がある者が実体法・手続法に違反しないようにして初めて適法である。判断権者についてみると，行政の執行は一般に首長が行うが，重要な案件は行政事務でも議会の議決がいるとして，ダブルチェックをかけているのが地方自治法 96 条である。したがって，議会が議決したらそれだけで放棄できるのではなく，放棄の必要条件の一つを満たしたにすぎない。

放棄が有効であるためには，さらに，実体法上の要件を満たすことと，首長と議会の両方が判断することが不可欠なのである。

このように，住民訴訟で，市長は，市長個人，三セクに対し，市へ賠償なり返還するように請求せよとの判決が確定すれば，市の権利が発生したのであるから，それを放棄するには，実体法上の要件充足が必要である。単に議会が放棄議決をしたというだけで，放棄が有効になるわけではない。

別の例を挙げれば，住民訴訟でよく出てくる例として，契約の違法・無効がある。それは，首長が議会の議決を経て，締結したものであって，議会だけで締結できるものではない。議会は議決機関であって，執行機関ではないからである。そして，執行機関が締結する契約は，議会が議決したからといって，当然に有効になるものではない。契約が，一般競争入札によるべきところ，随意契約によったのは違法とか，高すぎるとして，住民訴訟で違法とされる例は多数ある（最判昭和 62・3・20 民集 41 巻 2 号 189 頁，判時 1228 号 72 頁，自治百選 3 版 92 頁，最判平成 6・12・22 民集 48 巻 8 号 1769 頁，判時 1520 号 71 頁，自治百選 3 版 94 頁，最判平成 18 年 10 月 26 日判時 1953 号 122 頁，判タ 1225 号 210 頁，重判

平成 18 年 53 頁，最判昭和 62・5・19 民集 41 巻 4 号 687 頁，判時 1240 号 62 頁，自治百選 3 版 90 頁は，こうした考え方を当然の前提とする）。

さらに，地方公共団体の公有財産を安く売却する場合，地方自治法 237 条 2 項は，「議会の議決が必要」と規定しているだけであるが，形式的に議会の議決があればたりるのではなく，当該譲渡等が適正な対価によらないものであることを前提として審議がされた上，当該譲渡等を行うことを認める趣旨の議決がされたことを要する（最判平成 17・11・17 判時 1917 号 25 頁，判タ 1198 号 128 頁）。それは，適正な対価によらずに財産の譲渡等を行う必要性と妥当性を議会に審議させる趣旨であり，さらには，その議会の判断に裁量濫用があれば違法とする趣旨と解される。

自治体は，権利が確実に存在する場合には，その行使を怠ることは到底許されない。いわゆるはみ出し自販機住民訴訟最判平成 16 年 4 月 23 日（民集 58 巻 4 号 892 頁，判時 1857 号 47 頁，判タ 1150 号 112 頁）は次のように述べている。

「地方公共団体が有する債権の管理について定める地方自治法 240 条，地方自治法施行令 171 条から 171 条の 7 までの規定によれば，客観的に存在する債権を理由もなく放置したり免除したりすることは許されず，原則として，地方公共団体の長にその行使又は不行使についての裁量はない。」

最高裁第 3 小法廷平成 21 年 4 月 28 日判決（判時 2047 号 113 頁判タ 1300 号 92 頁）は，市の発注した工事に関し業者らが談合をしたため市が損害を被ったにもかかわらず，市長が上記業者らに対する不法行為に基づく損害賠償請求権の行使を違法に怠っているとして，市の住民が地方自治法（平成 14 年法律第 4 号による改正前のもの）242 条の 2 第 1 項 4 号に基づき，市に代位して，怠る事実に係る相手方である上記業者らに対し損害賠償を求める訴訟において，市長が上記損害賠償請求権を行使しないことが当該債権の管理を違法に怠る事実に当たらないとした原審（大阪高裁平成 18(行コ)第 134 号平成 19 年 11 月 30 日）の判断を違法とした。

「地方公共団体が有する債権の管理について定める法 240 条，地方自治法施行令 171 条から 171 条の 7 までの規定によれば，客観的に存在する債権を理由もなく放置したり免除したりすることは許されず，原則として，地方公共団体の長にその行使又は不行使についての裁量はない（最高裁平成 12 年(行ヒ)第 246 号同 16 年 4 月 23 日第二小法廷判決・民集 58 巻 4 号 892 頁参照）。もっとも，

第2節　地方議会による地方公共団体の賠償請求権の放棄は首長のウルトラCか

地方公共団体の長が債権の存在をおよそ認識し得ないような場合にまでその行使を義務付けることはできない上，不法行為に基づく損害賠償請求権は，債権の存否自体が必ずしも明らかではない場合が多いことからすると，その不行使が違法な怠る事実に当たるというためには，少なくとも，客観的に見て不法行為の成立を認定するに足りる証拠資料を地方公共団体の長が入手し，又は入手し得たことを要するものというべきである。

　なお，独禁法違反の行為によって自己の法的利益を害された者は，当該行為が民法上の不法行為に該当する限り，公取委による審決の有無にかかわらず，不法行為に基づく損害賠償請求権を行使することを妨げられないのであり（最高裁昭和60年（オ）第933号，第1162号平成元年12月8日第2小法廷判決・民集43巻11号1259頁参照），審決が確定するまで同請求権を行使しないこととすると，地方公共団体が被った損害の回復が遅れることとなる上，同請求権につき民法724条所定の消滅時効が完成するなどのおそれもあるから，仮に，独禁法違反の事実を認める審決がされ，将来的にその審決が確定した場合には独禁法25条に基づく損害賠償請求権を行使することが可能になる（そして，同請求権を行使する場合，不法行為に基づく損害賠償請求権を行使する場合と比べ，主張，立証の負担が軽減される）としても，そのことだけでは，当然に不法行為に基づく損害賠償請求権を行使しないことを正当化する理由となるものではないというべきである。」

　この例は議会が権利放棄の議決をしていない例であるから，権利放棄の議決をした本件とは直ちには同じではないが，最高裁は，権利を理由もなく放置したり免除したりすることを許していない。それが，議会なら自由裁量で権利を放棄できると解釈するとは到底想定できない。なお，この事件では，私見は，民法709条に基づく請求は，時効にかかるまでは待って，できれば独禁法に基づく請求をする権利があると考えている。

　この判決の考えに立っても，議会が勝手に権利を放棄できるのではなく，まともな理由が必要である。権利の放棄を正しく理解していることが必要である。

　なお，もし議会の議決だけで自由裁量で権利を放棄できるとすれば，大変奇妙なことになる。地方公共団体が，議会の議決を経て，首長が代表して売買契約を締結するとしよう。売却の場合には，物の引渡と代価の請求権が約定される。その後で議会が，代価請求権を自由裁量で放棄できるのだろうか。そんな

第5章　地方議会による地方公共団体の賠償請求権等の放棄

ことがあっては，契約について議会の議決にかからせるだけではなく，契約は，自由裁量ではなく，当該地方公共団体にとって最善のものとしなければならないとの地方自治法のルールが完全に無視される。

　これは契約後に権利放棄する場合に限らない。したがって，この例を見ても，権利放棄が自由裁量となるはずはない。

Ⅳ　神戸市長と神戸市議会は放棄するために必要な誠実な審査をしていないこと

1　はじめに

　そうすると，神戸市は，その債権について，誠実な処理の結果やむを得ない分だけを有効に放棄できるに過ぎない。したがって，本件再開された控訴審では，この放棄議決が，誠実な債権管理といえるかどうかが審理されるべきことになる。放棄したから当然に神戸市長勝訴になるわけではない。その意味では，弁論再開が必要なのかもしれない。

　しかし，控訴人神戸市長は，誠実な審査の上で放棄したとはおよそ思えない主張をしている。裁判所で，違法過失があったとして賠償を命ぜられている市長個人への賠償請求，無効とされて，三セクへ行う返還請求について，できるだけ請求したとかいうことはなく，むしろ，全額を放棄している。最初から，誠実な処理は不要との前提に立っている。しかも，市長個人への請求（三セクと市長個人とは別々に請求できるが，かりに三セクから取り返したとしてもなお，市長個人には遅延利息分は残る）を放棄する理由はまったく説明されていない。したがって，この申立自体失当なのである。裁判所は，放棄の必要性を主張せよと神戸市長に釈明したが，本来その前に弁論再開をすべきではなかったのである。

2　神戸市の準備書面の明白な誤り

　控訴人神戸市長は，その準備書面2頁で次のように主張する。

　「被控訴人らは，地方自治法96条は単に判断権者を定めた規定であり，債権放棄（免除）は地方自治法施行令171条の7の規定によらなければならない旨主張する……。しかし，そうであるならば，なぜ，地方自治法施行令171条の7の規定により債権放棄をする場合に議会の議決が不要であるのか（同条3項）。

第2節　地方議会による地方公共団体の賠償請求権の放棄は首長のウルトラCか

同条項の関係については，債権放棄をする方法として，地方自治法96条に規定する法令，条例又は議会の議決による方法と，地方自治法施行令171条の7の規定による方法とを定めている（だから後者の場合に議会の議決を不要とする）という解釈しかありえないのであって，被控訴人らの主張は失当なものである。」と。

しかし，これは曲解である。被控訴人は，次のように主張した。

「一般的に言っても，権利の放棄は，自分の権利なら自由に放棄できるが，住民の権利を，住民の信託を受けている立場である代理人である首長が放棄するのであれば，誠実に行わなければならず，善管注意義務を果たしてなお放棄することが住民の利益になるか，取り立てようがない場合に限るのである。たとえば，<u>三セクが大赤字で，特定調停で債権を放棄して，再出発させようというとき，三セクへの自治体の債権を一部放棄する必要がある。</u>この場合には，地方自治法施行令171条の7の免除規定<u>（これに該当するなら議会の議決は不要である）</u>には該当しないが，この場合には債権を放棄しないと何も進まず，債権を放棄すれば，問題が適切に解決するなら，放棄は許されるであろう。むしろ，その債権に固執するなら，委任契約の趣旨に反するであろう。その代わり，その点の首長の判断が，杜撰でないか，きちんと監督するのが議会の役割なのである。」と。

したがって，「被控訴人は，債権放棄（免除）は地方自治法施行令171条の7の規定によらなければならない旨主張」してはいないのである。

控訴人神戸市長の主張通り，「同条項の関係については，債権放棄をする方法として，地方自治法96条に規定する法令，条例又は議会の議決による方法と，地方自治法施行令171条の7の規定による方法とを定めている（だから後者の場合に議会の議決を不要とする）という解釈」があることは認めているのである。

ただ，債権放棄には，地方自治法施行令171条の7の厳格な縛りがあるし，地方自治法138条の2の信託原則があるから，議会が議決する場合には突然全くの自由裁量になるはずはなく，それなりの「誠実な」検討が必要だと主張しているに過ぎない。この点で控訴人の主張とは明白な違いがあるのである。

第5章　地方議会による地方公共団体の賠償請求権等の放棄

3　市長の権利放棄提案理由と市長の主張の誤り

　神戸市平成21年第一回定例市会提出議案第95号議案（平成21年2月20日提出）は，市長が提案した条例改正議案であるが，その理由は「派遣職員に対して本市が支給できる手当の種類を変更する等に当たり，条例を改正する必要があるため」としか記載されていない。

　しかし，本件条例の眼目は，派遣職員に神戸市が直接に給与を払うように，派遣職員には公益的法人派遣法6条2項を適用することと，附則5項で神戸市の損害賠償請求権・不当利得返還請求権を遅延利息込みで放棄することにある。この重要なことの理由が書かれていない（「等」に含ませるには重大すぎる）ということは，そもそも市長は，この問題をおよそまともに認識していないか，それとも，真実を明らかにすると，市民と議会の反対が増えるので，問題を隠ぺいする意図であったかのいずれかであろう。実際，この議案が議会に提出されたとき，この条例案では，問題の所在を認識しにくく，知人の議員は問題点に気付かなかったようであり，筆者の説明を聞いて，やっと分かったのである。

　提案理由では，市長個人と三セクへの請求権をなぜ放棄するのかという肝心の点について，きちんとした理由を示さなければならないのであり，これをしないことはそれだけで，この権利放棄案は問題の所在を隠ぺいする悪質なものであるということである。

　大阪高裁は，前記のように，放棄の必要性について述べるように釈明している。不意打ちであってはいけないから，釈明の必要性がないとは言えないものの，もともと，上記のように問題を隠ぺいしていたのであるから，それだけで違法と解すべく，後知恵で必要性を説明しても，それは本当の理由とは考えられない。

　神戸市長自身，権利放棄の理由をマスコミに説明しているが，その発言は，およそ「誠実な検討」とは無縁である。

　毎日新聞2009年3月17日によれば，

　神戸市：補助金返還請求放棄　矢田市長「公益性の観点で」／兵庫

　外郭団体への派遣職員の給与を補助金で支給するのは違法だとして，神戸地裁が市に命じた約48億円の返還請求を放棄する市公益法人職員派遣条例の改正について，矢田立郎市長は16日の定例会見で「市民への公益性をどう守るか，という観点から（約48億円の）債権放棄を求めるしかなかった」と述べた。

第2節　地方議会による地方公共団体の賠償請求権の放棄は首長のウルトラCか

　神戸地裁判決について矢田市長は「法常識に照らし合わせてどうなのかと思う」と不満を示し，「なぜ補助金を通じ（外郭団体の職員に給与を）出すことが適正でないのか，それを問うべきだった」と指摘した。

　さらに，時事通信によれば，

◎事業の公益性守るため＝補助金返還請求の放棄で――神戸市長

　神戸市の矢田立郎市長は16日の定例記者会見で，外郭団体派遣職員の人件費を補助金の形で支給していたのは違法とした昨年4月の神戸地裁判決を受けて，同市が地裁から命じられた約48億円の返還請求権を放棄したことについて，「（補助金は）正当な労働の対価として支払われたという点からすると，（団体側が）返還するものではない。（給与を）直接支給とするとともに，（事業の）公益性を守るために債権放棄をした」と説明した。

　また，今後の訴訟への影響について「なぜ補助金で出す行為そのものが適正でないのかをむしろ問うべきだと思う。何年も重なって（支払いをして）きたものを全国的に返せということになりかねない」と述べた。

　地裁判決を受けて，神戸市議会は先月，給与を直接支給に切り替えるとともに返還請求権を放棄する条例改正案を可決している。（了）

（09/03/16 19:39 NH070 時事通信）

　この発言には幾重にも間違いがある。「法常識に照らし合わせてどうなのかと思う」との不満があるなら，それは，最高裁まで争って決着を付けるべきことで，裁判で負けそうだからといって，裁判所に対して，「法常識」は自分の方が上だと堂々というのは，およそ，司法国家・法治国家における市長の発言とは信じられない。神戸市は治外法権ではないのである。もともと神戸市長個人はこのように法律無視，裁判所無視の姿勢を採ってきたから，本件外郭団体訴訟で指摘されているような違法行為を犯すのである（したがって，本件の違法な公金支出は単なる過失ではなく，重大な過失によるものである）。

　「なぜ補助金を通じ（外郭団体の職員に給与を）出すことが適正でないのか」と今もって言っているのは理解しがたい。前記の神戸地裁も，大阪高裁平成20年(行コ)第90号民事8部の1月20日の判決も，外郭団体に市の職員を派遣して，その給与を補助金として支出することは公益的法人派遣法に違反することを丁寧に説明している。いったい，市長は判決文を読んだのか，読んでも理解できないのか。いずれにしても，司法を冒涜しているし，まるで，治外法

第5章　地方議会による地方公共団体の賠償請求権等の放棄

権における専制君主と見間違うばかりである。

　事業の公益性の主張もはき違えている。三セクに公益性があるかどうかと，その職員を市から派遣して，市の補助で市の給与水準を保障する公益性とはまったく違う。しかも，給与を直接に支給することとしても，適法になるわけではない。

　派遣法は，給与を市が負担できるのは，6条2項で，市の業務を行うような場合に限っている。もともと，三セクに市の職員を有給で派遣することは，職務専念義務に違反するので，派遣法で禁止したのであるから，三セクにおける業務を神戸市の業務とする（前記Ⅰ2）この改正条例は，明らかに派遣法に違反する。これも住民訴訟で違法とされる代物である。派遣法など無視して，勝手にやっているのが神戸市であるから，法令コンプライアンスなどというものは微塵もない。

　三セクは違法に公金から補助を受けたのであるから，それを返還しなければならない。そうすると，三セクには倒産するところがでて，公益性が害されるというのが市長の言い分であろうが，もともと，違法な支援を受けなければ，倒産するような三セクに公益性等があるはずがない。違法な支援をしても公益性を実現しなければならないというなら，公益性の濫用である。三セクの多くは，違法な支援分を返還すれば，立ちゆかないということになるが，それでも公益上是非存続させる必要があれば，その限度で改めて別途その公益性をしっかりと議会で吟味して，補助すればよいのである。それなら適法である。

　それに，この発言では市長個人への債権の放棄についてはふれられていないが，市長個人への債権を放棄して，市長が債務を免れることに，いかなる意味で公益性があるのか。裁判所で違法・過失ありとして，賠償責任を命ぜられた市長個人が自らを助けてくれという公益性はどこにあるのか。この点に言及せずに，自らへの債務を免れようとするのは誤魔化しであり，恣意的であり，ますますもって，自らの利益を図るための債権放棄であることが明白になる。

　さらに，権利放棄は市民の財産をドブに捨てるものである。市民が住民訴訟で，多数の有能な弁護団と市の職員を相手に戦って，裁判所で勝ち取った権利を捨てることに何ら公益性がないはずである。その点について公益性があるとの説明ができなければ，権利放棄は正当化されるわけがない。市長がこれに言及していないのは，この損害賠償請求権，不当利得請求権は，市民から信託さ

第 2 節　地方議会による地方公共団体の賠償請求権の放棄は首長のウルトラ C か

れた大事な財産であるとの認識がないためである。

　林英夫議員は，この条例改正＝権利放棄議案（第 95 号）に対して平成 21 年 2 月 26 日の本会議で反対討論を行った。このなかで，橋下大阪府知事は，外郭団体に派遣された職員の人件費について「派遣法第 6 条 2 項を厳格に適用し，個別団体毎に精査する。場合によっては派遣職員の引き上げが生じることもある」という機関決定をし，議会によく説明するよう指示をしたと言及している。

　神戸市長は，こうした反対討論に耳を傾けず，一方的，恣意的な判断をしているもので，市民の財産を捨てるための誠実な検討が行われたとは到底考えられない。

4　神戸市議会における審査の杜撰さ

(1)　はじめに

　神戸市議会は，平成 21 年 2 月 20 日に本件議案を上程した。そのとき，井坂信彦議員の反対討論があった。その総務財政委員会は，2 月 23 日，代理人阿部泰隆と原告代表者東條健司氏の「陳情」という説明を受けて，討議したが，結果として十分な検討もなく，無視して，原案通り採決した。そして，26 日の本会議でも，前記林英夫議員，本岡議員から反対討論があった。公明党の吉田議員は賛成討論をした。これは神戸市議会の HP に掲載されている。

　これについて，控訴人神戸市長は，大阪高裁に提出した準備書面において，神戸市議会の総務財政委員会は，東條，阿部の陳情を聴き「放棄することによる影響・効果等を総合考慮した上で良識ある合理的判断として議決を行ったものであり」と主張する。しかし，これだけでは，如何なる考慮が行われたのか，不明である。

　「権利の放棄」が許容されるかどうかは法律問題であるから，法的に検討しなければならず，代理人阿部泰隆の主張に対して，法的に反論するなど，内容のある議論をしないで，議決することは許されないはずであるが，神戸市議会は，これらの「陳情」と反対討論の内容を法的に検討することなく，頭から無視して，いわば「政治的に」権利を放棄する議決をした。これは民主主義の点から見ても誠に由々しきことである。そこで，以下，重複するし，煩雑ではあるが，このことを説明する。

第5章　地方議会による地方公共団体の賠償請求権等の放棄

(2) **本会議第一日目**

2月20日は、井坂信彦議員の討論について副市長の答弁があった。ここでも良識ある審議がなされたとは信じがたい。

井坂議員は、公益的法人派遣法は「派遣職員に市税から給与を払うことは原則禁止であり、例外的に給与支給する場合は、派遣法6条2に書かれた条件に合うかどうかの個別審査が必要となりました。ところが、当時公益法人等への職員の派遣等に関する条例を制定した神戸市は、議会で有給派遣はどうするのかと問われて、派遣法6条2に基づく有給派遣は、例外規定なので考えていないと明確に答弁をしています。その裏で、一般的な補助金の名目で、外郭団体に派遣した職員の人件費相当分を支払い続けていたのですから、確信犯的な脱法行為と言われても仕方のない経緯があります。」と指摘した。

これに対する副市長の答弁は次のようである。「高裁は、補助金を出す形ではなしに、派遣法の6条の2に言っているように、直接支給をすれば公益上の必要であって、直接支給をすれば問題ない、それを補助金を通して支給をする、このやり方が間違っておる。ですから、いわゆる派遣職員の人件費の支給の仕方を直接市が、公共団体が支給すれば問題がないというのが高裁の判断だと、私は理解をいたしております。

で、この地裁の判断と若干違うんですけれども、そういった面で、従来からの補助金方式による給与支給の仕組みが、仮に補助金を通して地方自治法に言うところの公共性を評価して、その補助金を出した、そういう行為によって外郭団体に対する職員の給与が、仮に適正でないというんであれば、これはやはり仕組みを直接支給にやっぱり変えることについてはやぶさかではないと、このように考えておりまして、仮に司法の判断として、派遣法あるいは地方自治法上の仮に違法であったとしても、それをもって個人または団体に多額の支弁できないような損害賠償請求の判断をされるといったことについては、大いに疑問がある。

ですから、今後の対応として、本来的に地方公共団体が直接支給をしなければならないんであれば、これは現在の条例を改正をする。しかしながら、本来的に損害賠償請求に当たるような、市民のサービスとか市民の権利とか、こういうものを一切侵したものでない、そういう点を考えると、この損害賠償の問題についての高裁の判断は、極めて過酷であると、このように判断をして、今

第2節　地方議会による地方公共団体の賠償請求権の放棄は首長のウルトラCか

上告をしておるということを理解いただきたい」。

　これは，裁判で指摘されたのは，単なる手続上の問題なので，派遣法6条にもとづく人件費支払いに切り替える条例改正を提案している。補助金という名目で人件費相当を税金から支払っていたが，外郭団体は市民のための公益的な仕事をしていたので，市民に実質的な損害はないという趣旨である。

　しかし，高裁判決が指摘したのは，単なる手続上の問題ではない。派遣職員は市の業務に従事していないから，派遣法6条2項で給与を支給できないので，脱法行為で補助金の形式で迂回して支給したのであり，実体法上の違法である。今回，派遣職員には6条2項で直接に給与を支給することとしたが，それは市の業務に従事するかどうかを問わないので，それだけでまた実体法上の違法を惹起するのである。派遣職員に直接に給与を払うには，その業務が派遣法6条2項の要件を満たすのか，個別審査が必要であり，外郭団体の業務がすべてこれを満たすとする改正条例は無謀である。明らかに派遣法に違反して無効である。「外郭団体は市民のための公益的な仕事をしていた」というだけでは，それも本当かどうかは実証が必要であるが，仮にそうであるとしても，市の職員としての業務に従事したのではないから，市から給与を払うことはできない。したがって，市民には実質的な損害が生じている。だいたい，手続上の問題に過ぎないのであれば，司法が支出額そのものについて損害賠償や不当利得を認定することはないのである。

　次に，副市長は，「予算要求の段階から予算査定，あるいは補助金交付要綱の制定，また，要綱に基づく交付決定，さらには事業実績報告書による経費の内訳の審査及び履行確認に至るまでの各段階において，公益上の必要性を十分に精査した上で支出を行っておりまして，この地裁判決で言われているような，公益上の必要性の実質判断を放棄したといったものではない，そういった意味で，私どもといたしましては，適法な支出であったと考えております。」と主張しているが，これは訴訟でも繰り返えされ，裁判所で採用されていない主張である。

　それに，公益性はどのように精査されたのか，具体的には何らの説明がない。市の業務とは言えない外郭団体に職員を派遣し，その給与を補助する公益性はどこにあるのか，何らの説明がない。

　外郭団体が機能停止するという点は，前記のように，再建策を講ずればよい

のである。

井坂議員は，「本当に争ったら敗訴の可能性が高いので，債権確定前からあらかじめ債権放棄をすることで，最高裁の判決が出ないようにする。そうすることで市長と外郭団体は賠償金をまぬがれる。納税者不在の，まさに組織防衛，個人防衛のために脱法行為をしようとする議案。こんな法令遵守・コンプライアンス意識に欠ける議案を，コンプライアンス条例などと偉そうに議員の活動を縛っている神戸市が，平然と議会に提案してくることが信じられない。」と発言している（同議員のHPのまとめ）。

これに対する副市長の納得いく説明はない。

(3) **総務財政委員会の審議について**

総務財政委員会では，原告代表者と阿部ともに文書を提出して，それに基づいて分かりやすく説明したにもかかわらず，およそ不誠実な審査を行ったものである。これについて議事録を分析して説明する。

(4) **阿部泰隆の「陳情」**

神戸市議会議長　殿

　　住所省略

　　原告訴訟代理人弁護士・中央大学教授

　　神戸市公益法人等への職員の派遣等に関する条例の改正案は違法・無効である

神戸市長が議会に提案した神戸市公益法人等への職員の派遣等に関する条例の改正案は一見明白に違法無効である。その要点は，2つある。

ア　**権利放棄条項は無効**

三セクへの不当利得請求権，市長個人への賠償請求権を放棄するとの条項は，住民の提起した裁判で，市が獲得した財産を，市民の利益に反して，市長個人の私的利益のために，及び三セクという神戸市とは別団体の利益のために，市民から信託された財産を善良な管理者として注意して管理すべき職務に反して，ドブに捨てるもので，職務義務違反である。

放棄するとの市長の提案の根拠は，権利の放棄を議会の議決事項とする地方自治法96条であるが，これは，権利の放棄は，重要であるから，執行機関だけで判断してはならず，議会も判断するというダブルチェックの制度にすぎず，善良な管理者の注意義務を免除するものではない。議会の放棄議決は，放棄が

第2節　地方議会による地方公共団体の賠償請求権の放棄は首長のウルトラCか

有効のための必要条件の一つにすぎず，市民の信託に反しないことであって初めて十分条件を満たすのである。

　もっとも，権利の放棄も，やむを得ない場合には許されるが，市長は，違法過失により市に損害を与えたのであるから，払えるだけは払ってもらうべきであり，全額を免除する公益性はない。また，三セクには公益性があるとしても，職員は地方公務員法上，神戸市の職務に専念しなければならないのであり，公益的法人派遣法では，市の仕事をしている場合だけ，有給としているのであるから，それ以外は三セクの職員に市から給料を払う公益性はないのである。したがって，市の権利を放棄する公益上の理由はないから，放棄は無効である。

　この放棄議決は司法で決まったことを覆そうとするもので，法治国家ではありえない司法への挑戦である。

　そして，今回議会が放棄議決をすれば，その議員は，違法な放棄に荷担して，市に損害を与えたので，違法なカルテルで市に損害を与えた企業と同じく，共同不法行為者であり，住民訴訟で，市長に対して，議員に対して，市へ連帯して賠償するように請求せよとの訴訟が可能である。市長個人では払えない数十億円も，議員が連帯すれば払えるであろうから，市としては，むしろ，議会が違法な議決をするほうが損害を回復できるという皮肉な結果になる。さらに，市民の権利の放棄は刑法の背任罪に当たる可能性が高い。前例はまだ見つからないが，私は当たると解釈している。

　この議案への賛成は重大事件であるから，記名式にして，賛成する議員の名前を残すべきである。さもないと全員に賠償請求することになる。

　しかも，その提案者は，責任を負っている市長である。司法で違法・過失ありとされて，賠償義務を課された市長が，議会にその責任を免除してくれと自ら平気で言うのにはあきれるしかない。他の人が，市長は，市に貢献したから，何十億も払わせて気の毒と言って，破産しない程度で勘弁しようと言うなら分かる。しかし，市民への責任をないがしろにして，過失を犯して，賠償責任を負っている市長が，自分の債務を全部勘弁してくれと言うのであるから，こんな図々しいことがありますか。

　私は，市長にも，払える分を払ってもらえば，残りは免責して良いという意見を持っていたが，このように司法と法治国家に挑戦して責任を逃れようと悪あがきする市長の姿を見れば，悪質な確信犯であり，情状酌量の余地なしと，

第5章　地方議会による地方公共団体の賠償請求権等の放棄

全部払ってもらうべきだとの意見に変えようかと思っている。

　イ　改正条例では，有給派遣を正当化できない

　派遣法6条1，2項は，職員派遣は無給を原則とし，市の業務を行うなら有給派遣も許されるとしている。改正条文4条2項，8条2項は，「派遣先団体における業務の従事を本市における勤務，……とみな」している。これは，有給派遣を適法にしようというものであろうが，明らかに無効である。職員の従事する業務が市の業務になるかどうかは事実問題であり，条例でみなすとすることはできない。市のために働いていない人を市のために働いていると見なして，給料を市から出すことはできないのである。この条例改正案は，派遣法6条2項に違反して無効である。

　これもまた，法6条2項を潜脱しようとする規定である。外郭団体訴訟大阪高裁判決（平成21年1月20日）で，職員を無給で派遣する代わりに人件費を補助金として支給することを，給料付派遣を原則禁止する法律の脱法行為と指摘されたにもかかわらず，では，神戸市の業務をしていない外郭団体に有給で職員を派遣して，その仕事を神戸市の業務とみなそうというのであるから，これまた脱法行為である。

　市は，本当に損したのかという疑問があると聞くが，市と外郭団体は別団体であるから，市民の税金で外郭団体の職員を雇えば，それは市の損害である。外郭団体が市と同じ仕事をしているのであれば，市の組織にすべきなのである。

　ウ　議会のなすべきことは

　議会のなすべきは，違法行為オンパレードの市長を支えるのではなく，まったく逆で，市長の違法行為を早期に是正させること，市長不信任決議をして，法令に則って，市民を尊重する市長を市民に選出してもらうことである。

　最後に，議会での審議の仕方も不適当である。今回，市長とその部下は議員の方々にたくさんご説明しているはずであるが，私と原告住民への説明の依頼はない。この事件は，市長が，公金を違法に支出して，市に損害を与えたので賠償を命ぜられたのに免責してくれというのであるから，いわば泥棒側である。泥棒が勘弁してくれと言うときに，なぜ被害者である住民，特に住民の被害を防止した代理人と原告住民の意見をなぜ真っ先に聞いてくれないのか。

　議会の姿勢自体，市民の代表としてはふさわしくない，不公平なものである。しかも，この意見陳述自体，「陳情」という時代錯誤である。

第2節　地方議会による地方公共団体の賠償請求権の放棄は首長のウルトラCか

　私は，42年（当時で）も住み，我が愛する神戸市がこの惨状であることに情けなくなる。
　賛成する議員には，司法への挑戦，国法への挑戦，自ら市へ膨大な債務を負担するという危険という，異常な行為をしているとの自覚を持ってもらう必要がある。

(5)　原告代表者の「陳情」

　　神戸市議会議長　殿
　　　住所省略
　　　ミナト神戸を守る会代表
　　　司法を無視する暴挙許すな

　私は，ミナト神戸を守る会の代表です。その活動の一環として，神戸市の違法行政を裁判で是正する活動をしています。これまで10数件の訴訟を提起して，ほぼ完勝，神戸市の違法行政を明らかにしてきました。市民の福祉に大きく貢献すると自負しています。

　この訴訟は，行政法学の大家・阿部泰隆弁護士に委任してきました。理論構成も訴訟技術も面倒で，しかも，神戸市側では，多数の弁護士を雇い，さらに東京から橋本勇弁護士を呼んできたりして，大変なので，阿部泰隆先生に頼んでいるのです。しかし，原告住民としても，これはおかしいと気が付いたものです。市民でも気が付くのに，市長は，違法ではないと頑張りました。それには重大な過失があるのです。今回の外郭団体訴訟では，派遣法ができて，職員を有給で派遣できるのは，市の仕事をする場合に限るのに，外郭団体というだけで，補助金の形式で人件費を交付していたのです。これは明らかに脱法行為です。神戸市は，国の法律に挑戦して，法律を歪めているのです。

　私たちの裁判は大変苦労しました。阿部泰隆弁護士も，犠牲的に働きました，その結果，神戸市は，違法に公金を支出しているので，神戸市の財産を取り返せるとの判決を頂いたのです。

　ところが，今回，我々が大変な苦労をして取り返す住民の財産を捨てるという案が出てきているのです。これは市民に対する大変な背信行為です。阿部泰隆弁護士は背任罪だと言っています。しかも，裁判所で決まったことを覆そうとするのですから，司法への重大な挑戦です。我々の努力は全て灰燼に帰します。

こんなことが法治国家であり、わが愛する神戸市で行われて良いでしょうか。

しかも、その提案者は、責任を負っている市長です。司法で違法・過失ありとされて、賠償義務を課された市長が、議会にその責任を免除してくれと自ら言うのです。

この有様は、まるで、法務大臣が泥棒をやって捕まって、刑法をさかのぼって改正して、無罪にしてくれといっているのと同じです。この権利放棄の議決に賛成する議員は、泥棒を無罪にする法改正に賛成すると同じです。

神戸市長はどこまで法令コンプライアンスに欠けているのか。司法に糾弾されてもなお、責任を免除してくれと言うのでは、司法に対する挑戦である。とても過失ではなく、確信犯の故意犯です。田舎の市ならともかく、有力な政令指定都市がこのていたらくでは、小泉さん並みに、怒るよりも笑うしかない。法律無視、市民蔑視も程があると思う。議会がこれに賛成するようでは、法治都市も議会の監視機能も地に落ちるでしょう。

前例のない司法無視の市長の提案には、ぜひ反対をして欲しいと願うものであります。

(6) 総務財政委員会の審議

筆者は市議会総務財政委員会において「陳情」をして、それに続く討議を傍聴したが、その審議の仕方は、裁判で負けた市長側の行財政局長の一方的な説明を受けて、それを信用し、私が書面で出した「陳情」が全く理解されていない。

出された論点について、要点を摘記して（全文引用は煩瑣なので行わない）、コメントする。

ア 外郭団体の公益性と給与付派遣の公益性はまったく別

局長からは、「外郭団体は多様な市民サービスを実現させている、神戸市が直接で行うことより、公益性も判断しながら、やっぱり効率的な経営を図っていく」との説明がなされた。

しかし、だからといって、派遣職員の給与を市が負担することが正当化されるわけではない。

外郭団体に公益性があることと、職員を有給で派遣する公益性は別である。外郭団体は、市とは別の組織であり、別の資金も入っているから、市の職員を市民の税金で働かせてはならない。市の職員は、地方公務員法上、職務専念義

第2節　地方議会による地方公共団体の賠償請求権の放棄は首長のウルトラCか

務を負っているから，市の仕事以外の業務を行ってはならないのである。市の職務を行うときだけ，市から給料を貰うことが許されるのである。公益的法人派遣法はこのことを踏まえて制定されている。

　市（局長）の説明では，大阪高裁判決（平成21・1・20判決）は職員を派遣することを認めているという。議員もその前提で発言しているが，有給で派遣するという肝心のことを認めているわけではない。有給派遣と無給派遣は絶対的に違う。市の説明は肝心のことを誤魔化している。

　議員からは，外郭団体が市民のために働いていることをもっと市民に理解して貰えという趣旨の主張もあったが，的外れである。幾ら市民のために働いていても，市そのものの仕事として評価されなければ，職員を有給で派遣することが違法であることに変わりはない。

　かなりの議員は，外郭団体と市とを同じと誤解しているのではないか。それなら，外郭団体を設立する理由がない。外郭団体は，市とは別の団体であることをよく理解すべきである。

イ　人件費補助は手続ミスという市の説明は誤魔化しで，絶対やってはならない実体的な違法であるから，権利の放棄は市に損害を与えること

　市当局は，この支出は冗費ではなく，「各派遣職員は給与に見合った勤務を行っており」，「実質上の損害が生じないから債権放棄を行い将来の混乱を回避しようとするものである」，「支出の仕方が適切でなかった。派遣法6条2項によるべきだったという指摘でございますので，その点をさかのぼって改正するとともに，債権放棄をしようというものでございます」という。

　しかし，前記大阪高裁判決が指摘しているのは，有給で職員を派遣することができるのは，派遣法6条2項に当たる場合に限るのであり，それと関係なく，外郭団体に公益性があるとして，人件費を補助金として支給するのは脱法行為であるということである。そこで，派遣職員に給料を支給するとの改正をしておけばよかったというものではなく，派遣法6条2項に該当する場合だけ，有給で派遣できるのであり，外郭団体にいかに公益性があるとしても，派遣法6条2項に当たらないのに，有給で職員を派遣することはできないから，それは，それは手続ミスではなく，実質的に違法であり，市は実質的に損しているのである。なお，この市の主張がインチキであることは最判平成24年4月20日の調査官解説（法曹時報67巻8号2267頁）にも記載されている。

第5章　地方議会による地方公共団体の賠償請求権等の放棄

　そこで，手続ミス，実損なしという理由で議会に権利放棄を求めることは，議会を騙しているのであり，とうてい許されないのである。

　　ウ　判例も放棄を許している？

　局長は，「最高裁の判例においても，議会が地方自治法に定められたその本来の権限に基づいて，議決事項を議決することを妨げられるべきものではなく，損害賠償請求権等の放棄の可否は，住民の代表である議会の良識ある合理的判断にゆだねられている」と説明したが，間違いである。東京高裁ではそのような判例はあったが，最高裁はその上告受理申立てを受理しなかっただけであって，実質的な審理はしていないのである。

　　エ　地方自治法上放棄は許されている？

　放棄が地方自治法上認められているとの意見もあったが，前述したように明白に間違いである。住民訴訟を骨抜きにする点も問題だが，それ以前に，議会も市長も市民の財産を預かっていることを認識すべきである。人から預かった金を勝手に捨てることは許されない。

　地方自治法96条は，議会は放棄について議決できるとされているが，それは市長が勝手に放棄することを防ぐためのチェック機関に過ぎない。市民の財産を善良な管理者として管理すべき市長は，勝手に放棄できず，議会もこれを勝手に認めることはできないのである。

　分かるように例を挙げれば，車にはねられ，賠償請求を弁護士に頼んだら，弁護士に権利を放棄されたとする。弁護士には，請求の放棄認諾を含め，その訴訟に関する一切の権限を授権するのが普通であるが，だからといって，勝手にその権利を放棄することまで許されるわけがない。誠実に訴訟を行い，依頼者と相談して，もっとも有利になるように誠実に判断しなければ，債務不履行なのである。議会と首長だけは別だということはありえない。

　　オ　有給派遣合法化の条例改正も法律無視で無効

　市当局は，手続をきちんとするのだとして，外郭団体に有給で職員を派遣できるように条例改正をするのだということである。そこで，外郭団体に派遣される市の職員は，市の仕事をしているとみなすということである。

　しかし，公益法人派遣法6条2項は，外郭団体の職員は市の職員ではないことを前提として，実質的には市の職務を行う場合に限り，市から給料を払って良いとするのであるから，市の業務をしているかどうかを精査せずに，市の業

第2節　地方議会による地方公共団体の賠償請求権の放棄は首長のウルトラCか

務を行っているとみなすのは，この法律に違反して無効であることは明白なのである。事実にないことをあるとみなすことはできないのである。

　もっとも，局長は，「派遣職員に市から給与を直接に支給することができるか否かについては，あくまでも派遣法第6条第2項の規定により判断するべきものと考えており，当然のことながら派遣職員の業務内容にかかわらず，改正条例によって一律に給与を直接支給できる業務として位置づけようとするものではございません。従って，このたびの改正条例については，派遣法に違反するものではないと考えております」と述べているが，これは，「みなす」という条例の規定に反する。

カ　公益性を理由とする補助金支給は派遣法違反

　市は，派遣法により派遣職員の給与を直接に支給する方法と，公益性があるとして，補助金を支給する方法（地方自治法232条の2）があり，後者も適法だと思ってきたという。市は，裁判でもこのような主張を繰り返してきた。

　しかし，派遣法ができた以上，それは一般法である地方自治法の特別法になるから，特別法のルールに則って判断されるべきである。

　一般法を適用しようとするのは，特別法無視で，およそ法体系を知らないものである[2]。この点でも前記大阪高裁判決が正しい。

　市はこの当然のことを裁判で指摘されてもまだ素直には認めたくないようである。

キ　三セクの公益性？

　市は，三セクの公益性を精査してきたというが，そんなものはいくら精査しても意味がない。市の職員を有給で派遣できるのは市の職務に従事する場合に限るから，裁判でも，市は，三セクの職員が市の職務をしていたと主張すべきであったが，それをしていない。それはできないからであろう。

ク　三セクは潰れる？

　議員からは，三セクに返還を求めると，「突然何の代替措置もなされず，停止あるいは廃止される状態になれば，市民に多大の悪影響を与える」との趣旨の意見もあったが，間違いである。市の職員を有給で派遣できるのは，市の業務を行うような場合だけと派遣法6条2項に規定してある。三セクは，自らの

---

(2)　阿部・前注(1)『行政法解釈学Ⅰ』260頁。

財源で維持されるべきで，市の職員の応援を受けなければやっていけない三セクは，法的に存在理由がない。それを廃止したら，市民生活に悪影響があるなら，市の組織にするなど，適法に存続できる仕組みを工夫するべきである。その道がなければ潰れるのは法治国家ではやむを得ない。

外郭団体が破綻すれば市民生活に悪影響を与えるから，権利放棄は司法への挑戦ではないという主張もあったが，法というものをまったく分かっていない。法を無視して，なぜ司法への挑戦でないのか。市の経営も法律の範囲内で行わなければならないという明白なことをなぜ指摘しなければならないのか。

判決が確定して，三セクに返還させると大きな混乱が生ずるとの主張もあったが，だからといって，返還させないのは，法治国家無視である。もともと三セクに支給してはならない補助金を支給したのだから，返還させるしかない。

ケ　議員も住民訴訟の対象

局長からは，「4号の規定における損害賠償請求の対象となる，いわゆる当該職員は，財務会計上の行為を行う権限を有する市長等であって，最高裁の判例からしても，議員はこれに該当しないこととなっております」という説明もあったが，間違いである。たしかに，議員を直接に職員として訴えることはできないが，議員が市に損害を与えれば，市は議員に賠償請求権を有し，市長は，これを行使しなければならないから，市長に対して，議員に対して市に賠償せよとの訴えを提起することができるのである。談合して，市に損害を与えた企業を直接に住民訴訟の対象とすることはできないが，市長に対して，企業は市に賠償請求せよと請求する訴訟は許されており，現実に多数成果を上げている。それと同じなのである。

局長は，「損害賠償請求権等の放棄の可否は，住民の代表である議会の良識ある合理的判断にゆだねられているのであり，議員が議案に賛成することが不法行為や背任罪に該当するといったことはないものと考えております」と述べており，議員に賠償請求する，背任罪になるという筆者の「陳情」を，脅しと受け取った議員もいた。

しかし，そもそも，「損害賠償請求権等の放棄の可否は，住民の代表である議会の良識ある合理的判断にゆだねられている」との考え方が，前記のように，地方自治法を明らかに間違って解釈しているのである。そして，会社の金を捨てる（貸した金の返還・会社に対する不法行為債権を免除するなど）という社長に

第2節　地方議会による地方公共団体の賠償請求権の放棄は首長のウルトラCか

賠償義務を負いますよ，背任罪になりますよと警告するのは脅しでも何でもない。他人の子どもが万引きしそうなので，万引きするなと言うことは，脅しだということにはならない。むしろ，何も知らないで（あるいは，市当局の一方的な説明を信じて）責任を負わされるのは気の毒だからと教えてあげているだけである。あるいは，単に法制度の説明をしているか注意しているだけである。それは正当な論評の範囲内とも言える。判例が認めているというなら，その判例は間違いであるというのが我々の意見である。脅しと反発をする前に，法令コンプライアンスをきちんとするのが先決である。少なくとも市の説明だけではなく，しっかりした法律家数名の意見を聞いてから決めるべきことである。私のいっているのはそのような警告・忠告であって，脅しではない。

　コ　市長は気の毒？

　市長個人に「この損害を払えという，とんでもない内容の判決」との主張があったが，誰であれ，違法過失で損害を与えれば賠償義務を負わされるのは当然である。違法行為をして，賠償しなければならないのを気の毒だと言っていては，法治国家は成り立たない。

　ダスキンの重役も巨額の賠償を命じられた。ダスキンが運営する「ミスタードーナツ」で，旧経営陣が肉まんに無認可添加物が入っていることを知りながら販売し，営業補償などで会社に損害を与えたとして株主側が提訴。今年2月，当時の役員13人に約53億円の支払いを命じた二審の大阪高裁判決が確定した（第4章第3節2）。株主代表訴訟で賠償させられた重役はたくさんある。自治体でも，たとえば，元京都市長は，ポンポン山の高額買収が違法過失ありとされて，26億余の賠償義務を課され，遺族が限定承認し，8,000万を払ったということである（本書第6章Ⅴ）。元大阪府交野市長も，約1億3,000万円の賠償を義務付けられ，家を売ったはずである。

　市長としては，正しいことをしたとの自信があるなら，最高裁まで争えばよいことで，裁判所で違法過失ありとされた市長を救うために権利放棄をするのは司法無視である（過失の有無は後述，附言）。

　もっとも，市長個人でやったのではなく，組織として行ったのであれば，市長は，収入役（会計管理者），助役などにも一部の分担を求めて請求すべきであろう。

第5章　地方議会による地方公共団体の賠償請求権等の放棄

　サ　法令コンプライアンス

　責任のある地位にいる以上は違法行為をしないように法令コンプライアンスをきちんとすることが絶対大切である。気の毒と言っても，ちょっと注意すればこんな違法行為は犯さないものである。

　そのためには，茶坊主を遠ざけ，法的センスのある有能な部下（神戸市には本来はたくさんいるのである）にしっかり検討させること，有能な顧問弁護士を雇えばよいのである。それを公金でして貰えるのであるから，市長は大変安全なポストなのである。

　シ　議会への説明と市民への説明，市民の反論聴取

　議員からは，議会への説明が足りないという議論なり要望がなされたが，市長が議会に説明しても，都合のよいことを言うだけである。

　現に，市当局は，議会に一方的に都合のよい説明をして誤魔化している。前記のように，三セクに公益性があるなどと，何の関係もないことを丁寧に主張している。市の職員を派遣するのは高裁も認めているなどと，関係のないことを言っていた。職員を市の仕事をしていない三セクに派遣して市の職務をしたとみなして，派遣法6条2項に違反しないなど，無茶苦茶な説明をしているが，議員からはまともな反論はなかった。

　われわれは「陳情」後，そのまま在室しているにもかかわらず，完全に無視され，疑問があれば聞いてくれればよいのに，一切聞いてもらえなかった。そんなことのないようにときちんと「陳情」の文書で注文しておいたのに，である。

　本来は，市長のやっていることが間違いだと説明している筆者と市長のデスマッチを行わせるべきだったのである。

　神戸市のHPでは市長がにこやかに出迎えてくれるが，この問題の説明はない。市長自身が巨額の賠償義務を負わされて，市にその権利を放棄させるのであるから，市民にその理由を説明すべきであるし，総務財政委員会における筆者の「陳情」に十分反論すべきであるが，何もなされていない。市民に説明するほどの重要事でないと思っているとすれば，市民無視であり，説明したくてもできないのであれば，誤魔化しであって，いずれにしても，違法行為を隠そうとしている以外には考えようがない。

　これでは，裁判で違法と指弾された市長が，議会で弁解すると，市民も気が

360

第2節　地方議会による地方公共団体の賠償請求権の放棄は首長のウルトラCか

つかないうちに，通ってしまう。まるで，検察官が，被害者の話は聞き置くだけで，泥棒の弁解を聞いて，盗んだものは返品しなくて良いと免責するのと同じである。

　以上，委員会審議では，神戸市長は，市民の財産をあえて司法判断を無視しても放棄しなければならない理由をまったく示していない。

(7)　本会議第2回

2月26日の本会議の模様を紹介する。

㋐　吉田議員（賛成）

「大阪高等裁判所の判断は重く受けとめなければならない。」「判決を重んじる立場から，遅滞なく条例改正が行われなければならない……，違法と指摘された状態を一日も早く是正すべく議案への賛同を求めるものであります。」

　しかし，この議案は違法状態を是正するものはなく，神戸市の業務に従事していない三セク派遣の職員が神戸市の業務に従事しているとみなすなど，新たな違法を惹起するものである。

「次に，債権放棄の問題でありますが，大阪高等裁判所の判決は，外郭団体への派遣職員の給与等の支払い方法が違法であるとして，それゆえに直ちに不当利得や損害が発生すると判決で述べております。不当利得や損害が存在するかどうか，この点については，議会人として論評することは差し控えたいと思います。」

「しかし，当該事件で挙げられている外郭団体は，各種の市民サービスを提供することをもって，市民福祉向上に重要な役割を担っております。

……したがって，これら外郭団体の業務が，突然何の代替措置もなされず，停止あるいは廃止される状態になれば，市民に多大の悪影響を及ぼすことは明らかであります。例えば，社会福祉協議会は，児童館や在宅福祉センターの運営あるいは高齢者等の財産管理制度を運営しており，これらの事業が廃止ないし縮小されるようなことがあれば，市民に不利益をもたらすことは，想像にかたくないところであります。」

「さらに，市民の利益が損なわれることはもとより，当該訴訟対象とされている外郭団体には，市からの派遣職員以外に1,500人を超える固有職員が勤務しており，その他アルバイトなど非正規職員も500人弱勤務いたしております。これら外郭団体に働く職員の皆さんの生活も脅かすことになりかねず，大きな

第5章　地方議会による地方公共団体の賠償請求権等の放棄

混乱を生じることになります。」

「このような状態を前に, ……債権放棄は妥当な判断であると考えるものであります。

これは論理破綻している。判決を尊重するならそのまま執行すべきであって,それを反故にするような議決をすべきものではない。債権を行使すると, 破綻する外郭団体があり, 市民生活に多大な影響を与えるとしているが, 何ら実証性はない。どの外郭団体がどのように破綻するのか, その場合市民生活にどのように影響するのか, 影響するとして, それを回避する必要があるのか, あるとして, この債権放棄しか手段がないのか, いったんは判決を尊重して返金させ, その上で, 公益性が高いが再建すべき団体だけに補助し直せば済むのではないか, なぜすべての外郭団体のすべての債権を放棄するのか, しかも, 市長個人に対する権利をなぜ放棄するのか, まったく説明がない。

このことは筆者の総務財政委員会における『陳情』でも説明したが, 後記の本岡議員の方が正しく把握している。

「議会の債権放棄議決が司法権への挑戦ないし阻害に当たるのかどうかについて」判例を調査したが,「結論としては, これまでの東京高等裁判所や最高裁判所の判例でも, 市民の代表としての議会の債権放棄議決を, 適法, 有効と認めています。」「その意味では, 議会が行う債権放棄の議決は, 司法に対する挑戦と批判されるべきものでないことは明白であります。」というが, 挙げられている判例は, 地方自治法の構造を理解していないのであるから, ただちに信じてはならないものである（したがって, 大阪高裁も, 前記Ⅱ4のように東京高裁の判決に従っていない）。

「また, 念のため, 議会の債権放棄議決が住民訴訟の趣旨に反するかどうかという点でも調査をいたしました。」「平成18年7月の東京高等裁判所の判決でこの点が論じられておりますが,」「放棄の可否を定めた法令はなく, その放棄の可否は住民の代表である議会が, 損害賠償請求権の発生原因, 賠償額, 債務者の状況, 放棄することによる影響・効果等を総合考慮した上で行う良識ある判断にゆだねられているというほかはないとしています。まさに私たちは, この東京高裁の判決に示された基準に沿って, 債権放棄を議決しようとするものであり, これまた司法への挑戦でもなく, 住民訴訟の趣旨を阻害するものでないことも明らかであります。」としているが, この判決の基準に沿っても,

第2節　地方議会による地方公共団体の賠償請求権の放棄は首長のウルトラCか

良識ある判断をしていないことは本節でさんざん述べているところである。そもそも，市長個人の状況を全く調べていないので，債務者の状況を調べたとは言えない。損害賠償請求権の発生原因が，市長の行為の違法・有過失とされていることにも言及がない。

「判例時報1955号に掲載されました中央大学阿部泰隆教授の『地方議会による賠償請求権の放棄の効力』という論文では，……議会の債権放棄議決の権限が無制限ではないと主張され，住民訴訟を妨害する目的のものであるなら，放棄の公益性がなく，善管注意義務に違反するとも述べられています。」「少なくとも私たちは，住民訴訟を妨害する目的を持って債権放棄を行おうとしているものではないことは当然であります。」というが，私見の基本は，「首長，議会は，実体法上，善管注意義務を負うのであって，放棄はその範囲内でしか有効には行えない。」「本人である自治体の利益を考えた上でなおやむを得ない場合に放棄できるのである。」というにある。そして，住民訴訟を妨害する目的のものであるなら，放棄の公益性がなく，善管注意義務に違反するということと理解すればよいとは述べているが，住民訴訟を妨害する目的がなければ適法だとは述べていない。もっとも背任罪（刑法247条）なら目的犯として構成されているが，民事上の権利放棄の有効要件とは関係がない。

(イ)　**本岡議員**（反対）

「神戸市は，司法の判断を尊重すべきであるのに，これでは裁判の判決を覆すものです。到底容認できません。」

「委員会審査で，与党の委員は，改正を認めなければ外郭団体の運営が破綻し，市民生活に悪影響が出るなどと意見を述べられています。しかし，既に財政が破綻し，神戸市の資金をつぎ込んでいる外郭団体も少なくありません。さらに，海上アクセス株式会社，神戸空港ターミナル株式会社などについては，むだ遣いだ，公益性など全くないと，市民から厳しく指摘されているのです。今，この機会に，各外郭団体ごとに公益性・公共性について市民的議論を行うことこそ必要なことではありませんか。」

全く正当である。

「2001年12月……12月19日総務財政委員会では，……第三セクターのあり方が問われている。職員を派遣している団体がこういう団体だということを明確にしない限り，法の趣旨からいっても，この条例では不十分だと指摘し

ています。」「また，12月26日の本会議において，私が議案の反対討論を行い，条例に基づき職員を派遣するなら，その団体の公共性について，議会での議論や市民的議論に付すべきだ，また団体が危機に陥ることで市民負担につながり，神戸市の新たな財政負担となる可能性も否定できないと明確に条例に反対し，財政負担についても警鐘を鳴らしているのです。神戸市は，全国に先駆けて積極的に外郭団体を活用してきました。だからこそ，外郭団体の公共性や公益性について，真摯な議論が必要なはずですが，当時上程された条例案には，派遣団体，派遣対象団体は，一切明記されていませんでした。

さらに，最も必要な各団体がどのような公共性・公益性を持っているかについても明らかにされず，真摯な議論も行われませんでした。日本共産党は，法律制定当時から一貫して問題点を指摘し，市議会において条例本文に対象団体を明示して，それぞれの公益性・公共性を明らかにするために，議会での議論や市民的議論に付すべきであることを繰り返し求めてきました。しかし，今回の条例改正案にも，外郭団体の公益性は示されていないのです。

よって，判決を覆す内容であることとあわせ，この条例改正案には反対です。」

これも全く正当である。

こんな審議のまま，神戸市議会は，放棄案件を可決した。これでは，議会は，市の財産をドブに捨てるだけではなく，賛成した議員は自らも巨額の債務を負担することになる。議会は，違法行為をした市長の守護神に堕し，市民の代表であり，市長の監視機関であるという大事な機能を果たせない。

V　権限の濫用，債務者が自己に対する債権者の権利を放棄する違法

本件で，放棄を求めて議会に議案を提出し，議案が可決されたらそれを公布しているのは，神戸市長であるが，その市長個人は賠償を命ぜられている立場にある。債務者と，債権者＝市の代理人が同一人物である。自ら，市へ賠償しなければならない立場にある者が，放棄すると決定し，議会に議案を提案して，それを執行するとは，一体，「誠実」な事務の執行なのであろうか。

しかも，この条例の改正理由では，前記の通り，なぜ市長個人への債権を放棄するのかというこの肝心な点はふれられていない。むしろ，故意に隠されている。それは市政を預かる者のあるべき姿ではおよそなく，完全なる権力濫用

第2節　地方議会による地方公共団体の賠償請求権の放棄は首長のウルトラCか

である。

　むしろ，市長が，自分の市への債務を，払わなくて良いとする条例案を自分で決定して議会に提出していることは，民法108条の自己契約なり双方代理の禁止規定（ないし，それと同じ法の一般原則）に違反すると考えるべきである。

　この点で，神戸市長＝控訴人は，新潟地判平成15年7月17日を借りて，「地方自治法は，地方公共団体の職員や議員について利益が相反すると定型的に判断される事項についての禁止規定（238条の3等）を個別に定めているものの，長が自己にかかわる議案を提出することを禁ずる規定がないこと，実質的にも，一般的に利益相反が禁止されるのは，意思決定を行う者が利害を有すると公正適切な判断を行うことができないのが通常であるから，そのような地位にある者を排除しようというところにその趣旨・目的があるところ，本件のように，市長は議案を提出するに過ぎず，意思決定自体は議会での審議及び決議を経るのであるから，そのようなおそれはないことにかんがみると」という理由を付けて，本件の議案提出行為と議会の議決行為を違法と解することはできないと主張する。

　しかし，本件のように長が自分の債務を市に放棄させるといった事例は，ごく最近はやり出したもので，およそ定型的ではないから，わざわざ規定をおくはずもない。そして，実質論として，控訴人が，「一般的に利益相反が禁止されるのは，意思決定を行う者が利害を有すると公正適切な判断を行うことができないのが通常であるから，そのような地位にある者を排除しようというところにその趣旨・目的がある」とすることは正当であるが，本件では，長は，議案を提出するに過ぎないので，そのようなおそれはないとする点は，何重にも誤っている。

　まず，市長は原案を作成した。議案を提出するだけであるから責任がないなどといえば，市長が提案した条例案，予算案に違法があった場合も，議会が議決したので，市長には何の責任もないことになるが，議会が議決しても，違法なものは違法であり（最大判昭和37・3・7民集16巻3号445頁，自治百選第3版182頁），市長は違法な原案を作成した点で責任を免れることはできない。

　この議決は違法であるから，市長は再議に付す義務がある（地方自治法176条4項）。再議に付さないのは，自己の利益になるからであって，その不作為は違法である。

第5章　地方議会による地方公共団体の賠償請求権等の放棄

　次に，Ⅵで述べるように，本来は，権利放棄の決定権者・執行権者は市長であって，議会はそれに同意するだけであるから，長の職務は，単に議案を提出するだけではないのである。

　仮に，議会だけで決定・執行でき，市長は単に条例案を提案するだけとしても，この議案は，実際には市長が自己の利益を図って（少なくともその効果があることは何人も否定できない）提案するものであるから，「利害を有すると公正適切な判断を行うことができない」場合の典型例というべきであるし，市長は，議会に対して絶大なる影響力を有するのである（神戸市議会では大部分がいわゆる市長与党である）から，議会がそれを無視することは政治的には至難なのである。したがって，市長のこの提案は，実質的には明らかに双方代理である。

　もちろん，双方代理も，本人が承諾したり，追認すれば有効になる。そこで，議会の議決はこの承諾なり追認だとする見解があるかもしれない。しかし，本人とは住民であって，議会の議員はこれまた代理人に過ぎない。

　ちなみに，株式会社で，株主代表訴訟で負担させられた取締役の債務を免除するには，総株主の同意を要するのが原則で（会社法424条），善意，軽過失の場合，一部免除の道があるが，株主総会の決議を要する（会社法425条）。これがまっとうな法制度である。議会だけで恣意的に債務を全額免除することはできないのである。

　したがって，市長は，自分への債務を，自分で市に放棄させることは許されないし，そのような条例案を議会に提出することもできない。まして，議会は，市長の傍若無人の行動を監督すべきところ，まともな審査をせず，大政翼賛会並にこれにお墨付きを与えているのであるから，およそ地方自治法で与えられた首長の監視機関の任務を果たしていないのである。これらは裁量濫用であるとともに，市への新たな不法行為になる。

　なお，筆者は，新潟地判平成15年7月17日についてはすでに反論している[3]。

---

(3)　阿部・前掲「地方議会による賠償請求権の放棄の効力」判時1955号7頁＝本書第5章第1節，316頁。

第2節　地方議会による地方公共団体の賠償請求権の放棄は首長のウルトラCか

Ⅵ　条例で権利放棄することは執行機関と議決機関の混同で，無効であること

　本件の権利放棄は，神戸市公益的法人等への職員の派遣等に関する条例の一部を改正する条例附則5項に定められている。市長はこの条例を公布しただけである。
　では，権利の放棄をこのような条例の形式で行うことが許されるのか。執行機関と議決機関の権限の関係はどのようになっているのか。
　もともと，権利の放棄は，行政事務であって，市長が行うものである。議会は単に放棄の議決をするだけである。それは条例事項ではない。たとえば，市長が高額の契約をしようとするときは，議会の議決を得るが，契約するのは，神戸市の代表者としての市長なのである。条例で契約を締結することは許されない。権利の放棄も同じである。したがって，権利の放棄は，議会が議決したら，市長が行政事務として，放棄の意思を表示して初めて効力を発生するものであって，単に条例で放棄すると規定して，これを公布しても，神戸市の権利放棄の意思表示は効力を発生しない。
　もし，神戸市の方式が許されるなら，首長が権利放棄の議案を出さないのに，議会が勝手に権利放棄の条例を制定することができることになってしまう。これでは，議会が執行機関を兼ねることになる。そのようなことは，執行機関と議決機関を分けて，それぞれが権限を持ち，相互にチェックするとしている地方自治法の構造をまったく理解していないことである。
　控訴人は，「権利放棄をこのような条例の形式で行うことがなぜ許されるのか」との被控訴人＝筆者の主張に対して，条例に特別の定めがある場合に権利放棄ができるのは，地方自治法96条1項10号の明文の規定を正しく理解しない主張であるとするが，これこそ条文を正しく理解していない主張である。
　この条文は，「10　法律若しくはこれに基づく政令又は条例に特別の定めがある場合を除くほか，権利を放棄すること。」を議会の議決事項としているのであるから，法律・政令又は条例の特別の定めがあれば議会の議決なくして権利を放棄することができるか，それとも，こうした特別の定めがあれば，議会が権利を放棄する議決をすることも許されないと定めているに過ぎない。先に述べた地方自治法施行令171条の7第3項は，同条1，2項の免除をするには

367

第5章　地方議会による地方公共団体の賠償請求権等の放棄

議会の議決を要しないとしているが，これは議会の議決を要しないとする特別の定めということができる。そのほか，地方税法・条例による税の減免，地方自治法自身による減免（228条1項，243条の2第8項），「公務員等の懲戒免除等に関する法律」（免除法）第3条及び5条に基づき，「昭和天皇の崩御に伴う職員の懲戒免除及び職員の賠償責任に基づく債務の免除に関する条例」が制定された場合も同様である。控訴人の主張は，議会は，「<u>条例の特別の定めにより，当該普通地方公共団体の債権を放棄することができる</u>」との規定があって初めて成り立つことであるが，そのような規定をおく場合には，それが執行機関の権限を奪うのであるから，単に96条にそのような規定をおくだけでは混乱するので，執行機関の権限を定める149条などに，条例の定めにより特に議会の権限に属させられた事項を除くといった規定が置かれるであろう。

ちなみに，前記のカネミ油症事件関係仮払金返還債権の免除についての特例に関する法律（平成19年6月8日法律第81号）は，「昭和43年に九州地方を中心に発生したカネミ油症事件をめぐる損害賠償請求訴訟に係る判決の仮執行の宣言に基づき国が支払った仮払金の返還に係る債権の債務者が当該事件による被害の発生から現在までの間に置かれてきた状況及び当該債権の債務者の多くが高齢者となっていることを踏まえ，当該債権の債務者について収入及び資産に係る基準を定めて早期に当該債権の免除を行うことができるようにすることの緊要性にかんがみ，当該債権について，国の債権の管理等に関する法律（昭和31年法律第114号）の特例を定めるもの」（1条）であるが，それは法律の制定だけで当然に国の権利が消滅するのではなく，「歳入徴収官等（国の債権の管理等に関する法律第2条第4項に規定する歳入徴収官等をいう。）は，同法第32条第1項の規定にかかわらず，福岡高等裁判所昭和53年(ネ)第180号，第211号損害賠償請求控訴事件及び福岡地方裁判所小倉支部昭和56年(ワ)第1278号，昭和57年(ワ)第110号，昭和57年(ワ)第1350号，昭和58年(ワ)第446号各損害賠償請求併合事件に係る各判決の仮執行の宣言に基づき国が支払った仮払金の返還に係る債権について，当該債権の債務者が次項及び第3項に定める収入及び資産に係る基準に該当する場合には，当該債権並びにこれに係る延滞金及び利息を免除することができる。」として，具体的な免除の判定は行政機関が行うのである。

地方公共団体の場合にだけ，議決機関である議会が突然通常の行政権限を条

第2節　地方議会による地方公共団体の賠償請求権の放棄は首長のウルトラCか

例の形式であれば行使できるとは考えられず，それを地方自治法が許容していると解するには，よほどの理由と明確な規定が必要である。そうでなければ，国の場合と同様に執行機関と議決機関の権限分配に関する普通の仕組みがおかれたと考えるべきものである。

Ⅶ　そ の 他

すでに述べているところもあるが，まとめて整理する。

1　神戸市長は脱法行為の常習犯

神戸市長を被告とする住民訴訟は，もともと筆者が代理して，最高裁で3件勝訴確定しているほか，神戸空港訴訟では敗訴したが，実体は脱法行為である[4]。さらに，本件外郭団体への人件費補助金でも，公益法人派遣法で禁じられている給与付派遣の制度を潜脱する脱法行為を故意に行っている。まさに法を無視する法治国家違反である。この権利放棄はさらに，司法判決を無効にする脱法行為であり，司法への挑戦である。

今回の権利放棄も，前述のように，自分のやっていることがなぜ違法なのかも分かっていないようである。

2　背任罪のおそれ

刑法第247条は，「他人のためにその事務を処理する者が，自己若しくは第三者の利益を図り又は本人に損害を加える目的で，その任務に背く行為をし，本人に財産上の損害を加えたときは，5年以下の懲役又は50万円以下の罰金に処する。」と定めている。市長も議員も，「他人のためにその事務を処理する者」に当たる。本件の権利放棄は，市長にとっては，「自己の利益を図り」に当たり，賛成した議員にとっては，「第三者の利益を図り」に当たる。この権利放棄は，市長が自らの債務を免れようとしているからであり，議員は市長の利益を図っているからである。三セクへの返還請求権については，市長も議会も「第三者の利益を図り」に当たると解される。

市長は，権利放棄は公益のためと称しているが，三セクに違法に交付した金

---

(4)　阿部「ひよこ弁護士闘争記——神戸の住民訴訟，神戸空港編」（外間寛先生古稀記念，法学新報112巻11・12号），阿部・前注(1)『行政法解釈学Ⅰ』337頁。

員は返還させ，必要なら別途前記（私見のほか本岡議員の主張）のように補助し直すべきである（その場合には金額は同じにならず，補助項目も積算し直しであるから同じではない）から，三セクへの権利放棄でさえ公益性がない。仮に三セクの倒産を防止するためで公益性があると仮定しても，それは公益性が証明された三セクのしかも倒産防止の限度においてであって，無制限ではない。市長が自分への債権を放棄させるのにはどう見ても公益性がない。

そして，この放棄は，債権はできるだけ徴収するようにとの「誠実」さがなく，市の財産を頭からドブに捨てるのであるから，その「任務に背く行為をし，本人に財産上の損害を加えたときは」に該当すると考えられる。

銀行の取締役は，返済の見込みがないのに，あるいは担保を取らずに融資すれば，あるいは，債権を回収できるのに，債務者が気の毒だ等と免除すれば，背任罪に問われる。本件も，市民が住民訴訟で勝ち取った市の権利を放棄する，市の債権を免除するのであるから，同じことである。

市長は，背任罪の主犯であり，賛成した議員はこれを幇助したものと解されよう。

また，この権利放棄案を名案だと市長に教えた者（誰かは不明）は教唆犯に当たるのではないか。

もちろん，この刑事事件は，検察当局が検討し，起訴の上刑事裁判を経なければ分からないことであるが，普通に考えれば，上記のようになる。

3 巨額の課税・滞納処分のおそれ

神戸市が神戸市長個人に対して有する債権を放棄すれば，その者は債務免除益を得たことになり，同人は神戸市長として神戸市から給与を得ている関係にあるので，それは特別に賞与を得た扱いになる。巨額の賞与を得れば，その約半額は，所得税と住民税として徴収される。同人が素直に全額支払うとは思えないので，強制徴収されるであろう。その税金を免除する方法はない。国の税務署が法律に反して執行を控えると思えず，神戸市長が自分に対する住民税だけ課税するな，執行するなと命令するとすれば，市民はみんな住民税不払い運動を起こすであろう。

住民税は徴収しないで，延滞のまま5年放置して，不能欠損にするつもりかもしれないが，市長は，何時までも市長の座に座っておられるわけではない。次

第 2 節　地方議会による地方公共団体の賠償請求権の放棄は首長のウルトラ C か

の市長が，市長個人に対する住民税を徴収しなければ，それは，違法・過失であるから，その市長が市への賠償責任を負う。次の市長がそれだけの危険を負うとは考えられない。

こうして神戸市は機能麻痺に陥るであろう。債務免除に賛成した議員はこのようなことをなぜ考えないのだろうか。そもそも，神戸市長は，まともに法律問題を考えることをせず，誤魔化そうとばかり考え，議会に放棄させたから安心と思っているが，それでは一難去ってまた一難なのである。

本件では，市長個人は，権利放棄議決というウルトラ C があると気がつく程であれば，本件の三セク補助の違法も当然気がつくはずであるから，おそらくは自分で気がついたのではなく，取り巻きに教えて貰ったのであろう。しかし，その取り巻きも，税法を知らなかったのではないか。市長も気の毒であるが，身から出たさびである。市長のポストにいれば，公金で助言者を雇えるのである。もっと有能な者を身近に寄せればよいのである。

4　議員に対する住民訴訟

放棄議決に賛成した議員は，首長が自治体に対して負う債務を放棄させて，自治体に損害を与えたので，自治体に共同不法行為者として，賠償義務を負う。総務財政委員会では，議員は住民訴訟の被告にならないとの説明があったが，しかし，前記のように，談合企業に対する賠償請求と同じく，市に損害を与えた議員に対しては，市は賠償請求権を有するから，市長はそれに対して市に支払えとの請求をしなければならないのである。現に大阪府茨木市の事件では，弁護士井上善雄氏がこのような訴訟を提起している。

もともと賠償義務者が市長だけであれば 70 億円もの債務を負担できないであろうが，神戸市では議員の多数が賠償義務をわざわざ引き受けてくれたのであるから，この債務も弁済可能であり，かえって神戸市のためになったとも言える。

5　訴 訟 費 用

最後にあるまじきことであるが，もし本件住民訴訟が，訴えの利益なしとして敗訴させられるとしても，その場合の訴訟費用は，被告＝控訴人負担とすべきである。形式上は，原告＝被控訴人が敗訴する場合でも，それは，住民が勝

訴した市の権利をわざわざ市に権利を放棄させたのであるから，裁判の基本をなす正義衡平の原則上，住民が勝訴したとみなすべきであり，もちろん訴訟費用は，一，二審とも，控訴人の負担とすべきである。なお，判例でも，制度の改革，職権取消などで訴えが認容されたと同じ効果が生じて，訴えを取り下げた場合には，民訴64条を準用して，訴訟費用を被告に負担させるべきである（最決平成19・4・20判時2012号4頁）とされている。

6 解　決　策

筆者が神戸市長に助言するとすれば，素直に判決に従って，三セクにすべて返還させる。三セクには金利の支払いを求められていないので，三セクが全額払っても，市長個人は金利分は支払わなければならない。市長個人は，利息分も自分で払えるだけ払って，自分は市長の器でなかったので申し訳ないと市長を辞職して，残りは払えないから権利放棄してほしいと議会と市民に懇願すべきである。そうすれば，おそらくは原告団も代理人も納得する。

補助金を返還しなければならない三セクは倒産するのも出るであろうが，その過程で三セク再建計画を立てる。支援者を求め，それでも再建できない三セクには，市が公金を投入すべきかどうかをしっかりと議論する。本当は，市民サービスの向上につながらず，費用対効果も悪く，単に市の職員に市の職員の給与相場を保障するだけの組織になっているものがたくさんあることが露見するだろう。そういうものは倒産させる。

今までは，本来不要で倒産させるべき三セクを，市の支援で延命させてきただけであるから，ここで倒産してもやむを得ない。これは判決の求めるところでもある。

解決策はこうした法治行政に沿ったものしかないのである。

Ⅷ　ま　と　め

以上のように，本件の権利放棄は，単に地方自治法違反で無効というだけではなく，更なる不法行為として責任を問われ，多額の所得税・住民税を課税されるリスクを冒してまで司法の判決をドブに捨てようとする重大な司法国家への挑戦であり，法治国家無視であり，市民無視の市政の私物化である。これほどまでに，法と司法と市民を無視することは，専制国家でなければ考えられな

第2節　地方議会による地方公共団体の賠償請求権の放棄は首長のウルトラCか

いことである。

　これまで，権利の放棄を有効とした判例はあるが，上記のような論点をきちんと住民側が主張しなかったために採用されなかったもので，よく考えれば，これは明白なことである。

　本来，弁論再開の申立てにおいては，単に権利放棄したというのではなく，権利放棄が善管注意義務の範囲内であることをきちんと立証すべきであるが，そのようなことはなされていなかった。したがって，本件の弁論再開の申立てには，およそ根拠がなく，無視されるべきであった。故意に違法行為をした者がそれを糊塗するために，結審して判決間近になって弁論再開申立をしたこと自体，司法の権威を失墜させると思量する。

　しかも，弁論再開されて，裁判所から，神戸市長＝控訴人に対して，放棄の必要性を，三セクと市長個人に分けて主張せよとの釈明があったのに，神戸市長は，議事録を提出して，抽象的に放棄の必要性を主張するのみで，ここに分析したような具体的な作業をしていない。裁判所を愚弄しているかのようである。これで裁判所は納得するのであろうか。

［附言］　本件公金支出における市長の過失

1　重過失は必要か

　首長の責任について過失責任主義を取った最判昭和61年2月27日判決（民集40巻1号88頁）は，「普通地方公共団体の長は，当該地方公共団体の条例，予算その他の議会の議決に基づく事務その他公共団体の事務を自らの判断と責任において誠実に管理し及び執行する義務を負い（法138条の2），予算についてその調製権，議会提出権，付再議権，原案執行権及び執行状況調査権等広範な権限を有するものであつて（法176条，177条，211条，218条，221条），その職責に鑑みると，普通地方公共団体の長の行為による賠償責任については，他の職員と異なる取扱をされることもやむを得ないものであり，右のような普通地方公共団体の長の職責並びに前述のような法243条の2の規定の趣旨及び内容に照らせば，同条1項所定の職員には当該地方公共団体の長は含まれず，普通地方公共団体の長の当該地方公共団体に対する賠償責任については民法の規定によるものと解するのが相当である。」としている。市長は，庶民や下級官

第5章　地方議会による地方公共団体の賠償請求権等の放棄

吏とは異なり，広範な権限を有し，適法違法いかんについて十分に調査する権力も資金もあるのであるから，それを行った場合には過失があるのである。

実は，筆者は，組織で行っている行為の責任をトップ個人にすべて負わせるのは厳しいので，種々の解決策を提案していた。

責任の最高限度を，会社法のように，故意又は重過失がない場合に限り，年俸の数倍に限定する。ただし，それは，故意又は重過失がない場合に限る[5]。

軽過失は免責せよとの主張もしていた。ただし，これは，平成14年住民訴訟改正前の4号請求訴訟を前提とする主張である。当時は，首長は個人として被告となり，弁護士費用も，自己負担であり，職員も動員できなかった（勝訴した後で弁護士費用の償還を受けるだけであった）。これで軽過失ありとして負ければ，巨額の負担をおわされるのは気の毒であった。しかし，14年改正（筆者は改悪といっている）後は，首長は，弁護士を何人も雇い，意見書を取り，職員を動員できるし，現にしているのである（神戸市長を被告とする訴訟では，ひよこ弁護士の筆者一匹相手にオオカミ弁護士が10人くらい付いている）。聞くところによれば，ある政令指定都市では，大手法律事務所にタイムチャージで時間4万4,000円，年間1,400万円を払っているという。また，神戸市では，ある事実上顧問先の事務所にたくさん依頼し，住民訴訟の報酬はそれほど高く払っていないらしいが，公営住宅の明渡し案件を1件15万で月20件，年間3,600万円も払っており，いわば抱き合わせにしていると聞いたことがある。これはその後，第4章第5節で実証的に説明した。

原告住民の代理人は，勝訴すれば報酬を得られるが，それは遠い先のことで，しかも再度の訴訟で勝訴しなければならず，弁護士業務としては，到底成り立たない。およそ不公平であり，首長の違法・過失を立証するのも大変な負担である。

このような不公平な制度の下では，首長の行為に違法・過失・損害があると証明するのは至難であり，原告が勝訴するのはよほどの場合であるから，それを免責する理由がない。そこで，筆者は，少なくとも平成14年の法改悪後は，

(5) 阿部「住民訴訟における職員の賠償責任——地方自治法242条の2の4号請求（上・下）」判タ561号（1985年10月1日）32〜41頁，562号（1985年10月15日）9〜19頁，阿部「住民訴訟改正へのささやかな疑問」自研77巻5号（2001年5月）19-42頁＝本書第2章第1節。

第2節　地方議会による地方公共団体の賠償請求権の放棄は首長のウルトラCか

過失責任主義の最高裁判例に賛成する（第1章第1節9）。

　筆者は，平成14年の改正に際しては，首長の責任の制限を提案した。しかし，その主張は採用されず，被告を首長個人からポストとしての首長に変更されただけであった。これを見るに，立法者意思としては，重過失主義も，責任の分割も採用されなかったというしかない。

2　市長の重過失
(1)　元々の公金支出の重過失

　しかも，市長の過失は，本件では重過失である。市長は1人で仕事をしているのではなく，多数の有能な職員を擁しているのであるから，その過失の有無も，神戸市の長として期待されるレベルのものでなければならない。よそでやっているというだけでは，友達が万引きしているから自分も悪いとは思わなかったという，不良少年のレベルである。恥ずかしくてしょうがない。

　本件は，茅ヶ崎商工会議所最高裁判決を受けて制定された公益的法人派遣法の運用の問題である。同法に沿って，市の業務を行うならば，給与付で派遣できるが，市の業務を行わないならば，無給で派遣するべきであり，現に神戸市は，派遣職員の給与を無給としたのであるから，市の業務を行っていないということを自認していたのである。それなのに，人件費分を補助金として支給したのは，派遣法を迂回する脱法行為であることが分かっていたはずである。前記の井坂議員もこのことを指摘している。補助金は地方自治法232条の2で支給することが許されるはずだという主張も，それは一般法であり，派遣法は特別法であるから，通用するはずがない。

　この程度のことも，市長個人の能力では理解できないかもしれないが，市長個人は，法律家でなくても勤まる。法律とはまったく縁の遠い商売である芸能人でも（かつて，大都市大阪，東京に見るように）勤まっていることになっている。しかし，それは多数の部下を擁しているからである。有能な部下にきちんと判断させればたちどころに分かるはずである。顧問弁護士に聞いたが，適法だという答えがあったとでもいうなら，その答えを文書で示すべきである。そうした文書があるなら，その顧問弁護士が，神戸市の諮問に答える能力があるのかが問題となるが，これまでそのような主張がなされていないことから見て，顧問弁護士の意見を徴していないと推察される。それなら，神戸市長は，法律

375

問題だという認識がなかったのかもしれない。それは、それだけで、市長としての適格性を欠く。

　要するに、よそではどうなっているというのではなく、法的に大丈夫かということをきちんと部下と弁護士に吟味させるべきである。それをしていないということは、それだけで、市長に求められる注意義務に著しく違反しており、軽過失ではなく、重過失である。

(2) 権利放棄案件提出の重過失・故意

　さらに、本件の権利放棄案件の提出に関しては市長の過失は重過失であるどころか、むしろ、故意があることはこれまでの説明で明らかであろう。

　一部だけ繰り返せば、市長は、判決で違法と指摘されても、なぜ違法なのだ、法常識に照らしておかしいとふんぞり返って、判決を反故にすべく、議会に権利放棄をさせたのである。市長であれば、違法なものは違法として受け入れて、その上での解決策を考えるべきである（大阪府知事はそうしている）のに、完全に司法無視、法治国家無視である。これに軽過失しかなかったとは考えられない。むしろ、これを過失がないとか軽過失であると強弁するのは、およそ法常識がないか、常習犯であるがために違法性の意識が鈍麻していることによるものであろう。重過失か故意というしかないのである。

[追記]　地方制度調査会

　地方制度調査会はこの6月16日、訴訟係属中に議会が権利放棄の議決をすることは住民訴訟制度の趣旨を損なうことに鑑み制限するような措置を講ずるようにとの答申を出した。本件はまさに係属中の放棄であるから、この答申によっても制限されるべきである。

　ただ、私見は、係属中であれ、判決が確定してからでも、善管注意義務に反するような放棄はできないし、まして訴訟係属中は当然に放棄の必要性がないと考える。この答申は、この当然のことを確認したものである。

第3節 地方議会による地方公共団体の権利放棄議決再論
——学説の検討と立法提案

I はじめに

　本書第5章第2節「地方議会による地方公共団体の賠償請求権の放棄は首長のウルトラCか（上・下）」は，「地方議会による賠償請求権の放棄の効力」（本書第5章第1節）に引き続いて，主に判例を地方自治法の構造から批判することと，神戸市における放棄議決の公益性の判断にあまりにも杜撰な点があり，到底有効とは言えないことを主張したものであった（タイトルは賠償請求権としているが，外郭団体に対する不当利得返還請求権など権利全般を含む）。

　学説は，いずれの論文においても扱っていなかった。その理由は，学説といっても，多くは議会による権利放棄議決は住民訴訟を無にするという外在的批判か，公益性を害するといったもので，地方自治法の執行機関と議決機関の権限についての理解が十分でなく，拙稿の善管注意義務違反説に近いものでも，徹底していないので，私見で十分であると思っていたからである。また，学説を述べた者の多くには，拙稿の元原稿を種々送っていたが，反論はなく，むしろ，コロンブスの卵だという反応だと思っていたので，信義の関係もあり，あえて，それらの学説をやり玉に挙げて，批判することもないと思っていた。反論しようとする相手は神戸市長であるから，それを批判すれば十分と考えていたのである。

　ところが，自治研究85巻9号（2009年9月号）に掲載された，津田和之氏の「住民訴訟と議会による債権放棄」（以下，括弧内の頁は同誌9月号のそれである）は，善管注意義務の基本をまったく理解していないが，あえて謬見として放置すると，世間や裁判所の誤解を招くおそれがあるので，恐縮であるが，誌面を借りて，緊急に説明しておく必要を感じた。その機会に他の学説を見ると，実は，小生の説に近いものもかなり存在していた。失礼をお詫びし，ある程度の学説にも多少ふれることとする。学説を見ると，立論の根拠には種々あるが，とにかく東京高裁のように権利放棄は議会の自由裁量だといった説はまったく支持されていない。

377

第5章　地方議会による地方公共団体の賠償請求権等の放棄

普通，論文を書くときは，論点毎に整理することとしており，論者毎に分析することをしないが，今回は津田説について特に丁寧に批判する必要上，論者毎の紹介となった。そこで内容的には重複する記述となったが，ご了解を得たい。

Ⅱ　津田和之論文

1　善管注意義務説の誤解

津田説の基本的な躓きの石は，議会と住民を同視して，善管注意義務違反説を批判することにあるので，まず，ここから始める。

津田は，地方公共団体の長が，地方公共団体に対して，善管注意義務を負っているということについては正当であることを認める（104頁）。しかし，その先，信託法理のとらえ方に大きな誤解がある。

津田説は，地方公共団体の長は，公金や財産の善管注意義務を負っているが，その賠償責任は二元的代表制度の下，住民の代表者である議会の議決により免除できると整理することが可能であるとする。

しかし，そもそも，議会の権利放棄議決の制度は，もともともっと一般的なもので，このように長の賠償責任を免除するために作られた制度ではない。最近，このようなウルトラCがありそうだと気がついた者が，いわば法の抜け穴があるとして，活用し始めただけである。このような一般的な整理は妥当ではない。しかも，上記の立論が成り立つ可能性があるのは，権利放棄議決の提案を議会が自ら提出した場合であろう。長が自分の賠償責任を免除してくれと議会に提案して議会がこれに応ずることを二元的代表制度として，法が予定しているのであろうか。

次に，津田説は株主代表制度と比較して，議会による権利放棄を不合理ではないとする。しかし，株主代表制度で，取締役の責任を免除できるのは，原則として総株主の同意によるのであり，善意でかつ重大な過失がない場合に，株主総会の議決により一部免除できるだけである（会社法424，425条）。これと地方公共団体の議会は全く異なる（第5章第1節Ⅲ2，Ⅳ3）。斎藤誠も，「監査における議会と執行機関の関係は，株式会社におけるプリンシパル（出資者）と，エイジェント（経営者）の関係とは異なるのであり，むしろ，プリンシパルの地位にあるのは住民であることを念頭に制度を設計しなければならない」[1]と

第3節　地方議会による地方公共団体の権利放棄議決再論

している。

　総株主，株主総会と比較できるのは，制度的には，選挙権を有する住民全員，あるいはその集まり（町村では町村総会の制度がある。地方自治法84，95条）である。議会や議員は，首長と同じく，住民の代表者に過ぎず，住民そのものではない。株主総会と同視するとしたら，町村総会の議決のような制度，あるいは，住民投票によるべきである。すなわち，権利放棄について住民投票で決める制度を創設すべきである。それは本来法律事項であろうから，条例で定める場合も，一般の住民投票で行われているように，諮問的投票にならざるを得ないが，それでも権利放棄が住民投票で多数の（投票率との関係で相対多数だけではなく有権者の数との関係で絶対的にも）賛成を得られるなら，それを前提とする議会の権利放棄は民意を反映したものとみることも可能であろう。

　しかし，そうした制度はない。そして，神戸市議会は，代理人に過ぎず，第2節Ⅳで詳論したように，まともな理詰めの議論をしていない（むしろ，誤魔化しの議論をしている）から，住民の代表者が民意を反映した議決をしたなどということは，およそ言えることではない。

　また，市長が裁判で賠償を命じられた場合に，あえて辞職して，もう一度選挙に出て，権利放棄を争点に，ワンフレーズで民の声を聞いて当選するなら，責任の一部免除を認めてもよいかと思う。

　しかし，現在の地方公共団体の議会の多くは，首長派で構成される大政翼賛議会である。少なくとも神戸市議会は，第2節Ⅳで説明したように，市長を擁護するという結論が先で，納得できる理由は全くない。およそ住民自治が機能しているとは思えない。そのような議会を住民と同視するのは，制度的だけではなく，実態から見ても，明白な誤りである。

　津田は，「法96条1項10号は，長に善管注意義務違反があった場合に，議会による債権放棄ができることを地方自治法が制度として定めた規定であり，この段階で善管注意義務違反を問題とすることは必ずしも正鵠を得たものとはいい難い」（105頁）と批判するが，これは，議会は住民なり株主とは違って，長と同じく住民から信託を受けている立場であるから，善管注意義務を負っていることを全く理解していない。津田は注意義務違反説について，法人の代表

---

(1)　斎藤誠「自治体におけるチェック機能の強化と議会・監査制度」自治フォーラム2009年10月号。

者の善管注意義務に焦点を当てて住民訴訟制度を説明する点で正当であるが，「法96条1項10号の趣旨を信託法理の中に読み込むところでつまずきがある」とするが，全く逆であって，津田は，議会を株主なり住民と同視し，議会には善管注意義務がないと誤解している点に躓きがあるのである。信託法理からいえば，首長も議会も二元的代表制度により同じく住民から信託された機関であるから，首長だけが善管注意義務を負い，議会はそれを負わないということはありえない。また，法96条1項10号は，一般的に，地方公共団体の権利の放棄は，首長だけの行政権限ではなく，議会の議決をも要するとするとする規定であって，長に善管注意義務があった場合に，議会による債権放棄ができることを狙った規定ではない。ただ，議会の権利放棄の対象について特段の限定がないために，長に善管注意義務があったために地方公共団体が長に賠償請求権を有する場合にも適用されるというにすぎない。そして，それはいわば法の抜け穴であって，従来気がつかれていなかったが，最近住民訴訟で敗訴した首長が窮余の一策として見付けたにすぎない。

　このことはあまりにも当然なので，拙稿では丁寧に書かなかったのであって，こんな誤解を基本とした批判に遭遇するとはおよそ予想外であった。

　このように，津田の論拠は明白に誤っているから，その結論である「法96条1項10号の趣旨及び考え方に立てば，長の賠償責任に関する債権放棄については，基本的には，住民の代表者で構成される議会の裁量に委ねられる」という主張（105頁）は誤りである。

2　議会単独での権利放棄

　津田は，権利放棄は行政の権限であるから，議会だけでは放棄できないとする私見を認めつつ，「ただ，債権放棄は，議会による議決が地方公共団体による最終的な意思決定であるとすれば，その性質上，議会の議決により効力が発生するとの解釈も可能であること，また，権利放棄を議会の議決事項としたのは，執行機関の専断を排除する趣旨も含まれていることなどを考えれば，別途，長の執行行為を必要としないと解する余地もあるとも思われる」（104頁）としている。

　しかし，その前提である，「債権放棄は，議会による議決が地方公共団体による最終的な意思決定である」となぜ言えるのか。たとえば，議会は契約につ

第 3 節　地方議会による地方公共団体の権利放棄議決再論

いても同じく地方自治法 96 条 1 項に基づき議決するが，それで地方公共団体としての意思を決定して契約が成立したと考える者はいない（第 5 章第 1 節 IV 2，第 2 節 III 3）。そして，議会は，内部機関であって，対外的に地方公共団体の権利義務を形成する権限を有するのは首長であるから，権利放棄についても，議会の議決だけで対外的に効力を生ずるはずはない。条例でさえ，長の公布があって初めて効力を発生するのであって，議会の議決だけで条例が効力を発生するはずはない。さらに，議会の議決については，長は再議に付すことも可能である（むしろ，違法な議決については再議に付すことが義務である。地方自治法 176 条）から，議会の議決により対外的に効力を発すると考えるのはその機会を奪うことで，地方自治法上ありえない解釈である。

「執行機関の専断を排除する趣旨」を理由に議会の権利放棄には執行機関の執行行為は不要との説は，玉穂町事件東京高裁平成 18 年 7 月 20 日が述べたものであるが，第 1 節 III でも述べているように，執行機関だけで決定執行すると，住民の利益を害することがあるから，二元的代表制を取る地方自治法において議会の監督手段をおいたものであって，議会だけで決定できるという趣旨ではない。これは，議会が議決した後で執行機関の執行が必要とすると，その専断が起きるという趣旨かもしれないが，それはどんな場合であろうか。執行機関が，議会の議決を曲げて執行するということであれば，その執行行為は，議会の議決を得ていないから，違法である。そういうことがあるから議会が直接に執行するというのであれば，執行機関は要らないことになろう。それはまた議会の専断を招くことである。

津田は，さらに，議会による債権放棄を論じるに当たっては，「住民訴訟制度と間接民主主義制度との適切なバランスを図る必要があることである。議会は，住民代表による機関として，地方公共団体が有する債権の放棄についても裁量的決定をなしうる」（108 頁）とするが，これは前記のように議会と住民を混同しているもので，間違いである。議会は，住民代表による機関であるからこそ，住民の信託に応えるように努力しなければならないのであって，住民の財産を恣意的に管理する，裁量的決定権が広く与えられているものではないのである。また，住民訴訟制度と間接民主主義制度との適切なバランスとはなんであろうか。住民訴訟は住民 1 人でも提起できるから，民主主義とは関係がなく，ただ司法による違法の判断が不可欠である。司法が違法として住民の財産

第5章　地方議会による地方公共団体の賠償請求権等の放棄

として取り戻したものを間接民主主義で覆せると考えるのは，適切なバランスとは言えない。

3　判例の分析視点

津田による判例の紹介（自治研究9月号92〜99頁まで）は拙稿・第1節の後にでた久喜市住民訴訟東京高裁平成18年(行コ)第125号平成19年3月28日判決（判タ1264号206頁）以外はほとんど同じである。しかも，訴訟の現場を知らず，文献によっているため，議会による権利放棄に疑問を示した大阪高裁平成20年9月5日判決（第2節Ⅱ4）には気づいていないし，この2009年8月26日に結審した外郭団体訴訟大阪高裁民事13部（第4節で述べる平成21年11月27日判決として結実するもの）が，放棄の必要性，公益性について，神戸市長個人と外郭団体に分けて，説明せよとしたことにはふれられていない。そこで，「下級審判決例は，議会による債権放棄は有効であるという立場でほぼ固まりつつある」との津田のまとめは，文献上だけのもので，現場を知れば適切ではない。むしろ，下級審判例は，議会による債権放棄の有効性に疑問を感じ始めているというまとめが正しい。

しかも，この多数の判例は，単に地方自治法96条の条文しか見ていないので，法解釈の仕方として明らかに間違いである（第1節Ⅲ参照）が，津田はまともに批判していない。このような判例が形成されたのは，原告住民側の弁護士と学説の主張が不十分だったためであり，私が善管注意義務を唱えてから，風向きが変わってきているのである。

4　学説の整理の仕方

学説については，制度趣旨違反説，公益違反説，善管注意義務違反説の3つが紹介されている（津田・99頁以下）。しかし，これを並列的に紹介するのは間違いである。先の2つの説があったところ，それでは説得力が足りないとして，私見が提示されたのである。そして，私見に反論するのはおそらくはこの津田説が初めてである。目下のところ制度趣旨違反説，公益違反説からの反論は寡聞にしてない。学説も判例も動態的に捉えなければならない。

第3節　地方議会による地方公共団体の権利放棄議決再論

5　公益上の必要性

このうち、「公益上の必要性」については、津田は、判例は相当広範な裁量を認めるから、具体的な内容を分析することが求められるという趣旨の主張をする（102頁）が、公益性の判断は基本的には裁量であると仮定しても、賠償請求権や返還請求権を有するのに、それを放棄する公益性とは普通に言えば何なのか。権利を放棄すれば当該地方公共団体の損失になるから、普通には公益性はないはずである。首長が違法過失で自治体に損害を与えた場合には、その損害を回収するのが公益に合致するのであって、それを放棄する公益性は何なのか。個人の利益を図ったのでないのに、組織として決めたのに、市長個人にすべての責任を負わせるのは、気の毒だ（神戸市での権利放棄議決の理由の一つ）というのは、公益になるのか。それは公の利益とは別の次元の利益であろう。

6　裁量濫用論に立った場合の議会による債権放棄の限界

このように、議会の権利放棄は自由裁量ではなく、善管注意義務を果たした上でやむを得ない限りで行えるものである。そのことは第1節、第2節で立証したつもりであり、また津田論文の躓きの石を指摘したことにより明らかと思う。

しかし、津田論文は、議会での権利放棄が自由裁量であることを前提に、その濫用踰越がどんな場合にあるのかを検討している（108頁）。筆者からいえば、無用であるが、東京高裁も、裁量濫用論で判断したし、判例がその立場に立つことも想定されるので、さらに、津田の主張を検討していくこととする。

(1)　財務関係職員の賠償責任との均衡

財務関係職員は、故意又は重過失がなければ地方公共団体に対し損害を与えた場合でも賠償責任を負わない（軽過失では責任なし、地方自治法243条の2）。故意又は重過失があって賠償責任があるかどうか、その範囲は監査委員が決める。そして、首長は、職員からなされた、当該損害が避けることのできない事故その他やむを得ない事青によるものであることの証明を相当と認めるときは、あらかじめ監査委員の意見を聴いてその意見を付けて議会に付議し、議会の同意を得て、賠償責任の全部又は一部を免除できるとなっている。

これと首長の責任を比較すると、首長は軽過失でも責任を負う。これは不均衡と考えると、首長の責任を故意又は重過失がある場合に限定すべきだという

383

ことになる。筆者ももともとそのように考えていたが、今はそれは誤りだと思う（首長の重過失責任主義を否定する主張は本書第1章第1節9で行っているので、ここでは重複するが、話の流れの都合上繰り返す）。

まずは、首長は財務関係職員と異なり、広い権限を有し、また多数の部下を有しているので、違法かどうかをきちんと判断できるはずである。最高裁も、過失責任主義を取った昭和61年2月27日判決でその趣旨を述べている（第2節附言）。

また、首長は、平成14年改悪後の住民訴訟では公費で無限の職員と弁護士を雇えるのであるから、十分に防御できるはずで、弁護ミスで負けるなどということはない。

(2) 重過失責任

さらに、重過失責任とすると、重過失は「通常人に要求される程度の相当の注意をしないでも、わずかに注意さえすれば、たやすく違法有害な結果を予見することができた場合であるのに、漫然とこれを見過ごしたような、ほとんど故意に近い著しく注意欠如の状態」（最判昭和32・7・9民集11巻7号1203頁）とされているが、それは失火責任法における失火時の重過失の解釈であり、通常の個人の行為を判断するときの基準ではあっても、首長のように多数の有能な部下を擁して、慎重に対処することができ、専門的判断が求められているポストの判断基準ではないと考える。

それから、神戸市長の判断は、第2節Ⅳ（342頁以下）で述べたように、まっとうな法令コンプライアンスを構築していれば当然に避けられたはずであるから、首長としては重過失があると思う。

津田は、「長は、故意又は重大な過失があった場合にさえ、議会の広い裁量により安易に賠償責任を免れることが可能であるとすれば、財務関係の職員は自らやむを得ない事情を証明しない限り賠償責任を免れられないことと比較して著しく均衡を欠き、不合理である」とする（110頁）。

そもそも、「長は、故意又は重大な過失があった場合にさえ、議会の広い裁量により安易に賠償責任を免れることが可能である」とするのは、津田が善管注意義務説を誤った前提により否定して、議会の自由裁量説を採っているからであるが、公益説によっても、そのような結論にはならない。まずはこの前提が間違っている。

第3節　地方議会による地方公共団体の権利放棄議決再論

　話は逆であって，職員の賠償責任の免除については，このような限定があるのに，首長の賠償責任の免除についてだけ，自治法96条により無制限に免除できると解するのはおよそ不均衡である。自治法が，この不均衡を承知で，その方が妥当だとして立法されたとは考えられない。第5章第1節Ⅲ，第2節Ⅲでも述べたように，96条は，単に議会の議決事項を規定したにすぎず，議決を制限する実体規定を不要とする趣旨ではないのである。

　津田は，この前提に立って，長の過失が軽過失か重過失かで分けて考える。私見でも，軽過失か重過失かで善管注意義務違反の程度が異なるのであるから，払えるだけ払って貰って残りは免除するとしても，そこで重過失であれば，厳しくなるし，軽過失であれば，緩やかになっても良いとは思う。

　ただ，何が重過失かが問題で，前記の最高裁の基準ではなく，多数の部下をきちんと使いこなしていく過程で，通常の組織のトップの判断として，それなりに練られたものでなければ，重過失があるというべきであろう。株主代表訴訟では経営判断の原則がある。当時として十分な調査の下に合理的な判断と思われるのであれば，あとからそれを違法としても過失はないということである。しかし，現実の首長の判断は，違法とされたものを見れば，法制度抜きで，政治的に，あるいは組合との裏取引の結果として，違法行為をするのであるから，住民への背信行為であって，そんなに簡単に軽過失であるから勘弁しようというべきではない。

(3)　長の過失が軽過失にとどまる場合

　長の過失が軽過失にとどまる場合，津田は，「議会の広い裁量が委ねられており，裁判所はその判断を基本的には尊重すべきである」（110頁）とするが，その論拠は，住民と議会を同視するという前記の誤りに由来する多数の誤りがある。

　津田は，「住民の代表者で構成される議会において……自律的に判断することが事柄の性質上適切であり」とするが，議会は，自分の財産を管理するのではなく，住民から地方公共団体の財産をしっかり管理してくれと信託された立場のはずであるから，「自律的判断」をされてはかなわない。権利の放棄は本来行政権限であり，それについて議会が判断するのであるから，自律的判断ではなく，行政的判断が誠実な財産管理かどうかを審査すべきものである。

　津田は，「その判断の是非は，最終的には住民の監視を受け，選挙など民主

主義の過程によりその責任を問われるべき」とするが，そうしたことは，違法行為にはならない政策問題について言うべきことである。司法が違法と判断したことを覆すことを選挙で判断せよというのは，司法と政治の区別が付かない議論である。それに，選挙で争われるのは無限のテーマであり，個別の違法行為の是非が対象となるわけではない。それは個別の判断をする司法に任せるべきことである。

津田は，裁判で長に過失があると認められたケースの多くは，組織上のミスというべき軽過失に当たるものが多いというが，それは仲間内の議論であって，組織上のミスなら当然に軽過失ではなく，トップとしてきちんと法令コンプライアンス体制を取らなければ，私人ならともかく，首長としてはすでに重過失なのである。部下がいい加減に判断しているのを承認したのは，単なる組織上のミスではないのである。議会の承認を得ても，長は違法なら再議に付さなければならないのであるから，それを怠って，議会が良いといったからとするのは，そもそも地方自治法で与えられた権限を放棄することになるので，もともと許されないのである。

(4) 組織としての決定の責任

ここで，組織の責任について考える。組織として決めたから，個人に全責任を負わせるべきではないというなら，組織として責任を負うべきである。具体的に言えば，その違法な決定に関与したり，それによって受益した者が，賠償責任を負う個人を支援すべきである。副市長，局長，主要課長などのほか，議会も，議案に賛成している場合には，反対した者を除いて，支援すべきである。現に神戸市長を被告とする訴訟で筆者が代理して3件勝訴確定したが，支援者が市に弁済して，市長個人は何ら負担することなく解決している（その後の一件，共助組合事件も同じ）。

また，責任を問われた首長も，自分1人の責任でないならば，誤った助言をしたり，原案を作った部下や，違法な議案を可決した議員に賠償請求して，自分の責任を軽くすべきであろう。特に収入役（会計責任者）は長から独立に支出の適法性を審査しなければならないのであるから（地方自治法232条の4第2項），共同不法行為者であることは確実で，責任を分担させるべきである。

もっとも，組織で決定したといっても，首長は組織の長であるから，部下がまとめたとおりとか先例に従ったとかいうのでは，長の任務を果たしたことに

はならないから、責任を免れない。それを軽過失だからといって免責するのは間違いである。首長が、部下を駆使して、適法なる範囲で政策決定したかどうか、法の枠は何かを厳密に調査させたかが問題である。自分の常識で、裁判所が間違いだなどといっている（第5章第2節Ⅳ3）ようでは、組織で決定したから免責してくれという筋ではない。裁判所が間違いだというなら、きちんとした理論構成をすべきである。

　三セクが破綻しそうなので、他の出資者と協調して、再建を図る場合には、債権の一部を放棄する公益性があるだろう（第1節Ⅳ5）が、そのような具体論が必要である。

　津田は、長が専決権者の指揮監督上の義務違反で過失責任を問われる場合も、多くは軽過失にとどまるという。部下の個別のルール違反を監督するのは簡単ではない場合も多いだろうが、首長が違法なルールを定めて専決権者に支出させている場合には、形式的には指揮監督上の義務違反とされるにしても、長自身の行為が問われているので、長自身の過失を問題とすべきであろう。

(5) 議会の判断手続・考慮事項

　津田は、「議会の広い裁量に委ねられているとしても、単に、債権放棄の議決が行われただけでは足りないのであって、議会が財務会計上の違法行為に基づく損害賠償請求権の放棄であることを理解したうえで、損害賠償請求権の発生原因、賠償額などが開示され、それを十分に審議し、その結果として債権放棄の議決が行われるなどの一定の手続要件を満たす必要がある」とする。これは正当である。ただ、「議会が財務会計上の違法行為に基づく損害賠償請求権の放棄であることを理解したうえで」ということは、本来は分かるはずであるが、神戸市のように、市長提案には、派遣職員の手当の問題だとしか書いていない場合には（第2節Ⅳ3、344頁）、このことの理解さえないと思われる。これまでの例では、きちんと調査したわけではないが、議会に突然放棄案が出てきて、ほとんど審議ないまま多数決で押し切ったと聞くものが多い。後ろめたいから、表の議論ができないのであろう。その場合には「損害賠償請求権の発生原因、賠償額などが開示され、それを十分に審議し」ということにならないので、違法な議決であろう。

　しかし、津田が「この点について、株主代表訴訟において、代表取締役に善意でかつ重過失がない場合の株主総会における賠償責任の免除の手続要件を定

めた会社法の規定を参考にすべきである」とする点では，前記のように株主総会と議会は同視すべきものではないから，この立論は誤りである。ただ，「議会において，長の賠償責任についての債権放棄を行う場合には，第一に，(ｱ)責任の原因となった事実及び賠償の責任を負う額，(ｲ)責任を免除すべき理由及び免除額，(ｳ)債務者の状況及び放棄することの影響・効果などを議会に対して，開示・説明するとともに」（115頁）とすることは妥当であろう。この程度のことがないと，まともな審議がなされたとは言えないからである。

神戸市議会の審議は，第2節Ⅳ4で詳述したように，首長の賠償責任について正面から議論されているわけではなく，単に市に実質的な損害なし等という，誤魔化しの理由によるものであるから，この津田説によっても，市長の賠償責任を免除することは無理である。

(6) 監査委員の同意

津田は，債権放棄の議案の提出に当たってはあらかじめ監査委員の同意を得なければならないという手続要件が必要とする。会社法で責任の免除議案を株主総会に提出するには監査役の同意を得なければならない（会社法425条3項）ことに倣うものである。しかし，これには賛成できない。

監査委員は，それが杜撰な同意をした場合でも責任を負うことがなく，もともと首長に任命されている以上は，唯々諾々と同意するのが普通であって，同意しないのは法的な問題ではなく特殊な政治状況によるであろうから，そんな要件を付けても意味がない上，これまでこのような要件がないので，それを求めずに行われた放棄議決がこの一点で無効になると解するのも行き過ぎである。

津田は，「裁判所の審査は，……長の軽過失による場合には，上記手続的要件を満たしているか，また議会による審議及び判断の過程に看過しがたい過誤や欠落があるかという点を中心に行われるべきであり，性質上，その範囲にとどまるべきである」とする。これは自由裁量説の帰結であるから，筆者には賛成できないが，少なくとも神戸市議会のように，まともな提案理由の説明もなく，筆者などの「陳情」をまじめに取り上げて，これに対する反論をするべきところ，そうすることもなく，セレモニー的に議会にかけるだけの審議は，手続要件を満たしていないし，また，審議過程に看過しがたい過誤があるというべきであろう。

第3節　地方議会による地方公共団体の権利放棄議決再論

(7)　債権放棄の範囲

　津田は，議会による債権放棄の範囲について故意又は重過失と軽過失の場合を分けて，軽過失の場合には「現行法の解釈上，議会による債権の全部放棄が認められていないと解することは困難である」とする。その理由は，「(1)法96条1項10号の議会による債権放棄は明文上一部の放棄に限られないこと，(2)財務関係の職員の賠償責任を定めた法243条の2第8項は，全部の免除を認めていること，(3)議会は，……住民の代表者で構成され，その判断は住民の意思を反映している」ということである。

　しかし，そもそも，法96条の規定は，議会に権限があるとする規定（首長だけでは判断できず，ダブルチェックする）であって，自由裁量を認めたものではない（契約の締結も議会の議決事項だが，自由裁量ではないことと同じ）から誤りである。財務関係の職員との比較も，前記のように不適切である。議会の判断は住民の意思を反映するというのは，一般の政策事案についていえることであって，裁判所で違法過失ありとされた個別事案に適用すべきではない。

　このように津田の論拠には賛成できない。そして，会社法では，軽過失の場合，株主総会の議決により報酬の6年分を超えた分まで免除できる（会社法425条1項）こととの均衡を考えれば，全部放棄はできず，少なくとも報酬の6年分は免除できず，さらに退職金は放棄させるべきであろう。

(8)　財務会計上の違法行為が長の故意又は重大な過失による場合

　津田は，この場合には，財務会計職員とのバランスを考慮し，「原則として，議会による債権放棄は裁量権の逸脱又は濫用にあたり許されず，例外的に，長がやむをえない事情があると自ら証明し，それが相当と判断された場合にのみ，議会の議決により債権放棄を行うことが可能となると解するべきである」（112頁）とする。

　しかし，財務会計職員は，長のような広範な権限を有さず，金銭を預かっているので，ミスをしやすいから，軽過失は免責となっているのであって，長の責任を論ずるときにこのような比較をすべきではない。

　また，会社法では，悪意又は重大な過失の場合には，総株主の同意がない限り一部の免除さえもできない。津田は，このことを考慮しつつ，長の賠償責任を全額免除することは，合理的理由は見いだしがたいとして，一部の放棄しか許されないとする（114頁）。しかし，会社訴訟と比較すれば，全住民の同意が

389

なければ一部の放棄も許されないとするのが帰結である。これは議会が住民と同じ立場で，自分の財産を自由に放棄できるのと同じとの前提に立っているというべきで，誤りである。ただ，債権回収に努力しても払ってもらえない分は，不良債権であるから，免除するしかない。その点は，一般の債権回収で，税務署から貸し倒れとして認められる範囲と同様に，厳密に判定すべきである。

(9) **債権放棄の時期——判決確定後の放棄は許されるか**

債権放棄の制限は，住民訴訟の機能を損なうという理由ではなく，善管注意義務を監視するためであるから，私見では住民訴訟提起前でも，訴訟中でも，判決確定後でも同じである。

津田は，これらを区別して，住民訴訟提起前については議会による債権放棄が制限されることはないとする（114頁）が，それは，債権放棄は住民訴訟の機能を損なうという理由で制限しようとする立場であってはじめて成り立つ議論である。

また，住民訴訟提起前なら放棄自由とすれば，訴訟が提起されそうだ，あるいは監査請求がなされたという段階で大急ぎで，権利放棄のために議会が開かれるであろう。これも脱法行為であるが，うまく防止できるだろうか。毎年同じような違法支出をしている場合，ある年度に住民訴訟が提起されたとすると，議会はその次の年度からの訴えを防止するために事前に放棄できるのであろうか。

津田説は，すでに生じた事件での賠償責任を前提としているのであろうが，では，将来生ずることあるべき首長に対する一切の賠償請求権を放棄するとの議案であったらどうか。これは津田説でも，賠償額とか理由の説明がないから，認められないということになるのだろうか。

津田は，住民訴訟係属中であるということでは議会による債権放棄は制限されないとする（115頁）。その理由は，「(i)長の職務は複雑であり，財務会計上の行為が適法か違法かを見極めることは困難な場合も多く，裁判の判断を待っていては公務の萎縮を生じさせる恐れがあること，(ii)住民訴訟の提起により，法96条1項10号の定める議会による債権放棄が制約されるとの明文の規定はない」という点にある。

しかし，(i)の点ではすでに行われた財務会計行為に関することであるから今更萎縮のしようがなく，今後同様の財務会計行為をするかどうかで萎縮すると

いうのであれば，今後その行為を適法と確定しなければならない。しかし，その方法はないどころか，津田によれば，「ただ，議会による債権放棄を行う以上は，地方公共団体としては，当該財務会計上の行為は違法であり，かつ賠償責任があるということを最終的に判断したと評価すべきであり，今後，同種の財務関係上の行為を行うことは法的に許されない」（115頁）というのであるから，萎縮のしようがない。この点で津田の立論には矛盾がある。(ii)の点では，話は逆であって，もともと法96条1項10号が，首長の債務逃れに用いられるとは誰も考えていなかったので（最近法の盲点に気がついたつもりの者が使い始めたのである），そのような制約規定がないだけである。

したがって，津田説によって，係争中の権利放棄が許されるという結論を導くことには無理がある。

なお，筆者は議会による事前放棄の提案をしているが，それは第2章第1節Ⅱ2(2)（72頁）で述べたように限定的なものである。

津田は，住民訴訟で原告勝訴判決が確定した場合にも議会による債権放棄が制約されることはないとして，その理由として（115頁），「(i)地方公共団体が，判決の確定まで，財務会計上の行為の適法性を争う場合は，当該行為が適法か違法かの判断が微妙なケースが多いこと，(ii)一審では敗訴後，控訴審係属中の債権放棄が許されるのに，判決が確定すれば許されなくなるという合理的理由は見出しがたいこと，(iii)法242条の3第2項の第二次訴訟において，議会の議決による和解が許されること，(iv)住民の勝訴判決により，法96条1項10号の定める議会による債権放棄が制約されるとの規定はないこと」と主張する。

しかし，(i)は責任を追及されている行政側の都合の良い見方である。現実には住民訴訟で住民が勝訴するのは，明白に違法な場合が多い。判断が微妙であれば，違法とされても，首長の過失は否定される場合が多い（本書第3章第1節参照）ので，違法過失ありと判断された場合に，微妙だとして，債権放棄ができる根拠にはならない。(ii)は，係争中の放棄に関する前記の理由では説明が付かない。(iii)の点はむしろ，議会の債権放棄議決は許されない方へと議論すべきである。裁判所で債権が確定したら，法律が予定しているのは，まずは，責任ある者に対して請求して，支払いがない場合には訴訟を提起する（法242条の3第1項，2項）ことであり，その訴訟の中で裁判所から和解の勧告でもあれば，議会の議決を得て和解する筋であって，この道を通らずに勝手に放棄す

るのは，法律の予想外のことである。裁判での和解でさえなれ合いの恐れがあるのに，裁判とは別に議会で放棄するのは，なおさらなれ合いである。(iv)は前記の通り，権利放棄が行われることを予想していなかったから規定がないだけである。

(10) これまでの判例の検証

津田は，最後にこれまで権利放棄がされた事案の検討をしているが，かりに放棄が許されるとしても一部放棄にとどめるべきであることをもっと強く主張すべきである。以上，津田説は，論理破綻しており，善管注意義務違反説が妥当であると確信する。

Ⅲ 碓井光明説

1 当初の説

碓井は，地方財政法，地方自治法関係で多数の著書・論文を公表しているが，住民訴訟における議会の権利放棄に言及したのは，『要説 住民訴訟と自治体財務』(2)である。これは議会の議決による権利放棄を認めた東京高判平成12年12月26日（判時1753号35頁，鋸南町事件，第5章第1節Ⅰ，306頁）について，「司法権により確定された権利であるにもかかわらず，議会の意思による放棄によって，いわば，住民訴訟の原告の努力を水泡に帰せしめることについては，素朴な疑問を覚える。長が自身の損害賠償責任を提案する場合は，なおさらである。平成14年改正による新4号請求の認容確定判決との関係においては許されないと解すべきである」とする。

これは権利放棄議決の適法性を否定する主張であるが，その論拠が，住民訴訟の機能を害する，司法権の尊重という点にあるため，係争中の放棄については明確ではなかった。

碓井の説は，埼玉県久喜市の事件の意見書（平成18年11月13日，12月27日付）で丁寧に展開されている。そのなかで特に関心を引く点にコメントする。

上記の書物で述べた説に関して，11月13日付け意見書では，「この文章は，確定判決による損害賠償請求権の放棄に関するものであるが，住民訴訟原告の努力を水泡に帰せしめる点においては，原告住民の請求を認容する一審判決が

---

(2) 碓井光明『要説 住民訴訟と自治体財務』（学陽書房，改訂版，2002年）187頁。

出されて，それに対する控訴がなされている状態においても変わりはない」と正当にも指摘している。

地方自治法232条の2が寄付又は補助について「公益上必要がある」ことを要求していることから，司法96条1項10号は，議会に権利放棄の自由を認めるのではなく，債権放棄を消極的な補助金支出と見て，公益上必要がある場合にのみ許されると解する余地が十分にあるとする。そして，最判平成17年11月17日（判時1917号25頁，判タ1198号128頁）が，地方自治法237条2項の議決があったとするためには，「議会において当該譲渡等の対価の妥当性について審議がされた上当該譲渡等を行うことを認める趣旨の議決がされたというだけでは，当該譲渡等が適正な対価によらないものであることを前提として審議がされた上議決がされたということはできない。」と述べていることを引用しつつ，議会でも，十分な説明が要求されるとする。

公益説である。それ自体は妥当である。

筆者は，第1節Ⅳ2（319頁）において次のように述べていたが，碓井説はその前に同旨の主張をしていたことになる。

「この判決を，議会による損害賠償請求権の放棄に当てはめれば，議会が損害賠償請求権の放棄であることを理解して議決すれば適法となりそうにみえるが，上記の低廉譲渡の事件は，単に安いというだけであるのに対し，議会の放棄議決は，法的責任を免除するものであり，しかも責任者からの提案であるので，この判決は，このような場合まで想定していないというべきである。

損害賠償義務の免除も，補助金なり，高額購入，廉価売却と同じく，相手方に利益を与える行為である。損害賠償義務の免除についてだけ，実体法上の基準がないとは考えられない。権利の放棄は補助金の交付と同じ効果を持つからである。

少なくとも，放棄議決を有効とするためには，議会で問題点を十分に理解した上で，自治体の利益を害さないと納得して議決することが必要と考える。」

2　後の見解

しかし，この意見書は，住民訴訟の機能の阻害，公益上の必要の判断等の観点だけであって，なお不十分であった。そこで，碓井は，同年12月27日付け意見書で次の見解を表明する。

第5章　地方議会による地方公共団体の賠償請求権等の放棄

　地方自治法96条1項10号は，「権利放棄に議会の議決が必要であるという手続要件の定めであって，それ以上に，地方公共団体の『機関』である『議会』の権利放棄の自由を認める趣旨をもつものではない。同項に列挙されている他の議決事件を見ても，たとえば，議会の個別議決を要する契約の締結について，自治法や自治法施行令の定める契約に関する規定に違反する違法がある場合に，議会が議決したからといって，それが適法な契約となるものではない」。「議会の権利放棄の議決は地方公共団体の意思形成過程の手続にすぎないのであって，それだけで損害賠償債務を負う者に対して権利放棄の法的効果を生ずるわけではない。権利放棄の議決を経た上で，地方公共団体を『代表』する長（自治法147条）が権利放棄の意思を相手に表示することによって初めて権利放棄の効果を生ずると解すべきである」。

　「地方公共団体の機関は，執行機関であれ，議決機関であれ，住民により形成された財産を誠実に管理する義務を負っているのである。執行機関についての誠実管理執行義務（自治法138条の2）の趣旨は議会にも及ぶことは当然である。住民は，損害賠償請求権を含む権利について『議会の自由な意思決定』に丸投げしているわけではない。……権利放棄以外の議会の議決を要する事項が多数住民訴訟として提起されて違法と判断されているなかで，権利放棄に関する限り，手続き以外は完全に議会に白紙委任していると解する……見解は，まったく異質の考え方を自治法の解釈に持ち込むものと言わざるを得ない。」

　これは，この二つの意見書の間の12月17日，久喜市事件・玉穂町事件について専修大学で開かれたシンポジウム（この紹介として，白藤博行「議会による賠償請求権の放棄と住民訴訟」法セミ2007年3月号6頁）において筆者が報告をし，碓井とも意見を交換した後での見解であり，筆者の見解を理解して頂いたものと考える。

　裁判所が前記久喜市事件で，この碓井説を全く無視しているのはいかがであろうか。いくら何でも，取り上げて反論すべきであり，それをしないことは，審理不尽・理由不備ではないか。

Ⅳ　大橋真由美説

　大橋は，議会の権利放棄により，住民訴訟の対象となっている損害賠償請求権は消滅したとする鋸南町事件東京高判平成12年12月26日（判時1753号35

第3節　地方議会による地方公共団体の権利放棄議決再論

頁）の判旨には疑問を示す（自治研究79巻3号124頁以下，平成15年＝2003年）。ここから注目すべき記述を紹介する。

「地方自治法96条1項において『権利の放棄』が議決事項の一つとして挙げられているのは，権利の放棄は，地方公共団の有する財産の無償の処分を意味し，これは当該地域の住民にとって重要な公益が関わる事案となるため，このような案件の決定については，執行機関が単独で決断を下すのではなく」，議会が議決を通じて意思決定を行うとされているためであると考えられる。従って，この規定は，地域住民にとって重大な財産的利益が絡む権利放棄の案件については，地方議会の議決を経て行われなければならないと規定しているのみであって，逆に，この規定からどのような性質の権利放棄であっても，地方議会の議決を経さえすれば行うことができるということが当然導かれるわけではないといえよう。」

「真の目的は……違法であると判明した長の行為に対する係属中の住民訴訟における判断を封じ込め，長個人の損害賠償責任を免除することにあり，地域住民にとっての『公益性』が格別存在しない権利放棄の議決を行うことは，地方自治法96条1項10号における授権を超えているのではないか。」「本件の場合のおいては（地方自治法232条の2の）『公益性』が欠如している」，「住民訴訟の存在意義を無にすることにつながる……本件議決は，住民訴訟制度との関係から見ても，地方議会による権利濫用行為につながる」。

この見解は，十分とは言えないものの，方向としてはまったく正当である。初期のものであるこの見解が，その後の判例，学説に影響を与えなかったのは誠に残念である。

V　蝉川千代説

1　基本的視点の誤解

蝉川[(3)]は，自治研究82巻5，7号連載論文において，鋸南町事件東京高裁判決を出発点に，「どのような場合に議決による権利放棄が制限され，どのような場合に許容されるのか，現在のところ，具体的な検討は行われていない」と指摘する。ただ，そこで，「権利放棄について批判的見解が述べられている

---

(3)　蝉川千代「住民訴訟制度と地方議会の権限──4号訴訟に対する債権放棄を中心に」（自治研究82巻5号，7号，2006年）。

第5章　地方議会による地方公共団体の賠償請求権等の放棄

ものの」として引用されている前記の大橋説は，権利放棄は公益性を欠くし，住民訴訟との関係でもそもそも許されないとの説であって，確かに十分ではないものの，それなりの先駆的見解として評価すべきであった。

蟬川は，「権利放棄は，地方公共団体の有する財産権その他の権益を対価なくして減少させる行為であり，公益に反する可能性が極めて高い。地方公共団体において，議決事件以外の意思決定が執行機関の各権限内においてなされることに鑑みると，権利放棄を議決事件としたのは，その判断を民主的な住民代表機関に委ねる趣旨であるとしている。」そして，蟬川は，「議会が民主的な住民代表機関として機能せず，例えば地方公共団体にとって利益相反的行為となるような議決をなす可能性を考えると，議会の議決を絶対視することは危険である。したがって，議決による権利放棄に一定の限界・制約を設けることが必要であろう。」とする（自治研究82巻5号138頁）。

これは，民主的な代表機関に任せたのであるから，自由裁量であるのが原則で，利益相反行為等を制限するという程度の発想である。

しかし，これは，地方自治法における執行機関と議決機関の権限の関係をまったく理解していない見解である。この制度の趣旨は，本書第5章第1節，第2節で述べたように，執行機関の判断を，ダブルチェックする制度であって，議会も，他人の財産を預かっているのであるから，契約締結の議決が自由裁量で行えないと同様，自由裁量で放棄できるわけはなく，自治体の財産を減少させる公益上の理由なり必要性があるかどうかをしっかり審査しなければならないのである。

次に，訴訟係属中の債権放棄は住民訴訟制度との関係で大きな問題となり，直接民主制と間接民主制の対立の問題の1類型とも評しうる，また，財務関係行為をめぐる司法統制と議会統制の関係の問題として，位置づけることも可能と思われるとする（自治研究82巻5号139頁）。

しかし，直接民主制と間接民主制の対立なら，直接民主制が勝つに決まっている。ただ，住民訴訟を直接民主制というのは誤解である。住民が（有権者が）みんな参加するなら，直接民主制であって，それ自体で決定権を有するが，住民訴訟は大多数の住民の意向に反しても1人でも提起できる制度であるから，およそ直接民主制ではない。司法統制の制度であることは確かであるが，司法で支出などが違法とされ，地方公共団体に債権が発生した場合に，これを当該

第3節　地方議会による地方公共団体の権利放棄議決再論

地方公共団体が放棄するかどうかは，司法統制との関係の問題ではなく，執行機関と議会の権限が実体法上どこまで及ぶかの問題である。そして，前記のように，他人の財産を預かっている以上は，誠実に管理しなければならないという観点から考察すべきである。

蟬川は，放棄が訴訟係属中か認容判決確定後であるかを区別して論ずる。その理由は原告の地位に違いがあるからであるとする。

しかし，住民訴訟を阻害するという点で言えば，訴訟係属中であれ，認容判決が確定したあとであれ，その成果を踏みつぶす点に変わりはない。議会の権限という点でも，例えば三セクが破綻して，出資者がみんな協調して債権放棄をしなければならない事態を考えても，このようなことで区別する理由がない。

それでも，この二つに分けて検討する蟬川の主張に付き合っていこう。

2　訴訟係属中の債権放棄

訴訟係属中の債権放棄は，訴訟を終了させることを目的としていると強く推定されるとする（自治研究82巻5号140頁）。普通はそうであるが，「そのような行為は，法が住民訴訟を設けたこととの関係から，適切ではない。それゆえ，訴訟係属中の債権放棄は禁止すべきである」とするのは，前記の三セクの債権放棄のような例もあることから賛成できない。なお，蟬川は，権利放棄が効力を生じないとする説を採用するためには，債権放棄の適法性の判断の前に，元となった財務会計行為の違法性が認定されなければならないが，それは訴訟の構造上考えにくく，「権利放棄の効果を理由に，訴訟係属中の債権放棄を違法と解することは困難である」とするが，その問題設定自体が理解できない。

住民訴訟の趣旨を根拠とする説については，住民が住民訴訟を用いて財務統制を行うことができるのは認容判決を得た場合に限り，訴訟が係属しただけでは住民の判断を議会の判断と同等に扱うことはできないとする。それ自体は正当である。

次に，蟬川は，放棄の実体法上の要件について，安塚町事件東京高裁平成16年4月8日判決（第5章第1節Iでも紹介）が権利濫用論を採っていることに賛成し，自治法96条1項10号にはそのような内在的制約があるとする（82巻5号145頁）。これは，もともと，議会の権利放棄が自由裁量であるという理解から出発した場合には正しい見解であるが，そもそもその出発点が前記のよ

うに間違いである。

さらに、蝉川は、訴訟係属中の債権放棄は、法政策的には適切ではないとして、そのための立法論を検討する（自治研究82巻5号145頁以下）が、前記の三セクの例に見るように、それには賛成できない。

3 認容判決確定後の債権放棄

蝉川は認容判決後の債権放棄は、原則できないが、一定の要件の下でできるとして、その要件を探る（自治研究82巻7号128頁）。そして、国の債権管理法、自治法232条の2、寄付・補助には公益上の必要を要するとの規定、自治体の債権放棄に関する地方自治法施行令171条以下などを参照する。そして、「権利放棄はそもそも公益に反する可能性の高い行為であること、加えて、認容判決によって確定した債権を地方公共団体自らの意思で放棄することは、違法な事務執行を認める途を開き、法治主義に反する結果となる」として、「認容判決後の債権放棄は、原則行い得ないとするのが適切だ」とする。しかし、そのような理由は、訴訟係属中でも同じではないか。筆者には、訴訟確定後とその前を区別する理由がやはり分からない。

以上、蝉川説は、その出発点にも、その立論にも賛成できない。

Ⅵ 斎藤誠説

斎藤誠[4]は、東京高判平成12年12月26日判時1753号35頁、東京高判平成18年7月20日判タ1218号193頁について、「違法な財務会計行為を是正する住民訴訟制度の仕組みと趣旨からして、当該請求権の放棄は疑問であり、実体法・手続法の要件があってしかるべきである。現行法の解釈としても同制度の存在により地方公共団体の財務にかかる議会の権限は制限されており、請求権の放棄は外部的な財務統制制度としての同制度を空洞化するものであって、原則として許されないものと解すべきである（斎藤）」としている。

斎藤誠[5]は、「執行部に対するチェック・監視の点で、むしろ議会の逆機能

---

(4) 成田頼明ほか編『注釈地方自治法Ⅰ』（2008年加筆）96条（山内一夫＝斎藤誠、該当部分は斎藤の単独執筆）。

(5) 斎藤誠「自治の将来に対する地方議会の逆機能——住民訴訟の債権放棄問題」（政策法務Facilitator Vol. 12, 2006）。

第3節　地方議会による地方公共団体の権利放棄議決再論

ともいうべき現象が広がっていることに大きな懸念を表明したい。……筆者は，解釈論としては，この議決（議会による債権放棄議決のこと，阿部）は違法であると解する。地方自治法96条1項10号には明文の限定要件は付されていないが，地方公共団体においては，その機関による，およそ公益性のない権利放棄はできないのであって，住民訴訟における裁判所の判断を無にし，あるいは訴訟追行を阻害する目的での議決に公益性は認められない。言い換えれば，地方自治法上，権利放棄に関する議会の権限は，住民訴訟という，住民自治に根ざした外部統制制度の存在によって制限が加えられていると読むべきである（ここで，「確定判決後は放棄が許されない」とする説として，前記の碓井説の中で，『要説　住民訴訟と自治体財務』187頁が引用されている。阿部）。株式会社に対する役員などの損害賠償責任は，総株主の同意がなければ原則として免除できないが（会社法424条），議会の議決は，各種直接参政制度の存在から分かるように，全住民の同意とは等価ではない。」

　この説も権利放棄に制限を加えようとしている点で，同方向である。住民訴訟制度の存在という論拠の意味は，意見を交換したところ，同じ地方自治法上の制度として住民訴訟と議会の議決があり，前者の存在と意義をゼロにするような議決を許容することは，同一法内での重大な矛盾を惹起する。そして住民訴訟制度が，憲法上の住民自治の具体化であるとすれば，同議決を適法と解釈することは「地方自治の本旨に基づく」解釈を規定する地方自治法2条12項にも違反する。住民訴訟制度を根拠とする立論は，債権放棄の提案権の所在とその制限のあり方の解釈の如何に関わらず，議決自体をとらえて違法とする，他の「つっかい棒」を要しない解釈論であるということである。

　私見とは立論の根拠は異なるが，大いに魅力的である。他方，議会の議決が全住民の同意と同じではないとの点は，先に津田説の誤解を指摘したとおり正当である。

VII　安本典夫説

　安本[6]は，次の指摘をしている。

「地方公共団体の執行機関はその事務を誠実に管理・執行する義務を負って

---

(6) 安本典夫「住民訴訟・新四号訴訟の構造と解釈」（立命館法学2003年6号，292号398頁）。

第5章　地方議会による地方公共団体の賠償請求権等の放棄

おり（法138条の2），長には債権の保全・取立ての義務が課せられているのであり（法240条1項），公正・適切な債権管理を逸脱することはできず，放棄する場合も，実質的な公正・適切を実現する観点からのものでなげればならない。議会議決があることは，当該財務会計行為を当然に適法とするものではない。それに，財務会計職員の賠償責任に関しては，賠償責任を減免するには，当該損害が避けることのできない事故その他やむをえない事情はよるものであることの証明が相当なものと認められ，監査委員の意見をふまえて議会で同意が得られた場合に限定されている。……十分な審理を経て出された，そのような確定判決によって義務を課された長が，それにもかかわらず債権放棄の提案を議会にするということは，基本的には制度の趣旨に反することとなろう。」

安本は，長の誠実管理義務を指摘している。これは私見よりも先の見解として尊重すべきであった。財務関係職員の責任減免との均衡は，先に津田説で述べたところであるが，適切な着眼点と思われる。

Ⅷ　白藤博行説

白藤[7]も，玉穂町事件東京高裁平成18年7月20日判決のとる議会の自由裁量説（濫用はある）を批判し，自治法237条2項をめぐる最判平成17年11月17日を参考にして，違法な財務会計行為が行われたことを前提として，放棄を認める趣旨の議決がなされたかどうかが焦点であり，その際寄付や補助について公益上の必要（自治法232条の2）の要件が課されていることと同様，放棄をしないことでかえって地方公共団体又は住民の不利益を生じかねない場合に限定されると説明している。

簡単ではあるが，それ自体は結論的に正当である。

Ⅸ　最後に：公平な権利放棄を

首長は議会に権利放棄して貰えると助かるが，権利放棄して貰えるのは現職で，議会を左右できる力がある首長に限る。議会に反対派がたくさんいては，権利放棄して貰える見込みは薄いし，既に退職していれば，議会は他人事と思って，今更権利放棄してくれない（京都市ポンポン山事件，大阪府交野市動

---

(7)　白藤博行（「住民訴訟が危ない！」住民と自治2006年11月号64頁以下）。さらに，同「住民訴訟骨抜きの危機」地方自治職員研修2007年4月号46-49頁参照。

物霊園買収事件)。そこで，首長は，住民訴訟で負けると，その地位を死守しようと，三選でも四選でも出馬して，行政を私物化しようとするしかない。

これは不公平であるし，地方自治のためでもない。

そこで，首長に係る権利放棄は，仮に許容できる場合があるとしても，前記のように限定する明示規定をおくべきであるが，それだけではなく，議会の権限ではなく，委員会を別途作って公平に審査することとすべきであり，それについては首長も，元首長も，減免の申請権を有することとすべきである。

減免は，前記のように「住民の財産を適切に保全する観点からやむを得ないと認められる場合に限り」とし，支払い能力，違法・過失の程度，元々の当該地方公共団体への貢献度などを考慮する。貢献がいかに偉大でも，違法・過失があった以上は，全額免除は許されず，事件ごとに，最小限，5年分の年俸までは免除できないという程度にはしたい。その結果についてこれまた訴訟を提起できることとし，それには住民訴訟で勝訴した住民が独立して参加できることとすべきである。

又，原告側弁護士の報酬の算定に当たっては，認容額及び回収額は重要な考慮要素となる（最判平成21・4・23，第4章第1，2節）。議会で放棄された分は，回収できたわけではないが，回収しなかったのが，原告弁護士の手の及ばないところで行われているので，基本的には回収できたものとして，回収額に入れるのが公平であろう。

第5章　地方議会による地方公共団体の賠償請求権等の放棄

第4節　地方議会による地方公共団体の権利放棄議決に関するその後の判例等

I　はじめに

　筆者は，第5章第2節（自治研究85巻8，9号，2009年8，9月号）に「地方議会による地方公共団体の賠償請求権の放棄は首長のウルトラCか（上・下）」（以下，第2節として引用），さらに，同第3節（自治研究85巻11月号）に，「地方議会による地方公共団体の権利放棄議決再論——学説の検討と立法提案」を掲載した。これは，拙稿「地方議会による賠償請求権の放棄の効力」（第5章第1節。判時1955号3頁以下，2007年3月21日）に引き続いて，主に判例を地方自治法の構造から批判することと，神戸市における放棄議決の公益性の判断にあまりにも杜撰な点があり，到底有効とは言えないこと，学説にも誤ったものも少なくないが，この主張を支える片鱗も見られることを明らかにしたものであった。

　その成果もあって，まず，筆者が代理しこの自説を主張した大阪高裁民事13部（裁判長大谷正治，裁判官川谷道郎，神山隆一）は，平成21年11月27日（http://www.kobe-trial.gr.jp/に掲載）に，神戸市長に対し，権利放棄無効，現神戸市長個人と外郭団体に約55億円（市長個人にはさらに遅延損害金）の支払いを請求せよとの判決を下した（II）。これは先にも説明したように，既に結審して平成21年3月18日に判決予定であったところ，神戸市議会が同年2月26日に権利放棄議決をしたことを踏まえて，3月11日に弁論再開がなされた上で，それを無効として下された判決である。その判決の前，既に平成21年1月20日には論点を同じくする外郭団体人件費補助金訴訟で大阪高裁民事8部（裁判長若林諒，裁判官小野洋一，菊池浩明）は神戸市長に，約2億5,000万円の支払を求めることを命ずる判決を下していた。神戸市長は，これに対して上告受理申立てを行い，権利放棄により原告の権利は消滅したとの趣旨の主張をしていると推測されたことから，筆者は，それが係属した最高裁第一小法廷（金築誠志裁判長）に，自治研究の論文を参考のために送付しておいたところ，平成21年12月10日に神戸市の上告受理申立ては却下された。したがっ

第4節　地方議会による地方公共団体の権利放棄議決に関するその後の判例等

て，最高裁は，少なくとも結果としては，権利放棄有効説には立たなかった（少なくとも神戸市の事案では権利放棄は無効であると判断した）ことになる。以前は，権利放棄有効の東京高裁判決に対する住民側の上告受理申立てを却下していたところから，最高裁の門前払い却下には矛盾が生じているが，大阪高裁が平成21年11月27日に権利放棄無効の判決を下したあとであるところから，それを認める趣旨と考えうる。もっとも，論理的には，最高裁は，この問題を，上告受理理由である法解釈上の重要な問題とは見ていないので，いずれの上告受理申立てをも却下しているとも考えられるが，これだけ問題となっているのであるから，そのような判断回避の可能性は高くないと思われる。

ところが，その前，神戸地裁民事2部（裁判長佐藤明，裁判官木太伸広，藪田貴史）は平成21年11月11日，同一の論点で，権利放棄を有効とする判決を下している（http://www.kobe-trial.gr.jp/ に掲載）（Ⅲ）。

他方，東京高裁民事14部（裁判長房村精一，裁判官滝澤雄次，脇博人）は平成21年12月24日，さくら市事件において権利放棄を無効とした（Ⅳ）。

ここで，判例の流れはすっかり変わったようであるが，しかし，権利放棄を有効とした神戸地裁の判決を検討する必要があるし，東京高裁の判決と大阪高裁の判決とでは，権利放棄を無効としつつも，理由がすっかり異なる。

そこで，この3つの判決をさらに分析する必要がある。結論的に言って，裁判所の対応は，原告の主張や，他の裁判所への配慮など，純理論的なもの以外のもので左右されていると見られる。

実は，これまで見落としていたが，裁判官協議会はこの問題を多少検討していた。これは極めて簡単であるが，現場の裁判官はこうした見解をそれこそ公定力があると受け取っているともいわれるので，検討する（Ⅴ）。

なお，学説として，先の分析後，2009年に開催された日本公法学会において木村琢磨の批判に接したが，まったく論拠がないので，末尾で併せて分析する（Ⅵ）。

Ⅱ　大阪高裁平成21年11月27日判決

これは「（改正条例による権利放棄議決の効果）について」の項目（判決文45頁以下）を立てて，次のように判示する（判決文中現市長個人の名前が出てくるが，現市長個人と置き換える）。

第5章　地方議会による地方公共団体の賠償請求権等の放棄

1　権利放棄は議会の可決だけで効力を生ずるか

(1)　判　　旨

　神戸市議会が，平成21年2月26日可決した改正条例の附則には，本件訴訟の請求に係る神戸市の不当利得返還請求権及び損害賠償請求権（これらにかかる遅延利息を含む。以下，この項において「本件権利」という）を放棄するとの定めがあるが，裁判所は，条例の可決あるいは条例の公布だけでは，効力を生じない旨の判断をした。

　「ア　地方公共団体の議会は議事機関（憲法93条1項）であり，合議による地方公共団体の意思決定機関である。他方，普通地方公共団体の長は，当該普通地方公共団体を統轄し，これを代表し（地自法147条），又この事務を管理し及び執行するとされている（同法148条）。我が国の地方自治制度は基本的組織原理として執行機関の多元主義を採用しているが，執行機関は長の下に系統的に構成される（同法138条の3）。議会は，独立の立揚においてその権限を行便するとともに，執行機関と相互に牽制し，均衡と調和の関係を保持して地方公共団体の政治・行政を円滑に遂行するものとされている。

　イ　地自法96条1項10号は，一定の場合の権利の放棄を議会の議決事項と定める一方，同法149条1項6号は，財産を管理し，処分することを普通地方公共団体の長が担任する事務と定めている。上記は，財産の処分のうちでも権利の放棄は地方公共団体の財産を対価なく消滅させるものであるから，特に議会の議決を経た上で，これを長に担任させるのが相当との考慮に基づくものと解される。

　そうすると，議会が権利の放棄を決議したとしても，また，それが条例の形式でされた場合であっても，執行機関による放棄の行為を待たずに，当該決議によって直ちにその対象となった権利について，放棄の効果が生じ，同権利が消滅するということはできないところ，神戸市長において，上記議会の決議に基づき，本件権利の放棄の手続をしたことを認めるに足りる証拠はない。したがって，本件改正条例の成立により，本件権利が消滅したとは認められない。

　ウ　上記に関し，控訴人（神戸市長）は，本件改正条例が可決の日に公布されたとも指摘する。公布は，成立した成文の法規を公表して，一般人が知ることのできる状態に置くことをいい，条例は，公布によって条例としての効力を生ずると解される。しかし，そうであるからといって，本件改正条例が定める

第4節　地方議会による地方公共団体の権利放棄議決に関するその後の判例等

権利の放棄が，執行機関による特段の意思表示なく当然その効果を生ずると認めることはできない。したがって，本件改正条例が公布されたことを考慮しても，本件権利の放棄が効力を生じ，同権利が消滅したと認めることはできない。」

(2)　コメント：権利放棄には首長の意思表示を要すること

本判決は，権利放棄は首長の権限であって，議会の議決だけでは，さらには公布行為があっただけでは，効力を有しないとした。これは，債権管理は執行機関の行政権限であり，議会は首長を監督する議事機関に過ぎないから，正当である。議会が議決しようと，それを公布しようと，債権放棄は執行機関が誠実に行わなければならないのである。違法な議決なら従わないで再議に付さなければならない。その理由は，私見（第5章第1節Ⅲ，第2節Ⅱ，Ⅲ，Ⅵ）と同旨である。この判決は，「執行機関と相互に牽制し，均衡と調和の関係を保持して地方公共団体の政治・行政を円滑に遂行する」ことが，我が国の地方自治制度の基本的組織原理であることを指摘しているが，神戸市の議会は大政翼賛会と変わりはなく，このような基本原理を無視しているのである。

2　改正条例の権利の放棄の定めは実体法上有効でないこと

(1)　判　　旨

次に，以上によれば，本件改正条例により本件権利が消滅したとする神戸市長の主張はそれだけで理由がないが，裁判所は，なお，判断を進めて，本件改正条例中，本件権利を放棄すると定めた規定を無効とした。

「ウ　住民訴訟の制度は，執行機関又は職員の財務会計上の行為又は怠る事実の適否ないしその是正の要否について，地方公共団体の判断と住民の判断が相反して対立し，当該地方公共団体がその回復の措置を講じない場合（即ち，執行機関，議会がその与えられた職責を十分果たさない場合に生ずるものである。）に，住民がこれに代わって提訴して，自らの手により違法の防止又回復を図ることを目的とするものであり，違法な財務会計上の行為又は怠る事実について，最終的には裁判所の判断に委ねて判断の客観性と措置の実効性を確保しようとするものである。

この点について，控訴人は，地自法96条1項10号により，権利の放棄が議会の議決事項とされている以上，神戸市議会がした本件権利の放棄の議決は当

第5章　地方議会による地方公共団体の賠償請求権等の放棄

然有効であると主張する。しかし，前記前提事実，本件訴訟の経緯，証拠……及び弁論の全趣旨によれば，①本件の住民訴訟は，市長が違法な上記財務会計行為を行い，議会も執行機関（市長）の財務会計行為を監督すべき立場にあるのにこれを怠り，違法な財務会計行為を是正する措置を講じなかったために提起されたものであること，②控訴人は上記財務会計行為は適法であるとして争っていたところ，原審は，上記財務会計行為の一部は違法であると認定し，神戸市の本件各団体に対する不当利得返還請求権，神戸市長に対する損害賠償請求権をそれぞれ一部認めたこと（本件権利），③控訴人は，この判決に対して控訴し，控訴審において引き続き上記財務会計上の行為は適法であると主張して争ったところ，当裁判所は平成21年1月21日弁論を終結し，判決言渡期日を同年3月18日と指定したこと，④控訴人は，平成21年2月20日，本件権利の放棄を含む公益的法人等への職員の派遣等に関する条例の一部を改正する条例を提出し，議会は後記のとおり合理的な理由もないまま本件権利を放棄する旨の決議をなしたこと，⑤控訴人は，平成21年3月4日，弁論再開の申立てをし，当裁判所は，同月11日弁論を再開する旨の決定をしたこと，⑥本件権利は，神戸市の執行機関（市長）が行った違法な財務会計上の行為によって神戸市が取得した多額の不当利得返還請求権ないし損害賠償請求権であり，この権利の放棄が神戸市の財政に与える影響は極めて大きいと考えられること，⑦議会は，上記権利を放棄する旨の決議をした際，本件と同種の事案である当庁平成20年（行コ）第90号，第142号事件（前記大阪高裁平成21年1月20日判決が控訴人に各支払請求をすることを命じたもので，当時上告中であったもの。なお，これは前記の通り平成21年12月10日に上告不受理となった。阿部注）等についても，不当利得返還請求権及び損害賠償請求権をいずれも放棄する旨の決議をしたこと，⑧本件権利及び上記⑦の権利を放棄するについて，請求を受けることとなる者の資力等の個別的具体的な事情について検討された形跡は窺えないことが認められる。

　以上のような住民訴訟の制度が設けられた趣旨，一審で神戸市長（控訴人）が敗訴し，これに対する控訴審の判決が予定されていた直前に本件権利の放棄がなされたこと，本件権利の内容・認容額，同種の事件を含めて不当利得返還請求権及び損害賠償請求権を放棄する旨の決議の神戸市の財政に対する影響の大きさ，議会が本件権利を放棄する旨の決議をする合理的な理由はなく，放棄

第4節　地方議会による地方公共団体の権利放棄議決に関するその後の判例等

の相手方の個別的・具体的な事情の検討もなされていないこと等の事情に照らせば，本件権利を放棄する議会の決議は，地方公共団体の執行機関（市長）が行った違法な財務会計上の行為を放置し，損害の回復を含め，その是正の機会を放棄するに等しく，また，本件住民訴訟を無に帰せしめるものであって，地自法に定める住民訴訟の制度を根底から否定するものといわざるを得ず，上記議会の本件権利を放棄する旨の決議は，議決権の濫用に当たり，その効力を有しないものというべきである。

　不当利得返還請求権等の放棄の可否は，住民の代表である議会の良識ある判断に委ねられているとする考えもあるけれども，住民訴訟の制度が設けられた趣旨は，上記のとおり地方公共団体が十分に機能しない場合に住民がこれらに代わって提訴するものであることに照らし，直ちに採用することはできない。

　エ　上記に関し，控訴人は，権利の放棄の議決に法令上の制限はなく，議会が自由に行うことができるとした上で，本件権利の放棄を議決した理由について，……主張する。しかし，先に判示した住民訴訟の制度趣旨に照らすと，少なくともこれらの制度に係る損害賠償請求権，不当利得返還請求権の放棄をするためには公益上の必要その他合理的な理由が必要であるというべきであり，神戸市長（控訴人）の主張は採用できない。そして，本件権利の放棄を議決した理由として控訴人が主張するところは，いずれもその事実自体を認めるに足りないか，又はその事実が存在するとしても本件権利を放棄することについての合理的な理由とは認められない。」

(2)　**コメント：権利放棄議決の実体的有効性？**

　まず，裁判所は，住民訴訟が設けられた趣旨として，「執行機関，議会がその与えられた職責を十分果たさない場合に生ずるものであ」り「最終的には裁判所の判断に委ねて判断の客観性と措置の実効性を確保しようとするものである。」との認識を示す。そして，本件の権利放棄議決は，執行機関の違法行為を放置し，その是正の機会を放棄するものとして，議会がその役割を果たしていないことを指摘している。正当な認識である。また，権利放棄議決は，住民訴訟制度を根底から否定するものとしている。単なる権利放棄議決ではなく，判決直前に敗訴を免れるための権利放棄議決であるから，住民訴訟制度を否定するものと見られたのである。筆者も「この放棄議決は司法で決まったことを覆そうとするもので，法治国家ではありえない司法への挑戦である」と述べて

407

第5章　地方議会による地方公共団体の賠償請求権等の放棄

いる（第2節Ⅳ4）。

　それなら，敗訴判決が確定してから放棄したらどうかということになる。学説上，訴訟係属中と判決確定後に分けて論ずる向きもある。しかし，その場合でも，放棄の実体法上の必要性・公益性が要求されるべきであるが，本判決は，本件の放棄議決に合理的な理由がないこと，神戸市の財政に対する影響の大きさ，放棄の相手方の個別的・具体的な事情の検討もなされていないこと等の事情に照らして，神戸市長の主張を否定した。上記引用の判決文のエでも同様である。

　この点，判示は簡単にまとめているが，私見（第2節Ⅳ）に詳しいので参照されたい。

　権利放棄をしたければ，放棄する個別的・具体的な事情をきちんと説明すべきである。私見では，外郭団体に対しては公益性に応じて補助することはできるが，派遣職員の人件費を補助することは許されないので，一旦返還させ，倒産しそうな外郭団体について事業仕分けを行い，公益性があり，存続させるべきものについてその限度で別に補助すべきである。市長については，債務を免除する公益性はないが，回収できないのに請求してもしょうがないので，できるだけ回収したら，残額は免除することはやむを得ないが，その過程は十分に透明に行うべきである。

　「不当利得返還請求権等の放棄の可否は，住民の代表である議会の良識ある判断に委ねられているとする考え」はこれまでの東京高裁の判決にも見られたが，住民訴訟は，議会が良識ある判断をしない場合に提起されるものである（本件はまさにそうである）から，議会に任せるのは背理であろう。判旨は私見とは多少説明が異なるが，妥当である。

　「権利の放棄の議決に法令上の制限はなく，議会が自由に行うことができる」との主張は，これまで東京高裁判決に見られたが，本判決は，「住民訴訟の制度趣旨に照らすと，少なくともこれらの制度に係る損害賠償請求権，不当利得返還請求権の放棄をするためには公益上の必要その他合理的な理由が必要である」として，放棄の実体法上の要件を設定した。至当である。私見でも，いかなる場合でも放棄ができないなどとは主張しておらず，放棄の必要性・合理性を議会できちんと吟味すべきであり，それは司法審査の対象となると考えてきたものである。

第4節　地方議会による地方公共団体の権利放棄議決に関するその後の判例等

Ⅲ　神戸地裁平成 21 年 11 月 11 日判決

これは神戸市の外郭団体への派遣職員の人件費補助を違法とする訴訟である点では，大阪高裁の判決の事件と同じであるが，平成19，20年度の支出を取り上げたものである。これについては，筆者は代理しておらず，住民が本人訴訟で遂行している。判決は(1)，(2)のいずれの点でも権利放棄を有効とした。

1　条例による権利放棄
(1)　判　　旨

「本件改正条例附則5項は，神戸市の行う私法上の請求権放棄の意思表示（民法519条にいう免除）を条例の形式で行うものであり，法規の性質を有しないと解されるが，地自法96条1項が，普通地方公共団体の議決事項として，『条例を設け又は改廃すること。』（1号），『法律若しくはこれに基づく政令又は条例に特別の定めがある場合を除くほか，権利を放棄すること。』（10号）と規定することなどからすると，地方公共団体が，条例の形式で特定の私法上の請求権を放棄し又は一定の種類に属する私法上の請求権を一括して放棄することも可能であり，当該条例の公布及び施行によりその放棄の効果が発生するものと解される。」

(2)　コメント

これは前述のように，大阪高裁判決では否定されたことで，理由もそこで述べられたことに尽きている。これは，地方自治法のなかで，単に96条しか見ておらず，同法の構造を見ず，議決機関と執行機関の区別も分かっていないと思われる。

2　権利放棄の実体的適法性
(1)　判　　旨

「原告らは，確定判決によって義務を課された市長が，それにもかかわらず債権放棄の提案を議会にしたことは，その事務を誠実に管理，執行する義務（地自法138条の2）及び債権の保全，取立ての義務（地自法240条2項）を果たさず，公正，適切な債権管理を逸脱し，放棄の制度を濫用したものであるとか，議会は，公益性のない権利放棄はできないが，本件改正条例の議決は訴訟遂行

409

第5章　地方議会による地方公共団体の賠償請求権等の放棄

を阻害する目的での議決であり，公益性はないなどとも主張する。

　しかしながら，本件に関する確定判決は存しないから，原告らの主張は前提を欠く。この点を措き，更に地自法138条の2が法的義務を定めたものと解するとしても，同条は，普通地方公共団体の執行機関による事務の管理及び執行の在り方を定めたものであり，その権限の範囲を画する規定ではないと解すべきである。したがって，普通地方公共団体の長が同条に違反して条例案を提案したというべき場合があったとしても，直ちに長の有する条例提案権の範囲を逸脱した無効な提案であるとはいえず，議会が当該条例案を議決しこれに基づく条例が公布，施行された場合，条例制定過程での手続的瑕疵により当該条例が当然に無効となると解することはできない。原告らの主張がこれと異なる趣旨であるとすれば，採用できない（なお，普通地方公共団体の長が，その権限を濫用して違法又は不当な動機・目的で権利放棄を内容とする条例案を提案し，議会に対してその判断を誤らせるような虚偽又は不当な説明をし，その結果，当該条例案が議決されたような場合は，上記のとおり条例は当然には無効とならないが，上記長の行為は普通地方公共団体に対する不法行為を構成し，同長が放棄した権利の価値相当額の損害賠償義務を負うことは当然である。）。

　また，公益性又は公益上の必要性が地方公共団体による権利放棄の有効要件とであるとの見解は示唆に富むと考えるが，地自法96条1項10号に同法232条の2と同旨の文言がなく，他に権利放棄につき同法232条の2と同様の要件を定めた規定は存在しないこと，債務者に宥恕すべき事情が存する場合など積極的な公益上の必要性までは肯定できないがなお債権の一部放棄を許すことが不当とはいえないこともあると考えられる（公益上の必要性を上記有効要件としながら，このような場合も要件が充足されるとするのは，「公益上の必要性」の概念を著しく抽象化し，その要件としての存在意義を乏しくする。）など，寄附及び補助金と権利放棄とでは同一に論じられない面があり，同条類推の基礎があるといえるか疑問があることからすると，上記見解にはにわかに左袒できない。」

　(2)　コメント

　この判決は，首長が，地自法138条の2に違反して条例案を提案しても，同条は，普通地方公共団体の執行機関による事務の管理及び執行の在り方を定めたものであり，その権限の範囲を画する規定ではないから，直ちに長の有する条例提案権の範囲を逸脱した無効な提案であるとはいえないとする。

第4節　地方議会による地方公共団体の権利放棄議決に関するその後の判例等

その意味は直ちには理解できない。「事務の管理及び執行の在り方」の定めと「権限の範囲を画する規定」とはどう違うのであろうか。事務を誠実に管理執行することを義務付けうれていれば，そうしない場合には権限の範囲を超えていないのだろうか。誠実に管理しなければならない債権を勝手に放棄する議案を提出すれば，それだけで違法ではないだろうか（後記Ⅴ裁判官協議会の見解参照）。

判旨は，「普通地方公共団体の長が，その権限を濫用して違法又は不当な動機・目的で権利放棄を内容とする条例案を提案し，議会に対してその判断を誤らせるような虚偽又は不当な説明をしその結果，当該条例案が議決されたような場合は，上記のとおり条例は当然には無効とならないが，上記長の行為は普通地方公共団体に対する不法行為を構成し，同長が放棄した権利の価値相当額の損害賠償義務を負う」というが，そうすると，住民はもう一度住民訴訟を提起するしかないが，これで勝訴しそうになったら，またまた放棄の議案が提出され，大政翼賛会的議会がこれを可決したら，またまた住民訴訟を起こせというのであろうか。これでは市長と議会が変わるまでは，エンドレスである。議会が機能しないときに活用されるのが住民訴訟なのであるから，このようなことを住民訴訟制度が想定しているはずはない。これは住民訴訟を無にする解釈である。

「公益性又は公益上の必要性が権利放棄の有効要件とであるとの見解」について，判旨は「債務者に宥恕すべき事情が存する場合など積極的な公益上の必要性までは肯定できないがなお債権の一部放棄を許すことが不当とはいえないこともある」として反論するが，そのような場合は，公益性がなくても必要性なり合理的理由があれば債権放棄ができる場合があるとすればすむことであって（前記大阪高裁判決は「公益上の必要その他合理的な理由」としている），そういうことがあるからと言って，公益性もなく，債務者に宥恕すべき事情が存するかどうかも，吟味することなく，債権放棄をすべて有効とすることは，原告の主張に答えていないものである。

原告の主張を放棄の公益性，必要性を吟味せよという趣旨と捉えて，（少なくともそのような釈明をして）判断すべきである。

この判決は，原告の主張の一部を捉えて，もっぱら排斥するための理屈をこねているもので，いわば足取り判決であり，事件の合理的な解決という視点を

まったく欠いていると評すべきである。

Ⅳ　東京高裁平成21年12月24日判決

1　事案の内容

本件住民訴訟はもともとさくら市に合併する前の氏家町の元町長が水道事業管理者として購入した土地の価格が不当に高額であるとして平成17年12月14日に提起されたものであり，宇都宮地方裁判所は，平成20年12月24日，1億2,192万円及び遅延損害金の支払を請求せよとの判決を下した。そして，控訴審は平成21年7月14日に口頭弁論を終結し，判決言渡期日を同年9月29日と指定したところ，さくら市議会は，判決言渡日を間近に控えた同年9月1日，本件議決をし，さくら市長は，同議決を踏まえ，口頭弁論の再開を申し立て，本件議決により元町長に対する損害賠償請求権は消滅したとして，原判決を取り消し住民の請求を棄却するよう求めた。

そして，本件議案の提案理由では，前市長に対する控訴審の報告を受け，元町長の裁量に不法な逸脱，濫用が見られないことから，損害賠償請求に関するすべての権利を放棄するため議案を提出するとされ，原審の認定した正常価格は，市の固定資産評価額等と著しくかけ離れており，合併前の町の実際の購入価格が取引において成立すると認められる正常価格に近いものであること，また，当該用地の取得は水道事業管理者の裁量として必然的な選択であったことに鑑みると，元町長の判断に著しい錯誤がみられないばかりか，水道の事業計画推進に必然的な土地購入であったことを考慮して，現在控訴中，任意の権利放棄は当然の帰結であるとしていたということである。

2　判　　旨

(1)　権利放棄は議会の良識ある判断にゆだねられていること

「地方自治法96条1項10号は，地方公共団体の議会は，法律若しくはこれに基づく政令又は条例に特別の定めがある場合を除くほか，権利を放棄することを議決できる旨定めている。住民から直接選挙により選ばれた議員により構成されている議会が民主主義の原則に則り審議の上多数決により権利の放棄を議決した場合には，その議決は十分に尊重される必要がある。そして，損害賠償請求権について放棄を制限する法令は存在しないし，住民訴訟が提起された

第4節　地方議会による地方公共団体の権利放棄議決に関するその後の判例等

からといって，直ちに地方公共団体の議会が本来の権限に基づいて権利の放棄を議決することが妨げられる理由はないというべきであるから，その放棄の可否は，住民の代表である議会が，損害賠償請求権の発生原因，賠償額，債務者の状況，放棄することによる影響・効果等を総合考慮して行う良識ある判断に委ねられていると解され，裁判所としては，原則として，当該議決の当否について判断すべきではなく，その議決の当不当の評価は最終的に選挙を通じた住民の判断に委ねられているというべきである。」

　(2)　裁判所の判断を覆すための権利放棄議決は，三権分立に違反し，権利濫用で，無効であること

「以上の本件議決がなされた前後の事情及びその提案理由によれば，本件議決は，本件土地の購入価格が不当に高額であり，元町長が本件売買を締結したことは，地方公営企業の管理者に与えられた裁量を逸脱，濫用したもので地方自治法2条14項及び地方財政法4条1項に反し違法であり，過失も認められるから，さくら市は元町長に対して損害賠償請求権を有するとの原審の認定判断に対して，購入価格は正常価格であり，元町長には裁量の逸脱，濫用はないとの立場から，上記原審の認定判断を覆し，また，当審において，同様の認定判断がなされることを阻止するために決議されたものであるといわざるをえない。」

「前記のとおり，地方自治法96条1項10号に基づく権利の放棄の可否は，議会の良識にゆだねられているものではあるが，裁判所が存在すると認定判断した損害賠償請求権について，これが存在しないとの立場から，裁判所の認定判断を覆し，あるいは裁判所においてそのような判断がなされるのを阻止するために権利放棄の決議をすることは，損害賠償請求権の存否ついて，裁判所の判断に対して，議会の判断を優先させようとするものであって，権利義務の存否について争いのある場合には，その判断を裁判所に委ねるものとしている三権分立の趣旨に反するものというべきであり，地方自治法も，そのような裁判所の認定判断を覆す目的のために権利放棄の議決が利用されることを予想・認容しているものと解することはできない。

したがって，本件議決は，地方自治法により与えられた裁量権を逸脱又は濫用したものとして違法無効なものというべきであり，本件議決により元町長に対する損害賠償請求権は消滅するものではない。」

第5章　地方議会による地方公共団体の賠償請求権等の放棄

3　コメント

　この判決は，権利放棄は議会の良識に委ねられており，裁判所が判断すべきものではないが，裁判所の判断を覆しまたは阻止するために行われたので，三権分立の趣旨に反し，裁量濫用として無効というものである。これは結果として，議決を無効としているが，その理論と射程範囲には大いに疑問がある。

　まず，権利放棄は議会の良識に委ねられているという点は，解釈論として明白に誤りである。そのことは第2節にも書いたが，前記の大阪高裁判決からも明らかである。執行機関と議決機関の権限の関係について何ら言及がないのはどうしたことだろうか。このことは住民側準備書面できちんと主張しているのに，この判決は，それに対して反論することなく，単に結論だけを述べているのである。これでは裁判にならない。しかも，議会が良識を失っているときに良識に委ねると言っても，何の意味があるのか。

　これは，これまでの東京高裁判決に配慮して，それを批判する勇気がなかったのではなかろうか。裁判官は独立のはずであるから，そのような先例の間違いを正す勇気を持つことが基本のはずである。

　しかし，この判決は，本件の経緯に照らし，裁判を阻止する目的であるから，三権分立に違反するとした。では，裁判が確定したあとであれば，あるいは結審後ではなく，訴訟の途中であれば，権利放棄は有効なのか。いずれにしても，住民の権利を恣意的に放棄することには変わりはない。やはり，必要性と合理性がなければ放棄できないというべきである。

　最高裁においては，この東京高裁の誤りを正し，大阪高裁判決の立場でさらに優れた判断をして頂きたいと思う（しかし，期待はずれであったことは，第6節）。

Ⅴ　裁判官協議会の見解

　最高裁判所においては，平成13年10月に，平成14年度住民訴訟改正を検討するため，行政事件担当裁判官協議会を開催した。その概要は『改正住民訴訟執務資料』（法曹会，2003年）に掲載されている。その37頁以下においては，「第二段目の訴訟における地方公共団体の和解及び請求の可否」というテーマが扱われている。これは，住民訴訟原告勝訴判決後に首長又は代表監査委員が提起する第二段目の訴訟を念頭におき，最初の住民訴訟段階を焦点とするもの

第4節　地方議会による地方公共団体の権利放棄議決に関するその後の判例等

ではないが，それでも参考になる記載がある。

　ここで権利放棄自由裁量説は，議会の議決を経る場合には地方自治法96条1項10号に何ら要件の定めがないことを根拠としている。しかし，自由裁量説の根拠がこれだけでは，断片的な文理解釈にすぎず，法制度の体系を全く理解していないので，何度も批判したところである。

　これに対して，地方公共団体の長は，地方公共団体に不当な財産的損失を被らせないように行動すべき義務を地方自治法138条の2の誠実執行義務として負っていることから，合理性を欠くことが明らかな請求権の放棄をした長の行為は裁量権の逸脱，濫用に当たり，違法になるとする説が示されており，文献でも，放棄は「特に必要があると認められるとき」（自治省行政課編『改正地方自治法詳説』（ぎょうせい，1963年）319頁），「賃貸料の徴収が不可能となったことが当該法人の営業不振に基づくような場合でも，正当な理由があれば議会の議決を経て賃貸料債権を放棄することができる」（昭和31年7月17日自丁行発第47号の注釈，地方自治制度研究会編『改訂注釈地方自治関係実例集175頁』（ぎょうせい，平成5年＝1993年））となっていることが紹介されている。筆者も確認したところ，その通りの記述がある。ここでは議会の議決が自由裁量だという見解は示されていない。

　筆者は，これを見逃していたが，同じ見解を示していたことになる。

　さらに，東京高裁平成12年12月26日（判時1753号35頁）は，住民訴訟が提起されたからといって，議会が本来の権限に基づいて権利を放棄することは妨げられないとの趣旨を述べているが，これは，権利放棄が住民訴訟の趣旨を没却し許されないのではないかが争点とされたものであり，一般に請求権の放棄に合理的な理由が必要か否かについては特に争点とはされていないようであるとのコメントが付されている。これも原告の主張に答えたに過ぎない判決で，この判決がいつのまにか権利放棄は自由であるとの判決だと誤解されて一人歩きしたのは困ったものである。

　この裁判官の協議会の見解は，裁判官なら一番先に見るはずであるが，これまで大阪高裁平成21年11月27日判決以外はこれを見て判断した形跡がないのはなぜであろうか。

第5章　地方議会による地方公共団体の賠償請求権等の放棄

Ⅵ　木村琢磨公法学会報告

1　学会でのやり取り

2009年10月の公法学会において，木村琢磨（千葉大学教授）は，報告の中で，国の場合会計検査院の検定で免除できる，沿革上地方議会の放棄は同じだという趣旨で，私見を簡単に批判した。

そこで，この趣旨はよく理解できないので，もう一度ご説明を頂いて，反論したいと質問した。当日のメモ（口頭のやり取りなので，必ずしも正確ではない）を今再現すると，次のようである。

まず会計検査院は，合理性，必要性，公益性がなくても，自由裁量で放棄できるのか。もしそれが許されるなら，公有財産保護のための財政統制の原則に反するのではないか。

もし，それが許されないなら，地方議会の議決でも同じ原理が妥当する。

又，会計検査院法は出納職員の弁償責任についてだけ規定しており，国会が免除するのもその範囲内である。

地方自治法243条の2第8項は，議会の免除を規定しているが，やむを得ない場合などとしている。自由裁量ではない。しかも，それは会計職員の責任に関するものである。市長の責任，外郭団体の返還義務を免除する規定はない。

今問題になっているのは，この後者である，地方自治法96条の問題である。それは会計検査院法とは沿革上何の関係もない。東京高裁は，自由裁量で放棄できるとし，私は，必要性，合理性がなければ放棄できないと主張している。地方議会も，自分の金ではなく，人の金をなぜ勝手に捨てられるのか。そんなのはフランス法とか会計検査院法の沿革からは出てこない。改説してほしい。

これに対して，木村の回答は曖昧であった。

減免の要件は会計検査院法には規定がないが，自治法243条の2は，やむを得ない場合に限るとしている。

フランス法では，不可抗力という要件がある。実際には完全な裁量が認められている。コンセイユデタの統制は及ばない。政治的責任で正当化されている。

自治法243条の2の規定は首長に関係がない。会計検査院も大臣の責任は関係がない。大臣は支出負担行為を委任するのが原則なので，大臣が出てくるわけではない。大臣には政治的免除がある。それで正当化できる。

第4節　地方議会による地方公共団体の権利放棄議決に関するその後の判例等

　これでは，私の質問にまともな答えをしているとは思えない。学者である以上は，誠実さが第一の要件である。質問には正面からきちんと答えるべきである。できなければ，改説すべきである（私も勘違いしていることはままあると思われるが，指摘されれば降りる）。公の場で批判する以上は責任を持たなければならない。そうしないのでは学者としての資質に疑問が生ずる。

　国の場合，会計職員（出納職員，物品管理職員）の弁償責任は，会計検査院の検定により定められる。その弁償責任は，国会の議決に基づかなければ減免されない。逆に言えば，国会が免除できるとの制度がある。これは会計検査院法32条で定められている。木村は，地方自治法も同じとの見解のようである。

　しかし，これと似た規定は地方自治法243条の2であるが，この場合も免除できるのは「当該損害が避けることのできない事故その他やむを得ない事情によるものであることの証明を相当と認めるとき」である。「この場合においては，あらかじめ監査委員の意見を聴き，その意見を付けて議会に付議しなければならない。」となっている。

　要するに，この制度が適用されるのは，「やむを得ない事情」を証明した場合に限るし，これは会計職員の責任に限る。

　本節で問題としているのは，首長の賠償責任，地方公共団体から補助金などを違法に受けた外郭団体の返還義務であり，会計職員の責任とはまったく異なるし，権利放棄の根拠規定も，地方自治法96条であって，会計検査院法の規定とは関係がないから，沿革上関係がなく，同法は参考にならない。

　しかも，日本法には，国の債権を国会が自由裁量で，つまり，政治的責任で放棄できるといった規定はないのである。フランス法とは沿革上も内容上も異なる。

2　木村論文

　木村説は，実は，「住民訴訟旧四号請求の提起後になされた権利放棄議決の効力」会計と監査2007年10月号19頁以下ですでに表明されていた。これは権利放棄議決を有効とした，山梨県玉穂町事件東京高判平成18年7月20日（判タ1218号193頁）の賛成評釈である。先の拙稿でこれに気が付かなかったのは申し訳ない（ただし，木村も，私見の第1節＝判時1955号論文の半年後であるのに，私見に気が付いていない）。

417

第 5 章　地方議会による地方公共団体の賠償請求権等の放棄

　木村は，住民訴訟と議決の関係という本質的な問題について，考察する必要が出てくるとして，比較法的な見地を交えて，その見解を概略的に述べるとしている。その核心を引用する。

「(1)　日本の財務会計制度の母国というべきフランスでは，出納官吏の賠償責任に関して，会計検査院の判断を政治的機関が実質的に覆すことができるという仕組みが採用されている。……。すなわち，フランスの会計検査院は裁判機関であり，日本でいう出納職員の賠償責任に関する《判決》を下すが，財務大臣の決定（古くは国家元首たる大統領の決定）によって減免することが認められている。その要件としては，不可抗力がある場合のほか，関係大臣や議会の意見を求めたうえの恩恵的減免が広範に認められている。

　日本法も，基本的には，こうしたフランス法を継承していると考えられる。すなわち，政治的機関たる国会による減免を認めた規定として，会計検査院法 32 条 4 項や予算執行職員等の責任に関する法律 7 条があり，フランスと同様に，国家元首たる天皇の恩赦による減免の制度（旧会計検査院法 21 条）に起源をもつ。地方自治法 243 条の 2 第 8 項による免除も，この派生形態として位置づけられる。これらは，現行法上の財政統制が政治統制を基礎にしていることを象徴する制度であるといえる……。

　ところで，住民訴訟の判決は，国の場合に置き換えてみると，フランスでは裁判機関とされている会計検査院の《検定》に相当すると考えることができる（旧会計検査院法のもとでは，検査院の検定が，フランスにならって《判決》と呼ばれていたことも，この論拠となりえよう）。したがって，現行法上，住民訴訟における裁判所の判断が議会の判断によって修正される可能性は肯定できると思われる……。

　もっとも，第二次大戦前はフランスにならって，出納職員のみが賠償責任の対象とされていたのに対して，戦後は予算執行職員等の全般に賠償責任の範囲が拡大したのであるから，沿革的な説明が妥当しにくくなっているともいえる。しかし，その反面で，減免の要件が議会の議決という，より民主的な手続に代えられているのであるから，免除を広く認めることに障害は少ないと思われる。

　(2)　そのうえでの実際的な論点として，第一に，訴訟係属中の議決と判決確定後の議決を区分すべきかが問題となる。先に引用した多くの裁判例では，訴訟係属中の議決が問題とされているが，平成 12 年東京高判は判決確定後も放

第4節　地方議会による地方公共団体の権利放棄議決に関するその後の判例等

棄議決が可能であると述べている。政治的機関の判断を尊重する趣旨からしても，またフランスでは会計検査院の判決の前後を問わずに減免が認められていることからしても，確定判決の有無に関わらないと解すべきであろう。」

思うに，これによれば，フランスで会計検査院の判決を政治部門が覆すのは出納職員の責任についてである。「沿革上」これを引き継いだ日本法は地方自治法243条の2第8項である。今住民訴訟で問題となっているのは，これとは異なり，地方自治法96条の定めによる議会の権利放棄である。沿革上何らの関係もない。

これについて，木村の主張で関係ありそうな点は，「住民訴訟の判決は，国の場合に置き換えてみると，フランスでは裁判機関とされている会計検査院の《検定》に相当すると考えることができる」というにあるが，日本では，国の場合に住民訴訟に相当するものはない。会計検査院の検定で大臣の責任が問われることはないのである。したがって，その論理は間違いである。

木村は，財政法の研究者でありながら，出納職員の責任と首長などの責任，外郭団体などの責任という基本的な法制度上の区別が付いていないのである。到底賛成できない。

[追記1]　斎藤誠説

校正時に，斎藤誠「住民訴訟における議会の請求権放棄」法教353号3頁（2010年）に接した。これは，同じ地方自治法上の制度の整合的な解釈という観点から，住民訴訟の意義をゼロにするような議決を許容することは重大な矛盾であり，住民訴訟ないしその判決を阻害する効果を持つ権利放棄には公益性が認められないとする。そして，前記の大阪高判平成21年11月27日，東京高判平成21年12月24日を肯定的に捉えている。他方，訴訟で確定した権利の放棄については，その公益性は例外的には肯定されるが，極めて限定的なものと解されるとしている。

私見では，権利の放棄については，議会は議決するだけで，首長の提案がある場合も，自発的に議決する場合も，いずれにせよ最終的には首長が放棄することになり，それは，地方公共団体の財務を誠実に執行するとのルールの範囲内で許容される。公益性の基準はその一つとなると思う。

[追記2]　高田倫子説

高田倫子「議会による長の損害賠償請求義務の免除——東京高判平成18年7月20

第5章　地方議会による地方公共団体の賠償請求権等の放棄

日（判タ1218号193頁）」（阪大法学58巻1号211頁以下，2008年）は，基本的に私見に近い。併せて参照されたい。

[追記3]　木村琢磨説

木村は，先の公法学会の報告を公法研究72号112頁（2010年）以下に掲載したが，議会の議決による権利放棄の問題には，「財政法の基礎理論の覚書き──住民訴訟と権利放棄議決の関係を含めて」（自治研究86巻5号54頁以下）に譲っている。その趣旨も既に述べられたことと基本的に同一であるが，若干ふれておく。

最判昭和61年2月27日（民集40巻1号88頁）が長に対して民法上の賠償責任が適用されるとしたことについて，その論文で述べた伝統的理論（政治的考慮から各省大臣の民事責任が免除されるというフランス法の沿革が日本法にも当てはまるというらしい）の延長線上にあり，同判決は，長の責任については，出納会計職員に適用される自治法243条の2の手続的規律を排して，裁判所及び議会の直接的コントロールをおく趣旨，つまり法的規律を緩和して政治的規律を優先させる趣旨であり，というが，まったく理解できない。この最判は，長の地方公共団体に対する責任について，民法の過失責任主義が妥当することを明示したものであり，その賠償責任の最終的判断を議会に委ねる趣旨などはまったくない。

木村は，条文上の説明としては，長以外の出納会計職員については，フランス法と同様に，観念的には自治法243条の2と自治法96条1項の二段階の減免の考え方が採用されており，長については前者が適用されないので後者の減免のみが予定されているとするが，後者の減免は，長だけについての規定ではなく，地方公共団体が権利を放棄すること全般の規定であり，もともと，長に対する請求権の放棄を念頭におく規定ではなかったのである。また，この規定が，損害賠償請求権を放棄することを定めているとしても，それが政治的裁量によるという趣旨の規定はない。むしろ，権利放棄は議会の権限である前に首長の権限であり，それは地方公共団体の利益を最大限守るという前提で行使されなければならないのであるから，議会によるその免除議決も，首長の権限行使の監督手段であるはずである。財産管理という行政事務に関する首長と議会の関係が木村説では全く無視されている。このように，木村説は，フランス法の自己流の理解から，日本の地方自治法と財政法にまで一足飛びに議論を展開し，財政統制の前に，首長と議会の二元代表という地方自治法の構造を理解していない。

前記した公法学会でのやり取りは，この公法研究72号144〜145頁に記載されているが，前述したところを修正するほどのことはない。

第5節　地方議会による地方公共団体の権利放棄議決に関するその後の判例補遺

I　はじめに

　筆者は，住民訴訟を契機に（住民勝訴・自治体敗訴後，あるいはその係争中），地方議会で行われている自治体の権利放棄議決は無効であることをこれまで何度も主張させていただいてきた（本書第5章第1～4節）[1]。その結果，大阪高裁平成21年11月27日判決，最高裁平成21年12月10日不受理決定，東京高裁平成21年12月24日判決で，権利放棄議決は無効である，少なくとも住民訴訟敗訴を避けるための議決は無効であるとの司法判断がなされたことは第4節で述べた[2]。

　しかし，その後，大阪高裁第14民事部平成21年（行コ）第169号・平成22年8月27日判決（裁判長三浦潤），神戸地裁第2民事部平成21年（行ウ）第42号・平成22年10月28日判決（裁判長梅村明剛）はともに，神戸市議会の制定した権利放棄条例を適法とした。同じく神戸地裁平成22年（行ウ）第55号平成23年3月16日判決も同様であった（http://www.kobe-trial.gr.jp/）。

　神戸市の事件では，大阪高裁平成21年1月20日の神戸市敗訴判決（神戸市長は外郭団体と神戸市長個人に約2億5,000万円を払うように請求せよとの判決）に対して，神戸市がその2月に権利放棄条例を制定して，最高裁に上告したが，最高裁第一小法廷は，平成21年12月10日に不受理とした。したがって，大阪高裁平成21年1月20日の住民勝訴判決が確定したのであるから，神戸市はこの判決を履行しなければならない。つまり，判決確定日から60日以内に，

---

[1]　阿部泰隆①「地方議会による賠償請求権の放棄の効力」判時1955号（2007年）3－9頁＝本書第5章第1節，②「地方議会による地方公共団体の賠償請求権の放棄は首長のウルトラCか（上・下）」自治研究85巻8号3～34頁，85巻9号3～29頁（2009年）＝本書第5章第2節。

[2]　阿部③「地方議会による地方公共団体の権利放棄議決再論－学説の検討と立法提案」自治研究85巻11号3～35頁（2009年）＝本書第5章第3節，④「地方議会による地方公共団体の権利放棄議決に関するその後の判例等」自治研究86巻3号23～43頁（2010年）＝本書第5章第4節。

第5章　地方議会による地方公共団体の賠償請求権等の放棄

代表監査委員は神戸市長個人に遅延損害金付きで賠償金を請求し，神戸市長は外郭団体に不当利得返還請求をしなければならない（地方自治法242条の3第2項）。しかし，神戸市長も代表監査委員もこれをしていない。前阿久根市長並みに，司法無視の自治体であると思う。なお，東京都檜原村長も，嘱託職員への手当支払いを違法として，村長に，村長個人に約756万円＋遅延損害金の賠償請求をせよとの高裁判決が，最高裁で不受理となり，敗訴確定した（平成21年（行ヒ）第114号・平成22年2月16日第三小法廷決定）のに，議会の権利放棄議決を受け，従っていないので，司法無視の3悪人ということになる。

ところが，神戸市は，議会で権利放棄条例が制定されたので，市長個人へ賠償請求することも，外郭団体に請求することもできないというのである。それは権利放棄条例の適法性を前提とする。

筆者は，この権利放棄条例は無効であると主張してきたが，今回の大阪高裁，神戸地裁判決を前提とすれば，神戸市は，最高裁判決を無視していないという言い分が正当化されたわけである。

しかし，これらの判決においては，筆者がこれまで本書第5章第1～4節で指摘してきた論点はまともに考慮されていない（なお，筆者は権利放棄を無効とした最初の判決である大阪高裁平成21年11月27日判決では代理していたが，その後の裁判では代理していない）。誠に残念である。是非とも，注に引用した私見をご参照賜りたい。

これらの事件は目下最高裁で審理中であるだけではなく，全国の違法行政を正そうとする住民や，これから身を守ろうとする自治体当局者の注視の的であるので，ここでその問題点を説明する必要があると考え，何度も申し訳ないが，誌面をお借りすることとした。

II　大阪高裁平成22年8月27日判決

1　権利放棄条例の可決と神戸市の正当化根拠

この事件は，神戸市が同市職員の派遣先団体に対する平成19年度及び20年度の派遣職員人件費に充てる補助金及び委託料の支出は，公益法人等への一般職の地方公務員の派遣等に関する法律（公益的法人派遣法）6条2項の手続によることなくしてなされた脱法行為として違法であり，公益上必要がある場合の補助金支出を認めた地方自治法232条の2でも正当化されないとして，市長個

第 5 節　地方議会による地方公共団体の権利放棄議決に関するその後の判例

人には損害賠償と遅延損害金の賠償請求，外郭団体には不当利得返還請求をするように市長に求めるいわゆる四号請求である。

神戸市議会は，市長の提案を受けて，平成 21 年 2 月 26 日，公益的法人等への職員の派遣等に関する条例の一部を改正する条例を可決した。この改正条例の附則 5 項には，「(不当利得返還義務等の免除)」との見出しが付され，「第一審における事件番号が神戸地方裁判所の平成 18 年 (行ウ) 第 25 号，平成 18 年 (行ウ) 第 43 号又は平成 20 年 (行ウ) 第 76 号である訴訟における請求に係る不当利得返還請求権及び損害賠償請求権（これらに係る遅延利息を含む，以下同じ）その他平成 14 年 4 月 1 日から平成 21 年 3 月 31 日までの間に係る派遣先団体から派遣職員に支給された給与の原資となった本市から派遣先団体への補助金，委託料その他の支出に係る派遣先団体又は職員に対する本市の不当利得返還請求権及び損害賠償請求権は，放棄する」と規定されている。

この条例は，神戸市の主張によれば，大阪高裁平成 21 年 1 月 20 日判決によって，公益的法人への補助金が，派遣職員の人件費をまかなうもので，脱法行為で違法とされたことをうけて，公益法人派遣法 6 条 2 項の規定に従い，派遣職員に対して，直接に給与を支給することとして，外郭団体に対する不当利得返還請求権，市長に対する損害賠償請求権を放棄する意思表示（民法 519 条にいう免除）をしたものである。すなわち，この改正条例は平成 21 年 2 月 26 日に公布され，平成 14 年 4 月 1 日に遡及して適用された結果，平成 14 年 4 月 1 日以降の給与は，神戸市が遡及して支給し，それぞれの該当職員が派遣先からそれまで受領していた給与相当額を派遣先に返還し，神戸市は，派遣先に交付していた補助金又は委託料中の該当職員の給与相当額を派遣先から返還を受けるべきところ，これを実施するための煩瑣な事務手続やそれに要する時間や経費，事実上の困難さ等を考慮して，本件改正条例が遡及適用される期間の給与については，派遣先から支給された給与を神戸市から支給されたものと同視して，上記のような現金の出し入れをせずに済ませるための法的処理として，派遣先に交付していた補助金又は委託料中の当該職員の給与相当額を派遣先から返還を受ける権利を放棄する旨が定められたものであるということである。したがって，上記権利放棄によって神戸市が不利益を被ることはないし，神戸市議会の本件請求権放棄が権限濫用となるはずはないという。要するに，もともと，外郭団体への人件費補助は違法といっても，手続的な違法であって，職

423

員に直接に補助金を支給することとすれば適法になる。神戸市には何ら損害はないということである。

2 条例の形式による権利放棄

これについて、大阪高裁判決は、まず、条例による権利放棄は許されるとする。すなわち、

「本件改正条例附則5項は、神戸市の行う私法上の請求権放棄の意思表示（民法519条にいう免除）を条例の形式で行うものであり、法規の性質を有しないと解されるが、私法上の請求権放棄は相手方に対する意思表示という単独行為によってその法律効果が発生するものであるところ、条例も一定の範囲で一方的に権利義務を設定、制約する内容を含むことができ、公布及び施行という手段によってその効果が発生するものであるから、条例において権利放棄を行うことは、条例や権利放棄（債務免除）の意思表示の性質には矛盾しないと考えられる上、地自法96条1項は、『法律若しくはこれに基づく政令又は条例に特別の定めがある場合を除くほか、権利を放棄すること』（10号）を、『条例を設け又は改廃すること』（1号）とともに、普通地方公共団体の議会の議決事項として規定しており、法令や条例の定めがある場合を除いて、広く一般的に地方公共団体の長ではなく議会の議決によるべきものとしていることからすると、地方公共団体が、条例の形式で特定の私法上の請求権を放棄し、又は一定の種類に属する私法上の請求権を一括して放棄することは可能であると解される。」

しかし、日本の普通の発想では、法律や条例は一般的・抽象的な法形式であり、個別案件に関する定めを予定するものではない。さもないと、誰々に対する租税免除条例なども許されることになるが、租税の免除をする必要がある場合も、条例では一般的な基準を作り、その具体的な適用と執行は、執行機関が公平に行うというのが、立法機関と執行機関の二元制の帰結と考えるのが普通であろう。この立場は先の大阪高裁平成21年11月27日判決では認められていたが、神戸地裁平成21年11月11日判決では否定されていた[3]。

この大阪高裁平成22年8月27日判決は、権利を放棄することという権限が、条例制定権限と並べて議会に与えられている（地方自治法96条1項）ので、単

---

(3) 阿部④26～27、31頁＝本書第5章第4節。②上論文8～17頁、②下論文18～20頁＝本書第5章第2節。

第5節　地方議会による地方公共団体の権利放棄議決に関するその後の判例

独で，権利放棄議決ができると考えている。

　同じ条文に整理なく並べられているので，裁判所はそこだけ見て一緒にしているが，条例の制定については，執行機関には提案権しかないし，予算も同様であるが，権利の放棄，和解，契約，損害賠償の定めなどは，本来，執行機関の権限である。これについて議会の権限を定めたからといって，執行機関の権限が消えるものではない。契約締結権限も同じく並べて規定されているが，条例だけで契約の締結ができるわけがないことからも明らかであろう。

　このように，議会が権利放棄について議決できるからといって，執行機関の権限を奪うことはできない。そして，執行機関は，市民から預かった権利を誠実に管理しなければならないのであるから，理由なく放棄できるものではないのである。むしろ，違法な権利放棄議決なら，首長はこれを再議に付さなければならないのである（地方自治法176条4項）。議会だけで権利放棄議決ができるという解釈は，首長の再議に付す義務を無視するもので，この点でも誤っている。

　これは契約について考えれば明白である。契約は，理由なく廉価で譲渡し，高価で購入すれば，議会の議決があっても，違法である。これを争う余地はない。では，適正な価格の市有地売却契約をして，代価を放棄することとして，この両方について議決すればどうか。それが適法とされるなら，違法な無償譲渡契約が完全に適法とされる結果になる。そのようなことは，脱法行為であり，法律は予想していないであろう。やはり，権利放棄は許されないのである[(4)]。

3　議会の議決事項は，執行機関の専断を排除する趣旨？

　今述べた大阪高裁平成22年8月27日判決は，「地自法96条1項10号が，権利放棄を議会の議決事項としたのは，住民意思をその代表者を通じて直接反映させるとともに，執行機関の専断を排除する趣旨を含むものであるから，議会の議決以外に執行機関の執行行為を要するものではないし，ましてや本件においては，条例の形式で権利の放棄が議決されているのであるから，当該条例の公布及び施行により，当該条例の効力発生に伴って，権利放棄の効果も当然

---

(4)　以上，阿部①3頁〜9頁＝本書第5章第1節，②上論文8頁〜20頁＝本書第5章第2節。議会が違法な契約を締結した上で，損害賠償請求権を放棄することが無効である点は，①8頁＝本書第5章第1節，②上論文18〜20頁＝本書第5章第2節。

に発生するものというべきである。」とする。

　このような判断は東京高裁でも述べられたことがある（東京高判平成 16・4・8，新潟県旧安塚町事件，東京高判平成 18・7・20 判タ 1218 号 193 頁，玉穂町事件，東京高判平成 19・3・8，久喜町事件)[5]が，誤解である。

　この点について筆者は次の指摘をしていた。「しかし，執行機関の専断を排除しようとすることから，執行機関の執行行為を不要とするという結論は導けない。それはおよそ非論理的である。この制度は，執行機関だけでは放棄できないとしているだけで，自治体の組織構造では，議会は議決機関にすぎず，首長が執行機関であるから，議決がなければ執行できないが，議決があったからといってそのまま執行しなければならないものではないのである。違法な議決は地方自治法 176 条により再議に付さなければならないのである。再議に付さなければ，それ自体違法である。

　この地方自治法の二元的統治構造を正しく理解しないのがこの混乱の原因である。議会は議決機関にすぎず，長が執行機関であるから，長の執行行為が必要なのである。」[6]

　執行機関の専断を排除するためには，執行機関のすることを監督して，専断行為を許容しなければ十分なのであって，議会だけで決めることとしなければならない理由はない。逆に，議会だけで決めるという制度とすれば，それが専断行為であった場合に，首長がこれを再議に付して阻止することもできず，議会の専断を許容することになる。地方自治法は，専断というなら，議会にも執行機関にも許さないように，執行機関の行為については議会の議決，議会の議決については再議というように，双方からのダブルチェックのシステムをおいているのである。裁判所には，是非私見をご参照頂きたいと願うところである。

4　議会の議決では放棄できない特別の定めの存在

　原告らは，地方自治法 96 条 1 項 10 号は議会で放棄の議決をすることができるのは，「法律に特別の定め」がない場合としているが，公益的法人派遣法 6 条 2 項，地方自治法 232 条の 2 又は地方自治法 242 条の 3 第 2 項の定めがあるので，議決で放棄することはできないと主張した。

---

(5)　阿部①3～6頁＝本書第5章第1節，③10頁＝本書第5章第3節。
(6)　阿部①6頁＝本書第5章第1節。

第5節　地方議会による地方公共団体の権利放棄議決に関するその後の判例

しかし，裁判所は，次のように述べる。「まず，地自法96条1項10号の『法律……に特別な定めがある場合』とは，地自法243条の2第3項の規定により監査委員が賠償責任があると決定した場合における議会の同意を得て行う職員賠償責任の免除（同条8項）などのように，その権利放棄の手続が法律等により別途定められているために，当該権利放棄について改めて議決を要しない場合を言うものと解され，逆に議会の議決によっても権利の放棄ができない場合をいうものとは解されない。

次に，地自法242条の3第2項は，同法242条の2第1項第4号請求の判決に基づき，地方公共団体の長に，損害賠償請求などを行うべきことが義務付けられた場合に，長が当該損害賠償請求権等を目的とする訴訟を提起すべき期間等を定めたものであって，議会が当該請求権放棄を議決することを禁止した規定であるとは解されない。けだし，地自法242条の2第1項第4号請求の判決の主文で命ぜられるのは請求又は賠償命令をすることのみであり，同判決に基づく地方公共団体の義務として地自法が規定しているのも請求，賠償命令，訴えの提起までであって，判決の取得まで義務付けられているわけではないから，議会の議決によって，上記損害賠償請求権等を放棄することは当然認められるものというべきである。」と。

しかし，少なくとも，裁判で，自治体が賠償請求や不当利得返還請求を義務付けられた場合には，60日以内に訴えを提起するようにと定められているのに，権利を放棄して，この訴えを提起しないことが許されるのか。判決を取得するまで義務付けられたものではないというのでは，何のために訴えを提起するのか，わからず，ベニスの商人判決を思い起こさせる詭弁ではないか。訴えを提起しなければならない以上，それを無意味にするような権利放棄は許さないと解さないと，法秩序は整合しないのではないか。

5　公益的法人派遣法6条2項を適用できるのか

先の外郭団体への派遣職員分人件費補助無効判決（大阪高裁平成21年1月20日）を受けて，神戸市は，Ⅱ1で述べたように，本来，外郭団体から，補助金を返還してもらい，これまで無給で派遣していた派遣職員に給与を払うことになるが，そうする代わりに，外郭団体への不当利得返還請求権を放棄するが，派遣職員に対する神戸市の給与支払い債務も免れる措置が講じられていると主

427

第5章　地方議会による地方公共団体の賠償請求権等の放棄

張した。

　高裁は,「本件公金支出に,派遣職員の給与相当分が含まれていたことについて,派遣法6条2項の規定に沿うように,派遣法施行時点（平成14年4月1日）に遡って,本件公金支出の相手方の法人を派遣法6条2項の派遣先団体に含める形に条例を整えたものであり,これによれば,それらの法人がいずれも派遣法の規定に沿った公益法人等であることが議会で追認されたものと認められる」として,神戸市の上記主張を認めた。

　しかし,派遣職員に神戸市から給与を支給できるのは,公益的法人法6条2項により,神戸市の業務を行うような場合に限られるが,この判示の仕方だけでは,そのことは何ら具体的に判断されていない。むしろ,外郭団体は神戸市ではないのであるから,外郭団体で仕事をしている以上,それは神戸市の業務でないと推定されるものであり,神戸市から給与を支給すると同じ扱いにするためには,神戸市の業務を行っていることを神戸市が立証すべきである。そして,そのことは,職員の担当業務によって異なるはずであるから,同法6条2項の適用を受けるためには,職員一人一人について吟味しなければならないのであって,法人を指定するだけで,一括してその適用があるとすることは無理である[7]。

　したがって,派遣職員の給与については,6条2項の適用があることが証明されない限り,派遣先の外郭団体が神戸市からの補助を受けずに,固有の財源で支給すべきものであって,神戸市は外郭団体から,補助金を取り返さなければならないのである。そうすると,市民の役に立っていた三セクが潰れるではないかとの反論があるが,法的には,三セクに不当利得返還請求をして,返還できないとか返還すれば立ち行かない三セクは整理するしかないのである。違法な補助金の支給なり違法な職員の派遣を受けなければ経営できないのは三セクとして失格であるから,破綻処理を早期にした方が住民のためである。

　この裁判は,業務仕分けの一種だったのである。それが権利放棄議決を有効とする裁判のために,本来破綻する三セクを蘇生させては,神戸市の財政悪化を増幅させるばかりである。

---

(7)　このことは,阿部②上28～29頁,32頁＝本書第5章第2節Ⅳ4(4)イ（352頁）,②下5～7頁＝本書第5章第2節Ⅳ4(6)イ（355頁）,オで指摘しているが,裁判所の目に触れないようである。

第5節　地方議会による地方公共団体の権利放棄議決に関するその後の判例

6　神戸市議会の杜撰な審議

裁判所は，本件改正条例の議決に当たって，議会の審理を誤らせる虚偽の説明が神戸市当局からなされたとの住民の主張に対し，いとも簡単に「いずれも独自の見解」でありとする。しかし，筆者には，議会の審議は極めて杜撰であり，大政翼賛会的で，これを批判した住民側議員の主張は市長と癒着した多数派のために無視されたと思っている[8]。これを「議会の良識」といっては，腐敗民主主義がはびこるだけである。いくら何でも，なぜどこが「独自」なのか，説明すべきである。筆者から見れば，裁判所の判断こそ「独自」の見解に見える。お互いに「独自」と非難し合っていても始まらないから，理由を付けるべきである。

Ⅲ　神戸地裁平成22年10月28日判決

これは神戸市の平成20年度派遣職員人件費を巡る争いであり，争点は先の大阪高裁平成22年8月27日判決の事案と同じである。裁判所の判断もほぼ同じである。

神戸地裁判決も，権利放棄は条例の形式で行うことができるとする。これは前記の大阪高裁平成22年8月27日判決にほぼ倣っている。権利の放棄が「議会の良識ある合理的判断に委ねられている」というが，ことは政治問題ではなく，法律問題であるから，良識ある合理的判断に任せるわけにはいかず，住民全体の財産を適正に管理するように委託された議会の権限を越えるというべきである[9]。

Ⅱ5，6と同じ判断がなされている。

前記大阪高裁平成22年8月27日判決よりも多少詳しいのは，次の点である。

神戸市は条例改正により，派遣法6条2項により給与を支給することができる派遣職員に係る派遣先団体を31指定した。この改正の際には，議会で，十分な審議がなされたとする。そして，この団体に派遣された個々の職員の従事する業務が派遣法6条2項に適合しないことの具体的な主張・立証はない，という。

しかし，派遣法6条2項は，個々の職員の職務を個別的に判断して，自治体

---

(8)　阿部②上26〜34頁，②下3〜15頁＝本書第5章第2節。
(9)　阿部①＝本書第5章第1節，②論文＝本書第5章第2節。

からの給与支給を許容する制度であるから，派遣先の外郭団体の公益性を認めるだけでは足りない。そして，そもそも，住民訴訟平成14年の改正で四号請求訴訟の被告が，首長個人などから首長というポストに変更された理由は，自治体に説明責任を果たさせるためであること，この団体に派遣された個々の職員の従事する業務が派遣法6条2項に適合しないことの具体的な主張・立証は，人事情報・職務情報を入手しなければ行えないから，原告住民には無理であること，むしろ，市は，そのような判断をした以上はこれを立証するのは容易であることを考えれば，市の方からこれに適合することの具体的な主張立証を行うべきである。裁判所は，本件を通常の不法行為訴訟と勘違いしているのではないかと思われる。

Ⅳ 公金支出の違法過失と権利放棄議決の関係

この裁判では，原告は，外郭団体への派遣職員人件費相当分の補助等を違法として，外郭団体に不当利得返還請求，市長個人に賠償請求をするように，神戸市長に求めている。この権利放棄議決は，この請求が認容されることを前提に行ったものである。そして，この請求が本来認容されるべきであることは，先の大阪高裁平成21年1月20日，最高裁平成21年12月10日，大阪高裁平成21年11月27日から明らかである。

そして，この権利放棄議決が原告勝訴判決確定後であれば，そこで原告は一旦勝訴し，訴訟費用の負担もない。

ところが，係争中に権利放棄議決がなされた場合には，原告の請求には立派に理由があるので，被告が敗訴を予定して，権利放棄したのに，原告が全面敗訴として，訴訟費用の負担もさせられるとすれば（本節で取り上げた大阪高裁，神戸地裁はともに原告に訴訟費用を負担させている），極めて不合理である。

そこで，かりに権利放棄議決が適法であるとしても，もともとの原告の請求は一旦認容されたと同じ扱いとすべきである。裁判としては，理由中であれ，一旦，原告の請求は本来認容されるべきであると判断し，その次に，権利放棄議決がなされ，それが有効であるので，原告の提起した住民訴訟によって自治体に帰属する財産を自治体が放棄したのであるから，原告には何らミスはなく，請求は棄却するが，原告勝訴と同視すべきであると判示して，訴訟費用はすべて被告の負担とすべきである。

第5節　地方議会による地方公共団体の権利放棄議決に関するその後の判例

　目下最高裁で審理中の事件でも，権利放棄は無効として原告の請求を認容すべきであるが，少なくとも，神戸市の案件では，本節で述べた大阪高裁平成22年8月27日判決の立場に立っても，公益的法人派遣法6条2項を適用するに値するだけの勤務実態があるかどうかを，市長の説明責任の下に明らかにせよとして破棄差し戻すべきである。そして，その前提として，元々の住民訴訟においては，住民側勝訴と同視すべきであるとの判示をし，訴訟費用は被告負担とすべきである。参考までに，訴えの利益が原告の責めに帰す事由なく消滅した場合には，原告敗訴であっても，訴訟費用は，各自負担とするように解釈すべきであるとの判例がある（最決平成19・4・20判時2012号4頁）。

V　他の事件への影響

　本節で取り上げた二つの判決が権利放棄を有効としたのは，基本的には，権利を放棄しても，その代わり，神戸市は，派遣職員に支払うべき給与債務を免れるので何ら損失を被らないという，神戸市の手続違法論を承認したためである。そのことは，派遣職員が個々に公益的法人派遣法6条2項に適合するとの実証がない限りは誤りである（そして，調査官解説・法曹時報67巻8号2267頁もこのことを裏づける）が，いずれにしても，権利放棄が有効とされたのはこのような特殊性があったためである。他の事件では，単に権利を放棄しており，その見返りに当該自治体で同額の債務を免れるというような特殊事情はおそらくはない。したがって，この二つの判決は，権利放棄一般には大きな影響をもてないであろう。

第5章　地方議会による地方公共団体の賠償請求権等の放棄

第6節　権利放棄議決有効最高裁判決の検証と敗訴弁護士の弁明

I　はじめに

1　本稿の動機

(1)　住民訴訟中にあるいは住民勝訴後に，追い込まれた自治体側が議会に頼んで，住民が勝ち取った権利を放棄してもらう奇策（ウルトラC）が流行している。これが適法かどうかは全国の住民訴訟原告団，議会，首長等が重大な関心を持って見守っていたところであるが，最高裁第二小法廷平成24年4月20日判決（民集66巻6号2583頁，判時2168号35頁，判例自治363号34頁，神戸市事件），同日判決（判時2168号45頁，判タ1383号132頁，大東市事件），最高裁平成24年4月23日判決（民集66巻6号2789頁，判時2168号49頁，判例自治363号45頁，さくら市事件）は，この放棄を基本的に議会の自由裁量であるとした。神戸市事件の判決は，最高裁で弁論した筆者の答弁書をほぼ無視して，裁量判断とし，その考慮事項をブイヤベースなりちゃんこ鍋のように羅列して，放棄を適法としたもので，筋がどこにあるかわからないので，実質的には住民訴訟を死刑にしたと同じような効果がある（さくら市事件，大東市事件でも，権利放棄に関する一般理論は同じである）。筆者は，この神戸事件の住民側代理人として敗訴したいわば敗軍の将であるので，すぐ弁明するのもいかがという気がして，一年間沈黙していたが，その後の学説を見ても，論点が理解されておらず，筆者の主張を無視する最高裁判決がこのまま通用することになり，それを前提として地方自治法改正がなされるのは適当ではないと愚考するので，この判決が，最高裁における筆者の答弁書に正面から答えなかったこと，このままでは住民訴訟は死に絶え，その結果自治体では違法行政がまかり通り，この国は法治国家ではなく，違法行政を放置する放置国家に堕し，公益を害することを憂いて，敗訴した立場ながら，今後のために一文を掲載させて頂くこととした。もちろん，首長が些細なミスで重大な責任を負わされることがないよう配慮している。

(2)　なお，最高裁では口頭弁論までして答弁書を説明したのに，最高裁から

送付された判決文には上告受理申立理由書だけが添付され，答弁書は添付されていない（第4章第4節［追記1］，296頁）でも同じ。これでは最高裁は法律判断だからと上告受理申立理由書だけを見て，一方的に判断し，答弁書を無視して良いと思っているのではないか，特に，本件では筆者の答弁書がほとんど無視されているのである（判断逸脱ではないのか）から，やはりそうだと疑いたくなる。裁判所は法律論であれ，神様ではないので，当事者の主張を踏まえて初めてまっとうな判断ができるはずで，上告受理申立理由書と答弁書の両方を見て，まっとうな判断をするのが任務のはずであるから，両方を並置して論点を整理の上判断すべきであって，この扱い自体，答弁書を提出した当事者の裁判を受ける権利を侵害する，違憲の誤りではないのか[1]。

(3) この最高裁判決は5つあるが，神戸市関連のものの4つの他，大東市，さくら市のものである。叙述の都合上，筆者が代理した神戸市の外郭団体訴訟の一件について筆者の答弁書と対比しつつ検討し，その他の訴訟については，関連して述べるほか，その後に簡単にまとめる。

2 本件の要点，筆者の答弁書の冒頭の記述

(1) いわゆる公益的法人派遣法（「公益的法人等への一般職の地方公務員の派遣等に関する法律」（平成18年法律第50号による改正前の法律の題名は「公益法人等への一般職の地方公務員の派遣等に関する法律」。以下，同改正の前後を通じて「派遣法」という。）は，職員派遣は無給を原則とし，その6条2項において，例外として，「派遣職員が派遣先団体において従事する業務が地方公共団体の委託を受けて行う業務等であってその実施により地方公共団体の事務又は事業の効率的又は効果的な実施が図られると認められる」ものである場合等にだけ有給派遣ができるとしている。神戸市も，この法律に基づき公益的法人等への職員の派遣等に関する条例（旧条例）を制定していたが，本件派遣職員等は，本件各団体の業務のみに従事しており，市の業務には従事していなかったので，市は，本件派遣職員の給与について，派遣法6条2項及びこの条例に定める手続による支給の方法を採っていなかった（最高裁の前提とする原判決の認定）。つまりは，神戸市は，外郭団体に多数の職員を派遣する際この法律に従い無給と

---

[1] 筆者は，「裁判所の独断的判断は法律問題でも違憲」と主張している。阿部『行政法解釈学Ⅱ』（有斐閣，2009年）218頁。

した。しかし，その人件費相当分を外郭団体に別途補助金及び委託料として交付して，実質的に有給派遣と同じ効果をもたせた。

(2) 筆者はこの違法につき大要次のように考える。

神戸市職員を外郭団体に給与付きで派遣できるのは，派遣法6条2項に該当することが個別に認定できる場合に限られているのに，本件ではそのような個別の審査なしで，外郭団体に補助金（及び委託料）の形式で迂回して人件費を（しかも，外郭団体ベースではなく神戸市ベースで）支給したので，脱法行為として明確に違法・無効であり，外郭団体は受給した補助金を悪意の不当利得として利子付きで返還しなければならないし，市長は，この脱法行為を知りながら，少なくとも重過失（あるいは過失）により行ったもので，神戸市に対し不法行為として賠償しなければならない。原審（大阪高裁平成20年(行コ)第88号／平成20年(行コ)第140号平成21・11・27判決，石崎誠也・平成22年度重要判例解説〔ジュリスト臨時増刊1420〕69～70頁2011年4月）に先立つ，同様の事件である大阪高裁平成20年(行コ)第90号平成21年1月20日判決はこの主張を認めた。

(3) 本件でも同様の判決が想定されたことから，被告神戸市長は，それを阻止すべく，議会に，新条例「公益的法人等への職員の派遣等に関する条例」の制定を提案した。特にその附則5項には，住民訴訟により神戸市に帰属する債権（外郭団体に対する不当利得返還請求権と市長個人に対する遅延損害金を含めた損害賠償請求権）を放棄し，この補助金等交付と職員への人件費支給を適法化する定めが置かれた。議会はこれに応じた（以下，本件条例という）。

そして，神戸市長は，大阪高裁平成21年1月20日判決に対して，権利放棄議決をしたとして，上告受理申立てをしたが，最高裁第一小法廷（平成21年(行ツ)第117号，同(行ヒ)第141号，平成21・12・10決定）で不受理とされている。

そして，神戸市長は，本件の原審を審理し，既に結審して判決待ちとなっている大阪高裁に対しても，権利放棄議決をしたから住民訴訟は成り立たないと主張して弁論再開を申し立てたので，同高裁は弁論再開をした上で，前記の平成21年11月27日に，筆者の主張を容れて，権利放棄議決を無効とする判決を言い渡した。

(4) この判決に対して神戸市から上告受理の申立てがなされた。筆者は答弁書の冒頭で，次のように反論した。

第6節　権利放棄議決有効最高裁判決の検証と敗訴弁護士の弁明

　この議会による権利放棄を有効とする見解なり，権利放棄を無効と主張する上告受理申立てを却下した先例は，地方自治法の構造，自らの利益を図る議会と首長の悪質性，住民訴訟の空文化という論点に気がつかないか，目をつぶった時代のもので，小職の指摘により原判決がきちんと理解したものである。これに対して，上告受理申立人はそれ以前の判例を持ち出しているので，原判決に反論したことにならない。また，上告受理申立人の主張は，すでに原審で，小職の反論により克服された見解をくり返しているにすぎない。

　本来は丁寧に主張したいところであるが，ここでは，時間も限られているので，簡潔に説明する。詳しくは，原審における小職作成の準備書面(6)，(7)，(9)及び小職作成の論文（添付資料①〜⑤）及び読売新聞投稿（添付資料⑥）をご覧ください。原判決後，大阪高裁平成22年(行コ)第174号平成平成23年9月16日判決も権利放棄議決を無効としており，また，新聞（添付資料⑦，⑧，⑨）も権利放棄議決を批判し（「住民訴訟『無意味』に」，「住民訴訟水差す議会」「『裏技』が厳しく問われた」といった見出し参照），この見解は広く理解されてきているのであって，ここで時計の針を逆戻りさせてはならない。

　ここで，添付資料として，下記のものを提出している。

① 「地方議会による賠償請求権の放棄の効力」判時1955号3〜9頁（2007年）＝本書第5章第1節。

② 「地方議会による地方公共団体の賠償請求権の放棄は首長のウルトラCか（上・下）」自治研究85巻8号3〜34頁，85巻9号3〜29頁（2009年）＝本書第5章第2節。

③ 「地方議会による地方公共団体の権利放棄議決再論——学説の検討と立法提案」自治研究85巻11号3〜35頁（2009年）＝第5章第3節。
　　これは，①，②論文に照らし，これまでの学説を批判したものである。

④ 「地方議会による地方公共団体の権利放棄議決に関するその後の判例等」自治研究86巻3号23〜43頁（2010年）＝第5章第4節。

⑤ 「地方議会による地方公共団体の権利放棄議決に関するその後の判例補遺」自治研究87巻4号3〜16頁（2011年）＝第5章第5節。
　　この④，⑤は，権利放棄を有効とする判例と無効とする判例を検討し，これを有効とする判例の法解釈論的誤りを論証したものである。

⑥ 阿部泰隆「論点　議会の賠償請求権放棄　『住民共有の財産』守れ」読

第 5 章　地方議会による地方公共団体の賠償請求権等の放棄

売新聞平成 21 年 9 月 16 日付け＝第 5 章冒頭
⑦　「住民訴訟『無意味に』賠償請求権　議会が放棄　主張への責任追及阻む」読売新聞平成 21 年 7 月 4 日付け。
⑧　「住民勝訴　水差す議会」朝日新聞平成 21 年 3 月 29 日付け。
⑨　「公金支出訴訟　『裏技』が厳しく問われた」神戸新聞平成 21 年 11 月 29 日付け。
⑩　倉敷市債権管理条例。

(5)　しかし，最高裁第二小法廷は，第一小法廷の不受理判断とは逆であった。筆者としては，本件が第一小法廷に係属すれば勝訴できたのではないかという感想を持った[2]。なお，筆者は最高裁が，三行半の上告不受理決定をすることに不満である[3]が，逆に上告受理しても，以下に述べるように答弁書を無視する判決には，なおさら不満である。同じ第二小法廷の判決でも，インターネットによる一般用医薬品販売規制に関する薬事法の授権の欠如を理由として薬事法施行規則を無効と判断した平成 25 年 1 月 11 日判決（民集 67 巻 1 号 1 頁，

---

[2]　ただし，調査官の執筆になると推定される同文の匿名解説（判時 2168 号 36 頁，判例自治 363 号 37 頁）は，最高裁第一小法廷（平成 21 年（行ツ）第 117 号，同（行ヒ）第 141 号，平成 21 年 12 月 10 日）が神戸市の上告受理申立を不受理としたのは，請求権の放棄は本案の問題であって，訴えの利益の問題ではないので，事実審口頭弁論終結後に議会が放棄議決をしたことは上告審では考慮すべきではないと判断されたことによると推察されるとしている。

　その意味を検討すると，民訴法 321 条（原判決の確定した事実の拘束）は「原判決において適法に確定した事実は，上告裁判所を拘束する。」と規定している。高裁の結審後に権利放棄議決があった事実は，（「原判決が確定した事実」にはないから）最高裁では判決の基礎とすることはできないので，この事実にかかる法律判断もできなくなる。本件のように，高裁が弁論を再開して，権利放棄議決があった事実を認定していれば，最高裁ではこの事実をもとに，法律判断ができるが，最高裁平成 21 年 12 月 10 日決定の事案では，権利放棄が高裁判決後であったため，高裁での弁論再開もできない。匿名解説の「請求権の放棄は本案の問題であって，訴えの利益の問題ではないので，」という説明及びこの最高裁の「その実質は事実誤認又は単なる法令違反を主張するもの」と述べる三行半の文言は的外れと感じるが，善解すれば，高裁結審後に発生した事実の存否と法解釈の問題なので，法令の解釈に関する重要な事項という上告受理申立理由（民訴法 318 条 1 項）とはなりえないという意味を述べているのであろうか。なお，そうすると，少なくとも最判平成 21 年 12 月 10 日の事件では原告が勝訴した後で権利放棄がなされたことになる。

[3]　阿部『最高裁上告不受理事件の諸相Ⅱ』，濱秀和『最高裁上告不受理事件の諸相Ⅰ』（ともに信山社，2011 年）。

判時 2177 号 35 頁）は原告側（筆者が代理人の一人）の主張をきちんと理解した丁寧なものであり，本件がなぜこのような判断に陥ったのか，全く理解に苦しむ。

II 最高裁判決の検討

1 外郭団体への補助金支給の無効を肯定

最高裁は，「本件補助金等の支出は，派遣職員の給与の支給について議会の関与の下に条例による適正な手続の確保等を図るためにその支給の方法等を法定した派遣法の定めに違反する手続的な違法があり，無効であると解されるところ，」として，その無効を認めた。

したがって，原告は勝訴したはずであるが，最高裁は，次に支出当時の市長の過失を否定し，外郭団体への不当利得返還請求権については，議会の放棄議決を有効として，原告の請求を棄却したものである。

なお，アルバイト職員に有給で外部の団体に派遣することは公益的法人派遣法違反であるとの判例がある（大阪高判平成 23・9・8 判例自治 354 号 28 頁，若狭愛子「解説」判例自治 365 号 36 頁）。

2 市長の過失の有無，法令コンプライアンス

(1) 答弁書における筆者の主張

本件は，地方公共団体の公務に従事しない職員には人件費を払ってはならないとする判例及びこれを立法化したいわゆる公益的法人派遣法のルールに反して，職員を外郭団体に無給で派遣したとの外形を装い，実は，人件費相当分を補助金あるいは委託料として，迂回して外郭団体に交付したものであるから，悪質な（故意の）脱法行為である。市長の過失が軽過失なら，会計職員と同様に免責されるべきだとの理論はある（上告理由では，これを論じているが，棄却されている）が，本件は，仮に上告受理申立人が，外郭団体への人件費補助は，直接禁止する規定がないから許されると信じていたとしても，脱法行為を禁止する規定がなかっただけで（だからこそ脱法行為である），法的には明白な誤解であるから，この誤解は軽過失では済まない。脱法行為の禁止は明白であるから，適切な学説判例がなかったとしても，だからといって，まっとうな法解釈をすることができなかったというのは言い訳に過ぎない。実質は，人件費を補

第5章　地方議会による地方公共団体の賠償請求権等の放棄

塡しないと外郭団体の経営は困難なものが多く，外郭団体の人件費を基準に職員を派遣するとすれば，どの職員も派遣に応じないことから，神戸市の人件費を基準に外郭団体に補助して，本来なら自力では成り立たない外郭団体を支援したいとして，違法な手段を講じたものであり，これは部下の判断ではなく，市にとって重要政策であるから市長自身が違法を承知の上で行ったものである。したがって，本来は，重過失でもなく，故意であろうが，少なくとも市長個人の過失責任は免れない。

神戸市長は，市の内部事情を理由に，最高裁判例や公益的法人派遣法に挑戦したもので，その法令無視の態度は極めて悪質なものがある。

この点については，原審答弁書16～17頁，準備書面(6)32頁以下，本書第5章第2節Ⅳ＝添付資料②（下）27～28頁で扱っている。

その上，市長は，自己の債務を免除させるためそのことを隠蔽して本件条例を制定させたものであって（第5章第2節Ⅳ3），余りにも恣意的で，市長の過失，あるいは故意は許し難いものである。

本来はこのような違法な条例は仮に議員立法であっても再議に付すべきであり（地方自治法176条），これを怠って公布した点でも違法過失がある。

(2) **過失を否定した最高裁判示**

しかし，最高裁は，もっぱら神戸市の主張を採用した。

「4(1) 派遣法は，6条2項において，派遣職員が派遣先団体において従事する業務が地方公共団体の委託を受けて行う業務等であってその実施により当該地方公共団体の事務又は事業の効率的又は効果的な実施が図られると認められるものである場合等には，条例で定めるところにより，派遣職員に給与を支給することができる旨を規定しているが，

①　地方公共団体が派遣先団体等に支出した補助金等が派遣職員等の給与に充てられることを禁止する旨の明文の規定は置いていない。

また，②　記録によれば，派遣法の制定の際の国会審議において，地方公共団体が営利法人に支出した補助金が当該法人に派遣された職員の給与に充てられることの許否に関する質問に対し，自治政務次官が，明確に否定的な見解を述べることなく公益上の必要性等に係る当該地方公共団体の判断による旨の答弁をしており，

③　派遣法の制定後，総務省の担当者も，市や他の地方公共団体の職員に対

第6節　権利放棄議決有効最高裁判決の検証と敗訴弁護士の弁明

し，派遣先団体等における派遣職員等の給与に充てる補助金の支出の適否については派遣法の適用関係とは別途に判断される旨の説明をしていたこと，

また，④　本件補助金等の支出当時，市のほかにも多くの政令指定都市において，派遣先団体等に支出された補助金等が派遣職員等の給与に充てられていたことがうかがわれる。

さらに，⑤　法人等に派遣された職員の給与に充てる補助金の支出の適法性に関しては，派遣法の施行前に支出がされた事例に係る裁判例はこれを適法とするものと違法とするものに分かれており，派遣法の施行後に支出がされた事例につき，本件補助金等の支出の時点で，派遣法と上記の補助金の支出の関係について直接判断した裁判例はいまだ現れていなかった。

これらの事情に照らすと，本件補助金等の支出当時の市長であったAにおいて，派遣法6条2項の規定との関係で，本件各団体に対する本件補助金等の支出の適法性について疑義があるとして調査をしなかったことがその注意義務に違反するものとまではいえず，その支出をすることが同項の規定又はその趣旨に反するものであるとの認識に容易に至ることができたとはいい難い。そうすると，本件補助金等の支出当時の市長であったAにおいて，自らの権限に属する財務会計行為の適法性に係る注意義務に違反したとはいえず，また，補助職員が専決等により行う財務会計上の違法行為を阻止すべき指揮監督上の義務に違反したともいえないから，本件補助金等の支出につきAに市長として尽くすべき注意義務を怠った過失があったということはできない（最高裁平成20年（行ヒ）第432号同22年9月10日第二小法廷判決・民集64巻6号1515頁参照）。したがって，本件附則による権利の放棄の有効性について判断するまでもなく，市のAに対する損害賠償請求を求める被上告人らの請求は理由がない。」（①～⑤は筆者が追加）

(3)　筆者の反論

(ア)　しかし，これは筆者の主張を無視した，市長に大甘の判断である。

「地方公共団体が派遣先団体等に支出した補助金等が派遣職員等の給与に充てられることを禁止する旨の明文の規定は置いていない。」というのも，正規に給与付き派遣を原則禁止した以上は，それに見合う金員を補助金で支出することが禁止されるのは当然で，いちいち規定をおくまでもない。脱法行為は明示の規定がないからこそ脱法行為なのである。

第5章　地方議会による地方公共団体の賠償請求権等の放棄

　答弁書では,「公益的法人派遣法6条と地方自治法232条の2に関する上告受理申立理由書の解釈は誤りであること」として,次の主張もしたが,判決では理解されていない。

　「上告受理申立理由書24頁は,派遣法6条2項に該当しない場合でも,地方自治法232条の2により派遣職員の人件費を補助できるとし,その29頁は,派遣法は地方自治法232条の2に基づく補助の対象を制限する意図はないとするが,これは法令の適用順序を知らない,明白な誤りである。地方自治法232条の2による補助は一般法であり,公益的法人派遣法は特別法であるから,特別法が優先され,人件費については後者が適用され,前者により補助することは許されない。」

　(イ)　この出発点の認識の甘さが,その次の議論につながっている。自治政務次官や総務省担当者の説明は理論的な吟味に耐えられない,曖昧なものであり,神戸市長はこんなものを根拠とせずに,外郭団体に補助金を支給するときは丁寧に検討すべきである(というよりも,訴えられてから後付けでこれらの資料を探し出したものと推定される。国家賠償法における過失の判断基準は,行政訴訟における処分性の判断とは異なり,処分時・行政時における注意義務であるから,後付けの資料は無過失の根拠とはならない)。他の自治体が同じくやっていても,みんなで間違ったことをしていたに過ぎない。直接判断した判例がなかったとしても,だからといって調査しなくても良いということになるだろうか。しかも,この点は上告受理申立理由にはでてはいるが,このように体系的にはでていない。裁判所が親切に整理してくれたものである。筆者の答弁書に添付された資料や原審における準備書面ではこれらにも反論している。

　それにそもそも,神戸市は,外郭団体に職員を有給で派遣することができないことをとっくに承知していた(第5章第2節Ⅳ4　井坂議員の発言,副市長発言)。

　(ウ)　私見では,微妙な判断の間違いを理由に責任を問われるのであれば,首長は気の毒であるが,神戸市長は,脱法行為であることは分かっていて,職員団体の支援を得るためや外郭団体を破綻させると政治責任が生ずる(票が減り,選挙で再選されない。現に前回の市長選では,僅差で当選し,組合の支持がなければ落ちていたところであった)といったことを考慮して,補助金の形式で公金を投入したのであるから,いわば公金による選挙買収によって地位を得ているに近く,過失というよりも故意があったと思う。したがって,政治判断に裁判所

第6節　権利放棄議決有効最高裁判決の検証と敗訴弁護士の弁明

が介入したといったものではないし，企業幹部の責任の判断基準となる経営判断の原則などからみても，責任を免れられるような性質のものではないと思う[4]。

(エ)　しかし，判決は，頭から故意ではなく，過失があるかどうかという論点を設定している。その観点から考えても，地方公共団体にも内部統制が求められている。たとえば，地方公共団体における内部統制の在り方に関する研究会「内部統制による地方公共団体の組織マネジメント改革」（平成21年3月）が総務省関係で開催され，報告されている。

そして，企業の内部統制といえば，具体的に違法行為を阻止できたかというレベルではなく，リスクに応じた内部の統制システムを構築する義務があり，それを怠れば違法・過失があるとされている（大和銀行事件：大阪地判平成12・9・20判タ1047号86頁，判時1721号3頁，神戸製鋼事件：神戸地裁平成14・4・5和解・商事法務1626号52頁，2002年）。

神戸市長が，内部統制システムを構築し，選挙や組合の支持などの他事考慮をせずに，市民の財産を誠実に管理する観点から，違法行為をしないように調査せよと，部下に指示すれば，近隣諸市がどう扱っていようと，総務省が曖昧な言い方をしようと，ことがかつての機関委任事務ではなく，自治事務なのであるから，脱法行為はやめようと，もっと自分でまともに判断するはずである。判例が確定していなくても，判例を分析し，合理的な法律判断をすべきである。会社なら，複数の専門弁護士に法律判断を依頼するはずで，神戸市はこれをしないで，素人判断をしても済むというのでは，政令市の名前が廃る。法令コンプライアンス以前の問題であるというべきである

(オ)　もともと，首長の責任については，予算執行職員や国家賠償法における個人責任との均衡などを理由に重過失責任をとる学説も多く，筆者もそれに賛成したことがある[5]が，最高裁昭和61年2月27日判決（民集40巻1号88頁）は，地方公共団体の事務を自らの判断と責任において誠実に管理執行する義務を負い，予算について広範な権限を有するという首長の職責の特質に基づいて

---

(4) 阿部「住民訴訟4号請求訴訟における首長の責任（違法性と特に過失）（上）・（下・完）」判時1868号3頁以下，1869号8頁以下（2004年）。本書には収録していない。
(5) 阿部「住民訴訟における職員の賠償責任——地方自治法242条の2の4号請求（上・下）」判タ561号32頁以下，562号9頁以下（1985年）。本書には収録していない。

第5章　地方議会による地方公共団体の賠償請求権等の放棄

民法の定める過失責任主義を採用した。筆者もなるほど，首長は一人の公務員とは異なって，内部統制システムを構築することができるのだし，一言調査せよといえば，神戸市ほどの大都市なら有能な職員が多数いるからたちどころに調査できるはずである。そして，平成14年改正で首長は敗訴しても弁護士費用を公費負担にできるという有利な立場になった。そこで，筆者は過失責任主義に改説した（本書第1章第1節9，第5章第2節附言＝添付資料②下25頁）。本件でも重過失責任主義を主張する神戸市の上告受理申立理由は，受理されていない。そこで，最高裁は過失責任主義を維持しているはずであるが，この判断を見れば，どうみても重過失責任主義と変わりがないと思う。

(カ)　そして，裁判所が，派遣法の定めに反する「手続的違法」というのは，神戸市の見解にごまかされている基本的な誤りである。派遣法6条では，給与付き派遣をすることができるのは，派遣先で神戸市の仕事をするような場合で，それ以外は給与付き派遣は許されないが，派遣職員は神戸市の仕事をしていないのであるから，その給与分を補助金として支給するのは実体的な違法なのである。このことは本判決も認定するところであり（前記Ⅱ1），調査官解説（法曹時報66巻6号2583頁）も認めている。

(キ)　裁判所は神戸市長個人に55億円を払えというのは気の毒と思ったようだが（後述8，千葉補足意見参照），しかし，外郭団体から取り戻せばよいことで，神戸市長個人が負担するはずはない。問題は遅延利息であるが，これまでは市長は住民訴訟で負けても職員にカンパさせていた。

しかも，裁判所は，前記の大和銀行事件では，アメリカの現地採用の職員の不正なのに，重役陣に約830億円もの支払いを命じたのである。神戸市長だけ気の毒と考えるのはおかしい。私見では外郭団体から取り返せない分を市長が一旦負担して，いい加減に補佐した副市長以下，また賛成議決をした議員に一部負担を求めて求償請求をして自己の負担を軽減すべきである。その上で，ある程度は個人責任で払ってもらえばよい。権利放棄議決でも，全部ではなく，相当額を除いて放棄するとすべきであった（後述）。また，市長には3億円くらいの財産はあるはずである（第5章第6節末尾485頁）。

3　権利放棄議決の裁量？

(1)　筆者の答弁書

筆者は,「地方自治法のシステム上,権利放棄は,誠実な審査のうえで行わなければならず,かつ議会限りでは権利放棄の権限はないこと」と主張している。

(ア)　先例の理解の誤謬

上告受理申立理由書第3（16頁）は,議会による権利放棄には執行機関による執行行為を必要としない,同第4（17頁）は,それは自由裁量であると主張して,その趣旨の判例を挙げている。

しかし,その挙げる東京高裁判決はその理由について十分な考察をしたものではなく,最高裁も単に不受理としたもので,明確な判断を下したものではない（本書第5章第1,2節＝添付資料①,②（上））。なお,最高裁の不受理は,逆に,権利放棄議決をしたとして上告したものについても行われており（前記大阪高判平成21・1・20に対する最高裁平成21年(行ツ)第117号,同(行ヒ)第141号,平成21・12・10不受理決定）,両方あるのであるから,不受理というだけでは,本件では先例にはなり得ない。しかも,その後も平成22年(行コ)第174号大阪高裁平成23年9月16日判決（今回これも同時に審理されているので,資料としては添付しない）は権利放棄議決を無効としている。本日の口頭弁論は,矛盾する先例及び矛盾する高裁判決を統一するためであり,一方だけを引用しても意味がない。

(イ)　執行機関と議決機関を分離し,前者には誠実管理義務,後者には執行機関の監視を義務付けた地方自治法の構造

そもそも,地方自治法は,議決機関と執行機関を分けており,債権管理（財産管理の一部である）は,執行機関の権限である（地方自治法149条6号,240条）。執行機関は住民の財産を信託されているので「誠実」に管理しなければならない（同法138条の2）。地方公共団体は「最少の経費で最大の効果を挙げるようにしなければならない」（同法2条14項,地方財政法8条もほぼ同旨）。民法的に言えば善良な管理者の注意義務をもって管理しなければならないのである。そして,地方公共団体の長は,その債権について取立てのために必要な措置を取らなければならないのが原則で,ただし,例外として,債権を免除することができる場合があるが,それは政令で厳格に限定されている（地方自治法240条2,

第5章　地方議会による地方公共団体の賠償請求権等の放棄

3項，同法施行令171条の7。この適用に関する最高裁判例については，最判平成16年4月23日など，第2節Ⅲ3＝添付資料②（上）18～20頁）。

　地方自治法施行令171条の7で定めた場合以外にも，債権を放棄したり免除する必要性がある場合もあろうが，それを執行機関限り行うことを認めると，市民の財産を不当に一方的に減少させるおそれがある（いわゆる「専断」が生じうる）ため，地方自治法は，議決機関である議会の議決により監視することとしているのである。つまり，債権放棄については，実体法上「誠実に」審査した場合に限るという制限がある他，その判断権者として，首長のほか，議会がチェックするのである。議会の議決は監視機能なのである。議会は特別の規定がある場合の他（この意味については原審準備書面(6)8～9頁，第2節Ⅱ，Ⅲ＝添付資料②（上）14頁），この監視権限を行使しなければならない。結局，放棄が有効であるためには，実体法上「誠実」に審査し，やむを得ないといった正当な理由がある場合の他，それを首長と議会の両方が判断した場合に限るのである。

　地方自治法96条1項10号が議会の議決の要件を定めていないから，議会の自由裁量に任せたとする見解も，この制度の誤解である。この条文は，執行機関の債権管理を監視するという権限規定であって，その実体法上の要件を定めたものではないのである。なお，地方自治法96条1項10号に同法232条の2のような「公益上」といった文言がないことを理由に，権利放棄議決には公益上の必要を要しないとの考え方（神戸地判平成21・11・11）があるが，それは，232条の2は権限行使の実体法上の要件を定めた規定であり，96条は議会の議決権限を定めたに過ぎないことを看過している（第4節Ⅲ＝添付資料④33～34頁）。

　そこで，たとえば，第3セクターの破綻に瀕して，出資した銀行などに債権放棄を求め，地方公共団体においても相応の債権放棄をする場合は，正当な理由なり公益上の必要があるが，それを執行機関限りで行うと，執行機関の「専断」が生じうるので，議会の議決という監視の下で行うとするのが地方自治法の構造である。

　そして，議会は債権管理をする機関でもなく，対外的に地方公共団体の意思を表明する執行機関ではなく，その内部の議決機関に過ぎないから，債権放棄について議会が議決するという規定があるからといって，債権管理に関する執

444

第6節　権利放棄議決有効最高裁判決の検証と敗訴弁護士の弁明

行機関の権限がなくなり，議会が執行機関になるというわけはなく，その議決については執行機関による意思表示が不可欠である。これに反する判例は，地方自治法の構造を理解していない。

　執行機関の「専断」を防止するため議会が権利放棄について議決することとしたということを理由に，議会限りで権利放棄できるという考えは，債権管理は執行機関の権限であるという地方自治法の構造に反する上，議会の「専断」を防止する必要を理解していない。むしろ，本件神戸市長が自分の債務を全額免除せよと議会に提案し，議会の市長派がこれに応じたのは，「専断」以外の何者でもない。原判決のほか，前記大阪高裁平成23年9月16日判決は，以上の論点を適切に理解しているので，ご参照のうえ，維持されたい。

　(ｳ)　関連する制度の説明

　さらに付け加えれば，同じく議会の議決を要することでも，予算とか条例の場合には，執行機関には提案権しかない（地方自治法149条1号）ので，議会の議決だけで成立する（同法96条1項1，2号）が，債権管理は，執行機関の権限であるから，これらとは異なるのである。

　同じ地方自治法96条1項という条文に，契約，財産交換，不動産の信託，財産の取得・処分，重要な公の施設の独占的な利用，損害賠償，訴えの提起・和解などについても議会が議決するとの規定があるが，これらはすべて執行機関の権限であり，合わせて議会の議決がなければ執行できないだけであることに争いはない。権利放棄の場合だけ，議会の独占権限である（執行機関の判断・執行を要しない）との解釈は，この条文の構造上ありえない。しかも，これらについて自由裁量で決めて良いという実体法はない。

　財産の譲渡・貸し付けについて，「適正な対価なくして」行うことは執行機関には禁止され（237条2項），議会の議決を要する（96条1項6号）。適正な対価なき財産の譲渡が公益上必要な場合もあり得るが，議会が，その対価が適正ではないことを前提として審議していることが必要である（最判平成17・11・17判時1917号25頁）。その公益性を審査するのが議会の権限であるという趣旨であり，議会の専権に委ねたものではない。

　議会が契約について議決するときは，不当に低額で売却したり，不当に高額で購入してはならないことは明らかである。では，議会が最初適正な価格での売買契約を議決し，次にその売買代金債権を放棄したらどうか。それも議会の

第5章　地方議会による地方公共団体の賠償請求権等の放棄

自由裁量とするならば，契約の適正を確保して住民の財産を守ろうとしたこれまでの判例は完全に骨抜きになる。それが許されないことは明らかであるから，権利放棄は議会の独占権ではないことはもちろん，その自由裁量でもない。

　㈣　上告受理申立理由書の謬論

　上告受理申立理由書17〜18頁は，権利放棄に公益上の必要などは要しないと主張し，同18頁は，議会の自律的判断の最大限尊重などというが，この考え方は，自分の権利と他人から預かった権利の区別がついていない謬見である。話は逆であって，前記の通り，議会は住民から預かった自治体の財産を常に良好に効率的に管理する義務（民事法的に言えば善良な管理者の注意義務）を負って管理しなければならないのである。住民は，議員に対しては，住民全体の利益となるように，執行機関の債権管理を監視してほしいと委任しているはずである。選挙民は住民の財産を捨てようと勝手にして結構ですと思って議員を選んだものではない。なお，株式会社における取締役の責任は，総株主の同意がなければ免除できないのが原則で（会社法424条），善意で軽過失なら，株主総会で一部免除できるだけである（同425条）が，これは本人だからできることである。議会のようないわば代理人なり代表者が全部免除できるといった規定はない。

　㈤　ま　と　め

　要するに，これまでの東京高裁判決（上告受理申立人添付資料）は，単に地方自治法96条1項10号の規定のみを見て，「法令又は条例になんら特別の定めはない」（上告受理申立理由書17頁）というだけで，極めて狭い文理解釈であり，上記の地方自治法の構造と実質的妥当性を看過したものであって，到底維持できない。

　もし，上告受理申立理由書の言うとおりであるとすれば，議会が執行機関となって何でも恣意的に議決すれば直ちに執行できるという奇妙なことになる。むしろ，議会は執行機関の「専断」を監視することこそが任務なのである。そして，議会の議決後にその議決を執行するのは執行機関の権限である。

　以上について，原審準備書面(6)，(7)，本書第5章第1，2節＝添付資料①，②上1〜20頁，⑥に詳しい。

　(2)　判　　　決

　しかし，判決はこの答弁書を無視している。

第6節　権利放棄議決有効最高裁判決の検証と敗訴弁護士の弁明

「イ　地方自治法96条1項10号は，普通地方公共団体の議会の議決事項として，『法律若しくはこれに基づく政令又は条例に特別の定めがある場合を除くほか，権利を放棄すること』を定め，この『特別の定め』の例としては，普通地方公共団体の長はその債権に係る債務者が無資力又はこれに近い状態等にあるときはその議会の議決を経ることなくその債権の放棄としての債務の免除をすることができる旨の同法240条3項，地方自治法施行令171条の7の規定等がある。他方，普通地方公共団体の議会の議決を経た上でその長が債権の放棄をする場合におけるその放棄の実体的要件については，同法その他の法令においてこれを制限する規定は存しない。

したがって，地方自治法においては，普通地方公共団体がその債権の放棄をするに当たって，その議会の議決及び長の執行行為（条例による場合は，その公布）という手続的要件を満たしている限り，その適否の実体的判断については，住民による直接の選挙を通じて選出された議員により構成される普通地方公共団体の議決機関である議会の裁量権に基本的に委ねられているものというべきである。

もっとも，同法において，普通地方公共団体の執行機関又は職員による公金の支出等の財務会計行為又は怠る事実に係る違法事由の有無及びその是正の要否等につき住民の関与する裁判手続による審査等を目的として住民訴訟制度が設けられているところ，住民訴訟の対象とされている損害賠償請求権又は不当利得返還請求権を放棄する旨の議決がされた場合についてみると，このような請求権が認められる場合は様々であり，個々の事案ごとに，当該請求権の発生原因である財務会計行為等の性質，内容，原因，経緯及び影響，当該議決の趣旨及び経緯，当該請求権の放棄又は行使の影響，住民訴訟の係属の有無及び経緯，事後の状況その他の諸般の事情を総合考慮して，これを放棄することが普通地方公共団体の民主的かつ実効的な行政運営の確保を旨とする同法の趣旨等に照らして不合理であって上記の裁量権の範囲の逸脱又はその濫用に当たると認められるときは，その議決は違法となり，当該放棄は無効となるものと解するのが相当である。そして，当該公金の支出等の財務会計行為等の性質，内容等については，その違法事由の性格や当該職員又は当該支出等を受けた者の帰責性等が考慮の対象とされるべきものと解される。」

第5章　地方議会による地方公共団体の賠償請求権等の放棄

(3) 反　論

(ア)　この判決は，「その放棄の実体的要件については，同法その他の法令においてこれを制限する規定は存しない。」と判断するが，それはいわば制定法準拠主義という，原告適格の判定において判例が用いていた手法であるが，それはすでに平成17年施行の行政事件訴訟法改正法9条2項において放棄されている。制定法準拠主義の放棄は原告適格だけではなく広く法解釈一般に通ずる手法でなければならない。つまり，法の解釈は当該条文が完全であるという前提で，その法制度全体のシステムを無視して行うべきものではない。

そして，執行機関と議決機関の違い，他人の財産を預かっている者の管理義務など，筆者が主張していることにはなんら返答がない。むしろ，判旨は，「普通地方公共団体による債権の放棄は，条例による場合を除いては，同法149条6号所定の財産の処分としてその長の担任事務に含まれる」（後述5で引用）ことを認めているのであるから，権利放棄の実体的要件は長の財産管理の基準である善管注意義務であるはずである。下級審の判断であれば，判断逸脱，理由不備で上告理由になるはずである。

さらに国の場合は，法律で定めれば，違憲でなければ権利を放棄できるが，平等原則，国の財政の健全性といった基本的なルールに基づいており，議会が主権者の代表であるからといって，国民の財産を勝手に放棄するような制度はない。そこで，現実に，放棄を認める法律でも，オウム真理教に係る破産手続における国の債権に関する特例に関する法律やカネミ油症事件関係仮払金返還債権の免除についての特例に関する法律でも，放棄の要件を厳格に限定している。

そこで，国レベルで住民訴訟と同じ公金検査訴訟を作るさいに，議会による権利放棄の規定をおくとしても，自由裁量という規定はおくべきではない。

地方公共団体においてだけ，議会が住民の財産を自由裁量で放棄できるといった法システムが存在することは，現行法全体の構造上からもありえない。この判決は法解釈の基本を誤ったものである。

(イ)　さくら市事件の須藤正彦意見は次のように述べる。

「地方自治法……96条1項10号に規定されている普通地方公共団体の議会による権利の放棄については，明文上その要件は特に限定されているものではないが，多数意見も認めるとおり，一定の限界がある。同項においてその1号

第6節　権利放棄議決有効最高裁判決の検証と敗訴弁護士の弁明

ないし3号が条例，予算，決算に係る議会の固有の権限を定めるものとみられるのに対し，10号は，本来普通地方公共団体の長……の権限に属するといえる契約の締結行為などを列挙する同項4号以下の規定の一つであり，また，債務者の無資力等の一定の条件を満たした債権（法240条3項，同法施行令171条の7）は長が議会の議決なしに債務免除ができるとされているところよりすれば，基本的に，この規定は，債権のうち重要なものについては，長がその免除を行うについて，権利の放棄として議会の議決に係らしめることを定めた規定と捉えられるのである。このように，法96条1項10号は，その規定ぶりからして，いわば免責特権的に議会に独自の権限を付与したというよりも，長の行為をチェックし，その適正を図る機能を重視してその権限を与えた趣旨のものと解され得るのである。もちろん，議会が住民代表であることに照らせば，その良識ある合理的な判断は最大限に尊重されるべきで，結局のところ，この権利の放棄の権限を長の権限行使についての同意権的にのみ限定して解釈するようなことは相当ではないのではあるが，しかし，そのことは反面からいえば，それが公益的見地からみて良識ある判断とは認められず，その結果，地方公共団体の健全な発達（法1条参照）を阻害するとみられるような場合は，議会の権限の濫用として許容されないということになり得るということをも意味すると思われる。その点よりすると，まずもって，放棄の内容が客観的にみて極めて不合理で，その不合理さが許容される限度を超えるような場合の議会の放棄の議決は，権限の濫用の場合に当たり得るというべきである。この放棄の議決については基本的に以上の意味での制約があるといえる。」

　これは私見ほど徹底していないが，私見をかなり理解しているものと思う。この意見を神戸市事件でなぜ主張して頂けなかったのか，残念である。また，これが本件の最大の論点であるのに，この須藤意見に反論した千葉補足意見がこの点を論点としないのも納得できない。最高裁は肝心の点を一方的な法解釈で終えたのである。

　(ウ)　裁量権が逸脱・濫用に当たる場合の考え方は，この判決は考慮事項を挙げただけで，それをどう考慮すれば違法になるかもさっぱり分からない。また，議会の議決であるから，何をどう考慮したのかも，解明困難である。これでは，議会に極めて広い裁量を認めたことになり，その違法を主張する住民に過酷な負担を課すことになる。およそ裁判の現場がどうなるのかを考慮した判断とは

第5章　地方議会による地方公共団体の賠償請求権等の放棄

思われない。基本的には放棄はやむを得ない事情に限るとして、その具体的な内容を論ずべきであった。

4　権利放棄議決の裁量濫用に関する具体的な判断
(1)　答　弁　書

筆者は，「本件では，市長の条例提案及び神戸市議会の権利放棄条例議決は誠実管理義務に違反する」と主張した。

神戸市議会では，本件条例を議決する際に，それが誠実な財産管理と言えるかどうかについて丁寧に審理することはなされなかった。およそ「真摯な審議」（上告受理申立理由書12頁）と言えるものはなく，むしろ，論点を隠蔽し，原告や代理人が問題を提起して，議会で論議の対象となったときでも，無視する姿勢を取り，誠実に答えていなかった（詳しくは，原審準備書面(6)14頁以下，(7)8頁以下，本書第5章第2節Ⅳ＝添付資料②（上）26～34頁，②（下）3～15頁）。

神戸市長は，外郭団体は，神戸市民の福祉に貢献しているといった主張もしていたが，実証的ではない上，仮に外郭団体が神戸市の福祉に寄与しているとしても，別団体であるその職員の人件費を神戸市に依存することは公益的法人派遣法上も地方公務員法上も許されていない（本書第5章第2節Ⅳ＝添付資料②22～24頁）。福祉への貢献も，法制度の枠内でなければ許されないのである。

本件条例は外郭団体から，不当利得した補助金の返還を求める権利だけではなく，市長が神戸市になすべき賠償義務も免除している。神戸市に不法行為をした市長個人の債務を免除することに公益性はない。元京都市長は，いわゆるポンポン山訴訟で約26億円の債務を負担し，失意のうちに亡くなり，遺族が約8,000万円を支払ったが，神戸市長の債務も払えるだけは払ってもらうべきであって，全額免除する公益上の理由はない。むしろ，本件条例は，神戸市長が，自分の債務を免除してほしいと議会に提案したが，提案理由は，「派遣職員に対して本市が支給できる手当の種類を変更するに当たり，条例を改正する必要があるため」としか記載されておらず（原審準備書面(7)3頁，本書第5章第2節Ⅳ3＝添付資料②（上）22～23頁），市長の債務免除の点は隠蔽されていて，市民も議員も，普通は，原告及び小職らの指摘によって初めてその問題点に気がついたのである。しかも，本件条例附則5項は，「第1審における事件番号が神戸地方裁判所の平成18年(行ウ)第25号，平成18年(行ウ)第43号又は平

第6節　権利放棄議決有効最高裁判決の検証と敗訴弁護士の弁明

成20年（行ウ）第76号である訴訟における請求に係る不当利得返還請求権及び損害賠償請求権（これらにかかる遅延利息を含む，以下同じ）その他平成14年4月1日から平成21年3月31日までの間に係る派遣先団体から派遣職員に支給された給与の原資となった本市から派遣先団体への補助金，委託料その他の支出に係る派遣先団体又は職員に対する本市の不当利得返還請求権及び損害賠償請求権は，放棄する」と規定されているが，この文言では，市長個人への賠償請求権を放棄する趣旨は明確ではないので，文理上無理なのに，目的論的に解釈して正当化するという判例がある（前記大阪高裁平成23・9・16の判決文の13,14頁）。これはかなりねじ曲げた解釈という印象を持つが，そう解するとしても，市長が，市民にも議員にも気がつきにくいように隠ぺいして，自己の私利を図ったものであり，とうてい許容できるわけがない（本書第5章第2節Ⅳ＝添付資料②（上）25頁，（下）3〜18頁）。

以上については，全体として，本書第5章第2節Ⅳ＝添付資料②（上）20〜34頁を参照されたい。

なお，本件では実際上は外郭団体から返還させた残りを市長個人に請求することになるから，市長が実際上払えないような巨額になるかどうかは，不明である。

しかも，これまで小職が代理して勝訴した事件では，市長が神戸市に賠償すべき金員は奉加帳が回されたらしく，市長個人の負担なしで処理されている。

そして，「本件の議会の議決は権利濫用であること，そして損害」という主張をした。

上告受理申立理由書20頁は，この権利放棄は権利濫用ではないという主張をしている。その理由は，第1には，本件条例の議決は，本件訴訟の判決日に合わせてなされたわけではないというが，神戸市は高裁の結審後判決日直前に，議決を得て，弁論再開を申し立てたのであるから，先の別件大阪高裁平成21年1月20日判決に続く敗訴判決を阻止しようとしたことは明白であり，判決日そのものに合わせていないことは権利濫用にならない理由とは何らならない。これは苦しい言い訳に過ぎない。

次に，上告受理申立理由書は，本件の外郭団体補助金の返還を求めると，当該団体が存続できなくなるおそれが大きく，市民の福祉に重大な影響が及ぶことを考慮したとするが，本来受領できない補助金等を返還したために存続でき

第5章　地方議会による地方公共団体の賠償請求権等の放棄

ない団体は破綻するしかないのであって（いわゆる業務仕分けをすべきである），違法な補助金等を残すことによって存続させることは基本的に許されない思考である。市民の福祉に現実にどんな影響が及ぶかも，上告受理申立理由書22頁の主張は抽象的で，具体的な主張はないが，仮に大きな影響があるとしても，適法な手段で支援するなり（たとえば，市の職員を市の給与ベースで派遣するのではなく，外郭団体の給与ベースで補助する），神戸市直営で事業を行えば済むのである。それは改めて議会の審議を要する。

さらに，市長の資産状況は，資産公開制度などによって公開されているとするが，一生市の職員を勤め上げ，市長にまで上り詰めた者にそれなりの資産がないはずはなく（「政治倫理の確立のための神戸市長の資産等の公開に関する条例」（http://www.city.kobe.lg.jp/information/data/regulations/rule/reiki/reiki_honbun/k3020194001.html）によれば，普通預金や家族名義の財産は公開対象外であるから，公開された財産以外にも実際には財産がある可能性はかなりある），これからも退職金などが期待されるのであるから，払えるだけは払ってもらうべきであって，予め全額免除する正当な理由はない。このように，この条例議決は権利濫用である。そして，全額執行するかどうかは，執行段階で判断すればよいのであって，判決時に軽減する必要はない。原審が経験則違反を犯したわけではない。

ここで，上告受理申立理由書20〜21頁は，前記大阪高裁平成21年1月20日判決によれば，従来から派遣法6条2項の規定による派遣職員への給与の直接支給をすべきであったと解されるとしているが，それは，6条2項の適用がある限りであって（むしろ，上告受理申立理由書31頁1〜7行はこれを認めている），全ての派遣職員について6条2項の適用があるとして，給与を神戸市から支給できるとするのは，茅ヶ崎最高裁判決（最判平成10年4月24日判タ973号116頁）と公益的法人派遣法の仕組み，ノーワーク・ノーペイの原則（職務専念義務，地方公務員法35条）を無視するものである（原審準備書面(7)4頁）。それはこの高裁判決のご都合主義的な読み方である。しかも，元々神戸市は，外郭団体派遣職員を無給としていたのであるから，6条2項の適用がないことを自認していたのである（第5章第2節Ⅳ4の前記井坂議員発言）。それなのに，あとから6条2項を適用できるはずだというのは矛盾している。

外郭団体の人件費を補助する必要がある場合もないではなかろうが，それはその団体の事業に公益性が高く，職員の人件費を補助すべきだと考えられる

第6節　権利放棄議決有効最高裁判決の検証と敗訴弁護士の弁明

場合であるが，その給与ベースは，神戸市の職員の人件費（本件では年収1,000万円程度）ではなく，当該外郭団体の給与ベースによるべきである。それはそれとして，明示して議会の議決を得るべきである。したがって，外郭団体の人件費を補助できる場合があるからといって，そのような正式の手続を取らず，この段階で，本件の派遣職員の神戸市職員ベースでの補助を正当化することはできない。

　上告受理申立理由書23頁では，判例学説を調査したというが，神戸市議会で代理人が権利放棄は違法であることをきちんと説明しても，前記の通り，まともな反応なく無視されたのであって，結論ありきであった。

(2)　判　　決

「ウ　……本件補助金等……の違法事由は，……派遣法の解釈に係るものであるところ，前記(1)（市長の過失を否定した判示部分，本書では前記Ⅱ2）において説示したところによれば，市長はもとより本件各団体においてもその支出の当時これが派遣法の規定又はその趣旨に違反するものであるとの認識に容易に至ることができる状況にはなかったというべきであって，市からその交付を受けて本件派遣職員等の給与等の人件費に充てた本件各団体の側に帰責性があるとは考え難い。

　次に，本件補助金等の支出の原因及び経緯に関しては，本件各団体が不法な利得を図るなどの目的によるものではなく，派遣職員等の給与等の支給方法について市の側が補助金等の支出という方法を選択したことによるものであって，本件各団体がその支給方法の選択に自ら関与したなどの事情もうかがわれない。

　また，本件補助金等の支出の影響に関しては，前記2(1)（原判決の認定）のとおり，本件各団体は本件旧条例等において派遣対象団体又は特定法人とされ，その業務の全部又は一部が公益の増進に寄与するとともに市の事務又は事業と密接な関連を有し，その施策の推進を図るため人的援助が必要であるものに該当するところ，本件補助金等は，派遣職員等の給与等の人件費という必要経費に充てられており，これらの派遣職員等によって補強，拡充された本件各団体の活動を通じて医療，福祉，文化，産業振興，防災対策，住宅供給，都市環境整備，高齢者失業対策等の各種サービスの提供という形で住民に相応の利益が還元されているものと解され，本件各団体が不法な利益を得たものということはできない。」

第5章　地方議会による地方公共団体の賠償請求権等の放棄

(3) 反　　論

(ア)　市長に対する賠償請求権の放棄を違法と主張する私見は，その前に市長には過失がないから，前提となる賠償請求権がないという理由で排斥されたのであろう。なお，市長は資産公開請求をしてみたら，最近は毎年1,000万円ほどのオーストラリアドルを購入している（円安を見通した先見の明がある）。

(イ)　外郭団体に対する不当利得返還請求権の放棄に関する部分は，私見とは放棄の適法性に関する基準が異なることからか，私見は無視されている。土俵を変えられた気持ちである。このような最高裁の判断基準ならどうかと釈明してほしかったが，私見は最高裁の判断基準でも考慮されるべきことを主張している。

(ウ)　判決は，外郭団体が「市からその交付を受けて本件派遣職員等の給与等の人件費に充てた本件各団体の側に帰責性があるとは考え難い。」「本件各団体がその支給方法の選択に自ら関与したなどの事情もうかがわれない。」というが，外郭団体も職員を有給で派遣してもらうことができないことを承知で，申請の上，補助金，委託料として人件費分の支給を受けたのである（補助金，委託料は強制されることはない）から，自ら選択したはずである。派遣職員不要，補助金不要という選択肢は当然存在するのである（もっとも，そうすると，破綻する外郭団体もでようが，それは最初から違法な市の補助をあてにしているのであるから，やむなしである）。仮にそうでないとしても，分かっていて容認したのである。したがって，これは悪意であるはずで，誤った認定である。仮に判旨の通りであるとしても，それは不当利得の返還の際に利子を付さなくても良いというだけで，現存利益の返還を不要とするものではない。外郭団体は，職員を雇用したので給料を払う義務があるから，補助金委託金分を給料に充てれば金に色が付いていないからその分金が残っているはずで，現存利益がないとは言えない。補助金委託金がないなら職員派遣は受け入れなかったとの反論はなかったが，なされたとしても，職員派遣により業務を充実させた以上はその利益があるはずである。

(エ)　「本件各団体は……業務の全部又は一部が公益の増進に寄与するとともに市の事務又は事業と密接な関連を有し，その施策の推進を図るため人的援助が必要であるものに該当するところ，本件補助金等は，派遣職員等の給与等の人件費という必要経費に充てられており，……各種サービスの提供という形

第6節　権利放棄議決有効最高裁判決の検証と敗訴弁護士の弁明

で住民に相応の利益が還元されているものと解され，本件各団体が不法な利益を得たものということはできない。」とする点は，「本件派遣職員等は，本件各団体の業務のみに従事しており，市の業務には従事していなかった。」とする原判決の適法な認定と矛盾する。答弁書で主張したとおり，派遣法6条2項の手続を取ろうにも取りようがないので，取っていなかったのであり，「市の事務又は事業と密接な関連を有し」とする点は誤りである。「市は，本件派遣職員の給与について，派遣法6条2項及び本件旧条例4条の定める手続による支給の方法を採っていなかった。」（原判決の認定）のは，できるのにしなかったのではなく，できないからしなかったのである。「その施策の推進を図るため人的援助が必要であるものに該当するところ」とする認定も，「本件派遣職員等は，本件各団体の業務のみに従事しており，市の業務には従事していなかった。」という前提に立つ以上は無理である。外郭団体は市の施策を推進しているとしても，それは市とは別団体であるから，市の業務に従事するのでなければ，自らの財源で人件費を調達すべきであり，それができなければ存立する価値がないだけである。「各種サービスの提供という形で住民に相応の利益が還元されている」かどうかは，難しい事実認定を要することで，不明であるが，かりに住民に利益が還元されようと，それは法律の許容するシステムの範囲内で行うべきである。そして，外郭団体に人件費を補助する必要があるかどうかは答弁書で述べたように，有給派遣禁止の制度を潜脱する形で行うのではなく，外郭団体の業務が市にどれだけ還元されるかを個々に吟味して行うべきである。

　(オ)　さらに，答弁書においては，「八　派遣職員の人件費補助の他，委託料の形式での支出も脱法行為として無効であり，それはすべて神戸市の損害であること」として，次のように主張していた。

　「上告受理申立理由書35頁は，委託料については委託契約の債務は履行されており，神戸市には損害がないと主張するが，委託料の形式を取ろうとも，派遣先団体の職員の人件費が委託料の中に含まれているのであればともかく，神戸市からの派遣職員の人件費として支出されるものは派遣法の脱法行為であり，重大な違法であるから，無効である（地方公共団体が法令に違反して行った行為は無効である。地方自治法2条17項）。それは手続ミスではなく，実体法上，本来支出してはならないものであるから，その支出は神戸市の損害である。

　(カ)　委託料に関しては，原審における被控訴人（本件の相手方）の答弁書9

第 5 章　地方議会による地方公共団体の賠償請求権等の放棄

～ 10 頁で上告受理申立人の主張が正しくないことをきちんと説明している。」

したがって，判決は，神戸市に損害ありとする答弁書を全く理解していないとしかいいようがない。

(4)　判旨の 2

判旨は本件の具体的判断をさらに続ける。整理の都合上，分けて検討する。

「そして，以上を前提として，本件附則に係る議決の趣旨及び経緯についてみるに，前記 2(6)（条例改正のこと，筆者注）の一連の経過に照らせば，市議会の議決を経て成立した本件附則を含む本件改正条例全体の趣旨は，派遣職員の給与については，市が派遣先団体に支出する補助金等をこれに充てる方法を採らずに，派遣法 6 条 2 項を根拠に定める条例の規定に基づき市が派遣職員に直接支給する方法を採ることを明らかにしたものであり，前者の方法を違法とした第 1 審判決の判断を尊重し，派遣法の趣旨に沿った透明性の高い給与の支給方法を採択したものということができる。また，仮に，既に本件派遣職員等の給与等の人件費に充てられた本件補助金等を直ちに返還することを余儀なくされるとすれば，本件各団体の財政運営に支障が生じ得るところであり，前記 2(7)イのとおり，市議会での審議の過程において，これにより公益的事業の利用者たる住民一般が被る不利益等を勘案した議論がされていること等に鑑みると，本件附則に係る議決は，公益の増進に寄与する派遣先団体等として住民に対する医療，福祉，文化，産業振興，防災対策，住宅供給，都市環境整備，高齢者失業対策等の各種サービスの提供を行っている本件各団体についてそのような事態が生ずることを回避すべき要請も考慮してされたものであるということができる。

そして，本件補助金等に係る不当利得返還請求権の放棄又は行使の影響についてみるに，まず，本件改正条例によって，本件各団体……については，派遣法所定の手続に従って市から派遣職員に直接給与が支給されるものとされており，これによれば，本件派遣職員等の給与の大半は，適法な手続を経た上で市の公金から支出されることがそもそも予定されていたものといえることからすると，上記請求権の放棄によって市の財政に及ぶ影響は限定的なものにとどまるということができる。また，既に本件派遣職員等の給与等の人件費に充てられた本件補助金等につき上記請求権の行使により直ちにその返還の徴求がされた場合，実際に本件各団体の財政運営に支障を来して上記の各種サービスの十

第6節　権利放棄議決有効最高裁判決の検証と敗訴弁護士の弁明

分な提供が困難になるなどの市における不利益が生ずるおそれがあり，その返還義務につき上記の要請を考慮して議会の議決を経て免責がされることは，その給与等の大半については返還と再度の支給の手続を行ったものと実質的に同視し得るものともいえる上，そのような市における不利益を回避することに資するものということもできる。そうすると，上記の本件訴訟の経緯のみから直ちに本件附則に係る議決が本件各団体の債務を何ら合理的な理由なく免れさせたものということはできない。」

(5) 反　　論

(ア)　しかし，「改正条例全体の趣旨は，派遣職員の給与については，市が派遣先団体に支出する補助金等をこれに充てる方法を採らずに，派遣法6条2項を根拠に定める条例の規定に基づき市が派遣職員に直接支給する方法を採ることを明らかにしたものであり，……派遣法の趣旨に沿った透明性の高い給与の支給方法を採択したものということができる。」とするのは，派遣された職員が市の業務に従事しないのに派遣法6条2項を適用することはできないという前述の筆者の主張を無視した誤った法解釈である。

(イ)　「仮に，既に本件派遣職員等の給与等の人件費に充てられた本件補助金等を直ちに返還することを余儀なくされるとすれば，本件各団体の財政運営に支障が生じ得るところであり，……各種サービスの提供を行っている本件各団体についてそのような事態が生ずることを回避すべき要請も考慮してされたものである」とするが，そのような事態が発生することはなんら証拠に基づいて判断されたものではないうえ，それも法律の枠内で行うべきである。そもそも，派遣法に違反して，有給派遣を受けなければ成り立たない外郭団体は，何度も述べるが，法的に存在する理由がないのであるから，業務仕分けで倒産してもやむなしなのである。神戸市がこの事業を不可欠と考えるなら，外郭団体ではなく，神戸市直営で行うべきであるか，有給派遣の代わりの神戸市ベースの人件費補助といった姑息な手段ではなく，外郭団体の事業の公益性に応じた補助をすべきである。外郭団体は民間資本も入れているのであるから，各団体の財政運営に支障が生じたら，まるで市民サービスが著しく低下するような見方は外郭団体という制度を理解していない。

(ウ)　「派遣法所定の手続に従って市から派遣職員に直接給与が支給されるものとされており，これによれば，本件派遣職員等の給与の大半は，適法な手

続を経た上で市の公金から支出されることがそもそも予定されていた」とする点は、前記のように、派遣職員が市の業務に従事しておらず、派遣法6条2項の適用がないことを神戸市さえ自認していたこと、調査官解説法曹時報67巻8号2267頁も認めていることからすれば、まったく理解できない判示である。裁判所は完全に勘違いしている。

　㈰　「既に本件派遣職員等の給与等の人件費に充てられた本件補助金等につき上記請求権の行使により直ちにその返還の徴求がされた場合、実際に本件各団体の財政運営に支障を来」たすであろうが、「上記の各種サービスの十分な提供が困難になるなどの市における不利益が生ずるおそれがあり」とすれば、それについては改めて市への貢献度を算定して補助すればすむことであって、それは派遣職員の人件費とは別個の観点であるから、ここで「その返還義務につき上記の要請を考慮して議会の議決を経て免責がされる」理由はない。支払った補助金・委託金がすべて改めて市への貢献度を考慮して算定される補助金額と同じになるわけはないので、「その給与等の大半については返還と再度の支給の手続を行ったものと実質的に同視し得る」とはいうことができるわけがない。

　ここでは、勝手に、同じとみなすのではなく、いったんは、違法な補助金は返還させ、改めて適法な補助金を支給するべきである。したがって、「本件附則に係る議決が本件各団体の債務を何ら合理的な理由なく免れさせたもの」というしかない。

5　条例による放棄の正当性？
⑴　答　弁　書
　筆者は「議会は条例の形式を取っても、独自に権利放棄をする権限を有しないこと」という見出しのもとに次のように主張した。

　「本件の権利放棄は、議会が単に議決しただけではなく、条例の形式をもって行い、その条例は公布施行されている。上告受理申立理由書16頁はこれを根拠に、本件権利放棄議決の効力が生じていると主張している。

　しかし、債権管理が地方自治法上執行機関固有の権限である以上は、債権管理に関する一般ルールを定めるならともかく（今、時効にかかった債権の放棄を定める債権管理条例が各地で制定されているが、このようなルールによるものである。

第6節　権利放棄議決有効最高裁判決の検証と敗訴弁護士の弁明

たとえば，倉敷市債権管理条例，添付資料⑩（阿部「債権管理条例（時効にかかった債権の放棄条例）の提起する問題」自治実務セミナー 2011 年 12 月号 4 ～ 7 頁参照）），個別の債権の放棄は執行機関の権限であるから，それを条例の形式で定めることにより執行機関の権限を奪うことは，地方自治法で定めるならともかく，その下位の条例で定めることは許されない。したがって，この神戸市条例は無効である。

その上，条例の議決と公布だけでは，それが相手に到達しようと，財産管理権者としての市長の意思表示がないので，債権放棄の効力を生じないものである。

これに対して，債権の放棄は対外的にその意思を示すのみであり，それ以上に具体的積極的な行為を要しないから，執行の概念を入れる余地がなく，本件改正条例附則 5 項による請求の放棄も議会の議決とその公布によって対外的にその意思が示されて，その効力が生じたものと解して差し支えないとの判断（前記大阪高判平成 22・10・28）がある。それは，個別の債権の放棄も議会の権限であり，あるいはこの公布は財産管理者としての市長の意思でもあるとの前提に立って初めて成り立つ理論であるが，それが地方自治法の正しい解釈ではないことは前述したところである。

これについては，本書「第 5 章第 2 節Ⅵ＝添付資料②（下）18 ～ 19 頁，本書第 5 章第 5 節Ⅱ＝⑤ 6 ～ 8 頁で述べている。

仮に，条例による権利放棄という形式が適法と仮定しても，その権利放棄議決には公益性がないので，違法・無効であることには変わりはない。」

(2) 判　　決

「地方自治法 96 条 1 項 10 号が普通地方公共団体の議会の議決事項として権利の放棄を規定している趣旨は，その議会による慎重な審議を経ることにより執行機関による専断を排除することにあるものと解されるところ，普通地方公共団体による債権の放棄は，条例による場合を除いては，同法 149 条 6 号所定の財産の処分としてその長の担任事務に含まれるとともに，債権者の一方的な行為のみによって債務を消滅させるという点において債務の免除の法的性質を有するものと解されるから，その議会が債権の放棄の議決をしただけでは放棄の効力は生ぜず，その効力が生ずるには，その長による執行行為としての放棄の意思表示を要するものというべきである。

第5章　地方議会による地方公共団体の賠償請求権等の放棄

他方，本件改正条例のように，条例による債権の放棄の場合には，条例という法規範それ自体によって債権の処分が決定され，その消滅という効果が生ずるものであるから，その長による公布を経た当該条例の施行により放棄の効力が生ずるものというべきであり，その長による別途の意思表示を要しないものと解される。」

(3) 反　　論

(ア) これも答弁書にはまともに答えていない。そもそも，条例という法規範は，債権を処分する法形式なのか。法規範は一般的なものであり，個々の財産管理権限は執行機関にあるのであるから，条例だけで債権を放棄することは法規範の一般性に反するのではないか。もっとも，法律で個別案件を規律することができる（いわゆる処分型法律，Massnahmegesetz）という考えもあるかもしれないが，それならそれに関する一般理論的な説明がほしい。

(イ) この点，国と地方公共団体では異なる。国なら大臣の財産管理権限は法律の定めるところであるから，後の法律で執行機関の権限行使の余地なく財産の管理の具体的な方法を定めても，違法・違憲ではないかもしれない。しかし，条例は国法と異なり，地方自治法のシステムの枠内でなければ適法ではない。地方自治法では，財産管理権限は執行機関に属する。このシステムを条例で覆すことはできない。

(ウ) さらに，判決も述べるように，「地方自治法96条1項10号が普通地方公共団体の議会の議決事項として権利の放棄を規定している趣旨は，その議会による慎重な審議を経ることにより執行機関による専断を排除することにある」が，逆に議会の専断を許容したものではないので，議会の議決の他，執行機関の個別の判断も必要ではないか。本来，違法な議決は再議により阻止する（地方自治法176条）ことが首長の責任なのである。

6　住民訴訟の形骸化

(1) 答　弁　書

筆者は「住民訴訟の対象である権利を放棄することは住民訴訟の形骸化を来すこと」という項目で次のように主張した。

「権利放棄議決を有効とすれば，首長が議会の多数派を押さえている場合には，住民訴訟を実質的に無意味なものとすることになる。住民訴訟が機能する

のは，首長と議会の多数派の間で対立している場合や，首長が退職後，議会が首長を守ろうとしなくなった場合だけになる。本来，首長と議会の多数派が悪事を働く場合に，これを是正させることができる唯一の手段は，法律に照らして判断できる住民訴訟であるが，それさえほとんど不可能になる。これは住民訴訟を自治体財政の適法化の重要な手段とする地方自治法の基本的な仕組みを無視するものである。

　本件の場合も，さくら市の事案（東京高裁平成21・12・24）も，というよりも，たいていの事案では，議会の権利放棄は，住民訴訟における原告勝訴を妨げようとするもので，司法への挑戦である。したがって，東京高裁がさくら市の事案で権利放棄を無効としたのは当然である。本件でも，大阪高裁で同種の事案である別件（前記大阪高判平成21・1・20）で市長敗訴の判決が下され，本件では結審して，まもなく（同年3月18日予定）同様の判決が下されると想定されていたときに，同年2月26日に，神戸市長が，神戸市議会で権利放棄条例を提案して，直ちに議決を得て公布し，弁論再開を申し立てたという経緯（詳しくは，添付資料②（上）6～7頁＝本書第5章第2節Ⅰ）からして，住民訴訟敗訴判決を阻止しよう，「裁判所の判断よりも議会の判断を優先させよう」とする意図は明白である。上告受理申立理由書19頁における「司法判断を覆したり，それを避けるためになされたものではなく」という主張は，その実際の経緯からして成り立つものではない。

　なお，神戸市長を敗訴させた前記大阪高判平成21年1月20日は最高裁で確定したが，神戸市長は本件条例の制定を理由にそれを執行していない。これは司法を無視する前代未聞の姿勢であるだけではなく，本件でも敗訴を回避するためであることを裏書きする。

　その上，住民が，この権利放棄やこの判決の不執行を違法とする住民訴訟を提起して勝訴しても，またまた権利放棄議決がなされれば，住民訴訟はエンドレスになる。このような住民訴訟の自殺行為を住民訴訟制度が予定しているとは考えられない。

(2) 判　　決

「なお，住民訴訟の係属の有無及び経緯に関しては，……本件訴訟の係属中に，上告人の第1審での一部敗訴を経て原審の判決の言渡期日の直前に本件改正条例案が可決されており，このような現に係属する本件訴訟の経緯を踏まえ，

第 5 章　地方議会による地方公共団体の賠償請求権等の放棄

本件附則に係る議決については，主として住民訴訟制度における当該財務会計行為等の審査を回避して制度の機能を否定する目的でされたなど，住民訴訟制度の趣旨を没却する濫用的なものに当たらないか否かという観点からみることとする。この点に関し，原審は，本件議決がされた時期と原審における住民訴訟の審理の状況との関係等をも理由として，市の本件各団体に対する不当利得返還請求権を放棄する旨の本件附則に係る市議会の議決は地方自治法の定める住民訴訟制度を根本から否定するものである旨をいう。

　しかしながら，本件附則に係る議決の適法性に関しては，住民訴訟の経緯や当該議決の趣旨及び経緯等を含む諸般の事情を総合考慮する上記の判断枠組みの下で，裁判所がその審査及び判断を行うのであるから，上記請求権の放棄を内容とする上記議決をもって，住民訴訟制度を根底から否定するものであるということはできず，住民訴訟制度の趣旨を没却する濫用的なものに当たるということはできない。

　そして，本件補助金等の支出に係る事後の状況に関しては，……本件訴訟等を契機に条例の改正が行われ，以後，市の派遣先団体等において市の補助金等を派遣職員等の給与等の人件費に充てることがなくなるという是正措置が既に採られている。

　以上の諸般の事情を総合考慮すれば，市が本件各団体に対する上記不当利得返還請求権を放棄することが普通地方公共団体の民主的かつ実効的な行政運営の確保を旨とする地方自治法の趣旨等に照らして不合理であるとは認め難いというべきであり，その放棄を内容とする本件附則に係る市議会の議決がその裁量権の範囲の逸脱又はその濫用に当たるとはいえず，その議決は適法であると解するのが相当である。

　そして，上記不当利得返還請求権の放棄を内容とする本件附則を含む本件改正条例については，市議会による上記議決及び市長による公布を経て施行されているのであるから，本件附則に係る権利の放棄は有効であって，本件附則の施行により当該請求権は消滅したものというべきである。」

(3)　反　　論

(ア)　しかし，「住民訴訟の経緯や当該議決の趣旨及び経緯等を含む諸般の事情を総合考慮する上記の判断枠組みの下で，裁判所がその審査及び判断を行う」という判旨の前提に立つとしても，原審は「上記請求権の放棄を内容とす

第6節　権利放棄議決有効最高裁判決の検証と敗訴弁護士の弁明

る上記議決をもって，住民訴訟制度を根底から否定するものであると」いっているわけではない。それだけではなく，判旨の言葉を借りても，「原審は，本件議決がされた時期と原審における住民訴訟の審理の状況との関係等をも理由として」いるのである。「住民訴訟敗訴判決を阻止しよう，『裁判所の判断よりも議会の判断を優先させよう』とする意図は明白である。」とする筆者の答弁書にも，ここでは答えていない。さくら市事件では，最終的には放棄の適法性を裁判所が判断するから，裁判所の判断よりも議会の判断を優先させることにはならないという理屈が示されているが，権利放棄の裁量を前提とすれば，議会の判断が優先することが多くなるはずである。

　(イ)　裁判長である千葉判事の補足意見も，「権利の放棄の議決が，主として住民訴訟制度における地方公共団体の財務会計行為の適否等の審査を回避し，制度の機能を否定する目的でされたと認められるような例外的な場合（例えば，長の損害賠償責任を認める裁判所の判断自体が法的に誤りであることを議会として宣言することを議決の理由としたり，そもそも一部の住民が選挙で選ばれた長の個人責任を追及すること自体が不当であるとして，議決をしたような場合が考えられる。）には，そのような議会の裁量権の行使は住民訴訟制度の趣旨を没却するものであり，そのことだけで裁量権の逸脱・濫用となり，放棄等の議決は違法となるものといえよう。」ということである。筆者は神戸市議会の議決は，審議状況からしてこれに該当すると主張していたのである（添付資料②上26頁以下，下3頁以下＝本書第5章第2節Ⅳ）から，裁判所としては，これに当たらないという理由を神戸市議会の審議状況を踏まえて説示することが先決問題であった。

　「本件訴訟等を契機に条例の改正が行われ，以後，市の派遣先団体等において市の補助金等を派遣職員等の給与等の人件費に充てることがなくなるという是正措置が既に採られている。」という点は，前記の通り，派遣法6条2項を無視した措置であるから違法であることを没却している。

7　そ　の　他
(1)　答弁書のまとめ

「本件の上告審での処理としては，種々の方法が考えられる。

　権利放棄条例を全面的に有効とすることは，前記のように地方自治法の構造

に反し，さらに，住民訴訟に死刑を言い渡すもので，とうてい許容される解釈論ではない。

　市長に過失があったのかについて，さらに精査せよという判決も，前記のように市長にはいくら何でも脱法行為をしない注意義務があるから，考えられない。

　外郭団体への支出は，単に違法であるだけではなく，契約とは違い，公益的法人派遣法という強行法規に違反しているのであるから，無効である。外郭団体は，神戸市に極めて近い関係にあり，市の職員の有給派遣がなければ存立が容易でないものもあるところから，脱法行為が行われたのであって，悪意であるから，その受領した金員を利子付きで返還しなければならないものである。

　本件条例で派遣したこととしたことも，職員が，神戸市の業務に従事したなど，公益的法人派遣法6条2項の要件に該当するとの証明なしに，一括して同法の適用をしているので，同法に違反するのは明らかである（添付資料⑤10〜13頁＝第5章第5節Ⅱ5）。

　これは手続ミスではなく，実体法上神戸市から給与を支給できないのに支給したのであるから，その全額が神戸市の損害である。

　その職員の中には，神戸市の業務に従事している者がいるかもしれないが，今から破棄差し戻しして，その中で，神戸市の業務に従事した職員の分は適法だから調べよとの判決は，法律のルールを無視した者を有利に扱うことになり，法治行政違反である。結局，本件では全支出が違法である。」

　これが無視されたことは明らかである。

(2) **訴訟費用**

「本件では，以上のように原告（相手方）住民が全面勝訴するべきであるが，仮に万一原告が敗訴することがあるとしても，それは神戸市長と神戸市議会による神戸市の権利放棄という策略によるもので，請求認諾なり支払いと同視されるべきものであって，本来原告が勝訴すべきものであるから，訴訟費用は訴えが認容された場合と同じく全て上告人（神戸市長）の負担とする判断を求める（最決平成19・4・20判時2012号4頁と同じ考え方である）。

　さらに付け加えれば，原告勝訴判決確定後権利放棄が有効になされた場合には，原告が訴訟費用を負担することはないのに対し，係争中に権利放棄がなされた場合に，それを仮に有効としても，原告敗訴となるのは背理であろう。そ

こで，この場合には，原告の請求は本来認容されるべきであるが，権利放棄が有効になされたので，請求は棄却するが，原告勝訴と同視すべきであるとの判断がなされるべきである（原告準備書面(6)30頁．添付資料⑤14頁＝本書第5章第5節Ⅳに詳しい）。」

判決は，「訴訟の総費用は被上告人らの負担とする。」とするもので，答弁書の主張は何ら理由なく無視された。

(3) 「最後にお願い」

「以上により，全ての論点について原判決の正当性を立証したつもりであるが，もし，それ以外の論点があれば，それが法律問題であっても，釈明をお願いする。予測外の論点で敗訴させられるのでは，裁判とは思えないからである。」

これも完全に無視された。本件最高裁判決は，「最高の」「裁判」とは思えないのである。

8 裁判官千葉勝美の補足意見批判

本件では千葉判事だけが補足意見を述べている。それは，権利放棄議決の裁量権の逸脱・濫用の有無の判断枠組みについての補足である。これは立法論なり制度批判から解釈論を行っている感があるが，解釈論としては現行法の枠内で，違法行為をした首長の責任が重すぎるようにならないような工夫をすべきものと思う。また，本件神戸市長のミスに対して認識が甘いと愚考する。

(1) 複雑多様な会計法規？ の中での住民訴訟における個人責任の重さ？

(ア) 千葉補足意見「1 住民訴訟制度は……個人責任を負わせること……により財務会計行為の適正さを確保しようとするものである。国家賠償法においては，個人責任を負わせる範囲について，……故意又は重大な過失のあった場合に限定しているのと比べ，住民訴訟においては，個人責任を負う範囲を狭めてはおらず，その点が制度の特質となっている。」

「ところで，住民訴訟制度が設けられた当時は，財務会計行為及び会計法規は，その適法・違法が容易にかつ明確に判断し得るものであると想定されていたが，その状況は，今日一変しており，地方公共団体の財政規模，行政活動の規模が急速に拡大し，それに伴い，複雑多様な財務会計行為が錯綜し，それを規制する会計法規も多岐にわたり，それらの適法性の判断が容易でない場合も

多くなってきている。そのような状況の中で，地方公共団体の長が自己又は職員のミスや法令解釈の誤りにより結果的に膨大な個人責任を追及されるという結果も多く生じてきており（最近の下級裁判所の裁判例においては，損害賠償請求についての認容額が数千万円に至るものも多く散見され，更には数億円ないし数十億円に及ぶものも見られる。）」

「地方公共団体の長が，故意等により個人的な利得を得るような犯罪行為ないしそれに類する行為を行つた場合の責任追及であれば別であるが，錯綜する事務処理の過程で，一度ミスや法令解釈の誤りがあると，相当因果関係が認められる限り，長の給与や退職金をはるかに凌駕する損害賠償義務を負わせることとしているこの制度の意義についての説明は，通常の個人の責任論の考えからは困難であり，それとは異なる次元のものといわざるを得ない。」

「国家賠償法の考え方に倣えば，長に個人責任を負わせる方法としては，損害賠償を負う場合やその範囲を限定する方法もあり得るところである。（例えば，損害全額について個人責任を負わせる場合を，故意により個人的な利得を得るために違法な財務会計行為を行つた場合や，当該地方公共団体に重大な損害を与えることをおよそ顧慮しないという無視（英米法でいう一種の reckless disregard のようなもの）に基づく行為を行つた場合等に限ることとし，それ以外の過失の場合には，裁判所が違法宣言をし当該地方公共団体において一定の懲戒処分等を行うことを義務付けることで対処する等の方法・仕組みも考えられるところである。）」

「しかし，現行の住民訴訟は，不法行為法の法理を前提にして，違法行為と相当因果関係がある損害の全てを個人に賠償させることにしている。そのことが，心理的に大きな威嚇となり，地方公共団体の財務の適正化が図られるという点で成果が上がることが期待される一方，場合によつては，前記のとおり，個人が処理できる範囲を超えた過大で過酷な負担を負わせる等の場面が生じているところである。」

(イ) 私見　住民訴訟4号請求の責任は民法の不法行為として構成されているから，国家賠償とは異なり過失責任主義である。最近は，千葉補足意見の示すように，巨額の責任を首長個人に負担させる気の毒なケースも出ている。前記の元京都市長がその典型例であるが，大阪の交野市の元市長は1億3,000万円の支払いを命じられ，自宅を売って，残額を支払い続けていると聞く。そこで，重過失責任主義に変更することも一つの議論ではあるが，判例はこれまで

第6節　権利放棄議決有効最高裁判決の検証と敗訴弁護士の弁明

過失責任主義でやむなしとしてきたのである。民事でも前記大和銀行事件などでもそうである。（重過失責任主義批判は、第1章第1節9、第5章第2節〔附言〕）。

千葉判事は、「過失の場合には、裁判所が違法宣言をし当該地方公共団体において一定の懲戒処分等を行うことを義務付けることで対処する等の方法・仕組みも考えられるところである。」と述べるが、解釈論を行っているはずの判決で立法論を混入させている。そして、一般職の公務員ならともかく首長に対してはどんな懲戒処分が予定されるのだろうか。前記の会社法425条のように、軽過失の場合に限り年俸の最大6倍までといった制限をおけばよいのである。住民訴訟平成14年度改正（改悪）の際[6]、我々反対派は、被告を個人から首長にするのではなく、会社法のようにすべきだと提案したが、採用されなかった。それなら責任が青天井になるかと思ったら、責任が重すぎるからといった考えが背景にあって、かえってゼロにするという判決が出たと感ずると、大泥棒は助かって、コソ泥は捕まると同じであり、はなはだ不満である。

また、国家賠償なら、重過失がないため公務員個人の責任がなくても国家・公共団体が責任を負うから、訴訟としては成り立つが、首長に重過失がなければ勝訴できないのでは、せっかく違法と軽過失の認定をとっても弁護士報酬が出ないので、住民訴訟を代理する弁護士はほとんどいないだろう。これでは敵がいないので、自治体では違法行為のやり放題になる。軽過失であれ違法かどうかの審理を先行させ、違法であれば弁護士報酬を払うという制度を同時に導入しないと合理的な解決はできない。ただ、それは立法論である。

現行法の下の解決策としては、個人では払えないほどの重い責任を課しても、執行できないが、判決は判決として、後の執行段階で、ポンポン山訴訟のように和解すればよいのではないか。また、首長だけではなく、誤った助言をした者の責任を追及すべきである

そして、一般論はともかくとして、本件は何度も述べるように、派遣法6条2項により有給派遣が許容されないことが明らかな場合に、人件費分を補助金として支出した脱法行為である。この法制度は、一つも複雑多様ではなく、会

---

[6] この改正の根本的誤謬については、阿部泰隆「住民訴訟改正案へのささやかな疑問」自治研究77巻5号19頁以下（2001年）＝本書第2章第1節、「住民訴訟平成14年改正4号請求被告変更の誤謬」判時2100号1頁以下（2011年）＝本書第2章第2節を参照されたい。

計法規も多岐にわたらず，その適法性の判断は簡単である。現に本件の違法性は法律に素人の原告市民が気がついたものであるし，神戸市も承知していたと思われる。したがって，千葉判事の認識は本件に関しては的が外れていると感ずる（そうでなければ判決で答弁書に反論してほしかった）ものであり，本件の神戸市長の過失を否定すべきではなかったのである。この判決は，先例とのきちんとした比較なしに，事例判断で，過失を否定したことになるが，過失責任主義で無限の賠償を命ずるのは行きすぎという発想が背景にありそうである。実質的には重過失主義への先例変更なのかもしれない。

(2) **職務遂行の萎縮？**

(ア) 千葉補足意見 「また，個人責任を負わせることが，柔軟な職務遂行を萎縮させるといつた指摘も見られるところである。」

(イ) 私見 たしかにそうした指摘はよく聞くが，実証的な議論であろうか。会社の役員でも同じであるが，柔軟な職務執行を萎縮させているのか。会社はきちんと法令コンプライアンスシステムを構築し，かりに違法となっても，その判断は微妙で，過失はないとされるだけの検討と証拠を用意するのが普通である。地方公共団体も同じように対応すれば（公金で対応可能である），違法でも過失ありとされることはまずないであろうから，このような指摘があるというだけで，補足意見として判決を根拠づけるのはいかがであろうか。

本件の場合には，職員の有給派遣は，派遣法6条2項に適合する場合に限ることは明らかで，それに適合しない場合に補助金として外郭団体に人件費を支給することは脱法行為として違法であるから，それをあえてする首長の責任を問うことがなぜ柔軟な職務執行を萎縮させるのか。ごく単純に，脱法行為を企てなければ済むことである。それでは，市民サービスに役立っている外郭団体は存続できず，職員の人事も困難になるといわれるが，それも法律違反であればやむをえないことで，法律に違反しなければ成り立ち得ない施策は廃止するしかない。

(3) **議会の権利放棄議決の限度**

(ア) 千葉補足意見 「普通地方公共団体の議会が，住民訴訟制度のこのような点を考慮し，事案の内容等を踏まえ，事後に個人責任を追及する方法・限度等について必要な範囲にとどめるため，個人に対して地方公共団体が有する権利（損害賠償請求権等）の放棄等の議決がされることが近時多く見られるのも，

第6節　権利放棄議決有効最高裁判決の検証と敗訴弁護士の弁明

このような住民訴訟がもたらす状況を踏まえた議会なりの対処の仕方なのであろう。そして，このような議決がされるに当たっては，その当否はもちろん，適否の実体的判断についても，法廷意見の述べるとおり，住民による直接の選挙を通じて選出された議員により構成される普通地方公共団体の議決機関である議会の裁量に基本的に委ねられているものである。そして，このような議会の議決の裁量権の範囲，適否については，対象となる権利・請求権が住民訴訟の対象となつている，あるいは，対象となる可能性があるという場合と，そうでない場合とで異なることはないというべきである。」

「しかし，権利の放棄の議決が，主として住民訴訟制度における地方公共団体の財務会計行為の適否等の審査を回避，制度の機能を否定する目的でされたと認められるような例外的な場合（例えば，長の損害賠償責任を認める裁判所の判断自体が法的に誤りであることを議会として宣言することを議決の理由としたり，そもそも一部の住民が選挙で選ばれた長の個人責任を追及すること自体が不当であるとして，議決をしたような場合が考えられる。）には，そのような議会の裁量権の行使は住民訴訟制度の趣旨を没却するものであり，そのことだけで裁量権の逸脱・濫用となり，放棄等の議決は違法となるものといえよう。」

「法廷意見は，このような例外的な場合は別にして，一般に権利放棄の議決がされる場合，議会の裁量権行使に際して考慮すべき事情あるいは考慮することができる事情を示し，議会の裁量権の逸脱・濫用の有無に関しての司法判断の枠組みの全体像を示したものであり，議会としては，基本的にはその裁量事項であつても，単なる政治的・党派的判断ないし温情的判断のみで処理することなく，その逸脱・濫用とならないように，本件の法廷意見が指摘した司法判断の枠組みにおいて考慮されるべき諸事情を十分に踏まえ，事案に即した慎重な対応が求められることを肝に銘じておくべきである。」

　(ｲ)　私見　「普通地方公共団体の議会が，住民訴訟制度のこのような点を考慮し，事案の内容等を踏まえ，事後に個人責任を追及する方法・限度等について必要な範囲にとどめるため，個人に対して地方公共団体が有する権利（損害賠償請求権等）の放棄等の議決がされる」というのであれば，市長の過失を認め，市長個人として払える額として，たとえば5,000万円とか1億円とかを払ってもらって，退職金を辞退させ，残りを免除するにとどめるべきであった。また，外郭団体にも払えるだけは払ってもらって，残りを免除すればよかった

のである。したがって，相当の範囲を超える分の免除は違法とする判断をすべきではなかったか。全額放棄適法・原告全面敗訴はいかにも行きすぎである。この点は，さくら市事件の須藤判事の意見が主張するところである。千葉判事の補足意見は議会の裁量への直接介入と見て批判的であるが，しかし，違法行為について全額免責する議決のほうが裁量権の濫用ではないだろうか。

千葉判事は「議会としては，基本的にはその裁量事項であつても，単なる政治的・党派的判断ないし温情的判断のみで処理することなく」と述べるが，本件神戸市議会の権利放棄議決は，市長派の議員が反対派の市民派を押し切って，大政翼賛会的に行ったもので，単なる党派的・温情的判断である（第5章第2節Ⅳ）というのが，原告側の主張である。しかも，市長は自分の責任を免除する議案であることを隠して提案していたことも前記の通りである。そして，その結果，組合票により僅差で再選され，その地位を維持できたのであって，公金をポケットに入れるよりも，より悪質に個人的利益を図っているのである。

したがって，議会の審議の実態を分析の上，そうではないという実証的な反論がほしかったところであり，判事は議会の審議状況に関する原告（被上告人）の主張を読んでいるのかというのが筆者の疑問である。

9 その他の判決の分析

神戸市事件は，市長に対する損害賠償と外郭団体に対する不当利得返還請求権の両方であり，条例の形式で権利放棄したことを無効とした高裁判決に対する上告審である。さくら市事件は過大な対価で土地を購入したとする，市長に対する損害賠償請求訴訟を認容した一審判決後に権利放棄議決がなされたところ，これを無効とする高裁判決に対する上告審であり，大東市事件は，給与条例主義に違反する退職慰労金の支給について市長個人に対する損害賠償請求訴訟と担当職員に対する賠償命令の義務づけを求める訴訟で，これを認容する一審判決後に権利放棄議決がなされたので，これを適法として請求を棄却した高裁判決に対する上告審である。

(1) **大東市事件**

最高裁は，請求を認容した一審判決を，原審が，権利放棄議決があったというだけで取り消して住民を敗訴させたのは誤りで，神戸市事件判決と同じ，最高裁の定式で審理し直せよと差し戻したものである。そこで，権利放棄を議会

第6節　権利放棄議決有効最高裁判決の検証と敗訴弁護士の弁明

の議決だけでもすることができるとする高裁判決を誤りとして，執行機関の執行行為としての放棄の意思表示を要するとした。前記Ⅱ5(2)と同じである。

この差戻し審大阪高裁（9部平成24年(行コ)第79号　金子順一裁判長）平成25年3月27日判決は，今度は非常勤職員に対する条例に基づかない退職慰労金の支出は違法であるが，市長に過失がないとした。しかも，市の補助職員に故意または重過失があったと言えないとした。この後者の判断は，住民訴訟での補助職員の重過失要件説に立っているかのようであり，最高裁判例とも異なるが，理由は付いていない。裁判所の判断がくるくる変わり，原告が振り回され，最終的に原告が訴訟の総費用を負担させられることになるのはいかにも不合理である。

(2)　さくら市事件

住民訴訟を阻止するための議決は違法との原審の判断に対して，最高裁の判断枠組みで判断するには　原審の審理では不足であるとして差し戻した。東京高裁平成25年5月30日の差戻審判決（裁判所ウェブ）は権利放棄議決を有効とした。

ただ，権利放棄が住民訴訟を妨げる点で違法かどうかは，いわば手続的なものであるから，その点で違法であれば，いったんは議決を無効として，議会がなお権利放棄したければ再度，今度は住民訴訟を妨げる目的ではなく，真にやむを得ない合理的なものとして，その限りの議決をし直せばよいのである。最高裁が，原審の審理が不十分だとして差し戻すのは，手続ミスがあっても，実体法上のミスがないかを調べ直せといっているようなもので，判例の一般的な考え方に反するという気がする。

それから，この事件は，元々売主は7,000万円と言っていたのに，土地購入の際に市長の縁故で一つだけ取った不動産鑑定が2億7,390万円と評価した。議会でもそれは高いと議論になっていたのに，ほぼそのままその高い価格（2億5,000万円）で購入した。しかも，この不動産鑑定士は対象の土地の確認調査を怠り，評価の前提となる条件設定の妥当性を無視し，必要な減価修正についても十分に検討していない極めて杜撰なものとして，6ヵ月の会員権停止処分を受けている。この市長のやり方はあまりにも杜撰であり，法令コンプライアンスに欠けるものであったと思う。

「第13回国のかたちとコミュニテイを考える市長の会」(http://www.toshi.

or.jp/files/reportm13.pdf)（2012年9月）では，住民訴訟の矢面に立つ市長とその顧問弁護士石津廣司が，最高裁判決直後の4月24日にこの問題を論じているが，ここでは，土地売買契約では鑑定は必ず2つ取るという発言，2つが全く対立するなら，三者鑑定を行うという発言がある。

このような杜撰な土地購入であるから，市長の責任を免除する権利放棄が最高裁の判断枠組みで正当化できるのかが，判事の間でも争いとなっており，須藤判事は差戻し審で特段の事情が現れない限り権利放棄議決は違法としている。

(3) 檜原村事件

最高裁判決後に権利放棄議決を無効とした東京地裁判決である。東京高裁平成20年12月24日判決は，東京都檜原村において再雇用した社会教育嘱託職員に支給した手当を給与条例主義に違反して違法として村長へ約756万円の返還請求を命じた。村は上告するとともに，その不受理決定前に，村議会は，「当該各種手当相当分報酬は，元社会教育嘱託員の勤務に対する対価として，支払われたものであり，当該各種手当相当分に対応する労働力の提供を受けている以上，本村に実質上の損害は生じておらず」という理由で，損害賠償請求権を放棄する議決をした。そこで，住民が，賠償請求しない代表監査委員を被告に村長への賠償請求訴訟を起こさないことを違法であるとの確認訴訟を提起した。

東京地裁平成22年(行ウ)第615号平成25年1月23日は，最高裁の判断枠組み（前記Ⅱ3(2)）に従って，その違法事由の性格や当該職員又は当該支出等を受けた者の帰責性等が考慮の対象とされるとして検討し，請求権放棄は無効と判断し，村長への賠償請求訴訟を起こさないことが違法であるとの確認判決を下した。その要点は次のようである。

檜原村では，行政改革の一環として勧奨退職に応じた課長職の一人と，嘱託として雇用契約を締結し，常勤の管理職相当業務を担当させ，人件費の削減を図ったので，嘱託員や村長に不当な利得はなかった。しかし，非常勤の職員に手当てを支給することは給与条例主義（地方自治法203条5項（原文のまま。4項），204条の2）に違反することであり，この点について村長に過失があったとされている。そして，村の予算規模は，平成23年で30億円あまりで，村税は2億4,000万円であることに照らすと，本件嘱託員に対する合計750万円あまりの手当が村の財政に及ぼす影響は否定することができない程度のもので，

第6節　権利放棄議決有効最高裁判決の検証と敗訴弁護士の弁明

村長の帰責性は小さくない。本件放棄議決は、この高裁判決とは異なる認識に立つもので、それを尊重する趣旨にでたものとは言い難いということである。

村長としては、人件費削減を図ったわけであるが、給与条例主義に反しない方法をとるべきであったし、権利放棄議決も、裁判所の判決に挑戦するようなものは違法との評価を受けやすいことになるわけである。

しかし、その東京高判平成25年8月8日（判時2211号16頁）は、債権放棄を有効とした。

(ア)「地方自治法は、普通地方公共団体による債権の放棄について、その議会の議決及び長の執行行為（条例による場合には、その公布）という手続的要件を満たしている限り、原則としてこれを有効なものとし、その適否や当否の実体的な判断については、基本的に、住民の直接選挙によって選出された議員をもって構成される議会の裁量に委ねているものと考えられるから、議会による債権放棄の議決が無効となるのは、これを放棄することが普通地方公共団体の民主的かつ実効的な行政運営の確保を旨とする地方自治法の趣旨等に照らして不合理であって、その議決機関としての議会の裁量権の範囲の逸脱又はその濫用に当たると認められるときに限られるものというべきである。」そして、最高裁判決の一般理論に従う旨宣言した。

(イ)　そして、本件嘱託員に対して支払われた諸手当は、地方自治法では嘱託員に対して「諸手当」という名目で金銭を支給することができないとされているため、違法と判断されたものであり、これを執行したA村長にその最終的な責任があるというべきであるが、本件嘱託員の雇用は檜原村の財政健全化の一環として行われたもので、本件嘱託員に対する賃金及び諸手当の支給は、檜原村の歳出削減にとって必要かつ有益なものであり、その額もその職務に照らして不当に高額というものではなく、そのような嘱託員に対する諸手当の支給は檜原村における従前の取扱いを踏襲したにすぎないものであって、檜原村の関係者の多くは、A村長の個人的な過失ではなく、檜原村としての組織の責任であると受け止めていること、また、

(ウ)　本件の債権放棄は、先行訴訟の控訴審判決に対する不服があることは否定できないものの、裁判所の司法判断を軽視してなされたものではなく、司法判断とは別の、檜原村の実情を最もよく知る議会の政治的判断として、これに対する異論があることも十分に踏まえた上、檜原村に及ぼす利害得失をも総合

第 5 章　地方議会による地方公共団体の賠償請求権等の放棄

的に勘案した上でなされたものであること，さらに，

　㈡　本件債権を行使する場合と放棄する場合とを比較すると，これを行使した場合には，檜原村の職員に萎縮効果や混乱が生じ，檜原村が積み上げてきた行財政改革にも水を差す結果になるおそれがあるなどの弊害が生ずるのに対して，これを放棄した場合でも，檜原村の財政に及ぼす実際の影響は限定的なものである上，放棄によって本件嘱託員やＡ個人に実質的に不当な利益を得させるものではなく，弊害が少ないと考えられること，しかも，

　㈥　檜原村では，先行訴訟が提起された後，本件内規を改めて本件条例を制定するなど，先行の控訴審判決の判断を真摯に受け止め，これを踏まえて是正措置等を講じてきていることなどの事実が認められるのであって，……総合勘案すれば，檜原村として本件債権を放棄することは，普通地方公共団体である檜原村の民主的かつ実効的な行政運営の確保を旨とする地方自治法の趣旨等に照らして不合理で大きな悪影響を及ぼすようなものではなく，その議決機関である檜原村議会によるその裁量権の範囲の逸脱又はその濫用に当たるものとも認められないから，本件議決は適法かつ有効なものである」。

Ⅲ　学説の検討

この最高裁判決後学説からある程度の反応があったが，正直に言って，論点を踏まえたものが多数ではないのが残念である。筆者としては，橋本，廣田論文を推奨する。

1　塩野宏説

塩野宏[7]は，最高裁の判決を紹介した後，それについて私見などを踏まえた解釈論を提示することなく，「なお」として，地方自治法のモザイク的性格を論じている。

「権利放棄の議決の制度の起源は，その他の財産処分議決と等しく市制・町村制に遡る（地方自治総合研究所監修・佐藤英善・逐条研究地方自治法Ⅱ議会 180 頁以下）。これは，公民の代表機関である市町村議会に，当該団体の財産の処分権限をゆだねたものと解される（その際，処分権限に関する具体的要件は示さ

---

(7)　塩野宏『行政法Ⅲ［第四版］』（有斐閣，2012 年）219 〜 220 頁。

第6節　権利放棄議決有効最高裁判決の検証と敗訴弁護士の弁明

れていない)。この制度は議会が公民代表から住民代表に変化したが，憲法上の要請としての二元代表制の下でもそのまま引き継がれた。他方，これに加えて新たに納税者訴訟制度が導入され，さらに先に指摘したように日本的変容が加えられて現在に至っているという経緯がある。まさに日本の地方自治法制におけるモザイク現象（塩野宏「地方自治法制」（1995年）塩野・法治主義の諸相380頁以下）の興味深い一例をここにみることができる。問題はこのモザイクの組み合わせが制定法上明確に定められていないところにあるが，住民訴訟制度の導入により，住民訴訟の対象となる債権（さらに絞って，住民訴訟継続中の債権，さらには勝訴判決確定債権）については議会の議決による権利放棄制度は働かないとする明確な理論的根拠はないし，また住民（納税者）訴訟の導入時点，さらには制度改革過程においてかかる結論を導き出す資料は見あたらない。要するに在来（議決による権利放棄）と外来（住民訴訟）の二つは，明確な制度的連結のないままに併存していると思われる。以上の制度的考察によれば，諸般の事情を考慮した議会の権利放棄議決が現行法上住民訴訟制度とは独立して存在することを前提とした上で，その権利放棄の有効性判断の要素として，住民訴訟を含む財務会計制度の適正な運用が阻害されたか否かが重要な考慮要素となると解される。さらに住民訴訟制度により，内部的効果にとどまっていた財務会計に関する規範が外部化したことにも照らした裁量判断の統制がなされるべきである。

　以上の整理に従えば，権利放棄議決により，財政的損失の補填という四号訴訟の目的は達することはできない。一方，仮に議決有効の確定判決が出された場合でも司法による当該財務行為の違法確認は制度的に担保されているし（本件事案でも最高裁判所は外郭団体派遣職員への人件費支出の違法性を認定している)，将来にわたる財務運営の適法性の確保という機能は，議会の債権放棄議決プラス住民訴訟の現行のモザイク模様でも維持されていることにも留意する必要がある。ただ，二つの制度の関係の有り様は，議会権利放棄三判決の千葉補足意見に示唆されているように，住民訴訟制度の再検討の中で，立法的に組み立てられることが必要であると思われる。」

　要するに，塩野は地方自治法制のモザイク的性格（おそらくはこの場合には外国法の輸入の際における既存国内法との不整合）に興味をもって記述している。そして，議会の権利放棄議決の制度の起源は市制・町村制に遡るが，「市町村

議会に，当該団体の財産の処分権限をゆだねたものと解される（その際，処分権限に関する具体的要件は示されていない）。」ということを当然の前提としている。その点の歴史的な検討をする余裕はないが，町村制 68 条，市制 64 条においても，市町村有の財産を管理することは市町村長の権限であった[8]から，議会だけで勝手に処分できると解釈されていたのかはいささか気になるところである。少なくとも現行法において，首長の財産管理権が議会の議決権によってゼロになると解釈するにはなお論証が必要と感ずる。筆者が論じている首長と議会の権限の関係を踏まえた上での解釈ではない。

住民訴訟制度が導入されたからといって，議会の放棄権限が動かなくなるとの根拠はないという点では，私見もほぼ同じであるが，しかし，住民訴訟制度を阻止するための放棄議決でも同じなのか。その前に，そもそも議会は，首長の財産管理権を侵害する，自由裁量を有するのであろうか。

塩野は「仮に議決有効の確定判決が出された場合でも司法による当該財務行為の違法確認は制度的に担保されている」というが，違法確認を得ても，訴訟制度としては原告が全面的に敗訴しているのであるし，代理した弁護士は報酬を得られる保障はない（本来は得られるべきであるが，形式的には敗訴しているので，報酬請求訴訟の行方は楽観できない）のであるから，権利放棄議決がなされる可能性があってもなお住民訴訟を追行する弁護士は激減するであろう。したがって，違法確認訴訟は画餅に帰す。制度的に担保されているものではない。

2　兼子仁説

兼子仁は主に，首長などの責任を重過失要件とすべきだという限定解釈論を表明する[9]。ここでは国家賠償訴訟における公務員への求償，会計職員の責任が重過失責任とされているほか，「株主代表訴訟で追及される会社役員の責任も重過失要件と規定されている」として会社法 425 条 1 項を引用するが，誤読である。会社法 423 条 1 項は，役員などが任務を怠ったときは株式会社に対して，これによって生じた損害を賠償する責任を負うとし，425 条 1 項は，この責任について，善意で重過失がないときは，株主総会の決議により，代表取

---

(8)　地方自治法総合研究所監修『逐条研究　地方自治法Ⅲ』（敬文堂，2004 年）182 頁。
(9)　兼子仁「住民訴訟請求権の放棄議決をめぐる法制問題：最高裁の 2012 年 4 月新判例の研究を主として」自治総研 38 巻 8 号（2012 年 8 月号）48 頁以下，特に 57 頁以下。

締役なら年俸の6倍を超える額を免除することができると規定しているだけである。会社法に倣えば，軽過失について一部免除規定をおくのが妥当である。

そして，国家賠償訴訟において求償される公務員や会計職員は，首長のように組織を動かすとは限らず，末端の職員として一人で判断する場合も多いので，ミスをしやすいが，首長は前述（Ⅱ2(3)，441頁）した最高裁昭和61年2月7日の指摘するように違法行為を防止する広範な権限を有するのであるから，違法行為を犯すのは，法令コンプライアンスを政治的な理由で怠っている場合が多いのである。

最後に兼子仁は，立法論として重過失要件を付加することと，首長などが有責の場合の損害賠償限度額を，年俸の，首長なら4倍，部局長なら2倍と定めると提案する。ただ，この二つの関係は不明であるが，私見では会社法に倣い，重過失の際には免責しない，軽過失の場合には一部免除すると提案している（第1章第1節9）。

3　飯島淳子説，石崎誠也説

飯島淳子[10]は，議会による権利放棄に関する学説判例を丁寧に渉猟して，的確に紹介しており，この問題を論ずる際無視できないものがある。しかし，阿部と最高裁が対立する最も重要な論点，つまり，権利放棄議決を制限する実体法の規定がないという最高裁の見解と，他人から預かった金については善管注意義務があるという私見の対立点（前記のⅡ3）や，派遣法6条2項の適用の是非についてのコメントはない。

なお，権利放棄議決を無効とした大阪高裁平成21年11月27日判決について，石崎誠也[11]は種々の判例学説を紹介しているが，「むしろ阿部泰隆が述べるように自治体財産の適正な管理という観点から議会の債権放棄議決権の限界を明らかにすることがより大切なように思える」と述べている。

4　木村琢磨説

木村説については，フランス法の研究からなぜ日本の解釈論に飛躍するの

---

(10)　飯島淳子「議会の議決権限からみた地方自治の現状：神戸市債権放棄議決事件」『特集 重要判例からみた行政法』論究ジュリスト3号128頁以下（2012年）。
(11)　平成22年度重要判例解説〔ジュリスト臨時増刊1420〕69〜70頁2011年4月。

か，理解できないと批判したことがある[12]が，今回の判例を受けた論考[13]においても，同様である。木村は筆者の批判には答えていない。今回は，廣田達人[14]の批判に答えるというつもりであるが，日本法の沿革について大要次の説明をしている。木村は，権利放棄議決の可否は，財政法の基本原理の他，フランス法の沿革に着目した自治法243条の2第8項の解釈を通じて，原則として議会による権利放棄が認められるという。明治時代，府県制，市制・町村制において出納長・収入役の賠償責任の免除規定があった。それが戦後自治法243条の2第8項に引き継がれたという。そして，不可抗力に相当する要件に関する議会の専断的な判断権を認め，さらに長の賠償責任の場合を含め，自治法96条1項10号の解釈に同項の趣旨を「投影」させるべきだというもののようである。

しかし，木村の言う財政法の基本原理なる超実定法的なものが実定法の解釈において条文抜きで妥当するわけはない。自治法243条の2第8項は「会計管理者若しくは会計管理者の事務を補助する職員，資金前渡を受けた職員，占有動産を保管している職員又は物品を使用している職員」の責任に関するものであるから，民法709条に基づく首長の責任とは関係がなく，それが自治法96条に定める議会の権限の意味の解釈根拠になるわけがない。なぜ別個のルールに基づく制度に勝手に「投影」させることが許されるのか。「投影」とは解釈論における手法なのか。木村説はおよそ解釈論としては論理の飛躍である。まして，派遣法6条2項の適用いかんにはふれていない。

5 廣田達人説

今引用した廣田説はさくら市事件東京高裁平成21年12月24日判決の研究の形式を取っており，本件最高裁判決に直接の焦点を当てていないが，問題を最も良く理解していると思うので，紹介する。これは権利放棄議決の有効説を文理解釈とし，無効説として①住民訴訟制度趣旨没却説（斎藤誠説など），執行

---

(12) 阿部「地方議会による地方公共団体の権利放棄議決に関するその後の判例等」自治研究86巻3号42頁（2010年）＝本書第5章第4節。

(13) 木村琢磨「住民訴訟4号請求が提起された場合における権利放棄議決の可否」法学教室388号44頁以下（2013年1月号）。

(14) 廣田達人「住民訴訟と議会の議決による損害賠償請求権の放棄」会計と監査2012年9月号42頁。

第6節　権利放棄議決有効最高裁判決の検証と敗訴弁護士の弁明

行為必要説（②公益説，③善管注意義務説）を挙げ，執行行為必要説は，法が地方公共団体の組織として執行機関と議決機関を設け，役割，権限配分を定めた規定に忠実であり正論であると論評し，議会の議決が違法などの場合の地方自治法176条に定める争訟手続も機能するし，議会の議決が長の財務会計行為の違法を阻却するものではないとする住民訴訟判例も機能する，権利放棄議決を初めて無効とした大阪高判平成21年11月27日について，住民訴訟制度の趣旨を出発点として，議会における審議状況を分析しつつ権限濫用を導き出しており，分析が緻密であり支持されるであろうとしている。

そして，ここでいう「権利放棄は，純粋に適法な行政活動から発生した財産（債権）たる権利の放棄（いわば真正権利放棄）を想定しており，違法な財務会計行為に基づき発生する損害賠償請求権の放棄のようにあらゆる財務会計行為を包括し住民訴訟等を含めたその違法是正プロセスによって発生した損害賠償請求権の放棄（いわば不真正権利放棄）までを含むものではない」としている。この前者の例として，法令で定める場合の他，地方公共団体の支給する奨学金などの返還免除を挙げている。

そして，「10号に係る権利放棄の本質は純粋に地方公共団体の財政負担に関わる行為として，歳入歳出予算の執行，補助金支出，財産の取得・売却，債務負担行為等の予算に準ずる財務会計行為の1つとして，ただ議決予算が現金支出を伴う歳出のみを対象としたため議決対象予算からは外され，債務負担行為と同様予算に準じて議会の議決という民主的統制を加えたものと考える（準予算説）」というものである。

「したがって，10号の権利放棄も本質的には地方公共団体の執行機関が行うべき執行行為であり，……権利放棄……執行機関による執行行為を必要とする……。議会の議決はそれに加重的に手続要件を課すものであり，議会の自由裁量による固有の権限を創設するものではないと考える（手続要件説）。また，実体法的には自治法等が定める自治体財務法の一般原則（例えば法2条14項，法232条の2，地方財政法4条1項など）に適合的なものでなければならない。」

現在の10号は明治時代の市制・町村制・府県制に起源を持つが，96条の改正の沿革をたどれば，これは「歳入歳出予算を以て定めるものを除く外，あらたに義務の負担をし，負担附寄附又贈与を受け」ることに関する議会の関与と同列に位置づけられている。以上から，10号の「実体的内容は無制限ないし

第5章　地方議会による地方公共団体の賠償請求権等の放棄

無指針なものではなく『歳入歳出予算を以て定めるもの』に準じ，『債務負担行為』，『負担附の寄附又は贈与』と並ぶものとして解釈すべきものと考えるのもあながち見当違いではないであろう。つまり，10号権利放棄は白紙委任の自由裁量行為ではなく，自治体財務に係る法の規律に従うことが求められると考える。」

「執行行為必要説は権利放棄も本質は長の執行行為を伴うので，議会の議決を要する他の財務会計行為と同様に自治体財務法の規律を受ける。つまり，議会の善管注意義務のみならず，長の誠実管理執行義務（法138条の2），あるいは補助金等の公益性要件（法232条の2）が権利放棄に直接に働くことになる（議会の議決が違法な場合には長は176条による再議等の手続をとる義務がある）。」

6　石津廣司説

前掲「第13回国のかたちとコミュニテイを考える市長の会」において，重過失責任主義にしないのは法の不備ではないかというある市長の発言に対して，石津弁護士（全国市長会顧問弁護士）は次のようにコメントしている。「それは昔から議論がある。首長が責任を負うのも，あくまで重過失が必要だという裁判例があった。しかし，最高裁判決で，首長の責任は一般職員の責任とは異質なのだと判断した。首長は予算編成権など大きな権限を持っているのだから，一般の職員のように重過失を要件と解すことはできないというのが最高裁の考えである。平成14年改正でも，首長の責任をどう限定するかは一つの検討課題であった。例えば，議会の議決を経たものはそもそも訴訟対象から除外する，あるいは，除外しないまでも適法性の推定を受けさせるなど，いろいろな議論があったことは事実である。ただ，当時の関係者の共通認識では，そのような制度改正は，国民の理解は得られないだろうということで断念された。」(20頁)。従って，今回重過失責任主義にせよという考え方も，そう簡単には国民の理解は得られない。

7　曽和俊文説

曽和[15]は，長文であるが，最判平成24年4月20日の評釈である。これは

---

(15)　曽和俊文「住民訴訟と債権放棄議決」民商法147巻4・5号367頁以下（2013年）。

かなり正当であるが，いささか異論を挟みたくなるところもある。

　最初に市長の過失を否定した最高裁判決を批判している（381頁以下）ことは正当である。

　なお，派遣法6条2項の趣旨については，職員の給与を地方公共団体が負担することができるのは，6条2項で掲げる要件に合致した団体であることを条例で個別的に認定した場合であるとされている（382頁，さらに396頁）が，同項は，派遣された個々の職員がその要件に適合していることを個別的に認定することを求めているのであって，条例は給与の支給の仕方を定めるというだけのものだと思われる。したがって，派遣法に基づく条例により団体を指定しただけでは足りず，派遣される職員の業務が6条2項に適合しなければならない。この点，最高裁判決は誤解していたのである。

　本件改正条例がこれまでの手続的違法性を是正した（387頁）との指摘も，神戸市の誤魔化し主張に惑わされているもので，本件派遣職員は大部分は6条2項の要件を満たさないのであるから，実体的違法なのである。

　最高裁が市長の過失を否定した理由について，他の地方公共団体への波及の恐れが挙げられているが（383頁），筆者は，むしろ市長に巨額の責任を負わせることに躊躇した結果であろうと推測している。先にも述べたように，コソ泥は捕まるが，大泥棒は逃れるという結果になる。

　首長の責任を国家賠償法における公務員の個人責任との均衡上重過失責任に変更すべきかという問題については，本文でも論じたが，首長は，広範な権限を持ち法令コンプライアンスを構築することはできるので，軽過失さえ犯さないように注意できること，首長の責任を重過失に限定すれば，首長の責任が単純過失である場合には住民訴訟は敗訴することになるので，違法行政を是正する機能は失われる。筆者が重過失責任説をやめたゆえんである。

　曽和は，放棄議決は原則として無効との立場の論拠について，住民訴訟の趣旨を損なうという論拠だけを挙げているが（368, 388頁），筆者が主張し，大阪高裁判決を認めた「長も議会も地方公共団体の財産管理に関して善管注意義務を負っており，権利放棄は当該義務に違反すること」という説については，言及はあるが（389頁），正面から取り上げられていない。住民訴訟の趣旨だけを論拠とするのであれば，住民訴訟が提起されなければいかなる無茶苦茶な権利放棄も地方自治法違反とならない結果となる。たまたま住民訴訟が提起され

ているというだけで，本来正当な権利放棄が許されないという結果になるかもしれない。住民訴訟の趣旨を損なうというのは，善管注意義務違反の1つの要素であって，それ自体が独立の違法事由となるものではないし，また，違法事由がそれだけに尽きるものでもないと思う。なお，確定判決後の放棄は住民訴訟との関係では特別にやむを得ない理由がない限り原則として許されない（400頁）との点は正当である。

　もっとも，曽和は財務会計行政の適法性の確保・地方公共団体の財産損失防止という住民訴訟の制度趣旨との調和の視点に軸足を置き，原則無効説に賛成している（392頁）。この点は理由は異なるが，同意できる。

　ところが，曽和は神戸市議会による債権放棄議決について適法有効と判断した結論に賛成している（394頁）。これは筆者と大きく意見を異にするところである。市長派の多数の議員が市長を守るために行ったアリバイ作りのずさんな審議を民主的であるなどと主張すること自体，およそ非民主的である。市長が自分の責任を免れさせてもらうことを隠して提案するなど言語道断である。曽和は神戸市議会の権利放棄議決について「議会審理の現状を前提とすれば」裁量濫用ということはできない（398頁）というが，規範的判断において，腐った議会の審理の現状をなぜ前提とするのだろうか。住民から信託された財産を適切に管理するという観点から本当に住民を民主的に代表しているのかどうかが問題なのである。神戸市議会は最初から結論ありきで，そのような審理をしていない。その上，そもそも神戸市長が外郭団体に職員を違法に派遣したのは，外郭団体と職員組合を維持してその票によって当選しようという意図があった，少なくともそのような結果をもたらしたものであって，およそ民主的ではないのである。それを司法が是正しなければ，非民主的行政と政治は永久に続くのである。

　曽和は，放棄議決は住民訴訟の趣旨に反するとは言えずとするが（401頁），このような権利放棄が横行すれば住民訴訟は意味を持たないので絶滅する。

　債権放棄議決については，一般的には長の執行行為が必要であるが，条例の形式がとられた場合にはそれだけで効力を生ずるという点について，保育所廃止条例などの例を挙げて賛成している（387頁）が，保育所の廃止は行政機関の個別行為によることなく，条例によるしかないのに対して，債権放棄は本来長の権限であるから，それをなぜ条例で奪うことができるのか，疑問がある所

第 6 節　権利放棄議決有効最高裁判決の検証と敗訴弁護士の弁明

である。

　最後に弁護士費用について形式的には原告敗訴の棄却判決となるが，実質的には原告側の主張を認めて違法性が是正され地方公共団体の財務会計行政の適法化に資する結果となったのであるから，原告に対する弁護士費用の補助があってもしかるべきではなかろうか（406 頁）と指摘されている。結構であるが，補助金では，請求権はない。憎らしい原告弁護士のために被告自治体が補助するわけはないので，空理空論である。そうではなくて，この原告敗訴の理由は，自治体が自ら権利を放棄したために請求するものがなくなったのであって，金銭請求したところ係争中に既に弁済してきたために棄却なると同じである。実質は勝訴であるから，地方自治法 242 条の 2 第 12 項にいう「勝訴」にあたると解釈すべきである。

8　橋本博之説

　橋本の最判評釈[16]は，筆者の解釈を法制度構造的解釈として評価し，最高裁判例を議会裁量論として位置づけて，批判している，優れた評釈である。

9　そ の 他

　吉村浩一郎説[17]は，債権放棄は基本的に議会の裁量権にゆだねられるとしたことに対して，議会が政治責任を負うにすぎないとすることが，同じく地方公共団体の財産権を対価なく減少させる補助金について公益性が要件とされている（地方自治法 232 条の 2）ことと比較しても（本判決以後は主に立法論として）検討の余地があろうとしている。私見の問題意識が共有されている。

　山本隆司[18]，斎藤誠[19]も公益要件違反の権利放棄議決は違法との立場である。

　斎藤誠説については，先に添付資料③ 31 頁＝本書第 5 章第 3 節Ⅵで論じたが，それは今回論文集に収録され，簡略かつ客観的な補注が付いている。この

---

(16)　橋本博之『最判評釈』判時 2187 号＝判評 654 号 153 頁以下（2013 年）。
(17)　吉村浩一郎「さくら市事件最判判例評釈」ジュリスト 1444 号 8～9 頁（2012 年）。
(18)　山本隆司「第 5 条——特殊問題——住民訴訟」『条解行政事件訴訟法［第 3 版補正版］』（弘文堂，2009 年）173 頁。
(19)　斎藤誠『現代地方自治の法的基層』（有斐閣，2012 年）472 頁。468 頁以下。さらに，法学教室の判例セレクト 2012 年［Ⅱ］11 頁。

第5章　地方議会による地方公共団体の賠償請求権等の放棄

最後には,「政策判断に関する首長の過失責任については,最高裁は政策判断の過程や特性に応じた限定を加えてきている。そのもとでの法的責任すら回避しようとすることに宥恕すべき事情はない」との記述がある。

徳本広孝「地方公共団体の規律維持と債権放棄議決の意義」（公法研究77号118頁,2015年10月）は,債権管理は首長の権限で議会はそれを監視するだけという肝心のことを理解していない。権利放棄議決の司法審査における審査密度を強化すれば済むというレベルの問題ではない。首長の内部統制,情報公開,住民監査等は,最初から,長自身が中心となって犯した組織的腐敗のチェックには何の役にも立たないことも理解していない。

飯島淳子・大東市事件の分析（民商法雑誌150巻3号466頁以下,2014年）は,最高裁の裁量逸脱濫用型審査について検討し,審査密度を高めるような統制手法が必要とするが,その前に権利放棄の裁量がないという前提こそ大切である。

次に飯島は,差戻し審高裁（大阪高判平成25年3月27日）が,議会の放棄議決の有効性を判断するのではなく,過失について判断したことを指摘して,望ましいと述べているが,だからといって,権利放棄されてしまえば過失を認定することは無駄である。そこで,引用される兼子仁説の誤りは前述した。さらに,現在提示されている立法的対応のうち,「違法事由の性格等に即した注意義務違反の明確化」が必要かつ妥当な方策であるとするが,これが不適当であることは,第1章第1節37頁で示した。

東原良樹（岡山大学法学会雑誌63巻3号,2014年）は,議会の権利放棄議決の裁量を制限する方向の意見を述べている。

秦博美「地方議会による住民訴訟債権の放棄議決」北海学園大学『次世代への挑戦』（2015年）101頁以下は,「近時の最高裁判決の中には,堅実・周到に『法的』論理を一つ一つ組み立てて,確かな論証の上に結論（事件の解決）を導くのではなく,ときに『制度批判』『立法論』を交えながら,『政治・行政』の現状維持の結論を導くために,形式的・表層的解釈に終始し,あるいは『裁量権の逸脱・濫用法理』を消極的に濫用している傾向が見られる。これは,脱法行為に目をつむり,あるいは裁量権の問題に安易にすり替えるものであり,現実を隠蔽する解釈により結論が仕組まれていると言わざるを得ない。」とし,その例として,最高裁平成24年4月20日判決を検討する。市長に過失があったこと,権利放棄議決は少なくとも住民訴訟係属中は禁止されるべきであると

する。私見も参照しつつ，さらに発展させたところがある。

原論文校正時に，木村琢磨「解説」平成24年度重要判例解説55頁，小川正「住民訴訟判決と地方議会の放棄議決」自治総研2013年3，4月号に接したが，特段本文を修正する点はない。

［追記］ 権利放棄議決と原告代理人の弁護士報酬相当額

1 権利放棄議決と「勝訴」の関係

権利放棄をしたとして回収しない場合にも，当該地方公共団体にはいったんは権利が帰属して，それを自らの意思で捨てているのであり，原告はこれを阻止できないのであるから，原告「勝訴」後の事情であり，原告らの弁護士報酬相当額請求権には影響しない。

神戸市の2つの事件のうち，①福祉外郭団体訴訟では，大阪高裁平成21年1月20日判決で，約2億5,000万円以上の額が認容され，神戸市長が権利放棄したとして上告したが，最高裁平成21年12月10日において不受理とされたので，権利放棄は原告「勝訴」には影響しない。

もう1件は②外郭団体訴訟で，権利放棄議決を有効とした最高裁平成24年4月20日が対象としたものである。これも，神戸市には，最高裁も認めるように，外郭団体に対する不当利得返還請求権があることを前提に権利放棄議決をしたものであるから，原告らの「勝訴」後に債務免除したのと同じである。

2 手続ミス？

神戸市は外郭団体への人件費補助は手続ミスで，実質的には損害がないと主張してきたが，本来職員を給与付きで外郭団体に派遣することは違法であることを承知で，脱法行為で外郭団体に補助したのであるから，実体的な違法であって，神戸市には損害が発生したことは繰り返し，指摘した（第5章第2節四4(2)，348頁，同(4)イ，352頁，同(6)イ，355頁，同(6)オ356頁，第6節Ⅱ2(3)(カ)442頁，Ⅱ4(1)）。調査官解説にも，「本件派遣職員等は，本件団体の業務にのみ従事しており，市の業務には従事していなかった」（法曹時報67巻8号2273頁）と明記されている

3 回収可能額

①事件では，外郭団体にある程度の資産があること，前市長は，職員としての退職金，3期にわたり毎期4,000万円の退職金，年間1,000万円の預金などがあるので，3億円前後の資産があると推定されることから，2億5,379万円プラス利息は回収可能額である（この点は，阿部「地方制度調査会における住民訴訟制度改正の検討について　八2」自治研究92巻1号2016年）で詳述）。

第5章　地方議会による地方公共団体の賠償請求権等の放棄

②事件では，前市長に対する請求は棄却されているので，外郭団体への請求だけが問題になる。外郭団体によっては資産もあるだろうから，当然に回収不能とは言えず，財政情報を全て公開の上吟味すべきことである。

第6章　判例解説

I　退職金支払い違法住民訴訟事件（川崎市）

〈判決要旨〉

1　住民訴訟の対象となる財務会計上の行為又は怠る事実は，それ自体直接法令に違反する場合だけでなく，その原因となる行為が法令に違反して許されない場合も違法となる（川崎市）

2　収賄罪で逮捕された市の職員を懲戒免職にせず分限免職にして退職金を支払ったことが違法な公金の支出にはならないとされた事例

　最高裁(一小)昭和60年9月12日判決（判例自治15号13頁・判時1171号62頁・判タ572号54頁）。

　一審横浜地裁昭和52年12月19日判決・昭和50年(行ウ)第22号（判時877号3頁）。

　二審東京高裁昭和55年3月31日判決・昭和53年(行コ)第1号・第47号（判時962号44頁・判タ414号127頁）。

〈事案の概要〉

　川崎市職員Aは，昭和49年11月26日，28万円相当の収賄の容疑で逮捕されたので，同市長はその4日後にAを分限免職処分にした。そして，Aは同年12月21日に退職金669万余円を受領した。これについては，市長が自ら支給の決裁をし，これに応じて市の給与課長が支出命令をし，同市収入役が支払った（なお，追加払いについては省略）。ところが，Aは上記の収賄容疑で起訴されたほか，その後の追起訴により，さらに多数（合計300万円）の収賄の事実が判明した。そして，同年7月にはAは懲役2年，執行猶予4年の判決を受け，該判決は確定した。そこで，住民Xは，分限免職処分は違法であり本来懲戒免職処分にして，退職金を支給しないこととすべきであったとして，退職金相当分の賠償を市長に求めた。

第 6 章　判例解説

　住民訴訟では，財務会計行為のみを争えるので，住民は分限免職処分（非財務会計行為）の取消それ自体を求めることはできないが，退職金の支払い（財務会計行為）に違法があれば，住民訴訟で争える。そこで，住民訴訟では，(1)退職金の支払い固有の違法のほかに，その前提となる分限免職処分の違法を主張できるか，つまり，分限免職処分が違法なら退職金の支払いが当然に違法になるのか，(2)分限免職処分が違法かという 2 点が争点となった。

〈判　　旨〉

　1　普通地方公共団体の執行機関又は職員の財務会計上の行為が違法となるのは，単にそれ自体が直接法令に違反する場合だけではなく，その原因となる行為が法令に違反し許されない場合の財務会計上の行為もまた，違法となるのである（最高裁昭和 46 年(行ツ)第 69 号同 52 年 7 月 13 日大法廷判決・民集 31 巻 4 号 533 頁参照）。そして，本件条例の下においては，分限免職処分がなされれば当然に所定額の退職手当が支給されることとなっており，本件分限免職処分は本件退職手当の支給の直接の原因をなすものというべきであるから，前者が違法であれば後者も当然に違法となるものと解するのが相当である。

　2　収賄した A は，地公法 28 条 1 項 3 号にいう「その職に必要な適格性を欠く場合」に該当すると認められるから，本件分限免職処分は，同条項所定の要件を具備している。

　もっとも，本件条例によれば，懲戒免職処分を受けた職員に対しては退職手当を支給しないこととされているから，A を懲戒免職処分に付することなく本件分限免職処分を発令したことの適否を判断する必要があるところ，前記のガスライター及びデパートギフト券の収賄事実が地公法 29 条 1 項所定の懲戒事由にも該当することは明らかであるが，職員に懲戒事由が存する場合に，懲戒処分を行うかどうか，懲戒処分をするときにいかなる処分を選ぶかは任命権者の裁量にゆだねられていること（最高裁昭和 47 年(行ツ)第 52 号同 52 年 12 月 20 日第 3 小法廷判決・民集 31 巻 7 号 1101 頁参照）にかんがみれば，上告人の原審における主張事実を考慮にいれたとしても，上記の収賄事実のみが判明していた段階において，A を懲戒免職処分に付さなかったことが違法であるとまで認めることは困難である。

　3　また，本件分限免職処分発令後の経過に照らすと，本件分限免職が時期

尚早の処分ではなかったかとの疑いをいれる余地がないとはいえず，その当不当が問題となり得ようが，本件分限免職処分の発令の段階でその後における事態の進展を予測することには相当の不確実性が伴うばかりでなく，分限処分の発令時期についても任命権者が裁量権を有しており，不適格な職員を早期に公務から排除して公務の適正な運営を回復するという要請にもこたえる必要のあることを考慮すると，発令時期の面から本件分限免職処分が違法であるとすることもできない。

4　別件の収賄事実がAに対する本件退職手当の支払前に判明したとしても，本件分限免職処分の発令によりAの川崎市職員としての身分が既に剥奪されていることに照らせば，別件の収賄事実が判明した段階で本件分限免職処分を取り消さなかったことが違法であるということはできない。

〈解　説〉
1　財務会計上の違法性の意義と範囲——先行行為との関係
(1)　公定力の適用の有無　　まず，分限免職処分は違法でも，取り消されるまでは，有効として，それを前提とする退職金の支払いは適法となるという考え方が公定力の理論により正当化されるかどうかが争点となった。一審判決（横浜地判昭和52・12・19判時877号3頁）は，公定力の適用を否定したが，高裁はこれに公定力の理論を適用して，退職金の支払いを適法とした（東京高判昭和55・3・31判時962号44頁・判タ414号127頁）。もともとは，行政行為の公定力とは，行政行為の効力のレベルの問題で，国家賠償訴訟には及ばないから，一審判決は当然の判示で（藤田・133頁，小高・44頁は賛成），高裁判決には学説の反対が強かった（原田，関哲夫・地方行政と争訟（勁草書房，1982年）26頁，水野・43頁，土居・144頁）。ただし，辻は自説を表明しない。なお，東松説参照。〈判旨1〉は，公定力に直接には言及していないが，高裁の公定力理論を否定したものと解され，その点では評価される。

(2)　違法性の承継　　次に，一般に，非財務行為たる先行行為に基づいて公金が支出された場合，住民訴訟においては，先行行為の違法をいかなる場合に主張することができるかについて，違法性の承継の有無で判定する説（金子芳雄・住民訴訟の諸問題（慶応通信，昭60）59頁，関哲夫・前掲書22頁以下）がある。しかし，違法性の承継とは，先行行為の違法性について後行行為をする行政機

関に審査権がなくとも，裁判の場面では，後行行為も当然に違法となるというもので，取消訴訟の場面で適用される。しかし，損害賠償訴訟においては，先行行為が違法であれば，その違法が後行行為に承継されるなどといわなくとも，先行行為の違法を理由として損害賠償を請求できるから，違法性の承継を論ずる必要はない。

(3) 公務員の審査義務　住民訴訟特にその4号請求のうち公務員を被告とする賠償請求訴訟は，公務員個人の責任を追及するものであるから，先行行為の違法を理由とする場合には，公務員個人に先行行為の適法・違法の審査義務があり，それを過失により怠ったことを必要とする。つまり，本件で問題となるのは，退職金の支払い決定をする行政機関としての市長が分限免職処分の違法性を審査できるか，あるいはすべきかという行政機関相互の権限関係にある。関哲夫「住民訴訟における違法と損害(1)」判評322・169，同(2)判評323・164頁以下はそうした正当な認識を表明する点で優れた論文である（金子・前掲書110頁も同方向）。

この観点から考察すると，退職金の支給裁定は，退職という処分の存在を前提として，欠格事由の存否を審査する行為であろう。この段階では，退職処分の違法性を審査しないのが原則（行政機関相互の権限の尊重）である。都教育委員会のした任命・昇格・昇給の発令行為を前提とする，都知事のした退職金の支給決定につき，任命や発令が不存在か重大かつ明白な瑕疵がある場合のほかは，退職者には退職金を支払わなければならないとした判例（1日校長事件，東京地判昭和60・5・23判例自治12号2頁）は審査義務という正しい観点を採用した最初の判例として注目される（関・判評323・166）。

(4) 判例の立場──先行行為と後行行為の関係

しかし，最判はこうした観点でなく，先行行為と後行行為の関係という観点から，判断している。すなわち，一審は，職員の退職という事由が発生すれば，欠格事由がない限り，市は所定の退職手当を支給する義務を負うので，分限免職処分と退職手当の支給は密接不可分の関係にあり，仮に本件分限免職処分が無効又は違法であれば，本件退職手当の支給もまた違法であるとした。すなわち，分限免職処分の適否は，実体的に，本件退職手当支給の適否の判断の前提をなしているという理由をあげている。〈判旨1〉はこの点について判示したと理解される。しかし，理由はなく，単に結論だけで，説得力を欠き，賛成で

きない。しかも，この判旨を一般化すると，財務会計行為をする職員に先行行為の違法性の審査義務がなくとも，後行行為は当然に違法となるわけであるが，それでは，後行の財務会計行為をする職員に，権限のないことにつき義務を負わせることになり，不合理である。もっとも，そうした解釈を採った場合でも，後行行為をする職員には過失はなく，結局責任はないと解されるべきであるので，結果としては変わらないが，従来の判例は，住民訴訟では，違法であれば当然に過失があるとしてきたのが少なくないので，その立場では，財務会計行為をする職員は，先行行為について審査する義務がないのに責任を負わされることになり，不合理である。

　もっとも，この事件では，分限免職をしたのと退職金の支払いを命じたのとは共に同一の市長であった。そこで，上記の審査義務の観点は，分限免職処分をする職員と退職金の裁定をする職員が同一人の場合には適用がないかが問題となる。しかし，もし，退職金の支給裁定の事務を部下に委任していたら責任を負わないのに，たまたま，市長が自ら退職金の支給裁定をすれば，それ自体には違法がなくとも先行行為の違法のために責任を問われるというのも釈然としない。市長といえども，退職金の支給裁定の段階では，分限免職処分を審査する地位にはないからである。しかも，分限免職処分をそのままにして，退職金の支給を拒否することはできない（相手方から争われる）のは市長が退職金の支給裁定をする場合でも同じである。

　そこで，もし，市長個人の責任を肯定しようとすれば，むしろ，退職金の支払いではなく，それに先行する分限免職処分なりその職権取消の懈怠が，単に公務員法上の規律維持を目的とするものではなく，退職金の支払いを目的とした財務会計上の行為であると把握されるべきであろう。本件で，違法があるとすれば，退職金の支払いの段階でなく，分限免職処分の段階であるから，後者をつかまえて責任を追及するのが筋である。この判決は実質的にはそうした趣旨であろうか。

　そうすると，この判決はせっかくの重要判例であるのに，その射程範囲がどこまでか，不明確である。原因行為の違法を主張できるのも，それについて被告に審査権限がある場合に限定されるべきであろう。

　また，この判決の論理では，過失の有無が問題となっていない（一審は，分限免職処分が違法であることと市長が直接関与していることから責を免れないとし

ているに止まる）が，個人の責任を問う賠償請求訴訟である以上少なくとも，過失を認定する必要はあろう。

2 分限免職処分の違法性について

(1) 一般に，分限免職処分が違法になるのは重すぎるとか，根拠を欠く場合であり，被処分者が争うものであるが，本件では，逆に，処分が軽すぎるとして争われた珍しい事件である（裁量の授益的濫用，拙稿「公務員法における裁量問題」『行政裁量と行政救済』（三省堂，1987年）第3部第1章187頁）。

(2) 収賄は分限事案ではなく，懲戒事案ではないかとの論点について，本件の一審は，分限は，職務上の適格性を欠く者に対する処分であり，懲戒は非行等を犯した者に対する処分であって，両者は趣旨目的を異にするから，分限処分にするか懲戒処分にするかの判断が任命権者の自由な判断に委ねられているとはいえず，収賄は典型的な懲戒事犯であるから，それが分限事由としての側面を有するからといって分限免職にして事足りるとするのは，懲戒の制度の趣旨を没却してしまうとしたのに対して，この最判は，単に，収賄は，分限免職処分の要件をみたしているとしつつ，他方，懲戒事由にも該当するとし，それ以上に両者の関係ないし両者の選択の裁量を論じていない。

思うに，収賄は典型的には懲戒事案である。しかし，懲戒の停職処分は軽すぎ，かつ，懲戒免職は重すぎると思われるとき，中間の分限免職を選択することが許されないとまではいえない。収賄をすることは，職務上の適格性を欠くともいえないことはないのであるし，特に，収賄で分限免職処分を受けた者が，本来懲戒免職処分を受けるべきであるから，分限免職処分を取り消せとはいえまい。この立場では，収賄に対する分限免職処分の適用は，住民訴訟では，軽すぎるという場合のみ，違法になる。被処分者が争う場合には，処分が重すぎるとして争うので，（停職以下の）懲戒処分が相当であるから分限免職処分は違法であるという主張は，成立しうる（市バスの運転手の職務外の非行につきなされた分限免職処分につき，懲戒処分が相当という理由をつけ，取り消した例として，京都地判昭和55・3・21判時972号123頁）。

(3) 次に本件では懲戒免職処分にして，この者に永久に退職金を支払うべきではないと断言できる場合にはじめて，分限免職処分の違法が損害の発生と結びつくのであるが，そうしなければならなかったかどうかについて，一審は市

長の拙速主義を違法としたが，〈判旨2 2-1 2-2〉はそれだけでは違法とはいえないとした。筆者はこの一審の判旨に疑問を呈していた。公務員の規律を維持するための処分は迅速にする必要もあるからである（詳細は拙稿「公務員の懲戒処分における裁量権の限界」前掲『行政裁量と行政救済』227頁以下，類似の立場として，藤谷223頁，これに対し，室井・田中館は一審判決に肯定的）。したがって，判旨にほぼ賛成する。

(4) 分限免職処分をした後，収賄の事実が多数露見したら，分限免職処分を職権で取り消して，あらためて懲戒免職処分にすることができるかについては，一般には，公務員でない者に処分はできないという理由で否定する。しかし，分限免職処分は職権取消に親しまないとはいえず，要するに相手方の信頼保護の観点からの制限があるだけであると考えるならば，分限免職処分をしてから日時がたったりすればともかく，相手方が起訴され，裁判中であれば，分限免職処分を取り消すことが信頼保護に反するわけではあるまい（拙稿前記「公務員法における裁量問題」188頁，林）。〈判旨2 2-3〉はこの点について正面から判示していないが，あるいは，筆者のような解釈を前提としているともいえる。

〈参考文献〉
本文では，以下の文献は，単に著者名で引用した。
一審評釈，小高剛・ジュリ重要判例解説昭和52年度，藤田宙靖・判評234，藤谷正博・法令解説資料総覧3号，室井力・労働法律旬報947，43頁以下。
二審評釈，土居正典・自治研究57巻11号，原田尚彦・法学教室2号，水野忠恒・自治実務セミナー21巻2号，辻忠雄・判例自治8号，東松文雄・行政判例解説昭和55年度。
最判評決，田中館昭橘・法令解説資料総覧50号，林修三・時の法令1265。

[追 記]
従前は，起訴されてから退職した場合には退職金の支給が差止められるという規定はあった（国家公務員退職手当法12条。自治体の場合にはかならずしもなかった。前掲『行政裁量と行政救済』201頁注(88)）が，起訴前に依願退職したり分限免職になった場合には本件条例の定めるように退職金が支払われた。しかし，その後，本件事案に鑑みてか，起訴されないうちに依願免職なり分限免職により退職し退職金を受給した場合でも，将来禁固以上の刑に処せられた場合には，退職金の返納を命ぜられるという制度ができた（国家公務員退職手当法12条の2の追加，自治体の場

第6章　判例解説

合には同旨の退職金条例が必要である)。

　この制度を前提とすると，起訴前の分限免職や依願免職が懲戒免職を刑一等減じたという効果は薄れる。そうすると，川崎市の事例のような事案が今日生じた場合には，分限免職にしてとりあえず退職金を払うことは，今日ではなおさら適法になりやすいことになる。ただ，退職金を支払わないのと，いったん払って返納を命ずるのとでは，実際上は大きな差で，取りそこないが生じうるから，起訴されうる事案で起訴まえに拙速主義で分限免職や依願退職にして退職金を支払うことはやはり問題があることにはかわりはない。したがって，将来取り戻しが可能であるからというだけで，起訴前の分限免職と退職金の支払いが当然に適法となるわけではない。

II　職員に対する費用弁償支出住民訴訟事件（市川市）

〈判　決　要　旨〉

　議員に対する費用弁償を定額方式で定めることは許されており，その支給事由，支給金額の決定は議会の裁量にまかされている。

　最高裁（二小）平成2年12月21日判決（判時1373号45頁・判タ750号145
　　頁・判例自治83号21頁）。
　一審千葉地裁昭和63年4月27日判決・昭和61年(行ウ)第20号。
　二審東京高裁平成2年3月29日判決・昭和63年(行コ)第22号（判例自治
　　71号35頁）。

〈事案の概要〉

　本件は市川市の住民が市長に対して，その議員に対する費用弁償の支出が違法支出であるとして住民訴訟の（旧）4号請求（地方自治法242条の2第1項第4号）により市への損害賠償を求めた事件である。その理由は，次の通りである。市川市特別職の職員の給与，旅費及び費用弁償に関する条例5条の3によれば，議会の議員が，本会議，常任委員会又は特別委員会に出席したときは，費用弁償として日額3,000円を支給することとされている。市長は昭和61年6月の市議会定例会本会議及び常任委員会に出席した議員のうち37人に対し，一人日額3,000円の割合で総額77万1,000円を支出した。住民らはこの日額3,000円の内訳は，交通費が500円，残余の2,500円が昼食，茶菓代，筆記用具などの諸雑費であるところ，これらの昼食代，茶菓代，筆記用具などの諸雑

費を費用弁償として支給することは許されないとするものである。これを詳しく述べると，所得税法上給与所得者に対しては，同法9条1項4号ないし6号において一定の場合の旅費や通勤手当などを非課税とする規定をおいているが，それ以外の職業費を必要経費として認める考え方を採らず，一般的・概括的に必要経費分として，給与所得控除の制度を設けている。そこで，費用の弁償に当たるのは給与所得者に一般に認められている所得税法9条1項4号ないし6号に規定する非課税の給付に限定されるべきであり，それ以外のものの支給は報酬に含まれるはずであって，費用弁償として支給できない。そうすると，市長はその支出により市川市に同額の損害を与えたことになる。一審（千葉地判昭和63・4・27），二審（東京高判平成2・3・29判例自治71号35頁）とも請求棄却，最高裁も上告を棄却した。

〈判　旨〉

地方自治「法203条は，普通地方公共団体の議会の議員等は職務を行うため要する費用の弁償を受けることができ（同条3項），その費用弁償の額及び支給方法は条例でこれを定めなければならない（同条5項）と規定しているところ，上記費用弁償については，あらかじめ費用弁償の支給事由を定め，それに該当するときには，実際に費消した額の多寡にかかわらず，標準的な実費である一定の額を支給することとする取扱いをすることも許されると解すべきであり，そして，この場合，いかなる事由を費用弁償の支給事由として定めるか，また，標準的な実費である一定の額をいくらとするかについては，費用弁償に関する条例を定める当該普通地方公共団体の議会の裁量判断にゆだねられていると解するのが相当である。

本件条例5条の3は，議会の議員が，本会議，常任委員会又は特別委員会に出席したときは，費用弁償として日額3,000円を支給する旨を定めているが，上記費用弁償の支給事由及び額が法203条により市川市議会に与えられた裁量権の範囲を超え又はそれを濫用したものであることを認めるに足りる事情はうかがわれないので，上記裁量権の範囲内のものと解するのが相当である。

〈解　説〉

1　本件上告審判決（以下，本判決という）は議会の立法裁量を理由に本件の

第6章　判例解説

費用弁償を適法としたものである。本件には他にも論点があるが、ここではこの点に絞って解説する。

2 まず、費用弁償方式については実額方式と定額方式がある。費用を要した都度、その実費を計算し、その弁償を受けるのが実額方式である。これに対し、日当や旅費についてあらかじめ一定の事由又は場合を定め、それに該当するときは一定額を支給するのが定額方式である。費用弁償は職務の執行に要した実費の弁償であるから、実額方式によるのが建前ともいわれるが、実額方式では、現実に支出されたものが職務上本当に必要な費用であるか任意に支出したものであるかの区別が困難であり、また、個々の支出について旅行者に証拠書類の提出を要求し、事務担当者にその確認の負担を負わせることになって当該費用の額や支出の頻度によってはいたずらに手続を煩雑にし、そのための経費を増大することになりかねない。そこで、定額方式もそれが社会通念上実費を対象として、これを弁償するとの費用弁償の本来の建前を損なうとは言いがたいものである限り、地方自治法203条3項の費用弁償の方法としてこれを採用することが許されるという先例（東京地判昭和63・10・25行裁例集39巻10号1300頁）がある。本判決はこれを承認したものと解される（関哲夫・判評390号166頁、南川諦弘・民商105巻1号109頁はこの点判旨賛成）。ちなみに、国会議員の場合は国会議員の歳費、旅費及び手当等に関する法律、同法に基づく国会議員の歳費、旅費及び手当等支給規程により定額支給されている。

3 問題はいかなる事由を費用弁償の支給事由とするか、定額をいくらとするかにある。この点、本判決は議会の裁量判断に委ねられるとした。

たしかに、法律では費用弁償を条例で定めるとしているだけで（地方自治法203条5項）、それ以上の定めをおいていないから、支給事由が費用弁償の概念に当たる限りにおいては、支給事由やその金額の定めは議会の裁量に委ねられているといえよう。調査官の解説（上田豊三・法曹時報43巻3号792頁）ではこの点は先例としての意義を有するとしている。

4 問題は具体的な支給事由や支給金額が議会の裁量の範囲を超えたかどうかにある。本件の原告住民はこの点について、〈事案の概要〉で述べたように、昼食代、茶菓代、筆記用具代は報酬から支出すべきもので、費用弁償を受けることができるものには入らないと主張した。しかし、最高裁は、この点きわめて簡単で、「費用弁償の事由及び額が裁量権の範囲を超え又はそれを濫用した

ものと認めるに足りる事情はうかがわれない」としているのみである。これでは原告の主張に答えたことにはならない。この点は，調査官の解説（前掲）では，「この点についても先例としての意義を有する……。もっとも，本判決は，議会の裁量権の限界については何も触れていない。したがって，この点については，将来の判例の集積に待つしかない」というのであるが，一般論はともかくとして，原告の主張にはもう少し丁寧に答えて欲しい。

　本件の一審では，昼食代は議員の職務遂行とは関係のない支出であり，地方自治法203条3項にいう「職務を行うために要する費用」に当たらないとして違法とされていた。ただ，本件支出のうち昼食代がいくらかを認める証拠はないので，本件支出のうちどこまでが違法かを判断することができないという趣旨で請求棄却されていたにすぎない。そこで，少なくとも本件最高裁では昼食代を含めて費用弁償一日3,000円を支出することが裁量濫用に当たらない理由を説明して欲しかった。

　あるいは，一日3,000円などはたいした金額ではないし，もともとが実費方式ではなく定額方式である以上大まかさは避けられないから，それに昼食代が含まれていようといまいと，限度を超えた金額ではないといった判断が先行していたと考えてよいのであろうか。ちなみに，地方議会議員の費用弁償に関する先例としては世田谷区の議長が一日6,000円の支給を受けつつ公用車を利用したのはその点で二重支給だとする住民訴訟において，この6,000円には日当も含まれるから，公用車の利用の有無にかかわらずこの定めは違法ではないとした例（前掲東京地裁判決，控訴審東京高判平成元・3・28行裁例集40巻4号293頁）がある。これも大ざっぱな計算を許す前提ではじめて正当化できよう。しかし，問題ははたしてそうした大ざっぱな計算が許されるかにある。

　5　裁量濫用になる場合として，調査官解説（前掲）は，「議員の職務の執行とはおよそ関係のない事由を支給事由として定めたり，あるいは実費の弁償とはおよそ考えられないような異常に高い金額を定めたような場合には裁量権の限界の問題が生ずるのではなかろうか」としている。この裁量論は，裁量としてしまうとよほどひどいことをしなければ裁量の範囲内にしてしまう議論である。これでは行政や議会はよほどのインチキをして露見しなければ司法統制を回避できるし，裁判所は満足に検討しなくとも済むので，いかがかと思われる。一般理論としては，やはり，裁量でも，それなりには筋の通った決定であるこ

との証明は必要ではなかろうか。特に，本件のように，議会が自分のことを自分で決めるという，泥棒が刑法を作る類で，お手盛りが生じやすい場合にはなおさらである。

そこで，検討するに，筆者には，昼食代はもとより茶菓代，筆記用具代がなぜ「職務を行うため」に当たるかが理解しにくい（以下，前掲南川・関は反対）。議員は議会に出るだけに限らず自宅でも住民の相談などを受けている。これらの費用を「職務上の費用」としてその弁償が必要だと言うのなら，それも一つの理屈として理解できないことはない（ただし，その額の把握が不可能であるから，実額方式ではもちろん，定額方式でもその支給は違法であろう。給与所得控除でカバーされているとみるべきである）。しかし，本件の費用弁償は議会に出席した日数に応じて支給されるものである。議員が議会に出席したさいに住民から陳情などを受けるとして，なぜ筆記用具代がかかるのであろうか，それは一般職の公務員の場合と同様に議会事務局で用意すればよいはずであるし，選挙民に出す茶菓代は選挙運動費用の一種で，職務上の費用ではないと思う。切手代，電話代なども，議会に出ないときにかかるのは理解できるが，議会に出るというだけでなぜかかるのであろうか。

昼食代は公務員が役所に行くときに支給されるものではなく，議員の場合も議会を勤務場所と考えれば昼食代の支給には合理性はない。この点では，自宅で取る食事代と外食代の差額が職務を行うための費用であるとの見解もあろうが，それは出張日当の理屈であって，議会を勤務場所と考えたのではなく，出張先と考えた場合にはじめて成り立つ理屈である。公務員が役所に行くだけでは食事代の差額の支給もないのである。もっとも，地方公共団体でも区域が広い都道府県レベルでは県庁所在地の議員を除き，自分の事務所から議会へ行くのは出張とも言えるが，市町村レベルでは一般には公務員並に通勤可能なのであって，出張という程ではあるまい。しかも，仮に出張としても議会のある役所の食堂は安いから差額の支給が必要というほどではない。

最後に，交通費は原告の主張でも，「職務上の費用」に当たることになるが，疑問である。公務員が受ける通勤手当はもともと費用弁償ではなく，給与の一種である。そして，昭和40年までは全額課税されていたのである（最高裁昭和37年8月10日第2小法廷判決・民集16巻8号1749頁，ジュリ租税判例百選第2版68頁，初版72頁）。ただ，今日ではそのうち，一般の勤労者に通常必要と認

第6章 判例解説

められる部分が非課税とされているにすぎない。通勤手当は出張旅費とは違うのである。そこで、費用弁償に当たるのは給与所得者に一般に認められている非課税の給付に限られるという原告住民の主張は的外れなのである。議員に支給される交通費も、議員が議会に出るのが通勤ではなく、出張であると理解した場合にはじめて、費用弁償に値するのである。しかし、市会議員の場合、議会に出るのが出張であろうか、という疑問が残るのである。

また、出張ならば、それに要する交通費の実額を無視して、定額支給することが妥当であるとは思えない。出張に要する交通費は人によって異なるから、定額支給ではなく、バス代、電車代を実額支給すべきものである。

以上によれば、出張にならないとする説ではもちろん、出張になるとする説でも3,000円の大半は違法ということになるから、違法部分がいくらかの特定ができなくとも、一応全体として違法とすべきではなかろうか。違法部分を原告に特定せよという一審の判断は原告に無理難題を要求している感がある。

筆者としては、日額3,000円の費用弁済を正当化しようとすれば、次のような理屈しか思い当たらない。つまり、議員の職務と地位に照らせば、公共交通機関ではなく、タクシーを利用するのが当然であるから、一日3,000円位は余分にかかるであろう。これはいちいち計算しておれないので定額支給しかない。問題はこうした考えができるかどうかにある。ただし、タクシーのチケットを渡していれば、二重支給になる。

〈参考文献〉
　本件については前記の上田調査官解説が詳細である。判例自治83号21頁以下、ジュリ976号95頁以下、判時1373号45頁のコメントもほぼ同旨である。さらに、前掲関、南川評釈がある。

Ⅲ　昼窓手当違法支出住民訴訟事件（熊本市）

〈判　決　要　旨〉

1　市長は、列挙している場合のほか、特別の考慮を必要とするものに対して、特殊勤務手当を、臨時に支給することができると定める、熊本市職員特殊勤務手当支給条例は、法定された特殊勤務手当の対象となる勤務との対比において、不合理であると認められるような場合、市長が、応急的措置として、特殊勤務手当を支給することを許容したものと解される。

2 休憩時間を繰り下げて，午後零時から午後1時までの時間に窓口業務に従事した職員に対し継続して特殊勤務手当を支給したことは，右条例によって市長に許容された範囲を超え，違法な公金の支出に当たる。

最高裁(一小)平成7年4月17日判決（民集49巻4号1119頁，判例自治137号18頁）

〈事件の概要〉

熊本市職員特殊勤務手当条例6条は，別表で特殊勤務手当について具体的に規定するほか，「この条例に規定するもの以外の勤務で特別の考慮を必要とするものに対しては，市長は，臨時に手当てを支給することができる。前項の手当の額は，そのつど市長が定める。」と規定していた。そして，当時の市長は，右別表の改正を経ることなく，右6条に基づくものとして，昼の休憩時間を繰り下げて，午後零時から午後1時までの時間に窓口業務に従事した職員に対し継続して特殊勤務手当としていわゆる昼窓手当（1回約1,000円）を支給した。これに対して住民が支出命令権者に損害賠償を請求したものである。これは適法か。論点は次の3つである。

① 条例による市長決裁への委任は白紙委任か。
② 現実の昼窓手当は，「特別の考慮を必要とするもの」，「臨時」，「そのつど」という，市長への委任への範囲内に該当するか。

第一審判決（熊本地判平成4・3・23判例自治100号22頁）は，本件手当のような，大規模で継続的な手当ての支給は，本件条例の予定するところではなく，本件支出は，給与条例主義に違反する違法な支出であるとして，この請求を認容した。これに対して，原判決（福岡高判平成5・2・23判例自治113号41頁）は，被告市長は毎年度本件手当ての支給と額を決定して，その支給を行っていたのであるから，その手当の支給及び額を「臨時に」かつ「そのつど」決定することを要件に，特殊勤務手当ての支給を市長にゆだねた本件条例6条に適合するとして請求を棄却した。原告はほぼ一審と同様の理由を掲げて上告した。

〈判　旨〉

1 市長への委任の一般的な適法性　「どのような勤務を対象として特殊勤務手当を支給するのかは，条例において規定すべきものであって，この判断を

広く普通地方公共団体の長の裁量にゆだねることは，地方自治法（204条の2，204条3項）及び地方公務員法（25条1項）の右各規定の許容しないところ」。

しかし，「普通地方公共団体においては，臨時に，著しく危険，不快，不健康又は特殊勤務手当の支給の対象とされている他の勤務との対比において，この勤務を特殊勤務手当の支給の対象としないことが不合理であると考えられるのに，条例では，その対象とされていない結果，特殊勤務手当の支給に関し均衡を失する事態を生ずることも考えられないではない。本件条例6条の規定は，このような場合には，特別の考慮を要するものとして，臨時に従事させた勤務について，市長の判断によって，応急的に，……特殊勤務手当を支給することを可能にしたものと解される。したがって，本件条例6条は，職員を臨時に従事させた勤務について特殊勤務手当を支給しないことが，同条例別表に掲げられた特殊勤務手当の支給の対象となる勤務との対比において不合理であると認められるような場合に，市長が，応急的措置として，特殊勤務手当を支給することを許容したものと解するのが相当であって，その限りにおいて，地方自治法及び地方公務員法の前記各規定に抵触しない」。

2　昼窓業務は特殊勤務に当たらないこと　「昼休み窓口業務は，……継続的，恒常的に行われており，職員を昼休み窓口業務に臨時に従事させたとみる余地はないし，これに対する本件手当の支給も継続的に行われてきたことが明らかである。そうすると，本件手当が，職員を臨時に従事させた職務につき，応急的に支給されたものとは認め難い。市長が，毎年度ごとに，その支給を決定していたという事情があるとしても，この点の評価が変わるものではない。しかも，昼休み窓口業務は，休憩時間が1時間繰り下がるものの，その勤務内容や勤務条件からすれば，本件条例別表に掲げられた13種類の特殊勤務手当の支給の対象となる勤務との対比において，特殊勤務手当の支給の対象としないことが不合理であると認められるような勤務に当たるということもできない。したがって，本件支出は，本件条例6条によって市長に許容された範囲を超えて行われたものであって，条例に基づかない違法な支出である」。

3　市長の過失　元市長は，「本件条例6条に基づき，市長の裁量的判断により，昼休み窓口業務に従事した者に対して本件手当を支給することができるという誤った条例の解釈に基づき，本件支出を行ったものといわざるを得ないが，前記の地方自治法及び地方公務員法の規定があることに加え，本件条例6条が

同2条及び別表を補充するものとして置かれていることや同6条が臨時的, 応急的な措置を定めるものであることは同条の文理から十分に読み取れることを考慮するならば, 被上告人の右の解釈に相当な根拠があるものとみることはできない。しかも, ……熊本市が……調査の対象とした地方公共団体のうち, 昼休み窓口業務に従事した職員に対して特殊勤務手当を支給していた地方公共団体には, 昼休み窓口業務を特殊勤務手当の支給の対象とする旨の条例の定めがあったというのであるから, その点についての調査を行っていたならば, 本件条例6条に基づいて本件手当の支給を続けることに疑義のあることは容易に知り得たものというべきである。そうすると, 被上告人は, 市長として尽くすべき注意義務を怠り, 誤った条例の解釈に基づいて漫然と本件手当の支給を継続したものであり, 被上告人は, その過失により, 違法な本件支出をしたものと評価せざるを得ない。」

〈解　説〉
1　はじめに

本件の論点は, ①, ②であるが, 本判決は, ①では適法とし, ②で違法とした。これは委任立法の限界論においても, 重要な判例であり, 理論的に極めて筋の通った見解であって, 賛意を表する。高裁判決では②をも適法としていたところから, この最高裁判決は, 実務に対しても極めて大きな影響をもたらすと思われる。特に, 自治体では安易に市長, 知事決裁に委ねている例が多いし, 実態を反映しない各種の特殊勤務手当（交通局などの精勤手当, 業績手当, 徴税の苦労もなく貰える税務手当など）も早急に再検討すべきであろう。

2　市長への委任の限界

条例による市長決定の委任については, 白紙委任禁止の一般法理が妥当する。給与については, いわゆる給与条例主義が地方自治法に法定されているので, 給与の骨格は, 特殊勤務手当も含めて, 条例で定めなければならない。従って, 特殊勤務手当について, 一般的に市長の決定に委任するとすれば, 違法と考えられる。しかし, あらゆる場合についてまで, 条例で細目を定めるということは, 予測しがたい事態の発生に対応できないという不都合が生じるので, 例外的に, 事項, 時間を限定して, 市長に委任するという立法は必要やむを得ざるものとして, 適法であると考えられる。本件判旨も, この意味で妥当である。

各地の条例においてもこのように，その他やむを得ないと認めるときといった規定で，市長へ授権していることがある。これがやむを得ざる範囲にとどまっているか，不当に広い裁量を市長に認めていないかは問題になるが，各自治体においては，本件の判旨に照らしつつ再検討すべきものがあるだろう。

なお，議会が，給与について予算の議決をしているということは，給与条例主義を潜脱する理由にはならない。予算は項目を議決するだけであり，支給要件，支給額など細目について一切決定していないのであるから，議会の議決は，条例に代わるものではないわけである。藤原説（170頁）が妥当である。

さらに，給与条例主義からして，本件のような委任は，そもそも許されず，必要がある場合には，その度毎に，条例の改正によって対応すべきであるという厳しい立場（藤原・167頁以下）がある。また，本条例は，条例から，規則にではなくて，直ちに市長決裁に委任しているが，規則であれば公示されるのに，市長決裁ではそのつど決定されるだけであるので，給与条例主義との乖離はより大きい，という疑問（山代・37頁）がある。

たしかに，委任を広く認めれば，給与条例主義に反するので，細目を委任するとしても，その委任先は公示されるべき規則であり，「そのつど」の市長決裁への委任はなおさら極々の細目事項に限ると考えるべきではないかとも思われる。

ただ全くの例外として，緊急避難的に，規則で定めない市長の決裁により，特殊勤務手当を支給するという必要を否定することは難しい。例えば，サリン事件への対応，大震災への対応等では，単なる残業手当以上の特別な危険業務への手当といったものを市長が臨時に制度化する事が考えられるのである。しかし，昼窓手当はこの例外に当たらないであろう。

3 特殊勤務手当に該当せず

特殊勤務とはなにか，昼窓手当が特殊勤務に該当するか，について争われた。そもそも地方自治法には，特殊勤務手当について定めた規定はなく，地方公務員法に，危険作業その他特殊な勤務，という規定があるだけである。これに対して，国家公務員に対する特殊勤務手当については，一般職職員の給与等に関する法律13条1項で，著しく危険，不快，不健康，または困難な勤務，その他の著しく特殊な勤務で給与上特別の考慮を必要とし，且つその特殊性を俸給で考慮することは適当でないと認められるものについて，特殊勤務手当を支給

するとしている。地方公共団体の場合にこれと同じくすべきであるかという点については，変わりはないという説と，地方公共団体は，国から独立した統治団体であるから，本来その地方公共団体おいても自主的に決定できるはずであるという議論があろう。理論的には後者であると思われるが，しかし，何が特殊勤務であるかについては，それなりの常識的合理的な判断が必要であり，地方公共団体が，これと異なる解釈をとる場合においても，それが国の例を参考にしながら，自主的に特殊勤務に当たるかどうかを検討する必要があると思われる。

昼窓業務というのは，手当を支給するほどの特殊な勤務であるかどうかを考えると，夜勤や早朝出勤などと比べても，相当軽微なことであり，また，お昼1時から2時まで昼食をとるということになっても，そんなきつい勤務になるとは思われないし，市民からサボっていると見られるという精神的負担は現実的なものとは思えない。

なお，藤原淳一郎の提案によれば，11時半から12時半までの勤務と12時半から1時半までの勤務と，2交代にした場合には，職務は決してきつくはなく，かえって食堂か空くなど，お互いに楽になると思われる。

この程度のことで，手当を支給する理由はない。それを支給すれば，特殊勤務手当に関する裁量権を逸脱していると思われる。

次に，この手当支給が，同条例6条にいう「臨時に」適合しているかの問題で被告熊本市長は，客観的にみて，昼窓業務を開始した時点においては，それが恒常的に存続するのか，いずれ廃止されるのかは，いずれも不確定であり，その見通しがつかなかった状況にあったということからみて，この手当は，過渡的，変則的措置の意味において，臨時に支給されるものと解されていたと説明している。そうすると，数年間経てば廃止されそうな手当は，変則的過程的措置であり，臨時であるということになる。

しかし，給与条例主義は，それほど広く，議会の権限を市長に委任することを許しているのであろうか。毎年頻繁に開く議会の条例によっても対応できないものに限り，市長に委任するというのが本来の筋であり，ごく短時間議会を待つ暇もない場合にだけ，議会から市長に委任するか，細目的な事項を委任するかに留まるべきであり，数年間は続きそうな手当について，しかも他の手当に比べて，相当高額の手当を市長裁量で支給するというほどのことを給与条例

主義から正当化するのは難しいと思われる。

　さらに，本件の昼窓手当は平成3年に廃止されたが，導入後8年あまり継続されてきた。毎年見直しはあると説明されている。しかし，毎年の見直しは本体の給与そのものについても行われることであるから，毎年見直したから，臨時だった，そのつどだった，と言えるわけがない。

　なお，本件では直接的な論点とはなっていないが，本件の昼窓手当が著しく高額であることが問題である。一般の特殊勤務手当では，例えば伝染病作業手当日額210円，死亡人の救護に従事した場合には3,000円，病人の救護に従事した場合には1,000円，火葬作業に従事した場合900円，放射線取り扱い手当に日額210円，といったものであるが，本件の昼窓手当は，1時間昼をずらしただけで，1日1,000円，1年間の延べ人数が約1万人で，総額1,000万円になるという巨額なものになっている。同じく勤務するが，ただ勤務時間を1時間ずらしただけで1,000円というのは，おそらく常識はずれに高いものと思われる。昼の勤務の代わりに夜勤をする人については，25％割増手当となっている。同じ8時間労働でも，夜間の勤務は特にきついということが根拠となっているわけだが，それでもわずか25％である。昼の時間を1時間ずらしただけで，1,000円ということになれば，みんな喜んで希望することになるのではないか。余りにも不均衡であり，その点でも昼窓手当は違法であり，過失があると思われる。仮にこれを1回50円または100円にしたらどうかという問題になるだけであろうと思われる。

4　この市長の判断に過失はあるか

　この条例を常識的に読むかぎりに，本件の昼窓手当はおよそ特殊勤務手当に該当しないし，また，臨時でも，そのつど支給決定されたものでもないし，高額でもあるので，明らかに，違法であるから，過失を肯定せざるをえない。

　高裁は，本件昼窓勤務導入の際には，組合から，手当ての支給が交換条件として要求されたことを考慮すると，この手当ての支給は，市長の合理的な裁量の範囲内に当たるとした。しかしながら，組合との折衝がいかに困難であっても，それは組合の横車，ゴネ得，ごり押しに過ぎず，昼窓手当を導入しなければ，昼窓業務の実施が難しかったとしても，それと昼窓手当の支給の適法性とは直接には関係のないことである。組合がなんと言おうと，昼窓手当ての支給が適法かどうかをきちんと調べるべきであった。

第6章　判例解説

　高裁判決は，窓口を昼開けることは，市民サービスのためには，手当を支給してでも開始すべきとの社会的合意があったと認められる。これに加えて，昼休み時間帯の業務量の増加，従事職員の休憩の実体，及び精神的負担等の昼窓勤務の実体等をあわせ鑑みると，他の職務に比して特別の考慮を要すべき事情が存在していたとしている。

　しかし，議会や新聞が，手当を支給して，昼窓開設をせよと主張していることは，給与条例主義の解釈に則ったものではなく，ただ，そのような制度創設の背景にすぎない。これだけの指摘で，手当を支給すべき特別の考慮を要する勤務とまではいいにくいと思われる。またここにおける業務量の増加，休憩の実体，精神的負担などは極めて抽象的な言い方であって，はたしてそれだけ考慮すべき実体があったとは理解し難いことである。

　この市長による特殊勤務手当制度導入の際には，各地の自治体の制度を調査したとされている。しかし，昼窓手当ての支給について，条例の定めがあるか，単なる市長決定だけかなどについて分析せずに，他に例があるから大丈夫と考えたようである。これも過失を肯定する理由とされている。地方公共団体の法政策の観点からいえば，職員の法的素養の向上が必要だということになる。

5　条例による導入なら？

　では条例による昼窓手当の導入は適法か。条例によって，昼窓手当を導入するとした場合にはこれを禁ずる直接的な法律の規定はない。ただ，昼窓手当を特殊勤務の一種として，列挙した場合にはそれが，危険，不快，不健康，または困難な勤務，その他著しく特殊な勤務に該当するかどうかが問題となり，該当しないのに該当するとして条例化した場合には，条例制定権の濫用という問題になる。一般的には議会の裁量に任されるものになると思われるが，余りにも不合理な場合には，本給と特殊勤務手当との区別を曖昧として混乱させるものとして，違法と考えられる。

〈参考文献〉
　本件については，南川諦弘・民商法雑誌114巻2号303頁以下（1996年），斎藤誠・法学教室181号122頁（1995年10月号），藤原淳一郎・判例評論443号（判時1546号）167頁以下，綿引万里子「最高裁調査官解説」ジュリスト1072号116頁（1995年）があり，原審段階で，竹内重年の意見書（熊本法学77号91頁以下，1993年）が提出されている。その他，原審段階での解説として，山代義雄・判例自治118号36頁（1994年），西鳥羽和明・判例評論423号（判例時報1485号）157頁以下（1995年）がある。

Ⅳ 住民訴訟における被告の変更と新たな被告に対する時効完成事件（京都市）

〈判決要旨〉

1 地方自治法242条の2第1項4号所定の「当該職員」に対する訴えにおいて被告とすべき「当該職員」を誤ったとき行政事件訴訟法15条が準用される。

2 地方自治法242条の2第1項4号所定の「当該職員」に対する訴えにおいて被告の変更がされた場合従前の被告に対する訴えの提起は新たな被告に対する時効中断事由に該当しない

最高裁平成11年4月22日（民集53巻4号759頁，判時1675号67頁，判タ1002号108頁）

〈事案の概要〉

京都市の職員の公金による飲食が違法であるとして，住民が職員に対して住民訴訟のいわゆる4号請求訴訟（損害賠償訴訟）を提起した。住民（原告，被上告人）は，当初は，甲民生局長などを被告としたが，専決規程により乙が支出権限者とわかったので，1994年京都地裁で被告を乙に変更するように申請した。

住民訴訟における被告の変更には行訴法15条が準用される（行訴法40条2項，43条3項）。原告に重大な過失がないときはこれが許可される。一，二審とも，これを認めた。

しかし，この時点では支出の時からすでに七年も経っていた。この債権の消滅時効期間は5年（地方自治法236条1項）であることを前提としつつ，原審（大阪高判平成9・5・22判タ964号133頁）では，なお時効にかかっていないとした（その理由は後述）ので，被告から上告した。最高裁は，原告住民が勝訴した原判決を破棄し，一審判決を取り消して，請求を棄却した。

〈判　旨〉

1 地方自治法242条の2第1項4号にいう「当該職員」には，普通地方公共団体の内部において，訓令等の事務処理上の明確な定めにより，当該訴訟においてその適否が問題とされている財務会計上の行為につき法令上権限を有す

る者からあらかじめ専決することを任され，右権限行使についての意思決定を行うとされている者も含まれるが，およそ右のような権限を有する地位ないし職にあると認められない者を被告として提起された同号所定の「当該職員」に対する損害賠償請求又は不当利得返還請求に係る訴えは，法により特に出訴が認められた住民訴訟の類型に該当しない訴えとして，不適法である（最判昭和62・4・10民集41巻3号239頁，最判平成3・12・20民集45巻9号1503頁）。また，……当該財務会計上の行為につき，右のような権限を有する地位ないし職にある者として「当該職員」には該当するものの，現実に専決するなどの財務会計上の行為をしたと認められない者に対する損害賠償請求又は不当利得返還請求は，理由がなく棄却されるべきである（前掲平成3・12・20判決参照）。しかしながら，財務会計上の行為を行う権限の所在及びその委任関係等に関する法令，条例，規則，訓令等の定めや普通地方公共団体内部の行政組織が複雑であるため，地方自治法242条の2第1項4号所定の「当該職員」に対する訴えを提起しようとする住民において，その適否が問題とされている財務会計上の行為につき，だれが右のような権限を有する地位ないし職にある者として「当該職員」に該当するのか，また，だれが現実に専決するなどの財務会計上の行為をしたのかの判定が必ずしも容易でない場合も多いと考えられる。他方，当該訴えは同条2項1号ないし4号に掲げる期間内に提起しなければならないとされているため，当該住民がおよそ右のような権限を有する地位ないし職にあると認められない者又は現実に専決するなどの財務会計上の行為をしたと認められない者を被告として訴えを提起した場合には，改めて正当な被告に対して訴えを提起しようとしても，出訴期間の経過により許されないことがある。以上の事情は，取消訴訟において原告が被告とすべき者を誤った場合と異なるところはなく，行政事件訴訟法15条は，このような場合に，被告の変更を許すことにより原告の救済を図ることとしているのであるから，前記のように被告とすべき「当該職員」を誤った場合についても，地方自治法242条の2第6項，行政事件訴訟法43条3項，40条2項により同法15条の規定を準用して被告の変更を許すことにより，原告の救済を図るのが相当というべきである。

　そうすると，地方自治法242条の2第1項4号所定の「当該職員」に対する損害賠償請求又は不当利得返還請求に係る訴えにおいて，原告が故意又は重大な過失によらないで「当該職員」とすべき者を誤ったときは，裁判所は，原

告の申立てにより，行政事件訴訟法15条を準用して，決定をもって，被告を変更することを許すことができると解するのが相当である。また，……当該財務会計上の行為につき，法令上権限を有する者からあらかじめ専決することを任され，右権限行使についての意思決定を行うとされている者として「当該職員」には該当するものの，現実に専決するなどの財務会計上の行為をしたと認められない者を誤って被告としたときにも，同条を準用して，被告を変更することを許すことができる。

2 （右の）被告変更の申立てに対して……裁判所の許可決定がされた場合，従前の被告に対する訴えの提起は，新たな被告に対する損害賠償請求権又は不当利得返還請求権についての裁判上の請求又はこれに準ずる時効中断事由には該当しない……。地方自治法242条の2第1項4号所定の「当該職員」に対する損害賠償請求又は不当利得返還請求に係る訴えは，普通地方公共団体が「当該職員」に対して有する実体法上の損害賠償請求権又は不当利得返還請求権を住民が代位行使する形式によるものであり，右各請求権は民法又は地方自治法243条の2第1項に基づくものである。最初の訴えの提起により従前の被告に対する右の実体法上の請求権について裁判上の請求としての時効中断の効力が生ずることはいうまでもないが，時効中断の効力は中断行為の当事者及びその承継人に対してのみ及ぶものであり（民法148条），行政事件訴訟法15条3項は，特に出訴期間の遵守に限って新たな被告に対する訴えを最初に訴えを提起した時に提起したものとみなす旨を規定したものであって，民法148条の前記の原則を修正した規定であると解することはできず，他に右の原則を修正したと解し得る実体法上の規定を見いだすこともできない。また，従前の被告に対する右の実体法上の請求権と新たな被告に対する右の実体法上の請求権について連帯債務に関する民法434条の規定を適用することもできない。

〈解　説〉

1　地方自治法242条の2第1項4号に基づく住民訴訟の4号請求は，本来地方公共団体が「当該職員」に対して有する損害賠償，不当利得請求権を住民が代理行使する訴訟である。これは「職員」の個人責任を問う訴訟であるから，原告住民にとっては容易でない（ちなみに，カラ出張の情報隠しの例として，日経2000年4月30日一面）にしても，賠償責任を負う職員を特定しなければな

第6章 判例解説

らない。

なお，国家賠償訴訟では，公権力の違法な行使に関し，どの公共団体の公務員の行為であるかが確定できれば，その国家賠償責任を問うことができるので，行為者の氏名を特定する必要はない（最判昭和 57・4・1 判時 1048 号 99 頁，阿部泰隆『国家補償法』（有斐閣，1988 年）82 頁以下）が，住民訴訟はこうした組織の責任を問う訴訟とは性質を異にする。

賠償責任を負う職員は，法令上権限を有する者だけではなく，普通地方公共団体の内部において，訓令等の事務処理上の明確な定めにより，当該訴訟においてその適否が問題とされている財務会計上の行為につき法令上権限を有する者からあらかじめ専決することを任され，右権限行使についての意思決定を行うとされている者も含まれる。そして，①およそ右のような権限を有する地位ないし職にあると認められない者を被告として提起された訴えは，不適法である。②また，権限を有するものの，現実に専決するなどの財務会計上の行為をしたと認められない者に対する訴えは，理由がなく棄却される。これは判旨の引用する先例の述べるところであり，妥当であろう。

次に，原告が被告を誤った場合において，行訴法 15 条は重大な過失なくして誤った場合にはその変更を許可すると定めている。これは同法 40 条 2 項，43 条 3 項により住民訴訟に準用されている。

準用とは，適用と異なり，ことの性質が許せば同様の扱いをすることである。では，この点で，住民訴訟は抗告訴訟と同じであろうか。もともと被告を行政庁としないで，日本国または当該地方公共団体としてもよいと定めていれば，原告が被告を誤ることは少ないが，現行法は被告を行政庁と定めたため（行訴法 11 条），処分庁が外部からわかりにくいときには被告を誤ることが起きる。特に，権限が委任されているときは，外部から，まして処分の第三者からは権限を有する処分庁が何かが必ずしも明らかではない。しかし，それは同一の行政主体の機関であるから，いずれが被告になっても，実質的な被告である行政主体にとっては格別の不利益とは言えない。この事情にかんがみれば，被告の変更の許可要件である「重大な過失」については原告に寛大に解すべきであろう（なお，被告が国の行政庁か地方公共団体の行政庁かがわかりにくいときもこれに準ずる）。ただし，2004 年行訴法改正 11 条により，抗告訴訟の被告は行政主体とされた。

住民訴訟では，被告の誤りは，知事個人を被告とすべきところ，県知事という行政庁を被告とした場合などが想定されていたと思われる。これは単なる技術的な表示の問題であり，被告の変更によって新たに被告とされた者がこれまでの訴訟の結果を引き継がなければならないとされても，特に不利益を被るものではないから，そうした被告の変更は認めるべきである。これに対し，被告を職員甲から乙に変更するのは，新たな被告の防御権を奪うものであるから，被告の変更の制度の想定範囲を越えている。また，行訴法15条は訴えが不適法になるときの救済手段であるから，権限を有するものの，現実に専決するなどの財務会計上の行為をしていない者に対する訴えが理由なしとして棄却される場合に，現実に専決した者を被告に変更することも，この制度の射程範囲を越える。

それにもかかわらず，判旨は，権限の所在に関する法令や行政組織が複雑であることにより権限を有する者と現実に権限を行使した者が誰かを判定することが容易でない場合も多いことと出訴期間の制約を理由に，こうした場合も，被告の変更を許すことにより，原告の救済を図るのが相当とした。被告側の事情よりも，責任を負うべき者を住民訴訟で探求することの困難さへの配慮の方が優先するということであろう。

本件は，最高裁が，住民訴訟や行訴法の文理・趣旨を拡張して，その活性化を図った例と評価される。

2 この場合，訴え提起による請求権の時効中断の効力は，新しい被告に対しても及ぶか。原審（大阪高判平成9・5・22判タ964号133頁）は，「当初の代位請求の訴えの提起の際に被告とされず被告変更決定により新たに被告とされるに至った者に対する関係においても，代位請求の訴え提起時において，権利の不行使という事実状態がなくなり，また権利の上に眠る者でもなくなったと評価できるから」，それにより時効中断の効力が生ずるとした。

これに対し，最高裁は，前記「判旨2」の通りの理由で，この高裁判決を破棄した。

時効とは権利の上に眠る者を保護しない制度だという説明があるが，それは請求する方を見た場合で，請求される方からすれば，証拠もなくなった頃に訴えられることのないようにする点にある。したがって，高裁判決は妥当ではなく，最高裁判決に賛成する。

なお，時効についても，行訴法15条を準用するという考えがありうるが，時効は出訴期間と違って，期間が長いし，住民訴訟の4号請求で被告とされるのは，個々の公務員であり，自分が関与しない訴訟で時効が中断されることは重大な不利益である。したがって，行訴法15条3項は出訴期間の不遵守を救済する規定にとどまるとする最高裁の判示は妥当である。

3 ただ，違法な支出をした権限者が誰かを行政の外部から判断することは困難であるから，この判決の立場では，被告の時効逃れを助長するという批判があろう。しかし，だからといって，甲が何年も被告として振る舞っていたから，あとから被告ではないと主張することは許されないというわけにもいくまい。甲を被告の地位に据え置いても，実体法上の責任を負わすわけにはいかないから無意味である。

ここで，この最高裁の判断を前提として，なお時効中断を認める法理論を考えたい。消滅時効期間は5年であるから，訴訟中に被告の誤りに気がつけば，被告を変更しても，時効にかからないのが普通である。被告の方が，時効にかかるまで被告の誤りを隠しておいて，時効が完成してから被告の誤りを指摘したのか。それについて，本当の被告も知っていたのではないか。当初の被告に，本来の被告に被告となることを免れさせようとし，本当の被告との間に密接な連絡をするなどの特殊の事情はなかったのか。もしそうであれば，証拠資料の消滅を理由とする時効制度の趣旨は新しい被告には適用されず，新被告が，時効の規定を援用することは権利濫用と評価できるのではないか（時効の援用と権利濫用については，最判昭和51・5・25民集30巻4号554頁，民法判例百選Ⅰ［第4版］10頁）。

あるいは，甲は，5年以上被告として振る舞ったので，時効の完成前に乙に対して訴訟を提起することを妨げた。これは不法行為として，改めて，甲に対して損害賠償を請求することができよう。立法論としては特例をおくべきである（第1章第2節7条5項）。

本件では，違法な食糧費の支出分の賠償が求められているので，訴訟の目的たる義務が前の被告の甲と後の被告の乙に共通であるか，少なくとも同一の事実上及び法律上の原因に基づくものであるから，これを共同訴訟として訴えることができる（現民訴法38条）であろう。しかし，当初は甲のみを被告として，後に乙を被告として追加的に併合し，これについても甲への訴え提起時に訴え

が提起されたとみなすことはできるか。これは民事訴訟法学において主観的追加的併合と呼ばれている問題のなかの引き込み型に当たる。その適法性については争いがあるが，訴え提起の時点で被告を完全に特定する責任を原告に負わせることが酷な場合にはこれを適法とする考え方もあるようであって（詳しくは，山本弘「59条」注釈民事訴訟法(2)（有斐閣，1992年）31頁以下参照），民事訴訟法専門家の検討が望まれるところである。

4 最後に，本件では，「金銭の給付を目的とする普通地方公共団体の権利は，時効に関し他の法律に定めがあるものを除くほか，5年間これを行わないときは，時効により消滅する」とする地方自治法236条により消滅時効は5年で完成することが前提になっている。しかし，その解釈には異論がある。

ここでいう「他の法律」に民法が含まれるかどうかも争いがある（田嶋久嗣「公法上の債権・私法上の債権」実務地方自治法講座8（ぎょうせい，1990年）234頁以下）。民法が含まれないとすれば判旨の通りになるが，民法が含まれるとすれば，私法上の債権の時効は民法による（最判昭和46・11・30民集25巻8号1389頁）。そうすると，本件の債権が私法上の債権か公法上の債権かがまず論点になる。この区別はおよそ決め手がないが，もし，公金の不正使用は公法関係から発生すると見れば，公法上の問題となるから，これには地方自治法236条が適用される。

ここで，地方自治法236条と趣旨を同じくする会計法30条については，「国の権利義務を早期に決済する必要があるなど主として行政上の便宜を考慮する必要がある」金銭債権について適用され，「その発生が偶発的であって多発するものとはいえない」ものには民法167条1項が適用されると解した判例がある（最判昭和50・2・25民集29巻2号143頁）。これは，会計法と民法の適用区分について公法と私法にとらわれない新しい基準を設定したものである。

この判例を本件に当てはめると，公金の不正使用による損害賠償請求権の発生は偶発的であって多発するものとはいえないから，民法が適用される。そうすると，本件では債務不履行としての10年の消滅時効（民法166条）はまだ完成していない。他方，本件の債権は公金の不正使用という不法行為により発生したものであるから，民法724条により，損害及び加害者を知ってから3年で時効にかかるが，原告たちは，被告の変更が必要だと気がつくまで，加害者を知らなかったから，時効期間はまだ走っていなかったとも考えられる。なお，

原審がこの請求権の根拠を地方自治法243条の2にのみ求めたのに対し，判旨が「右各請求権は民法又は地方自治法243条の2第1項に基づくものである」とするのはこの解釈を支えるものではないか。

なお，本件の原告（被上告人）提出の答弁書は判例集に掲載されていないので，代理人の村井豊明弁護士から便宜を図っていただいた。裁判所は，上告理由と答弁書の両方を見て判断しているはずであるから，判例集にも両方を掲載すべきであろう。

〈参考文献〉

西川知一郎解説・ジュリスト1160号119頁，藤原淳一郎・判例評論494号190頁。

[追記]

消滅時効については，阿部『行政法解釈学Ⅰ』（有斐閣，2008年）204頁以下参照。

V　山林高額買取り住民訴訟事件——ぽんぽん山訴訟（京都市）

〈判決要旨〉

京都市が，山林の取得に関する民事調停事件において同山林を約47億円で買い取ることを内容とする簡易裁判所の調停に代わる決定を確定させたところ，これにより京都市が損害を被ったとして被告元市長らに対して提起された住民訴訟において，本件決定が，市の性急で，正規の内部手続に違反するなど異常な対応の下で確定したこと，その代金額が上限評価額の2倍を超えるものであること等から，被告は本件決定について異議を申し立てる義務を負っており，これを怠った被告の行為はその裁量権を逸脱した違法のものであるとして，元市長に4億余円の支払いが命じられた事例。

京都地裁平成13年1月31日判決（判例自治226号91頁）

〈事案の概要〉

被告Y_1は，昭和62年ころ，京都市内の本件土地を含む周辺の山林135万余平方メートルを開発して，本件ゴルフ場を建設する計画を立て，京都市担当課などとの協議，国土利用計画法23条1項（平成10年改正前）に基づく届出，これに対する不勧告通知などを経て，合計約20億円で，平成2年12月までに土地を購入し，新たに設立したゴルフ場経営会社Kに譲渡した。

第6章 判例解説

　被告 Y_1 は，平成2年10月ころ，都市計画法上の開発行為の許可を得るため，ゴルフ場建設のための開発行為の許可の基準等を定めた京都市ゴルフ場等の建設事業に関する指導要綱に基づき，事前協議の手続を進めたが，周辺住民と隣接の高槻市から反対運動が起こったので，被告京都市長は，本件ゴルフ場の建設を認めないと決定した。

　I．Kは，これまでの経過から，この市の判断は違法であるとして，80億円の損害賠償を求める民事調停（本件調停）を，京都簡易裁判所に申し立てた。

　京都市はその依頼したK鑑定所の評価書に基づき47億余円（1平方メートル当たり3,560円，実測面積133万9,783.57平方メートルとして算出）で買うという意向を示したので，裁判所はその額で民事調停法17条に基づく調停に代わる決定をした。調停主任の裁判官としては，この評価書も調停手続には提出されておらず，他に本件土地の価格についての資料もなく，本件土地の価格について検討したわけではなかったが，両者の合意可能性を考慮して決めたものである。

　京都市議会においては，取得の必要性，手続，その額について種々疑問が出され，具体的な反対意見が活発に述べられた。市側は，この評価書は適正であること，自然環境の確保や地域の振興の必要性等の説明を繰り返したが，本件土地の価格の評価の依頼の方法や内容をめぐる質問に対しては，結局，具体的な答えはしなかった。しかし，結局はこの議案は議会で可決され，本件調停は両当事者から異議申立てがなく，確定した。これは裁判上の和解と同一の効力を生ずる（民事調停法18条3項）。そして，京都市は，47億余円でこの土地を買収し，平成8年，本件土地一帯を都市公園とすることを決定し，現在，右の一帯の土地は，「大原野森林公園」として市民に開放されている。

　原告住民は，監査請求を経て，本件土地の価格は，本件決定が確定した時点で，4億193万5,071円を超えるものではなく，本件決定における本件土地の代金額は，通常の取引価格に比して著しく高額であるとして，少なくとも43億5,429万6,613円の損害を被ったとして，地方自治法242条の2第1項4号によりその賠償を元市長と Y_1，Hに求めた。これに対し，元市長は，本件土地の価格は，平成4年5月当時，47億5,623万1,684円を下らないと反論した。

　争点は，この代金が高すぎるか，その算定手続の違法性にある。本件が財務会計行為に当たるのかといった本案前の論点もあるが，省略する。

〈判　旨〉

　本件土地は，できるだけ高額に評価しても，1平方メートル当たり1,600円，すなわち，合計21億4,365万3,712円を上回るものではなかった。

　市長の責任について（Y_1，Hの責任は省略）。

　「地方公共団体が土地を取得するかどうか，いくらの代金で取得するかは，原則として，それを決定する権限を有する長の政策的ないし合目的な裁量判断に属する事項であり，それらが地方財政法4条（注：経費最小限度の原則）の観点から違法となるのは，単に取得した代金額が経済的な適正価格を上回るというだけでは足りず，当該土地を取得する具体的な行政目的，取得の必要性，相手方との交渉の経緯，その時の経済情勢等に照らして，右の決定権限を有する長がその裁量の範囲を逸脱し，権限を濫用した場合に限られると解するのが相当である。」

　「京都市が当時本件土地を買い取る必要性は一応あった」が「本件土地の具体的な利用計画はなかった，本件調停の申立てによって求められた損害賠償請求には応じないとの態度を明確に決定していたのであるから，本件土地の必要性というのも，緊急に差し迫ったものでない。」

　「本件決定が確定するまでの本件調停における京都市側の対応，本件決定の後の議会等の手続も含めた京都市側の対応は，あまりにも性急であって，正規の内部手続にも違反し，当然に生じる筈の疑問をも無視した極めて異常なものであった。」

　「京都市は，本件調停の手続に（K鑑定所の）評価書すら提出せず，価格について全く何らの資料のない裁判所に調停に代わる決定をするように求めたものであり，本件決定は京都市側の提案を考慮したものにすぎないのである。」

　「京都市は，……委員会や本会議における本件決議を巡る質疑の中で，何故に京都市不動産評価委員会へ諮らないのか，事業計画概要書によっても被告Iの取得価格は約20億円とされているのに何故にその2倍以上の高額で買取るのか，K鑑定所の評価で採用された事例ではゴルフ場の建設予定地も含まれており，その評価は高額に過ぎるのではないかとの具体的な質問も出ているにもかかわらず，京都市側は，これらの質問に対してほとんど具体的な説明をしなかったのである。被告市長としては，本件議案について，その必要性のみならず，買取価格の点についても議会に対してしかるべき説明をすべきであったと

考えられる。」

「京都市が買取ることになった価格は、できるだけ高額に評価した上限価格である21億4,365万3,712円に対して、更にその2倍を越える47億5,623万1,684円という経済的にはまずあり得ないほどの高額であったことを総合すると、被告市長は、本件決定については異議を申し立てる義務を負っていたもので、にもかかわらず、同被告市長は、その裁量の範囲を逸脱し、その権限を濫用して本件決定に対して異議の申立てをしなかったもので、右行為は、違法な財務会計行為」であり、「そして、同被告に少なくとも過失があった。」

「京都市として本件土地を取得する行政目的は一応あったものと認められることをも考慮すると、被告Tの違法行為と相当因果関係にある京都市の損害は、右の支出された公金のうち、少なくとも、21億4,365万3,712円の2倍を越える部分、すなわち、4億6,892万4,260円相当であった。」

〈解　説〉

1　本件は、裁判所の調停で確定した金額による土地購入が違法とされた珍しい例である。徹底的に攻防した結果、出された裁判所の判断であれば、それに従わなければならないので、それに応じたことに違法はない。しかし、本件調停では、京都市が提案した金額が裁判所の調停額になったので、裁判所の判断だからそれを受け入れたのは当然というわけではない。むしろ、当事者間の話し合いでは議会を説得できないので、裁判所の調停を借りたのではないかという疑念が生ずるようなプロセスである。

2　京都市の採用した鑑定には種々不適切な点があったとされている。京都市がやらせでこんな鑑定を取ったのではないかと疑われるほどである。鑑定を希望通りに行う、(依頼通りにごまかす環境アセスメントを皮肉った)アワセメントと同じ鑑定書もあるともいわれるので。

行政側としては鑑定書に希望額などを示唆すべきものはなく、そこで提示された金額が妥当かどうかを丁寧に検討すべきものであることが示唆されている。不動産鑑定は専門的ではあるが、説明を聞いてその当否を判断するのは不動産鑑定士でなくてもできることのようである。

3　市長が議会を強引に通そうとしたことも認定されている。これは手続だけではなく、金額の不適正さを疑わせるものであり、又その違法な職務執行に

ついて過失を根拠づける。市長としても，説明責任が大切である。議会を通せばよいというものではない。なお，議会の議決があったからといって，違法な支出が合法化されるものではないことは，確定判例（最大判昭和37・3・7民集16巻3号445頁及び法176条4項参照）であるが，理論的にも，市長は支出命令のさいに適法性を吟味すべきであり，収入役でもそうである（地方自治法232条の4第2項）。また，市長提案ではなく，議会のほうが違法な議決をした場合には市長は再議に付す義務を負う（同法176条4項）のであって，市長が違法な議決を見逃すこと自体，違法とされているのである。政治家としては議会対策が大切と思いこんでいるが，それだけではなく，司法対策が重要であることを本件は示している。

4　こうして，本件判決は，ずさんな行政の実態を断罪したが，賠償額については，市長に非常に甘い判断をしている。地価をできるだけ高額に見積もって，21億円あまりとし，しかも，その倍を違法合法のラインとしている。できるだけ高く見積もった額の倍で買うなどということがなぜ正当化されるのかはさっぱりわからない。是非ほしい土地であれば，時価通りに買収するのではなく，それを上回ることも，相手との力関係などからやむをえないこともあろう。しかし，それでも倍というのはいかにも高額すぎて，普通は交渉して粘るものである。ところが，本件土地は，せいぜい，「京都市として本件土地を取得する行政目的は一応あったものと認められる」という程度で，是非ほしい土地でもないのに減額交渉することもなく，その土地はゴルフ場ではなく単に山林として評価すべきであるから，この額はいかにも高すぎると思う。しかし，裁判所は，「右の損害額がそれ以上であることを認めるに足りる的確な証拠はない。」として切り捨てている。地価をできるだけ高額に見積もった額の倍を違法合法のラインと認める的確な証拠もないと思われるが。

5　本件では，京都市が行政指導で開発を押さえようとしても，業者は正式に開発許可を申請すれば良かったのである。京都市がそれに対して公共施設管理者の同意権（都計法32条）を濫用するとか，開発を不許可にすれば，業者としては賠償請求できるが，単に開発を断念せよという行政指導がなされただけでは，これに応じて，その上で賠償請求できるかどうかもわからない。むしろ，開発を認めないという行政指導に応じたのは任意であったから，それだけでは，賠償請求できないであろう（行政手続法30条，最判昭和60・7・16民集39

巻5号989頁)。もっとも，以前に協議などで，開発許可を与えるという言質を与え，その結果，業者が高額な費用を支出していれば，そうした言質に対する信頼を保護するという点で，一部賠償することも考えられた。その方が安かったであろう。ただし，判決は，被告 Y_1，Kから本件調停と同内容の損害賠償を求める訴訟が提起されたとしても，右被告らの請求が一部でも認容される可能性は低かったものと考えられる（なお，最判昭和56・1・27民集35巻1号35頁参照）としている。それならば，京都市は，損害賠償訴訟で応訴するのが筋であった。

6　市の方はその土地を買収する必要性が高くなかったのであるから，買収する理由がなかった。あとで公園にしているので，いかにも役に立ったような外観を呈しているが，買った結果公園にしたにすぎないのであって，公園にする必要があったために買ったのではないから，この公園をつくるのが，京都市の公金の支出方法として最善だという証明にはならない。賠償はしないが，買い取るという方針自体に基本的な誤りがあったものであり，ここにも違法の疑いがある。

7　市長は，長年市に貢献しても，こうした事件で晩節を汚すことになる。これでは気の毒だと，住民訴訟制度が2002年に改悪され，市長個人を訴えるのではなく，ポストとしての市長を訴えることになったが，それでも，最終的には市長個人が賠償責任を負うことには変わりはない。そうした事態を避けるためには，市長は政治判断をする前に，法律判断をする必要がある。まずは，市長は，有能な法的助言者を顧問に抱え，法令遵守マニュアルを作成し，市長自身にも遵守させるようにするのが身のためである。

8　本件のような事案はこれまで民事事件だけに止まっているが，筆者はこれは一歩間違うと背任罪（刑法247条）になる可能性が高いと思う。

　背任罪とは「他人のためにその事務を処理する者が，自己若しくは第三者の利益を図り又は本人に損害を加える目的で，その任務に背く行為をし，本人に財産上の損害を加えたときは，5年以下の懲役又は50万円以下の罰金に処する。」というもので，本件では，「他人のためにその事務を処理する者が，その任務に背く行為をし，本人に財産上の損害を加えた」ことに該当する。残るは，「第三者の利益を図り」という目的の有無である。本件では，市長がなぜ，市場価格からはるかに離れた高額で，急いで買おうとしていたのか，その裏の

事情は判然としないが、業者に有利に計ろうとしていたのではないかという疑いを抱く。もちろん、証拠はないが、本来はその点も吟味されるべきであった。

[追記]

原稿提出後大阪高裁平成15年2月6日判決（判例自治247号39頁）は、賠償額について、21億円を超える分をすべて損害として、元市長に26億円の返還命令を出した。最終的には、高裁判決が最高裁でも維持され、遺族が約8,000万円を京都市に支払って、解決したようである。

VI 不法行為と監査請求期間

〈判決要旨〉

指名競争入札のさい談合を行った業者に対して、県が損害賠償請求権の行使を違法に怠っているという事実に関する住民監査請求は、県がその業者と契約を締結することとなっても、特定の財務会計上の行為の違法を判断することを求めるものではないので、地方自治法242条2項に定める監査請求期間の制限を受けない。

最高裁判所平成14年7月2日判決（民集56巻6号1049頁、判例時報1797号3頁）

〈事　実〉

訴外富山県とY会社（被告、被上告人）の間で本件工事請負契約が締結されたところ、富山県民であるXら（原告、上告人）は、Yが受注することになったのは業者間の談合によるものであるから、県はこれにより、談合がなければ形成されたであろう代金額と契約代金額との差額相当の損害を被ったと主張し、まずは、地方自治法（以下、「法」という）242条に基づいて、当該契約締結権限を有する県の地方公営企業の管理者は、Yらに対し損害賠償請求権を行使して県の被った損害を補てんする措置を講ずべきであるのに、これを怠っているとして、県の監査委員に対し、措置を講ずべきことを勧告することを求める監査請求をした上で、次に、法242条の2第1項4号（平成14年法律4号による改正前）に基づき、県に代位して、怠る事実にかかる相手方であるYに対し、損害賠償を求めた。なお、このいわゆる4号請求は、平成14年の改正（改悪？、

第6章　判例解説

第2章第1節論文「住民訴訟改正へのささやかな疑問」参照）により，相手方に対して請求せよと，地方公共団体の執行機関に対して求めるしくみに変更されたが，本件当時は，相手方に対して，直接に請求することとされていた（それ以外の点では法改正の前後で変わりはないので，この判決の法理は改正後も妥当する）。

　ここで，本件の工事請負契約は平成3年5月と同5年6月であり，本件監査請求は平成7年1月に行われているので，契約時からは一年をこえている。そこで，この監査請求が，この工事請負契約を対象とすべきものであれば，「当該行為のあつた日又は終わつた日から一年を経過したときは，これをすることができない。ただし，正当な理由があるときは，この限りでない。」（法242条2項，以下，「本件規定」という）とする監査請求期間制限の規定の適用を受けて，「正当な理由」の有無を争点とすることになる。そして，この監査請求が期限を遵守していないと，それに続く住民訴訟も，監査請求前置主義（法242条の2第1項）により不適法になる。

　しかし，原告らは，本件の住民監査請求を，実体法上の損害賠償請求権（これも住民監査請求の対象となる財産である。法237条，240条）の行使を怠る事実に関するものと構成した。そして，右規定は，「当該行為のあつた日又は終わつた日」とされている通り，作為にだけ適用されるので，怠る事実＝不作為状態が続く以上は適用されない。そこで，原告らは，文理上はこの期間制限を免れることができるはずである。しかし，先例（最判昭和62・2・20民集41巻1号122頁，以下，昭和62年最判という）は，その適用を制限しているので，原告の理論構成にもかかわらず，この工事請負契約が行われた時点を基準としてこの期間を起算すべきかが争点となった。

　昭和62年最判は次のように判示している。

　違法に財産の管理を怠る事実があるとする住民「監査請求が，当該普通地方公共団体の長その他の財務会計職員の特定の財務会計上の行為を違法であるとし，当該行為が違法，無効であることに基づいて発生する実体法上の請求権の不行使をもつて財産の管理を怠る事実としているものであるときは，当該監査請求については，右怠る事実に係る請求権の発生原因たる当該行為のあつた日又は終わつた日を基準として同条2項の規定を適用すべきものと解するのが相当である。けだし，法242条2項の規定により，当該行為のあつた日又は終わつた日から一年を経過した後にされた監査請求は不適法とされ，当該行為の違

法是正等の措置を請求することができないものとしているにもかかわらず，監査請求の対象を当該行為が違法，無効であることに基づいて発生する実体法上の請求権の不行使という怠る事実として構成することにより同項の定める監査請求期間の制限を受けずに当該行為の違法是正等の措置を請求し得るものとすれば，法が同項の規定により監査請求に期間制限を設けた趣旨が没却されるものといわざるを得ないからである。」

本件一審（富山地判平成 9・4・16 判時 1641 号 71 頁），二審（名古屋高裁金沢支判平成 10・4・22 判時 1671 号 50 頁）とも，この先例に従って，本件監査請求は行為を対象とすべきところ，期間を徒過したと判断し，本件住民訴訟は適法な監査請求を経ないものとして，却下した。

原審の判示は本件最判の要約するところを借りれば，次の通りである。

(1) 業者が談合したことのみによって，地方公共団体に損害が発生し，地方公共団体が業者に対して不法行為による損害賠償請求権を取得するものではない。業者の談合に基づき不正な入札価格が形成され，その価格で落札した業者が地方公共団体から工事を受注することにより，地方公共団体に損害が発生するのである。そして，業者と地方公共団体との間の請負契約の締結は，当該地方公共団体の財務会計上の行為にほかならず，その違法性は客観的に判断すべきである。

(2) 本件談合が違法であるなら，これに基づき落札したＹと行った本件契約の締結行為も，客観的に違法というべきである。したがって，本件監査請求は，財務会計職員の特定の財務会計上の行為の違法を問題としていることに帰する。そうすると，本件監査請求は，財務会計上の行為が違法であることに基づき発生する実体法上の請求権の行使を怠る事実に係るものであるから，昭和 62 年最判の法理に従い，「本件規定」が適用される。

(3) 上記法理が適用される監査請求というべきかどうかは，監査請求人の法律構成によるのではなく，客観的に判断すべきものである。そして，Ｙらの談合による不法行為は本件契約締結によって初めて損害が具体化するものであるから，県のＹらに対する損害賠償請求権が成立し，その行使を怠っているとするには，その前提として本件契約の締結が必要であり，談合による不法行為と本件契約締結行為とは必然的に結び付いている関係にある。

〈判　　旨〉　　破棄差戻し
　最高裁第三小法廷は，全員一致でこの原審の判断を是認することができないとした。その理由は，次の通りである。
　(1)　前記の「本件規定」は，「財務会計上の行為は，たとえそれが財務会計法規に違反して違法であるか，又は財務会計法規に照らして不当なものであるとしても，いつまでも監査請求ないし住民訴訟の対象となり得るとしておくことは，法的安定性を損ない好ましくないことから，監査請求をすることができる期間を行為が完了した日から一年間に限ることとするものである。これに対し，上記の対象事項のうち怠る事実についてはこのような期間制限は規定されておらず，住民は怠る事実が現に存する限りいつでも監査請求をすることができるものと解される。これは，「本件規定」が，継続的行為について，それが存続する限りは監査請求期間を制限しないこととしているのと同様に，怠る事実が存在する限りはこれを制限しないこととするものと解される。
　しかしながら，いかなる場合にも上記の原則を貫かなければならないと解すべきものではなく，「本件規定」の法意に照らして，その例外を認めるべき場合もあると考えられる。すなわち，監査請求が実質的には財務会計上の行為を違法，不当と主張してその是正等を求める趣旨のものにほかならないと解されるにもかかわらず，請求人において怠る事実を対象として監査請求をする形式を採りさえすれば，上記の期間制限が及ばないことになるとすると，「本件規定」の趣旨を没却することになるものといわざるを得ない。そして，監査請求の対象として何を取り上げるかは，基本的には請求をする住民の選択に係るものであるが，具体的な監査請求の対象は，当該監査請求において請求人が何を対象として取り上げたのかを，請求書の記載内容，添付書面等に照らして客観的，実質的に判断すべきものである。
　このような観点からすると，怠る事実を対象としてされた監査請求であっても，特定の財務会計上の行為が財務会計法規に違反して違法であるか又はこれが違法であって無効であるからこそ発生する実体法上の請求権の行使を怠る事実を対象とするものである場合には，当該行為が違法とされて初めて当該請求権が発生するのであるから，監査委員は当該行為が違法であるか否かを判断しなければ当該怠る事実の監査を遂げることができないという関係にあり，これを客観的，実質的にみれば，当該行為を対象とする監査を求める趣旨を含むも

のとみざるを得ず，当該行為のあった日又は終わった日を基準として「本件規定」を適用すべきものである（最高裁昭和62年220日第2小法廷判決参照）。しかし，怠る事実については監査請求期間の制限がないのが原則であり，上記のようにその制限が及ぶというべき場合はその例外に当たることにかんがみれば，監査委員が怠る事実の監査を遂げるためには，特定の財務会計上の行為の存否,内容等について検討しなければならないとしても，当該行為が財務会計法規に違反して違法であるか否かの判断をしなければならない関係にはない場合には，これをしなければならない関係にあった上記第2小法廷判決の場合と異なり，当該怠る事実を対象としてされた監査請求は，「本件規定」の趣旨を没却するものとはいえず，これに「本件規定」を適用すべきものではない。

(2) 本件監査請求の対象事項は，県がYらに対して有する損害賠償請求権の行使を怠る事実とされているところ，当該損害賠償請求権は，Yらが談合をした結果に基づいてYにおいて県の実施した指名競争入札に応札して落札の上県と不当に高額の代金で請負契約を締結して県に損害を与える不法行為により発生したというのである。これによれば，本件監査請求を遂げるためには，監査委員は，県がYと請負契約を締結したことやその代金額が不当に高いものであったか否かを検討せざるを得ないのであるが，県の同契約締結やその代金額の決定が財務会計法規に違反する違法なものであったとされて初めて県のYに対する損害賠償請求権が発生するものではなく，Yらの談合，これに基づくYの入札及び県との契約締結が不法行為法上違法の評価を受けるものであること，これにより県に損害が発生したことなどを確定しさえすれば足りるのであるから，本件監査請求は県の契約締結を対象とする監査請求を含むものとみざるを得ないものではない。したがって，これを認めても，「本件規定」の趣旨が没却されるものではなく，本件監査請求には「本件規定」の適用がないものと解するのが相当である。前掲第2小法廷判決の示した法理は，本件に及ぶものではない。」

〈評　釈〉　　判旨に基本的に賛成
1　これまでの判例学説の分析
(1)　昭和53年の最判

もともと，昭和53年の最判（昭和53・6・23判時897号54頁）は，単純に，

「地方自治法242条1項による怠る事実に係る請求については同条2項の適用はない」としていた。このことは、「本件規定」が作為にのみ適用されるという文理と、不作為状態が続くのに争えなくなるのは不合理であることから、当然のことである（行政不服審査法、行政事件訴訟法でも同様である）。そして、これは、町の元収入役の職務上の違法行為（町長の職印を冒用するなどして農協から金員を騙取した）により損害を被った第三者の提起した訴訟で町が敗訴して賠償金を払わされたので、町民が、町はこの元収入役に損害賠償を請求すべきところ怠っているとして、財産の管理を怠る事実を改めるようにという監査請求をした事件である。ここでは賠償金の支払いは適法であり、収入役はこれから払ってくれるかもしれないから、時効にかかるまでは町長に対してその損害の補塡を求めることもできない。つまりは、作為を基準に監査請求をする方法がない事案であった。したがって、それ自体は正当である。

(2) 昭和62年最判

これに対し、作為を争うという構成も可能な場合に、不作為（怠る事実）を争う形式を取って、監査請求期間の制限を免れることができるかという問題が生じた。実質は作為を争うのであれば、一種の脱法行為であるから、期間制限の適用があるのは当然である。下級審（大阪高判昭和56・10・15行集32巻10号1823頁、東京高判昭和57・8・31行集33巻8号1763頁）、学説（占部経典・判例自治13号151頁「1985年」、関哲夫『住民訴訟論（新版）』（勁草書房、1997年）202頁以下）からも指摘があり、前記昭和62年の最判はそれに応えた。これは作為を争うことができるときも怠る事実に読み替えて争うことを禁止はしないが、期間制限が適用されるとしたものである。この二つの判例は妥当である（阿部泰隆・判評424号166頁、1994年）。

(3) 下水道事業団談合事件、昭和62年最判当てはめ判例

しかし、これは典型例にすぎず、その後発生した下水道事業団をめぐる談合事件という特殊事案を念頭におかないものであった。そこで、これに昭和62年の最判の法理が適用されるかどうかについて下級審で激しく争われてきた（村上政博「入札談合に係る住民代位訴訟の動向」判タ1092号14頁「2002年」）。もともとの多数判例はこの昭和62年の先例をそのまま適用するものであった。それは本件の原審、一審のほか、東京地判平成11年1月28日判時1693号39頁（町田市事件、小林博志・判評497号197頁）、同55頁（八王子市事件）、名古

屋地判平成 7 年 10 月 27 日判タ 909 号 144 頁，名古屋高判平成 8 年 10 月 30 日判タ 944 号 126 頁，奈良地判平成 11 年 10 月 20 日判タ 1041 号 182 頁（岡田外司博・ジュリスト 1196 号 123 頁），静岡地判平成 10 年 7 月 17 日判時 1691 号 43 頁，判タ 1002 号 70 頁，津地判平成 10 年 8 月 20 日判時 1694 号 83 頁，津地判平成 12 年 12 月 7 日判例自治 214 号 37 頁，浦和地判平成 12 年 3 月 13 日判例自治 211 号 20 頁等である。その理由は事実欄で紹介した本件の原審とほぼ同じものが多い。

(4) 昭和 62 年最判不適用判例

これについては賛成説（寺上泰照「独占禁止法と住民訴訟について」自由と正義 2000 年 4 月号 102 〜 103 頁）もないではないが，その結果，住民訴訟が機能しなくなるとして，重大な危機感が示され（伴義聖＝大塚康男「下水道談合　自治体の損失，一年で帳消し？　──住民訴訟制度の根幹に関わる問題点が浮き彫りに──」判例自治 201 号 21 頁），学説は一般に批判的であった（前記小林，岡田のほか，大内義三・ジュリスト 1999 号 96 頁「2001 年」，村上政博『独占禁止法と差止・損害賠償』（商事法務研究会，2001 年）129 頁以下，高橋利明「『違法な財務会計行為』のひどい勘違い」法セミ 527 号「1998 年」15 頁，寺田友子「怠る事実と監査請求期間の起算点」法セミ 527 号「1998 年」19 頁参照）。

そして，判例でも，最近は，期間制限不適用派が増えてきた。前記東京地判平成 11 年 1 月 28 日の控訴審である東京高判平成 11 年 12 月 20 日判時 1709 号 14 頁，判タ 1026 号 162 頁（人見剛・自治研究 78 巻 8 号 115 頁「2002 年」，同「独占禁止法違反と住民訴訟」丹宗暁信＝岸井大太郎編『独占禁止手続法』（有斐閣，2002 年）296 頁以下），大阪地判平成 11 年 10 月 28 日判タ 1024 号 195 頁，大阪高判平成 13 年 1 月 24 日判タ 1099 号 200 頁，名古屋地判平成 13 年 9 月 7 日判時 1788 号 9 頁などがそうである。

その理論的根拠の重要なものは，昭和 62 年最判の射程範囲を表裏一体の場合に限定する表裏一体理論とでもいうべきものである。この最判は，「監査請求が，当該普通地方公共団体の長その他の財務会計職員の特定の財務会計上の行為を違法であるとし，当該行為が違法，無効であることに基づいて発生する実体法上の請求権の不行使をもつて財産の管理を怠る事実としているものである」ので，これは当該普通地方公共団体の長その他の財務会計職員による特定の財務会計上の行為を違法であるとする監査請求と表裏一体である場合である

が，本件では，請求人はそもそも契約締結の違法を主張していないし，請求人の主張する損害賠償請求権が成立するためには，必然的に契約締結の違法を問題とせざるを得ない関係にもない。むしろ，談合事業者に対する損害賠償請求権は，契約締結の合法・違法に関係なく，複数の事業者が共同で行った談合という非財務会計行為を原因として，それらの事業者に対して発生したと解される。そこで，不法行為による損害賠償請求を怠っているとする本件監査請求は，当該行為に係る監査請求をなしうるにもかかわらず，監査請求期間を免れるために怠る事実を構成したものではなく，怠る事実に係る請求として構成するのがもっとも適当なものであり，そもそも昭和62年最判の射程範囲外にある（前記大阪地判平成11・10・28，岡田・前掲125頁参照）。

さらに，前記名古屋地判平成13年9月7日は，公有財産の窃盗，横領，無断使用等の取引行為等を介在させない事実的不法行為の場合を例に，不法行為による損害賠償請求権発生と特定の財務会計行為の違法，無効を理由とする請求権発生との間で，その発生原因事実が異なることを説明し，また，談合に加わったことから共同不法行為者としての責任は免れ難いものの，市との間で締結された本件協定の直接の当事者にならなかった業者に対する損害賠償請求権については，特定の財務会計行為の違法，無効を理由とすることはありえないとして，次のように結論する。「摘示された談合という共同不法行為に基づく損害賠償請求権の発生原因事実から，直ちに本件協定等の違法，無効に基づく請求権の発生を読み取れる関係にないというべきであり，比喩的に表現すれば，両者の請求権は「表裏一体の関係」にないから，本件監査請求書に現れた事実から，監査請求人たる原告らが本件協定等の違法，無効に基づいて発生する請求権を怠る事実の対象としていると見るのは牽強付会というほかなく，結局，本件監査請求の対象が不真正怠る事実であるとの主張は採用できない（本件協定締結時点で，何らかの住民監査請求が可能であるとしても，そもそも是正の対象が異なるから，上記判断を覆すものではない。）」。

これが本件判旨に採用されたものと思われる。この判例は説得力があり，流れが変わったという感じがある。

2 本判決の意義

本件最判は，本件は昭和62年の先例の射程範囲外であるとして，原則通り，本件には監査請求期間の適用がないとしたものである。上記の新しい判例の流

れ，学説の批判，これらを動かしてきた原告弁護士の主張を採用したものである。その後，最高裁は同様の判断を下している。すなわち，前記東京高判平成11年12月20日の上告審である最判平成14年7月18日判時1798号71頁（曽和俊文・法教270号124頁），大阪高判平成13年1月24日判タ1099号200頁の上告審最判平成14年7月18日判時1798号74頁，前掲名古屋地判平成7年10月27日，名古屋高判平成8年10月30日の上告審である最判平成14年10月3日民集56巻8号1611頁，判時1806号19頁（寺田友子・法教271号122頁）がそうである。

　これは曖昧であったため下級審段階で争われていたものについて統一的な見解を示した点でも，精緻な理論構成によって理論の明確化を図った点でも，住民訴訟を活性化させる解釈を行った点でも，大きな意義がある。

　特に，先例を無批判に拡大解釈する傾向のある判例（伊藤正己元最高裁判事の慨嘆，阿部泰隆『行政訴訟要件論』［弘文堂，2003年］223頁）の中にあって，先例の射程範囲を限定する注目すべき姿勢を示した判例である。

3　先例の論理とその限定解釈

(1) 昭和62最判の論理

　そこで，まず事実欄で紹介した昭和62年最判の論理を理解しよう。調査官解説（石川善則『最高裁判例解説民事篇昭和62年度』84頁）は「怠る事実」を，「真正怠る事実」と「不真正怠る事実」に分ける。前者は「当該行為の違法を前提としない怠る事実」をいい，その請求中に財務会計行為上の積極的行為の違法，不当を観念しえないから，「当該行為のあった日又は終わった日」が考えられず，その結果同項の期間制限を適用する余地はない（昭和53年最判の事案である）。これに対して，後者は，違法な財務会計上の積極的な行為に基づき発生した請求権についてその管理を怠る事実がある場合であって，右積極的行為，すなわち当該行為が右怠る事実の前提として存在するのであるから右行為を基準として同項の期間制限を適用することに何らの支障もない。「そもそも，不真正怠る事実に係る監査請求においては，監査請求の対象たる怠る事実が存在するか否かの前提として必然的に『当該行為』の違法の有無を問題とせざるを得ないのであり，当該行為が違法であるとされ，これに基づく請求権の発生が認められて初めて怠る事実の違法が問題になるにすぎないのである。」

　昭和62年の事案は，作為に関して監査請求すべき事案について，怠る事実

第6章 判例解説

に関する監査請求と構成した事案である。つまり，町長が町有財産を随意契約により被上告会社に売却した行為につき，原告住民は，当初，右売却処分は時価に比較して著しく低額の代金をもつてしたものであつて違法であるとしてその是正措置を求めたが，第3回目の監査請求において，本件土地売却処分を違法，無効なものであるとし，これに基づき，町は町長個人に対し損害賠償請求権を，被上告会社に対し不当利得返還請求権ないし本件土地所有権移転登記の抹消登記請求権を行使しうるのに，これをしないでいるのは違法に財産管理を怠る事実に該当すると主張したのである。

これは町長のした財務会計行為自体をまず先に違法として攻撃できる（現実にもした）事案であるから，作為に関する監査請求と，財産の管理を怠る事実についての監査請求は客観的に見れば表裏一体であり，原告の理論構成次第で，監査請求期間が適用されなくなるとすることは，一種の脱法行為になる。この点は判旨のいうように，「客観的，実質的に」判断すべきであり，この先例は妥当である。

本件の事案も，一見すると不真正怠る事実のように見える。原審は，「事実」欄の(2)で述べたように，本件談合が違法であるなら，本件各契約の締結行為も客観的に違法で，したがって，本件監査請求は，財務会計職員による特定の財務会計上の行為の違法を問題としていることに帰するから，それは財務会計上の行為が違法であることに基づき発生する実体法上の請求権の行使を怠る事実に係るものであるとしたのである。

(2) **本件の特質**

しかし，本件では，公務員の財務会計行為の違法が先行して，それに基づき発生した請求権の管理を怠る事実を主張しているのではなく，業者の違法な談合行為が先行しているのであって，財務会計行為の違法は結果として付随しているに過ぎない（工事請負契約自体の違法は談合の違法と独立の意義を持つものではない）から，この先例とは全く逆の状況にある。むしろ，財務会計行為が当然に違法になるかには疑問があり（高橋・前掲参照），「談合による不法行為と本件契約締結行為とは必然的に結び付いている関係」（原審判示，昭和62最判調査官解説）にはないというべきである。

こうした事案では，原告らとしては，当該自治体の首長などの財務会計行為の違法を追及するのではなく，談合した業者の責任を追及する構成を考えるの

529

がごく素直である。本件は，昭和62年最判の事案とは異なって，本件の怠る事実の是正の監査請求は，行為に対する監査請求が期間制限徒過のためにできなくなったことを免れるための仮装行為ではない。

そうすると，たまたま，談合の違法と工事請負契約の違法が共通性を持つとしても，これに対して，損害賠償請求を怠る事実の違法の確認や是正措置を求める監査請求には独自の意義があるので，これに頼るのは正当な方法である。

もともと，昭和62年の最判の段階においては本件のような事例を想定していなかったのであるから，その理論の射程範囲は限定されるべきである。「真正怠る事実」と「不真正怠る事実」の二分法は適切ではなく，後者にも前者並みに扱われるべきものがあることになる。

本件最判は，昭和62年最判について，「怠る事実を対象としてされた監査請求であっても，特定の財務会計上の行為が財務会計法規に違反して違法であるか又はこれが違法であって無効であるからこそ発生する実体法上の請求権の行使を怠る事実を対象とするものである場合には，」として，わざわざ「こそ」と強調しており，怠る事実については怠る事実として争うことができるのが原則で，昭和62年最判の例が例外だという位置づけをするのも，こうした限定解釈と共通の発想であろう。

(3) 昭和62年最判当てはめの不合理性

さらに，この昭和62年最判の考え方を本件に適用すると種々の不合理があることが指摘される。

行為を基準とすると，本件のような場合，一年の監査請求期間はすぐ徒過するので，期間経過後の「正当な理由」により解決する方法もある。これに関して最高裁は最近まとまった判断をした（最判平成14・9・12民集56巻7号1481頁，判時1807号64頁）。つまり，「正当な理由の有無は，特段の事情のない限り，普通地方公共団体の住民が相当の注意力をもって調査すれば客観的にみて上記の程度に当該行為の存在及び内容を知ることができたと解される時から相当な期間内に監査請求をしたかどうかによって判断すべきものである。」というのである。最判平成14年9月17日判時1807号72頁，判タ1107号185頁（薄井一成・法教270号126頁［2003年］），最判平成14年10月15日判時1807号79頁（石井昇・法教271号124頁［2003年］）もこれに従う。この相当の期間もせいぜい2〜3ヶ月程度とされているようであるから，この契約のときを監査請

求の起算点とすると，監査請求を適時に行うことは容易ではない。このことは「行為」を争う場合には解釈論としてはやむをえないとは言え，なかなか厳しいものがある。

また，この工事請負契約の違法は契約時点では判明しない（談合だとわかるのはあとである）から，その段階で住民監査請求を行う動機もなければ，行なっても，違法とは証明できないから却下される。

そこで，次に，平成9年の最判の活用が考えられる。これは「財務会計上の行為が違法，無効であることに基づいて発生する実体法上の請求権の不行使をもって財産管理を怠る事実とする住民監査請求において，右請求権が右財務会計上の行為のされた時点においては未だ発生しておらず，又はこれを行使することができない場合には，」行為時から監査請求期間を起算するわけにはいかず，「右実体法上の請求権が発生し，これを行使することができることになった日を基準として同条項（法242条2項）の規定を適用すべきものと解する」（最判平成9・1・28民集51巻1号287頁，判時1592号46頁，判タ931号132頁，藤原淳一郎・判評464号175頁「1997年」は賛成）。この事件では，市が国鉄から転売禁止特約付きで買い受けた土地を特約に違反して転売し，裁判上の和解に基づいて国鉄清算事業団に違約金の一部を支払った場合において，市が右特約の有効性を争い違約金債務の負担を否定し続けていた等の事実関係の下では，右の転売行為をした市長個人に対する損害賠償請求権の行使を怠っているとしてなされた住民監査請求の監査請求期間は，転売の日ではなく，和解の日を基準とすべきであるとされたのである（なお，これに従ったものとして，横浜地判平成11・11・17判例自治218号9頁がある）。

これにより，違法があとから判明する場合についてそれなりに合理的な判断がなされたわけであるが，しかし，こんな複雑な判断を経ないと監査請求が適法にならないのでは，自治体の財政上の違法を簡易にチェックする住民の手段としての制度の趣旨が阻害されるだろう。

また，この判決の射程範囲も明確ではない。たとえば，この市が，事業団に対して違約金の減額を求める手段として債務負担を争っただけであって，それを真剣には争っていない場合，訴訟を提起される前段階で債務負担については基本的に認めつつ金額や支払い方法を交渉していた場合などを仮定すると，その判断は一致しないだろうし，そもそも実体法上の請求権である損害賠償請求

権については過失相殺など，不当利得返還請求権については利得の範囲をめぐって争いが生ずるのであるが，その具体的な金額が明らかになるまでは権利を「行使することができない」にあたるかどうかも意見が分かれるだろう（竹野下喜彦「怠る事実の監査請求」『現代裁判法大系28　住民訴訟』（新日本法規，1999年）85頁）。この判断を誤ったとして，訴えを却下されるのも，原告に無用の過大な負担を課すものである。

　したがって，通常の住民であれば「行為」に気づいて行為を争うべきだと言える場合以外は，怠る事実として処理するのが合理的であろう。もっとも，そうすると，行為を対象とすることができるのに，時効にかかるまで監査請求することができるという不合理が生ずると反論される（大橋寛明調査官解説・判解民平成9年度上175頁，藤原・判評464号175頁参照）が，いずれにも問題があるのであるから，この判例の立場だけが当然に妥当というわけにはいかない。

　次に，財務会計上の行為が違法ではあるが有効である場合と，無効であって，相手方に原状回復の請求ができる場合で，請求の趣旨，被告が異なってくる（関哲夫「怠る事実と監査請求提起期間の制限」法律のひろば1999年10月号48頁以下）。

　これはきわめて複雑である。もともと，談合した業者に対する不法行為による損害賠償の時効は，損害及び加害者を知ったときから3年であり（民法724条），独禁法25条による無過失損害賠償請求権は審決確定後3年間で時効にかかる（独禁法26条）。自治体が談合業者に賠償請求するときも，こうした期間制限があるから，住民が行う監査請求を真正怠る事実と構成して期間制限なしとしても，法的安定性を害するほどではない。

　なお，立法論として，もともと，期間制限の理由は，法的安定性であるが，談合の違法を理由とする業者への損害賠償請求は，契約自体を覆すものではないから，法的安定性により確定させる理由はない。自治体自身は時効にかかるまで，Yに対して損害賠償請求することが可能である。住民訴訟による場合にその期間を短縮する理由はない（藤原・判評464号173頁）。

　自治体が工事を発注する場合も，本件のように直接に発注する方法のほか，下水道事業団に委託したところ，同事業団が行った入札で談合が行われたので，自治体はそれによって不当に高く算定された委託金を払うことになる場合がある。後者は，自治体の財務会計行為の違法とはいいにくいので，この場合にだけ，

真正怠る事実として構成する理論もあるが，同じく自治体が発注して，談合の被害にあったのに，下水道事業団が間に入っているかどうかで，監査請求期間が異なってくるのも不合理とも思われる（村上順「上下水道事業談合事件住民訴訟と自治体の発注者責任」自治総研260号66頁以下「2000年」，岡田外司博・重判平成12年度248頁，村上政博「談合行為に基づく住民訴訟に係る最高裁判決」判タ1099号33頁「2002年」，入見・前掲123頁など参照）。前掲名古屋地判平成13年9月7日はこの直接契約型と事業団を通ずる間接契約型の両方とも真正怠る事実型としている。

そうすると，昭和62年最判の法理は，典型的な表裏一体の仮装行為以外は適用しないと限定するのが妥当であろう。

4　最判の理論構成

この最判は，原審のいわば「必然説」を否定したもので，結論は基本的に支持される。「特定の財務会計上の行為が財務会計法規に違反して違法であるかどうかを判断する必要があるかどうか」という基準を設定していることはこれまでの学説，下級審にも見られた見解で，それなりに説得力があるが，しかし，きわめて技巧的で，わかりにくい。

また，これは，右に述べたほどの限定解釈をしていないので，次のような問題点が残るように思われる。

まず第一に，これだけだと，工事請負契約が財務会計法規に違反して違法であるか否かの判断をしなければならない関係にある場合は，すべて怠る事実しての理論構成をすることは許されないことになる。つまり，怠る事実を争う前提として，財務会計行為の違法を主張する場合は，それが行為に対する監査請求期間の潜脱を目的としていない場合でも，禁止されることになる。これは「できる」場合には「しなればならない」という解釈方法である。その結果，原告としては，監査請求をするとき，常に職員の「財務会計上の行為」が行われたかどうかを注意深く調査していなければならず，負担が重い。たとえば，1で述べた昭和53年の最判のケースは，普通には怠る事実としてしか構成できないと思われているが，住民は農協から借り入れた収入役の行為を財務会計上の行為として捉えて監査請求をすることができ，これにより，損害賠償請求権の行使を怠る事実に係る監査請求と同一の目的を達成することができるという見解（判タ1024号197頁の匿名コメント）によれば，この事案でも，怠る事

実としての構成は不適法になってしまう。

しかし，そもそも，首長に対する3号請求（怠る事実の違法確認の請求）と相手方に対する4号請求は，優先順位の定めがなく，当事者，効果も異なるから，両者を併合提起することができる（最判平成13・12・13民集55巻7号1500頁，判時1776号46頁，判タ1084号130頁，この問題に関する従来の整理については，外田光宏「3号と4号の競合」前掲『現代裁判法大系28 住民訴訟』157頁以下）。本件最判でも，不作為については怠る事実の違法確認という形で争うことが原則であるから，それを認めないのは例外であるとされている。そうすると，「できる」からといって，「しなければならない」と解するのは妥当ではない。

財務会計行為の違法を主張しない形にすれば，怠る事実として監査請求できるということで，実際に前記東京高判平成11年12月20日の事案では，原告弁護団は高裁でそのように主張を変えたという（この判旨参照，大内98頁）。このように技巧的に工夫しないと監査請求が適法にならないというのも適切だろうか。

本件では，談合を理由とする損害賠償請求においては工事請負契約という行為の適法性を審理しなくてよいとされているが，かりに後者の審理を必要とするとしても，談合の違法を理由として業者に対して損害賠償を求めることの怠る事実の違法確認も，後者の行為の是正を求める監査請求も，いずれも優先順位が定められていないし，その当事者，効果が異なるのであるから，この先例に照らし，適法というべきではなかったか。

そこで，それよりは，財務会計行為の違法を争点をすべき場合にこれを監査請求期間の制約を回避するために，怠る事実と構成することは，この両者が表裏の関係にあり，仮装行為になるので許されないというだけの基準を設定すべきではなかったかという気がする。もっとも，この最判も，「当該怠る事実を対象としてされた監査請求は，「本件規定」の趣旨を没却するものとはいえず」と，「没却」という用語を用いて，実質的に同旨の判示を行っているが，その点もっと強調して欲しかったということである。

5 その後の判例

すでに最高裁判決が出てしまえば，これを批判しても，日本ではよほどの場合でなければ無益である。実務上はその射程範囲の探求こそ重要である。しかし，それは将来の事実を予想した上で行わなければならないので，至難である。

その射程範囲の一端は右に述べたところから理解されよう。

その後の判例を見ると，特定の契約の違法を理由とする損害賠償請求権の行使を怠る事実を対象とする部分については，契約の締結日を基準として「本件規定」を適用した例（前記最判平成14・10・3）は昭和62年最判と同旨である。

下水道事業団をめぐる談合事件は，同事業団が談合のためにつり上げられた価格で締結した契約を前提に自治体にその分を転嫁する形態がある（事業団委託型）。その場合には，自治体の「行為」の違法を問うことは本件のような直接契約型よりも困難になるから，本件判決の法理はなおさら適用されるべきである（前記最判平成14・7・18はその例）。

「本件判例解説類」本件については，野口貴公美・法律のひろば2003年3月号63頁，中原茂樹・ジュリスト重判平成14年度42頁，山岸敬子・法教270号122頁（2003年），大橋寛明（調査官）・ジュリスト1241号（2003年）87頁，村上政博「談合行為に基づく住民訴訟に係る最高裁判決……監査請求は期間制限に服さない」判タ1099号35頁以下（2002年），藤原静雄「判例解説」法令解説資料総覧249号112頁（2003年）がある。校正時に，人見剛・法セミ2003年8月号28頁，曽和俊文・民商法雑誌128巻3号332頁に接した。

（文中，傍点は筆者が付けたものである）。

VII 監査請求期間徒過の正当な理由（仙台市）

〈判 例 要 旨〉

1 市の土地購入が秘密裡に行われたのではない場合において，地方自治法242条2項但し書きにいう，1年間の監査請求期間を徒過する正当な理由の判断基準

2 右の正当な理由に関する原審の判断に違法があるとされた事例

最高裁（三小）平成14年9月17日判決（判例自治237号48頁，判時1807号72頁，判タ1107号185頁）

〈事案の概要〉

仙台市が本件公園用に，Yら（被告，上告人）の土地①，②を，①は，平成2年度予算において1平方メートル当たり17万円，②は平成3年度予算において約18万円で買い受ける契約し，ともに平成3年中に代金を支払った。平

成5年9月20日に開かれた市議会において，本件公園に係る平成2年度及び同3年度の取得用地の売買価格が同4年度のそれの4倍に近い異常な高値であったことが明らかになった。市も，上記売買価格に疑問を持ち，調査中であることを明らかにし，翌21日，上記質疑の内容が新聞で報道された。

一般の閲覧に供されていた市の予算説明書には，「公園5294.1平方メートル，900,000千円」との記載があり，平成3年度決算説明書中には「大年寺山公園1435.6平方メートル，249,208千円」との記載があった。

Xら仙台市の住民（原告，被上告人）は，平成5年11月25日に監査請求を申し立て，さらにその判断（市長に対して勧告せず意見を述べただけのもの）を経た上，本件土地売買契約が公序良俗違反又は錯誤により無効であるとして，市に代位して本件各契約の相手方であるYらに対して不当利得に基づく売買代金相当額の返還及びこれに対する遅延損害金の支払を求めて出訴した。

監査請求は，地方自治法242条第2項により財務会計行為が行われてから1年以内に行わなければならないところ，これは本件売買代金の支払いからすでに1年以上（2年近く）経過していた。そして，住民訴訟の提起には監査請求前置が要求されている（地方自治法242条の2第1項）ので，第一審判決は，本件監査請求の期間経過を理由に，訴えを却下した。

しかし，原審は，本件監査請求について，同項ただし書にいう「正当な理由」を認めて，訴えを適法として，第一審判決を取り消して，本件を第一審裁判所に差し戻した。

その要点は次のようである。本件契約は秘密裡に行われたものでないが，売買価格が適正な価格をはるかに超える違法又は不当なものであることを隠ぺいして契約が締結された事実がある場合には，当該行為の違法，不当を判断する上で極めて重要な前提事実が隠されており，その結果として，住民が相当の注意力をもって調査したとしても監査請求の対象とすることができない状態にあったものというべきである。この場合には，本件各契約が秘密裡にされたと同様に取り扱うべきであり，「正当な理由」の有無は，住民が相当の注意力をもって調査したときに，客観的にみて，売買価格の相当性に関する点が隠ぺいされているのではないかとの合理的な疑いを持つことができた時から相当な期間内に監査請求をしたかどうかによって判断すべきである。

本件各契約は所定の手続に従い公然と行われたものではあるが，住民におい

てその手続の中で売買価格の相当性につき疑いを差し挟む余地はなかったというべきである。また，平成2年度及び同3年度の各予算説明書及び決算説明書には大年寺山公園整備事業に関する記載があり，いずれも住民の閲覧に供されているが，その記載内容は概括的なものにすぎず，住民が売買価格の相当性の点に疑いを抱く端緒となり得る資料としては十分でない。結局，平成5年9月20日の市議会において，本件公園用地の売買価格の相当性に関する質疑がされ，その翌日にその内容が新聞で報道されるまでは，住民らが本件各土地の売買価格の相当性に関する点が隠ぺいされているのではないかとの合理的な疑いを持つことは著しく困難であったというべきである。そして，Xらは，上記の新聞報道により合理的な疑いを持つことができた時から2か月余りを経過して本件監査請求をしているところ，事案の性格とXらの調査のための作業内容からすれば，当該期間を要したことは無理からぬものがある。

〈判　　旨〉
これに対して，最高裁はこの判断を是認できないとした。
① 「当該行為が秘密裡になされた場合には，……正当な理由の有無は，特段の事情のない限り，普通地方公共団体の住民が相当の注意力をもって調査したときに客観的にみて当該行為を知ることができたかどうか，また，当該行為を知ることができたと解される時から相当な期間内に監査請求をしたかどうかによって判断すべきものである（最高裁昭和62年（行ツ）第76号同63年4月22日第2小法廷判決・裁判集民事154号57頁参照）。」
② 「そして，当該行為が秘密裡にされた場合に限らず，普通地方公共団体の住民が相当の注意力をもって調査を尽くしても客観的にみて監査請求をするに足りる程度に当該行為の存在又は内容を知ることができなかった場合には，上記の趣旨を貫くのは相当でないというべきである。したがって，そのような場合には，上記正当な理由の有無は，特段の事情のない限り，普通地方公共団体の住民が相当の注意力をもって調査すれば客観的にみて上記の程度に当該行為の存在及び内容を知ることができたと解される時から相当な期間内に監査請求をしたかどうかによって判断すべきものである。」
③ 「本件監査請求は，本件各土地の売買価格が不当に高額であるとしてされたものであるところ，……平成2年度及び同3年度の各予算説明書及び決算

説明書に大年寺山公園用地取得のための事業費に関する記載があ(り)……公園用地の各年度の売買価格の平均値が一平方メートル当たり17万円であったことが明らかとなっていた……。そうすると，上記各決算説明書が一般の閲覧に供されて市の住民がその内容を了知することができるようになったころには，市の住民が上記各書類を相当の注意力をもって調査するならば，客観的にみて本件各契約の締結又は代金の支出について監査請求をするに足りる程度にその存在及び内容を知ることができたというべきである。」

〈解　説〉

1　監査請求は，（一時的行為について）当該行為のあった日又は（継続的行為について）終わった日（これを起算日という）から1年を経過したら，却下される。「知った日から」とは規定されていないので，住民の知不知を問わない。しかも，当該行為が外部に対して認識可能となるか否かも監査請求期間の起算日の決定に何ら影響を及ぼさない（最判平成14・9・12民集56巻7号1481頁，判時1807号64頁，判タ1110号87頁）。

これは自治体の財務会計行為の法的安定性のためである。立法論としては，なぜかくも画一的に法的安定性が重視されるのか，本件では，市は，Yに対して時効にかかるまで契約解除などを主張できる可能性があるから，住民訴訟においてだけ出訴を禁止する理由はないのではないかという疑問があるが，現行法の解釈論としてはどうにもならない。

2　ただし，「正当な理由」があるときはこのかぎりではない。

この判断基準としては，財務会計行為が秘密裡になされた場合とそうでない場合に分けて考える。前者なら正当な理由がある。それは，『判旨』①で引用した通りである（最判昭和63・4・22は予算外支出が秘密とされた例である。判タ669号122頁，判時1280号63頁）。

他方，行為自体が秘密裡になされなかった場合でも，正当の理由が当然に否定されるものではない。判旨②がこれである。これは前記の最判（平成14・9・12）が確立したもので，本件判決（薄井一成・法教270号126頁「2003年」）も，その後の最判平成14年10月15日判時1807号79頁（石井昇・法教271号124頁「2003年」）もこれに従っている。

これは正当な理由が認められるのが，財務会計行為が秘密裡に行われた場合

に限らないこと，当該普通地方公共団体の一般住民が相当の注意力を持って調査した場合における客観的な認識可能性が正当な理由の有無の判断基準となること，その認識可能性の対象となるのは，財務会計上の行為の存在に限らず，その内容も含まれるが，それは客観的にみて監査請求をするに足りる程度のものであることを明らかにしたものであるとされている（最判平成14・9・12の調査官解説と推定される，判時，判タ掲載の匿名解説，阪本勝調査官解説・ジュリスト1261号161頁）。

　思うに，秘密裡になされたのではない場合でも，監査請求をするためには，行為を知っただけでは足りず，行為に違法・不当があると気がつく程度のことが必要である。「上記の程度に当該行為の存在及び内容を知ることができたと解される時」とする判決の文言はこの意味である。そして，その違法性が意図的，積極的に隠蔽ないし仮装された場合に正当な理由を限定する説は採用されていない。

　ここで，住民の注意義務の程度は，「相当の注意」であって，「通常の注意」では足りない。マスコミ報道や広報誌等によって受動的に知った情報等だけに注意を払っておれば足りるものではなく，情報が住民なら誰でも閲覧等できる状態におかれれば，住民が相当の注意力を持って調査をすれば知ることができるものに当たるということである（調査官と推定される本誌237号51頁の匿名解説）。さらに，「調査を尽くしても」ということが要求される。市民にそこまで要求しないと法的安定性が確保できないのか。厳しすぎるという感じがある（小林博志「解説」判評537号175頁，細川俊彦・法教271号119頁が詳しい）。

　3　一般理論はすでに先例で固まっているので，判旨③は，一般住民が相当の注意力を尽くして調査した場合における客観的な認識可能性に関する具体的判断例ということになる。

　原審と最高裁の違いは，決算説明書に記載されている面積と金額を見て，不当に高額と気づくべきかどうかにある。割り算をすれば高すぎることがわかりそうであるが，差戻控訴審のX主張によれば，平成2年度及び同3年度の予算説明書及び決算説明書に約7cmと分厚いものであるから，住民がその中から不正な契約や代金を拾い出すことは至難ではないかとも思われる。議会で質問した議員は決算審査をしたはずなのに，その当時は気がつかなかったのであり，平成4年の単価と比較してはじめて，平成2年，3年の単価が高すぎると気が

ついたのではないか。また、「相当の注意力」どころか、「十分な調査力のある」市当局も、平成5年頃になって再調査しているのであるから、住民は「相当の注意力」を持って調査しても、平成3年当時は、住民が、売買価格の違法に気がつかなかったのは無理もないのではないか。今は、結果を知っているから、その目で決算説明書を見ると、売買価格を面積で割って単価を出し、高いなという気がするが、それは当時に遡った判断なのだろうかという疑問を持つ。しかし、おそらくは、「相当の注意力」を持って、「調査を尽くす」ことを要求する判旨から見て、上記の事業費の記載を見て、眼光紙背に徹する調査を要求するのであろう（判例自治237号51頁の解説参照）。

他方、住民訴訟は、個人の救済ではなく、住民誰かが気がつけばよいのであるから、高度の注意力を要求してもよいのかもしれない（この基準を行訴法14条の出訴期間に転用してはならない）。

これから住民訴訟を提起しようとする住民には常に万全の体制が必要である。

4　最後に、この判決が差し戻した理由は、市民が決算説明書を閲覧できた時期を特定するようにという趣旨であるが、差戻控訴審仙台高等裁判所平成14年（行コ）第14号平成15年6月11日判決は、その時期は平成3年11月18日ころ及び同4年11月11日ころであるので、本件監査請求は、それから、2年余ないし、1年余を経過した日にされたものであるから、正当な理由はないとした。

まさに、司法過程の壮大な無駄であった。

5　最後に、この判決は、「決算説明書が一般の閲覧に供されて市の住民がその内容を了知することができるようになった時期は、……明らかではないから、本件監査請求がその時から相当の期間内に行われたものであるか否かを判断することはできない」として破棄差し戻しした。相当の期間は、最高裁前記判例では3ヶ月では遅いということらしいし、最判平成14年10月15日（判タ1110号138頁）では約2ヶ月でも遅いらしいから、本件決算説明書が平成5年の8月末前に公開されていれば、本件は間に合わないということになる。

差戻控訴審仙台高等裁判所平成14年（行コ）第14号平成15年6月11日判決は、上記各決算説明書が一般の閲覧に供されて市の住民がその内容を了知することができるようになった平成3年11月18日ころ及び同4年11月11日ころには、市の住民が上記各書類を相当の注意力をもって調査するならば、客観的

にみて本件契約1及び本件契約2の締結又は代金の支出について監査請求をするに足りる程度にその存在及び内容を知ることができたというべきであり，本件監査請求は，それから，2年余ないし，1年余を経過した日にされたものであるから，正当な理由はないとした。

判 例 索 引

◇最高裁判所◇

最判昭和 32・7・9 民集 11 巻 7 号 1203 頁
………………………………………19, 384

最大判昭和 37・3・7 民集 16 巻 3 号 445 頁
………………………………………518

最判昭和 53・3・30 民集 32 巻 2 号 485 頁
………………………………………26, 76

最判昭和 53・6・23 判時 897 号 54 頁 …524

最判昭和 60・9・12 判時 1171 号 62 頁
………………………………………10, 487

最判昭和 61・2・27 民集 40 巻 1 号 88 頁
………………………19, 35, 66, 373, 441, 477

最判昭和 62・2・20 民集 41 巻 1 号 122 頁
判時 1228 号 62 頁 ……………15, 16, 521

最判平成 2・12・21 判時 1373 号 45 頁…494

最判平成 3・12・20 民集 45 巻 9 号 1455 頁
………………………………………18, 24

最判平成 4・12・15 民集 46 巻 9 号 2753 頁
………………………………………11

最判平成 7・4・17 判例自治 137 号 18 頁
………………………………………500

最判平成 10・4・24 判時 1640 号 115 頁,
判タ 973 号 116 頁, 判例自治 175 号 11 頁
………………………………………328, 452

最判平成 10・6・30 判例自治 178 号 9 頁…9

最判平成 11・4・22 民集 53 巻 4 号 759 頁,
判時 1675 号 67 頁, 判タ 1002 号 108 頁
………………………………………507

最判平成 13・1・30 民集 55 巻 1 号 30 頁,
判時 1740 号 3 頁, 判タ 1054 号 106 頁
………………………………………98

最判平成 14・7・2 民集 56 巻 6 号 1049 頁
………………………………………16, 520

最判平成 14・9・12 民集 56 巻 7 号 1481 頁
………………………………………12

最判平成 14・9・17 判例自治 237 号 48 頁,
判時 1807 号 72 頁, 判タ 1107 号 185 頁
………………………………………14, 535

最判平成 16・1・15 民集 58 巻 1 号 156 頁
………………………………………86

最判平成 16・4・23 民集 58 巻 4 号 892 頁,
判時 1857 号 47 頁, 判タ 1150 号 112 頁
………………………………………30, 318, 340

最判平成 17・4・26 判時 1896 号 84 頁,
判タ 1180 号 174 頁 ……………25, 273

最判平成 17・11・10 判時 1921 号 36 頁,
判タ 1200 号 147 頁, 判例自治 276 号
21 頁 ………………………………86, 319

最判平成 17・11・17 判時 1917 号 25 頁,
判タ 1198 号 128 頁 ……………319, 340

最判平成 17・12・15 判時 1922 号 67 頁…12

最決平成 19・4・20 判時 2012 号 4 頁……29

最判平成 21・4・23 判時 2046 号 54 頁…242

最判平成 21・4・28 判時 2047 号 113 頁,
判タ 1300 号 92 頁………………340

最判平成 21・12・10 判例集未登載…263, 421

最判平成 23・9・8 判時 2134 号 52 頁,
判タ 1360 号 85 頁………………270

最判平成 23・10・27 判時 2133 号 3 頁,
判タ 1359 号 86 頁 ………………30

最判平成 24・4・20 民集 66 巻 6 号 2583 頁,
判時 2168 号 35 頁, 判例自治 363 号 34 頁
………………………………………432

◇高等裁判所◇

東京高判昭和 58・8・30 判時 1090 号
109 頁, 判タ 504 号 197 頁, 行集 34 巻
8 号 1540 頁 ………………………66

東京高判平成 12・12・26 判時 1753 号
35 頁, 判例自治 220 号 33 頁…306, 333, 392

判 例 索 引

大阪高判平成 15・2・6 判例自治 247 号
　39 頁 ……………………………… *86, 319, 520*
東京高判平成 15・3・26 判時 1826 号 44 頁
　…………………………………………… *280, 289*
大阪高判平成 16・2・24 判例自治 263 号
　9 頁 ……………………………………………… *145*
東京高判平成 16・4・8 判例集未登載 … *306*
東京高判平成 18・7・20 判タ 1218 号
　193 頁 ………………………………………… *307*
大阪高判平成 19・2・16 判例自治 293 号
　59 頁 ………………………………………… *135*
東京高判平成 19・3・28 判タ 1264 号 206
　頁 ……………………………………………… *323*
大阪高判平成 19・10・19 判例自治 303 号
　22 頁 …………………………………… *87, 136*
大阪高判平成 20・9・5 判例集未登載 … *335*
大阪高判平成 21・1・20 判例集未登載
　…………………………………… *86, 263, 329, 421*
大阪高判平成 21・4・22 判時 2044 号 58 頁
　……………………………………………………… *247*
大阪高判平成 21・11・27 判例集未登載
　………………………………………… *86, 263, 402, 403*
東京高判平成 21・12・24 判例集未登載
　……………………………………………………… *412*
東京高判平成 22・7・15 判例集未登載 … *119*
大阪高判平成 22・8・27 判例集未登載 … *422*

◇地方裁判所◇
京都地判昭和 60・6・3 判タ 564 号 239 頁
　…………………………………………………… *142*
京都地判昭和 62・7・13 判時 1263 号 10 頁，
　判タ 653 号 96 頁 …………………………… *142*
千葉地判平成 12・8・31 判例自治 220 号
　33 頁 ………………………………………… *306*

京都地判平成 13・1・31 判例自治 226 号
　114 頁 ………………………………… *319, 514*
新潟地判平成 15・7・17 判例集未登載 … *306*
神戸地判平成 18・3・23 判例自治 293 号
　74 頁 ………………………………………… *129*
神戸地判平成 19・1・19 判例自治 302 号
　40 頁 ………………………………………… *136*
大阪地判平成 19・11・22 判タ 1262 号 181
　頁，判例自治 305 号 86 頁 ……………… *149*
神戸地判平成 20・4・10 判例自治 315 号
　20 頁 ………………………………………… *150*
神戸地判平成 20・4・24（D1.com） … *328*
神戸地判平成 20・4・24 民集 66 巻 6 号
　2631 頁 ……………………………………… *329*
水戸地判平成 21・7・29 判例自治 338 号
　24 頁 ………………………………………… *272*
水戸地判平成 21・10・28 判例集未登載
　……………………………………………………… *114*
神戸地判平成 21・11・11 判例集未登載
　……………………………………………………… *409*
神戸地判平成 22・10・28 判例集未登載
　……………………………………………………… *429*
鳥取地判平成 24・3・26 判例自治 367 号
　9 頁 …………………………………………… *269*
神戸地尼崎支判平成 24・12・6 判時 2200
　号 55 頁，判例自治 375 号 10 頁 ……… *269*
神戸地判平成 25・4・17 判例集未登載 … *265*
東京地判平成 25・7・16 判例自治 386 号
　10 頁 ………………………………………… *267*
大阪地判平成 25・12・16 金融・商事判例
　1451 号 52 頁 ……………………………… *268*

事項索引

あ　行

安曇野市損失補填事件 ……………………30
阿部泰隆の「陳情」 ………………………350
飯島淳子説 …………………………………477
石崎誠也説 …………………………………477
石津廣司説 …………………………………480
一事不再理との関係 ………………………15
一日校長事件 ………………………………11
伊藤眞説 ……………………………………III
委任状の特例 ………………………………57
茨木市臨時職員期末手当一時金支払い
　訴訟 ………………………………………127
違法, 軽過失, 損害の順に判断すること…20
違法事由の性格等に即した注意義務違反
　の明確化 …………………………………37
違法性の承継 ………………………………489
違法是正説 …………………………………289
碓井光明説 ……………………………34, 392
訴え取下げの場合の「勝訴」の意義…25, 273
OB議員への市営交通の優待乗車証交付
　違法訴訟 ……………………………87, 135
大橋真由美説 ………………………………394

か　行

外郭団体訴訟判決 ……………86, 263, 328
外郭団体への補助金支給の無効を肯定…437
解決策（外郭団体訴訟のための） ………372
解釈論としての対応（4号請求訴訟とし
　ての） ………………………………………96
会社法の考え方 ……………………………320
改正条例の権利の放棄の定めは実体法上
　有効でないこと …………………………405
過　失 ……128, 133, 139, 169, 373, 437, 438, 505
過失責任主義 ………………………………iv
過失責任主義を堅持せよ …………………iv

兼子仁説 ……………………………………476
株主代表訴訟 ………………………………265
　──の場合との比較 ……………………211
　──の判例 ………………………………234
仮処分の禁止 ………………………………78
仮の救済 ……………………………………49
仮の保全措置 …………………………16, 44
監査委員改革案 ……………………………5
監査委員からの意見聴取 …………………40
監査委員に対する調査要求 ………………51
監査委員の同意 ……………………………388
監査機能不全とその原因 …………………5
監査請求 ……………………………………42
監査請求期間 …………………………11, 44
監査請求期間徒過の正当な理由（仙台市）
　……………………………………………535
監査請求できることとしなければならな
　いことは別 ………………………………14
監査請求と住民訴訟の同一性 ……………6
監査請求の特定性の緩和 …………………7
監査の決定 …………………………………45
議員に対する住民訴訟 ……………………371
議員も住民訴訟の対象 ………………18, 358
議会・首長の誠実処理・善管注意義務…312
議会による権利放棄有効の判例の誤り …32
議会による損害賠償請求権の放棄につ
　いて ………………………………………36
議会の権利放棄議決の限度 ………………468
議会の賠償請求権の放棄 …………………304
木村琢磨説 ……………………416, 420, 477
旧美原町互助会トンネル退会給付金事件
　……………………………………………149
旧安塚町事件 ………………………………306
給与条例主義 ……………122, 136, 175, 500
給与と福利厚生の間 …………………130, 156
行政庁の首長側参加 ………………………22

545

事項索引

京都府八幡市	142
鋸南町事件	306, 333
久喜市事件高裁判決	323
国の免除法	317
軽過失免責	38
経済的利益説	289
刑事法でも，背任罪である	321
元気回復レクレーション事業助成金互助会トンネル事件	129, 142
権限行使の実体法上の要件	336
権限の濫用	364
現行4号代位請求訴訟類型の再構成	65
原告側（住民側）勝訴弁護士の報酬	26, 214
原告死亡などの対応	17
原告代表者の「陳情」	353
原告にも報奨金を	75
原告の継続的確保	46
権利放棄議決と原告代理人の弁護士報酬	485
権利放棄議決の裁量？	443
権利放棄議決の裁量濫用	450
権利放棄議決の実体的有効性？	407, 409
権利放棄権限行使の実体法上の要件	336
権利放棄に係る議会の議決は監視機能	332
権利放棄は議会の可決だけで効力を生ずる	404
公益的法人派遣法	86, 328, 433
── 6条2項	328, 427, 433
公益的法人等への職員の派遣等に関する条例	434
厚遇裁判	19, 121
公定力の適用の有無	489
公平な権利放棄を	400
神戸市議会における審査の杜撰さ	347
神戸市共助組合厚遇訴訟	150
神戸市公益的法人等への職員の派遣等に関する条例の一部改正条例	330
神戸市長と神戸市議会は放棄するために必要な誠実な審査をしていない	342
神戸市における被告代理人への弁護士報酬支払いの具体例	299
神戸市旅行券裁判	129
公務員の審査義務	490
公有水面使用協力費	178
国民訴訟（公金検査請求訴訟）法	32
互助会訴訟	142
国家賠償との均衡は筋違い	iv, 19
国庫補助金	256, 270

さ 行

債権放棄の時期	390
債権放棄の範囲	389
最高裁平成24年4月20日判決の検討	437
財政法8条	317
斎藤誠説	325, 398, 419
裁判官協議会の見解	414
裁判所の管轄	53
裁判所の審理方法	52
裁判を受ける権利の保障	112
財務会計行為	8
財務会計行為密接行為	10
財務会計上の違法性の意義と範囲（先行行為との関係）	489
財務関係職員の賠償責任との均衡	383
債務者が自己に対する債権者の権利を放棄する違法	364
裁量濫用論に立った場合の議会による債権放棄の限界	383
さくら市事件	448, 471
差止めの制限	78
参加的効力	106
算定可能説	206
算定不能説	185, 208, 243
山林高額買取り住民訴訟事件	514
塩野宏説	474
時効対策	68
自治体の組織的腐敗	121
市長の過失	373
──の有無	437
市長の権利放棄提案理由と市長の主張の

事項索引

誤り………………………………………… *344*
市長は気の毒？ …………………………… *359*
執行機関と議決機関の権限分配という判
　断権者の権限問題と権限行使の実体法
　上の要件 ………………………………… *331*
執行機関と議決機関の二元制の理解 …… *313*
執行機関と議決機関を分離し，前者には
　誠実管理義務，後者には執行機関の監
　視を義務付けた地方自治法の構造…… *443*
執行機関の専断を排除する ……………… *425*
執行権限と議会の監視権限 ……………… *331*
執行段階の手抜きは？ ………………… *75, 93*
重過失責任に変更（軽過失免責）は行き
　すぎ ………………………… *iv, 318, 384*
重過失は必要か ………………………… *78, 373*
住民側弁護士の「勝訴」報酬 ……… *179, 240*
住民側弁護士報酬の相当額，減額に関す
　る最近の判例 ……………………… *265, 485*
住民監査請求・住民訴訟法の条文案 ……… *42*
住民訴訟改正案へのささやかな疑問 …… *61*
住民訴訟制度抜本的改革の提案…………… *3*
住民訴訟における被告の変更と新たな被
　告に対する時効完成事件（京都市）… *507*
住民訴訟に関する検討会報告書 ………… *34*
住民訴訟の形骸化……………………………… *460*
住民訴訟の実践 ………………………………… *121*
住民訴訟の請求の趣旨 ……………………… *47*
住民訴訟の提起 ………………………………… *46*
住民訴訟はエンドレス …………………… *317*
住民訴訟は脅威か ……………………………… *72*
住民訴訟平成14年改正の誤り ……………… *61*
住民訴訟平成14年改正4号請求被告変更
　の誤謬 ……………………………………… *81*
住民敗訴の場合の訴訟費用の負担 ……… *28*
首長の誠実処理義務 ……………………… *314*
首長の責任限定方法 ………………………… *20*
首長の責任は過失責任主義を維持 ……… *18*
首長保険 ……………………………………… *40*
出訴期間…………………………………… *16, 46*
勝訴した住民への費用の償還，報奨金 … *56*

条例で権利放棄することは執行機関と議
　決機関の混同で，無効であること …… *367*
条例による権利放棄………………… *409, 424, 458*
職員個人への直接支給 ……………………… *127*
職員に対する費用弁償支出住民訴訟事件
　（市川市）………………………………… *494*
職員の賠償責任の免除制度 ……………… *325*
職務遂行の萎縮 ……………………………… *468*
白藤博行説…………………………………… *400*
人件費補助は手続ミスという市の説明は
　誤魔化し ……… *348, 352, 355, 356, 442, 485*
吹田市互助会トンネル退会給付金事件 … *145*
須藤正彦 ……………………………………… *448*
請求の認諾，弁済による訴えの取下げ … *279*
政権交代は地獄！ ………………………… *73, 103*
説明責任 …………………………… *22, 50, 83, 96*
蝉川千代説 …………………………………… *395*
善管注意義務説の誤解 …………………… *378*
善管注意義務に反せずに，放棄できる場
　合はどんな場合か ……………………… *321*
専決権者と請求の相手方の変更 ………… *24*
専決権者のミスの責任 …………………… *18*
先行行為と後行行為の関係……………… *490*
相当な期間 ……………………………………… *11*
総務省検討会における改正案 …………… *34*
訴額説（＋認容額説）の判例 …………… *194*
訴額ないし認容額説 ………………… *214, 243*
組織としての決定の責任 ………………… *386*
組織ミスへの対応 …………………………… *17*
訴訟係属中の債権放棄 …………………… *397*
訴訟告知 ……………………………………… *68, 111*
訴訟参加 ………………………………………… *49*
訴訟費用 ……………………………… *56, 371, 464*
訴訟類型 ………………………………………… *23*
訴訟類型削除の不適切さ …………………… *92*
園部逸夫反対意見…………………………… *7*
曽和俊文説…………………………………… *480*
損益相殺 ……………………………………… *118*

547

事項索引

た 行

第1次訴訟運用の実情 …………………83
第三者企業・元首長等に対する参加的効
　力の不合理 ………………………………101
第三者企業や元首長は考慮外で検討不足
　の立法 ……………………………………101
退職金支払い違法住民訴訟事件(川崎市)
　……………………………………………487
大東市事件 ………………………………470
第2次訴訟で手抜きは? 　74
第2次訴訟の印紙代, 弁護士費用の不合
　理 …………………………………………96
第2次訴訟の行政側弁護士報酬 ………255
第2次訴訟の不備 …………………………93
第2次訴訟は粛々と執行するはず ………66
代理人の善管注意義務 …………………314
高砂市互助会退職生業資金訴訟 ………162
脱法行為 ……………………………149, 369
玉穂町事件 ………………………………307
茅ヶ崎市商工会議所事件 ………………328
地公法42条 ……………………………129
千葉勝美 …………………………………465
地方議会による地方公共団体の賠償請求
　権等の放棄 …………………………303, 327
地方議会による賠償請求権の放棄の効力
　……………………………………………306
地方公営企業 ……………………………125
地方公共団体の参加 ……………………50
地方公社, 三セクも対象に ………………21
地方自治法96条1項10号 ……313, 331, 444
地方自治法96条の改正案 ………………58
地方自治法232条の2 …………………329
地方自治法138条の2 ……………314, 343, 415
地方自治法施行令171条の7 ………318, 343
地方制度調査会 …………………………iv
チボリ公園事件 ……………………19, 86
中間説(総合勘案説)の判例 ……………200
津田和之 …………………………………378

提訴手数料＝印紙代に関する判例 ……184
提訴手数料＝算定不能説 ………………212
低廉譲渡は違法 …………………………319
答弁書の無視 ……………………………433
トンネル退職金 …………………………175

な 行

鳴門市における住民訴訟 ………………175
日弁連旧報酬規程 ………………………250
日韓高速船(フェリー)訴訟 ……19, 86, 319
認容額か執行額か ………………………259
認容判決確定後の債権放棄 ……………398

は 行

背任罪 ……………………………………369
橋本博之説 ………………………………483
はみ出し自販機住民訴訟 ………30, 318, 340
判決への不服従 …………………………52
被告現首長のインセンティブの欠如 ……102
被告控訴・上告の場合の印紙代と被告の
　弁護士報酬 ………………………………223
被告代理人の弁護士報酬 ………28, 205, 297
被告適格の混乱 …………………………76
被告の無用な抗争をやめるインセンティブ
　……………………………………………21
必要な施策の萎縮? ……………………85
檜原村事件 ………………………………472
兵庫県互助会厚遇助成訴訟 ……………167
昼窓手当違法支出住民訴訟事件(熊本市)
　……………………………………………499
廣田達人説 ………………………………478
部下・議員の責任 …………………………17
不作為の場合(真正不作為と不真正不
　作為) ……………………………………16
不透明な立法過程 …………………………63
不当利得返還請求の限定排除 ……………77
不法行為と監査請求期間 ………………520
分限免職処分の違法性 …………………492
文書提出命令 …………………………24, 50, 105

事項索引

——の不備……………………………23, 88
弁護士費用 ………………………………91
弁護士報酬 …………………………25, 53
　　第2次訴訟の—— ……………………108
弁護士報酬請求手続 ……………………28
放棄は議会の権限であるとの判決………309
報酬契約において金額を正確に決める必
　要はあるか…………………………236
法令コンプライアンス ……………20, 437
補助参加 …………………………………98
ぽんぽん山訴訟（京都市）………19, 319, 514

　　ま　行

御影工業高校跡地の土地売却をめぐる住
　民訴訟 ……………………………………88

　　や　行

安本典夫説 ……………………………108, 399
予算調整行為 ……………………………11
読売新聞2009年9月16日 ………………304

　　ら　行

利益相反の排除違反 ……………………315
立証責任 ……………………………22, 50, 89
旅行券裁判 ……………………………87, 129
労使のなれ合い …………………………125

　　わ　行

和　解……………………………………278

〈著者紹介〉

阿 部 泰 隆（あべ やすたか）

- 1942年3月　福島市生れ
- 1960年3月　福島県立福島高校卒業
- 1964年3月　東京大学法学部卒業
- 1964年4月　東京大学助手（法学部）
- 1967年8月　神戸大学助教授（法学部）
- 1972年6月　東京大学法学博士（論文博士）
- 1977年4月　神戸大学教授（法学部）
- 2005年3月　神戸大学名誉教授（定年退職）
- 2005年4月　中央大学総合政策学部教授（2012年3月まで）
- ・弁護士（東京弁護士会，2005年より，兵庫県弁護士会，2012年9月より）
- ・事務所：弁護士法人大龍

『行政法の解釈』（信山社，1990年）
『行政法再入門 上・下』（信山社，2015年）
『市長「破産」』（信山社，2012年）（吾妻大龍のペンネーム）

住民訴訟の理論と実務
——改革の提案——

2015年（平成27年）12月25日　第1版第1刷発行
3635:P584 ¥6800E-012-045-015

著　者	阿　部　泰　隆
発行者	今井 貴・稲葉文子
発行所	株式会社 信 山 社

編集第2部

〒113-0033　東京都文京区本郷 6-2-9-102
Tel 03-3818-1019　Fax 03-3818-0344
info@shinzansha.co.jp
笠間才木支店　〒309-1611　茨城県笠間市笠間 515-3
Tel 0296-71-9081　Fax 0296-71-9082
笠間来栖支店　〒309-1625　茨城県笠間市来栖 2345-1
Tel 0296-71-0215　Fax 0296-72-5410
出版契約 No.2015-3635-4-01011　Printed in Japan

Ⓒ阿部泰隆，2015　　印刷・製本／ワイズ書籍・渋谷文泉閣
ISBN978-4-7972-3635-4 C3332　分類323.904a20

JCOPY　《(社)出版者著作権管理機構 委託出版物》
本書の無断複写は著作権法上での例外を除き禁じられています。複写される場合は，
そのつど事前に，(社)出版者著作権管理機構（電話 03-3513-6969，FAX 03-3513-6979，
e-mail: info@jcopy.or.jp)の許諾を得てください。

| 最新刊、好評！| ◆**行政法再入門**◆ 阿部泰隆 著

上巻 【第１部】行政法(学)の未来
　　 【第２部】行政の法システム
下巻 【第３部】行政救済法(違法行政是正・私人救済法)
　　 【第４部】立　法　学

◆**行政訴訟第2次改革の論点**　阿部泰隆・斎藤浩 編
◆**市長「破産」**―法的リスクに対応する自治体法務顧問と司法の再生
　　　　　　　　　　　　　阿部泰隆 著　(吾妻大龍（ペンネーム）)
◆**行政書士の業務**―その拡大と限界　阿部泰隆 著
◆**最高裁上告不受理事件の諸相 2**　阿部泰隆 著
◆**行政法の解釈 2**　阿部泰隆 著
◆**自治体の出訴権と住基ネット**　兼子仁・阿部泰隆 編
◆**行政書士の未来像**　阿部泰隆 著
◆**内部告発**［ホイッスルブロウワー］**の法的設計**　阿部泰隆 著
◆**法政策学の試み　第1集〜**　神戸大学法政策研究会 編

日本立法資料全集シリーズ　新刊

行政手続法制定資料〔平成５年〕 塩野宏・小早川光郎 編著
国家賠償法〔昭和22年〕 宇賀克也 編著

宇賀克也 編　木村琢麿・桑原勇進・中原茂樹・横田光平
ブリッジブック行政法(第２版)

木村琢麿 著　◇プラクティスシリーズ
プラクティス行政法

横田光平 著　◇学術選書シリーズ
子ども法の基本構造

◆**憲法の基底と憲法論**　高見勝利先生古稀記念
　　　岡田信弘・笹田栄司・長谷部恭男 編　|最新刊|

信山社